Für Michaele
und Gerda

Wolfgang Reumuth
Otto Winkelmann

# Praktische Grammatik der spanischen Sprache

5. Auflage

gottfried egert verlag
2006

# Praktische Grammatik der spanischen Sprache

von
Oberstudienrat Wolfgang Reumuth, Liselotte-Gymnasium Mannheim,
Prof. Dr. Otto Winkelmann, Justus-Liebig-Universität Gießen

Bibliografische Information Der Deutschen Bibliothek
Die Deutsche Bibliothek verzeichnet diese Publikation in der Deutschen
Nationalbibliografie; detaillierte bibliografische Daten sind im Internet
über <http://dnb.ddb.de> abrufbar.

ISBN-10: 3-936496-21-8      5., neu bearbeitete Auflage 2006
ISBN-13: 978-3-936496-21-5
ISBN 3-926972-21-1          4., unveränderte Auflage 2003
ISBN 3-926972-21-1          3., unveränderte Auflage 1997
ISBN 3-926972-21-1          2., unveränderte Auflage 1993
(ISBN 3-926972-21-1         Erstausgabe) 1991

© gottfried egert verlag, Postfach 1180, D-69259 Wilhelmsfeld, 2006
www.egertverlag.de
Gedruckt mit Ökofarben und 50% Altpapier chlorfrei gebleicht.
Alle Rechte vorbehalten.
Herstellung: WM-Druck, Wiesloch
Printed in Germany

# Vorwort

Fünfzehn Jahre nach Veröffentlichung der ersten Auflage der *Praktischen Grammatik der spanischen Sprache* erscheint nun die fünfte Auflage unserer Grammatik in einer stark überarbeiteten und um rund 130 Seiten erweiterten Neuauflage. Alle Beispielsätze wurden gründlich überprüft und, wo nötig, modifiziert und aktualisiert. Die Erweiterungen betreffen fast alle Kapitel.

Der Gebrauch des spanischen Artikels wird in der Neuauflage noch ausführlicher behandelt und der kontrastive Aspekt wird stärker als bisher herausgestellt. Alle Verbformen sind jetzt in einem Kapitel übersichtlich zusammengefasst. Den spanischen Verbalperiphrasen ist ein eigenes Kapitel gewidmet. Neu aufgenommen wurde die Wiedergabe deutscher Modalverben im Spanischen, die Lernenden erfahrungsgemäß oft große Schwierigkeiten bereitet. Darüber hinaus wurden viele Anmerkungen hinzugefügt, die auf besondere Sprachschwierigkeiten und Übersetzungsprobleme eingehen.

Das Wort- und Sachregister wurde stark erweitert, so dass sich die detaillierte Suche nach bestimmten Grammatikphänomenen und grammatischen Eigenschaften einzelner Wörter jetzt noch einfacher gestaltet. Auch angesichts des gestiegenen Seitenumfangs bleibt der Charakter einer Lern- und Nachschlagegrammatik, die den schulischen und universitären Spanisch-Unterricht begleitet, gewahrt. Daher hoffen wir, dass unsere Grammatik von den Spanisch-Lernenden auch weiterhin mit Gewinn benutzt wird.

Wir danken den Rezensenten der früheren Auflagen der Grammatik für eine Reihe von Verbesserungsvorschlägen und positive Kritik. Unser besonderer Dank gilt Frau Dr. Christina Ossenkop und Frau Candelaria Puerta für die kritische Durchsicht des Manuskripts sowie Frau Dr. Ana Isabel Frank, die uns in Zweifelsfällen stets bereitwillig Auskunft gab. Unserem Verleger, Herrn Gottfried Egert, danken wir für seine Bereitschaft, den gestiegenen Umfang der Neuauflage mitzutragen.

Mannheim und Grünberg, im Oktober 2006
Wolfgang Reumuth & Otto Winkelmann

# Inhaltsverzeichnis

|  | §§ |  | Seite |
|---|---|---|---|
| **Vorwort** |  |  | V |
| **Kapitel** | 1 | **Aussprache und Schrift**............... | 1 |
|  | 1 | Das Alphabet.................................. | 1 |
|  | 2 | Die Aussprache.............................. | 2 |
|  | 3-5 | Besonderheiten der Aussprache... | 5 |
|  | 3 | Die Vokale...................................... | 5 |
|  | 4 | Die Diphthonge.............................. | 5 |
|  | 5 | Die Konsonanten............................ | 6 |
|  | 6 | Betonung und Akzentsetzung........ | 9 |
|  | 7 | Die Apokope................................... | 12 |
|  | 8 | Die Silbentrennung........................ | 13 |
|  | 9 | Die Großschreibung....................... | 14 |
|  | 10 | Die Satzzeichen............................. | 15 |
| **Kapitel** | 2 | **Das Substantiv**.......................... | 20 |
|  | 11-19 | Das Genus..................................... | 20 |
|  | 11 | Das maskuline Genus.................... | 20 |
|  | 12 | Das feminine Genus....................... | 23 |
|  | 13 | Die Bezeichnungen von männlichen und weiblichen Personen....................... | 24 |
|  | 14 | Die Bezeichnungen von männlichen und weiblichen Tieren............................ | 26 |
|  | 15 | Das Genus bei Bezeichnungen von Bäumen und Früchten................................... | 27 |
|  | 16 | Gleichlautende Substantive mit unterschiedlichem Genus und unterschiedlicher Bedeutung...................................... | 28 |
|  | 17 | Paare maskuliner und femininer Substantive mit unterschiedlicher Endung und unterschiedlicher Bedeutung............. | 29 |
|  | 18 | Substantive mit Genusschwankungen........... | 30 |
|  | 19 | Ähnlichlautende Substantive mit unterschiedlichem Genus im Spanischen und Deutschen....................................... | 30 |

|  |  |  |  |
|---|---|---|---|
| | 20-25 | Der Plural............................................................... | 32 |
| | 20 | Die Pluralbildung.................................................. | 32 |
| | 21 | Unveränderliche Substantive.......................... | 33 |
| | 22 | Der Plural zusammengesetzter Substantive.. | 34 |
| | 23 | Substantive mit Numerusschwankungen....... | 36 |
| | 24 | Sonderbedeutungen spanischer Pluralformen | 36 |
| | 25 | Numerusunterschiede zwischen spanischen und deutschen Substantiven........................... | 38 |
| | 26 | Die Struktur der Nominalgruppe..................... | 42 |
| | 27 | Die Funktionen der Nominalgruppe im Satz.. | 44 |
| **Kapitel** | **3** | **Der Artikel**........................................................... | **45** |
| | 28 | Übersicht über die Formen des bestimmten und des unbestimmten Artikels....................... | 45 |
| | 29 | Die Kontraktionsformen des maskulinen Artikels.................................................................. | 46 |
| | 30 | Besonderheiten des femininen Artikels.......... | 46 |
| | 31 | Übereinstimmender Artikelgebrauch im Spanischen und Deutschen............................. | 47 |
| | 32-35 | Abweichender Artikelgebrauch im Spanischen und Deutschen............................. | 52 |
| | 32 | Bestimmter Artikel im Spanischen, kein Artikel im Deutschen......................................... | 52 |
| | 33 | Kein Artikel im Spanischen, bestimmter Artikel im Deutschen......................................... | 56 |
| | 34 | Kein Artikel im Spanischen, unbestimmter Artikel im Deutschen......................................... | 60 |
| | 35 | Weitere Fälle von Nichtübereinstimmung im spanischen und deutschen Artikelgebrauch.. | 63 |
| | 36 | Der Gebrauch des Artikels bei Namen........... | 64 |
| | 37 | Wegfall des Artikels........................................... | 68 |
| | 38 | Der neutrale Artikel *lo*....................................... | 69 |
| | 39 | Der bestimmte Artikel in determinativer Funktion................................................................ | 71 |
| **Kapitel** | **4** | **Die Demonstrativa**............................................ | **72** |
| | 40 | Übersicht über die Formen der Demonstrativa.................................................................. | 72 |
| | 41 | Der Gebrauch der Demonstrativadjektive...... | 72 |
| | 42 | Der Gebrauch der Demonstrativpronomen.... | 74 |
| | 43 | Die neutralen Demonstrativpronomen........... | 75 |
| | 44 | Die Wiedergabe des deutschen Demonstrativpronomens 'das' und das Problem der Kongruenz...................................................... | 76 |
| | 45 | Wendungen mit Demonstrativa....................... | 77 |

| Kapitel | 5 | **Die Possessiva**............................................. | 78 |
|---|---|---|---|
| | 46 | Übersicht über die Formen der Possessivadjektive............................................................ | 78 |
| | 47 | Der Gebrauch der unbetonten Possessivadjektive............................................................ | 79 |
| | 48 | Andere Möglichkeiten der Wiedergabe eines Possessivverhältnisses im Spanischen.......... | 81 |
| | 49 | Der Gebrauch der betonten Possessivadjektive............................................................ | 83 |
| | 50 | Wegfall des Possessivadjektivs..................... | 84 |
| | 51 | Formen und Gebrauch der Possessivpronomen...................................................... | 84 |
| Kapitel | 6 | **Die Indefinita**................................................ | 86 |
| | 52 | Übersicht über die Formen der Indefinita....... | 86 |
| | 53-80 | Der Gebrauch der Indefinita........................ | 87 |
| | 53 | *mucho*.............................................................. | 87 |
| | 54 | *poco*................................................................ | 89 |
| | 55 | *tanto*................................................................ | 90 |
| | 56 | *demasiado*...................................................... | 92 |
| | 57 | *otro*.................................................................. | 92 |
| | 58 | *todo*................................................................. | 94 |
| | 59 | *alguno*............................................................. | 96 |
| | 60 | *ninguno*........................................................... | 97 |
| | 61 | *uno*.................................................................. | 98 |
| | 62 | *mismo*............................................................. | 100 |
| | 63 | *bastante*.......................................................... | 102 |
| | 64 | *tal*.................................................................... | 102 |
| | 65 | *varios*.............................................................. | 103 |
| | 66 | *demás*............................................................. | 104 |
| | 67 | *más*................................................................. | 105 |
| | 68 | *menos*............................................................. | 106 |
| | 69 | *cierto*............................................................... | 108 |
| | 70 | *semejante*....................................................... | 108 |
| | 71 | *cualquier*......................................................... | 108 |
| | 72 | *cada*................................................................ | 109 |
| | 73 | *algo*................................................................. | 109 |
| | 74 | *nada*................................................................ | 110 |
| | 75 | *alguien*............................................................ | 111 |
| | 76 | *nadie*............................................................... | 112 |
| | 77 | *cualquiera*....................................................... | 112 |
| | 78 | *quienquiera*..................................................... | 112 |
| | 79 | *cada uno/cada cual*........................................ | 112 |
| | 80 | *fulano*.............................................................. | 113 |

| Kapitel | | 7 | **Die Zahlwörter**............................................ | 114 |
|---|---|---|---|---|
| | 81 | | Die Grundzahlen.................................. | 114 |
| | 82 | | Der Gebrauch der Grundzahlen.................... | 116 |
| | 83 | | Die Wiedergabe ungefährer Zahlangaben..... | 119 |
| | 84 | | Die Ordnungszahlen........................................ | 119 |
| | 85 | | Der Gebrauch der Ordnungszahlen............... | 120 |
| | 86 | | Die Vervielfältigungszahlen............................ | 122 |
| | 87 | | Die Bruchzahlen............................................. | 123 |
| | 88 | | Die Distributivzahlen....................................... | 124 |
| | 89 | | *sendos*........................................................... | 124 |
| | 90 | | Die Kollektivzahlen......................................... | 124 |
| | 91 | | *ambos*............................................................ | 125 |
| | 92 | | Die vier Grundrechnungsarten...................... | 126 |
| | 93 | | Maße und Gewichte....................................... | 126 |
| Kapitel | | 8 | **Die Interrogativa**............................................ | 127 |
| | 94 | | Die Formen der Interrogativa......................... | 127 |
| | 95-101 | | Der Gebrauch der Interrogativa .................... | 128 |
| | 95 | | *quién*.............................................................. | 128 |
| | 96 | | *cuál*................................................................ | 128 |
| | 97 | | *qué*................................................................. | 128 |
| | 98 | | *cuánto*............................................................ | 130 |
| | 99 | | *cuándo*........................................................... | 130 |
| | 100 | | *dónde*............................................................. | 131 |
| | 101 | | *cómo*.............................................................. | 131 |
| | 102 | | Die Wiedergabe von dt. 'wie' + Adjektiv/ Adverb.............................................................. | 132 |
| | 103 | | In Ausrufesätzen verwendete Interrogativa..... | 133 |
| Kapitel | | 9 | **Die Personalpronomen**................................ | 134 |
| | 104 | | Die Formen der Subjektpronomen................. | 134 |
| | 105 | | Der Gebrauch der Subjektpronomen.............. | 135 |
| | 106 | | Die Formen der betonten Objektpronomen.... | 136 |
| | 107 | | Der Gebrauch der betonten Objektpronomen | 137 |
| | 108 | | Die Formen der unbetonten Objektpronomen | 139 |
| | 109 | | Der Gebrauch der unbetonten Objektpronomen........................................................... | 140 |
| | 110 | | Besonderheiten des Gebrauchs des unbetonten Objektpronomens *lo*.................... | 142 |
| | 111 | | Kombinationen unbetonter Objektpronomen.. | 143 |
| | 112 | | Idiomatische Wendungen mit unbetonten Objektpronomen............................................. | 145 |

| | 113-116 | Die Stellung der unbetonten Objektpronomen | 146 |
|---|---|---|---|
| | 113 | Die unbetonten Objektpronomen beim konjugierten Verb............................................. | 146 |
| | 114 | Die unbetonten Objektpronomen beim Imperativ....................................................... | 146 |
| | 115 | Die unbetonten Objektpronomen beim Infinitiv.................................................…..... | 147 |
| | 116 | Die unbetonten Objektpronomen beim Gerundium..................................................... | 149 |
| | 117 | Der Gebrauch der unbetonten Objektpronomen als Wiederaufnahme bzw. als Vorwegnahme des Objekts........................ | 150 |
| **Kapitel** | **10** | **Die Relativpronomen**............................. | **151** |
| | 118 | Typen von Relativsätzen................................ | 151 |
| | 119 | Die Formen der Relativpronomen................... | 151 |
| | 120-124 | Der Gebrauch der Relativpronomen............... | 152 |
| | 120 | Das Relativpronomen *que*............................. | 152 |
| | 121 | Das Relativpronomen *el que/la que/lo que/ los que/las que*......................................... | 153 |
| | 122 | Das Relativpronomen *quien/quienes*............. | 154 |
| | 123 | Das Relativpronomen *el cual/la cual/lo cual/ los cuales/las cuales*........................................ | 155 |
| | 124 | Das Relativpronomen *cuanto/cuanta/ cuantos/cuantas*............................................... | 156 |
| | 125 | Das Relativadjektiv *cuyo/cuya/cuyos/cuyas*... | 156 |
| | 126 | Die Relativadverbien *donde, cuando, como*... | 157 |
| **Kapitel** | **11** | **Das Adjektiv**............................................. | **159** |
| | 127 | Die Endungen des Adjektivs........................... | 159 |
| | 128 | Unveränderliche Adjektive............................... | 161 |
| | 129 | Sonderformen der Adjektive *bueno, malo, grande* und *santo*............................................ | 162 |
| | 130 | Die Übereinstimmung des Adjektivs mit dem Substantiv......................................................... | 162 |
| | 131 | Die Stellung des attributiven Adjektivs............ | 163 |
| | 132 | Die Voranstellung des Adjektivs...................... | 164 |
| | 133 | Die Nachstellung des Adjektivs....................... | 164 |
| | 134 | Voran- bzw. Nachstellung des Adjektivs mit Bedeutungsunterschied................................... | 166 |
| | 135 | Die Stellung von zwei Adjektiven beim Substantiv......................................................... | 167 |

| | | |
|---|---|---|
| | 136 Besonderheiten der Wiedergabe deutscher Adjektive im Spanischen... | 168 |
| | 137 Die Substantivierung des Adjektivs... | 168 |
| | 138 Die Steigerung der Adjektive... | 169 |
| | 139 Der Komparativ... | 170 |
| | 140 Die Wiedergabe der Vergleichspartikel 'als'... | 171 |
| | 141 Die Wiedergabe von dt. '(eben)so ... wie'... | 173 |
| | 142 Die Wiedergabe von dt. 'je mehr/weniger ... desto mehr/weniger'... | 174 |
| | 143 Der relative Superlativ... | 174 |
| | 144 Der absolute Superlativ... | 175 |
| | 145 Weitere Ausdrucksmöglichkeiten des hohen Grades... | 176 |
| | 146 Gelehrte Komparativ- und Superlativformen.. | 178 |
| | 147 Mittels Präpositionen angeschlossene Adjektivergänzungen... | 178 |
| Kapitel | 12 **Die Formen des Verbs**... | 179 |
| | 148 Die Konjugationen... | 179 |
| | 149 Die Verbformen und ihre Ableitung... | 179 |
| | 150 Die 1. Konjugation... | 181 |
| | 151 Besonderheiten der Betonung... | 182 |
| | 152 Orthographische Besonderheiten... | 184 |
| | 153 Verben mit verschiedenen Stämmen... | 184 |
| | 154 Die 2. Konjugation... | 188 |
| | 155 Orthographische Besonderheiten... | 189 |
| | 156 Verben mit verschiedenen Stämmen... | 189 |
| | 157 Die 3. Konjugation... | 194 |
| | 158 Orthographische Besonderheiten... | 195 |
| | 159 Verben mit verschiedenen Stämmen... | 197 |
| | 160-161 Die Bildung der zusammengesetzten Verbformen... | 203 |
| | 160 Die einfachen Formen des Hilfsverbs *haber*.. | 203 |
| | 161 Die zusammengesetzten Formen... | 203 |
| | 162 Übersicht über die Formen von *ser/estar*... | 204 |
| | 163 Die Bildung des Passivs... | 206 |
| Kapitel | 13 **Der Gebrauch der Formen des Indikativs**... | 209 |
| | 164 Das Präsens... | 209 |
| | 165 Das Perfekt... | 210 |
| | 166 Das *pretérito indefinido*... | 212 |
| | 167 Das Imperfekt... | 212 |

| | 168 | Besonderer Gebrauch des Imperfekts............ | 213 |
|---|---|---|---|
| | 169 | Gegenüberstellung von Imperfekt und *pretérito indefinido*................................. | 214 |
| | 170 | Das Plusquamperfekt................................. | 215 |
| | 171 | Der Gebrauch der Vergangenheitstempora in einem Erzähltext................................... | 215 |
| | 172 | Das *pretérito anterior*............................... | 217 |
| | 173 | Das Futur I................................................ | 218 |
| | 174 | Das Futur II............................................... | 219 |
| **Kapitel** | **14** | **Der Gebrauch des *subjuntivo*, des Imperativs und des Konditionals**......... | **220** |
| | 175 | Allgemeine Charakteristika des *subjuntivo*.... | 220 |
| 176-184 | | Der Gebrauch des *subjuntivo*.................... | 220 |
| | 176 | Der *subjuntivo* im Hauptsatz...................... | 220 |
| 177-181 | | Der *subjuntivo* im *que*-Satz....................... | 222 |
| | 177 | Der *subjuntivo* nach Ausdrücken der Willensäußerung...................................... | 222 |
| | 178 | Der *subjuntivo* nach Ausdrücken der subjektiven Bewertung............................ | 224 |
| | 179 | Der *subjuntivo* nach Ausdrücken des Zweifels und der Unsicherheit.................. | 227 |
| | 180 | Der *subjuntivo* nach Verben des Sagens und Denkens........................................... | 228 |
| | 181 | Der *subjuntivo* im vorangestellten Subjekt- oder Objektsatz......................................... | 229 |
| | 182 | Der *subjuntivo* nach Konjunktionen............. | 229 |
| | 183 | Der *subjuntivo* im Relativsatz..................... | 230 |
| | 184 | Die Zeitenfolge im Nebensatz mit *subjuntivo*. | 232 |
| | 185 | Der Gebrauch des Imperativs..................... | 233 |
| | 186 | Der Gebrauch des Konditionals.................. | 235 |
| | 187 | Die Tempora und die Modi im Bedingungs- satz............................................................. | 237 |
| **Kapitel** | **15** | **Der Gebrauch des Passivs**..................... | **240** |
| | 188 | Aktivsatz und Passivsatz............................. | 240 |
| | 189 | Das Zustandspassiv.................................... | 242 |
| | 190 | Das reflexive Passiv.................................... | 242 |
| | 191 | Andere Wiedergabe deutscher Passiv- konstruktionen im Spanischen.................... | 243 |
| | 192 | Die Wiedergabe von dt. 'man'.................... | 244 |

| Kapitel | 16 | **Das reflexive Verb**.................................................. | 246 |
|---|---|---|---|
| | 193 | Die Formen des Reflexivpronomens beim Verb................................................................. | 246 |
| | 194 | Die Stellung des Reflexivpronomens............. | 246 |
| | 195 | Verben mit Reflexivpronomen als direktem Objekt.............................................................. | 247 |
| | 196 | Verben mit Reflexivpronomen als indirektem Objekt.............................................................. | 248 |
| | 197 | Verben, die im Gegensatz zum Deutschen reflexiv gebraucht werden............................... | 248 |
| | 198 | Verben, die im Gegensatz zum Deutschen nicht-reflexiv gebraucht werden...................... | 250 |
| | 199 | Andere Wiedergabe deutscher oder spanischer reflexiver Verben........................ | 252 |
| | 200 | Verben, die reflexiv oder nicht-reflexiv gebraucht werden........................................... | 254 |
| | 201 | Die reziproken Verben.................................... | 256 |
| | 202 | Sonderfälle..................................................... | 257 |
| | 203 | Ausdrücke mit *hacerse* + Infinitiv/Substantiv/ Adjektiv/Adverb............................................. | 261 |
| Kapitel | 17 | **Der Gebrauch von *ser* und *estar***............ | 262 |
| | 204 | Der Gebrauch von *ser*................................... | 262 |
| | 205 | Der Gebrauch von *estar*................................ | 266 |
| | 206 | Der Gebrauch von *ser/estar* bei bestimmten Adjektiven....................................................... | 269 |
| | 207 | Der Gebrauch von *ser/estar* bei bestimmten Partizipien...................................................... | 272 |
| | 208 | Der Gebrauch von *hay*.................................. | 273 |
| Kapitel | 18 | **Die Partizipien**........................................... | 275 |
| | 209-212 | Das Partizip Perfekt....................................... | 275 |
| | 209 | Die Bildung des Partizip Perfekt..................... | 275 |
| | 210 | Der Gebrauch des Partizip Perfekt................. | 277 |
| | 211 | Partizipialkonstruktionen zur Verkürzung von Nebensätzen ........................................... | 278 |
| | 212 | Wendungen mit dem Partizip Perfekt............. | 279 |
| | 213-214 | Das Partizip Präsens...................................... | 280 |
| | 213 | Der Gebrauch des Partizip Präsens................ | 280 |
| | 214 | Unterschiedliche Wiedergabe des deutschen Partizip Präsens im Spanischen..................... | 282 |

| Kapitel | 19 | Das Gerundium | 284 |
|---|---|---|---|
| | 215 | Die Bildung des Gerundiums | 284 |
| | 216-222 | Der Gebrauch des Gerundiums | 285 |
| | 216 | Das Gerundium in adverbialer Funktion | 285 |
| | 217 | Die Verkürzung von Adverbialsätzen durch das Gerundium | 285 |
| | 218 | Das Gerundium mit eigenem Subjekt | 287 |
| | 219 | Das Gerundium zur Verkürzung einer Satzreihe | 288 |
| | 220 | Das Gerundium mit Bezug auf das direkte Objekt | 288 |
| | 221 | Sonderfälle | 289 |
| | 222 | Ausdrücke und Wendungen mit dem Gerundium | 290 |

| Kapitel | 20 | Der Infinitiv | 291 |
|---|---|---|---|
| | 223 | Der präpositionslose Infinitiv | 291 |
| | 224 | Der Infinitiv mit *a* | 297 |
| | 225 | Der Infinitiv mit *con* | 300 |
| | 226 | Der Infinitiv mit *de* | 300 |
| | 227 | Der Infinitiv mit *en* | 302 |
| | 228 | Der Infinitiv mit *para* | 304 |
| | 229 | Der Infinitiv mit *por* | 304 |
| | 230 | Der Infinitiv zur Verkürzung von Nebensätzen | 305 |
| | 231 | Die Wiedergabe deutscher Modalverben im Spanischen | 307 |

| Kapitel | 21 | Die Verbalperiphrasen | 319 |
|---|---|---|---|
| | 232-233 | Verbalperiphrasen mit dem Partizip Perfekt | 319 |
| | 232 | Verbalperiphrasen mit Bezug auf das Subjekt | 319 |
| | 233 | Verbalperiphrasen mit Bezug auf das Objekt | 321 |
| | 234 | Verbalperiphrasen mit dem Gerundium | 322 |
| | 235 | Verbalperiphrasen mit dem Infinitiv | 326 |

| Kapitel | 22 | Die Ergänzungen des Verbs | 331 |
|---|---|---|---|
| | 236 | Verben mit direktem Objekt | 331 |
| | 237-242 | Verben mit indirektem oder präpositionalem Objekt | 334 |
| | 237 | Verben mit *a*-Objekt | 334 |
| | 238 | Verben mit *de*-Objekt | 337 |
| | 239 | Verben mit *con*-Objekt | 341 |
| | 240 | Verben mit *en*-Objekt | 344 |

|  |  |  |  |
|---|---|---|---|
|  | 241 | Verben mit *por*-Objekt............................... | 346 |
|  | 242 | Verben mit *sobre*-Objekt........................... | 348 |
|  | 243-245 | Verben mit zwei Objekten ......................... | 348 |
|  | 243 | Verben mit direktem Objekt und mit *a*-Objekt | 348 |
|  | 244 | Verben mit direktem Objekt und mit *de*-Objekt.................................................. | 350 |
|  | 245 | Weitere Verben mit zwei Objekten................ | 350 |
|  | 246 | Die prädikative Ergänzung........................... | 351 |

## Kapitel 23 Das Adverb

|  |  |  |
|---|---|---|
| 247 | Die Formen des Adverbs............................. | 354 |
| 248 | Adverbklassen............................................. | 354 |
| 249 | Die Bildung der abgeleiteten Adverbien........ | 355 |
| 250 | Die Steigerung der Adverbien...................... | 356 |
| 251 | Die Stellung der Adverbien.......................... | 358 |
| 252 | Adverbial gebrauchte Adjektive................... | 358 |
| 253 | Besonderheiten bei der Wiedergabe deutscher Adverbien im Spanischen............. | 359 |

## Kapitel 24 Verneinung und Einschränkung ........... 363

|  |  |  |
|---|---|---|
| 254 | Die einfache Verneinung............................. | 363 |
| 255 | Die Wiedergabe von dt. 'kein'...................... | 364 |
| 256 | Die mehrteilige Verneinung......................... | 366 |
| 257 | Die Einschränkung...................................... | 368 |
| 258 | Wendungen und Ausdrücke zur Wiedergabe von dt. 'nur/erst'.......................................... | 368 |

## Kapitel 25 Die Konjunktionen ................................. 370

|  |  |  |
|---|---|---|
| 259-262 | Die beiordnenden Konjunktionen................. | 370 |
| 259 | Die aneinanderreihenden Konjunktionen....... | 370 |
| 260 | Die ausschließenden Konjunktionen............. | 371 |
| 261 | Die entgegensetzenden Konjunktionen......... | 372 |
| 262 | Die folgernden Konjunktionen...................... | 372 |
| 263-269 | Die unterordnenden Konjunktionen.............. | 373 |
| 263 | Die temporalen Konjunktionen..................... | 373 |
| 264 | Die kausalen Konjunktionen ....................... | 374 |
| 265 | Die finalen Konjunktionen............................ | 375 |
| 266 | Die konsekutiven Konjunktionen.................. | 375 |
| 267 | Die konzessiven Konjunktionen................... | 376 |
| 268 | Die konditionalen Konjunktionen.................. | 377 |
| 269 | Die modalen Konjunktionen......................... | 377 |

| Kapitel | 26 | **Die Präpositionen**............................... | 379 |
|---|---|---|---|
| | 270 | Übersicht über die Präpositionen und präpositionalen Fügungen............................ | 379 |
| | 271 | Die Präposition *a*............................................ | 385 |
| | 272 | Die Präposition *con*........................................ | 393 |
| | 273 | Die Präposition *de*.......................................... | 396 |
| | 274 | Die Präposition *en*.......................................... | 402 |
| | 275 | Die Präposition *para*...................................... | 407 |
| | 276 | Die Präposition *por*........................................ | 408 |
| | 277 | Die Präposition *sobre*.................................... | 413 |
| | 278 | Kombinationen von Präpositionen................... | 414 |
| Kapitel | 27 | **Die Struktur des spanischen Satzes**.... | 415 |
| | 279 | Die Struktur des einfachen Satzes................. | 415 |
| | 280 | Die Stellung der adverbialen Bestimmung..... | 417 |
| 281-283 | | Die Umstellung einzelner Satzglieder............ | 418 |
| | 281 | Die Reihenfolge von Subjekt und Prädikat..... | 418 |
| | 282 | Die Voranstellung des direkten und indirekten Objekts............................................ | 422 |
| | 283 | Die Voranstellung des präpositionalen Objekts............................................................. | 423 |
| | 284 | Die Hervorhebung einzelner Satzglieder........ | 423 |
| | 285 | Die Hervorhebung des Subjekts, des direkten, indirekten und präpositionalen Objekts... | 424 |
| | 286 | Die Hervorhebung des Prädikatsnomens...... | 427 |
| | 287 | Die Hervorhebung von Adverbien und adverbialen Bestimmungen............................. | 427 |
| | 288 | Die Hervorhebung von Infinitiven................... | 429 |
| | 289 | Die Satzreihe................................................... | 429 |
| 290-294 | | Das Satzgefüge............................................... | 430 |
| | 290 | Der Subjektsatz................................................ | 430 |
| | 291 | Der direkte Objektsatz..................................... | 430 |
| | 292 | Der präpositionale Objektsatz......................... | 430 |
| | 293 | Der Adverbialsatz............................................. | 431 |
| | 294 | Der Attributsatz................................................ | 431 |
| Kapitel | 28 | **Die indirekte Rede**............................... | 432 |
| | 295 | Gegenüberstellung von direkter und indirekter Rede.................................................. | 432 |
| | 296 | Die Umsetzung von der direkten in die indirekte Rede.................................................. | 432 |
| | 297 | Veränderungen bei Adverbien und Demonstrativa.................................................. | 436 |
| | 298 | Die indirekte Frage.......................................... | 437 |

| Kapitel | **29** | **Die Wortbildung**............................................ | **439** |
|---|---|---|---|
| | 299 | Die Wortbildung mittels Suffixen................... | 439 |
| | 300 | Suffixe zur Bildung von Substantiven............ | 439 |
| | 301 | Suffixe zur Bildung von Adjektiven................ | 441 |
| | 302 | Suffixe zur Bildung von Verben..................... | 442 |
| | 303 | Modifizierende Suffixe.................................... | 442 |
| | 304 | Besonderheiten der Suffigierung................... | 443 |
| | 305 | Die Wortbildung mittels Präfixen.................... | 445 |
| | 306 | Die Parasynthese............................................ | 446 |
| | 307 | Die Wortbildung mittels Suffixoiden............... | 446 |
| | 308 | Die Wortbildung mittels Präfixoiden............... | 447 |
| | 309 | Die Zusammensetzung................................... | 448 |
| | 310 | Die Konversion................................................ | 453 |
| | 311 | Die Wortkürzung.............................................. | 453 |

| **Anhang** | **Die wichtigsten unregelmäßigen spanischen Verben**............................................. | **454** |
|---|---|---|

| **Wort- und Sachregister**............................................................. | **461** |
|---|---|

| **Abkürzungen und Zeichen**........................................................ | **485** |
|---|---|

# Kapitel 1  Aussprache und Schrift
## (Pronunciación y escritura)

### Das Alphabet (el alfabeto) 1

1. Das spanische Alphabet umfasst folgende Buchstaben:

| | | | | | | | | |
|---|---|---|---|---|---|---|---|---|
| *a* | (a) | *h* | (hache) | *ñ* | (eñe) | *u* | (u) |
| *b* | (be) | *i* | (i) | *o* | (o) | *v* | (uve/ve) |
| *c* | (ce) | *j* | (jota) | *p* | (pe) | *w* | (uve doble/ |
| *d* | (de) | *k* | (ka) | *q* | (cu) | | ve doble) |
| *e* | (e) | *l* | (ele) | *r/rr* | (erre) | *x* | (equis) |
| *f* | (efe) | *m* | (eme) | *s* | (ese) | *y* | (i griega/ye) |
| *g* | (ge) | *n* | (ene) | *t* | (te) | *z* | (zeta/zeda) |

Anmerkung: In Klammern steht der Name des Buchstabens (zur Aussprache vgl. § 2). Sind zwei Namen angegeben, so steht der gebräuchlichere Name voran. Bis 1994 wurden *ch* (che) und *ll* (elle) als eigene Buchstaben behandelt und in Wörterbüchern getrennt von den Buchstaben *c* und *l* aufgeführt.

2. Zur Schreibung des Spanischen werden 27 Buchstaben verwendet. Man unterscheidet zwischen einfachem *r* (erre simple) und doppeltem *rr* (erre doble). Letzteres zählt zwar nicht als eigener Buchstabe, ist jedoch bedeutungsverändernd (vgl. *pero* aber – *perro* Hund). Die Buchstaben *k* und *w* erscheinen nur in wenigen Wörtern fremden Ursprungs (z.B. *karate, kilo, wáter* Toilette, *week-end* Wochenende). Zum Genus der Buchstaben vgl. § 12.8.

3. Beim Buchstabieren, zum Beispiel am Telefon, verwendet man in der Regel häufig vorkommende Vornamen oder bekannte Ortsnamen zur Bezeichnung der einzelnen Buchstaben:

| | | | | | | | | |
|---|---|---|---|---|---|---|---|---|
| *a* | Antonio | *h* | Historia | *ñ* | Ñoño | *v* | Valencia |
| *b* | Barcelona | *i* | Inés | *o* | Oviedo | *w* | Washington |
| *c* | Carmen | *j* | José | *p* | París | *x* | Xiquena |
| *ch* | Chocolate | *k* | Kilo | *q* | Querido | *y* | Yagüe |
| *d* | Dolores | *l* | Lorenzo | *r* | Ramón | *z* | Zaragoza |
| *e* | Enrique | *ll* | Llobregat | *s* | Sábado | | |
| *f* | Francia | *m* | Madrid | *t* | Tarragona | | |
| *g* | Gerona | *n* | Navarra | *u* | Ulises | | |

Anmerkung: Beim Buchstabieren werden die Buchstabenkombinationen *ch* und *ll* als eigene Einheiten behandelt.

## 2 Die Aussprache (la pronunciación)

In der folgenden Tabelle wird, von den Buchstaben und Buchstabenkombinationen ausgehend, die spanische Aussprache nach dem Transkriptionssystem der *Association phonétique internationale* (API) angegeben:

| Buchstabe | | Laut | Beispiel |
|---|---|---|---|
| *a* | | [a] | *a*lma Seele, *a*cus*a*r anklagen |
| *b* | im absoluten Anlaut, d.h. am Satzanfang oder nach einer Sprechpause, und nach *m*/*n* (auch über eine Wortgrenze hinweg) | [b] | *b*olso Handtasche, *b*razo Arm, cum*b*re Gipfel, tam*b*ién auch, en *b*alde vergebens [emba̱lde], un *b*uen amigo [umbwenamiɣo] ein guter Freund |
| *b* | zwischen Vokalen oder zwischen Vokal und *l*/*r* bzw. *r*/*l* (auch über eine Wortgrenze hinweg) | [β] | ca*b*eza Kopf, ama*b*le nett, a*b*rir öffnen, ár*b*ol Baum, el *b*razo der Arm, la *b*oca der Mund |
| *c* + *a*/*o*/*u*/*r*/*l* | | [k] | *c*asa Haus, *c*osa Sache, *c*ubo Eimer, *c*ruz Kreuz, *c*laro klar |
| *c* + *e*/*i* (vgl. § 5.3) | | [θ/s] | *c*entro Mittelpunkt, *c*iudad Stadt |
| *ch* | | [tʃ] | *ch*arlar plaudern, *ch*iste Witz, mu*ch*acho Bursche |
| *d* | im absoluten Anlaut, nach *n*/*l* (auch über eine Wortgrenze hinweg) | [d] | *d*etalle Einzelheit, *d*ónde wo, fal*d*a Rock, un *d*ía ein Tag |
| *d* | zwischen Vokalen oder zwischen Vokal und *r* bzw. *r* und Vokal (auch über eine Wortgrenze hinweg) | [ð] | na*d*a nichts, pa*d*re Vater, ver*d*e grün, la *d*uda der Zweifel |
| *d* im Auslaut (vgl. § 5.5) | | [ð/-] | ciuda*d* Stadt, se*d* Durst, Madri*d* |
| *e* (vgl. § 3) | | [e] | *d*e*d*o Finger, m*e*sa Tisch |
| | | [ɛ] | p*e*rro Hund, *e*je Achse |
| *f* | | [f] | *f*also falsch, en*f*ermo krank |
| *g* + *a*/*o*/*u*/*r*/*l* im absoluten Anlaut, und nach *n* (auch über eine Wortgrenze hinweg) | | [g] | *g*ato Katze, *g*olpe Schlag, *g*usto Geschmack, *g*racias danke, *g*lobo Erdball, an*g*ustia Beklemmung, un *g*rupo eine Gruppe |

| Buchstabe | Laut | Beispiel |
|---|---|---|
| *g* + *a/o/u/r/l/n* wenn ein Vokal vorausgeht oder in der Verbindung *l/r* + *g* + *a/o/u* (auch über eine Wortgrenze hinweg) | [ɣ] | *llaga* Wunde, *fuego* Feuer, *aguja* Nadel, *alegre* fröhlich, *iglesia* Kirche, *digno* würdig, *adelgazar* abnehmen, *encargar* beauftragen, *el gusto* der Geschmack |
| *g* + *e/i* | [χ] | *gente* Leute, *girar* wenden |
| *gu* + *e/i* im absoluten Anlaut, und nach *n* | [g] | *guerra* Krieg, *guía* Reiseführer, *distingue* er/sie unterscheidet |
| *gu* + *e/i* wenn ein Vokal oder *l/r* vorausgeht (auch über eine Wortgrenze hinweg) | [ɣ] | *aguerrido* kriegserfahren, *cuelgue* (*subjuntivo* von *colgar* hängen), *erguir* aufrichten, *la guía* der Reiseführer |
| *h* ist stumm | - | *hacer* machen, *hígado* Leber |
| *i* | [i] | *imitar* nachahmen, *sí* ja |
| *j* | [χ] | *jarra* Krug, *jefe* Chef, *joven* jung, *jugar* spielen, *reloj* Uhr |
| *k* (nur in Fremdwörtern) | [k] | *kilómetro* Kilometer, *kéfir* Kefir |
| *l* | [l] | *labio* Lippe, *pelo* Haar, *barril* Fass |
| *ll* (vgl. § 5.8) | [ʎ/j] | *lleno* voll, *caballo* Pferd |
| *m* | [m] | *madre* Mutter, *cambio* Wechsel |
| *n* + [k]/[g]/[χ] (auch über eine Wortgrenze hinweg) | [ŋ] | *ancla* Anker, *engaño* Betrug, *monje* Mönch, *en casa* zu Hause |
| *n* + *v/m* (auch über eine Wortgrenze hinweg), | [m] | *enviar* schicken, *inmenso* riesig |
| *n* + *b/p* (nur an einer Wortgrenze) | [m] | *un beso* ein Kuss, *un pájaro* ein Vogel, *en pie* zu Fuß |
| *n* + *f* (auch über eine Wortgrenze hinweg) | [m̩] | *enfermo* krank, *en fin* kurz und gut |
| *n* (in allen anderen Fällen) | [n] | *noche* Nacht, *cuándo* wann, *bien* gut |
| *ñ* | [ɲ] | *niña* Mädchen, *paño* Tuch, *ñoño* [ugspr.] blöd |
| *o* (vgl. § 3) | [o] [ɔ] | *obra* Werk, *boda* Hochzeit *correr* laufen, *hoja* Blatt |
| *p* | [p] | *puerto* Hafen, *capaz* fähig |
| *qu* (nur vor *e/i*) | [k] | *querer* lieben, *quitar* wegnehmen, *cacique* Bonze |
| *r* im Wortinlaut und Wortauslaut | [r] | *toro* Stier, *venir* kommen |

| Buchstabe | Laut | Beispiel |
|---|---|---|
| *r* im Wortanlaut oder nach *n/l/s* | [rr] | *r*ico reich, *r*eina Königin, en*r*iquecer bereichern, al*r*ededores Umgebung, Is*r*ael |
| *rr* (nur im Wortinlaut) | [rr] | pe*rr*o Hund, ca*rr*o Wagen |
| *s* | [s] | *s*al Salz, ro*s*a Rose, despué*s* danach |
| *s* vor stimmhaftem Konsonanten (auch über eine Wortgrenze hinweg) (vgl. § 5.12) | [z] | de*s*de seit, mi*s*mo selbst, la*s* mujeres die Frauen, lo*s* besos die Küsse |
| *t* | [t] | *t*arde spät, jugue*t*e Spielzeug, mamu*t* Mammut |
| *u* | [u] | *ú*til nützlich, b*u*rro Esel, bamb*ú* Bambus |
| *v* im absoluten Anlaut und nach *n* (auch über eine Wortgrenze hinweg) | [b] | *v*ino Wein, en*v*iar schicken, en*v*enenar vergiften, buen *v*iaje gute Reise [bwembja χe] |
| *v* zwischen Vokalen oder zwischen *l/r* und Vokal (auch über eine Wortgrenze hinweg) | [β] | jo*v*en jung, ol*v*idar vergessen, ar*v*eja Wicke, el *v*ino der Wein, |
| *w* (nur in Fremdwörtern) wird unterschiedlich ausgesprochen | [gw] [b] | *w*eek-end [gwiken] Wochenende, *w*alkman [gwalman] *w*hisky (auch: güisqui) *w*áter Toilette |
| *x* zwischen Vokalen | [ɣs/ks] | e*x*agerar übertreiben, e*x*amen Prüfung, é*x*ito Erfolg, o*x*ígeno Sauerstoff |
| *x* im Wortinnern vor Konsonant | [s] | e*x*cepto ausgenommen, e*x*plicar erklären, e*x*tranjero Ausländer |
| *x* am Wortanfang | [s/ks] | *x*enofobia Fremdenfeindlichkeit, *x*ilografía Holzschnitt |
| *y* im Wortanlaut und zwischen Vokalen | [j] | *y*ugo Joch, arro*y*o Bach |
| *y* im Wortauslaut als Bestandteil eines Diphthongs | [ⁱ] | ha*y* es gibt, le*y* Gesetz, ho*y* heute |
| *z* (vgl. § 5.3) | [θ/s] | *z*apato Schuh, man*z*ana Apfel, lu*z* Licht, cono*z*co ich kenne |

# Besonderheiten der Aussprache

## Die Vokale (las vocales)     3

1. Die fünf spanischen Vokale /a/, /e/, /i/, /o/, /u/ werden in der Regel stets halblang ausgesprochen. Das e am Wortende ist im Gegensatz zum Deutschen immer als deutliches [e] auszusprechen. Der Vokal /a/ ist immer offen. Bei den übrigen Vokalen kann man je nach der lautlichen Umgebung eher geschlossene und eher offene Varianten unterscheiden, die allerdings nicht bedeutungsunterscheidend sind. Im Falle von /i/ und /u/ sind die Unterschiede kaum wahrnehmbar und können daher im Folgenden vernachlässigt werden. Bei /e/ und /o/ hingegen ist der Unterschied zwischen der offenen und der geschlossenen Variante deutlicher zu hören.

2. Die geschlossenen Varianten [e] und [o] werden gesprochen,
- wenn die betreffende Silbe auf -e oder -o endet (mit Ausnahme der unter Punkt 3 aufgeführten Fälle), wie z.B. in *pe-ro* aber, *ca-de-na* Kette, *can-té* ich sang, *co-ser* nähen, *no-che* Nacht;
- wenn die betreffende Silbe auf m, n, z [θ], d, s (bzw. x, wenn es [s] gesprochen wird) endet, wie z.B. in *pen-sar* denken, *em-pe-zar* beginnen, *es-te* Osten, *ex-tran-je-ro* ausländisch, *pa-dez-co* ich leide.

3. Die offenen Varianten [ɛ] und [ɔ] werden verwendet:
- vor [rr] wie in *guerra* Krieg, *zorra* Fuchs;
- vor dem Laut [χ] (geschrieben j oder g), wie z.B. in *queja* Klage, *lejos* weit, *estrategia* Strategie, *¡ojalá!* hoffentlich, *flojo* schwach, *coger* nehmen;
- im Diphthong *ei/ey* bzw. *oi/oy,* wie z.B. in *seis* sechs, *rey* König, *sois* ihr seid, *soy* ich bin.

## Die Diphthonge (los diptongos)     4

Ein Diphthong liegt vor, wenn zwei Vokale in der Aussprache eine enge Verbindung eingehen und zusammen nur eine einzige Silbe bilden. Hierbei gibt entweder der erste oder der zweite Vokal seinen vollen Vokalwert auf und wird zu einem Halbvokal. Im ersten Fall spricht man von einem steigenden, im zweiten Fall von einem fallenden Diphthong. Im Spanischen können *i* oder *u* mit einem der Vokale *a, e* oder *o* oder auch untereinander einen Diphthong bilden:

1. Steigende Diphthonge:

| | |
|---|---|
| *ia* [ja]: | *farmacia* Apotheke, *espaciar* ausdehnen |
| *ie* [je]: | *especie* Gattung, *ciento* hundert |
| *io* [jo] | *amplio* geräumig, *viola* Veilchen |
| *iu* [ju]: | *viuda* Witwe, *ciudadano* Bürger |
| *ua* [wa]: | *cuadro* Bild, *guardar* aufbewahren |
| *ue* [we]: | *hueso* Knochen, *vergüenza* Schande |
| *ui* [wi]: | *ruido* Lärm, *cuidado* Vorsicht |
| *uo* [wo]: | *cuota* Anteil, *ingenuo* naiv |

Anmerkung: Steht der steigende Diphthong [we] am Wortanfang (in diesem Fall wird immer *hue-* geschrieben), so geht ihm in der Umgangssprache oft ein schwach artikulierendes [ɣ] voraus: *el hueso* [elɣweso].

2. Fallende Diphthonge:

| | |
|---|---|
| *ai* [aⁱ]: | *hay* es gibt, *bailar* tanzen |
| *ei* [ɛⁱ]: | *ley* Gesetz, *seis* sechs, *peinarse* sich kämmen |
| *oi* [ɔⁱ]: | *hoy* heute, *¡oiga!* Hören Sie! |
| *au* [aᵘ]: | *cauce* Flussbett, *causar* bewirken |
| *eu* [eᵘ]: | *deuda* Schuld, *europeo* europäisch |
| *ou* [oᵘ]: | [sehr selten] *bou* Grundschleppnetz |

Anmerkung 1: Verbinden sich die Vokale *a, e* oder *o* untereinander, so spricht man nicht von einem Diphthong, sondern von einem Hiat. In diesem Fall bilden die beiden Vokale verschiedene Silben, und jeder Vokal behält seinen Lautwert, wie z.B. in *idea* Idee, *sorteo* Ziehung, *aorta* Hauptschlagader, *caer* fallen.

Anmerkung 2: Sind die Vokale *u* oder *i* Vollvokale und bilden somit eine eigene Silbe, müssen sie einen Akzent (vgl. § 6) tragen, wie z.B. in *oír* hören, *increíble* unglaublich, *caída* Fall, *río* Fluss, *galería* Galerie, *baúl* Schrankkoffer, *acentúo* ich betone.

Anmerkung 3: Vereinzelt (besonders in der Konjugation) kommen auch silbische Verbindungen von drei Vokalen, sog. Triphthonge, vor, wie z.B. in *buey* Ochse, *Uruguay*, *continuáis* ihr fahrt fort, *incendiáis* ihr steckt in Brand.

## 5 Die Konsonanten (las consonantes)

1. *b* und *v* werden im Spanischen in der Aussprache nicht unterschieden. Je nach der lautlichen Umgebung werden sie entweder als [b] oder als [β] ausgesprochen (vgl. § 2). Der unterschiedliche Gebrauch des einen oder des anderen Buchstabens ist in der Regel etymologisch bedingt.

2. **b**, **d** und **g** mit den Lautwerten [b], [d] und [g] werden im Gegensatz zum Deutschen voll stimmhaft gesprochen.

3. **c** vor **e/i** und **z** werden im Standardspanischen [θ] ausgesprochen, wie z. B. in *cena* [θena] Abendessen, *cinta* [θinta] Band, *zapato* [θapato] Schuh, *zona* [θona] Zone, *zumo* [θumo] Fruchtsaft. In Andalusien, auf den Kanarischen Inseln und in Lateinamerika wird anstelle von [θ] stets [s] gesprochen. Diese als *Seseo* bezeichnete Erscheinung gilt ebenfalls als korrekt; sie führt jedoch dazu, dass Wörter mit verschiedener Bedeutung in der Aussprache zusammenfallen:

| | | | | |
|---|---|---|---|---|
| *caza* [kaθa/kasa] | Jagd | - | *casa* [kasa] | Haus |
| *ciento* [θjento/sjento] | hundert | - | *siento* [sjento] | ich fühle |
| *roza* [rrɔθa/rrɔsa] | Rodung | - | *rosa* [rrɔsa] | Rose |
| *taza* [taθa/tasa] | Tasse | - | *tasa* [tasa] | Prozentsatz |
| *cocer* [koθɛr/kosɛr] | kochen | - | *coser* [kosɛr] | nähen |

4. **ch** zählt als ein Laut und wird stets [tʃ] ausgesprochen. In *Múnich*, der hispanisierten Form des deutschen Städtenamens München, hört man am Wortende sowohl die Aussprache [tʃ] als auch [k].

5. In der Endung des Partizip Perfekt *-ado/-ido* wird **d** als schwach artikuliertes [ð] ausgesprochen. In der Umgangssprache verstummt es in diesem Fall häufig. **d** am Wortende, wie z.B. in *huesped* Gast, *libertad* Freiheit, *usted* Sie, wird ebenfalls als schwaches [ð] ausgesprochen oder ist stumm. Die Aussprache [θ] gilt als ungepflegt. In *récord* Rekord ist das auslautende **d** stumm.

6. **gu** wird unterschiedlich ausgesprochen:
- vor **e/i** ist das **u** stumm, wie z.B. in *la guerra* [laɣɛrra] der Krieg, *la guía* [laɣia] der Reiseführer. Soll das **u** vor **e/i** jedoch ausgesprochen werden, erhält es ein Trema (crema/diéresis), wie z.B. in *ambigüedad* [ambiɣweðað] Zweideutigkeit, *lingüístico* [liŋgwistiko] linguistisch;
- vor **a/o** wird stets [gw/ɣw] gesprochen, wie z.B. in *guardar* [gwarðar] bewahren, *la guagua* [laɣwaɣwa] der Omnibus (auf den Kanaren und in der Karibik), *exiguo* [eɣsiɣwo/eksiɣwo] geringfügig;
- vor nachfolgenden Konsonanten bleibt die Aussprache [gu/ɣu] erhalten: *gusano* [gusano] Wurm, *el gusto* [elɣusto] der Geschmack.

7. **h** ist in spanischen Wörtern immer stumm. In einigen Fremdwörtern, die aus dem Englischen oder Deutschen stammen, wird **h** als [χ] ausgesprochen, wie z.B. in *hall* [χol] *hippy* [χipi], *holding* [χoldin], *hinterland* [χinterland], *hobby* [χobi].

8. *ll* verkörpert einen Laut, der traditionell im nördlichen Teil Spaniens und einigen wenigen Regionen Lateinamerikas insbesondere von Gebildeten als [ʎ] ausgesprochen wird. Im übrigen Teil der spanischsprachigen Welt dominiert die Aussprache [j] (Yeísmo), die im Begriff ist, die Aussprache [ʎ] zu verdrängen. In Südamerika finden sich auch die Aussprachen [ʒ] und, vor allem in Argentinien, [ʃ]. Spanisch-Lernenden kann die weit verbreitete Aussprache [j] empfohlen werden.

9. *p, t, c* (mit Lautwert [k]), *k* und *qu* werden im Gegensatz zum Deutschen nicht aspiriert (behaucht). Im Anlaut des Suffixoides *psic(o)/psiqu-* ist das anlautende *p* stumm. Die Schreibung ohne *p* ist ebenfalls korrekt: *(p)sicología* Psychologie, *(p)siquiatra* Psychiater.

10. *qu* wird im Spanischen nur vor *e/i* gebraucht und hat stets den Lautwert [k], d.h. das *u* ist stumm. In Fremdwörtern, wie z.B. in *quorum* [kʊrun] Quorum/Mindeststimmzahl kann *qu* ausnahmsweise auch vor anderen Vokalen vorkommen. Es kann in diesem Fall auch als [kw] ausgesprochen werden.

11. Bei der Aussprache von *r* und *rr* ist zu beachten:
- *r* zwischen Vokalen, wie z.B. in *heredero* Erbe, wird als kurzes Zungen-r gesprochen.
- Am Silbenende, wie z.B. in *arte* Kunst, oder am Wortende, wie z.B. in *mar* Meer wird *r* leicht gerollt.
- Am Wortanfang, wie z.B. in *rojo* rot, oder im Wortinnern nach den Konsonanten *l* und *n,* wie z.B. in *alrededor* ringsherum oder *honra* Ehre, wird *r* als langes Zungen-r stark gerollt.
- *rr* taucht nur im Wortinnern auf und wird stets stark gerollt.
- [s] oder [θ] vor folgendem *r* verstummen und führen zu einem stark gerollten *r*. Dies gilt sowohl im Wortinlaut als auch an der Wortgrenze: *israelí* [ɪrraeli], *los reyes* [lɔrrɛjes] die Könige, *el pez rojo* [elpɛrrɔχo] der rote Fisch.
- Im Wortinnern haben *r* und *rr* bedeutungsunterscheidende Funktion und sind daher in der Aussprache grundsätzlich auseinander zu halten:

| *pero* | aber | - | *perro* | Hund |
| *caro* | teuer | - | *carro* | Karren/Wagen |
| *moro* | maurisch | - | *morro* | Schnauze |

12. **s** wird außer vor stimmhaften Konsonanten stimmlos ausgesprochen. Im Gegensatz zum deutschen *s*-Laut wird das *s* des Standardspanischen scharf und leicht zischend (apiko-alveolar) artikuliert. Das in Andalusien und Lateinamerika gesprochene *s* ähnelt dem deutschen *s*. Bei Fremdwörtern, die mit s + Konsonant beginnen, geht dem s in der Aussprache ein e voraus: *spray* [espraⁱ], *sprint* [esprint], *spot* [espot].

13. *x* in *México* wird aus historischen Gründen wie [χ] ausgesprochen: [mεχiko]. Hier hat sich eine frühere Schreibweise erhalten.

## Betonung und Akzentsetzung (la acentuación)     6

Im Spanischen gelten folgende Betonungsregeln:

1. Trägt ein spanisches Wort einen Akzent (acento/tilde), so wird es auf dem betreffenden Vokal betont:

| | | | |
|---|---|---|---|
| *jabalí* | Wildschwein | *filósofo* | Philosoph |
| *razón* | Vernunft | *espécimen* | Muster |
| *detrás* | dahinter | *síntesis* | Synthese |
| *fácil* | leicht | *alcázar* | Festung |
| *huésped* | Gast | *lápiz* | Bleistift |
| *¡Muéstraselo!* | Zeig es ihm/ihr! | *¡Cómetelo!* | Iss es auf! |

2. Trägt ein spanisches Wort keinen Akzent, so wird die vorletzte Silbe betont, wenn das Wort auf Vokal, *-n* oder *-s* endet. Endet es auf Konsonant (außer *-n* oder *-s*), so wird die letzte Silbe betont:

| | | | |
|---|---|---|---|
| *casa* | Haus | *examen* | Prüfung |
| *tranquilo* | ruhig | *edificios* | Gebäude |
| *trabajar* | arbeiten | *principal* | hauptsächlich |
| *virtud* | Tugend | *reloj* | Uhr |
| *eficaz* | wirksam | *edad* | Alter |

Kennt man die Aussprache, so muss man beim Schreiben den Akzent nach den oben genannten Regeln setzen.

> Anmerkung: Wörter, die auf der letzten Silbe betont werden, heißen *palabras agudas*; auf der vorletzten Silbe betonte Wörter nennt man *palabras llanas*; die auf der drittletzten Silbe betonten Wörter, bezeichnet man als *palabras esdrújulas*. Gelegentlich, insbesondere wenn Verbformen sich mit unbetonten Pronomen verbinden, kommt es vor, dass ein Wort auf der viertletzten Silbe betont wird; in diesem Fall spricht man von *palabras sobresdrújulas*.

3. Der Betonung kommt im Spanischen bedeutungsunterscheidende Funktion zu:

| c_o_rtes | Parlament | - | cort_é_s | höflich |
|---|---|---|---|---|
| p_é_rdida | Verlust | - | perd_i_da | verloren [fem.] |
| _á_nimo | Mut/Wille | - an_i_mo | ich belebe - anim_ó_ | er belebte |
| pr_á_ctico | praktisch | - pract_i_co | ich übe aus - practic_ó_ | er übte aus |

4. Bei der Bildung des Plurals der Substantive (vgl. § 20) bleibt die Betonung des jeweiligen Wortes gleich, auch wenn das Substantiv durch Anfügung der Endung -es um eine Silbe länger wird. Für die Setzung des Akzents gelten die oben genannten Regeln:

| ex_a_men | Prüfung | - | ex_á_menes | Prüfungen |
|---|---|---|---|---|
| canci_ó_n | Lied | - | canci_o_nes | Lieder |
| val_o_r | Wert | - | val_o_res | Werte |
| _á_rbol | Baum | - | _á_rboles | Bäume |
| v_i_rgen | Jungfrau | - | v_í_rgenes | Jungfrauen |

Anmerkung: Eine Ausnahme von dieser Regel stellen die Substantive car_á_cter Charakter, r_é_gimen Regime und esp_é_cimen Muster dar. Ihre Pluralformen werden wie folgt gebildet: caract_e_res, reg_í_menes, espec_í_menes.

5. Diphthonge (vgl. § 4) werden stets auf dem Vollvokal betont, d.h. in der Regel auf a, e oder o, wie z.B. in p_a_usa Pause, c_ue_nca Schale, c_uo_ta Anteil. Besteht ein Diphthong aus den Vokalen i und u, so wird im Standardspanischen im allgemeinen das zweite Element betont: ru_i_do Lärm, vi_u_da Witwe. Falls ein Diphthong einen Akzent erhält, erscheint dieser stets auf dem tontragenden Vokal, nicht auf dem Halbvokal:

| hu_é_rfano | Waise | hab_é_is | ihr habt |
|---|---|---|---|
| cu_á_druple | vierfach | cant_á_is | ihr singt |

6. Wird ein Adjektiv durch Anfügung der Endung -mente zu einem Adverb, so weist dieses zwei Tonstellen auf, einen Haupton auf der vorletzten Silbe und einen Nebenton auf der Silbe, auf der das entsprechende Adjektiv betont wurde. Ein beim Adjektiv vorhandener Akzent bleibt erhalten:

| tranqu_i_lo | tranqu_i_lam_e_nte | ruhig |
|---|---|---|
| norm_a_l | norm_a_lm_e_nte | üblich(erweise) |
| dif_í_cil | dif_í_cilm_e_nte | schwierig |
| h_á_bil | h_á_bilm_e_nte | geschickt |

7. Bei einer Reihe von Wörtern schwankt die Betonung (die üblichere Betonung steht an erster Stelle):

| | | |
|---|---|---|
| atmósfera | - | atmosfera | Atmosphäre |
| austriaco | - | austríaco | österreichisch |
| chófer | - | chofer [lateinam.] | Chauffeur |
| dinamo | - | dínamo | Dynamo |
| ibero | - | íbero | iberisch |
| médula | - | medula | (Knochen)Mark |
| olimpiada | - | olimpíada | Olympiade |
| periodo | - | período | Zeitraum |
| reúma | - | reuma | Rheuma |

8. Bei Großbuchstaben kann ein nach den Regeln erforderlicher Akzent gesetzt werden oder entfallen: *Álvarez* oder *Alvarez*, *Álava* oder *Alava*, *Ícaro* oder *Icaro*.

9. Bei einer Reihe von einsilbigen und zweisilbigen spanischen Wörtern gibt der Akzent nicht die Tonstelle an, sondern dient zur Unterscheidung der Bedeutung:

| | | | | |
|---|---|---|---|---|
| *si* | ob/wenn | - | *sí* | ja |
| *se* | sich | - | *sé* | ich weiß |
| *de* | von | - | *dé* | ich/er möge geben |
| *tu* | dein | - | *tú* | du |
| *te* | dir/dich | - | *té* | Tee |
| *mi* | mein(e) | - | *mí* | mir/mich [betont] |
| *el* | der/die/das | - | *él* | er |
| *aun* | sogar | - | *aún* | noch |
| *mas* | aber | - | *más* | mehr |
| *solo* | allein | - | *sólo* | nur |

Merke: *porque* weil – *¿Por qué?* Warum?

10. Interrogativa und Exklamativa (vgl. §§ 94, 103) tragen immer einen Akzent:

| | |
|---|---|
| *¿Cuándo volverás?* | Wann kommst du wieder? |
| *¿Qué desea?* | Was wünschen Sie? |
| *¡Qué lástima!* | Wie schade! |
| *¿Cuál de los dos coches te gusta más, el rojo o el azul?* | Welches der beiden Autos gefällt dir besser, das rote oder das blaue? |

# 7 Die Apokope (la apócope)

Unter Apokope versteht man den Wegfall eines unbetonten Endvokals oder einer unbetonten Endsilbe eines Wortes. Im Spanischen tritt die Apokope bei bestimmten Adjektiven, Indefinitadjektiven und Zahlwörtern auf:

1. Die folgenden Adjektive, Indefinitadjektive und Zahlwörter verlieren das auslautende *-o* vor folgendem maskulinem Substantiv im Singular:

| | | |
|---|---|---|
| *bueno - buen* | *un buen día* | ein schöner Tag |
| *malo - mal* | *un mal asunto* | eine schlimme Angelegenheit |
| *alguno - algún* | *por algún motivo* | aus irgendeinem Grund |
| *ninguno - ningún* | *en ningún momento* | in keinem Augenblick |
| *uno - un* | *un minuto* | eine Minute |
| *primero - primer* | *el primer paso* | der erste Schritt |
| *tercero - tercer* | *el tercer mundo* | die dritte Welt |
| *postrero - postrer* | *el postrer bajá* | der letzte Pascha |

Anmerkung 1: Während sich bei der Apokope die Betonung nicht ändert, verringert sich die Silbenzahl; daher kann es zu einer Änderung der Akzentsetzung (vgl. § 6) kommen, wie z.B. in *algu̱no – algún*.

Anmerkung 2: Die Ordnungszahl *tercero* wird auch in Zusammensetzungen vor einem maskulinen Substantiv im Singular verkürzt: *el vigésimo tercer partido* das dreiundzwanzigste Spiel.

Anmerkung 3: In allen Zusammensetzungen wird *uno* vor einem maskulinen Substantiv im Singular und Plural apokopiert: *veintiún hombres* einundzwanzig Männer, *ciento un kilos* 101 kg.
Aber: *ciento una toneladas* 101 t.

Anmerkung 4: Nur ausnahmsweise tritt die Apokope auch vor einem femininen Substantiv auf, so etwa bei veraltetem *en buen hora* statt *en buena hora* zur rechten Zeit, oder in dem Sprichwort *A buen hambre no hay pan duro.* Hunger ist der beste Koch.

2. Das Zahlwort *ciento* wird vor einem folgenden Substantiv sowie vor den Zahlwörtern *mil, millones, billones* etc. apokopiert. Ebenso steht die verkürzte Form, wenn es substantivisch gebraucht wird:

| | |
|---|---|
| *cien años* | hundert Jahre |
| *cien millones de pesetas* | hundert Millionen Peseten |
| *el manifiesto de los cien* | das Manifest der hundert |

3. Vor einem maskulinen Eigennamen wird das Adjektiv *santo* zu *san* verkürzt (zur Großschreibung vgl. § 9):

| San José | der heilige Joseph | San Pedro | der heilige Petrus |

Aber: *Santo Tomás* der heilige Thomas, *Santo Domingo* der heilige Dominikus

4. Das Adjektiv *grande* wird im Allgemeinen vor einem folgenden femininen oder maskulinen Substantiv im Singular zu *gran* verkürzt:

| un gran árbol | ein großer Baum | una gran ciudad | eine große Stadt |

5. Das Indefinitadjektiv *cualquiera* verliert das auslautende *-a* vor einem nachfolgenden Substantiv.

| en cualquier caso | in jedem Fall | cualquier casa | irgendein Haus |

6. Das Adverb *recientemente* wird vor einem Partizip Perfekt zu *recién* verkürzt:

| recién nacido | neugeboren | recién casado | frisch vermählt |

**Die Silbentrennung** (la división en sílabas)    **8**

Als artikulatorischer Grundbestandteil eines Wortes besteht eine Silbe aus einem Vokal, einem Diphthong oder einem Triphthong (vgl. §§ 3,4), dem ein oder mehrere Konsonanten vorangehen oder folgen können. Für die Silbentrennung gelten im Spanischen folgende Grundregeln:

1. Diphthonge und Triphthonge dürfen im Spanischen nicht getrennt werden: *fue-go* Feuer, *ai-re* Luft; *des-pre-ciáis* ihr verachtet. Zwei Vollvokale können hingegen getrennt werden: *ca-os* Chaos, *pa-ís* Land. Silbentrennungen, bei denen ein Vokal allein stehen würde, werden im Allgemeinen vermieden: Also nicht *a-é-re-o*, sondern eher *aé-reo* die Luftfahrt betreffend.

2. Ein einzelner Konsonant zwischen zwei Vokalen bildet mit dem Folgevokal eine Silbe: *co-sa* Sache, *pe-re-zo-so* faul.

3. Stehen zwei Konsonanten zwischen Vokalen, so tritt der erste zur vorangehenden, der zweite zur folgenden Silbe. Diese Regel gilt auch bei den Konsonantengruppen *st* und *sp* (zu den Ausnahmen vgl. § 8.4 und 8.5): *ac-ción* Handlung, *in-no-va-ción* Neuerung, *es-té-ril* unfruchtbar, *es-pe-jo* Spiegel.

4. Nicht trennbar sind *ch, ll* und *rr,* da sie jeweils einen einzigen Laut darstellen: *no-che* Nacht, *ca-ba-llo* Pferd, *to-rre* Turm.

5. Die Konsonantenverbindungen *pl, bl, cl, gl, fl* sowie *pr, br, tr, dr, cr, gr, fr* werden nicht getrennt, sondern bilden mit dem folgenden Vokal eine Silbe: *co-pla* Reimpaar, *ama-ble* nett, *re-cla-mar* beanstanden, *re-gla* Regel, *de-fla-grar* verpuffen; *ca-pri-cho* Laune, *Can-ta-bria* Kantabrien, *pa-tria* Heimat, *pa-dre* Vater, *de-cre-to* Verordnung, *ne-gro* schwarz, *náu-fra-go* Schiffbrüchiger.

6. Bei drei intervokalischen Konsonanten tritt nur der letzte zum folgenden Vokal, während die übrigen beim vorangehenden Vokal verbleiben: *trans-por-tar* befördern, *obs-tá-cu-lo* Hindernis. Bilden jedoch die beiden letzten Konsonanten eine der unter 5. genannten Konsonantengruppen, so treten diese zusammen zum folgenden Vokal: *com-ple-to* vollständig, *siem-pre* immer, *es-tre-lla* Stern, *hom-bre* Mann, *es-cri-to* geschrieben, *abs-trac-ción* Abstraktion.

7. Mit Präfixen wie *ab-, ad-, des-, en-, in-, sub-* gebildete oder mit sonst selbständigen Elementen wie *bien, mal* etc. zusammengesetzte Wörter können nach den oben angegebenen Regeln oder aber nach den Wortbestandteilen (etymologisch) getrennt werden:

| | | | |
|---|---|---|---|
| *de-sa-pa-re-cer* | oder | *des-apa-re-cer* | verschwinden |
| *su-bor-di-nar* | oder | *sub-or-di-nar* | unterordnen |
| *bie-nes-tar* | oder | *bien-es-tar* | Wohlergehen |
| *ma-len-ten-di-do* | oder | *mal-en-ten-di-do* | Missverständnis |
| *no-so-tros* | oder | *nos-otros* | wir |

Aber nur: *in-ter-ro-gar*

## 9 Die Großschreibung (el uso de la mayúscula)

Groß geschrieben werden im Spanischen

1. Wörter, die am Satzanfang, nach einem Punkt, nach einem Doppelpunkt und nach einem Frage- oder Ausrufezeichen stehen.

2. Eigennamen von Personen, Städten, Regionen, Ländern, Flüssen, Meeren, Bergen und Gebirgen, wie z.B. *Carmen, Toledo, la Mancha, España, el Guadalquivir, el Pacífico, el Teide, los Pirineos.* Ist der bestimmte Artikel Bestandteil eines Städtenamens, so wird auch er groß geschrieben: *La Coruña, La Habana, La Paz, La Haya* Den Haag, *El Havre, El Cairo* (aber: *la Mancha, los Pirineos*).

3. Ausdrücke, die sich auf Gott oder auf die Jungfrau Maria beziehen, wie z.B. *Dios, el Creador* der Schöpfer, *El* Er, *la Virgen* die Jungfrau, *la Madre de Dios* die Muttergottes.

4. Titel von Periodika, wie z.B. *el Correo Catalán, el Heraldo, el Boletín Oficial del Estado.*

5. die Namen wichtiger nationaler und internationaler Institutionen, wie z.B. *el Estado* der Staat, *el Gobierno* die Regierung, *el Gabinete* das Kabinett, *la Bolsa* die Börse, *el Ministerio de Defensa* das Verteidigungsministerium, *la Unión Europea* die Europäische Union, *Naciones Unidas* die Vereinten Nationen.

6. die Namen von Straßen und Plätzen, wie z.B. *la Plaza de España, las Ramblas, el Paseo de la Libertad.*

7. die folgenden Abkürzungen in brieflicher Anrede: *Vd./Ud.* = *usted* Sie [Sing.], *Vds./uds.* = *ustedes* Sie [Pl.], *D.* = *don, Dña.* = *doña, Sr./Srs.* = *seño(res)* Herr(en), *Sra./Sras.* = *señora(s)* Frau(en)/Dame(n), *Srta.* = *señorita* Fräulein.

8. Die Namen der Monate können groß oder klein geschrieben werden, wobei heute die Kleinschreibung vorgezogen wird. Die Namen der Wochentage werden klein geschrieben. Man beachte jedoch: *Viernes Santo* Karfreitag.

## Die Satzzeichen (los signos de puntuación) 10

Im Spanischen werden folgende Satzzeichen verwendet:

| | | |
|---|---|---|
| . | *el punto* | der Punkt |
| , | *la coma* | das Komma |
| ; | *el punto y coma* | der Strichpunkt |
| : | *los dos puntos* | der Doppelpunkt |
| ¿? | *los signos de interrogación* | die Fragezeichen |
| ¡! | *los signos de exclamación/ admiración* | die Ausrufezeichen |
| - | *el guión* | der Binde-/Trennungsstrich |
| – | *la raya* | der Gedankenstrich |
| ... | *los puntos suspensivos* | die Fortführungspunkte |
| «» | *las comillas* | die Anführungszeichen |
| () | *los paréntesis* | die runden Klammern |
| [] | *los corchetes* | die eckigen Klammern |

Im Folgenden werden die wichtigsten Regeln der spanischen Zeichensetzung aufgeführt.

1. Das Komma wird im Spanischen gesetzt,

- bei der Anrede:

| | |
|---|---|
| *Luis, ¿vienes conmigo?* | Gehst du mit, Luis? |
| *Te lo digo, hijo mío, para que lo sepas.* | Ich sage es dir, mein Sohn, damit du es weißt. |

- bei Aufzählungen:

| | |
|---|---|
| *Juan, Alonso, Pilar y María frecuentan un curso de alemán.* | Juan, Alonso, Pilar und Maria besuchen einen Deutschkurs. |
| *Llegué, vi, vencí.* | Ich kam, sah und siegte. |

- bei Appositionen:

| | |
|---|---|
| *Leonardo, mi mejor amigo, se casa mañana.* | Leonardo, mein bester Freund, heiratet morgen. |

- bei eingeschobenen Sätzen:

| | |
|---|---|
| *No queremos, dijo ayer un portavoz del sindicato, enfrentamientos con el gobierno, ni con nadie.* | Wir wollen, sagte gestern ein Sprecher der Gewerkschaft, keine Konfrontation mit der Regierung noch mit sonst jemandem. |

- um Adverbien und adverbielle Ausdrücke abzutrennen:

| | |
|---|---|
| *Al parecer, Carlos es un hombre sincero.* | Dem Anschein nach ist Carlos ein ehrlicher Mensch. |
| *Mientras, la vida sigue.* | Inzwischen geht das Leben weiter. |
| *Ahora, de repente, todo ha cambiado.* | Jetzt hat sich plötzlich alles geändert. |

- um Adverbialsätze, die dem Hauptsatz vorangehen, von diesem abzutrennen:

| | |
|---|---|
| *Cuando recibas la confirmación, me lo dices.* | Wenn du die Bestätigung erhältst, sagst du es mir. |

| Aunque es muy caro, te lo voy a comprar. | Obwohl es sehr teuer ist, werde ich es dir kaufen. |

Anmerkung: Folgt der Adverbialsatz dem Hauptsatz, steht meist kein Komma.

- um erläuternde Relativsätze (vgl. § 118.2), die auch partizipial verkürzt sein können, vom Hauptsatz abzutrennen:

| El hotel Miramar, que antes era famoso por sus fiestas extravagantes, tendrá que cerrar a finales de este mes. | Das Hotel Miramar, das früher für seine extravaganten Feste bekannt war, wird Ende dieses Monats schließen müssen. |
| El hotel Miramar, construido en los años sesenta, hoy se pone a la venta. | Das Hotel Miramar, das in den sechziger Jahren erbaut wurde, steht heute zum Verkauf. |

- zur Abtrennung von am Satzanfang stehenden verkürzten Nebensätzen mit *al* + Infinitiv oder mit *gerundio*:

| Al acercarse a una curva, Juan tuvo que frenar bruscamente. | Als Juan sich einer Kurve näherte, musste er scharf bremsen. |
| Entrando por una puerta lateral, nadie podrá vernos. | Wenn wir durch einen Seiteneingang eintreten, wird uns niemand sehen können. |

- wenn ein Verb ausgelassen wird:

| Si no me hubiera ayudado, mucho peor. | Wenn er mir nicht geholfen hätte, wäre es viel schlimmer gewesen. |
| Perro ladrardor, poco mordedor. | Hunde, die bellen, beißen nicht. |

- vor und nach den Ausdrücken *es decir* und *o sea* das heißt:

| Mi hijo es vegetariano, es decir no come carne. | Mein Sohn ist Vegetarier, das heißt er isst kein Fleisch. |
| La pirosis, o sea la acidez de estómago, es producida por exceso de ácidos. | Pyrosis, d.h. Sodbrennen, wird durch Säureüberschuss hervorgerufen. |

- vor dem Wort *etcétera* 'und so weiter'.

2. **Kein** Komma steht

- vor *que* dass:

| Ya te he dicho que no tengo tiempo. | Ich habe dir schon gesagt, dass ich keine Zeit habe. |

- vor einem indirekten Fragesatz:

| No quería decirme dónde había conocido a su mujer. | Er wollte mir nicht sagen, wo er seine Frau kennen gelernt hatte. |

- vor einschränkenden Relativsätzen (vgl. § 118.1) und Partizipialsätzen (vgl.§ 211):

| Los estudiantes que han aprobado todos los exámenes obtendrán un premio. | Die Studenten, die alle Prüfungen bestanden haben, erhalten einen Preis. |
| Todas sus cartas escritas desde la prisión se publicarán próximamente. | Alle seine aus dem Gefängnis geschriebenen Briefe werden demnächst veröffentlicht. |

- vor einem Infinitivsatz:

| El nuevo ministro de economía intentó reestructurar el sector textil. | Der neue Wirtschaftsminister versuchte, die Bekleidungsindustrie umzustrukturieren. |

3. Frage- und Ausrufesätze beginnen und enden mit einem Frage- bzw. Ausrufezeichen. Das die Frage eröffnende Fragezeichen kann auch unmittelbar vor dem Fragewort stehen, wenn dieses nicht am Satzanfang erscheint:

| ¿Por qué no viniste ayer tarde? | Warum bist du gestern Nachmittag nicht gekommen? |
| Y tus padres, ¿cómo están? | Und wie geht es deinen Eltern? |
| ¡Cuántas veces te he dicho que no llegues tarde! | Wie oft habe ich dir gesagt, dass du nicht zu spät kommen sollst! |

4. Der Gedankenstrich wird verwendet,

- um im schriftlich wiedergegebenen Dialog den Beginn der direkten Rede anzuzeigen:

| «- ¿Has terminado tu trabajo? | 'Bist du mit deiner Arbeit fertig?' |
| - Todavía no. | 'Noch nicht.' |
| - ¡Date prisa!» | 'Beeil dich!' |

- um eingeschobene Sätze abzutrennen:

| Su hijo – lamento decírselo – no ha aprobado el examen. | Ihr Sohn hat – es tut mir Leid, Ihnen das zu sagen – die Prüfung nicht bestanden. |

# Kapitel 2  Das Substantiv (El sustantivo)

Ein spanisches Substantiv ist seinem Genus nach entweder maskulin oder feminin; ein Neutrum wie im Deutschen gibt es nicht. Prinzipiell kann jedes in einem Text vorkommende Substantiv im Singular oder im Plural stehen (Ausnahmen vgl. § 25). Genus und Numerus des Substantivs sind meistens, jedoch nicht immer, an seiner Endung zu erkennen. Im Einzelnen gibt es zahlreiche Besonderheiten. Ein Substantiv kann mit bestimmten anderen Wortarten eine Nominalgruppe bilden (vgl. § 26) und so im Satz verschiedene Funktionen, wie z.B. Subjekt, direktes Objekt, prädikative Ergänzung (vgl. § 27), erfüllen.

## Das Genus (el género)

Substantive auf *-o* sind meistens maskulin, Substantive auf *-a* sind überwiegend feminin, während Substantive, die auf *-e* oder auf einen Konsonanten enden, entweder maskulin oder feminin sind.

## 11 Das maskuline Genus (el género masculino)

Maskulin sind im Allgemeinen

1. Substantive auf *-o*:

| | | | |
|---|---|---|---|
| *el libro* | das Buch | *el tiempo* | die Zeit |
| *el muchacho* | der Bursche | *el caballo* | das Pferd |

Ausnahmen:  *la mano* die Hand, *la soprano* die Sopranistin, *la modelo* das Model und die Kurzwörter *la radio* das Radio (in Lateinamerika: *el radio*), *la foto* das Foto, *la moto* das Motorrad, *la dínamo* der Dynamo

2. Substantive auf *-n* (vgl. auch § 11.6):

| | | | |
|---|---|---|---|
| *el pan* | das Brot | *el tren* | der Zug |
| *el andén* | der Bahnsteig | *el desdén* | die Verachtung |

Ausnahmen:  *la imagen* das Bild, *la virgen* die Jungfrau

3. zahlreiche Substantive auf *-e* (vgl. auch § 12.5):

| | | | |
|---|---|---|---|
| *el diente* | der Zahn | *el puente* | die Brücke |
| *el monte* | der Berg | *el alcance* | die Reichweite |

4. Substantive auf **-aje**:

| el viaje | die Reise | el equipaje | das Gepäck |
|---|---|---|---|
| el aprendizaje | die Lehre | el montaje | die Montage |

5. Substantive auf **-r**:

| el lugar | der Ort | el color | die Farbe |
|---|---|---|---|
| el menester | die Notwendigkeit | el director | der Leiter |

Ausnahmen: *la flor* die Blume, *la labor* die (mühevolle) Arbeit

6. Substantive auf **-ón** (zu den Substantiven auf **-ión** vgl. § 12.4)

| el perdón | die Verzeihung | el montón | der Haufen |
|---|---|---|---|
| el pantalón | die Hose | el campeón | der Meister (Sport) |

Ausnahmen: *la comezón* der Juckreiz, *la picazón* das Jucken, *la razón* der Grund/die Vernunft, *la sazón* die Reife/Würze

7. Substantive auf **-l**:

| el canal | der Kanal | el barril | das (kleine) Fass |
|---|---|---|---|
| el corral | der Hof (Tiere) | el toril | der Stall (Stier) |
| el cordel | der Strick | el español | der Spanier |
| el nivel | das Niveau | el baúl | der Schrankkoffer |

Ausnahmen: *la catedral* die Kathedrale, *la col* der Kohl, *la hiel* die Galle(nflüssigkeit), *la miel* der Honig, *la piel* die Haut, *la postal* die Postkarte, *la sal* das Salz, *la señal* das Signal, *la sucursal/la filial* die Filiale, *la vocal* der Vokal

8. Substantive griechischer Herkunft auf **-ma**:

| el problema | das Problem | el programa | das Programm |
|---|---|---|---|
| el enigma | das Rätsel | el diploma | das Diplom |
| el panorama | das Panorama | el drama | das Drama |
| el crucigrama | das Kreuzworträtsel | el sistema | das System |
| el idioma | die Sprache | el clima | das Klima |
| el tema | das Thema | el poema | das Gedicht |

Ausnahmen: *la diadema* das Diadem, *la estratagema* die Kriegslist, *la flema* das Phlegma, *la crema* die Creme/das Trema, *la amalgama* das Gemisch, *la eccema/eczema* das Ekzem

9. Substantive auf **-a** oder **-á**, die eine männliche Person bezeichnen:

| el poeta | der Dichter | el profeta | der Prophet |
|---|---|---|---|
| el papa | der Papst | el papá | der Papa |
| el recluta | der Rekrut | el indígena | der Eingeborene |

10. die Bezeichnungen der Himmelsrichtungen:

| el norte | der Norden | el sur | der Süden |
|---|---|---|---|
| el este | der Osten | el oeste | der Westen |

11. die Namen von Meeren, Seen, Flüssen, Bergen und Gebirgen (wegen des maskulinen Genus des entsprechenden Grundwortes):

| el Mediterráneo | das Mittelmeer | el Elba | die Elbe |
|---|---|---|---|
| el Pacífico | der Pazifik | el Rin | der Rhein |
| el Titicaca | der Titicacasee | el Danubio | die Donau |
| el Ebro | der Ebro | el Teide | der Teide |
| el Guadiana | der Guadiana | los Pirineos | die Pyrenäen |
| el Támesis | die Themse | los Andes | die Anden |
| el Sena | die Seine | el Etna | der Ätna |

12. die Namen von Automarken, Schiffen und Flugzeugtypen, wie z.B. *el Seat, el Mercedes, el Toyota, el Titanic, el Boeing, el Concorde, el Columbia.*

13. die Namen der Wochentage und der Monate:

| el miércoles | der Mittwoch | febrero | Februar |
|---|---|---|---|
| el domingo | der Sonntag | agosto | August |

14. Infinitive und substantivierte Wortarten (außer Adjektiven und Partizipien, vgl. § 32.1):

| el saber | das Wissen | el no | das Nein |
|---|---|---|---|
| el porqué | das Warum | el sí | das Ja |
| el cómo | das Wie | el yo | das Ich |

Ausnahme: *la nada* das Nichts

15. die Zahlwörter: *el uno* die Eins, *el once* die Elf.

16. die Namen von Sportmannschaften, wie z.B. *el Real Madrid, el Sevilla, el Betis.* Aber: *la Real Sociedad, la Cultural leonesa.*

17. die Namen von Weinsorten, wie z.B. *el Rioja, el Valdepeñas, el Jerez* der Sherry, *el Cariñena.*

# Das feminine Genus (el género femenino)

Feminin sind:

1. Substantive auf **-a**:

| la lengua | die Sprache | la mesa | der Tisch |
| la isla | die Insel | la muchacha | das Mädchen |

Ausnahmen: *el día* der Tag, *el guardarropa* die Garderobe, *el mapa* die Landkarte, *el planeta* der Planet, *el tanga* der Tanga, *el telesilla* der Sessellift, *el tranvía* die Straßenbahn, *el Sáhara* die Sahara (ferner die in § 11.8,9 aufgeführten Substantive, vgl. auch § 16)

2. Substantive auf **-d**:

| la sed | der Durst | la ciudad | die Stadt |
| la salud | die Gesundheit | la vid | die Rebe |

Ausnahmen: *el césped* der Rasen, *el huésped* der Gast, *el alud* die Lawine

3. Substantive auf **-z**:

| la voz | die Stimme | la vez | das Mal |
| la luz | das Licht | la paz | der Friede |

Ausnahmen: *el pez* der (lebende) Fisch, *el lápiz* der Bleistift, *el arroz* der Reis, *el altavoz* der Lautsprecher

4. Substantive auf **-ión** (zu den Substantiven auf **-ón** vgl. § 11.6):

| la lección | die Lektion | la decisión | die Entscheidung |
| la región | das Gebiet | la unión | die Vereinigung |
| la impresión | der Eindruck | la nación | das Volk |

Ausnahmen: *el avión* das Flugzeug, *el camión* der Lastwagen, *el sarampión* die Masern

5. zahlreiche Substantive auf **-e** (vgl. auch § 11.3):

| la leche | die Milch | la noche | die Nacht |
| la fuente | die Quelle | la sangre | das Blut |

6. zahlreiche Substantive griechischen Ursprungs auf **-s**:

| la crisis | die Krise | la hipótesis | die Hypothese |
| la tesis | die These/die Dissertation | la diócesi(s) | die Diözese/ der Kirchenbezirk |

| la parálisis | die Lähmung | la perífrasis | die Periphrase |
| la (p)sicosis | die Psychose | la hepatitis | die Hepatitis |

Ausnahmen: *el análisis* die Analyse, *el clítoris* die Klitoris, *el énfasis* die Emphase, *el éxtasis* die Ekstase, *el oasis* die Oase, *el paréntesis* die Klammer

7. die Namen von Inseln und auf **-a** endende Städte- und Ländernamen:

| *las Baleares* | die Balearen |
| *las Canarias* | die Kanaren |
| *la Granada mora* | das maurische Granada |
| *la España musulmana* | das islamische Spanien |

Ausnahmen: *el Canadá* Kanada, *el Panamá* Panama

8. Die Namen der Buchstaben:

| *la e* | das e | *una hache* | ein h |

## 13 Die Bezeichnungen von männlichen und weiblichen Personen

Zur Bezeichnung von männlichen und weiblichen Personen gibt es im Spanischen verschiedene Bildungsmuster:

1. Die Bezeichnung der männlichen Person endet auf **-o**, die der weiblichen auf **-a**:

| *el tío* | der Onkel | - *la tía* | die Tante |
| *el cuñado* | der Schwager | - *la cuñada* | die Schwägerin |
| *el sobrino* | der Neffe | - *la sobrina* | die Nichte |
| *el hermano* | der Bruder | - *la hermana* | die Schwester |
| *el médico* | der Arzt | - *la médica* | die Ärztin |
| *el peluquero* | der Friseur | - *la peluquera* | die Friseurin |

Anmerkung: Neben *la médica* findet sich auch *la médico*.

2. Die Bezeichnung der männlichen Person endet auf **-e**, die der weiblichen auf **-a** (vgl. auch § 13.5):

| *el sastre* | der Schneider | - *la sastra* | die Schneiderin |
| *el jefe* | der Chef | - *la jefa* | die Chefin |
| *el monje* | der Mönch | - *la monja* | die Nonne |
| *el presidente* | der Präsident | - *la presidenta* | die Präsidentin |
| *el ayudante* | der Assistent | - *la ayudanta* | die Hilfsarbeiterin |
| *el dependiente* | der Diener | - *la dependienta* | die Verkäuferin |
| *el sirviente* | der Diener | - *la sirvienta* | die Dienerin |

Anmerkung: Die Form *la ayudante* bedeutet Assistentin.

3. Die Bezeichnung der männlichen Person endet auf Konsonant, die der weiblichen auf Konsonant + -a:

| el señor | der Herr | - la señora | die Dame |
|---|---|---|---|
| el director | der Leiter | - la directora | die Leiterin |
| el autor | der Autor | - la autora | die Autorin |
| el dios | der Gott | - la diosa | die Göttin |
| el portugués | der Portugiese | - la portuguesa | die Portugiesin |
| el español | der Spanier | - la española | die Spanierin |
| el bailarín | der Balletttänzer | - la bailarina | die Balletttänzerin |
| el alemán | der Deutsche | - la alemana | die Deutsche |

4. Die Bezeichnungen der männlichen und der weiblichen Person unterscheiden sich durch ein Suffix:

| el actor | der Schauspieler | - la actriz | die Schauspielerin |
|---|---|---|---|
| el emperador | der Kaiser | - la emperatriz | die Kaiserin |
| el poeta | der Dichter | - la poetisa | die Dichterin |
| el profeta | der Prophet | - la profetisa | die Prophetin |
| el sacerdote | der Priester | - la sacerdotisa | die Priesterin |
| el abad | der Abt | - la abadesa | die Äbtissin |
| el alcalde | der Bürgermeister | - la alcaldesa | die Bürgermeisterin |
| el conde | der Graf | - la condesa | die Gräfin |
| el príncipe | der Prinz | - la princesa | die Prinzessin |
| el rey | der König | - la reina | die Königin |
| el héroe | der Held | - la heroína | die Heldin |

Anmerkung: Einige weibliche Personenbezeichnungen, wie z.B. *poetisa* können mit einer herabsetzenden Nuance einhergehen.

5. Bei den Substantiven auf *-ista/-ante* und bei einigen Substantiven auf *-(i)ente* sind die Bezeichnungen der männlichen und der weiblichen Person identisch:

| el turista | der Tourist | - la turista | die Touristin |
|---|---|---|---|
| el artista | der Künstler | - la artista | die Künstlerin |
| el periodista | der Journalist | - la periodista | die Journalistin |
| el deportista | der Sportler | - la deportista | die Sportlerin |
| el estudiante | der Student | - la estudiante | die Studentin |
| el cantante | der Sänger | - la cantante | die Sängerin |
| el donante | der Spender | - la donante | die Spenderin |
| el amante | der Geliebte | - la amante | die Geliebte |

| | | | |
|---|---|---|---|
| el oyente | der Hörer | - la oyente | die Hörerin |
| el asistente | der Assistent | - la asistente | die Assistentin |
| el cliente | der Kunde | - la cliente | die Kundin |
| el paciente | der Patient | - la paciente | die Patientin |

Anmerkung: Neben *la estudiante* und *la cliente* existieren die umgangssprachlichen Formen *la estudianta* und *la clienta*. Die Form *la asistenta* bedeutet 'Haushaltshilfe'.

6. Bei den folgenden Substantiven sind die Bezeichnungen für die männliche und die weibliche Person identisch:

| | | | |
|---|---|---|---|
| el testigo | der Zeuge | - la testigo | die Zeugin |
| el patriota | der Patriot | - la patriota | die Patriotin |
| el colega | der Kollege | - la colega | die Kollegin |
| el idiota | der Idiot | - la idiota | die Idiotin |
| el joven | der junge Mann | - la joven | die junge Frau |
| el rehén | die männl. Geisel | - la rehén | die weibl. Geisel |
| el intérprete | der Dometscher | - la intérprete | die Dolmetscherin |
| el portavoz | der Sprecher | - la portavoz | die Sprecherin |

7. In einigen wenigen Fällen werden männliche und weibliche Personen mit verschiedenem Wortstamm bezeichnet:

| | | | |
|---|---|---|---|
| el padre | der Vater | - la madre | die Mutter |
| el hombre | der Mann | - la mujer | die Frau |
| el yerno | der Schwiegersohn | - la nuera | die Schwiegertochter |

## 14 Die Bezeichnungen von männlichen und weiblichen Tieren

Es gibt im Spanischen verschiedene Möglichkeiten, das männliche und das weibliche Tier einer Gattung zu unterscheiden.

1. Die Bezeichnung des männlichen Tieres endet auf **-o**, die des weiblichen auf **-a**:

| | | | |
|---|---|---|---|
| el perro | der Hund | - la perra | die Hündin |
| el lobo | der Wolf | - la loba | die Wölfin |

2. Die Bezeichnung des weiblichen Tieres unterscheidet sich von der des männlichen durch die Anfügung einer Endung oder eines Suffixes:

| | | | |
|---|---|---|---|
| el león | der Löwe | - la leona | die Löwin |
| el gallo | der Hahn | - la gallina | die Henne |

3. Männliches und weibliches Tier werden durch völlig verschiedene Wörter bezeichnet:

| | | | |
|---|---|---|---|
| el toro | der Stier | - la vaca | die Kuh |
| el carnero | der Hammel | - la oveja | das Schaf |
| el (caballo) semental | der Hengst | - la yegua | die Stute |
| el zángano | die Drohne | - la abeja | die Biene |

4. Für die meisten Tiere gibt es nur eine maskuline oder feminine Gattungsbezeichnung, die dem natürlichen Geschlecht des jeweils gemeinten Tieres nicht Rechnung trägt. Will man in einem solchen Fall ausdrücklich auf ein männliches oder ein weibliches Tier Bezug nehmen, so fügt man entweder **macho** oder **hembra** hinzu:

| | | | |
|---|---|---|---|
| el tigre macho | der Tiger | - el tigre hembra | die Tigerin |
| la jirafa macho | die männl. Giraffe | - la jirafa hembra | die weibl. Giraffe |

Anmerkung: Außerdem kommen die Bezeichnungen *la tigre*, *la tigra* und *la tigresa* vor.

## Das Genus bei Bezeichnungen von Bäumen und Früchten   15

Die Namen von Bäumen und Sträuchern sind in der Regel maskulin, die Namen der entsprechenden Früchte feminin:

| | | | |
|---|---|---|---|
| el cerezo | der Kirschbaum | - la cereza | die Kirsche |
| el almendro | der Mandelbaum | - la almendra | die Mandel |
| el ciruelo | der Pflaumenbaum | - la ciruela | die Pflaume |
| el avellano | der Haselnussstrauch | - la avellana | die Haselnuss |
| el naranjo | der Orangenbaum | - la naranja | die Orange |
| el castaño | der Kastanienbaum | - la castaña | die Kastanie |
| el manzano | der Apfelbaum | - la manzana | der Apfel |

Anmerkung 1: Feminin sind die Namen folgender Bäume: *la encina* die Steineiche, *el haya* (vgl. § 30) die Buche, *la palmera* die Palme.

Anmerkung 2: Maskulin sind die Namen folgender Früchte: *el limón* die Zitrone, *el plátano* die Banane, *el melocotón* der Pfirsich, *el albaricoque* die Aprikose, *el higo* die Feige, *el membrillo* die Quitte, *el dátil* die Dattel, *el pistacho* die Pistazie. Die dazu gehörigen Bäume heißen: *el limonero* der Zitronenbaum, *el platanero* die Bananenstaude, *el melocotonero* der Pfirsichbaum, *el albaricoquero* der Aprikosenbaum, *la higuera* der Feigenbaum, *el membrillo* der Quittenbaum.

# 16 Gleichlautende Substantive mit unterschiedlichem Genus und unterschiedlicher Bedeutung

| | | | |
|---|---|---|---|
| *el atalaya* | der Turmwächter | - *la atalaya* | der Wachturm |
| *el batería* | der Schlagzeuger | - *la batería* | die Batterie/das Schlagzeug |
| *el busca* | der Piepser | - *la busca* | die Suche |
| *el cabeza* | das Oberhaupt | - *la cabeza* | der Kopf |
| *el canalla* | der Lump | - *la canalla* | das Gesindel |
| *el capital* | das Kapital | - *la capital* | die Hauptstadt |
| *el casete* | der Kassettenrecorder | - *la casete* | die Kassette |
| *el caza* | das Jagdflugzeug | - *la caza* | die Jagd |
| *el cólera* | die Cholera | - *la cólera* | der Zorn |
| *el coma* | das Koma | - *la coma* | das Komma |
| *el cometa* | der Komet | - *la cometa* | der Drachen |
| *el corte* | der Schnitt | - *la corte* | der Hof(staat) |
| *el crisma* | das Salböl | - *la crisma* | der Kopf [ugspr.] |
| *el cura* | der Pfarrer | - *la cura* | die Kur |
| *el delta* | das Fluss(Delta) | - *la delta* | Delta |
| *el doblez* | die (Kleider)Falte | - *la doblez* | die Falschheit |
| *el editorial* | der Leitartikel | - *la editorial* | der Verlag |
| *el frente* | die Front | - *la frente* | die Stirn |
| *el gallina* | der Feigling | - *la gallina* | das Huhn |
| *el Génesis* | das Buch Genesis | - *la génesis* | die Genese |
| *el guardia* | der Wachposten | - *la guardia* | die Wache |
| *el guía* | der Fremdenführer | - *la guía* | der Reiseführer |
| *el levita* | der Levit | - *la levita* | der Gehrock |
| *el loto* | die Lotosblume | - *la loto* | das Lotto |
| *el mariquita* | der Schwule | - *la mariquita* | der Marienkäfer |
| *el margen* | der Rand | - *la margen* | das Ufer |
| *el orden* | die Ordnung/ der Rang | - *la orden* | der Orden/ der Befehl |
| *el ordenanza* | der Offiziersbursche | - *la ordenanza* | die Anweisung |
| *el parte* | der Bericht | - *la parte* | der Teil |
| *el pelota* | der Schmeichler | - *la pelota* | der Ball |
| *el pendiente* | der Ohrring | - *la pendiente* | der Abhang |
| *el pez* | der Fisch | - *la pez* | das Pech |
| *el policía* | der Polizist | - *la policía* | die Polizei |
| *el trompeta* | der Trompeter | - *la trompeta* | die Trompete |
| *el vista* | der Zollbeamte | - *la vista* | der Anblick |

Anmerkung: La *guía* bedeutet auch 'die Fremdenführerin'.

## Paare maskuliner und femininer Substantive mit unterschiedlicher Endung und unterschiedlicher Bedeutung

| | | | |
|---|---|---|---|
| el acto | die Tat | - el acta [fem.] | das Protokoll |
| el arco | der Bogen | - el arca [fem.] | die Truhe/ Kiste |
| el bolso | die Handtasche | - la bolsa | der Beutel/ der Sack/ die Börse |
| el canasto | der Tragkorb | - la canasta | der Henkelkorb |
| el cigarro | die Zigarre | - la cigarra | die Zikade |
| el costo/coste | die Kosten | - la costa | die Küste |
| el crítico | der Kritiker | - la crítica | die Kritik |
| el cuadro | das Gemälde | - la cuadra | der Pferdestall |
| el cubierto | das Besteck | - la cubierta | der (Buch)Deckel/ die Decke |
| el cubo | der Eimer | - la cuba | das Weinfass |
| el cuento | die Erzählung | - la cuenta | die Rechnung |
| el gimnasio | die Turnhalle | - la gimnasia | die Gymnastik |
| el huerto | der (Obst-/Gemüse) Garten | - la huerta | bewässertes Obst-/ Gemüseland |
| el huevo | das Ei | - la hueva | der Rogen |
| el libro | das Buch | - la libra | das Pfund |
| el manto | der weite Mantel | - la manta | die Decke |
| el marco | der Rahmen/ die Mark (Geld) | - la marca | die Marke |
| el medio | die Mitte/das Mittel | - la media | der Durchschnitt |
| el modo | die Art/Weise | - la moda | die Mode |
| el paralelo | die Parallele/ der Vergleich | - la paralela | die Parallele [math.] |
| el pimiento | die Paprikaschote | - la pimienta | der Pfeffer |
| el plato | der Teller/das Gericht | - la plata | das Silber/das Geld [lateinam.] |
| el plazo | die Frist | - la plaza | der Platz |
| el pozo | der Brunnen | - la poza | die Pfütze |
| el puerto | der Hafen/Gebirgspass | - la puerta | die Tür |
| el punto | der Punkt | - la punta | die Spitze |
| el ramo | der Strauß/Zweig | - la rama | der Strang/Ast |
| el rato | die Weile | - la rata | die Ratte |
| el rayo | der Strahl | - la raya | der Strich/die Grenze |
| el ruedo | der Umkreis/ die Arena | - la rueda | das Rad |

Anmerkung: Im Falle von *el físico* der Physiker, *el químico* der Chemiker, *el músico* der Musiker bezeichnet die feminine Entsprechung *la física, la química la música* die jeweilige Disziplin und die weibliche Vertreterin des Faches.

## 18 Substantive mit Genusschwankungen

Einige spanische Substantive können sowohl maskulin als auch feminin gebraucht werden (die maskuline Form ist die üblichere):

| | |
|---|---|
| *el/la apóstrofe* | der barsche Zuruf |
| *el/la azúcar* | der Zucker |
| *el/la componente* | die Komponente |
| *el/la esperma* | das Sperma |
| *el/la mar* | das Meer |

Anmerkung 1: Der Plural von *el arte* lautet stets *las artes*: *las bellas artes* die schönen Künste.
Anmerkung 2: In der Seemannssprache und in der Dichtung heißt es in der Regel *la mar;* ebenso in den Ausdrücken: *Me gusta la mar.* – Das gefällt mir außerordentlich. *Ha traído la mar de regalos.* – Er hat eine Menge Geschenke mitgebracht.
Anmerkung 3: Außer den angegebenen Substantiven gibt es weitere, bei denen die Genusangaben in den Wörterbüchern uneinheitlich sind, wie z.B. *el asma* (mask. oder fem.) das Asthma, *el/la tilde* die Tilde.

## 19 Ähnlichlautende Substantive mit unterschiedlichem Genus im Spanischen und Deutschen

| | | | |
|---|---|---|---|
| *la alarma* | der Alarm | *el cd* | die CD |
| *el antílope* | die Antilope | *el chocolate* | die Schokolade |
| *el anuncio* | die Annonce | *la col* | der Kohl |
| *el balance* | die Bilanz | *el cólera* | die Cholera |
| *el bar* | die Bar | *el cruce* | die Kreuzung |
| *el broche* | die Brosche | *el cólico* | die Kolik |
| *el bronce* | die Bronze | *la consonante* | der Konsonant |
| *la cafeína* | das Koffein | *el control* | die Kontrolle |
| *la cal* | der Kalk | *el coral* | die Koralle |
| *el canalla* | die Kanaille | *el debate* | die Debatte |
| *el cañón* | die Kanone | *la diapositiva* | das Dia(positiv) |
| *el Caribe* | die Karibik | *el disquete* | die Diskette |
| *la carpa* | der Karpfen | *el dividendo* | die Dividende |

| | | | |
|---|---|---|---|
| el e-mail | die E-Mail | la masacre | das Massaker |
| el énfasis | die Emphase | el masaje | die Massage |
| la ensalada | der Salat | el melón | die Honig- |
| el episodio | die Episode | | melone |
| la estrella de cine | der Filmstar | el método | die Methode |
| | | el minuto | die Minute |
| el estudio | die Studie | el muelle | die Mole |
| la etiqueta | das Etikett | la nicotina | das Nikotin |
| el folklore | die Folklore | la orina | der Urin |
| la foto | das Foto | el pánico | die Panik |
| el frente | die Front [militär.] | la pantufla | der Pantoffel |
| el ganso | die Gans | la patente | das Patent |
| el garaje | die Garage | el perejil | die Petersilie |
| el gesto | die Geste | el período | die Periode |
| el gótico | die Gotik | el plátano | die Platane |
| el gráfico | die Grafik | la porcelana | das Porzellan |
| el grillo | die Grille | el poro | die Pore |
| el grupo | die Gruppe | la proteína | das Protein |
| el hall | die Halle | la protesta | der Protest |
| la hamburguesa | der Hamburger | el rally | die Rallye |
| el hardware | die Hardware | la ruina | der Ruin |
| el hemisferio | die Hemisphäre | el safari | die Safari |
| el himno | die Hymne | el Sáhara | die Sahara |
| el holding | die Holding | la sala | der Saal |
| la hormona | das Hormon | el salami | die Salami |
| el icono | die Ikone | la silicona | das Silikon |
| el inmueble | die Immobilie | el software | die Software |
| la insulina | das Insulin | el talle | die Taille |
| el inventario | die Inventur/ das Inventar | la tarifa | der Tarif |
| | | el tomate | die Tomate |
| el jeroglífico | die Hieroglyphe | el trofeo | die Trophäe |
| la jungla | der Dschungel | el uniforme | die Uniform |
| la lavanda | der Lavendel | el violín | die Violine |
| la llama | das Lama | la vitamina | das Vitamin |
| la marcha | der Marsch | la vocal | der Vokal |

Anmerkung: Viele Blumennamen, die im Deutschen feminin sind, sind im Spanischen maskulin: *el áster* die Aster, *el clavel* die Nelke, *el crisantemo* die Chrysantheme, *el geranio* die Geranie, *el iris* die Iris, *el jacinto* die Hyazinthe, *el lirio* die Lilie, *el narciso* die Narzisse, *el tulipán* die Tulpe.

# Der Plural (el plural)

## 20 Die Pluralbildung

1. Substantive, die im Singular auf einen unbetonten Vokal enden, bilden den Plural durch Anfügung eines **-s**:

| el libro | das Buch | - los libros | die Bücher |
|---|---|---|---|
| la casa | das Haus | - las casas | die Häuser |
| la parte | der Teil | - las partes | die Teile |
| la tribu | der Stamm | - las tribus | die Stämme |
| el bikini | der Bikini | - los bikinis | die Bikinis |

2. Endet ein Substantiv im Singular auf betontes **-a** oder betontes **-e**, so wird der Plural ebenfalls durch Anhängen eines **-s** gebildet:

| el papá | der Papa | - los papás | die Papas |
|---|---|---|---|
| la mamá | die Mama | - las mamás | die Mamas |
| el sofá | das Sofa | - los sofás | die Sofas |
| el café | das Café | - los cafés | die Cafés |
| el pie | der Fuß | - los pies | die Füße |

Anmerkung: Einige selten gebrauchte Substantive auf -á bilden den Plural durch Anfügung von -es, wie z.B. *el bajá* der Pascha – *los bajaes* die Paschas. Es findet sich jedoch auch die Pluralform *los bajás*.

3. Endet ein Substantiv auf betontes **-í** oder betontes **-ú**, wird im Plural die Endung **-es** angefügt:

| la maniquí | das Mannequin | - las maniquíes | die Mannequins |
|---|---|---|---|
| el jabalí | das Wildschwein | - los jabalíes | die Wildschweine |
| el al(h)elí | die Levkoje | - los al(h)elíes | die Levkojen |
| el israelí | der Israeli | - los israelíes | die Israelis |
| el tisú | der Brokat | - los tisúes | die Brokate |
| el bambú | das Bambusrohr | - los bambúes | die Bambusrohre |
| el hindú | der Hindu | - los hindúes | die Hindus |

Anmerkung: Der Plural von *el bigudí* der Lockenwickler lautet *los bigudís*, seltener *los bigudíes*. Ebenso lautet der Plural von *el esquí* der Ski *los esquís*, seltener *los esquíes*. Der Plural von *telesquí* Skilift lautet stets *telesquis*.

4. Substantive, die im Singular auf einen Konsonanten enden, bilden den Plural im Allgemeinen durch Anfügung von **-es**; Substantive, die im Singular auf -z enden, verwandeln dieses vor der Endung -es orthographisch in -c-:

| | | | |
|---|---|---|---|
| *el señor* | der Herr | *- los señores* | die Herren |
| *el árbol* | der Baum | *- los árboles* | die Bäume |
| *el mes* | der Monat | *- los meses* | die Monate |
| *el corazón* | das Herz | *- los corazones* | die Herzen |
| *la ciudad* | die Stadt | *- las ciudades* | die Städte |
| *el reloj* | die Uhr | *- los relojes* | die Uhren |
| *la luz* | das Licht | *- las luces* | die Lichter |
| *el rey* | der König | *- los reyes* | die Könige |

Anmerkung 1: Folgende Fremdwörter weisen zwei Pluralformen auf: *el club* der Klub – *los clubs/clubes* die Klubs, *el currículum (vitae)* der Lebenslauf – *los currícula/currículum (vitae)* die Lebensläufe, *el referéndum* das Referendum – *los referéndums/referendos* die Referenden, *el déficit* das Defizit – *los déficit/déficits* die Defizite, *el fax* – *los fax/faxes*, *el hobby* – *los hobbies/hobbys*, *el chándal* der Trainingsanzug – *los chándales/chándals* die Trainingsanzüge.

Anmerkung 2: Besonderheiten weisen auf: *el frac* der Frack – *los fraques* die Fräcke, *el lord* [lɔr] der Lord – *los lores* die Lords, *el ballet* [balę] das Ballett – *los ballets* [balęs] die Ballette, *el jersey* der Pullover – *los jerséis* die Pullover, *el e-mail* – *los e-mails*.

Anmerkung 3: Durch Anfügung der Endung -es werden diese Substantive um eine Silbe länger. Trotzdem bleibt die Betonung in der Regel auf derselben Silbe wie im Singular. (Hierbei sind die Regeln der Akzentsetzung zu beachten, vgl. § 6).

## Unveränderliche Substantive 21

1. Endet ein mehrsilbiges Substantiv im Singular auf **-s** oder **-x** und ist die Endsilbe unbetont, so wird das Substantiv im Plural nicht verändert:

| | | | |
|---|---|---|---|
| *el ma̱rtes* | der Dienstag | *- los ma̱rtes* | die Dienstage |
| *la cri̱sis* | die Krise | *- las cri̱sis* | die Krisen |
| *el a̱tlas* | der Atlas | *- los a̱tlas* | die Atlanten |
| *el ómnibus* | der Omnibus | *- los ómnibus* | die Omnibusse |
| *el tórax* | der Brustkorb | *- los tórax* | die Brustkörbe |

Aber: *el autobús – los autobuses* die Autobusse, *el compás* der Zirkel/der Takt – *los compases* die Zirkel, *el obús* die Granate – *los obuses* die Granaten

2. Familiennamen bleiben unverändert, wenn auf eine bestimmte Familie Bezug genommen wird:

| *Hay que llamar a los García.* | Man muss die Garcías anrufen. |

Anmerkung 1: Bezieht man sich auf mehrere Familien desselben Namens, wird *-s* bzw. *-es* angehängt: *En este pueblo hay muchos Garcías.* – In diesem Dorf gibt es viele Garcías.
Anmerkung 2: Auf *-s* oder *-z* endende Familiennamen, wie z.B. *los González, los Cervantes,* bleiben stets unverändert.
Anmerkung 3: Die Namen von Dynastien stehen in der Regel im Plural: *los Borbones* die Bourbonen, *los Habsburgos* die Habsburger.

## 22 Der Plural zusammengesetzter Substantive

1. Bei den meisten zusammengesetzten Substantiven wird der Plural wie bei den einfachen Substantiven gebildet. Das bedeutet, dass nur der letzte Bestandteil nach den in den §§ 20, 21 angegebenen Regeln behandelt wird. Dieser Fall tritt insbesondere bei folgenden Zusammensetzungsmustern auf:

- Substantiv + Substantiv (zusammen geschrieben):

| *la bocacalle* | die Straßeneinmündung | - *las bocacalles* | die Straßeneinmündungen |
| *el ferrocarril* | die Eisenbahn | - *los ferrocarriles* | die Eisenbahnen |
| *la telaraña* | das Spinnennetz | - *las telarañas* | die Spinnennetze |
| *el radioyente* | der Radiohörer | - *los radioyentes* | die Radiohörer |

- Adjektiv + Substantiv:

| *el altavoz* | der Lautsprecher | - *los altavoces* | die Lautsprecher |
| *el cortocircuito* | der Kurzschluss | - *los cortocircuitos* | die Kurzschlüsse |
| *el mediodía* | der Mittag | - *los mediodías* | die Mittage |

- Verb + Substantiv:

| *el guardarropa* | die Garderobe | - *los guardarropas* | die Garderoben |
| *el rascacielos* | der Wolkenkratzer | - *los rascacielos* | die Wolkenkratzer |
| *el cumpleaños* | der Geburtstag | - *los cumpleaños* | die Geburtstage |
| *el abrelatas* | der Dosenöffner | - *los abrelatas* | die Dosenöffner |

- Präposition + Substantiv:

| | | | |
|---|---|---|---|
| el contratiempo | das Missgeschick | - los contratiempos | die Missgeschicke |
| el antepasado | der Vorfahr | - los antepasados | die Vorfahren |
| el traspié | der Fehltritt | - los traspiés | die Fehltritte |
| el entremés | das Zwischenspiel | - los entremeses | die Zwischenspiele/Vorspeisen |

2. Wenn zwei Substantive unverbunden (mit oder ohne Bindestrich) aneinander gereiht werden, wird nur der erste Bestandteil verändert:

| | | | |
|---|---|---|---|
| el coche-cama | der Schlafwagen | - los coches-cama | die Schlafwagen |
| el coche-bomba | die Autobombe | - los coches-bomba | die Autobomben |
| el proyecto piloto | das Pilotprojekt | - los proyectos piloto | die Pilotprojekte |
| la hora punta | die Stoßzeit | - las horas punta | die Stoßzeiten |
| el pez espada | der Schwertfisch | - los peces espada | die Schwertfische |
| el (vuelo) charter | der Charterflug | - los (vuelos) charter | die Charterflüge |
| la copia pirata | die Raubkopie | - las copias pirata | die Raubkopien |
| la falda pantalón | der Hosenrock | - las faldas pantalón | die Hosenröcke |

Anmerkung: In einigen wenigen Fällen werden beide Bestandteile verändert: *el decreto ley* die Gesetzesverordnung – *los decretos leyes* die Gesetzesverordnungen, *el país miembro* das Mitgliedsland – *los países miembros* die Mitgliedsländer. Beide Möglichkeiten sind gegeben im Falle von *el hombre-rana* der Froschmann – *los hombres-rana(s)* die Froschmänner.

3. Einige im Plural vorkommende zusammengesetzte Ausdrücke werden durch Verdoppelung der Anfangsbuchstaben wiedergegeben:

| | |
|---|---|
| EEUU/EE. UU. = Estados Unidos | U.S.A. |
| FF. CC. = Ferrocarriles | Eisenbahn |
| SS. MM. = Sus Majestades | Ihre Majestäten |
| SSAARR = Sus Altezas Reales | Ihre Königlichen Hoheiten |

# 23 Substantive mit Numerusschwankungen

1. Einige spanische Substantive können sowohl im Singular als auch im Plural gebraucht werden (der Numerus, der an erster Stelle steht, wird im Allgemeinen vorgezogen):

| | |
|---|---|
| *los alicates/el alicate* | die Flachzange |
| *las anginas/la angina* | die Angina |
| *el bigote/los bigotes* | der Schnurrbart |
| *la boda/las bodas* | die Hochzeit |
| *las bragas/la braga* | der Slip |
| *los cachivaches/el cachivache* | der Kram/das Gerümpel |
| *los calzoncillos/el calzoncillo* | die Unterhose(n) |
| *los cimientos/el cimiento* | das Fundament [auch fig.] |
| *las crines/la crin* | die Mähne (Pferd) |
| *los deportes/el deporte de invierno* | der Wintersport |
| *los desperdicios/el desperdicio* | der Abfall |
| *las encías/la encía* | das Zahnfleisch |
| *las espinacas/la espinaca* | der Spinat |
| *la gente/las gentes* | die Leute |
| *las lamentaciones/la lamentación* | das Gejammer |
| *la nariz/las narices* | die Nase |
| *las náuseas/la nausea* | die Übelkeit |
| *los pantalones/el pantalón* | die Hose(n) |
| *las pinzas/la pinza* | die Pinzette |
| *los servicios/el servicio* | die Toilette(n) |
| *las tenazas/la tenaza* | die Beißzange |
| *las tijeras/la tijera* | die Schere |
| *los útiles/el útil* | das Gerät |

Anmerkung: Die Pluralform *las narices* erscheint besonders in Redewendungen, wie z.B. *pasar algo a alguien por las narices* jdm etw. unter die Nase reiben. Weitere Wendungen: *tener gana(s) de* Lust haben zu, *darse aire(s) de gran señor* den großen Mann spielen.

# 24 Sonderbedeutungen spanischer Pluralformen

1. Die folgenden Substantive haben verschiedene Bedeutung, je nachdem ob sie im Singular oder im Plural gebraucht werden:

| | | | | |
|---|---|---|---|---|
| *la autoridad* | die Autorität | - | *las autoridades* | die Behörden |
| *el celo* | der Eifer | - | *los celos* | die Eifersucht |
| *la ceniza* | die Asche | - | *las cenizas* | die Asche (eines Verstorbenen) |

| | | | |
|---|---|---|---|
| la cercanía | die Nähe | - las cercanías | die Umgebung |
| el humo | der Rauch | - los humos | der Dünkel/die Rauchschwaden |
| la pertinencia | die Zugehörigkeit | - las pertinencias | das Eigentum |
| el polvo | der Staub | - los polvos | der Puder/das Pulver |
| la práctica | die Praxis | - las prácticas | das Praktikum |
| la rebaja | der Rabatt | - las rebajas | der Schlussverkauf |
| el saldo | der Kontostand | - los saldos | der Ausverkauf |
| la telecomunicación | die Telekommunikation | - las telecomunicaciones | das Fernmeldewesen |

2. Einige Substantive haben im Plural eine zusätzliche Sonderbedeutung sie wird an zweiter Stelle genannt):

| | | | |
|---|---|---|---|
| el accesorio | das Accessoire | - los accesorios | die Accessoires/ das Zubehör |
| la amistad | die Freundschaft | - las amistades | die Freundschaften/ Bekannten |
| el antecedente | das Bezugswort | - los antecedentes | die Bezugswörter/ die Vorgeschichte |
| el baño | das Bad/Badezimmer | - los baños | die Bäder/Badezimmer/das Heilbad |
| el bicho | das kleine Tier | - los bichos | die kleinen Tiere/ das Ungeziefer |
| el bombero | der Feuerwehrmann | - los bomberos | die Feuerwehrleute/ die Feuerwehr |
| la cartuchera | die Patronentasche | - las cartucheras | die Patronentaschen/Fettpolster |
| el contorno | der Umriss | - los contornos | die Umrisse/ Umgebung |
| la corte | der Königshof | - las cortes<br>- las Cortes | die Königshöfe<br>das spanische Parlament |
| la esposa | die Gattin | - las esposas | die Gattinnen/ Handschellen |
| la hoja | das Blatt | - las hojas | die Blätter/das Laub |
| el ingreso | der Eintritt/ die Einlieferung | - los ingresos | die Eintritte/ das Einkommen |
| la joya | das Schmuckstück/Juwel | - las joyas | die Schmuckstücke/ der Schmuck |

| | | | |
|---|---|---|---|
| la labor | die Arbeit | - las labores | die Arbeiten/die Hand-/Feldarbeit |
| la letra | der Buchstabe | - las letras | die Buchstaben/Geisteswissenschaften |
| la provisión | der Vorrat | - las provisiones | die Vorräte/der Proviant |
| la reforma | die Reform | - las reformas | die Reformen/der Umbau |
| el residuo | der Rückstand/Rest | - los residuos | der Industriemüll |
| el toro | der Stier | - los toros | die Stiere/der Stierkampf |
| la seña | das Zeichen/Merkmal | - las señas | die Zeichen/Merkmale/die Adresse |
| el trasto | das (alte) Möbelstück | - los trastos | die Möbelstücke/das Gerümpel |

3. Die folgenden maskulinen Substantive können sich im Plural auch auf Mann und Frau beziehen:

| | | | |
|---|---|---|---|
| el padre | der Vater | - los padres | die Väter/Eltern |
| el abuelo | der Großvater | - los abuelos | die Großväter/Großeltern |
| el hermano | der Bruder | - los hermanos | die Brüder/Geschwister |
| el hijo | der Sohn | - los hijos | die Söhne/Kinder |
| el tío | der Onkel | - los tíos | die Onkel/Onkel und Tante |
| el suegro | der Schwiegervater | - los suegros | die Schwiegerväter/Schwiegereltern |
| el rey | der König | - los reyes | die Könige/das Königspaar |

## 25 Numerusunterschiede zwischen spanischen und deutschen Substantiven

1. Nur im Singular werden im Spanischen gebraucht:

| | |
|---|---|
| la caspa | die Schuppen (Haare) |
| el costo/coste de la vida | die Lebenshaltungskosten |
| la luna de miel | die Flitterwochen |
| la mano de obra | die Arbeitskräfte |
| la pasta | die Nudeln |

| | |
|---|---|
| el rodaje | die Dreharbeiten |
| la ropa | die Kleider |
| la rubéola | die Röteln |
| el sarampión | die Masern |
| el síndrome de abstinencia | die Entzugserscheinungen |
| la varicela | die Windpocken |
| el vello pubiano | die Schamhaare |
| la viruela | die Pocken |

Anmerkung: Der Ausdruck *el jurado* bedeutet der Geschworene, die Geschworenen, die Jury.

2. Wendungen mit Substantiven im Singular:

| | |
|---|---|
| cortarse el pelo | sich die Haare schneiden lassen |
| tener el pelo rojo | rote Haare haben |
| Perro ladrador, poco mordedor. | Hunde, die bellen, beißen nicht. |
| Escoba nueva barre bien. | Neue Besen kehren gut. |
| poner a alg. ante un hecho consumado | jdn. vor vollendete Tatsachen stellen |
| Todo tiene su límite. | Alles hat seine Grenzen. |
| 500 en letra: quinientos | 500 in Worten: fünfhundert |
| ir a la montaña | in die Berge fahren |
| rellenar un impreso con letra de imprenta | ein Formular mit Druckbuchstaben ausfüllen |
| crear empleo | Arbeitsplätze schaffen |
| a toda vela | mit vollen Segeln |
| La suerte está echada. | Die Würfel sind gefallen. |

3. Nur im Plural werden im Spanischen gebraucht:

| | |
|---|---|
| las afueras | die Umgebung/die Vororte |
| las agujetas | der Muskelkater |
| los alrededores | die Umgebung |
| el mal de amores | der Liebeskummer |
| los Balcanes | der Balkan |
| los calzoncillos | die Unterhose(n) |
| los cantos rodados | das Geröll |
| los cereales | das Getreide |
| (la oficina de) correos | das Postamt/die Post |
| las cosquillas | das Kitzeln |
| los desperdicios | der Abfall |
| los dobles mixtos | das gemischte Doppel (Tennis) |
| las entenderas | der Grips |

| | |
|---|---|
| las fauces | der Schlund/Rachen (Tier) |
| los fuegos artificiales | das Feuerwerk |
| las gafas | die Brille |
| los gemelos | die Zwillinge/das Opernglas/ die Manschettenknöpfe |
| las heces | der Stuhl/Kot |
| los honorarios | das Honorar |
| las inmediaciones | die nächste Umgebung |
| las instrucciones de uso | die Gebrauchsanweisung |
| los leotardos | die Strumpfhose(n) |
| las Matemáticas | die Mathematik |
| los materiales de construcción | das Baumaterial |
| los menudillos | das Hühnerklein |
| los modales | das Benehmen/die Manieren |
| la casa de modas | das Modehaus |
| las nupcias | die Eheschließung |
| las palomitas | das Popcorn |
| las paperas | die Mumps |
| las paralelas | der Barren |
| las patillas | der Backenbart |
| las prácticas | das Praktikum |
| los prismáticos | das Fernglas |
| las pruebas del ADN | der DNA-Test |
| los quehaceres de la casa | die Hausarbeit |
| las tinieblas | die Finsternis/Dunkelheit |

Anmerkung: Wie im Deutschen werden im Spanischen pluralisch gebraucht: *los víveres* die Lebensmittel, *las vacaciones* die Ferien, *los enseres* die Geräte.

4. Wendungen mit Substantiven im Plural:

| | |
|---|---|
| a principios/primeros de mayo | Anfang Mai |
| a mediados de enero | Mitte Januar |
| a fines/finales de abril | Ende April |
| buenos días | guten Tag |
| buenas tardes | guten Tag/Abend |
| buenas noches | gute Nacht |
| dar las gracias a alg. | jdm. Dank sagen |
| salvar las apariencias | den Schein wahren |
| Las apariencias engañan. | Der Schein trügt. |
| prestar primeros auxilios | Erste Hilfe leisten |
| gente de todas las edades | Menschen jeden Alters |

| | |
|---|---|
| Somos de pareceres contrarios/ opiniones contrarias. | Wir sind gegensätzlicher/ganz verschiedener Meinung. |
| a orillas del Ebro | am Ufer des Ebro |
| con miras al porvenir | im Hinblick auf die Zukunft |
| ¡Bromas aparte! | Spaß beiseite! |
| ¡No me hagas cosquillas! | Kitzle mich nicht! |
| hacer las paces | Frieden schließen (zwischen Personen) |
| los países en vías de desarrollo | die Entwicklungsländer |
| tener buenas relaciones con alguien | ein gutes Verhältnis zu jdm. haben |
| estar en condiciones de hacer u.c. | in der Lage sein, etw. zu tun |
| estar/ir de compras | beim Einkaufen sein/einkaufen gehen |
| casado en segundas nupcias | in zweiter Ehe verheiratet |
| estamos a cero grados | wir haben Null Grad |
| a estas horas | jetzt/zur Zeit |
| en aquellos tiempos | zu jener Zeit |
| en mis tiempos | zu meiner Zeit |
| ir con los tiempos | mit der Zeit gehen |
| la causa de todos los malos | die Wurzel allen Übels |
| Es cuestión de pareceres/ opiniones. | Das ist Ansichtssache. |
| Te deseo muchas felicidades. | Ich wünsche dir viel Glück. |
| ¡Felices Pascuas! | Frohes Fest! |
| Padre nuestro que estás en los cielos | Vater unser, der du bist im Himmel |
| los grandes almacenes | das Kaufhaus |
| las bodas de plata/oro | die silberne/goldene Hochzeit |
| las capitulaciones matrimoniales | der Ehevertrag |
| los alimentos dietéticos | die Reformkost |
| los dibujos animados | der Zeichentrickfilm |
| los octavos de final | das Achtelfinale |
| el día de (las) puertas abiertas | der Tag der offenen Tür |
| los pros y los contras | das Für und das Wider |
| grandes y pequeños | Groß und Klein |
| ¡Ni en/por sueños! | Nicht im Traum! |
| con vistas al mar | mit Meerblick |
| con todas la fuerzas | mit aller Gewalt |
| hacer sus necesidades | seine Notdurft verrichten |
| producir beneficios | Gewinn abwerfen |
| decir barbaridades | Unsinn reden |
| jugar a las damas | Dame spielen |

| | |
|---|---|
| *guardar distancias* | Distanz wahren |
| *guardar las formas* | die Form wahren |
| *las instrucciones de uso* | die Gebrauchsanleitung |
| *las nieves perpetuas* | der ewige Schnee |
| *los trabajos forzados* | die Zwangsarbeit |
| *los malos tratos* | die Misshandlung |
| *las relaciones sexuales* | der Geschlechtsverkehr |
| *los recortes sociales* | der Sozialabbau |
| *las aguas menores/mayores* | das kleine/große Geschäft |
| *las aguas residuales* | das Abwasser |
| *con/sin contemplaciones* | rücksichtsvoll/rücksichtslos |
| *poner los ojos en alg.* | ein Auge auf jdn. werfen |
| *estar en funciones* | im Amt sein |
| *echar/levar anclas* | vor Anker gehen/den Anker lichten |
| *tomar a un niño en brazos* | ein Kind auf den Arm nehmen |
| *No tolero observaciones.* | Ich verbitte mir jede Bemerkung. |
| *Tengo palpitaciones.* | Ich habe Herzklopfen. |
| *en algunos/todos los aspectos* | in mancher/jeder Beziehung |
| *no tener ni pies ni cabeza* | weder Hand noch Fuß haben |
| *por las formas* | der Form halber |
| *Los mismos derechos para todos.* | Gleiches Recht für alle. |
| *meter las narices en todo* | seine Nase in alles stecken |
| *no ahorrar esfuerzos* | keine Mühe scheuen |
| *un hotel con todas la comodidades* | ein Hotel mit allem Komfort |
| *ir de corazones* | Herz spielen (Kartenspiel) |
| *cobrar nuevas esperanzas* | neue Hoffnung schöpfen |
| *no dar señales de vida* | kein Lebenszeichen von sich geben |
| *sufrir pérdidas* | Verlust machen |
| *tomar las medidas a alg.* | bei jdm. Maß nehmen |

Anmerkung : In einigen Ausdrücken, die sich auf die Zeit beziehen, drückt der Singular eine genauere Festlegung aus als der Plural, vgl. *al principio de mayo* zu Beginn des Monats Mai, *a esta hora* zu dieser Stunde.

Merke: *hacer aguas* Wasser lassen – *hacer agua* ein Leck bekommen

## 26 Die Struktur der Nominalgruppe

Substantive können allein stehen oder sich mit anderen Wortarten, präpositionalen Fügungen oder Relativsätzen zu mehr oder weniger umfangreichen Nominalgruppen verbinden.

Nominalgruppen können bestehen aus:

1. einem Eigennamen: *Pablo, Carmen;*

2. einer Form des bestimmten oder unbestimmten Artikels (vgl. Kap. 3) + Substantiv: *la mujer* die Frau, *una mujer* eine Frau;

3. einem Demonstrativadjektiv (vgl. Kap. 4) + Substantiv: *esta mujer* diese Frau;

4. einem Possessivadjektiv (vgl. Kap. 5) + Substantiv: *mi mujer* meine Frau;

5. einem Indefinitadjektiv (vgl. Kap. 6) + Substantiv: *algunas mujeres* einige Frauen;

6. einem Zahlwort (vgl. Kap. 7) + Substantiv: *tres mujeres* drei Frauen;

7. einem Interrogativadjektiv (vgl. Kap. 8) + Substantiv: *¿cuántas mujeres?* wie viele Frauen?

8. einem Exklamativadjektiv (vgl. Kap. 8) + Substantiv: *¡qué mujer!* was für eine Frau!

9. einem Adjektiv + Substantiv bzw. einem Substantiv + Adjektiv (vgl. Kap. 11): *pobres mujeres* arme Frauen, *mujeres hermosas* schöne Frauen;

10. einem Substantiv + präpositionale Fügung (vgl. Kap. 26): *mujeres de aspecto simpático* Frauen von sympathischem Aussehen;

11. einem Substantiv + Relativsatz (vgl. Kap. 10): *mujeres que aman a sus maridos* Frauen, die ihre Männer lieben.

Ein Substantiv kann mehrere der aufgezählten Wortarten zu sich nehmen und außerdem durch eine präpositionale Fügung oder durch einen Relativsatz erweitert werden:

| | |
|---|---|
| *una mujer inteligente* | eine intelligente Frau |
| *todas las otras mujeres* | all die anderen Frauen |
| *una mujer de treinta años* | eine dreißigjährige Frau |
| *¡Qué mujer más guapa!* | Was für eine hübsche Frau! |
| *la mujer que vi ayer* | die Frau, die ich gestern sah |

## 27 Die Funktionen der Nominalgruppe im Satz
(zur Stellung vgl. §§ 279-283)

Die Nominalgruppe kann im Satz erscheinen als

1. Subjekt: *Mi mujer trabaja en una oficina.* – Meine Frau arbeitet in einem Büro.

2. direktes Objekt: *Tengo una mujer muy comprensiva.* – Ich habe eine sehr veständnisvolle Frau *¿Conoces a mi mujer?* – Kennst du meine Frau? (Zum Gebrauch der Präposition *a* beim direkten persönlichen Objekt vgl. § 271.2).

3. indirektes Objekt: *He escrito a mi mujer.* – Ich habe meiner Frau geschrieben.

4. Präpositionalobjekt: *Pienso siempre en mi mujer.* – Ich denke immer an meine Frau.

5. adverbiale Ergänzung: *Lo que me gusta de mi mujer es que sea muy comprensiva.* – Was mir an meiner Frau gefällt, ist dass sie sehr verständnisvoll ist.

6. prädikative Ergänzung: *Pilar llegó a ser una mujer muy atractiva.* – Pilar wurde zu einer sehr anziehenden Frau.

# Kapitel 3  Der Artikel (El artículo)

Wie das Deutsche verfügt auch das Spanische über einen bestimmten (artículo definido) und einen unbestimmten Artikel (artículo indefinido). Im Artikelgebrauch weichen die beiden Sprachen oft voneinander ab. Im Gegensatz zum Deutschen besitzt das Spanische einen unbestimmten Pluralartikel.

## Übersicht über die Formen des bestimmten und des unbestimmten Artikels (las formas del artículo definido e indefinido)

**28**

| Artikel | Numerus | maskulin | feminin |
|---|---|---|---|
| bestimmter Artikel | Singular | *el* | *la* |
|  | Plural | *los* | *las* |
| unbestimmter Artikel | Singular | *un* | *una* |
|  | Plural | *(unos)* | *(unas)* |

Beispiele:

| | | | |
|---|---|---|---|
| *el libro* | das Buch | *la casa* | das Haus |
| *el amigo* | der Freund | *la amiga* | die Freundin |
| *los alumnos* | die Schüler | *las mujeres* | die Frauen |
| *los profesores* | die Lehrer | *las agujas* | die Nadeln |
| *un diccionario* | ein Wörterbuch | *una lección* | eine Lektion |
| *(unos) animales* | einige Tiere | *(unas) flores* | einige Blumen |

Anmerkung 1: Die Formen *unos, unas* werden lediglich vor Substantiven, die nur im Plural gebraucht werden, als unbestimmter Artikel verwendet, wie z.B. in *unas gafas nuevas* eine neue Brille; sonst fungieren sie als Indefinitadjektive mit der Bedeutung 'einige/ein paar' (vgl. § 61.1).

Anmerkung 2: Neben dem maskulinen und femininen Artikel gibt es den neutralen Artikel *lo,* der zur Substantivierung von Adjektiven, Partizipien, Adverbien, Ordnungszahlen und betonten Possessivadjektiven verwendet wird (vgl. § 38).

Anmerkung 3: Einen Teilungsartikel wie im Französischen oder Italienischen gibt es im Spanischen nicht. Daher wird ein Satz wie 'Du musst Zucker kaufen.' im Spanischen wie im Deutschen mit einem artikellosen Substantiv wiedergegeben: *Tienes que comprar azúcar.*

## 29 Die Kontraktionsformen des maskulinen Artikels

Der bestimmte Artikel maskulin Singular *el* verbindet sich mit der vorausgehenden Präposition *de* zu *del* und mit der Präposition *a* zu *al*:

| *la casa del alcalde* | das Haus des Bürgermeisters |
| *Voy al cine.* | Ich gehe ins Kino. |

Anmerkung: Die Kontraktion unterbleibt meist in der Schrift, wenn der bestimmte Artikel maskulin Singular Bestandteil eines Namens ist und deshalb groß geschrieben wird: *las pinturas de El Greco* die Gemälde von El Greco, *Vamos a El Escorial.* Wir fahren zum Escorial. Ausgesprochen wird [delyrẹko] bzw. [aleskɔrjal].

## 30 Besonderheiten des femininen Artikels

Vor einem femininen Substantiv im Singular, das mit betontem /a/ (geschrieben *a, á* oder *ha*) beginnt, lautet der bestimmte Artikel *el*, der unbestimmte Artikel *un*:

| *El agua está fría.* | Das Wasser ist kalt. |
| *El águila gira en lo alto.* | Der Adler kreist in der Höhe. |
| *El hacha es aguda.* | Die Axt ist scharf. |
| *Un ama de casa tiene mucho que hacer.* | Eine Hausfrau hat viel zu tun. |
| *Apareció un hada.* | Es erschien eine Fee. |
| *El señor López es el alma de la empresa.* | Herr López ist die Seele des Unternehmens. |
| *(El) África es el continente más cálido de la tierra.* | Afrika ist der heißeste Kontinent der Erde. |
| *Tengo un hambre terrible.* | Ich habe einen furchtbaren Hunger. |

Anmerkung 1: Im Plural gilt obige Regel nicht: *las aguas* die Gewässer, *las amas de casa* die Hausfrauen, *las águilas* die Adler.

Anmerkung 2: Tritt zwischen Artikel und feminines Substantiv im Singular ein Adjektiv, so erscheint die Artikelform *la* bzw. *una*: *la misma águila* derselbe Adler, *una nueva arma* eine neue Waffe.

Anmerkung 3: Ist das anlautende /a/ unbetont, steht der normale Artikel *la* bzw. *una*: *la alumna* die Schülerin, *una alumna* eine Schülerin.

Anmerkung 4: Wenn weibliche Vornamen, die mit /a/ anlauten, mit dem bestimmten Artikel verbunden werden, steht immer *la*: *la Ana, la Ángela, la Antonia.*

Ausnahmen: *La Haya* den Haag, *la a* das a, *la hache* das h, *la árabe* die Araberin.

## Übereinstimmender Artikelgebrauch im Spanischen und Deutschen 31

1. Der unbestimmte Artikel dient zur Einführung neuer Personen, Gegenstände oder Sachverhalte in den Text:

| | |
|---|---|
| *Érase una vez un rey que tenía dos hijos.* | Es war einmal ein König, der hatte zwei Söhne. |
| *El otro día leí un libro muy interesante.* | Neulich las ich ein sehr interessantes Buch. |

2. Der bestimmte Artikel wird zur Wiederanknüpfung an bereits Erwähntes oder zum Hinweis auf bereits Bekanntes oder als bekannt Vorausgesetztes verwendet. Er dient auch zum Verweis auf Dinge, die nur einmal vorkommen:

| | |
|---|---|
| *Todos los días yo veía a un mendigo sentado en la esquina de la Gran Vía. Un día el mendigo me dijo que ...* | Jeden Tag sah ich einen Bettler an der Ecke der *Gran Vía*. Eines Tages sagte der Bettler zu mir, dass ... |
| *Voy al quiosco a comprar el periódico.* | Ich gehe zum Kiosk die Zeitung kaufen. |
| *El portavoz del gobierno se mostró optimista.* | Der Regierungssprecher zeigte sich optimistisch. |
| *Se pone el sol.* | Die Sonne geht unter. |

3. Der bestimmte und der unbestimmte Artikel können zur Verallgemeinerung benutzt werden:

| | |
|---|---|
| *La ballena es un mamífero.* | Der Wal ist ein Säugetier. |
| *Un periódico es importante para estar al corriente.* | Eine Zeitung ist wichtig, um auf dem Laufenden zu sein. |
| *A los niños les gusta jugar.* | Kinder spielen gern. |

4. Kein Artikel steht, wenn Stoffnamen und Abstrakta in Objektfunktion erscheinen:

| | |
|---|---|
| *Como pescado.* | Ich esse Fisch. |
| *Hay que tener paciencia.* | Man muss Geduld haben. |
| *Necesito dinero.* | Ich brauche Geld. |

| | |
|---|---|
| ¿Has comprado leche? | Hast du Milch gekauft? |
| Estoy buscando trabajo. | Ich suche zurzeit Arbeit. |
| He encontrado trabajo. | Ich habe Arbeit gefunden. |
| Me gustaría cuidar niños. | Ich würde gerne Kinder betreuen. |
| Mi tía siempre habla dialecto. | Meine Tante spricht immer Dialekt. |
| La señora García lleva luto. | Frau García trägt Trauer. |
| Las flores piden agua. | Die Blumen brauchen Wasser. |
| Se me olvidó traer flores. | Ich vergaß Blumen mitzubringen. |
| Me gusta hacer deporte. | Ich treibe gern Sport. |
| Aprendo/Sé/Hablo/Enseño inglés. | Ich lerne/kann/spreche/unterrichte Englisch. |
| La mayoría de los alumnos escoge(n) inglés. | Die meisten Schüler wählen Englisch. |

Anmerkung 1: Der Artikel entfällt im Spanischen auch bei der Verneinung: *No como pescado.* – Ich esse keinen Fisch. *No tengo tiempo.* – Ich habe keine Zeit (vgl. auch Kap. 24).

Anmerkung 2: Nach den Verben *entender* 'verstehen', *dominar* 'beherrschen' und *chapurrear* 'gebrochen sprechen' erscheint der Name der Sprache mit dem bestimmten Artikel: *Mi primo chapurrea el francés.* – Mein Cousin spricht gebrochen Französisch. Fakultativ ist der Artikel in dem Ausdruck *hablar bien/mejor el español* gut/besser Spanisch sprechen.

5. Beim Prädikatsnomen stimmen das Spanische und das Deutsche meist im Artikelgebrauch überein. Folgende Fälle sind zu unterscheiden:

- Prädikatsnomen ohne Artikel (bei Berufs- und Standesbezeichnungen, Nationalitätsangaben, Wochentagen, Tierkreiszeichen und nicht zählbaren Substantiven):

| | |
|---|---|
| Mi sobrina es enfermera. | Meine Nichte ist Krankenschwester. |
| Soy profesor de idiomas. | Ich bin Fremdsprachenlehrer. |
| Juan y Pedro son solteros. | Juan und Pedro sind Junggesellen. |
| Somos alemanes. | Wir sind Deutsche. |
| Hoy es lunes. | Heute ist Montag. |
| Soy Virgo/Leo/Geminis/Piscis. | Ich bin Jungfrau/Löwe/Zwilling/Fisch. |
| Esto es cerveza. | Das ist Bier. |
| El tabaco es veneno para la salud. | Tabak ist Gift für die Gesundheit. |

Anmerkung: Wird das prädikative Substantiv näher bestimmt, steht wie im Deutschen der unbestimmte Artikel: *La señora López es una profesora excelente.* – Frau López ist eine ausgezeichnete Lehrerin.

- Prädikatsnomen mit unbestimmtem Artikel (bei den meisten zählbaren Substantiven):

| | |
|---|---|
| ¿Quién ha tocado el timbre? – Era un vendedor ambulante. | Wer hat geläutet? – Es war ein Hausierer. |
| Pablo Picasso fue un célebre pintor y escultor español. | Pablo Picasso war ein berühmter spanischer Maler und Bildhauer. |
| Ha sido un parto difícil. | Es war eine schwierige Geburt. |
| Es un caso de urgencia. | Es ist ein Notfall. |

Anmerkung 1: Wenn das prädikative Substantiv nur eine einzige oder eine von zwei Möglichkeiten bezeichnet, steht im Spanischen in der Regel kein Artikel: Bist du ein Einzelkind? – ¿Eres hijo único? Wir wissen noch nicht, ob es ein Junge oder ein Mädchen wird. - Todavía no sabemos si será niño o niña. Das ist eine Lüge! –¡Eso es mentira! Guatemala ist seit 1839 ein unabhängiger Staat. – Guatemala es estado autónomo desde 1839. Die Protestanten sind in Spanien eine Minderheit. – Los protestantes son minoría en España. Fui mal estudiante. – Ich war ein schlechter Schüler.

Anmerkung 2: In manchen Fällen steht in bejahten Sätzen der unbestimmte Artikel, in verneinten Sätzen entfällt er: Es un problema. – Es ist ein Problem. No es problema. – Es ist kein Problem.

- Prädikatsnomen mit bestimmtem Artikel (wenn nur eine Person oder ein Gegenstand gemeint ist):

| | |
|---|---|
| Cervantes es el autor del Quijote. | Cervantes ist der Verfasser des Don Quijote. |
| El señor López es el profesor de español de mi hija. | Herr López ist der Spanisch-lehrer meiner Tochter. |
| Este es el mejor método. | Das ist die beste Methode. |

6. Nach bestimmten Verben, die ein Präpositionalobjekt mit *de*, *en* oder *con* anschließen, fehlt der Artikel, wenn keine nähere Ergänzung folgt:

| | |
|---|---|
| Estamos hablando de caballos. | Wir sprechen gerade über Pferde. |
| Me ocupo de informática. | Ich befasse mich mit Informatik. |
| Juan es el que más sabe de historia. | Juan kennt sich in Geschichte am besten aus. |
| Mi tía sufre de gota. | Meine Tante leidet an Gicht. |
| El enfermó de cáncer. | Er erkrankte an Krebs. |
| Mi abuelo murió de paro cardíaco. | Mein Großvater starb an Herzstillstand. |

| | |
|---|---|
| No entiendo de física. | Ich verstehe nichts von Physik. |
| Los caracoles se nutren de hojas. | Schnecken ernähren sich von Blättern. |
| Esta región abunda en vino. | Dieses Gebiet ist sehr reich an Wein. |
| Mi marido gasta mucho dinero en libros. | Mein Mann gibt viel Geld für Bücher aus. |
| Estos molinos convierten el aire en energía eléctrica. | Diese Windräder verwandeln Luft in elektrische Energie. |
| Este joven trafica con drogas. | Dieser Junge handelt mit Drogen. |

Aber: *morir de una sobredosis* an einer Überdosis sterben

Anmerkung 1: In Verbindung mit Krankheitsbezeichnungen lässt das Verb *padecer* 'leiden' folgende Konstruktionen zu: *padecer reuma/de reuma/del reuma* an Rheuma leiden.

Anmerkung 2: Wie die oben genannten Verben verhalten sich auch Adjektive, die eine präpositionale Ergänzung mit *en* oder *de* nach sich ziehen: *fuerte en física* gut in Physik, *rico en vitaminas* reich an Vitaminen, *pobre en grasas* fettarm, *lleno de agua* voll Wasser.

7. In bestimmten Präpositionalgruppen, die Ursache, Art und Weise oder Mittel ausdrücken, steht kein Artikel (vgl. auch Kap. 26):

| | |
|---|---|
| El profesor nos lo explicó todo con paciencia. | Der Lehrer erklärte uns alles mit Geduld/geduldig. |
| Lo hizo por compasión. | Er/Sie tat es aus Mitleid. |
| Siempre tomo el café con/sin azúcar. | Ich trinke Kaffee immer mit/ohne Zucker. |
| Le di la enhorabuena de todo corazón. | Ich gratulierte ihm/ihr von ganzem Herzen. |
| Me lo describió a grandes rasgos. | Er beschrieb es mir in großen Zügen. |
| Lo dije en broma. | Ich habe es aus Spaß gesagt. |

8. Der bestimmte Artikel steht in Verbindung mit Himmelsrichtungen:

| | |
|---|---|
| Me gusta mucho el sur de España. | Der Süden Spaniens gefällt mir sehr. |
| España limita al Oeste con Portugal. | Spanien grenzt im Westen an Portugal. |
| En el norte de España llueve mucho. | Im Norden Spaniens regnet es viel. |
| en el Sureste | im Südosten |

Anmerkung 1: Ist nicht der Ort, sondern die Richtung gemeint, steht im Deutschen kein Artikel: *hacia el Sur* nach/gen Süden, *La fachada de la casa da al Este.* – Die Fassade des Hauses ist nach Osten gerichtet.

Anmerkung 2: Wird nur die Himmelsrichtung bezeichnet, so schreibt man diese vorzugsweise groß. Ist der Teil eines Landes gemeint, wird die Himmelsrichtung meist klein geschrieben: *en el sureste de la Península* im Südosten der Halbinsel.

9. Der Artikel fehlt oft in Schlagzeilen, Überschriften, Buchtiteln und Namen von Institutionen:

| | |
|---|---|
| *Combates en Afganistán* | Kämpfe in Afghanistan |
| *Crisis profunda de los socialistas bascos* | Tiefgehende Krise der baskischen Sozialisten |
| *Orígenes del español* | Ursprünge des Spanischen |
| *Manual de gramática histórica española* | Handbuch der historischen Grammatik des Spanischen |
| *Diccionario inverso del español* | Rückläufiges spanisches Wörterbuch |
| *Embajada de España* | Spanische Botschaft |
| *Ministerio de Medio Ambiente* | Umweltministerium |

10. In Aufzählungen steht kein Artikel:

| | |
|---|---|
| *Hay que comprar pan, leche, mantequilla y huevos.* | Man muss Brot, Milch, Butter und Eier kaufen. |
| *Hombres, mujeres y niños asistieron a ese espectáculo.* | Männer, Frauen und Kinder waren bei diesem Schauspiel anwesend. |

11. Bei zwei mit *y* verbundenen Substantiven kann der bestimmte Artikel wegfallen:

| | |
|---|---|
| *Madre y abuela fueron ingresadas en el hospital.* | Mutter und Großmutter wurden ins Krankenhaus eingeliefert. |
| *Abandonó familia y amigos.* | Er hat Familie und Freunde verlassen. |

12. Wendungen ohne Artikel:

| | |
|---|---|
| *Con pan y vino se anda el camino.* | Mit Brot und Wein wandert es sich fein. |
| *echar sapos y culebras* | Gift und Galle spucken |
| *remover cielo y tierra* | Himmel und Erde in Bewegung setzen |
| *dedicarse a una cosa con cuerpo y alma* | sich mit Leib und Seele einer Sache widmen |
| *vivir como marido y mujer* | wie Mann und Frau zusammen leben |

# Abweichender Artikelgebrauch im Spanischen und Deutschen

## 32 Bestimmter Artikel im Spanischen, kein Artikel im Deutschen

Im Gegensatz zum Deutschen steht im Spanischen der bestimmte Artikel bei

1. Gattungsnamen und Stoffnamen, wenn sie verallgemeinernd gebraucht werden, und Abstrakta:

| | |
|---|---|
| La fe, la esperanza y la caridad son las tres virtudes teologales. | Glaube, Hoffnung und Liebe sind die drei theologischen Tugenden. |
| El oro es más caro que la plata. | Gold ist teurer als Silber. |
| El negocio es el negocio. | Geschäft ist Geschäft. |
| Me intereso por las lenguas extranjeras. | Ich interessiere mich für Fremdsprachen. |
| La cerveza se obtiene de la cebada. | Bier wird aus Gerste hergestellt. |
| En los asuntos de dinero hay que proceder con cuidado. | In Geldangelegenheiten muss man behutsam vorgehen. |
| No me gusta la carne. | Ich mag kein Fleisch. |
| El azúcar es malo para los dientes. | Zucker ist schlecht für die Zähne. |
| El baloncesto es su deporte favorito. | Basketball ist sein Lieblingssport. |
| La lectura forma. | Lesen bildet. |
| La mentira tiene los pies cortos. | Lügen haben kurze Beine. |
| La unión hace la fuerza. | Einigkeit macht stark. |
| La ociosidad es la madre de todos los vicios. | Müßiggang ist aller Laster Anfang. |
| Por término medio, las mujeres viven ocho años más que los hombres. | Im Durchschnitt leben Frauen acht Jahre länger als Männer. |

2. Angabe der Uhrzeit und der Tageszeit:

| | |
|---|---|
| a la una/a las cinco | um eins/um fünf |
| a las siete de la mañana | um sieben Uhr morgens |
| a partir de la media noche | ab Mitternacht |
| hacia la tarde | gegen Abend |

Merke: *a(l) mediodía* mittags. *Teníamos clase de ocho a dos de la tarde.* – Wir hatten von acht bis zwei Unterricht.

3. Angabe der Wochentage:

| | |
|---|---|
| Nos veremos el (próximo) jueves. | Wir werden uns (am) (nächsten) Donnerstag sehen. |
| No trabajo los lunes. | Ich arbeite montags nicht. |
| Tenemos los sábados libres. | Wir haben samstags frei. |
| ¡Que lo pase bien el domingo! | Schönen Sonntag! |
| Cerrado los domingos y festivos. | An Sonn- und Feiertagen geschlossen. |

Aber: *de lunes a viernes* von Montag bis Freitag

4. Angabe vergangener oder zukünftiger Zeiträume:

| | |
|---|---|
| el mes pasado | letzten Monat/im letzten Monat |
| la semana pasada | letzte Woche/in der letzten Woche |
| el año que viene | nächstes Jahr/im nächsten Jahr |
| la semana próxima | nächste Woche/in der nächsten Woche |

5. Namen von Körperteilen, die im Plural stehen oder einen Kollektivbegriff darstellen (als direktes Objekt nach *tener* und *llevar*):

| | |
|---|---|
| Carmen tiene los ojos azules. | Carmen hat blaue Augen. |
| Mi marido tiene el pelo blanco. | Mein Mann hat weißes Haar. |
| Mi novia lleva el pelo muy corto. | Meine Freundin trägt das Haar sehr kurz. |
| Pilar tiene las piernas largas. | Pilar hat lange Beine. |
| ¿Tienes las manos limpias? | Hast du saubere Hände? |

Anmerkung 1: Steht die Bezeichnung des Körperteils im Singular und handelt es sich um ein zählbares Substantiv, so steht im Deutschen der unbestimmte Artikel: *José tiene la frente alta.* – José hat eine hohe Stirn.

Anmerkung 2: Werden Körperteile mit der Präposition *con* angeschlossen, so gelten die oben genannten Regeln: *una chica con los ojos grandes* ein Mädchen mit großen Augen, *un hombre con la nariz aguileña* ein Mann mit (einer) Adlernase.

Anmerkung 3: Bei wertenden oder emphatischen Aussagen erscheint im Spanischen häufig der unbestimmte Artikel im Singular bzw. Plural: *Isabel tiene una boca muy bonita.* – Isabel hat einen sehr schönen Mund. *Carmen tiene unos ojos azules maravillosos.* – Carmen hat wunderschöne blaue Augen.

6. Namen von Krankheiten:

| | |
|---|---|
| *El sida es una enfermedad contagiosa.* | Aids ist eine ansteckende Krankheit. |
| *Me he vacunado contra la rubeola.* | Ich habe mich gegen Röteln impfen lassen. |
| *¿Quieres que te mida la fiebre?* | Soll ich dir Fieber messen? |
| *La varicela produce mucho picor.* | Windpocken verursachen starken Juckreiz. |

Anmerkung 1:  Nach dem Verb *tener* wird der Name einer Krankheit wie im Deutschen ohne Artikel angeschlossen: *tener cáncer* Krebs haben, *tener tos* Husten haben, *tener fiebre* Fieber haben, *tener gripe* Grippe haben. Ausnahmen: *tener el sida* Aids haben, *tener la tensión alta/baja* hohen/niedrigen Blutdruck haben, *tener un resfriado* Schnupfen haben.

Anmerkung 2:  Wird der Name der Krankheit mit der Präposition *de* angeschlossen, entfällt der Artikel ebenfalls: *estar enfermo de sida* aidskrank sein (vgl. § 32.6, Anm. 1)

7. Namen von Musikinstrumenten, Tänzen und Spielen nach den Verben *tocar* und *jugar*:

| | |
|---|---|
| *tocar el piano/el violín* | Klavier/Geige spielen |
| *¿Sabes bailar el chachachá?* | Kannst du Cha Cha Cha tanzen? |
| *jugar a la pelota/al fútbol/ al ajedrez/a las cartas* | Ball/Fußball/Schach/Karten spielen |

Anmerkung:  In Lateinamerika werden bei der Angabe von Sportarten in Verbindung mit dem Verb *jugar* keine Präposition und kein Artikel benutzt: *jugar fútbol/baloncesto* Fußball/Basketball spielen.

8. Namen von Sprachen, wenn diese als Subjekt gebraucht werden (vgl. § 31.4 u. Anm. 2):

| | |
|---|---|
| *El español es una lengua románica.* | Spanisch ist eine romanische Sprache. |

9. Prozentangaben und Bruchzahlen:

| | |
|---|---|
| *una rebaja del 5% (por ciento)* | ein Rabatt von 5% |
| *el 30% de los alemanes* | 30% der Deutschen |
| *las dos terceras partes de los italianos* | zwei Drittel der Italiener |
| *al cinco por ciento* | zu 5% |

Anmerkung 1: Soll eine ungefähre Prozentangabe ausgedrückt werden, steht der unbestimmte Artikel: *un 10% de la población* etwa 10% der Bevölkerung (vgl. auch § 83). Aber immer: *aumentar (en) un 5%* (um) 5% zunehmen.

Anmerkung 2: Nach Prozentangaben steht im Spanischen das Verb im Singular oder im Plural: *El 60% de los españoles relaciona(n) la inmigración con la delincuencia.* (El País) – 60% der Spanier bringen Einwanderung mit Kriminalität in Verbindung.

Anmerkung 3: Steht eine Prozentangabe in Klammern, so entfällt der bestimmte Artikel: *La mayoría (53% de los encuestados) ...* – Die Mehrheit (53% der Befragten) ...

## 10. Farbbezeichnungen:

| | |
|---|---|
| *El verde es un color que no me gusta.* | Grün ist eine Farbe, die mir nicht gefällt. |
| *El rojo y el amarillo son los colores de la bandera de España.* | Rot und Gelb sind die Farben der spanischen Flagge. |

Aber: *El semáforo está en rojo.* – Die Ampel steht auf Rot.

## 11. Wendungen und Ausdrücke:

| | |
|---|---|
| *escuchar/oír la radio* | Radio hören |
| *ver la tele* | fernsehen |
| *en la página diez* | auf Seite zehn |
| *con los brazos cruzados* | mit gekreuzten Armen |
| *dar los buenos días/las buenas tardes/las buenas noches* | guten Tag/guten Abend/gute Nacht sagen |
| *Dan las nueve.* | Es schlägt neun. |
| *Nosotros los españoles somos ...* | Wir Spanier sind ... |
| *Vosotros los alemanes sois ...* | Ihr Deutschen seid ... |
| *dar las gracias* | Dank sagen |
| *echar los dientes* | Zähne bekommen |
| *hacer la competencia a alg.* | jdm. Konkurrenz machen |
| *La azafata abandonó la última el avión.* | Die Stewardess verließ als Letzte das Flugzeug. |
| *hacer la guerra* | Krieg führen |
| *¡A la orden!* | Zu Befehl! |
| *sembrar el pánico* | Panik verbreiten |
| *caer por la borda* | über Bord gehen |
| *prestar los primeros auxilios* | Erste Hilfe leisten |
| *estar como el perro y el gato* | wie Hund und Katze sein |
| *quitar el polvo* | Staub wischen |

| | |
|---|---|
| perder el tiempo | Zeit verlieren |
| hacer el balance | Bilanz ziehen |
| casarse a los treinta (años) | mit dreißig (Jahren) heiraten |
| cumplir los dieciocho (años) | achtzehn (Jahre alt) werden |
| recibir a alguien con los brazos abiertos | jdn. mit offenen Armen empfangen |
| guardar la sangre fría | ruhig Blut bewahren |
| estar entre la vida y la muerte | zwischen Leben und Tod schweben |
| ¡La bolsa o la vida! | Geld oder Leben! |
| con el estómago vacío | mit leerem Magen |
| dar/tocar la alarma | Alarm schlagen/auslösen |
| usar la violencia | Gewalt anwenden |
| caer en el olvido | in Vergessenheit geraten |
| pagadero a la entrega | zahlbar bei Lieferung |
| ¿Qué talla usas? – la 38. | Welche Kleidergröße hast du? – 38. |
| ¿Qué número calza? – el 42. | Welche Schuhgröße haben Sie? – 42. |
| al ralentí | in Zeitlupe |
| mi concepción de la amistad | meine Auffassung von Freundschaft |
| la hoz y el martillo | Hammer und Sichel |
| Vino la guerra. | Es gab Krieg. |

Unterscheide: *dar la razón a alg. en u.c.* jdm. in etw. Recht geben – *dar razón a alg. de u.c.* jdm. über etw. Auskunft geben

Merke: *en el futuro* in Zukunft; *poner en futuro (un verbo)* (ein Verb) ins Futur setzen

## 33 Kein Artikel im Spanischen, bestimmter Artikel im Deutschen

Im Gegensatz zum Deutschen fehlt der bestimmte Artikel im Spanischen bei

1. Monatsnamen:

| | |
|---|---|
| *Abril tiene treinta días.* | Der April hat dreißig Tage. |
| *El año pasado pasamos todo julio en Italia.* | Letztes Jahr verbrachten wir den ganzen Juli in Italien. |
| *en noviembre de 1991* | im November 1991 |
| *en agosto pasado* | im vergangenen August |
| *Nos conocimos en el mes de abril/en abril de 1998.* | Wir lernten uns im April 1998 kennen. |

2. Jahreszeiten, wenn ihnen die Präposition *en* vorausgeht:

| en primavera/verano/ otoño/invierno | im Frühling/Sommer/ Herbst/Winter |
|---|---|

Aber: *en la primavera de 1985* im Frühjahr 1985

3. Transportmitteln, wenn die Präposition *en* vorausgeht:

| ir en bicicleta/coche/autobús/ avión/barco  Voy en bicicleta a la fábrica.  subir en (el) ascensor | mit dem Fahrrad/Auto/Bus/ Flugzeug/Schiff fahren  Ich fahre mit dem Fahrrad in die Fabrik.  mit dem Aufzug (hinauf)fahren |
|---|---|

Anmerkung: Möglich ist auch *ir con el coche* usw. Wird das Transportmittel näher bestimmt, so muss der bestimmte Artikel gesetzt werden: *Llegaron con el tren de las nueve.* – Sie kamen mit dem Neun-Uhr-Zug an. *Iremos con el coche de mi hermano.* – Wir werden mit dem Auto meines Bruders fahren.

Merke: *ir en auto-stop* per Anhalter fahren

4. einer Ergänzung mit der Präposition *de*, die einem deutschen Genitivattribut entspricht (vgl. auch § 273.2):

| Sólo traigo objetos de uso personal.  los verbos de movimiento el sentimiento de fraternidad proseguir una política de distensión Es un día de alegría y agradecimiento. | Ich habe nur Gegenstände des persönlichen Gebrauchs bei mir.  die Verben der Bewegung das Gefühl der Brüderlichkeit eine Politik der Entspannung verfolgen Es ist ein Tag der Freude und der Dankbarkeit. |
|---|---|

Unterscheide: *un sombrero de mujer* ein Damenhut – *el sombrero de una mujer* der Hut einer Dame

5. Appositionen:

| Madrid, capital de España, es una ciudad digna de ver.  San Ignacio de Loyola, fundador de la orden de los jesuitas, murió en Roma en 1556. | Madrid, die Hauptstadt Spaniens, ist eine sehenswerte Stadt.  Der heilige Ignatius von Loyola, der Gründer des Jesuitenordens, starb 1556 in Rom. |
|---|---|

| La dominación musulmana va desde el 711, año en que los árabes entraron en la Península Ibérica, hasta el año 1492, fecha en que los Reyes Católicos conquistaron Granada. | Die islamische Herrschaft reicht von 711, dem Jahr, in dem die Araber die Iberische Halbinsel betraten, bis 1492, dem Datum, an dem die Katholischen Könige Granada eroberten. |
|---|---|

Anmerkung 1: Die Verwendung des Artikels ist fakultativ: *Madrid, la capital* ...
Anmerkung 2: Wenn die Apposition einen Superlativ bei sich hat, wird der Artikel gebraucht: *Dante, el más célebre poeta italiano,* ... – Dante, der berühmteste italienische Dichter, .... Ebenso, wenn die Apposition nur aus einem Adjektiv besteht: *Fernando el Santo* Ferdinand der Heilige.

6. *todo* + folgendem Autornamen:

| He leído todo Unamuno. | Ich habe den ganzen Unamuno gelesen. |
|---|---|

7. *santo*:

| San José | der heilige Joseph |
|---|---|
| Santa Teresa | die heilige Theresa |
| Santo Tomás | der heilige Thomas |
| Santo Domingo | der heilige Dominikus |

Aber: *la Santísima Virgen* die heilige Jungfrau, *el Santísimo Sacramento* das Allerheiligste

8. *clase, misa* (nicht in Subjektfunktion):

| Hoy no voy a clase. | Heute gehe ich nicht zum Unterricht. |
|---|---|
| ¿Puedo asistir a clase? | Kann ich am Unterricht teilnehmen? |
| Acabamos de salir de clase. | Wir sind gerade aus dem Unterricht gekommen. |
| En clase hablamos español. | Im Unterricht sprechen wir Spanisch. |
| Hay que atender a clase. | Man muss im Unterricht aufpassen. |
| faltar a clase | den Unterricht versäumen |
| Voy a misa los domingos. | Ich gehe sonntags in die Messe. |
| decir/celebrar misa | die Messe lesen/feiern |
| Tengo que ayudar a misa mayor/de ocho. | Ich muss beim Hochamt/in der Acht-Uhr-Messe ministrieren. |

Aber: *ir a la Misa del Gallo* zur Christmesse gehen

## 9. Correos:

| | |
|---|---|
| ir a Correos | zur Post gehen |
| trabajar en Correos | bei der Post arbeiten |
| enfrente de Correos | gegenüber der Post |

## 10. Wendungen:

| | |
|---|---|
| acusar a alg. de traición | jdn. des Verrats anklagen |
| en busca de trabajo | auf der Suche nach Arbeit |
| ponerse en camino | sich auf den Weg machen |
| en caso de necesidad | im Notfall |
| en Tierra Santa | im heiligen Land |
| por primera vez | zum ersten Mal |
| salir de casa | das Haus verlassen |
| pasar de moda | aus der Mode kommen |
| acusar recibo de una carta | den Empfang eines Briefes bestätigen |
| amor a primera vista | Liebe auf den ersten Blick |
| poner a prueba | auf die Probe stellen |
| confundirse/equivocarse de puerta | sich in der Tür irren |
| estar en condiciones de hacer u.c. | in der Lage sein, etw. zu tun |
| caer en combate | im Kampf fallen |
| dar permiso | die Erlaubnis geben |
| en broma | im Scherz/Spaß |
| en gran parte | zum großen Teil |
| conocer de vista | vom Sehen kennen |
| escribir a máquina | mit der Maschine schreiben |
| por fortuna | zum Glück |
| Es (una) cuestión de tiempo. | Es ist nur eine Frage der Zeit. |
| dar a luz | zur Welt bringen/gebären |
| dar en adopción | zur Adoption freigeben |
| en teoría | in der Theorie |
| estar en construcción | im Bau sein |
| perder de vista | aus den Augen verlieren |
| entre semana | unter der Woche |
| en sentido proprio/figurado/estricto | im eigentlichen/übertragenen/engeren Sinn |
| leer entre líneas | zwischen den Zeilen lesen |
| en números rojos | in den roten Zahlen |
| estar en minoría | in der Minderheit sein |
| ser mayoría | in der Mehrheit sein |

| | |
|---|---|
| *jugar con fuego* | mit dem Feuer spielen |
| *salir/escapar con vida* | mit dem Leben davonkommen |
| *salir a bolsa* | an die Börse gehen |
| *entrar en juego* | auf dem Spiel stehen |
| *tener a mano* | zur Hand haben |
| *pasar factura a alg.* | jdm. die Rechnung präsentieren |
| *Existe química entre ellos.* | Zwischen ihnen stimmt die Chemie. |
| *hablar/cantar a coro* | im Chor sprechen/singen |
| *salir a escena* | die Bühne betreten |

Aber: *en la práctica* in der Praxis
Unterscheide: *estar en la cama* im Bett liegen – *estar en cama* (wegen Krankheit) im Bett liegen = *guardar (la) cama* das Bett hüten

## 34 Kein Artikel im Spanischen, unbestimmter Artikel im Deutschen

Im Gegensatz zum Deutschen fehlt der unbestimmte Artikel

1. nach *tener* (in Verbindung mit Ausdrücken, bei denen auf das Vorhandensein oder Nichtvorhandensein einer Person oder eines Gegenstandes abgehoben wird):

| | |
|---|---|
| *Ya tiene novia.* | Er hat schon eine Freundin. |
| *¿Tienes coche?* | Hast du ein Auto? |
| *Tengo reloj.* | Ich habe eine Uhr. |
| *¿Tienes móvil?* | Hast du ein Handy? |
| *No tengo garaje.* | Ich habe keine Garage. |
| *Tengo habitación propia.* | Ich habe ein eigenes Zimmer. |
| *Tienes buena memoria.* | Du hast ein gutes Gedächtnis. |
| *Tiene mal carácter.* | Er/Sie hat einen schlechten Charakter. |
| *Pilar tiene buen gusto.* | Pilar hat einen guten Geschmack. |
| *Nuestro hijo tiene buen apetito.* | Unser Sohn hat einen guten Appetit. |

Anmerkung 1: Wenn das Substantiv näher beschrieben wird, so steht der unbestimmte Artikel: *Carlos tiene una novia muy inteligente.* – Carlos hat eine sehr intelligente Freundin. *Tengo un reloj muy precioso.* – Ich habe eine sehr kostbare Uhr.
Anmerkung 2: Der unbestimmte Artikel kann zum Ausdruck eines hohen Grades dienen, wie z.B. in: *¡Tengo una sed ...!* – Hab' ich einen Durst!

2. vor *medio/media*:

| | |
|---|---|
| *He trabajado media hora.* | Ich habe eine halbe Stunde gearbeitet. |
| *Me gustaría trabajar media jornada.* | Ich würde gerne halbtags arbeiten. |

Anmerkung: Der unbestimmte Artikel vor *medio/media* bezeichnet eine ungefähre Angabe: *una media hora* etwa eine halbe Stunde (vgl. § 83).

3. vor *otro/otra*:

| | |
|---|---|
| *Ha llegado otro señor.* | Es ist noch ein Herr gekommen. |

4. vor *semejante, tal* oder *cierto*:

| | |
|---|---|
| *semejante tontería* | eine solche/solch eine Dummheit |
| *semejante caso* | ein solcher Fall |
| *con cierta ironía* | mit einer gewissen Ironie |
| *en tal situación* | in einer solchen/solch einer Lage |

Auch: *un caso semejante*

5. vor *(gran/buena) parte* oder *gran cantidad*:

| | |
|---|---|
| *gran/buena parte de la gente* | ein großer/guter Teil der Leute |
| *gran cantidad de libros* | eine große Menge Bücher |

6. nach *llevar, gastar* oder *vestir*:

| | |
|---|---|
| *Mi hermano lleva gafas (negras).* | Mein Bruder trägt eine (dunkle) Brille. |
| *Siempre llevo corbata.* | Ich trage immer eine Krawatte. |
| *Mi tío gasta barba.* | Mein Onkel trägt einen Bart. |
| *El hombre vestía mono azul.* | Der Mann trug einen blauen Overall. |

Anmerkung: Folgt eine beschreibende Ergänzung, so steht der unbestimmte bzw. bestimmte Artikel: *Pepe lleva una corbata muy bonita.* – Pepe trägt eine sehr hübsche Krawatte. *Mi novia lleva el pelo muy largo.* – Meine Freundin trägt das Haar sehr lang. In diesem Fall bezieht sich das direkte Objekt auf einen Körperteil (vgl. auch § 32.5).

Unterscheide: *llevar pantalones* Hosen tragen – *llevar los pantalones* die Hosen anhaben

## 7. in Wendungen:

| | |
|---|---|
| sin decir palabra | ohne ein Wort zu sagen |
| ofrecer asiento | einen Platz anbieten |
| hacer agua | ein Leck bekommen |
| Eres muy buen chico. | Du bist ein sehr guter Junge. |
| Es muy buena persona. | Sie ist ein sehr guter Mensch. |
| morir de muerte natural/violenta | eines natürlichen/gewaltsamen Todes sterben |
| Me siento como pez en el agua. | Ich fühle mich wie ein Fisch im Wasser. |
| A caballo regalado no se le mira el diente. | Einem geschenkten Gaul schaut man nicht ins Maul. |
| hacer excepción | eine Ausnahme bilden |
| dejarse barba | sich einen Bart wachsen lassen |
| ¿Hay vida después de la muerte? | Gibt es ein Leben nach dem Tod? |
| Este año, mi cumpleaños cae en domingo. | Dieses Jahr fällt mein Geburtstag auf einen Sonntag. |
| hacer formación profesional | eine Berufsausbildung machen |
| buscar piso | eine Wohnung suchen |
| poner cara larga/triste/de mal humor | ein langes/trauriges/unfreundliches Gesicht machen |
| Eso es pura mentira. | Das ist eine glatte Lüge. |
| causar buena/mala impresión | einen guten/schlechten Eindruck hinterlassen |
| abrirse paso entre la multitud | sich einen Weg durch die Menge bahnen |
| en diferido | in einer Aufzeichnung |
| hacer negocio con alg. | mit jdm. ein Geschäft machen |
| prestar declaración | eine Aussage machen |
| prestar juramento | einen Eid ablegen |
| echar barriga | einen Bauch bekommen |
| hacer prácticas | ein Praktikum machen |
| levantar acta | ein Protokoll aufnehmen |
| poner punto final a u.c. | einen Schlussstrich unter etw. ziehen |
| poner fin/término a u.c. | einer Sache ein Ende setzen |
| ser buen/mal perdedor | ein guter/schlechter Verlierer sein |
| Amenaza tormenta. | Ein Gewitter ist im Anzug. |

Aber: *hacer una excepción (con alg.)* (bei jdm.) eine Ausnahme machen, *dejarse crecer la barba* sich einen Bart wachsen lassen

# Weitere Fälle von Nichtübereinstimmung im spanischen und deutschen Artikelgebrauch

**35**

1. Im Spanischen steht der bestimmte Artikel, im Deutschen der unbestimmte Artikel:

| | |
|---|---|
| tener el sueño muy ligero | einen sehr leichten Schlaf haben |
| tener la conciencia limpia/sucia | ein reines/schlechtes Gewissen haben |
| tener el estómago vacío | einen leeren Magen haben |
| Se me pone la carne de gallina. | Ich bekomme eine Gänsehaut. |
| Juan le ha echado el ojo a Inés./ Juan ha puesto los ojos en Inés. | Juan hat ein Auge auf Inés geworfen. |
| hacer la rueda | ein Rad schlagen |

Auch: *tener buena/mala conciencia* ein gutes/schlechtes Gewissen haben

2. Im Spanischen steht der unbestimmte Artikel, im Deutschen der bestimmte Artikel:

| | |
|---|---|
| Un padre separado mata a dos hijas y se arroja desde un quinto piso (El País). | Ein getrennt lebender Vater tötet seine beiden Töchter und stürzt sich aus dem fünften Stock. |
| en un santiamén | im Nu |
| en una fracción de segundo | im Bruchteil einer Sekunde |
| En un principio se había dicho que ... | Am Anfang/Anfänglich hatte man gesagt, dass ... |
| mantenerse en un segundo plan | im Hintergrund bleiben |
| Fue un infierno. | Es war die Hölle. |

3. Im Spanischen steht der unbestimmte Artikel, im Deutschen kein Artikel:

| | |
|---|---|
| en un futuro próximo | in nächster Zukunft |
| una película con un final feliz | ein Film mit Happyend |
| con un último esfuerzo | mit letzter Anstrengung |
| en un examen más detallado | bei näherer Betrachtung |
| en un tiempo récord | in Rekordzeit |
| levantar una polvareda | Staub aufwirbeln [auch fig.] |
| Eso ha sido una falsa alarma. | Das war blinder Alarm. |
| Lo habíamos tomado por una broma. | Wir hatten es als Scherz aufgefasst. |
| Eso es una locura total. | Das ist totaler Wahnsinn. |

# 36 Der Gebrauch des Artikels bei Namen

1. Der bestimmte Artikel wird verwendet bei Titeln:

| | |
|---|---|
| El señor García no está. | Herr García ist nicht da. |
| La señora Marín no trabaja. | Frau Marín arbeitet nicht. |
| el papa Juan Pablo II. | Papst Johannes Paul II. |
| el general Ramírez | General Ramírez |
| el presidente González | Präsident González |
| el rey Juan Carlos | König Juan Carlos |

Anmerkung 1: In der Anrede entfällt der bestimmte Artikel: *Buenos días, señor García.* – Guten Tag, Herr García.
Anmerkung 2: Ohne Artikel werden *don, doña, fray* und *sor* verwendet, die mit dem Vornamen verbunden werden: *Hay que dirigirse a don Isidro.* – Man muss sich an Don Isidro wenden. *Fray Luis vive en este monasterio desde hace veinte años.* – Bruder Luis lebt seit zwanzig Jahren in diesem Kloster. *Sor Antonia trabaja en la biblioteca.* – Schwester Antonia arbeitet in der Bibliothek.
Anmerkung 3: Bei *tío* und *tía* mit folgendem Eigennamen ist der Gebrauch des bestimmten Artikels fakultativ: *(el) tío Juan* Onkel Juan, *(la) tía Isabel* Tante Isabel.

2. Familiennamen von berühmten Schriftstellerinnen und Künstlerinnen, besonders der Vergangenheit, können mit dem bestimmten Artikel gebraucht werden: *la Callas, la Pardo Bazán, la Matute, la Garbo, la Loren.* In gepflegter Sprache können die Familiennamen italienischer Künstler mit dem bestimmten Artikel stehen: *el Petrarca, el Boccaccio* (aber nur: *Dante*, weil es sich dabei um einen Vornamen handelt).

3. Vornamen können wie im Deutschen in der Umgangssprache mit dem bestimmten Artikel verbunden werden:

| | |
|---|---|
| ¿Dónde está (la) Teresa? | Wo ist (die) Teresa? |

4. In Verbindung mit Ländernamen ist der Artikelgebrauch uneinheitlich.

- Die meisten Ländernamen weisen keinen Artikel auf:

| | | | |
|---|---|---|---|
| España | Spanien | Francia | Frankreich |
| Suiza | die Schweiz | Egipto | Ägypten |
| Hungría | Ungarn | Grecia | Griechenland |
| Arabia Saudí | Saudi-Arabien | Dinamarca | Dänemark |
| Ucrania | Ukraine | Suecia | Schweden |

- Der bestimmte Artikel ist fakultativ bei folgenden Ländernamen:

| | | | |
|---|---|---|---|
| *(la) Argentina* | Argentinien | *(el) Brasil* | Brasilien |
| *(el) Ecuador* | Ekuador | *(el) Perú* | Peru |
| *(el) Canadá* | Kanada | *(el) Uruguay* | Uruguay |
| *(el) Paraguay* | Paraguay | *(el) Afganistán* | Afghanistan |
| *(el) Japón* | Japan | *(la) China* | China |
| *(el) Irak* | Irak | *(el) Irán* | Iran |
| *(el) Senegal* | Senegal | *(el) Camerún* | Kamerun |
| *(el) Yemen* | Yemen | *(las) Filipinas* | die Philippinen |

- Immer mit dem bestimmten Artikel werden folgende Ländernamen verbunden:

| | | | |
|---|---|---|---|
| *el Salvador* | El Salvador | *la India* | Indien |
| *el Kurdistan* | Kurdistan | *el Líbano* | (der) Libanon |
| *el Tíbet* | Tibet | *los Países Bajos* | die Niederlande |
| *el Reino Unido* | das Vereinigte Königreich | *el Congo* | der Kongo |

Anmerkung 1: Die in der Kolonialzeit entstandene Bezeichnung *las Indias* bezieht sich einerseits auf Indien und Indonesien *(las Indias Orientales)* und andererseits auf die Antillen *(las Indias Occidentales)*.

Anmerkung 2: In den Fällen, in denen der bestimmte Artikel fakultativ ist, besteht eine zunehmende Tendenz, besonders in der Presse, den Artikel wegzulassen. In bestimmten Kontexten, z.B. in den offiziellen Bezeichnungen von Staaten oder nach bestimmten Verben, ist der Gebrauch des bestimmten Artikels üblich: *la República del Perú, la República del Ecuador; Cuando los españoles llegaron al Perú, ...* - Als die Spanier nach Peru kamen, ...

Anmerkung 3: Die spanische Bezeichnung der Vereinigten Staaten lautet *(Los) Estados Unidos*, abgekürzt *EE. UU./EEUU.* Hierbei ist zu beachten, dass wenn der Artikel fehlt, das Verb im Singular erscheint: *Estados Unidos estaba dispuesto a firmar el tratado con Rusia.* – Die Vereinigten Staaten waren bereit, den Vertrag mit Russland zu unterzeichnen. *Las Filipinas están situadas .../ Filipinas está situada ....* – die Philippinen liegen ...

Anmerkung 4: Der bestimmte Artikel muss bei allen Ländernamen stehen, wenn zu dem Ländernamen eine Ergänzung tritt: *en la Argentina de los años veinte* im Argentinien der zwanziger Jahre, *la Alemania de la posguerra* das Nachkriegsdeutschland, *en la España medieval* im mittelalterlichen Spanien, *en la actual Bolivia* im heutigen Bolivien. Handelt es sich jedoch bei der Ergänzung um eine geographische Angabe, so entfällt der Artikel zumeist: *en Colombia del Sur* in Südkolumbien.

5. Die Namen der Kontinente werden ohne Artikel gebraucht: *Europa, América, Australia*. Bei der Bezeichnung Afrikas und Asiens kann der Artikel stehen: *(el) África, (el) Asia*.

Anmerkung 1: Tritt zum Namen des Kontinents eine nähere Bestimmung, so wird der bestimmte Artikel hinzugefügt: *en la Europa de Carlos V* im Europa Karls V. Handelt es sich bei der Ergänzung um eine geografische Angabe wie *del Norte/septentrional, del Sur/ meridional, oriental, occidental, central*, entfällt der Artikel: *Guatemala es el país más poblado de América Central.* – Guatemala ist das am dichtesten besiedelte Land Mittelamerikas. *Colombia es el cuarto país de América del Sur en extensión.* – Kolumbien ist das viertgrößte Land Südamerikas. *Kenia está situada en África oriental.* – Kenia liegt in Ostafrika.

Anmerkung 2: Der Ausdruck *las Américas* bezieht sich auf den gesamten Doppelkontinent.

Anmerkung 3: Wie *Latinoamérica* 'Lateinamerika' wird auch *América latina* ohne Artikel gebraucht. Ebenso: *Centroamérica* und *América central*.

6. Städtenamen stehen üblicherweise ohne Artikel, es sei denn, der bestimmte Artikel ist Bestandteil des Namens, wie z.B. bei *La Coruña, El Ferrol, Las Palmas, El Havre* Le Havre, *La Haya* den Haag, *Los Ángeles, La Paz, La Plata, La Laguna* (im Deutschen mit Artikel) und *La Habana* Havanna, *El Cairo* Kairo, *La Meca* Mekka (im Deutschen ohne Artikel).

Anmerkung: Alle Städtenamen werden mit dem bestimmten Artikel verbunden, wenn sie eine Ergänzung zu sich nehmen: *El Madrid del siglo XV* das Madrid des 15. Jahrhunderts, *la Guernica destruida* das zerstörte Guernica.

7. Die Namen von Regionen weisen in der Regel keinen Artikel auf:

| | | | |
|---|---|---|---|
| *Castilla* | Kastilien | *Galicia* | Galicien |
| *Andalucía* | Andalusien | *Cataluña* | Katalonien |

Einige wenige Bezeichnungen von Regionen werden jedoch mit dem bestimmten Artikel verbunden:

| | | | |
|---|---|---|---|
| *la Mancha* | die Mancha | *la Rioja* | die Rioja |
| *el Rosellón* | das Roussillon | *el Piamonte* | Piemont |
| *la Tierra del Fuego* | Feuerland | *el Palatinado* | die Pfalz |

Anmerkung 1: Werden die Namen von Regionen näher bestimmt, so wird der bestimmte Artikel gesetzt: *la Andalucía contemporánea* das zeitgenössische Andalusien.

Anmerkung 2: Einen Sonderfall stellt die Bezeichnung *Castilla la Vieja/Nueva* 'Alt-/Neukastilien' dar, bei der der Artikel zwischen dem Namen und dem Adjektiv steht.

8. Inselnamen stehen in der Regel ohne Artikel:

| *Mallorca* | Mallorca | *Ibiza* | Ibiza |
|---|---|---|---|
| *Sicilia* | Sizilien | *Cerdeña* | Sardinien |
| *Córcega* | Korsika | *Rodas* | Rhodos |

Anmerkung: Der bestimmte Artikel ist Bestandteil des Namens bei *El Hierro, La Gomera, La Reunión*.

9. Die Namen von Inselgruppen werden in der Regel mit dem bestimmten Artikel verbunden:

| *las Antillas* | die Antillen |
|---|---|
| *las Malvinas* | die Falklandinseln |
| *las Hébridas* | die Hebriden |
| *las Maldivas* | die Malediven |

Fakultativ ist der Artikel in *(las) Canarias* die Kanaren, *(las) Baleares* die Balearen. Wenn ohne Artikel gebraucht, steht das Verb im Singular:

| *En 1982, Canarias obtuvo/las Canarias obtuvieron la plena autonomía.* | 1982 erlangten die Kanaren vollständige Autonomie. |
|---|---|
| *Baleares tiene/Las Baleares tienen una tasa de inflación superior a la media nacional.* | Die Balearen haben eine Inflationsrate, die über dem nationalen Durchschnitt liegt. |

10. Mit dem bestimmten Artikel werden verbunden:

- die Namen von Flüssen, Seen und Meeren:

| *el Guadalquivir* | der Guadalquivir |
|---|---|
| *el Amazonas* | der Amazonas |
| *el lago de Constanza* | der Bodensee |
| *el lago de Titicaca* | der Titicacasee |
| *el lago de los Cuatro Cantones* | der Vierwaldstätter See |
| *el Mediterráneo* | das Mittelmeer |
| *el Atlántico* | der Atlantik |
| *el Caribe* | die Karibik |
| *el mar Adriático* | die Adria |
| *el mar Báltico* | die Ostsee |

- die Namen von Bergen und Gebirgen:

| el Teide | der Teide | el Popocatépetl | der Popocatepetl |
| el Vesubio | der Vesuv | el Etna | der Ätna |
| los Pirineos | die Pyrenäen | los Andes | die Anden |

- Firmennamen

| trabajar en la Seat/BMW/Opel | bei Seat/BMW/Opel arbeiten |

- Namen von Sportmannschaften:

| el equipo de fútbol del Real Madrid | Die Fußballmannschaft von Real Madrid |
| El Atlético ha dado una soberana lección al Barcelona. | Atletico hat Barcelona eine gründliche Lektion erteilt. |

- Namen von Organisationen:

| el Opus Die | Opus Dei | la ONU | die UNO |
| la OTAN | die NATO | la UE | die EU |

Anmerkung 1: Der Name ETA wird ohne Artikel verwendet: *ETA es una organización totalitaria que emplea exclusivamente la violencia para imponer sus ideas y sus fines.* – Die ETA ist eine totalitäre Organisation, die ausschließlich Gewalt verwendet, um ihre Ideen und Ziele durchzusetzen. Aber: *la ETA de hoy* die heutige ETA.

Anmerkung 2: 'Die Vereinten Nationen' wird immer ohne Artikel wiedergegeben: *Israel ha comunicado a Naciones Unidas ...* – Israel hat den Vereinten Nationen mitgeteilt, ...

Anmerkung 3: Das Wort *internet* wird im Spanischen ohne Artikel benutzt: Das Internet ist eine nützliche Erfindung. – *Internet es una invención útil. Ayer no logré entrar en Internet.* – Gestern kam ich nicht ins Internet; *buscar en internet* im Internet suchen.

## 37 Wegfall des Artikels

Wenn zwei Substantive durch die Konjunktion *y* verbunden sind, wird in der Regel vor beiden Substantiven der Artikel gesetzt. Der Artikel kann entfallen, wenn die beiden Substantive begrifflich eng zusammenhängen. Dies trifft auch zu, wenn die Substantive verschiedenes Genus haben:

| ¿Cuáles son las ventajas y los inconvenientes/las ventajas e inconvenientes de este sistema? | Welches sind die Vor- und Nachteile dieses Systems? |

## Der neutrale Artikel *lo* 38

1. Der neutrale Artikel *lo* dient zur Substantivierung von Adjektiven, Partizipien, betonten Possessivadjektiven und Ordnungszahlen (zu adverbialen Wendungen mit *lo* vgl. § 137.3):

| | |
|---|---|
| *el atractivo de lo nuevo* | der Reiz des Neuen |
| *Lo bueno del caso es que ...* | Das Gute an der Sache ist, dass ... |
| *Ya ha pasado lo peor.* | Das Schlimmste ist schon vorbei. |
| *contra todo lo esperado* | wider alles Erwarten |
| *A cada uno lo suyo.* | Jedem das Seine. |
| *Lo primero que vi ...* | Das Erste, was ich sah ... |

Anmerkung 1: Andere Wortarten werden mit Hilfe des maskulinen bestimmten Artikels substantiviert: *el sí* das Ja, *el no* das Nein, *el yo* das Ich, *el cómo y cuándo* das Wie und Wann, *el porqué* das Warum.

Anmerkung 2: Dt. 'das Gegenteil' wird durch *el contrario* oder *lo contrario* wiedergegeben; *el contrario* bedeutet auch 'der Gegner'.

Anmerkung 3: Ein substantiviertes Adjektiv oder Partizip wird durch ein Adverb näher bestimmt: *lo anteriormente dicho* das vorher Gesagte, *lo verdaderamente imprescindible* das unbedingt Nötige, *lo estrictamente necesario* das Allernotwendigste.

Unterscheide: *lo hecho* das Getane – *el hecho* die Tatsache
*lo dicho* das Gesagte – *el dicho* die Redewendung
*lo menos* das Mindeste – *el menos* das Minuszeichen
*lo pasado* das Geschehene – *el pasado* die Vergangenheit

2. Besondere Verwendungen von *lo*:

- *lo de* 'die Sache/das mit':

| | |
|---|---|
| *Lo de tu hermano no me extraña.* | Die Sache mit deinem Bruder wundert mich nicht. |
| *Volviendo a lo de tu hermana, ...* | Um nochmals auf die Sache mit deiner Schwester zurückzukommen, ... |
| *¿Qué pasó con lo de la denuncia?* | Was ist aus der Anzeige geworden? |
| *Ya no está mal visto lo de ir al terapeuta.* | Es ist nicht mehr verpönt, zum Therapeuten zu gehen. |

- *lo* in Verbindung mit Adjektiven oder Adverbien im Ausrufesatz (vgl. auch § 103.2):

| | |
|---|---|
| *¡Lo simpática que es tu novia!* | Ist deine Freundin aber sympathisch! |
| *¡Lo bien que bailan!* | Wie die gut tanzen! |

- *lo* in Verbindung mit Adjektiven oder Adverbien im abhängigen Satz:

| | |
|---|---|
| Todos admiran a Juan por lo inteligente que es. | Alle bewundern Juan, weil er so intelligent ist. |
| Hay que ver lo feliz que es/lo felices que son. | Du müsstest sehen, wie glücklich er/sie ist/sie sind. |
| No te imaginas lo mucho que gana. | Du kannst dir nicht vorstellen, wie viel er verdient. |
| ¿Has oído lo bien que habla español? | Hast du gehört, wie gut er Spanisch spricht? |

Anmerkung: Umgangssprachlich ist der Ausdruck *con lo* + Adjektiv in konzessiver Bedeutung: *Mi hijo, con lo enfermo que estaba, aprobó el examen.* – So krank mein Sohn war, hat er doch die Prüfung bestanden (zu den konzessiven Konjunktionen vgl. § 267).

- *lo* in steigernden Ausdrücken:

| | |
|---|---|
| Ayer vimos un partido de fútbol de lo más aburrido. | Gestern sahen wir ein stinklangweiliges Fußballspiel. |

- *a lo* + Substantiv/Adjektiv drückt die Art und Weise aus:

| | |
|---|---|
| Su marido siempre viste a lo señor. | Ihr Mann kleidet sich immer vornehm. |
| Mi tío vive a lo grande. | Mein Onkel lebt auf großem Fuß. |
| Su mujer llevaba un peinado a lo Mireille Mathieu. | Seine Frau trug eine Friseur wie Mireille Mathieu. |

- Wendungen:

| | |
|---|---|
| lo antes posible | so früh wie möglich |
| en la medida de lo posible | im Rahmen des Möglichen |
| en lo económico | auf wirtschaftlichem Gebiet |
| en lo que va de año | seit Jahresbeginn |
| Lo cierto es que ... | Sicher ist, dass ... |
| Lo malo es que ... | Schlimm ist, dass ... |
| Lo nuestro fue un flechazo. | Bei uns war es Liebe auf den ersten Blick. |
| lo más a la izquierda posible | möglichst weit links |

## Der bestimmte Artikel in determinativer Funktion

In determinativer Funktion kann der bestimmte Artikel ein vorher erwähntes Substantiv ersetzen. Er kann in dieser Funktion vor einer Ergänzung mit *de*, einem Relativsatz oder einem Partizip stehen:

| | |
|---|---|
| *Compare la situación turística española con la de otros países.* | Vergleichen Sie die Lage des Tourismus in Spanien mit der anderer Länder. |
| *Mi padre y el de José están de acuerdo.* | Mein und Josés Vater sind einverstanden. |
| *No fue culpa mía, sino la del empleado.* | Es war nicht meine Schuld, sondern die des Angestellten. |
| *En Andalucía la situación es muy diferente de/a la de Cataluña.* | In Andalusien ist die Lage sehr verschieden von der Kataloniens. |
| *Podemos decir que el léxico utilizado en los países de habla hispana coincide básicamente con el utilizado en España. Existen leves diferencias comparables a las que observamos en las diferentes regiones españolas.* | Wir können sagen, dass der in den spanischsprachigen Ländern verwendete Wortschatz im Wesentlichen mit dem in Spanien verwendeten übereinstimmt. Es bestehen geringfügige Unterschiede, die mit denen vergleichbar sind, die wir in den verschiedenen Regionen Spaniens beobachten. |

Anmerkung: Im gesprochenen Spanisch findet sich in Ausrufesätzen der Ausdruck *la de ...* zur emphatischen Hervorhebung einer Menge: *¡La de veces que se lo he dicho!* – Wie oft ich es ihm/ihr/ihnen/Ihnen schon gesagt habe! *La de mentiras que salen de aquella boca!* – Was der/die nicht alles zusammenlügt!

Wendungen:

| | |
|---|---|
| *pasar las de Caín* | eine schwere Zeit durchmachen |
| *tomar las de Villadiego* | Reißaus nehmen |
| *No hay más cera que la que arde.* | Mehr ist nicht drin. |

# Kapitel 4  Die Demonstrativa  (Los demostrativos)

Demonstrativa können entweder adjektivisch oder pronominal gebraucht werden. Demonstrativadjektive (adjetivos demostrativos) gehen dem Substantiv in der Regel voran; Demonstrativpronomen (pronombres demostrativos) ersetzen das Substantiv. Demonstrativa richten sich in Genus und Numerus nach ihrem Bezugswort.

Adjektivischer Gebrauch:

| *Esta novela es muy interesante.* | Dieser Roman ist sehr interessant. |

Pronominaler Gebrauch:

| *Aquélla es aun más interesante.* | Jener ist noch interessanter. |

## 40 Übersicht über die Formen der Demonstrativa

| Bedeutung | Numerus | maskulin | feminin | neutrum |
|---|---|---|---|---|
| diese(r/s) | Singular | *este* | *esta* | *esto* |
| diese | Plural | *estos* | *estas* | |
| der/die/das ... da | Singular | *ese* | *esa* | *eso* |
| die ... da | Plural | *esos* | *esas* | |
| jene(r/s) | Singular | *aquel* | *aquella* | *aquello* |
| jene | Plural | *aquellos* | *aquellas* | |

Anmerkung 1: Die Formen des Demonstrativadjektivs und des Demonstrativpronomens sind identisch. Zur Unterscheidung können die Demonstrativpronomen auf der Tonsilbe einen Akzent tragen.
Anmerkung 2: Die neutralen Formen werden nur pronominal gebraucht.
Anmerkung 3: *Este* kann umgangssprachlich durch *aquí*, *ese* durch *ahí* und *aquel* durch *allí* verstärkt werden, z.B. *este señor aquí* dieser Herr hier.

## 41 Der Gebrauch der Demonstrativadjektive

1. *Este* wird für Personen oder Sachen verwendet, die sich in der Nähe des Sprechenden befinden. Diese Nähe bezieht sich nicht nur auf den Raum, sondern auch auf die Zeit oder auf eine Äußerung, die gerade gemacht worden ist oder unmittelbar bevorsteht:

| | |
|---|---|
| *Este vestido me está ancho.* | Dieses Kleid ist mir zu weit. |
| *Esta semana tengo mucho trabajo.* | Diese Woche/In dieser Woche habe ich viel Arbeit. |
| *Estos zapatos me están estrechos.* | Diese Schuhe sind mir zu eng. |
| *¿Cómo se pronuncia esta palabra?* | Wie wird dieses Wort ausgesprochen? |
| *¿Adónde lleva esta calle?* | Wohin führt diese Straße? |
| *El profesor Garrido inició su conferencia con estas palabras: ...* | Professor Garrido begann seinen Vortrag mit folgenden Worten: ... |

Anmerkung 1: Dt. 'heute' in Verbindung mit Tageszeiten wird im Spanischen mittels *este/esta* wiedergegeben: *esta mañana* heute Morgen, *esta tarde* heute Abend, *esta noche* heute Nacht. Aber: heute Mittag *hoy a/al mediodía*. Ist von einer zurückliegenden Tageszeit die Rede, muss *aquel* oder *ese* stehen: *(En) aquella/esa noche no pegué ojo.* – In dieser/jener Nacht machte ich kein Auge zu.

Anmerkung 2: *Este* wird gelegentlich nachgestellt, wobei es meist eine abwertende Nuance ausdrückt: *El chico este ha roto un cristal.* – Der Junge da hat eine Scheibe kaputt gemacht.

Anmerkung 3: Ein Ausdruck wie 'Manuel, dieser Esel' wird wiedergegeben mit *el burro de Manuel*.

2. **Ese** bezieht sich auf Personen oder Sachen, die sich in der Nähe des Angesprochenen befinden, oder auf Äußerungen des Gesprächspartners:

| | |
|---|---|
| *Me quedo con esa maleta.* | Ich nehme diesen Koffer. (beim Kauf) |
| *¿Cómo se llama ese señor?* | Wie heißt dieser Herr (da)? |
| *Esos libros ya los he leído.* | Diese Bücher (da) habe ich schon gelesen. |
| *No se pueden aceptar esas condiciones.* | Man kann diese Bedingungen (von denen Sie sprechen) nicht annehmen. |
| *¿Te conviene esa hora?* | Passt dir diese Uhrzeit (über die wir gesprochen haben)? |
| *Lo siento, pero ese asiento es el mío.* | Es tut mir Leid, aber das ist mein Platz. |

Anmerkung : *Ese* kann auch eine Abwertung ausdrücken: *Ha llegado otra vez ese López.* – Dieser López ist wieder da. *¿Qué dice ese tío?* – Was sagt der Kerl da? *¡Cuida esa lengua!* – Hüte deine Zunge! *¡No pongas esa cara!* – Mach nicht so ein Gesicht! Man beachte, dass in diesem Fall *ese* auch nachgestellt werden kann: *¿Qué quiere la gente esa?* – Was wollen diese Leute da? *¡No se da poco tono, el empleadillo ese!* – Dieser kleine Beamte macht sich ganz schön wichtig!

3. **Aquel** bezieht sich auf Personen oder Sachen, die vom Sprechenden und vom Angeredeten räumlich oder zeitlich weiter entfernt sind:

| | |
|---|---|
| Aquella torre fue construida en el siglo XV. | Der Turm dort wurde im 15. Jahrhundert erbaut. |
| ¿Conoces aquel señor? | Kennst du den Herrn dort? |
| Aquellas ventanas no cierran bien. | Die Fenster dort schließen nicht gut. |
| En aquel año Cristóbal Colón descubrió América. | In jenem Jahr entdeckte Christoph Kolumbus Amerika. |
| Me refiero a aquella propuesta que me hiciste hace un mes. | Ich beziehe mich auf jenen Vorschlag, den du mir vor einem Monat machtest/gemacht hast. |

Anmerkung 1: Das Demonstrativadjektiv *aquel* kann auch als Determinativpronomen verwendet werden: *La habitación en la que duermo ahora es mejor que aquella en que dormí el año pasado.* – Das Zimmer, in dem ich jetzt schlafe, ist besser als das(jenige), in dem ich letztes Jahr schlief. (nicht *la en que ...) (vgl. die entsprechende Funktion des bestimmten Artikels).

Anmerkung 2: *Aquel* kann auch nachgestellt werden; in diesem Fall hat es emphatische oder abwertende Bedeutung: *¡Qué tiempos aquellos!* – Waren das noch Zeiten! *¿Qué quieren los chicos aquellos?* – Was wollen die Kerle da?

Anmerkung 3: In Verbindung mit einem historischen Präsens wird *aquel* durch *este* ersetzt: *En este año Cristóbal Colón descubre América.* – In diesem Jahr entdeckt Christoph Kolumbus Amerika.

4. Die räumliche oder zeitliche Dreiteilung, die *este*, *ese* und *aquel* ausdrücken, hängt von der Perspektive des Sprechers ab. Im Sprachgebrauch kann durchaus *ese* anstelle von *este* oder von *aquel* stehen. Dies gilt sowohl für die Demonstrativadjektive als auch für die Demonstrativpronomen.

## 42 Der Gebrauch der Demonstrativpronomen

1. Ebenso wie die Demonstrativadjektive *este, ese, aquel* beziehen sich die Demonstrativpronomen *éste, ése, aquél* auf Personen oder Sachen, die sich in der Nähe des Sprechenden bzw. des Angesprochenen befinden oder die von beiden weiter entfernt sind. Auch die Demonstrativpronomen richten sich in Genus und Numerus nach ihrem Beziehungswort:

| | |
|---|---|
| Esta blusa es más elegante que aquélla. | Diese Bluse ist eleganter als die dort. |
| ¿Cuál de los dos trajes prefiere, éste o ése? | Welchen der beiden Anzüge ziehen Sie vor, diesen oder jenen? |
| Pasé por casa de mi amigo, pero éste no estaba. | Ich ging bei meinem Freund vorbei, aber der war nicht da. |
| Te llamo un día de estos. | Ich rufe dich in den nächsten Tagen an. |

Anmerkung: Im Briefstil bezeichnet *en ésta* den Wohnort des Schreibers, *en ésa* denjenigen des Empfängers: *Nuestra empresa existe en ésta desde hace veinte años.* – Unsere Firma besteht hier/an diesem Platz seit 20 Jahren.

Merke: *¡No me vengas con esas!* – Komm mir nicht damit!

2. Beziehen sich *éste* und *aquél* auf zuvor erwähnte Personen oder Sachen, so gibt *éste* die zuletzt genannte Person oder Sache, *aquél* die zuerst genannte an:

| | |
|---|---|
| El señor Martínez tiene dos hijos, Manuel y Carlos; éste es cura, aquél es médico. | Herr Martinez hat zwei Söhne, Manuel und Carlos; Letzterer ist Pfarrer, Ersterer ist Arzt. |

## Die neutralen Demonstrativpronomen  43

Die neutralen Demonstrativpronomen *esto, eso, aquello* weisen auf einen Sachverhalt, einen vorangehenden oder folgenden Satz oder auf einen nicht näher bestimmten Gegenstand hin (vgl. auch § 38.2):

| | |
|---|---|
| Esto/Eso (= lo que has dicho) no acaba de convencerme. | Das überzeugt mich nicht völlig. |
| ¿Cómo se llama esto en español? | Wie heißt das auf Spanisch? |
| Lo que me interesa es esto: ... | Was mich interessiert ist Folgendes: ... |
| ¿Qué es eso que tienes en la mano? | Was ist das, was du in der Hand hast? |
| ¿Qué quieres decir con eso? | Was willst du damit sagen?/ Was meinst du damit? |
| Esto/Eso/Aquello de las elecciones fue una cosa muy dudosa. | Das mit den Wahlen war eine sehr zweifelhafte Sache. |

Merke: *esto de aquí* das hier – *eso de ahí* das da

## 44 Die Wiedergabe des deutschen Demonstrativpronomens 'das' und das Problem der Kongruenz

1. Bezieht sich das deutsche Demonstrativum 'das' auf einen vorher erwähnten Sachverhalt oder antwortet es auf die Frage 'Was ist das?', so verwendet man auch im Spanischen das Neutrum:

| | |
|---|---|
| *Esto es una injusticia.* | Das ist eine Ungerechtigkeit. |
| *Esto es cosa mía.* | Das ist meine Sache. |
| *A esto se une que ...* | Hinzu kommt, dass ... |
| *Todo eso es una porquería.* | All das ist eine Schweinerei. |
| *Eso es una vergüenza.* | Das ist eine Schande. |
| *Eso es verdad.* | Das stimmt. |
| *Eso es una mentira.* | Das ist eine Lüge. |
| *¿Qué es eso? – Esto es una ardilla.* | Was ist das? – Das ist ein Eichhörnchen. |
| *¿Qué es eso? – Esto son unas tijeras.* | Was ist das? – Das ist eine Schere. |

2. Bezieht sich das deutsche Demonstrativum 'das' auf Personen oder auf Dinge, die näher bestimmt werden, so richtet sich das Demonstrativpronomen in Genus und Numerus nach seinem Beziehungswort:

| | |
|---|---|
| *Ésta es mi hermana.* | Das ist meine Schwester. |
| *Ésta es la llave de la casa.* | Das ist der Hausschlüssel. |
| *Éste es un buen amigo.* | Das ist ein guter Freund. |
| *Éstos son los señores que quería presentarte.* | Das sind die Herren, die ich dir vorstellen wollte. |
| *Ésa no fue la razón principal.* | Das war nicht der Hauptgrund. |
| *Ésa es la gran diferencia.* | Das ist der große Unterschied. |
| *En mi opinión, ésas no son las medidas adecuadas.* | Meiner Meinung nach sind das nicht die geeigneten Maßnahmen. |
| *Estudiar y trabajar, ésa es la mejor solución.* | Studieren und Arbeiten, das ist die beste Lösung. |
| *Aquélla era la única solución posible.* | Das war die einzig mögliche Lösung. |

## Wendungen mit Demonstrativa

| | |
|---|---|
| ¡Eso es! | So ist es!/Ganz richtig! |
| por eso | daher/deshalb |
| en eso | in diesem Augenblick |
| sobre eso | hierauf |
| a eso de las tres | etwa um drei Uhr |
| ¡A ese! | Auf ihn!/Haltet ihn! |
| No soy de esos. | Ich bin nicht so einer. |
| por aquel entonces | zum damaligen Zeitpunkt/damals |
| ¿Qué es eso? | Was ist/soll das? |
| ¿No es eso? | Nicht wahr? |
| Eso no es vivir. | Das ist kein Leben. |
| Ése es otro cantar. | Das ist etwas ganz anderes. |

# Kapitel 5 Die Possessiva (Los posesivos)

Possessiva werden entweder adjektivisch oder pronominal gebraucht. Die Possessivadjektive (adjetivos posesivos) begleiten das Substantiv; die Possessivpronomen (pronombres posesivos) ersetzen ein Substantiv. Possessiva richten sich in Genus und Numerus nach ihrem Bezugswort.

Adjektivischer Gebrauch:

| ¡Vamos en **mi** coche! | Fahren wir mit meinem Auto! |

Pronominaler Gebrauch:

| El **mío** está averiado. ¡Vamos en el **tuyo**! | Meines ist kaputt. Fahren wir mit deinem! |

## 46 Übersicht über die Formen der Possessivadjektive

Bei den Possessivadjektiven unterscheidet man zwischen unbetonten Formen (formas átonas) und betonten Formen (formas tónicas). Alle Possessivadjektive richten sich im Numerus nach dem Besitzobjekt. Nach dem Genus des Besitzobjekts richten sich alle betonten Formen, während bei den unbetonten Formen nur die Entsprechungen von 'unser(e)' und 'euer/eure' den Genusunterschied ausdrücken:

| Bedeutung | Numerus | unbetonte Formen | | betonte Formen | |
|---|---|---|---|---|---|
| | | maskulin | feminin | maskulin | feminin |
| mein(e) | Singular | mi | | mío | mía |
| | Plural | mis | | míos | mías |
| dein(e) | Singular | tu | | tuyo | tuya |
| | Plural | tus | | tuyos | tuyas |
| sein(e)/ihr(e)/ Ihr(e) | Singular | su | | suyo | suya |
| | Plural | sus | | suyos | suyas |
| unser(e) | Singular | nuestro | nuestra | nuestro | nuestra |
| | Plural | nuestros | nuestras | nuestros | nuestras |
| euer/eure | Singular | vuestro | vuestra | vuestro | vuestra |
| | Plural | vuestros | vuestras | vuestros | vuestras |
| ihr(e)/Ihr(e) | Singular | su | | suyo | suya |
| | Plural | sus | | suyos | suyas |

# Der Gebrauch der unbetonten Possessivadjektive 47

1. Die unbetonten Possessivadjektive gehen dem Substantiv stets voraus:

| | |
|---|---|
| ¿Dónde está tu coche? | Wo ist dein Auto? |
| Mi hermano estudia Medicina. | Mein Bruder studiert Medizin. |
| ¿Dónde he puesto mis gafas? | Wo habe ich meine Brille hingelegt? |
| Luis está buscando su llave. | Luis sucht seinen Schlüssel. |
| Carmen ayuda a su hermano. | Carmen hilft ihrem Bruder. |
| Sus padres viven en Salamanca. | Seine/Ihre Eltern leben in Salamanca. |
| Nuestro vecino es muy simpático. | Unser Nachbar ist sehr sympathisch. |
| Nuestros profesores son todos bastante jóvenes. | Unsere Lehrer sind alle ziemlich jung. |
| Vuestras hijas son muy amables. | Eure Töchter sind sehr freundlich. |

Anmerkung: Das Possessivadjektiv kann durch *propio* verstärkt werden: *Lo vi con mis propios ojos.* – Ich sah es mit eigenen Augen. *Se va a cavar su propia tumba.* – Er/Sie wird sich sein/ihr eigenes Grab schaufeln. *Lo sufrí en mis propias carnes.* – Das habe ich am eigenen Leib erfahren. *Quiero vivir mi propia vida.* – Ich will mein eigenes Leben leben.

2. Wenn aus *su/sus* nicht eindeutig hervorgeht, wer gemeint ist, kann dem Substantiv *de* + Personalpronomen zur Verdeutlichung des Besitzers nachgestellt werden. In diesem Fall kann an die Stelle des Possessivadjektivs der bestimmte Artikel treten:

| | |
|---|---|
| Ayer hallé su llave. | Gestern fand ich seinen/ihren [fem. Sing.]/ihren[mask./fem. Pl.]/Ihren [Sing./Pl.] Schlüssel. |
| Ayer hallé su/la llave de él. | Gestern fand ich seinen Schlüssel. |
| Ayer hallé su/la llave de ella. | Gestern fand ich ihren [fem. Sing.] Schlüssel. |
| Ayer hallé su/la llave de ellos. | Gestern fand ich ihren [mask. Pl.] Schlüssel. |
| Ayer hallé su/la llave de ellas. | Gestern fand ich ihren [fem. Pl.] Schlüssel. |
| Ayer hallé su/la llave de usted. | Gestern fand ich Ihren [Sing.] Schlüssel. |
| Ayer hallé su/la llave de ustedes. | Gestern fand ich Ihren [Pl.] Schlüssel. |

Anmerkung:  Beziehen sich 'sein' und 'ihr' auf dasselbe Substantiv, so können die deutschen Possessiva im Spanischen nur durch *de* + Personalpronomen wiedergegeben werden: *Oí la voz de él, no la de ella.* – Ich hörte seine, nicht ihre Stimme. *Estoy dispuesto a aceptar los consejos de ella pero no los de él.* – Ich bin bereit, ihre aber nicht seine Ratschläge anzunehmen.

3. Die unbetonten Possessivadjektive können sich in der Nominalgruppe mit Ordnungszahlen und bestimmten Indefinita verbinden:

| | |
|---|---|
| *Éste es mi tercer hijo.* | Das ist mein dritter Sohn. |
| *Todos sus amigos han emigrado a Estados Unidos.* | Alle seine Freunde sind in die Vereinigten Staaten ausgewandert. |
| *Mi marido gasta todo su dinero en libros.* | Mein Mann gibt sein ganzen Geld für Bücher aus. |

Anmerkung:  Selten verbinden sich Demonstrativadjektive und Kardinalzahlen mit dem Possessivadjektiv: *¿Te sentaron bien tus cinco cervezas de anoche?* – Sind dir deine fünf Bier von gestern Abend gut bekommen?

4. Im Gegensatz zum Deutschen erscheint das Possessivadjektiv im Spanischen in folgenden Wendungen:

| | |
|---|---|
| *tener u.c. sobre su conciencia* | etw. auf dem Gewissen haben |
| *llamar a las cosas por su nombre* | die Dinge beim Namen nennen |
| *tener el corazón en su sitio* | das Herz am rechten Fleck haben |
| *en sus mejores años* | in den besten Jahren |
| *una mujer en sus ochenta* | eine Frau in den Achtzigern |
| *Una tía tomó al niño a su cuidado.* | Eine Tante nahm das Kind in Pflege. |
| *¿Qué te han regalado para tu cumpleaños?* | Was hast du zum Geburtstag bekommen? |
| *El día llega a su fin.* | Der Tag geht zu Ende. |
| *renacer de sus propias cenizas* | wie ein Phönix aus der Asche steigen |
| *brillar por su ausencia* | durch Abwesenheit glänzen |
| *(no) estar en su juicio* | (nicht) bei klarem Verstand sein |
| *a/en su debido tiempo* | zur rechten Zeit |
| *equivocar su vocación* | den Beruf verfehlen |
| *estar en su derecho* | im Recht sein |
| *retomar su curso* | wieder in Gang kommen |
| *tomarse su tiempo* | sich Zeit nehmen |
| *La pasta está en su punto.* | Die Nudeln sind *al dente*. |

| | |
|---|---|
| tocar a su fin | zu Ende gehen |
| Estás en tu casa. | Fühl dich wie zu Hause. |
| Hoy es mi santo. | Heute habe ich Namenstag. |
| ¡En mi vida! | Nie im Leben! |
| en su medida | in Maßen |
| salir a su madre | nach seiner Mutter geraten |
| El coche está a mi disposición. | Das Auto steht mir zur Verfügung. |

## Andere Möglichkeiten der Wiedergabe eines Possessivverhältnisses im Spanischen     48

Während im Deutschen das Possessivadjektiv verwendet oder vorgezogen wird, erscheint im Spanischen oft

1. der bestimmte Artikel:

| | |
|---|---|
| Cerró los ojos y se puso a meditar. | Er schloss seine/die Augen und fing an zu meditieren. |
| El chico sacó del bolsillo un pañuelo muy sucio. | Der Junge zog ein sehr schmutziges Taschentuch aus seiner/der Hosentasche. |
| pasar las vacaciones en Italia | seine/die Ferien in Italien verbringen |
| dar el pésame a alguien | jdm. sein/das Beileid aussprechen |
| Está con la regla. | Sie hat ihre Tage. |
| ¿Cuándo tuvo el último período? | Wann hatten Sie Ihre letzte Periode? |
| dormirse en los laureles | sich auf seinen Lorbeeren ausruhen |
| dar el mejor de sí mismo | sein Bestes geben |
| conocer el negocio | sein Geschäft verstehen |
| hacer (todo) lo posible | sein Möglichstes tun |
| dormir la mona | seinen Rausch ausschlafen |
| salvar el pellejo | seine Haut retten |
| deshacer las maletas | seine Koffer auspacken |
| Sólo quiero lo mejor para ti. | Ich will nur dein Bestes. |
| Mi mujer cuida la línea. | Meine Frau achtet auf ihre Linie/Figur. |
| romper el silencio. | sein Schweigen brechen |
| hacer el examen de maestría | seinen Meister machen |

Anmerkung: Bei Briefschlüssen entfällt im Spanischen das Possessivum dein/deine: Viele Grüße, dein Otto – *Muchos saludos Otto*. Dagegen kann *suyo* erscheinen: Mit freundlichen Grüßen, Ihr Wolfgang Reumuth – *Atentamente suyo, Wolfgang Reumuth*.

2. das unbetonte indirekte Objektpronomen und der bestimmte Artikel:

| | |
|---|---|
| *Me duele la cabeza.* | Mein Kopf tut weh./Mir tut der Kopf weh. |
| *¡Lávate los dientes!* | Putz deine Zähne!/Putz dir die Zähne! |
| *¡Quítate el abrigo!* | Zieh deinen Mantel aus!/Zieh dir den Mantel aus. |
| *Se le nota el talento.* | Man merkt ihm sein Talent an. |
| *Se me acaba la paciencia.* | Meine Geduld geht zu Ende. |
| *Se me ha inflamado el tobillo.* | Mein Knöchel ist geschwollen. |
| *Se le murió el único hijo.* | Sein/Ihr einziger Sohn starb. |
| *Sé buen chico y cómete la sopa.* | Sei schön brav und iss deine Suppe (auf). |
| *ganarse la vida* | seinen Lebensunterhalt/sich den Lebensunterhalt verdienen |
| *jugarse el pellejo* | seine Haut riskieren |

Anmerkung: Wenn von gewohnheitsmäßigen Vorgängen oder Handlungen die Rede ist, steht auch im Spanischen das Possessivadjektiv: *Me duele mi codo.* – Mir tut mein Ellbogen (wieder) weh. *La señora Pérez lleva otra vez su vestido verde.* – Frau Pérez hat wieder ihr grünes Kleid an. *¿Ya has tomado tu café?* – Hast du deinen (gewohnten) Kaffee schon getrunken? Auch in emphatischer Redeweise kann das Possessivadjektiv auftreten: *Dame tu mano, cariño.* – Gib mir deine Hand, Liebling! Wie im Deutschen in übertragenem Sinn: *Le pidió su mano.* – Er hielt um ihre Hand an.

3. *tener* + Substantiv mit bestimmtem Artikel:

| | |
|---|---|
| *Tienes el pelo demasiado largo.* | Deine Haare sind zu lang. |
| *Tengo la garganta inflamada.* | Mein Hals ist entzündet. |
| *Tengo la nariz tapada.* | Meine Nase ist verstopft. |
| *En esa empres tiene los días contados.* | In dieser Firma sind seine Tage gezählt. |

4. ein artikelloses Substantiv:

| | |
|---|---|
| *probar/hacer fortuna* | sein Glück versuchen/machen |
| *hacer testamento* | sein Testament machen |
| *cambiar de opinion* | seine Meinung ändern |
| *¡Señoras y señores!* | Meine Damen und Herren! |
| *Quiero cambiarme de nombre.* | Ich möchte meinen Namen ändern. |
| *Manuel cambia de pareja casi como de camisa.* | Manuel wechselt seine Partnerin fast wie sein Hemd. |

# Der Gebrauch der betonten Possessivadjektive 49

1. Das betonte Possessivadjektiv steht nach einem artikellosen Substantiv, das von *ser* oder *tener* abhängt:

| | |
|---|---|
| *No es culpa tuya.* | Das ist nicht deine Schuld. |
| *No es cosa mía.* | Das ist nicht meine Sache. |
| *Carlos es muy amigo nuestro.* | Carlos ist ein guter Freund von uns. |
| *No tengo noticias suyas.* | Ich habe keine Nachricht von ihm/ihr/ihnen/Ihnen. |

2. Das betonte Possessivadjektiv kann auf ein Substantiv folgen, dem vorausgehen kann:

- der unbestimmte Artikel:

| | |
|---|---|
| *Han visto a un amigo mío.* | Sie haben einen Freund von mir gesehen. |
| *Tengo una noticia suya.* | Ich habe eine Nachricht von ihm/ihr/ihnen/Ihnen. |

| | |
|---|---|
| Anmerkung: | Anstelle von *un amigo mío* tritt sehr selten auch *un mi amigo* auf. Möglich ist auch *uno de mis amigos,* während **un amigo de mí* ausgeschlossen ist. Korrekt dagegen ist *un amigo de él/ella* ein Freund von ihm/ihr. Aber: *una foto mía/de mí* ein Foto von mir |
| Unterscheide: | *una queja mía* eine Beschwerde von mir – *una queja de mí* eine Beschwerde über mich |

- ein Indefinitadjektiv:

| | |
|---|---|
| *Algunos alumnos míos son muy inteligentes.* | Einige meiner Schüler sind sehr intelligent. |
| *Hasta hoy no ha llegado ninguna carta tuya.* | Bis heute ist kein Brief von dir angekommen. |

- ein Zahlwort:

| | |
|---|---|
| *Ayer recibí dos postales tuyas.* | Gestern erhielt ich zwei Postkarten von dir. |

- ein Demonstrativadjektiv (emphatischer Gebrauch):

| | |
|---|---|
| *En este país nuestro la industria ha dado un paso enorme.* | In diesem unserem Lande hat die Industrie einen enormen Fortschritt gemacht. |

| Ese comportamiento vuestro fue intolerable. | Euer Benehmen da war unerträglich. |
| Ven a mis brazos, corazón mío. | Komm in meine Arme, mein Herz. |

4. Das betonte Possessivadjektiv wird im Ausruf nachgestellt:

| ¡Dios mío! | Mein Gott! |
| ¡Vida mía! | Mein Liebling! |

Anmerkung: In Andalusien, auf den Kanarischen Inseln und in Lateinamerika kann in diesem Fall auch das unbetonte Possessivadjektiv stehen: *¡Escucha, mi hijo!* – Hör mal zu, mein Sohn!

5. Das betonte Possessivadjektiv wird zur höflichen Anrede von Herren in Briefen benutzt (den Nachnamen lässt man weg):

| Muy señor mío: | Sehr geehrter Herr! |
| Muy señores míos: | Sehr geehrte Herren! |

Anmerkung: Eine Frau wird je nach Familienstand und Alter mit *Distinguida/ Estimada señora/señorita:* angeredet.

## 50 Wegfall des Possessivadjektivs

Wenn zwei Substantive durch die Konjunktion *y* verbunden sind, wird in der Regel das Possessivadjektiv auch vor dem zweiten Substantiv gesetzt. Das Possessivadjektiv kann entfallen, wenn die beiden Substantive begrifflich eng zusammenhängen:

| Han venido mis padres y (mis) abuelos. | Meine Eltern und meine Großeltern sind gekommen. |

## 51 Formen und Gebrauch der Possessivpronomen

1. Die Formen des Possessivpronomens sind identisch mit den betonten Formen des Possessivadjektivs (vgl. § 46). Ihnen kann der bestimmte Artikel vorangehen:

| mi coche | mein Auto | - | el mío | meines |
| tu falda | dein Rock | - | la tuya | deiner |
| nuestro perro | unser Hund | - | el nuestro | unserer |
| vuestra casa | euer Haus | - | la vuestra | eures |
| su opinión | seine/ihre Meinung | - | la suya | seine/ihre |

2. Die Possessivpronomen werden verwendet,

- um die Wiederholung eines Substantivs zu vermeiden:

| Mi lector de cassette está estropeado. ¿Me dejas el tuyo? ¿En qué coche vamos? – En el mío. | Mein Walkman ist kaputt. Leihst du mir deinen? Mit welchem Auto fahren wir? – Mit meinem. |

- wenn sich im Deutschen zwei Possessivadjektive auf ein Substantiv beziehen:

| Tu padre y el mío están jugando a las cartas. | Mein und dein Vater spielen gerade Karten. |

- nach *ser* oder *parecer* als Prädikatsnomen:

| Ese coche es (el) suyo. | Dieses Auto ist seines/ihres/Ihres. |
| Aquella voz no parecía (la) suya. | Das schien nicht seine/ihre Stimme zu sein. |
| ¿Es suya aquella casa? | Gehört das Haus dort Ihnen? |
| ¿Es nuestra esa habitación? | Ist das unser Zimmer? |

- nach einigen Präpositionen, die eine Ergänzung mit *de* verlangen (in diesem Fall entfällt der bestimmte Artikel):

| alrededor suyo | um ihn herum |
| a pesar tuyo | trotz dir |
| en contra mía | gegen mich |
| Así la reina y yo tendremos la oportunidad de felicitar al gobernador, y a través suyo todo el pueblo de Puerto Rico ... (El País) | So werden die Königin und ich die Gelegenheit haben, den Gouverneur zu beglückwünschen, und über ihn das ganze Volk von Puerto Rico. |

- in Ausdrücken und Wendungen wie:

| salirse con la suya | seinen Kopf durchsetzen |
| hacer una de las suyas | einen Streich spielen |
| A cada uno lo suyo. | Jedem das Seine. |
| lo mío | mein Eigentum |
| los suyos | seine Angehörigen |

# Kapitel 6  Die Indefinita (Los indefinidos)

Indefinita können entweder adjektivisch oder pronominal gebraucht werden. Indefinitadjektive (adjetivos indefinidos) begleiten das Substantiv, während Indefinitpronomen (pronombres indefinidos) anstelle eines Substantivs stehen. Einige Indefinita werden nur adjektivisch, andere nur pronominal verwendet. Indefinita bezeichnen im Allgemeinen bestimmte oder unbestimmte Mengen.

Adjektivischer Gebrauch:

| Hay **mucha** gente. | Es sind viele Leute da. |

Pronominaler Gebrauch:

| **Todos** lo saben. | Alle wissen es. |

## 52  Übersicht über die Formen der Indefinita

1. Sowohl adjektivisch als auch pronominal werden gebraucht:

| Bedeutung | Singular | | Plural | |
|---|---|---|---|---|
| | maskulin | feminin | Maskulin | feminin |
| viel(e) | mucho | mucha | muchos | muchas |
| wenig(e) | poco | poca | pocos | pocas |
| (so) viel(e) | tanto | tanta | tantos | tantas |
| zu viel(e) | demasiado | demasiada | demasiados | demasiadas |
| andere(r) | otro | otra | otros | otras |
| jeder/ganz(e)/ alle | todo | toda | todos | todas |
| irgendein(e,r)/ einige | alguno | alguna | algunos | algunas |
| kein(e,r) | ninguno | ninguna | ningunos | ningunas |
| ein(e, er)/einige | uno | una | unos | unas |
| der-/dieselbe(n) | mismo | misma | mismos | mismas |
| genug | bastante | | bastantes | |
| solch(e, er) | tal | | tales | |
| mehrere | vario | varia | varios | varias |
| übrige(n) | demás | | | |
| mehr | más | | | |
| weniger | menos | | | |

Anmerkung : Die Formen *mucho, poco, tanto, demasiado, todo, bastante, más* und *menos* sind neutrale Pronomen, können aber auch adverbiale Funktion haben (vgl. §§ 53, 54, 55, 56, 58, 63, 67, 68).

2. Nur adjektivisch werden gebraucht:

| Bedeutung | Singular | | Plural | |
|---|---|---|---|---|
| | maskulin | feminin | maskulin | feminin |
| (ein,e) gewisse(r) | cierto | cierta | ciertos | ciertas |
| solch(e,er) | semejante | | semejantes | |
| jede(r) beliebige | cualquier | | cualesquier | |
| jede(r) | cada | | | |

3. Nur pronominal werden gebraucht:

| Bedeutung | Singular | | Plural | |
|---|---|---|---|---|
| | maskulin | feminin | maskulin | feminin |
| etwas | algo | | | |
| nichts | nada | | | |
| jemand | alguien | | | |
| niemand | nadie | | | |
| jede(r) beliebige | cualquiera | | cualesquiera | |
| wer auch immer | quienquiera | | quienesquiera | |
| jede(r) | cada uno | cada una | - | |
| einzelne | cada cual | | - | |
| irgendjemand | fulano | | - | |

Anmerkung 1: Die Formen *algo* und *nada* können auch adverbial gebraucht werden (vgl. §§ 73, 74).
Anmerkung 2: *Cualquiera* kann auch adjektivisch verwendet werden. In diesem Fall wird es dem Substantiv nachgestellt (vgl. § 71, Anm.).

## Der Gebrauch der Indefinita

*mucho* 53

1. Adjektivischer Gebrauch:

| | |
|---|---|
| Hay muchos jóvenes. | Es sind viele junge Leute da. |
| ¡Muchas gracias! | Vielen Dank! |
| No pagamos mucho alquiler. | Wir zahlen nicht viel Miete. |
| Hace mucho calor. | Es ist sehr warm. |

2. Pronominaler Gebrauch:

| | |
|---|---|
| Muchos hablan inglés. | Viele sprechen Englisch. |
| Muchas han llegado tarde a la escuela. | Viele (Mädchen) sind zu spät zur Schule gekommen. |
| Conozco a muchos que tienen el mismo problema. | Ich kenne viele, die dasselbe Problem haben. |

## Anmerkungen zu *mucho:*

**Anmerkung 1:** Dem Indefinitadjektiv *mucho* kann der bestimmte Artikel oder ein Possessivadjektiv vorausgehen: *los muchos libros que tiene* die vielen Bücher, die er hat; *tus muchas amigas* deine vielen Freundinnen.

**Anmerkung 2:** Auf das Pronomen *mucho* kann eine Ergänzung mit *de* folgen. Dabei richtet es sich in Genus und Numerus nach seinem Bezugswort: *Muchos de mis amigos no podrán venir.* – Viele meiner Freunde werden nicht kommen können. *Se ha estropeado mucha de la verdura.* – Viel vom Gemüse ist verdorben. *Mucho de esto vale poco o nada.* – Vieles davon ist wenig oder nichts wert. *Muchos (de nosotros) somos de fuera.* – Viele von uns sind von außerhalb.

**Anmerkung 3:** Dt. 'viel(es)' in Subjektfunktion wird durch *muchas cosas* ausgedrückt: Viel(es) hat sich geändert. – *Muchas cosas han cambiado.* Enthält der Satz ein verneintes Verb, wird er mit *hay* eingeleitet und an *muchas cosas* wird ein Relativsatz angeschlossen: Vieles gefällt mir nicht. – *Hay muchas cosas que no me gustan.*

**Anmerkung 4:** Dt. 'viel' + substantiviertes Adjektiv wird mit *muchas cosas* + Adjektiv wiedergegeben: Er hat mir viel Interessantes erzählt. – *Me ha contado muchas cosas interesantes.*

**Anmerkung 5:** Bei der Wiedergabe von dt. 'viel mehr/weniger' + Substantiv ist zu beachten, dass sich *mucho* in Numerus und Genus nach dem folgenden Substantiv richtet: viel mehr/weniger Touristen *muchos más/menos turistas*, viel mehr Regenfälle *muchas más lluvias*, viel häufiger *con mucha más frecuencia*.

**Anmerkung 6:** Mit transitiven Verben kann *mucho* als neutrales Pronomen gebraucht werden: *Este periodista escribe mucho (= muchos artículos).* – Dieser Journalist schreibt viel. Dabei kann es eine Ergänzung mit *de* zu sich nehmen: *No entiendo mucho de estas cosas.* – Ich verstehe nicht viel von diesen Dingen.

**Anmerkung 7:** Das Pronomen *mucho* hat im Deutschen oft die Bedeutung 'zu viel': *Este plato lleno es mucho/Esta carne es mucha para ella.* – Dieser volle Teller/Dieses Fleisch ist zu viel für sie.

**Anmerkung 8:** Als Adverb wird *mucho* nach intransitiven bzw. reflexiven Verben verwendet: *Aquella noche reímos mucho.* – In jener Nacht lachten wir viel. *Aquí nos divertimos mucho.* – Hier amüsieren wir uns sehr. *Voy mucho al cine.* – Ich gehe viel ins Kino.

**Anmerkung 9:** In adverbialer Funktion tritt *mucho* vor den Komparativen *mejor, peor, mayor, menor, más* und *menos*, sowie vor den Zeitadverbien *antes* und *después* auf: *Mi hermano habla español mucho mejor que yo.* – Mein Bruder spricht viel besser Spanisch als ich. *Hemos llegado mucho antes.* – Wir sind viel früher angekommen.

**Anmerkung 10:** Von *mucho* gibt es den Superlativ *muchísimo*: *Muchísimos no lo saben.* – Sehr viele wissen es nicht. *Me gusta muchísimo.* – Es gefällt mir sehr gut.

Anmerkung 11: Dt. 'so viel' wird durch *tanto* (vgl. § 55), dt. 'zu viel' durch *demasiado* (vgl. § 56) und dt. 'ziemlich viel' durch *bastante* (§ 63) wiedergegeben.

Merke: Viel Spaß – *¡Que lo pases/pase/paséis/pasen bien!*, Viel Vergnügen! – *¡Que te diviertas/se divierta(n)/os divertáis (mucho)!*

3. Ausdrücke und Wendungen:

| | |
|---|---|
| *Tengo mucha hambre/sed.* | Ich habe großen Hunger/Durst. |
| *Con mucho placer.* | Mit großem Vergnügen. |
| *¿Sientes mucha morriña?* | Hast du viel/großes Heimweh? |
| *Con mucho gusto.* | Sehr gern. |
| *Mucho gusto.* | Angenehm! (bei der Vorstellung) |
| *¡Muchas felicidades!* | Herzlichen Glückwunsch! |
| *Tengo muchas esperanzas de que venga.* | Ich habe große Hoffnung, dass er kommt. |
| *de muchas maneras* | auf vielerlei Art und Weise |
| *¿Estás contento? – Sí, mucho.* | Bist du zufrieden? – Ja, sehr. |
| *Me cuesta mucho levantarme temprano.* | Es fällt mir schwer, früh aufzustehen. |
| *Como mucho, nos quedaremos cinco días.* | Wer werden höchstens fünf Tage bleiben. |
| *Juan no es, ni con mucho, tan inteligente como su hermana.* | Juan ist bei weitem nicht so intelligent wie seine Schwester. |
| *No es amable, ni mucho menos.* | Er/Sie ist überhaupt nicht nett. |

Zur Wiedergabe von dt. 'die meisten' vgl. § 67, Anm. 3

# *poco* 54

1. Adjektivischer Gebrauch:

| | |
|---|---|
| *Hay poca industria.* | Es gibt wenig Industrie. |
| *Tengo poco dinero.* | Ich habe wenig Geld. |
| *Pocos españoles saben alemán.* | Wenige Spanier können Deutsch. |

2. Pronominaler Gebrauch:

| | |
|---|---|
| *Pocos lo saben.* | Wenige wissen es. |
| *Pocas saben bailar como María.* | Wenige können tanzen wie Maria. |

Anmerkungen zu *poco*:

Anmerkung 1: Dem Indefinitadjektiv *poco* kann der bestimmte Artikel oder ein Possessivadjektiv vorausgehen: *El poco dinero que gana no es suficiente.* – Das wenige Geld, das er verdient, reicht nicht aus. *Por causa de su poca experiencia Manuel no obtuvo el puesto de trabajo.* – Wegen seiner geringen Erfahrung bekam Manuel die Stelle nicht.

**Anmerkung 2:** Auf das Pronomen *poco* kann eine Ergänzung mit *de* folgen: *Pocos de mis colegas van a tomar parte en el curso.* – Wenige meiner Kollegen werden an dem Kurs teilnehmen. *Pocos (de nosotros) somos de aquí.* – Wenige von uns sind von hier.

**Anmerkung 3:** Dt. 'wenig(es)' in Subjektfunktion wird durch *pocas cosas* ausgedrückt: *Pocas cosas han cambiado en los diez últimos años.* – Wenig hat sich in den letzten zehn Jahren geändert.

**Anmerkung 4:** Als neutrales Pronomen kann *poco* nach transitiven Verben verwendet werden: *Leo poco (= pocos libros).* – Ich lese wenig. *Lo poco que lees no es suficiente.* – Das wenige, das du liest, reicht nicht aus.

**Anmerkung 5:** Bei intransitiven bzw. reflexiven Verben erscheint *poco* als Adverb: *Salimos poco de casa.* – Wir gehen wenig aus. *Duermo muy poco.* – Ich schlafe sehr wenig. *Los niños se bañan poco.* – Die Kinder baden wenig. Adverbialer Gebrauch liegt auch vor in *poco después* kurz darauf, *poco antes* kurz zuvor, *hace poco* vor kurzem.

**Anmerkung 6:** In Verbindung mit Adjektiven kann *poco* die Funktion eines Negationspräfixes übernehmen: ein uninteressantes Buch *un libro poco interesante,* unrealistische Forderungen *exigencias poco realistas.*

**Anmerkung 7:** Dt. 'ein wenig' wird durch *un poco* wiedergegeben: *un poco antes* ein wenig früher; *un poco más* ein wenig mehr. Ein nachfolgendes Substantiv wird mit der Präposition *de* angeschlossen: *hacer un poco de deporte* ein wenig Sport treiben, *hablar un poco de ruso* ein wenig Russisch sprechen. Zu *un poco* existiert die Diminutivform *un poquito* ein bisschen.

**Anmerkung 8:** Zu *poco* gibt es den Superlativ *poquísimo*: *poquísimas faltas* sehr wenige Fehler. Zur Wiedergabe von dt. 'die wenigsten' vgl. § 68, Anm. 3

3. Ausdrücke und Wendungen:

| | |
|---|---|
| *poco a poco* | nach und nach |
| *tener en poco a alg.* | nicht viel von jdm. halten |
| *Es muy poca/poquita cosa.* | Das ist nichts von Bedeutung. |
| *Por poco me toca la lotería.* | Beinahe hätte ich im Lotto gewonnen. |
| *Mucho ruido y pocas nueces.* | Viel Lärm um nichts. |
| *un poco demasiado* | ein bisschen viel |

# 55 *tanto*

1. Adjektivischer Gebrauch:

| | |
|---|---|
| *¡No bebas tanto vino!* | Trink nicht so viel Wein! |
| *No puedo quedarme tanto tiempo.* | Ich kann nicht so lange bleiben. |
| *Antes no había tantos coches.* | Früher gab es nicht so viele Autos. |
| *Se lo dije tantas veces.* | Ich sagte es ihm so oft. |

## 2. Pronominaler Gebrauch:

| | |
|---|---|
| No tengo tantos (= libros). | Ich habe nicht so viele (= Bücher). |
| El alcohol es una droga entre tantas. | Alkohol ist eine Droge unter vielen. |
| ¡No comas tantas (= cerezas)! | Iss nicht so viele (= Kirschen)! |

Anmerkungen zu *tanto*:

Anmerkung 1: Dt. 'so viel(es)' in Subjektfunktion wird durch *tantas cosas* ausgedrückt: So viel(es) müsste sich ändern. – *Tantas cosas tendrían que cambiar.* Enthält der Satz ein verneintes Verb, wird er mit *hay* eingeleitet und an *tantas cosas* wird ein Relativsatz angeschlossen: Zu vieles funktioniert nicht. – *Hay tantas cosas que no funcionan.*

Anmerkung 2: Bei transitiven Verben kann *tanto* als neutrales Objektpronomen auftreten: *¡No fumes tanto!* – Rauch nicht so viel!

Anmerkung 3: Erscheint es bei intransitiven Verben, so hat es adverbiale Funktion: *Antes la gente no viajaba tanto.* – Früher reisten die Menschen nicht so viel.

Anmerkung 4: Folgt auf dt. 'so viel' ein Infinitiv mit 'zu', so steht im Spanischen *tanto que*: Es gibt so viel zu sehen. – *Hay tanto que ver.*

Anmerkung 5: *Y tantos* wird zum Ausdruck einer ungefähren Zahlangabe benutzt: *en mil novecientos y tantos* Neunzehnhundertsoundsoviel.

Anmerkung 6: Der Ausdruck *un tanto* bedeutet 'etwas': *La encuentro un tanto rara.* – Ich finde sie etwas seltsam.

## 3. Ausdrücke und Wendungen:

| | |
|---|---|
| estar al tanto de u.c. | über etw. auf dem Laufenden sein |
| ¡Y tanto! | Und ob!/Das kann man wohl sagen! |
| ¡Hace tanto tiempo que no te veo! | Ich habe dich so lange nicht mehr gesehen! |
| No llego a tanto. | Da bin ich überfordert/überfragt. |
| Jamás podrá llegar a tanto. | Er wird es nie so weit bringen. |
| un tanto de | ein bisschen von |
| No es para tanto. | Es ist nicht so schlimm. |
| tanto por ciento | soundsoviel Prozent |
| acostarse a las tantas | sehr spät ins Bett gehen |
| Nuestro hijo está fuera hasta las tantas de la madrugada. | Unser Sohn bleibt nachts sehr lange weg. |
| por lo tanto | folglich/also |
| entre tanto | Inzwischen |
| tanto más que | um so mehr als |
| Tanto estudiar para nada. | Soviel umsonst gelernt. |

## 56 demasiado

1. Adjektivischer Gebrauch:

| | |
|---|---|
| ¡No comas demasiados caramelos! | Iss nicht zu viele Bonbons! |
| Esa es demasiada propina. | Das ist zu viel Trinkgeld. |
| No quiero esperar demasiado tiempo. | Ich will nicht zu lange warten. |
| Hice/Cometí demasiadas faltas. | Ich machte zu viele Fehler. |

2. Pronominaler Gebrauch:

| | |
|---|---|
| Demasiados no cumplen sus promesas. | Zu viele halten ihre Versprechen nicht. |

Anmerkungen zu *demasiado:*

Anmerkung 1: Dt. 'zu viel' in Subjektfunktion wird durch *demasiadas cosas* ausgedrückt: Zu viel (Arbeit) bleibt liegen. – *Demasiadas cosas quedan sin hacer.* Enthält der Satz ein verneintes Verb, wird er mit *hay* eingeleitet und an *demasiadas cosas* wird ein Relativsatz angeschlossen: Zu viel funktioniert nicht. – *Hay demasiadas cosas que no funcionan* (vgl. § 53, Anm. 3).

Anmerkung 2: *Demasiado* kann als neutrales Indefinitpronomen nach transitiven Verben erscheinen: *Mi hermana fuma demasiado.* – Meine Schwester raucht zu viel.

Anmerkung 3: Nach intransitiven Verben fungiert *demasiado* als Adverb: *Hablas demasiado.* – Du redest zu viel.

Anmerkung 4: Dt. 'viel zu viel' wird einfach mit *demasiado,* 'viel zu wenig' mit *demasiado poco* wiedergegeben.

Anmerkung 5: Oft entfällt *demasiado* vor Adjektiven oder Adverbien: *Estos zapatos me están estrechos.* – Diese Schuhe sind mir zu eng. *Hoy he llegado tarde a clase.* – Heute bin ich zu spät in den Unterricht gekommen.

Merke: *Lo sé demasiado bien./Lo sé de sobra.* – Ich weiß es nur zu gut.

## 57 otro

1. Adjektivischer Gebrauch:

| | |
|---|---|
| ¡Tráigame otra cerveza, por favor! | Bringen Sie mir bitte noch ein Bier! |
| ¿Cómo se llama el otro señor? | Wie heißt der andere Herr? |
| ¿Dónde están los otros platos? | Wo sind die anderen Teller? |
| Las otras casas ya están vendidas. | Die anderen Häuser sind schon verkauft. |

## 2. Pronominaler Gebrauch:

| | |
|---|---|
| Los otros están de compras. | Die anderen sind beim Einkaufen. |
| No quiero molestar a los otros. | Ich will die anderen nicht stören. |
| A otro no se lo habría dicho. | Einem anderen hätte ich es nicht gesagt. |
| Las otras están casadas con italianos. | Die anderen sind mit Italienern verheiratet. |
| Otros están peor. | Anderen geht es schlechter. |

Anmerkungen zu *otro*:

Anmerkung 1: *Otro* geht nie der unbestimmte Artikel voraus: *Eso es otra cosa.* – Das ist etwas anderes (vgl. § 34.3).

Anmerkung 2: Verbindet sich *otro* mit Zahlwörtern, so steht es voran: *Dame otras dos tazas.* – Gib mir zwei weitere/andere/noch zwei Tassen. In Verbindung mit *muchos* ist Voran- oder Nachstellung möglich: *Otros muchos/Muchos otros autores presentaron sus libros.* – Viele andere Autoren stellten ihre Bücher vor.

Anmerkung 3: Dt. 'der eine ... der andere' wird als *(el) uno ... el otro* wiedergegeben: *El uno/Uno dijo que sí, el otro dijo que no.* – Der eine sagte ja, der andere nein.

Anmerkung 4: Das Pronomen *otro* dient auch zur Wiedergabe von dt. 'einander': *Siempre riñen el uno con el otro.* – Sie streiten immer miteinander. *Las tribus luchaban sin cesar unas contra otras.* – Die Stämme kämpften unaufhörlich gegeneinander.

## 3. Ausdrücke und Wendungen:

| | |
|---|---|
| otra vez | noch einmal/schon wieder |
| otro día | an einem anderen Tag |
| una y otra vez | immer wieder |
| el otro día | neulich |
| al otro día | am anderen/nächsten Tag |
| de otra manera | anders |
| en otro sitio | anderswo |
| Llegarán de un momento a otro. | Sie werden jeden Augenblick ankommen. |
| hasta otro momento/otra (vez) | bis zum nächsten Mal |
| ser otro Goya | ein zweiter Goya sein |
| Por una parte ..., por la otra .../ Por un lado ..., por el otro ... | einerseits ..., andererseits ... |
| por otra parte | andererseits/außerdem |
| entre otras cosas | unter anderem |
| Una cosa tras otra. | Eins nach dem anderen. |
| la otra cara de la medalla | die Kehrseite der Medaille |
| ¡Otra, otra! | Zugabe, Zugabe! |

Merke: einen anderen Ton anschlagen *cambiar de tono*
kein anderer als *ni más ni menos que*

# 58 *todo*

1. Adjektivischer Gebrauch:

- *todo/toda* + Substantiv im Singular - 'jeder':

| | |
|---|---|
| *Todo hombre debe morir.* | Jeder Mensch muss sterben. |
| *Leo toda clase de libros.* | Ich lese jede Art von Büchern. |

- *todo/toda* + bestimmter Artikel/Demonstrativadjektiv/Possessivadjektiv + Substantiv im Singular - 'ganz':

| | |
|---|---|
| *Toda la casa quedó destruida.* | Das ganze Haus wurde zerstört. |
| *Hay gente de todo el mundo.* | Es sind Menschen aus der ganzen Welt da. |
| *Tienes toda la razón.* | Du hast ganz Recht. |
| *Tengo estudiado todo el capítulo.* | Ich habe das ganze Kapitel durchgearbeitet. |
| *Malgastó toda su riqueza.* | Er verschleuderte seinen ganzen Reichtum. |
| *No me interesa todo este problema.* | Dieses ganze Problem interessiert mich nicht. |

Merke: eine ganze Drehung *una vuelta completa/un giro completo*
ein ganzer Satz *una frase completa*
eine ganze Stelle *un trabajo a tiempo completo*

- *todos/todas* + Artikel/Demonstrativadjektiv/Possessivadjektiv + Substantiv im Plural - 'alle':

| | |
|---|---|
| *Todas las maletas están preparadas.* | Alle Koffer sind gepackt. |
| *Casi todos los padres se comportan así.* | Fast alle Eltern verhalten sich so. |
| *Pienso comprar todos esos volúmenes.* | Ich habe vor, alle diese Bände zu kaufen. |
| *Todos sus hijos son más altos que él.* | Alle seine Söhne sind größer als er. |

## 2. Pronominaler Gebrauch:

| | |
|---|---|
| Todo indica que .../apunta a que ... | Alles weist darauf hin, dass ... |
| Todo gira alrededor del amor. | Alles dreht sich um die Liebe. |
| ¿Va todo bien? | Geht es gut? |
| A todas les gusta vestir con elegancia. | Alle ziehen sich gern elegant an. (Frauen) |
| Has pensado en todo. | Du hast an alles gedacht. |
| Todos trabajan hasta las seis. | Alle arbeiten bis 6 Uhr. |
| Esas son todas mentiras. | Das sind alles Lügen. |
| ¡Bajen todos! | Alles aussteigen! |
| ¡Hay de todo en este mundo! | Was es nicht alles gibt! |

Merke:  alles nur halb machen *hacer las cosas a medias.* Für sie würde ich alles tun. – *Por ella haría yo cualquier cosa* (vgl. § 71). Das ist alles für heute (Brief) – *Sin más por hoy.* Alles zu seiner Zeit. – *Cada cosa a su tiempo.* Wenn mich nicht alles täuscht, ... *Si no me equivoco, ...*

## Anmerkungen zu *todo*:

Anmerkung 1:  Zur Hervorhebung kann *todo* auf das Substantiv folgen: *el mundo todo* die ganze Welt (auch: *el mundo entero*).

Anmerkung 2:  Dt. 'alle drei, vier' usw. wird durch *los tres, los cuatro* ausgedrückt: Alle drei sind Deutsche. – *Los tres son alemanes.* Der Ausdruck 'alle zehn Minuten' wird mit *cada diez minutos* wiedergegeben.

Anmerkung 3:  Wenn dem deutschen 'ganz' der unbestimmte Artikel vorausgeht, wird im Spanischen anstelle von *todo* das Adjektiv *entero* verwendet: ein ganzes Hähnchen *un pollo entero*; eine ganze Provinz *una provincia entera*. Im übertragenen Sinn wird *todo* beibehalten: *Mi cuñada es toda una mujer.* – Meine Schwägerin ist eine ganze Frau. Im Plural wird *enteros* verwendet: ganze Hähnchen *pollos enteros*; ganze Provinzen *provincias enteras* (vgl. auch § 58.1 Merke).

Anmerkung 4:  Wenn neutrales *todo* in Objektfunktion auftritt, so wird es durch ein beim Verb stehendes *lo* wieder aufgenommen: *Quiero saberlo todo.* – Ich will alles wissen. *El papel todo lo aguanta.* – Papier ist geduldig. *En la vida no hay que entenderlo todo.* – Man braucht im Leben nicht alles zu verstehen.

Anmerkung 5:  Auf *todo* kann kein Relativpronomen unmittelbar folgen; zwischen beide muss im Spanischen ein bestimmter Artikel als Stützwort (eigentlich Determinativpronomen) eingeschoben werden: *Todos los que lo saben ...* – Alle, die es wissen ...

Anmerkung 6:  Von *todo* gibt es die Diminutivform *todito*: *Me lo sé todito.* – Ich weiß alles.

Anmerkung 7:  Vor femininen Ländernamen kann maskulines *todo* stehen, wenn die gesamte Bevölkerung gemeint ist: *Todo Argentina se alegra.* – Ganz Argentinien freut sich.

3. Ausdrücke und Wendungen:

| | |
|---|---|
| *Todo principio es difícil.* | Aller Anfang ist schwer. |
| *Todo tiene arreglo.* | Für alles gibt es eine Lösung. |
| *de todas formas/maneras* | jedenfalls |
| *de todos modos* | auf jeden Fall |
| *Te deseo (todo) lo mejor.* | Ich wünsche dir alles Gute. |
| *en/por todas partes* | überall |
| *Se lo deseo de todo corazón.* | Ich wünsche es Ihnen von ganzem Herzen. |
| *a todo trance* | unter allen Umständen |
| *a toda máquina* | mit Volldampf |
| *a toda velocidad* | mit voller Geschwindigkeit |
| *a todas horas* | zu jeder Uhrzeit/ständig |
| *con toda libertad* | ganz offen |
| *con toda seguridad* | ganz sicher |
| *del todo* | ganz/völlig |
| *con todo* | trotzdem |
| *todo incluido* | alles inbegriffen |
| *(o) todo o nada* | alles oder nichts |
| *ante todo/sobre todo* | vor allem |
| *todo derecho/seguido* | geradeaus |
| *Ese hombre es todo músculos.* | Dieser Mann ist sehr muskulös. |
| *ser todo oídos* | ganz Ohr sein |
| *No es oro todo lo que reluce.* | Es ist nicht alles Gold, was glänzt. |
| *En esta tienda hay de todo.* | In diesem Laden gibt es alles. |
| *¿Es todo? – Eso es todo.* | Ist das alles? – Das ist alles. |
| *con todo cariño tu ...* | in Liebe, Dein(e) ... |
| *en todos los sentidos* | in jeder Hinsicht |
| *después de todo* | schließlich (= immerhin) |
| *todo menos* | alles andere als |

Unterscheide: *Mi hijo (se) lo come todo.* – Mein Sohn isst alles (= was auf dem Tisch steht). *Mi hijo come de todo.* – Mein Sohn isst alles (= was auf den Tisch kommt).

# 59 alguno

1. Adjektivischer Gebrauch (zur Apokope vgl. § 7.1):

| | |
|---|---|
| *Me quedaré aquí algún tiempo.* | Ich werde einige Zeit hier bleiben. |
| *¿Ya ha estado alguna vez en Grecia?* | Sind Sie schon einmal in Griechenland gewesen? |
| *Nos quedan algunas botellas de vino tinto.* | Wir haben noch einige Flaschen Rotwein. |
| *La encontré hace algunos días.* | Ich traf sie vor einigen Tagen. |

Unterscheide: Ya he estado en España alguna vez. – Ich war schon (ein)mal in Spanien. Ya he estado en España una vez. – Ich war schon ein Mal in Spanien.

2. Pronominaler Gebrauch:

| | |
|---|---|
| A algunos les cuesta mucho levantarse temprano. | Einigen fällt es sehr schwer, früh aufzustehen. |
| Quizás alguna se pregunte por qué los maridos se comportan así. | Vielleicht fragt sich manche, warum Ehemänner sich so benehmen. |

Anmerkungen zu *alguno*:
Anmerkung 1: In verneinten Sätzen steht *alguno* nach dem Substantiv und hat negative Bedeutung: *No hay problema alguno.* – Es gibt kein Problem (vgl. § 60, Anm. 2). *Se quedaron sin esperanza alguna.* – Sie waren ohne jede Hoffnung.
Anmerkung 2: Auf das Pronomen *alguno* kann eine Ergänzung mit *de* oder *entre* folgen: *Algunos de ellos ya habían desaparecido.* – Einige von ihnen waren schon verschwunden. *Algunas de las alumnas no tomaron parte en la excursión* . – Einige der Schülerinnen nahmen an dem Ausflug nicht teil. *Algunas entre las que conocí durante las vacaciones me escribieron.* – Einige von denen/ denjenigen (= den Mädchen), die ich in den Ferien kennen lernte, schrieben mir.

3. Ausdrücke und Wendungen:

| | |
|---|---|
| ¡Hiciste alguna (= locura)! | Da hast du dir aber ein Ding geleistet! |
| Lo comprenderás algún día. | Du wirst es eines Tages verstehen. |
| de alguna manera/forma | irgendwie |
| en algún sitio/en alguna parte | irgendwo |
| durante algún tiempo | eine Zeitlang |
| ¿Alguna pregunta? | Irgendwelche Fragen? |

**ninguno** (vgl. auch § 256.1)

1. Adjektivischer Gebrauch (zur Apokope vgl. § 7.1):

| | |
|---|---|
| No se me ocurre ninguna solución. | Es fällt mir keine Lösung ein. |
| No veo ninguna posibilidad de llegar a un arreglo amistoso. | Ich sehe keine Möglichkeit, sich gütlich zu einigen. |
| No tengo ningún interés en verlo. | Ich habe kein Interesse, es zu sehen. |

## 2. Pronominaler Gebrauch:

| | |
|---|---|
| *Ninguna te podrá ayudar.* | Keine wird dir helfen können. |
| *Aún non ha llegado ninguno.* | Es ist noch keiner angekommen. |
| *No he encontrado a ninguna.* | Ich habe keine getroffen. |

Anmerkungen zu *ninguno*:

Anmerkung 1: Der Plural von *ninguno* ist selten. Er kommt in der gesprochenen Sprache meist als Antwort auf eine Frage mit einem Substantiv im Plural vor: *¿Tienes cigarrillos? – No, no tengo ningunos (cigarrillos).* – Hast du Zigaretten? – Nein, ich habe keine (Zigaretten). Merke: *No tengo ningunas ganas de ...* – Ich habe überhaupt keine Lust zu ...

Anmerkung 2: Adjektivisches *ninguno* kann auch nachgestellt werden: *No hay problema ninguno.* – Es gibt gar kein Problem (vgl. § 59, Anm. 1).

Anmerkung 3: Auf das Pronomen *ninguno* kann eine Ergänzung mit *de* folgen: *Ninguno de vosotros tiene razón.* – Keiner von euch hat Recht.

Anmerkung 4: In verneinten Ausdrücken entspricht *ninguno* dt. 'jeder': *sin ninguna duda* – ohne jeden Zweifel.

Anmerkung 5: Folgt *ninguno* auf einen Komparativ, so entspricht es dem dt. 'sonst irgendein': *Me lo has explicado mejor que ningún otro profesor.* – Du hast es mir besser als sonst irgendein Lehrer erklärt.

## 3. Ausdrücke und Wendungen:

| | |
|---|---|
| *en sitio ninguno* | nirgendwo |
| *de ningúna manera/de ningún modo* | keinesfalls |
| *ninguno de los dos* | keiner von beiden |
| *Una no es ninguna.* | Einmal ist keinmal. |

# 61 uno

1. Adjektivischer Gebrauch (vgl. auch § 28)

- *un/una* '(irgend)ein(e)':

| | |
|---|---|
| *Hemos charlado un rato.* | Wir haben eine Weile geplaudert. |
| *Un día u otro reconocerán que se han equivocado.* | Früher oder später werden sie zugeben, dass sie sich getäuscht haben. |
| *Un buen día recibí un paquete, sin remitente.* | Eines schönen Tages erhielt ich ein Paket ohne Absender. |

- *unos/unas* 'einige':

| | |
|---|---|
| *Me voy a detener unos días en Granada.* | Ich werde mich einige Tage in Granada aufhalten. |
| *Le regaló unas flores.* | Er schenkte ihr ein paar Blumen. |
| *Hemos pasado unas horas muy agradables.* | Wir haben einige sehr angenehme Stunden verbracht. |

2. Pronominaler Gebrauch:

| | |
|---|---|
| *¿Cuánto va a gastarse en uno (= reloj) nuevo?* | Wie viel wollen Sie für eine neue (= Uhr) ausgeben? |
| *Llamó una preguntando por ti.* | Eine hat angerufen und nach dir gefragt. |
| *Buscamos una farmacia. ¿Hay una por aquí cerca?* | Wir suchen eine Apotheke. Gibt es eine hier in der Nähe? |

Anmerkungen zu *uno*:

Anmerkung 1: Die Grenze zwischen dem unbestimmten Artikel *un/una* und dem gleichlautenden Indefinitadjektiv ist nicht immer leicht zu ziehen.

Anmerkung 2: Das Indefinitpronomen *uno* kann in Verbindung mit reflexiven Verben auch unpersönlich gebraucht werden (unpersönliches *se* ist in diesem Fall nicht möglich): *Con el tiempo, uno se resigna/se resigna uno a todo.* – Mit der Zeit findet man sich mit allem ab. Auch: *Uno tiene su orgullo.* – Man hat seinen Stolz.

Anmerkung 3: *Uno* kann auch in emphatischer Bedeutung verwendet werden: *¡Carmen tiene unos ojos!* – Carmen hat vielleicht Augen!

Anmerkung 4: Vor Zahlwörtern gebraucht, haben *unos/unas* die Bedeutung 'etwa/ungefähr': *unas veinte personas* etwa 20 Personen, *unos cien heridos* ungefähr 100 Verletzte.

Anmerkung 5: Auf das Pronomen *uno* kann eine Ergänzung folgen, die mit *de* angeschlossen wird: *Fumar es uno de sus vicios.* – Rauchen ist eines seiner/ihrer Laster. *Ramón es uno de los pocos que sabe(n) japonés.* – Ramón ist einer der wenigen, die Japanisch können.

Anmerkung 6: Auf *unos* kann *cuantos* folgen: *unos cuantos problemas económicos* ein paar wirtschaftliche Probleme.

3. Ausdrücke und Wendungen:

| | |
|---|---|
| *Más de uno está en paro.* | Sehr viele sind arbeitslos. |
| *hace un rato* | vor einer Weile |
| *Soy uno contigo.* | Ich bin einer Meinung mit dir. |
| *una que otra vez* | dann und wann |
| *beber algo de una vez* | etw. in einem Zug trinken |

# 62 mismo

Das Wort wird üblicherweise zu den Indefinita gezählt, obwohl es hauptsächlich die Funktion eines Identifizierers hat.

1. Adjektivischer Gebrauch

- in der Bedeutung 'derselbe/dieselbe(n)':

| | |
|---|---|
| Tengo una falda del mismo color. | Ich habe einen Rock in der gleichen Farbe. |
| Luis es del mismo pueblo que yo. | Luis ist aus demselben Dorf wie ich. |
| Has hecho/cometido las mismas faltas que yo. | Du hast dieselben Fehler wie ich gemacht. |
| ¡Todas las mañanas el mismo teatro! | Jeden Morgen dasselbe Theater! |
| Son siempre los mismos alumnos que hacen travesuras en clase. | Es sind immer dieselben Schüler, die im Unterricht Unfug treiben. |
| (Es) siempre la misma canción. | (Es ist) immer dieselbe Leier. |

- in der Bedeutung 'selbst':

| | |
|---|---|
| Yo mismo voy a saludarle. | Ich selbst werde ihn begrüßen. |
| Sírvase usted mismo. | Bedienen Sie sich selbst! |
| Cada uno sólo piensa en sí mismo. | Jeder denkt nur an sich selbst. |
| La presidenta misma/la misma presidenta se trasladó al lugar de la catástrofe. | Die Präsidentin selbst begab sich an den Unglücksort. |
| Ella es la misma bondad/la bondad misma.. | Sie ist die Güte selbst. |
| Así adquerrás más confianza en ti misma. | So wirst du mehr Selbstvertrauen bekommen. |

Auch: *Ella es la bondad en persona/la bondad personficada.* – Sie ist die Güte selbst/die Güte in Person/die personifizierte Güte.

- in der Bedeutung 'selbst/sogar':

| | |
|---|---|
| Los catedráticos mismos/Los mismos catedráticos pueden equivocarse. | Selbst/Sogar Professoren können sich irren. |
| En Alemania misma/En la misma Alemania hay muchos marginados. | Selbst/Sogar in Deutschland gibt es viele Außenseiter. |

## 2. Pronominaler Gebrauch:

| | |
|---|---|
| *Contestan siempre lo mismo.* | Sie geben immer dieselbe Antwort. |
| *Siempre ocurre lo mismo.* | Es ist doch immer dasselbe. |
| *Son siempre los mismos.* | Es sind immer dieselben. |

Anmerkungen zu *mismo*:

Anmerkung 1: Dem Adjektiv *mismo* kann ein Demonstrativadjektiv, ein Possessivadjektiv oder der unbestimmte Artikel vorausgehen: *Nuestra hija vive en esta misma calle.* – Unsere Tochter wohnt gleich hier in der Straße/in dieser Straße hier. *El accidente pasó en nuestra misma calle.* – Der Unfall geschah gerade in unserer Straße. *Viven bajo un mismo tejado con los abuelos.* – Sie wohnen mit den Großeltern unter einem/ein und demselben Dach; *un mismo juez* ein und derselbe Richter.

Anmerkung 2: Je nach Kontext kann eine Nominalgruppe wie *los mismos ministros* bedeuten: 'dieselben Mininster', 'die Minister selbst' oder 'selbst/sogar die Minister'. In den letzten beiden Fällen kann *mismo* auch nachgestellt werden: *los ministros mismos*. Hier ist auch *propio* möglich: *los propios ministros*.

Anmerkung 3: Zu *mismo* gibt es den Superlativ *mismísimo*: *Nos recibió el mismísimio presidente.* – Es empfing uns der Präsident höchstpersönlich.

Anmerkung 4: Nach Zeit- und Ortsadverbien wird *mismo* adverbial verwendet: *ahora mismo* sofort, *hoy mismo* noch heute, *aquí mismo* genau hier. In Ortsbestimmungen kann nachgestelltes *mismo* als Adverb fungieren: *en Italia mismo* selbst in Italien/genau in Italien, *en la cocina mismo* gerade in der Küche. In diesen Fällen wird jedoch in der Regel der adjektivische Gebrauch von *mismo* vorgezogen: *En Italia misma/en la misma Italia* bzw. *en la cocina misma/en la misma cocina*.

Anmerkung 5: Dt. 'derselbe ... wie' wird als *el mismo que* wiedergegeben: *Estoy haciendo el mismo curso de alemán que mi primo.* – Ich besuche denselben Deutschkurs wie mein Cousin; *al mismo tiempo que* zur selben Zeit wie. Folgt auf 'wie' ein Personalpronomen, so gebraucht man im Spanischen das unbetonte Possessivadjektiv: Ich bin in derselben Lage wie er/sie. – *Estoy en su misma situación./Estoy en la misma situación que él.* (zu den Vergleichssätzen vgl. § 141).

Anmerkung 6: Im volkstümlichen Spanisch gibt es das von *mismo* abgeleitete Adverb *mismamente* eben/gerade: *ayer mismamente* gerade gestern.

## 3. Ausdrücke und Wendungen:

| | |
|---|---|
| *Me da lo mismo.* | Es ist mir gleich. |
| *Es lo mismo.* | Das ist gleich/egal. |
| *Viene a ser lo mismo.* | Das läuft auf dasselbe hinaus. |
| *Somos de la misma generación.* | Wir sind ein Jahrgang. |

| | |
|---|---|
| Estamos en la misma onda. | Wir haben die gleiche Wellenlänge. |
| por lo mismo | daher/deshalb |
| de la misma forma/manera | ebenso |

## 63 bastante

1. Adjektivischer Gebrauch:

| | |
|---|---|
| Por la tarde bastante gente toma café en un bar. | Nachmittags trinken ziemlich viele Leute in einer Bar Kaffee. |
| No hay bastantes sillas. | Es gibt nicht genug Stühle. |
| No tengo bastante dinero. | Ich habe nicht genug Geld. |
| Hace bastante calor. | Es ist ziemlich warm. |
| Tengo bastantes amigos. | Ich habe ziemlich viele Freunde. |
| Tengo bastantes cosas que hacer esta tarde. | Ich habe heute Nachmittag ziemlich viel zu tun. |

2. Pronominaler Gebrauch:

| | |
|---|---|
| No somos bastantes para jugar a ese juego. | Wir sind nicht genug, um dieses Spiel zu spielen. |

Anmerkungen zu *bastante*:

Anmerkung 1: *Bastante* wird selten nachgestellt: *No he traído dinero bastante.* – Ich habe nicht genug Geld mitgebracht.

Anmerkung 2: Nach transitiven Verben wird *bastante* als neutrales Pronomen gebraucht: *Tenemos ahorrado bastante para hacer el viaje.* – Wir haben genug gespart, um die Reise zu machen.

Anmerkung 3: Als Adverb erscheint *bastante* nach intransitiven oder reflexiven Verben: *Hoy he trabajado bastante.* – Heute habe ich genug gearbeitet.

Anmerkung 4: Das Indefinitum *bastante* dient auch zur Wiedergabe von dt. 'ziemlich' (vgl. § 63.1). Merke auch: *bastantes veces* ziemlich oft, *bastante (tiempo)* ziemlich lange.

Anmerkung 5: Dt. 'mehr als genug' wird durch *de sobra* ausgedrückt: *Tenemos sitio de sobra.* – Wir haben mehr als genug Platz.

## 64 tal

1. Adjektivischer Gebrauch:

| | |
|---|---|
| Nunca aceptaríamos tal oferta. | Niemals würden wir ein solches Angebot annehmen. |
| Tal solución sería mejor para todos. | So eine Lösung wäre für alle besser. |
| Tales argumentos no me convencen. | Solche Argumente überzeugen mich nicht. |

## 2. Pronominaler Gebrauch:

| | |
|---|---|
| *Tal es su opinión.* | So ist seine Einstellung. |
| *Tales son las condiciones de trabajo.* | So sind die Arbeitsbedingungen. |

Anmerkungen zu *tal*:
Anmerkung 1: Dem Indefinitadjektiv *tal* in der Bedeutung 'solch ein' geht im Spanischen kein unbestimmter Artikel voraus (vgl. § 34.4). Ausnahme: *un tal García* ein gewisser García.
Anmerkung 2: *Tal* kann die Bedeutung eines Demonstrativadjektivs annehmen: *Tal prueba no es concluyente.* – Dieser Beweis ist nicht schlüssig.
Anmerkung 3: Das Adjektiv *tal* kann zur Hervorhebung nachgestellt werden: *¡No me vengas con disculpas tales!* – Komm mir nicht mit solchen Entschuldigungen!
Anmerkung 4: Anstelle des neutralen Pronomens *tal* wird meist *tal cosa* verwendet: *Nunca habíamos dicho tal cosa.* – Niemals hatten wir so etwas gesagt.
Anmerkung 5: In der Umgangssprache wird meist *ese* anstelle von *tal* verwendet: *A mí me gustaría practicar ese deporte.* – Ich würde gern so einen Sport ausüben.

## 3. Ausdrücke und Wendungen:

| | |
|---|---|
| *tal vez* | vielleicht |
| *¿Qué tal?* | Wie geht's? |
| *con tal (de) que* + subj. | vorausgesetzt, dass/wenn nur |
| *Tal el hijo cual el padre.* | Wie der Vater, so der Sohn. |
| *De tal palo, tal astilla.* | Der Apfel fällt nicht weit vom Stamm. |
| *Ese es otro que tal!* | Das ist auch so einer! |
| *tal como me lo ha dicho* | so wie er/sie es mir gesagt hat |
| *un tal* | ein gewisser |
| *... y tal* | ... und so weiter |
| *de tal manera* | derart |

# varios 65

## 1. Adjektivischer Gebrauch:

| | |
|---|---|
| *Conozco (a) varios árabes.* | Ich kenne mehrere Araber. |
| *Lo he visto varias veces.* | Ich habe ihn mehrere Male gesehen. |
| *Hemos hablado de varias cosas.* | Wir haben über mehrere Dinge gesprochen. |

| Anmerkung: | Der Singular *vario/varia* kommt nur in Verbindung mit Kollektivbegriffen vor: *Había varia gente.* – Es waren mehrere Leute da. |
|---|---|
| Unterscheide: | *varios diccionarios* mehrere Wörterbücher – *diccionarios varios* verschiedenartige Wörterbücher |

2. Pronominaler Gebrauch:

| *Varios no están de acuerdo.* | Mehrere sind nicht einverstanden. |
|---|---|
| *Varias ya están casadas.* | Mehrere sind schon verheiratet. |

Anmerkung: Auf das Pronomen *varios* kann eine Ergänzung mit *de* folgen: *Varios de los hoteles ya estaban cerrados.* – Mehrere der Hotels waren schon geschlossen.

## 66 demás

1. Adjektivischer Gebrauch:

| *Los demás alumnos se quedaron en clase.* | Die übrigen Schüler blieben in der Klasse. |
|---|---|
| *Las demás faltas ya las he corregido.* | Die übrigen Fehler habe ich schon verbessert. |

2. Pronominaler Gebrauch:

| *Hay que preguntar a los demás.* | Man muss die übrigen/anderen fragen. |
|---|---|
| *Las demás llevaban blusas blancas.* | Die übrigen trugen weiße Blusen. |

Anmerkungen zu *demás*:
Anmerkung 1: *Demás* verbindet sich mit Substantiven im Singular nur, wenn es sich um einen Kollektivbegriff handelt: *La demás gente se fue a casa.* – Die übrigen Leute gingen nach Hause. Dt. 'die übrige Arbeit' wird mit *el trabajo restante* wiedergegeben.
Anmerkung 2: *Demás* kann als neutrales Pronomen verwendet werden: *Lo demás ya está hecho.* – Das Übrige ist schon gemacht.
Anmerkung 3: Vor *demás* kann ein Possessivadjektiv stehen: *No he traído mis demás vestidos.* – Ich habe meine übrigen Kleider nicht mitgebracht.
Anmerkung 4: Geht *demás* die Konjunktion *y* voraus, kann der Artikel entfallen: *Querido Carlos y demás familia* – Lieber Carlos und Familie. *Francia, Alemania, España y (los) demás países de la Unión Europea.* – Frankreich, Deutschland, Spanien und die übrigen Länder der Europäischen Union.

## *más* 67

1. Adjektivischer Gebrauch:

| Los alemanes comen cada vez más pan. | Die Deutschen essen immer mehr Brot. |
|---|---|
| Hoy hay todavía más gente. | Heute sind noch mehr Leute da. |
| Tengo más libros que mi hermano. | Ich habe mehr Bücher als mein Bruder. |

2. Pronominaler Gebrauch:

| Esto es lo más que uno puede hacer. | Das ist das meiste, was man tun kann. |
|---|---|
| Lo más del tiempo se lo pasa pegado a la tele. | Die meiste Zeit sitzt er vor dem Fernseher. |
| Los más (de ellos) se comportan así. | Die meisten (von ihnen) verhalten sich so. |

Anmerkungen zu *más*:

Anmerkung 1: Nach transitiven Verben kann *más* als neutrales Pronomen gebraucht werden: *No puedo comer más.* – Ich kann nichts mehr essen.

Anmerkung 2: Als Adverb wird *más* nach intransitiven oder reflexiven Verben verwendet: *Si no duermes más, te pondrás enfermo.* – Wenn du nicht mehr schläfst, wirst du krank werden. *Tienes que entrenarte más.* – Du musst mehr trainieren (zu *más* als Adverb der Steigerung vgl. § 139).

Anmerkung 3: Zur Wiedergabe von dt. 'die meisten' wird der Ausdruck *la mayoría, la mayor parte* oder [ugspr.] *los/las más (de los/las)* gebraucht, wenn damit mehr als die Hälfte einer Menge gemeint sind: *la mayoría de los catalanes/la mayor parte de los catalanes/los más (de los) catalanes* die meisten Katalanen. *La mayoría de mis colegas no está(n)/Los más de mis colegas no están de acuerdo con tal propuesta.* – Die meisten meiner Kollegen sind mit diesem Vorschlag nicht einverstanden. *¿Ya están todos? – No, pero la mayoría ya ha/*[ugspr. auch] *han llegado.* Sind schon alle da? – Nein, aber die meisten sind schon angekommen. Bezieht sich 'die meisten' auf die höchste Anzahl einer Menge, so steht nur *más*: *Este es el dependiente que más coches vendió el año pasado.* – Das ist der Verkäufer, der im letzten Jahr die meisten Autos verkaufte. *Soy yo él que ha hecho más faltas.* – Ich habe die meisten Fehler gemacht (vgl. auch § 284, Spaltsatz). *Ella es quien más dinero tiene.* Sie hat das meiste Geld. *México es, con sus más de 90 millones de habitantes, el país de más hispanohablantes del mundo.* – Mexico ist mit seinen über 90 Millionen Einwohnern das Land mit den meisten Spanischsprechenden.

**Anmerkung 4:** Dem Ausdruck *lo más de* wird in der Regel die Formulierung *la mayor parte de/la mayoría de* vorgezogen: Das meiste Geld gebe ich für Bücher aus. – *La mayor parte del dinero lo gasto en libros;* die meiste Zeit *la mayor parte/la mayoría del tiempo.*

3. Ausdrücke und Wendungen:

| | |
|---|---|
| *a lo más* | bestenfalls/höchstens |
| *A más de éste tenemos otros dos coches.* | Außer diesem haben wir noch zwei Autos. |
| *las más de las veces* | meistens |
| *más o menos* | mehr oder weniger/ungefähr |
| *más tarde o más temprano* | früher oder später |
| *Sin más por hoy.* | Das ist alles für heute. (Briefschluss) |
| *estar de más* | überflüssig sein |
| *¿Qué más da?* | Was liegt schon daran? |
| *¿Que más podríamos hacer?* | Was könnten wir sonst noch tun? |
| *más de lo necesario* | mehr als nötig |
| *a más tardar* | spätestens |
| *Hay un plato de más.* | Es ist ein Teller zu viel. |
| *Aquí estoy de más.* | Hier bin ich zu viel/fehl am Platz. |
| *más bien* | eher/vielmehr |
| *unas tiendas más* | einige weitere Geschäfte |
| *Más vale tarde que nunca.* | Besser spät als nie. |
| *¿Algo más? – No, gracias, nada más.* | Sonst noch was? – Nein, danke, das wär's. |

# 68 menos

1. Adjektivischer Gebrauch:

| | |
|---|---|
| *Este año he ganado menos dinero.* | Dieses Jahr habe ich weniger Geld verdient. |
| *La última vez hice menos faltas.* | Das letzte Mal machte ich weniger Fehler. |

2. Pronominaler Gebrauch:

| | |
|---|---|
| *Los menos se pueden permitir este lujo.* | Die wenigsten können sich diesen Luxus leisten. |
| *Es lo menos que se puede pedir.* | Das ist das wenigste, was man verlangen kann. |

Anmerkungen zu *menos*:

Anmerkung 1: *Menos* kann nach transitiven Verben als neutrales Pronomen verwendet werden: *Este año he ganado menos.* – Dieses Jahr habe ich weniger verdient.

Anmerkung 2: Nach intransitiven oder reflexiven Verben kann *menos* als Adverb fungieren: *Durante estas vacaciones he engordado menos.* – Während dieser Ferien habe ich weniger zugenommen. Ein Satz wie: 'Ich interessiere mich weniger für Naturwissenschaften.' wird wiedergegeben als: *No me interesan tanto las ciencias naturales.*

Anmerkung 3: Zur Wiedergabe von dt. 'die wenigsten' kann allein stehendes *los menos* verwendet werden; in der Regel folgt jedoch eine Ergänzung mit *de* oder ein Relativsatz: *Los menos de los alumnos lo saben.* – Die wenigsten Schüler wissen es. *Son los menos los que están contentos con su destino.* – Die wenigsten sind mit ihrem Schicksal zufrieden. Vorgezogen wird meist der Ausdruck *la menor parte de*: *La menor parte de los marineros sabe(n) nadar.* – Die wenigsten Seeleute können schwimmen. Möglich ist auch *muy pocos/pocas*: *Muy pocos alemanes hablan bien el español.* – Die wenigsten Deutschen sprechen gut Spanisch. *Eso lo logran muy pocos.* – Das schaffen die wenigsten. Bezieht sich dt. 'der/die/das wenigste(n)' auf die geringste Anzahl einer Menge, so steht nur *menos*: *Soy yo él que ha hecho menos faltas.* – Ich habe die wenigsten Fehler gemacht (vgl. § 285). *Inés es la que de nosotras tiene menos dinero.* – Inés hat von uns das wenigste Geld.

3. Ausdrücke und Wendungen:

| | |
|---|---|
| *al menos/por los menos* | zumindest/wenigstens |
| *menos mal* (*que* + Indikativ) | ein Glück (dass) |
| *no poder menos de* + Infinitiv | nicht umhinkönnen zu |
| *más o menos* | mehr oder weniger |
| *ni más ni menos* | nicht mehr und nicht weniger |
| *¡Ni mucho menos!* | Auf keinen Fall! |
| *Es lo de menos.* | Das ist das wenigste/ Geringste. |
| *Hay una silla de menos.* | Es ist ein Stuhl zu wenig da. |
| *echar de menos* | vermissen |
| *ir a menos* | zurückgehen/abnehmen (Anzahl) |
| *tener a alg. en menos* | wenig von jdm. halten |
| *nada menos que Picasso* | kein Geringerer als Picasso |

# 69 *cierto*

| | |
|---|---|
| La chica le/lo miraba con cierto interés. | Das Mädchen betrachtete ihn mit einer gewissen Aufmerksamkeit. |
| No puede negársele cierta gracia. | Man kann ihr eine gewisse Anmut nicht absprechen. |
| A ciertos hombres les gustan sólo las rubias. | Manchen Männern gefallen nur Blondinen. |

Anmerkung 1: Steht *cierto* bei einem Eigennamen, so geht ihm der unbestimmte Artikel voraus: *Ha llamado un cierto López.* – Ein gewisser López hat angerufen (zum Artikelgebrauch vgl. § 34.4).
Anmerkung 2: Nachgestelltes *cierto* bedeutet 'sicher': *una noticia cierta* eine sichere Nachricht (vgl. § 134).
Merke: ¿*No es cierto?* – Nicht wahr?

# 70 *semejante*

| | |
|---|---|
| Nunca había visto (un) animal semejante. | Niemals hatte ich so ein Tier gesehen. |
| No he visto en mi vida frescura semejante. | Ich habe in meinem Leben eine solche Frechheit noch nie erlebt. |
| No quiero que tú salgas con semejante gente. | Ich will nicht, dass du mit solchen Leuten ausgehst. |

Anmerkung: *Semejante* kann vor oder nach dem Substantiv stehen (zum Artikelgebrauch vgl. § 34.4).

# 71 *cualquier*

| | |
|---|---|
| Prefiero cualquier otro trabajo. | Ich ziehe jede (beliebige) andere Arbeit vor. |
| Puedo recibir visitas a cualquier hora. | Ich kann zu jeder (beliebigen) Zeit Besuch empfangen. |

Anmerkung: Dieses Indefinitadjektiv kann auch nach dem Substantiv stehen. Es erscheint dann in der nicht verkürzten Form: *un hotel cualquiera* ein x-beliebiges Hotel.

Ausdrücke und Wendungen:

| | |
|---|---|
| cualquier día | an irgendeinem Tag |
| cualquier cosa | irgendetwas |
| en cualquier sitio/parte | irgendwo |
| de cualquier manera | irgendwie |
| a cualquier hora | jederzeit |

## cada 72

| | |
|---|---|
| Cada alumno aprende dos idiomas. | Jeder Schüler lernt zwei Fremdsprachen. |
| A cada país le tocan los gobernantes que se merece. | Jedes Land bekommt die Politiker, die es verdient. |
| Cada cosa a su tiempo. | Alles zu seiner Zeit. |
| Mi marido fuma cada vez más. | Mein Mann raucht immer mehr. |

Anmerkung 1: In Verbindung mit Zahlwörtern heißt *cada* 'alle': *Nos vemos cada tres semanas.* – Wir sehen uns alle drei Wochen.
Anmerkung 2: Dt. 'jeder' in Verbindung mit Zeitangaben wird durch *todos los/todas las* + Substantiv wiedergegeben: *Me ducho todas las mañanas.* – Ich dusche jeden Morgen. *Voy a misa todos los domingos.* – Ich gehe jeden Sonntag in die Kirche.
Unterscheide: *Cada día estás mejor.* – Jeden Tag (= von Tag zu Tag) geht es dir besser. *Todos los días trabaja en la fábrica.* – Jeden Tag arbeitet er in der Fabrik.
Merke: jeder vernünftige Mensch *toda persona sensata*

Ausdrücke und Wendungen:

| | |
|---|---|
| cada vez que | jedesmal wenn |
| una de cada tres mujeres | jede dritte Frau |
| cada cosa | alles Mögliche |
| cada vez más | immer mehr |
| el número cada vez mayor de inmigrantes ilegales | die ständig steigende Zahl illegaler Einwanderer |
| a cada paso | auf Schritt und Tritt |
| 7 de cada 100 personas | jeder Siebte/sieben von hundert |

## algo 73

| | |
|---|---|
| ¿Le duele algo? | Tut Ihnen etwas weh? |
| ¿Algo más? | Sonst noch etwas? |
| Le voy a regalar algo. | Ich werde ihm/ihr etwas schenken. |

Anmerkung 1: Ein auf *algo* folgendes Substantiv wird mit der Präposition *de* angeschlossen: *algo de carne* (= *un poco de carne*) etwas Fleisch, *hacer algo de deporte* etwas Sport treiben, *saber algo de español* ein bisschen Spanisch können.
Anmerkung 2: Ein substantiviertes Adjektiv kann mit oder ohne die Präposition *de* angeschlossen werden: *Algo (de) malo ha ocurrido.* – Etwas Schlimmes ist passiert. *¿Hay algo (de) nuevo?* – Gibt es etwas Neues?

Anmerkung 3: Infinitive werden mit *de* oder mit *para* angeschlossen: *¿Puedo ofrecerte algo de comer?* – Kann ich dir etwas zu essen/zum Essen anbieten? *¿Hay algo para ver?* – Gibt es etwas zu sehen?
Anmerkung 4: Nach transitiven Verben wird *algo* als neutrales Pronomen gebraucht: *He escrito algo.* – Ich habe etwas geschrieben.
Anmerkung 5: Als Adverb wird *algo* nach intransitiven Verben und vor Partizipien/Adjektiven gebraucht. *La situación ha cambiado algo, aunque no mucho.* Die Lage hat sich etwas geändert, wenn auch nicht sehr. *Su mujer llevaba un vestido algo pasado de moda.* – Seine Frau trug ein Kleid, das etwas aus der Mode war. *Estoy algo cansado.* – Ich bin etwas müde.

Ausdrücke und Wendungen:

| | |
|---|---|
| *Por algo te he dicho que ...* | Aus gutem Grund/Nicht umsonst habe ich dir gesagt, dass ... |
| *algo por el estilo* | etwas Ähnliches |
| *Algo es algo.* | Immerhin etwas. |
| *Algo hay en (todo) esto.* | Da ist was dran! |

# 74 *nada* (vgl. auch § 256)

| | |
|---|---|
| *No funciona nada.* | Nichts funktioniert. |
| *No compro nada.* | Ich kaufe nichts. |
| *No se ve nada.* | Man sieht nichts |
| *No sé nada de todo eso.* | Ich weiß nichts von all dem. |

Anmerkung 1: Ein auf *nada* folgendes Substantiv wird mit der Präposition *de* angeschlossen: *¡Coma cosas ligeras: nada de grasas!* – Essen Sie leichte Sachen und nichts Fettes! *No tengo nada de dinero.* – Ich habe gar kein Geld. *¡Nada de excusas!* – Keine Entschuldigungen! *No hablo nada de español.* – Ich spreche überhaupt kein Spanisch.
Anmerkung 2: Ein substantiviertes Adjektiv kann mit *de* angeschlossen werden: *No es nada (de/en) particular.* – Es ist nichts Besonderes. *No hay nada (de) nuevo.* – Es gibt nichts Neues.
Anmerkung 3: Infinitive werden mit *que* angeschlossen: *No tengo nada que beber.* Ich habe nichts zu trinken/zum Trinken. *No hay nada que hacer.* Da ist nichts zu machen. *No tengo nada razonable que ponerme.* – Ich habe nichts Vernünftiges anzuziehen.
Anmerkung 4: Ein Adjektiv oder Partizip steht nach *nada* in der maskulinen Form: *Nada es eterno.* – Nichts ist ewig.
Anmerkung 5: *Nada* wird auch als Adverb gebraucht: *No me importa nada.* – Das macht mir überhaupt nichts aus. *Esto no me gusta nada.* – Das gefällt mir überhaupt nicht. *No es nada fácil.* – Es ist gar nicht leicht. *Su tío dispone de una biblioteca nada desdeñable.* – Sein Onkel verfügt über eine nicht zu verachtende Bibliothek. *No voy nada al cine.* – Ich gehe überhaupt nicht ins Kino.

Anmerkung 6: Als Substantiv ist *nada* feminin: *Dios creó el mundo de la nada.* – Gott schuf die Welt aus dem Nichts.

Anmerkung 7: In Verbindung mit einem weiteren Verneinungselement entspricht *nada* dt. 'etwas': *sin comprar nada* ohne etwas zu kaufen. *Mi tío no me da nunca nada.* – Mein Onkel gibt mir nie etwas. *¡No le digas nada a nadie!* – Sag niemand etwas! Aber: *No se fue sin comprar algo.* – Er/Sie ging nicht, ohne etwas zu kaufen (Der Sinn ist positiv: Er/Sie hat etwas gekauft).

Anmerkung 8: In Fragesätzen ohne vorausgehendes *no* bedeutet *nada* 'etwas': *¿Has visto nada semejante?* – Hast du etwas Derartiges gesehen?

Anmerkung 9: Nach einem Komparativ entspricht *nada* dt. 'sonst etwas': *Esto me gusta más que nada.* – Das gefällt mir besser als sonst etwas.

Ausdrücke und Wendungen:

| | |
|---|---|
| *Gracias. – De nada.* | Danke. – Bitte/Keine Ursache. |
| *No tiene nada que ver con ...* | Das hat nichts zu tun mit ... |
| *No tengo nada en contra.* | Ich habe nichts dagegen. |
| *No es nada.* | Das ist nicht schlimm. |
| *Antes que nada quiero decir que ...* | Vor allem möchte ich sagen, dass ... |
| *No hay nada como la cerveza bien fresca.* | Es geht nichts über ein kühles Bier. |
| *Un vasito nada más.* | Nur ein Gläschen. |
| *Lo dijo nada menos que Ortega.* | Das sagte kein Geringerer als Ortega. |
| *Pues nada, que los pases bien en Málaga.* | Na dann, viel Spaß in Malaga. |
| *Eso no cambia nada la situación.* | Das ändert nichts an der Sache. |
| *No tiene la vida nada fácil.* | Er/Sie hat nichts zu lachen. |

Merke: Damit hat man nichts als Ärger. – *Eso sólo ocasiona molestias.*

## *alguien*

| | |
|---|---|
| *Si alguien viene, dile que espere.* | Wenn jemand kommt, sag ihm, er soll warten! |
| *Ese hombre me hace pensar en alguien que conocí el año pasado.* | Dieser Mann erinnert mich an jemanden, den ich letztes Jahr kennen gelernt habe. |
| *Alguien le habrá dicho algo a Luis.* | Jemand wird Luis etwas gesagt haben. |

Merke: *creerse alguien* sich für wichtig halten

## 76 nadie

| | |
|---|---|
| No lo sabe nadie. | Niemand weiß es. |
| A nadie le ha gustado la película. | Niemand(em) hat der Film gefallen. |
| Nadie habla con él. | Niemand spricht mit ihm. |
| Nadie nace sabiendo. | Niemand kommt klug auf die Welt. |
| No he visto a nadie. | Ich habe niemanden gesehen. |
| ¡No se lo digas a nadie! | Sag es niemand(em)! |

Anmerkung 1: In verneinten Sätzen entspricht *nadie* dt. 'jemand': *sin que nadie sospeche nada* ohne dass jemand etwas vermutet.
Anmerkung 2: Nach einem Komparativ entspricht *nadie* dt. 'sonst jemand': *Le conozco mejor que nadie*. – Ich kenne ihn besser als sonst jemand.

## 77 cualquiera

| | |
|---|---|
| Puedes preguntarle a cualquiera. | Du kannst jeden (beliebigen) fragen. |
| Cualquiera te dará razón. | Jeder wird dir Auskunft geben. |
| Eso puede ocurrirle a cualquiera. | Das kann jedem passieren. |
| Cualquiera te lo aconsejaría. | Jeder würde dir dazu raten. |

Anmerkung 1: Der Plural *cualesquiera* wird sehr selten gebraucht.
Anmerkung 2: *Una cualquiera* bedeutet 'eine Schlampe'.

## 78 quienquiera

| | |
|---|---|
| Quienquiera que lo haya hecho, merece que le metan en la cárcel. | Wer es auch immer getan haben mag, er gehört ins Gefängnis. |
| Quienesquiera que sostengan eso, mienten. | Welche Leute auch immer das behaupten, sie lügen. |

Anmerkung: Nach *quien(es)quiera* darf das Relativpronomen *que* in gehobener Ausdrucksweise nicht weggelassen werden (vgl. § 183.4).

## 79 cada uno/cada cual

| | |
|---|---|
| A cada uno lo suyo. | Jedem das Seine. |
| Cada una de las señoras recibió un ramo de rosas. | Jede der Frauen erhielt einen Strauß Rosen. |
| Cada cual que diga lo que quiera. | Jeder soll sagen, was er will. |

Anmerkung: Auf *cada uno* (seltener auf *cada cual*) kann eine Ergänzung mit *de* folgen: *cada uno de mis amigos* jeder meiner Freunde.

## *fulano* 80

| | |
|---|---|
| *Hay un fulano que quiere hablar contigo.* | Da ist irgendjemand, der dich sprechen will. |
| *A la fiesta acudieron fulano, zutano, mengano y perengano.* | Zu dem Fest kamen Hinz und Kunz. |

Anmerkung 1: Die Indefinitpronomen *zutano*, *mengano* und *perengano* treten in der Regel nur zusammen mit *fulano* auf.
Anmerkung 2: *Fulana* ist Synonym von *prostituta*.

## Kapitel 7  Die Zahlwörter (Los numerales)

Man unterscheidet Grundzahlen (números cardinales), Ordnungszahlen (números ordinales), Vervielfältigungszahlen (numerales multiplicativos), Bruchzahlen (números fraccionarios), Distributivzahlen (números distributivos) und Kollektivzahlen (números colectivos).

## 81  Die Grundzahlen (los números cardinales)

| 0 | cero | 30 | treinta |
|---|---|---|---|
| 1 | uno | 31 | treinta y uno |
| 2 | dos | 32 | treinta y dos |
| 3 | tres | 40 | cuarenta |
| 4 | cuatro | 50 | cincuenta |
| 5 | cinco | 60 | sesenta |
| 6 | seis | 70 | setenta |
| 7 | siete | 80 | ochenta |
| 8 | ocho | 90 | noventa |
| 9 | nueve | 100 | cien/ciento |
| 10 | diez | 101 | ciento uno |
| 11 | once | 200 | doscientos |
| 12 | doce | 300 | trescientos |
| 13 | trece | 400 | cuatrocientos |
| 14 | catorce | 500 | quinientos |
| 15 | quince | 600 | seiscientos |
| 16 | dieciséis | 700 | setecientos |
| 17 | diecisiete | 800 | ochocientos |
| 18 | dieciocho | 900 | novecientos |
| 19 | diecinueve | 1.000 | mil |
| 20 | veinte | 1.001 | mil uno |
| 21 | veintiuno | 2.000 | dos mil |
| 22 | veintidós | 100.000 | cien mil |
| 23 | veintitrés | 200.000 | doscientos mil |
| 24 | veinticuatro | 528.717 | quinientos veintiocho mil setecientos diecisiete |
| 25 | veinticinco | | |
| 26 | veintiséis | 1.000.000 | un millón |
| 27 | veintisiete | 3.933.819 | tres millones novecientos treinta y tres mil ochocientos diecinueve |
| 28 | veintiocho | | |
| 29 | veintinueve | | |

Anmerkung 1:  Ab der Zahl 16 werden die Einer an die Zehner mit *y* (dt. 'und') angefügt. Bei den Zahlen 16 bis 19 und 21 bis 29 werden Zehner und Einer zusammen geschrieben, wobei *i* an die Stelle von *y* tritt: *treinta y cinco* 35, aber *veinticinco* 25. In den übrigen Fällen steht *y* nicht: *mil novecientos cincuenta* 1.950. Ausnahme: *Las mil y una noches* Tausendundeine Nacht.

Anmerkung 2: *Uno* und die mit *uno* zusammengesetzten Zahlen werden vor einem maskulinen Substantiv zu *un* verkürzt (vgl. § 7.1): *un libro* ein Buch, *una moneda de un euro* eine Eineuromünze, *veintiún libros* 21 Bücher, *cuarenta y un caballos* 41 Pferde, *ciento un párrafos* 101 Paragraphen. Vor femininen Substantiven steht in diesem Fall *una*: *una página* eine Seite, *veintiuna páginas* 21 Seiten. Vor einem femininen Substantiv, das mit einem betonten /a/ anlautet, wird *una* zu *un* verkürzt: *veintiún hayas* 21 Buchen, *treinta y un águilas* 31 Adler. Die Form *veintiún páginas* gilt als unkorrekt.

Anmerkung 3: *Ciento* wird vor einem folgenden Substantiv und vor den Zahlwörtern *mil, millones* etc. zu *cien* verkürzt (vgl. § 7.2): *cien euros* 100 Euro, *cien mil estudiantes* 100.000 Studenten. Das Gleiche gilt, wenn das Substantiv mitverstanden wird: *un billete de cien (euros)* ein Hunderter. Steht die Zahl 100 allein, so wird *cien* gebraucht: *¿Cuántas personas estaban? – Cien.* – Wie viele Personen waren da? – Hundert. Bei den Zahlen von 101 bis 199 steht immer *ciento*: *ciento trece páginas* 113 Seiten, ebenso bei Prozentangaben: *50%* gelesen: *el cincuenta por ciento*, *1,3%* gelesen: *el uno coma tres por ciento*.

Anmerkung 4: Die Hunderterzahlen von 200 bis 900 richten sich nach dem Genus des Substantivs, auf das sie sich beziehen. Dies gilt auch für zusammengesetzte Zahlen: *quinientas personas* 500 Personen, *setecientos treinta pueblos* 730 Dörfer.

Anmerkung 5: Die Zahl *mil* ist unveränderlich: *dos mil mujeres* 2.000 Frauen, *cien mil manifestantes* 100.000 Demonstranten. Als Kollektivzahlen (vgl. § 90) gebraucht, steht *miles de*: *miles de obreros* Tausende von Arbeitern, *cientos de miles de personas* Hunderttausende (von) Personen, *miles y miles de hormigas* Abertausende von Ameisen.

Anmerkung 6: *Millón* ist ein maskulines Substantiv, dem im Singular *un* vorausgeht. Der Plural lautet *millones*. Handelt es sich um volle Millionen, so wird das nachfolgende Substantiv mit *de* angeschlossen: *un millón de parados* eine Million Arbeitslose, *trescientos millones de hispanohablantes* 300 Millionen Spanischsprechende. Aber: *dos millones quinientos mil habitantes* 2.500.000 Einwohner.

Anmerkung 7: Man beachte, dass dt. 'Milliarde' im Spanischen durch *mil millones* wiedergegeben wird.

Anmerkung 8: Nach *cero* steht das Substantiv im Plural: *a las cero horas de hoy* heute um Null Uhr, *cero grados* Null Grad.

Anmerkung 9: Der Ausdruck *los/las dos* wird auch zur Wiedergabe von dt. 'beide' verwendet: *Los/Las dos trabajan en la misma oficina.* – Beide/Die beiden arbeiten im gleichen Büro. Zu weiteren Möglichkeiten der Wiedergabe von dt. 'beide' vgl. § 91.

## 82 Der Gebrauch der Grundzahlen

Die Grundzahlen werden unter anderem gebraucht zur Bezeichnung

1. des Alters:

| | |
|---|---|
| ¿Cuántos años tienes? – Tengo veinte años. | Wie alt bist du? – Ich bin zwanzig (Jahre alt). |
| Mi hermano se casó a los treinta años. | Mein Bruder heiratete mit dreißig Jahren. |
| Voy a cumplir dieciocho años en mayo. | Ich werde im Mai achtzehn Jahre alt. |

Ausdrücke und Wendungen:

| | |
|---|---|
| Tengo dos años menos que él. | Ich bin zwei Jahre jünger als er. |
| Le llevo tres años. | Ich bin drei Jahre älter als er/sie. |
| María tiene cinco años más que su hermano. | Maria ist fünf Jahre älter als ihr Bruder. |
| Se llevan tres años. | Sie sind drei Jahre auseinander. |
| Cumplo años el cinco de julio. | Ich habe am 5. Juli Geburtstag. |
| Mi marido cumple sesenta (años)/ los sesenta en mayo. | Mein Mann wird im Mai 60. |
| Le doblo la edad. | Ich bin doppelt so alt wie er/sie. |
| Nuestro director ha pasado los cincuenta. | Unser Direktor ist in den Fünfzigern. |
| Juan va para los cincuenta. | Juan geht auf die fünfzig zu. |
| Miguel va por los cuarenta. | Miguel ist um die Vierzig. |
| Mi abuela ya ha sobrepasado los noventa. | Meine Großmutter hat die neunzig schon überschritten. |
| ¿Te gustaría vivir hasta los cien años? | Würdest du gerne hundert Jahre alt werden? |
| Su padre tiene alrededor de cincuenta años/unos cincuenta años. | Sein Vater ist etwa fünfzig Jahre alt. |

2. des Datums:

| | |
|---|---|
| Llegamos el cinco de abril. | Wir kamen am 5. April an. |
| Hoy es el uno de junio. | Heute ist der 1. Juni. |
| Hoy estamos a diez de enero. | Heute haben wir den 10. Januar. |

Anmerkung 1: Anstelle von *uno* wird auch *primero* gebraucht: *el primero de mayo* der erste Mai.
Anmerkung 2: In Briefen wird das Datum folgendermaßen angegeben: *Bilbao, (a) 6 de julio de 1991* (gelesen: *seis de julio de mil novecientos noventa y uno*).
Anmerkung 3: Im gesprochenen Spanisch kann die Monatsangabe nicht durch die Ordnungszahl ausgedrückt werden: Ich bin am 15.5.1983 geboren − *Nací el quince de mayo de mil novecientos ochenta y tres.*

Ausdrücke und Wendungen:

| | |
|---|---|
| *¿Qué fecha es/tenemos hoy?* | Welches Datum ist/haben wir heute? |
| *¿A cuántos estamos?* | Den wievielten haben wir heute? |
| *de hoy en/a ocho días* | heute in acht Tagen |
| *hasta dentro de quince días* | bis in vierzehn Tagen |
| *hace quince días* | vor vierzehn Tagen |

3. der Uhrzeit:

| | |
|---|---|
| *Es la una.* | Es ist ein Uhr. |
| *Son las dos.* | Es ist zwei Uhr. |
| *Son las tres y cinco.* | Es ist fünf nach drei. |
| *Son las siete y cuarto.* | Es ist Viertel nach sieben. |
| *Son las cuatro y media.* | Es ist halb fünf. |
| *Son las cinco menos veinticinco.* | Es ist fünf nach halb fünf. |
| *Son las seis menos cuarto.* | Es ist Viertel vor sechs. |
| *Son las ocho menos diez.* | Es ist zehn vor acht. |
| *Son las once en punto.* | Es ist Punkt elf. |
| *Son las nueve y pico.* | Es ist kurz nach neun. |
| *a la una* | um ein Uhr |
| *a las cinco* | um fünf Uhr |
| *antes de las seis* | vor sechs |
| *después de las ocho* | nach acht |
| *desde las cinco* | seit fünf |
| *hasta las diez* | bis zehn |
| *desde las cuatro hasta las siete* | von vier bis sieben |
| *hacia las once/sobre (eso de) las once* | gegen elf |
| *Faltan diez minutos para las diez.* | Es ist zehn vor zehn. |
| *Han dado las doce.* | Es hat zwölf geschlagen. |

Aber ohne Artikel: *de tres a cinco* von drei bis fünf (Uhr). *Hoy tengo clases de 10 y 12.* − Heute habe ich von 10 bis 12 Uhr Unterricht.

Anmerkung: Bei der Angabe der Uhrzeit wird in der Umgangssprache wie im Deutschen verfahren. Häufig wird zur Verdeutlichung die Tageszeit hinzugefügt: *a las cuatro de la madrugada* um vier Uhr morgens, *a las ocho de la mañana* um acht Uhr morgens, *a las seis de la tarde* um sechs Uhr abends, *a las diez de la noche* um zehn Uhr abends. Amtliche Zeitangabe: *El tren sale a las veintitrés cero cinco.* – Der Zug fährt um 23.05 Uhr ab.

Wendungen mit Grundzahlen:

| | |
|---|---|
| *Un día es un día./Una no es ninguna.* | Einmal ist keinmal. |
| *Una de dos.* | Eins von beiden. |
| *no saber cuántos son dos y dos* | nicht auf drei zählen können |
| *La estación está a dos pasos.* | Der Bahnhof ist ganz in der Nähe. |
| *quedarse a dos velas* | völlig pleite sein |
| *comer a dos carrillos* | mit vollen Backen kauen |
| *en las dos* | im Zweiten (Fernsehen) |
| *jugar a las tres en raya* | Mühle spielen |
| *como tres y dos son cinco* | so wahr ich hier stehe |
| *Sólo hay cuatro gatos.* | Es sind nur wenige Leute da. |
| *pregonar u.c. a los cuatro vientos* | etw. überall ausposaunen |
| *¡Póngame cuatro líneas!* | Schreiben Sie mir ein paar Zeilen! |
| *decir cuatro verdades a alg.* | jdm. die Meinung sagen |
| *Le diré cuántas son cinco.* | Ich werde ihm/ihr gehörig den Kopf waschen. |
| *¡Toca esos cinco!* | Schlag ein! |
| *No tengo ni cinco.* | Ich bin blank! |
| *tener siete vidas como los gatos* | ein ungemein zähes Leben haben |
| *estar en siete sueños* | im tiefsten Schlummer liegen |
| *Lo tengo tras siete llaves.* | Da kommt keiner ran! |
| *¡Martes (y) trece!* | Freitag, der 13. |
| *las veinticuatro horas del día* | rund um die Uhr |
| *estar/andar una señora puesta de veinticinco alfileres* | aufgedonnert sein |
| *cantar las cuarenta a alg.* | jdm. den Kopf waschen |
| *con/de mil amores* | herzlich gern |
| *¡Un millón de gracias!* | Tausend Dank ! |

Merke:   der Dreikönigstag *el día de Reyes*

## Die Wiedergabe ungefährer Zahlangaben 83

| | |
|---|---|
| *unas veinte personas* | etwa 20 Personen |
| *un cinco por ciento de los alemanes* | etwa 5 % der Deutschen |
| *a eso de/hacia/sobre las seis* | gegen sechs (Uhr) |
| *treinta euros y pico* | 30 Euro und ein paar Zerquetschte |
| *Tenía más o menos treinta años.* | Er war ungefähr 30 Jahre alt. |
| *Llegaremos alrededor de medianoche.* | Wir kommen gegen Mitternacht an. |
| *una media hora* | etwa eine halbe Stunde |

## Die Ordnungszahlen (los números ordinales) 84

| | | | | |
|---|---|---|---|---|
| 1° | *primero* | | 31° | *trigésimo primero* |
| 2° | *segundo* | | 32° | *trigésimo segundo* |
| 3° | *tercero* | | 40° | *cuadragésimo* |
| 4° | *cuarto* | | 50° | *quincuagésimo* |
| 5° | *quinto* | | 60° | *sexagésimo* |
| 6° | *sexto* | | 70° | *septuagésimo* |
| 7° | *séptimo* | | 80° | *octogésimo* |
| 8° | *octavo* | | 90° | *nonagésimo* |
| 9° | *noveno* | | 100° | *centésimo* |
| 10° | *décimo* | | 101° | *centésimo primero* |
| 11° | *undécimo* | | 102° | *centésimo segundo* |
| 12° | *duodécimo* | | 200° | *ducentésimo* |
| 13° | *decimotercero* | | 300° | *tricentésimo* |
| 14° | *decimocuarto* | | 400° | *cuadringentésimo* |
| 15° | *decimoquinto* | | 500° | *quingentésimo* |
| 16° | *decimosexto* | | 600° | *sexcentésimo* |
| 17° | *decimoséptimo* | | 700° | *septingentésimo* |
| 18° | *decimoctavo* | | 800° | *octingentésimo* |
| 19° | *decimonoveno* | | 900° | *noningentésimo* |
| 20° | *vigésimo* | | 1.000° | *milésimo* |
| 21° | *vigésimo primero* | | 2.000° | *dosmilésimo* |
| 22° | *vigésimo segundo* | | 100.000° | *cienmilésimo* |
| 30° | *trigésimo* | | 1.000.000° | *millonésimo* |

Die Ordnungszahlen sind Adjektive und richten sich in Genus und Numerus nach ihrem Beziehungswort: *los primeros años* die ersten Jahre, *la segunda semana* die zweite Woche, *la vigésima sexta jornada* der 26. Spieltag.

Anmerkung 1: *Primero, tercero* sowie *postrero* werden vor einem maskulinen Substantiv im Singular zu *primer, tercer* und *postrer* verkürzt (vgl. § 7.1): *el primer viaje* die erste Reise, *el tercer libro* das dritte Buch, *el postrer encuentro* die letzte Begegnung.

Anmerkung 2: Anstelle von *noveno* wird selten *nono* gebraucht, z. B. *Pío IX (Nono)* Pius IX.; anstelle von *decimotercero* bzw. *decimonoveno* finden sich auch *decimotercio* bwz. *decimonono*.

Anmerkung 3: Die Ordnungszahlen 13. bis 19. werden selten getrennt geschrieben: *décimo tercero*. In diesem Fall werden im Femininum beide Bestandteile verändert: *la décima tercera edición* die 13. Auflage.

Anmerkung 4: Werden die Ordnungszahlen als Ziffern geschrieben, wird der letzte Buchstabe der Ordnungszahl hochgesetzt; bei *primer* und *tercer* die letzten beiden: *en el $3^{er}$ (tercer) piso* im 3. Stock, *la $8^a/8^{\underline{a}}$ (octava) edición* die 8. Auflage, *el $2^o/2^{\underline{o}}$ (segundo) tiempo* die 2. Halbzeit. Endet die Ordnungszahl auf -*o* oder -*a*, so kann hinter der Grundzahl ein Punkt stehen: *el $2.^o$ tiempo, la $8.^a$ edición*.

Anmerkung 5: Die Ordnungszahlen können auch als Adverbien verwendet werden: *primero, segundo, tercero*, ... erstens, zweitens, drittens, ... Dafür kann auch *en primer lugar, en segundo lugar, en tercer lugar*, ... stehen.

Anmerkung 6: Ein deutscher Ausdruck wie 'die ersten/letzten beiden/die beiden ersten/letzten Wochen' wird im Spanischen mit *las dos primeras/ ultimas semanas* wiedergegeben.

# 85 Der Gebrauch der Ordnungszahlen

Die Ordnungszahlen werden überwiegend nur bis *décimo* verwendet. Ab 11. gebraucht man meistens die Grundzahlen:

| | |
|---|---|
| *la primera etapa de la vuelta* | die erste Etappe der Rundfahrt |
| *celebrar su sesenta aniversario* | seinen 60. Geburtstag feiern |
| *la duodécima etapa/etapa doce* | die 12. Etappe |
| *la tercera vez* | das dritte Mal |
| *el Tercer Mundo* | die Dritte Welt |
| *en el siglo I (primero)* | im 1. Jahrhundert |
| *en el siglo III (tercero)* | im 3. Jahrhundert |
| *en el siglo X (décimo/diez)* | im 10. Jahrhundert |
| *en el siglo XX (veinte)* | im 20. Jahrhundert |
| *durante los siglos XIII (trece) y XIV (catorce)* | während des 13. und 14. Jahrhunderts |
| *en el cuarto piso* | im 4. Stock |
| *en el piso 15 (quince)* | im 15. Stock |
| *el papa Juan Pablo II (segundo)* | Papst Johannes Paul II. |
| *el papa Pío XII (doce)* | Papst Pius XII. |
| *Carlos V (Quinto)* | Karl V. |
| *Alfonso XIII (trece)* | Alfons XIII. |

Anmerkung 1: Zu beachten ist, dass bei der Zählung von Herrschern, Päpsten usw. und Jahrhunderten römische Zahlen ohne Punkt verwendet werden. Außerdem steht zwischen Namen und Zahlwort kein Artikel: *Napoleón III (Tercero)* Napoleon der Dritte.

Anmerkung 2: Während die Ordnungszahl dem Substantiv in der Regel vorausgeht, folgt sie ihm in bestimmten Ausdrücken: *acto quinto, escena primera* 5. Akt, 1. Szene, *capítulo sexto* 6. Kapitel, *lección tercera* 3. Lektion.

Anmerkung 3: Werden zwei Jahrhunderte genannnt, so erscheint *siglo* im Plural: *durante los siglos XII (doce) y XIII (trece)* während des 12. und 13. Jahrhunderts

Wendungen mit Ordnungszahlen:

| | |
|---|---|
| *a primera vista* | auf den ersten Blick |
| *Fue amor a primera vista./Fue un flechazo.* | Es war Liebe auf den ersten Blick. |
| *ascender a primera (división)* | in die erste Liga aufsteigen |
| *en primer plano* | im Vordergrund |
| *en primer término* | an erster Stelle/vor allem |
| *por primera vez* | zum ersten Mal |
| *a primera hora de la mañana* | in aller Frühe |
| *en un primer tiempo* | zuerst einmal |
| *Te lo digo por primera y última vez.* | Ich sage es dir ein für allemal. |
| *el primer domingo de Adviento* | der erste/am ersten Advent |
| *la primera dama* | die First Lady |
| *poner la primera* | den ersten Gang einlegen |
| *un coche de segunda mano* | ein gebrauchtes Auto |
| *aparcar en segunda/doble fila* | in zweiter Reihe parken |
| *de segundo orden* | zweitrangig |
| *la segunda residencia* | der Zweitwohnsitz |
| *en segundas nupcias* | in zweiter Ehe |
| *hacer u.c. con/sin segundas* | etw. mit/ohne Hintergedanken machen |
| *A la tercera va la vencida.* | Aller guten Dinge sind drei. |
| *la residencia de la tercera edad* | das Altenwohnheim |
| *por enésima vez* | zum x-ten Mal |
| *Estoy a la cuarta pregunta.* | Ich bin völlig pleite. |
| *la quintaesencia* | die Quintessenz |
| *vivir en el quinto pino* | am Ende der Welt wohnen |
| *estar en el séptimo cielo* | im siebten Himmel sein |

Merke: im 6. Monat schwanger sein *estar embarazada de seis meses*; der erste Wohnsitz *el domicilio principal,* jeden zweiten Tag *cada dos días*

# 86 Die Vervielfältigungszahlen (los numerales multiplicativos)

| | | | |
|---|---|---|---|
| *doble/duplo* | doppelt | *séptuplo* | siebenfach |
| *triple/triplo* | dreifach | *óctuplo* | achtfach |
| *cuádruple/cuádruplo* | vierfach | *nueve veces tanto* | neunfach |
| *quíntuplo* | fünffach | *décuplo* | zehnfach |
| *séxtuplo* | sechsfach | *céntuplo* | hundertfach |

Anmerkung 1: Anstatt dieser Vervielfältigungszahlen verwendet man häufiger die Umschreibung mit Grundzahl + *veces más*: *Yo gano cinco veces más.* – Ich verdiene fünfmal so viel. Folgt ein Vergleich, so gebraucht man Grundzahl + *veces más que*: *Manuel gana tres veces más que su hermano.* – Manuel verdient dreimal so viel wie sein Bruder.

Anmerkung 2: Die Vervielfältigungszahlen können auch als Substantive verwendet werden: *El doble de cuatro es ocho.* – Das Doppelte von 4 ist 8. *Por una coca cola te cobran el doble que aquí.* – Für eine Cola kassieren sie doppelt so viel wie hier. *¿Cuál es el cuádruple de cinco?* – Was ist das Vierfache von 5?

Ausdrücke:

| | |
|---|---|
| *una habitación doble* | ein Doppelzimmer |
| *la doble nacionalidad* | die doppelte Staatsangehörigkeit |
| *un güisqui doble* | ein doppelter Whisky |
| *la doble barbilla* | das Doppelkinn |
| *la doble moral* | die Doppelmoral |
| *un arma de doble filo* | ein zweischneidiges Schwert |
| *triple uve doble* | www |
| *el salto triple* | der Dreisprung |
| *la vacuna(ción) triple* | die Dreifachimpfung |
| *duplicar/triplicar* | verdoppeln/verdreifachen |
| *cuadruplicar/quintuplicar* | vervierfachen/verfünffachen |
| *sextuplicar/septuplicar* | versechsfachen/versiebenfachen |
| *octuplicar/multiplicar por* | verachtfachen/multiplizieren mit |
| *por duplicado/triplicado* | in zwei-/dreifacher Ausfertigung |

Anmerkung: Ab dem Vierfachen wird in der Regel auf den Ausdruck *multiplicar por* + Grundzahl zurückgegriffen: *multiplicar por cinco* verfünffachen.

Merke: der Doppelpunkt *los dos puntos*; eine Doppelstunde Englisch *dos horas de inglés*

# Die Bruchzahlen (los números fraccionarios)

| | |
|---|---|
| un medio | ein Halb |
| un tercio/la tercera parte | ein Drittel |
| dos tercios/dos terceras partes de los alumnos | zwei Drittel der Schüler |
| un cuarto/la cuarta parte | ein Viertel |
| tres cuartos de vino tinto | drei Viertel Rotwein |
| un quinto/la quinta parte | ein Fünftel |
| un sexto/la sexta parte | ein Sechstel |
| un séptimo/la séptima parte | ein Siebtel |
| un octavo/la octava parte | ein Achtel |
| un noveno/la novena parte | ein Neuntel |
| un décimo/la décima parte | ein Zehntel |

Anmerkung 1: Folgt auf *medio* ein Substantiv, so entfällt der unbestimmte Artikel (vgl. § 34.2): *medio litro* ein halber Liter, *media hora* eine halbe Stunde, *una hora y media* anderthalb Stunden.

Anmerkung 2: Außer *medio* und *cuarto* werden häufiger die Umschreibungen mit *parte* verwendet.

Anmerkung 3: Erscheint *medio* in adverbialer Funktion vor einem Adjektiv, so bleibt es unverändert: *una botella medio vacía* eine halbleere Flasche.

Anmerkung 4: Nach Bruchzahlen, deren Zählen größer als eins ist, kann das Prädikat im Singular oder Plural stehen: *Dos terceras partes de la población vive(n) en la costa atlántica.* – Zwei Drittel der Bevölkerung lebt an der Atlantikküste.

Merke: vor einem halben Jahr *hace seis meses/medio año*, Zimmer mit Halbpension *habitaciones con media pensión*, zum halben Preis *a mitad de precio*, eine halbe Stelle *un trabajo de media jornada*; Das ist halb so wild. – *No es para tanto.*

Ab Elftel werden die Nenner gebildet, indem man an die Grundzahl die Endung *-avo/-ava, -avos/-avas* anhängt:

| | |
|---|---|
| un onceavo/onzavo | ein Elftel |
| tres doceavos/dozavos | drei Zwölftel |
| cuatro quinceavos/quinzavos | vier Fünfzehntel |
| cinco dieciseisavos | fünf Sechszehntel |
| tres veinteavos | drei Zwanzigstel |
| la centésima parte de tres | ein Hundertstel von drei |
| doscentésimos | Zweihundertsteln |
| un milésimo | ein Tausendstel |
| un millonésimo | ein Millionstel |

## 88 Die Distributivzahlen (los números distributivos)

| | |
|---|---|
| ¡Poneos en fila de tres en tres! | Stellt euch in Dreierreihen auf! |
| Uno a uno fueron entrando en el salón. | Einer nach dem andern ging in das Wohnzimmer hinein. |
| cada cinco minutos | alle fünf Minuten |

Merke: *la renta per cápita* das Pro-Kopf-Einkommen, *tres litros por cabeza* drei Liter pro Kopf, *dos veces a la semana/por semana* zweimal pro Woche

## 89 sendos

| | |
|---|---|
| Los jugadores recibieron sendas medallas. | Die Spieler erhielten je eine Medaille. |
| El cura les regaló a los monaguillos sendos libros. | Der Pfarrer schenkte jedem der Ministranten ein Buch. |

## 90 Die Kollektivzahlen (los números colectivos)

| | |
|---|---|
| un par de zapatos | ein Paar Schuhe |
| un par de cigarrillos | ein paar Zigaretten |
| una decena | zehn Stück |
| una decena de veces | zehnmal |
| decenas de miles de obreros | Zehntausende von Arbeitern |
| una docena de huevos | ein Dutzend Eier |
| en la primera quincena de enero | in der ersten Januarhälfte |
| varios centenares/cientos de personas | mehrere hundert Personen |
| centenares de miles de refugiados | Hunderttausende von Flüchtlingen |
| miles de drogadictos | Tausende von Rauschgiftsüchtigen |
| varios millares de estudiantes | mehrere tausend Studenten |

Merke: ein glückliches Paar *una pareja feliz*

Weitere Kollektivbegriffe:

| | | | |
|---|---|---|---|
| *bienio* | Zeitraum von 2 Jahren | *trimestre* | Vierteljahr |
| *trienio* | Zeitraum von 3 Jahren | *semestre* | Halbjahr |
| *cuadrienio* | Zeitraum von 4 Jahren | *dúo* | Duo/Duett |
| *quinquenio* | Zeitraum von 5 Jahren | *trío* | Trio |
| *década* | Zeitraum von 10 Jahren | *cuarteto* | Quartett |
| *siglo* | Jahrhundert | *quinteto* | Quintett |
| *milenio* | Jahrtausend | *sexteto* | Sextett |

Merke: *el quinto centenario del descubrimiento de América* der 500. Jahrestag der Entdeckung Amerikas

## *ambos*

1. Adjektivischer Gebrauch:

| | |
|---|---|
| *Ambos jefes de Estado tomarán parte en la cumbre.* | Beide Staatschefs werden an dem Gipfel teilnehmen. |
| *A ambos lados del paseo hay puestos de flores.* | Auf beiden Seiten der Promenade gibt es Blumenstände. |
| *Ambas mociones fueron rechazadas.* | Beide Anträge wurden abgelehnt. |

2. Pronominaler Gebrauch:

| | |
|---|---|
| *Ambos aprenden alemán.* | Beide lernen Deutsch. |
| *Ambas llevaban vestidos negros.* | Beide trugen schwarze Kleider. |

Anmerkungen zu *ambos*:

Anmerkung 1: *Ambos/ambas* wird in der gesprochenen Sprache meist durch *los/las dos* ersetzt: *Ambos/Los dos ya han regresado.* – Beide sind schon zurückgekehrt. *No puedo hacer las dos cosas.* – Ich kann nicht beides machen. Man beachte, dass dt. 'einer/keiner von beiden' nur durch *uno/ninguno de los dos* wiedergegeben werden kann.

Anmerkung 2: Anstelle von *ambos/ambas* kommt in literarischer Sprache auch *entrambos/entrambas* vor.

Anmerkung 3: Ein deutscher Satz wie 'Wir beide werden es schon schaffen' wird folgendermaßen wiedergegeben: *Nosotros/Nosotras dos lo conseguiremos.* Möglich ist auch: *Los/Las dos lo conseguiremos.* oder *Entre los/las dos lo conseguiremos.* Wir beide verstehen uns sehr gut. – *Los/Las dos nos entendemos muy bien.*

Anmerkung 4: In verneinten Sätzen kann *los/las dos* nicht als Subjekt verwendet werden. Ein Satz wie: 'Beide wussten es nicht' wird wiedergegeben durch *Ninguno de los/las dos lo sabía./No lo sabía ninguno de los/las dos.*

Merke: Eins beide (Fußballergebnis) *Empate a uno*, 30 beide (Punktestand beim Tennis) *treinta iguales*, mit beiden Beinen im Leben stehen *tener los pies en el suelo*, über beide Ohren verliebt sein *estar enamorado hasta las cejas*

## 92 Die vier Grundrechnungsarten (las cuatro operaciones fundamentales)

| ¿Cuántos son ...?/¿Cuánto es ...? | Wieviel ist/sind ...? |
|---|---|
| 4 y/más 5 (es/son/igual a) 9. | 4 und/plus 5 ist (gleich) 9. |
| 7 menos 2 (es/son/igual a) 5. | 7 weniger/minus 2 ist (gleich) 5. |
| 2 por/veces 3 (es/son) 6. | 2 mal 3 ist (gleich) 6. |
| 20 entre/dividido por 5 (es/son) 4. | 20 (geteilt) durch 5 ist (gleich) 4. |

Merke:   3,5  gelesen: *tres coma cinco*
            $5^2$  gelesen: *cinco (elevado) al cuadrado*
            $4^3$  gelesen: *cuatro (elevado) al cubo*

## 93 Maße und Gewichte (pesos y medidas)

| | | | |
|---|---|---|---|
| 1 mm | un milímetro | 1 l | un litro |
| 1 cm | un centímetro | 100 g | cien gramos |
| 1 dm | un decímetro | 1 kg | un kilo(gramo)/ |
| 1 m | un metro | | [selten] *quilogramo* |
| 1 km | un kilómetro/[selten] | 50 kg | un quintal |
| | *quilómetro* | 100 kg | un quintal métrico |
| $1\,m^2$ | un metro cuadrado | 1 t | una tonelada |
| $3\,m^3$ | tres metros cúbicos | | |

Anmerkung 1:  Substantive, die auf diese Angaben folgen, werden mit der Präposition *de* angeschlossen: *doscientos gramos de queso* 200g Käse, *dos litros de cerveza* 2 l Bier.

Anmerkung 2:  Dt. 'Pfund' wird mit *medio kilo* wiedergegeben: *medio kilo de ciruelas* ein Pfund Pflaumen. In Lateinamerika ist üblich: *una libra* ein Pfund, *media libra* ein halbes Pfund.

# Kapitel 8  Die Interrogativa (Los interrogativos)

Zu den Interrogativa gehören die Interrogativadjektive (adjetivos interrogativos), die Interrogativpronomen (pronombres interrogativos) und die Interrogativadverbien (adverbios interrogativos). Interrogativadjektive begleiten das Substantiv, während Interrogativpronomen das Substantiv ersetzen. Alle Interrogativa tragen einen Akzent, gleichgültig ob sie in einem direkten oder in einem indirekten Fragesatz erscheinen.

Adjektivischer Gebrauch:

| ¿Qué diccionarios tienes? | Was für Wörterbücher hast du? |
| No sé qué coche tiene Manuel. | Ich weiß nicht, was für ein Auto Manuel hat. |

Pronominaler Gebrauch:

| ¿Qué desea usted? | Was wünschen Sie? |
| No sé cuáles son sus aficiones. | Ich weiß nicht, was seine/ihre Hobbys sind. |

## Die Formen der Interrogativa                                94

1. Sowohl adjektivisch als auch pronominal werden gebraucht:

| Bedeutung | Singular | | Plural | |
|---|---|---|---|---|
| | maskulin | feminin | maskulin | feminin |
| wie viel(e) | cuánto | cuánta | cuántos | cuántas |
| welche(r,s)/was | qué | | | |

2. Nur pronominal werden verwendet:

| Bedeutung | Singular | Plural |
|---|---|---|
| welche(r,s) | cuál | cuáles |
| wer | quién | quiénes |

3. Als Interrogativadverbien fungieren:

| Bedeutung | unveränderlich |
|---|---|
| wie | cómo |
| wo | dónde |
| wann | cuándo |

## Der Gebrauch der Interrogativa

## 95 ¿*quién*?

¿*quién*? fragt nach Personen:

| | |
|---|---|
| ¿Quién es esa chica? | Wer ist das Mädchen da? |
| ¿A quién esperas? | Wen erwartest du? |
| ¿A quién le toca? | Wer ist an der Reihe? |
| ¿A nombre de quién? | Auf wessen Namen? |
| ¿De quién es hija? | Wessen Tochter ist sie? |
| ¿De quién es ese coche? | Wem gehört dieses Auto? |
| ¿Puedo hablar con el señor García? – ¿De parte de quién? | Kann ich Herrn García sprechen? – Wer ist am Apparat? |
| ¿Con quién hablo? | Mit wem spreche ich? |
| ¿Para quién son estas flores? | Für wen sind diese Blumen? |
| ¿Por quién has votado? | Für wen hast du gestimmt? |
| ¿En quién estás pensando? | An wen denkst du gerade? |

Anmerkung 1: Die Pluralform *quiénes* ist selten. Sie wird nur gebraucht, wenn klar ist, dass sich die Frage auf mehrere Personen bezieht: ¿*Quiénes son esos tíos?* – Wer sind diese Kerle da?

Anmerkung 2: Umgangssprachlich wird eine Verbindung Präp. + *quién* auch nachgestellt: ¿*Has bailado con quién?* – Mit wem hast du getanzt? Dasselbe gilt auch für die Frageadverbien.

## 96 ¿*cuál*?

¿*cuál*? fragt nach Identität oder Eigenschaft von Personen oder Sachen:

| | |
|---|---|
| ¿Cuál es la capital de Italia? | Welches ist die Hauptstadt Italiens? |
| ¿Cuál es su nombre/apellido? | Wie ist Ihr Vorname/Familienname?/ Wie heißen Sie mit Vornamen/ Nachnamen? |
| ¿Cuál (de los dos) te gusta más? | Welches (von den beiden) gefällt dir besser? |
| ¿Cuáles te gustan más? | Welche gefallen dir besser? |

## 97 ¿*qué*?

1. Adjektivisch gebraucht fragt ¿*qué*? nach Art oder Eigenschaft von Personen oder Sachen:

| | |
|---|---|
| ¿Qué tipo de libros lees? | Was für Bücher liest du? |
| ¿Qué aspecto tengo? | Wie sehe ich aus? |
| ¿Qué tiempo hace? | Wie ist das Wetter? |

| | |
|---|---|
| ¿Qué planes tienes para tu futuro? | Was für Pläne hast du für deine Zukunft? |
| ¿A qué hora llega el tren? | Um wie viel Uhr kommt der Zug an? |
| ¿A qué fecha estamos hoy? | Welches Datum haben wir heute? |
| ¿Con qué países linda Francia? | An welche Länder grenzt Frankreich? |
| ¿De qué andén sale el tren? | Von welchem Bahnsteig fährt der Zug ab? |
| ¿De qué parte de Alemania eres? | Aus welcher Gegend Deutschlands bist du? |
| ¿En qué piso vives? | In welchem Stock wohnst du? |
| ¿En qué parada me bajo? | An welcher Haltestelle muss ich aussteigen? |
| ¿A partir de qué edad pueden participar los niños? | Ab welchem Alter können die Kinder teilnehmen? |

2. Pronominal gebraucht fragt ¿qué? nach Sachen, Begriffen, Sachverhalten usw.:

| | |
|---|---|
| ¿Qué es esto? | Was ist das? |
| ¿A qué espera Vd.? | Worauf warten Sie? |
| ¿A qué vamos a jugar? | Was wollen wir spielen? |
| ¿A qué se dedica Vd.? | Was machen Sie beruflich? |
| ¿A qué se debe el honor? | Was verschafft mir die Ehre? |
| ¿De qué trata esa novela? | Wovon handelt dieser Roman? |
| ¿De qué signo eres? | Welches Sternzeichen bist du? |
| ¿En qué puedo servirle? | Womit kann ich (Ihnen) dienen? |
| ¿Para qué sirve todo eso? | Wozu soll das alles dienen? |
| ¿Para qué aprender el latín? | Wozu/Wofür soll man Latein lernen? |
| ¿Por qué no vienes? | Warum kommst du nicht? |

Anmerkung: Zu ¿qué? gibt es die verstärkte Form ¿qué es lo que?: ¿Qué es lo que te dijo ayer? – Was sagte er dir gestern?
Merke: ¿Sabes lo que te digo? Voy a renunciar. – Weißt du was? Ich werde verzichten!

3. Wendungen und Ausdrücke mit ¿qué tal?:

| | |
|---|---|
| ¿Qué tal? | Wie geht's? |
| ¿Qué tal el tiempo? | Wie ist/war das Wetter? |
| ¿Qué tal el viaje? | Wie war die Reise? |
| ¿Qué tal te ha ido? | Wie ist es dir ergangen? |

Zu lo que im indirekten Fragesatz vgl. § 298.1, Anm.

# 98 ¿cuánto?

¿cuánto? fragt nach der Anzahl von Personen oder Sachen bzw. nach einer unbestimmten Menge:

1. Adjektivischer Gebrauch:

| | |
|---|---|
| ¿Cuánto dinero tienes? | Wie viel Geld hast du? |
| ¿Cuánta fruta has traído? | Wie viel Obst hast du mitgebracht? |
| ¿Cuántos años lleva Vd. en Alemania? | Wie viele Jahre sind Sie schon in Deutschland? |
| ¿Cuántos hijos tenéis? | Wie viele Kinder habt ihr? |
| ¿Cuántos caballos tiene tu coche? | Wie viel PS hat dein Auto? |
| ¿Cuántas horas por semana trabaja Vd.? | Wie viele Stunden arbeiten Sie wöchentlich? |
| ¿En cuántas partes está dividido el texto? | In wie viele Teile gliedert sich der Text? |
| ¿Para cuántas personas? | Für wie viele Personen? |

2. Pronominaler Gebrauch:

| | |
|---|---|
| ¿Cuánto ganas por mes? | Wie viel verdienst du im Monat? |
| ¿Cuánto es/cuesta? | Wie viel macht/kostet das? |
| ¿Cuánto paga Vd. de alquiler? | Wie viel Miete zahlen Sie? |
| ¿Cuántos son Vds.? | Zu wievielt sind Sie? |
| ¿A cuánto están hoy las fresas? | Was kosten heute die Erdbeeren? |
| ¿A cuántos estamos hoy? – A veinte de junio. | Den wievielten haben wir heute? – Den 20. Juni. |
| ¿Por cuánto compraste la casa? | Für wie viel hast du das Haus gekauft? |

Merke: Zu wie viel Prozent? – Zu fünf Prozent. – ¿A qué tanto por ciento? – Al cinco por ciento.

# 99 ¿cuándo?

¿cuándo? fragt nach der Zeit:

| | |
|---|---|
| ¿Cuándo nació Vd.? | Wann sind Sie geboren? |
| ¿Desde cuándo tiene mareos? | Seit wann haben Sie Schwindelanfälle? |
| ¿Para cuándo tienes que terminar el informe? | Bis wann musst du den Bericht abschließen? |

| | |
|---|---|
| ¿Hasta cuándo te quedarás en Valencia? | Bis wann wirst du in Valencia bleiben? |
| ¿Hasta cuando estuviste levantado anoche? | Wie lange warst du gestern Nacht auf? |

## ¿dónde? 100

¿dónde? fragt nach dem Ort:

| | |
|---|---|
| ¿Dónde está Información? | Wo ist die Auskunft? |
| ¿Dónde hay una parada de autobuses? | Wo ist eine Bushaltestelle? |
| ¿Adónde vas? | Wohin gehst du? |
| ¿De dónde vienes? | Woher kommst du? |
| ¿Por dónde se va a ese castillo? | Wie kommt man zu dieser Burg? |
| ¿Por dónde hay que pasar? | Wo muss man durchfahren? |

Merke: Woher wissen Sie das? - ¿Cómo lo sabe Vd.? Womit soll ich anfangen? - ¿Por dónde empiezo?

## ¿cómo? 101

¿cómo? fragt nach der Art und Weise bzw. nach dem Zustand von Personen oder Sachen:

| | |
|---|---|
| ¿Cómo está Vd.? | Wie geht es Ihnen? |
| ¿Cómo te llamas? | Wie heißt du? |
| ¿Cómo puedo ir al centro? | Wie komme ich zum Zentrum? |
| ¿Cómo se escribe esta palabra? | Wie schreibt man dieses Wort? |
| ¿Cómo es que habla tan bien italiano? | Wie kommt es, dass Sie so gut Italienisch sprechen? |
| ¿Cómo se dice en castellano 'Brücke'? | Wie heißt 'Brücke' auf Spanisch? |
| ¿Cómo dice? | Wie bitte? |
| ¿A cómo está el cambio? | Wie steht der Kurs? |

Anmerkung: Der dt. Ausdruck 'Wie schmeckt/gefällt Ihnen/dir ...' wird mit ¿Le/Te gusta ...? (ohne cómo!) oder mit ¿Qué tal le/te parece ...? wiedergegeben: Wie schmeckt Ihnen das Bier? – ¿Qué tal le parece la cerveza?/¿Le gusta la cerveza? Wie gefällt dir meine Krawatte? – ¿Qué tal te parece mi corbata?/¿Te gusta mi corbata? Ein Satz wie 'Wie gefällt es dir in Madrid?' wird durch ¿Qué te parece Madrid?/¿Cómo te encuentras en Madrid? wiedergegeben.

Merke: ¿Qué le/te parece si fuéramos al cine? – Wie wär's, wenn wir ins Kino gingen?

# 102 Die Wiedergabe von dt. 'wie' + Adjektiv/Adverb

Im Gegensatz zum Deutschen kann ¿*Cómo?* nicht mit einem Adjektiv oder mit einem Adverb verbunden werden. Man merke sich folgende Ausdrücke:

| | |
|---|---|
| Wie alt sind Sie? | ¿*Qué edad tiene Vd.?/¿Cuántos años tiene Vd.?* |
| Wie hoch ist dieser Turm? | ¿*Qué altura tiene esa torre?/ ¿Cuánto mide de alto esa torre?* |
| Wie hoch fliegen wir? | ¿*A qué altura volamos?* |
| Wie breit ist dieses Zimmer? | ¿*Qué anchura/ancho tiene esta habitación?* |
| Wie lang ist dieser Fluss? | ¿*Qué longitud/largo tiene este río?* |
| Wie tief ist dieser See? | ¿*Qué profundidad tiene este lago?* |
| Wie teuer ist dieses Buch? | ¿*Cuánto cuesta este libro?/ ¿Qué precio tiene este libro?* |
| Wie schwer bist du? | ¿*Cuánto pesas?* |
| Wie lange wirst du in Italien bleiben? | ¿*Cuánto tiempo te quedarás en Italia?* |
| Wie lange dauert die Vorstellung? | ¿*Cuánto dura la función?* |
| Wie lange bist du schon hier? | ¿*Desde cuándo estás aquí?* |
| Wie spät ist es? | ¿*Qué hora es?* |
| Wie weit ist es bis zum Bahnhof? | ¿*Cuánto hay de aquí a la estación?/¿Qué distancia hay de aquí a la estación?* |
| Wie oft bist du in Frankreich gewesen? | ¿*Cuántas veces has estado en Francia?* |
| Wie gut spricht er Spanisch? | ¿*Cómo habla español?* |
| Wie weit bist du mit deiner Arbeit? | ¿*Por dónde vas con el trabajo?* |

Aber: Wie oft fährst du nach Frankreich? – ¿*Cada cuánto tiempo vas a Francia?*
Wie oft trainieren Sie? – ¿*Con qué frecuencia (se) entrena usted?*

Anmerkung 1: Auf die Frage 'Wie hoch/tief/breit/lang ist ... ?' lautet die Antwort: ... *tiene* ... *metros de altura/profundidad/ancho* bzw. *anchura/ largo* bzw. *longitud*: *La catedral tiene 80 metros de longitud y 40 de anchura.* – Die Kathedrale ist 80 m lang und 40 m breit.

Anmerkung 2: Nach dem Alter eines Babys fragt man: ¿*Cuántos meses tiene?* oder ¿*Cuánto tiene?/¿Qué tiempo tiene?*

Zu den indirekten Fragesätzen vgl. § 298

# In Ausrufesätzen verwendete Interrogativa 103

1. Die Interrogativa *qué, quién, cuánto* und *cómo* können auch als Exklamativa gebraucht werden:

| | |
|---|---|
| ¡Qué fastidio! | Wie unangenehm! |
| ¡Qué barbaridad! | So was!/So ein Unsinn! |
| ¡Qué casualidad! | Was für ein Zufall! |
| ¡Qué bonita es la playa! | Wie hübsch der Strand ist! |
| ¡Qué tarde! | Wie spät! |
| ¡Quién lo hubiera pensado! | Wer hätte das gedacht! |
| ¡Cuánto lo siento! | Wie Leid mir das tut! |
| ¡Cuánto estudias! | Du lernst aber viel! |
| ¡Cómo no! | Natürlich!/Selbstverständlich! [bes. lateinam.] |

Anmerkung 1: Bei Ausrufen, die eine Wertung enthalten, erscheint sehr häufig *más* vor dem Adjektiv: *¡Que chica más guapa!* – Was für ein hübsches Mädchen! Dabei ist zu beachten, dass nicht die unregelmäßigen Komparativformen verwendet werden: *¡Qué sueño más malo he tenido!* – Hab' ich einen schlechten Traum gehabt!

Anmerkung 2: Vor einem Adjektiv oder Adverb wird *cuánto* in Ausrufen zu *cuán* verkürzt, nicht jedoch, wenn *más, menos, mayor, menor, mejor, peor* folgen: *¡Cuán agradable ha sido este viaje!* – Wie angenehm war diese Reise!

2. Häufig wird die Verbindung *qué* + Adj./Adv. durch den Ausdruck *lo* + Adj./Adv. + *que* ersetzt (vgl. auch § 38.2):

| | |
|---|---|
| ¡Lo guapa que es! | Wie hübsch sie ist! |
| ¡Lo inteligentes que son! | Wie intelligent sie sind! |
| ¡Lo bien que habla español! | Wie gut Sie Spanisch sprechen! |

# Kapitel 9 Die Personalpronomen
(Los pronombres personales)

Man unterscheidet Subjektpronomen (pronombres personales en función de sujeto), betonte Objektpronomen (pronombres personales tónicos en función de complemento) und unbetonte Objektpronomen (pronombres personales átonos en función de complemento). Objektpronomen, die sich auf das Subjekt zurückbeziehen, nennt man Reflexivpronomen (pronombres reflexivos).

## 104 Die Formen der Subjektpronomen

| Person | | Singular | Bedeutung |
|---|---|---|---|
| 1. Person | | yo | ich |
| 2. Person | | tú | du |
| 3. Person | maskulin | él | er |
| | feminin | ella | sie |
| Höflichkeitsform | | usted | Sie |

| Person | | Plural | Bedeutung |
|---|---|---|---|
| 1. Person | maskulin | nosotros | wir |
| | feminin | nosotras | |
| 2. Person | maskulin | vosotros | ihr |
| | feminin | vosotras | |
| 3. Person | maskulin | ellos | sie |
| | feminin | ellas | |
| Höflichkeitsform | | ustedes | Sie |

Anmerkung 1: Nicht in die Übersicht aufgenommen ist das neutrale Subjektpronomen der 3. Person Singular *ello*, das eher schriftsprachlich verwendet wird. In der gesprochenen Sprache wird es durch die neutralen Demonstrativpronomen *esto* oder *eso* (vgl. § 43) ersetzt: *Ello/Esto/Eso no es muy difícil.* – Das ist nicht sehr schwierig.

Anmerkung 2: Zu beachten ist, dass *tú* zur Unterscheidung von dem Possesivadjektiv mit Akzent geschrieben wird.

Anmerkung 3: Die Höflichkeitsformen *usted* (abgekürzt *Vd.* oder *Ud.*) und *ustedes* (abgekürzt *Vds.* oder *Uds.*) werden mit der 3. Person Singular bzw. Plural des Verbs verbunden: *¿Cómo está(n) usted(es)?* – Wie geht es Ihnen? In Spanien wird anstelle von *usted* immer häufiger *tú* gebraucht.

Anmerkung 4: In Teilen Andalusiens, auf den Kanarischen Inseln und im größten Teil Lateinamerikas wird in der gesprochenen Sprache *ustedes* anstelle von *vosotros/vosotras* gebraucht.

Anmerkung 5: In weiten Gebieten Lateinamerikas, insbesondere in Mittelamerika sowie Argentinien, Uruguay und Paraguay wird bei der vertrauten Anrede anstelle von *tú* die alte Form *vos* verwendet, wobei das Verb in der 2. Person Singular, zuweilen auch in der 2. Person Plural erscheint: *vos cantás/tenés/venís* – du singst/hast/kommst. Diese Erscheinung wird als *Voseo* bezeichnet.

Anmerkung 6: Dt. 'es' in unpersönlichen Ausdrücken wird nicht übersetzt: *Llueve.* – Es regnet.

Anmerkung 7: 'Ich Armer!' wird als *¡Pobre de mí!* , 'Ich Idiot!' als *¡Idiota de mí!* bzw. *¡Si seré idiota!* wiedergegeben. Wir Deutsche(n) sind so. – *Los alemanes somos así.*

## Der Gebrauch der Subjektpronomen    105

Im Spanischen ist der Gebrauch der Subjektpronomen mit Ausnahme von *usted(es)* eher eingeschränkt, da die Person an der Endung der Verbform erkennbar ist. Sie werden verwendet,

1. wenn sie ohne Verb stehen:

| ¿Quién habla español? – Yo. | Wer spricht Spanisch? – Ich. |

2. wenn sie betont sind, besonders in Gegenüberstellungen:

| ¿Por qué no lo haces tú? | Warum machst **du** es nicht? |
| Siempre cocino yo. | **Ich** koche immer. |
| Yo creo que tú tienes razón. | Ich glaube, dass **du** Recht hast. |
| Él es de Madrid, ella es de Murcia. | **Er** ist aus Madrid, **sie** aus Murcia. |

3. um Eindeutigkeit bezüglich des Subjekts herzustellen, besonders bei Gleichheit der Verbformen in der 1. und 3. Person Singular Indikativ Imperfekt, Konjunktiv Präsens, Konjunktiv Imperfekt und Konditional:

| Ella quería ir al cine. | Sie wollte ins Kino gehen |
| Si yo hubiera sabido que ... | Wenn ich gewusst hätte, dass ... |

4. in Verbindung mit *mismo*:

| ¿Lo has hecho tú mismo? | Hast du es selbst gemacht? |

5. Ausdrücke mit 'es' (als Subjekt):

| | |
|---|---|
| Es eilt nicht. | No corre prisa. |
| Es freut mich, dich zu sehen. | Estoy contento/a de verte. |
| Es freut mich, Ihnen mitteilen zu können, dass ... | Me complazco en comunicarle a usted que ... |
| Es steht dir frei zu gehen. | Eres libre de irte. |
| Es dauert lange, bis sie wiederkommt. | (Ella) tarda en volver. |
| Es liegt mir auf der Zunge. | Lo tengo en la punta de la lengua. |
| Es ist fünf. | Son las cinco. |
| Es schlägt vier Uhr. | Dan las cuatro. |
| Was darf's sein ? | ¿Qué se le ofrece ? |
| Es meldet sich niemand. (Telefon) | No contestan. |
| Es klingelt an der Tür. | Tocan a la puerta. |
| Es geht darum, dass ... | La cuestión es que ... |
| Es strömt Gas aus. | Hay una fuga de gas. |
| Es blitzt. | Hay relámpagos./ Relampaguea. |
| Es ist frisch. | Hace fresco. |
| Es ist heiß/schwül. | Hace calor/bochorno. |
| Es ist dunstig/diesig. | Hay bruma. |
| Es ist Ebbe. | La marea está baja. |
| Es ist Flut. | Hay marea alta. |
| Es brennt! | ¡Hay un incendio! |
| Es ist grün. (Ampel) | Está (en) verde. |
| Es wird hell. | Amanece. |
| Es bleibt lange hell. | Anochece tarde. |
| Es kommt noch hinzu, dass ... | Hay que añadir que ... |
| Es ist Advent. | Estamos en (época/tiempo de) Adviento. |
| Es wir Frühling. | Llega la primavera. |
| Wenn es sein muss, ... | Si no hay más remedio, ... |
| Es hagelte Kritik. | Llovían críticas. |
| In diesem Haus spukt es. | En esta casa hay fantasmas. |
| Es schaudert mich. | Siento escalofríos. |
| Es steht zwei zu drei. | Van dos a tres. |
| Es kriselt. | Hay una crisis latente. |
| Mir ist (es) langweilig. | Me aburro. |
| Es steht mir bis hier. | Estoy hasta la coronilla. |

## Die Formen der betonten Objektpronomen   106

Mit Ausnahme der 1. und 2. Person Singular sind die Formen der betonten Objektpronomen mit denen der Subjektpronomen identisch. Die Reflexivpronomen stimmen mit Ausnahme der 3. Person Singular und Plural, die *sí* lautet, mit den Objektpronomen überein:

| Person | | Singular | Bedeutung |
|---|---|---|---|
| 1. Person | | *mí* | mir/mich |
| 2. Person | | *ti* | dir/dich |
| 3. Person | maskulin | *él* | ihm/ihn |
| | feminin | *ella* | ihr/sie |
| | reflexiv | *sí* | sich |
| Höflichkeitsform | | *usted* | Ihnen/Sie |

| Person | | Plural | Bedeutung |
|---|---|---|---|
| 1. Person | maskulin | *nosotros* | uns |
| | feminin | *nosotras* | |
| 2. Person | maskulin | *vosotros* | euch |
| | feminin | *vosotras* | |
| 3. Person | maskulin | *ellos* | ihnen/sie |
| | feminin | *ellas* | |
| | reflexiv | *sí* | sich |
| Höflichkeitsform | | *ustedes* | Ihnen/Sie |

Anmerkung 1: Hinzuzurechnen ist das neutrale Objektpronomen der 3. Person *ello*: *No me acuerdo de ello.* – Ich erinnere mich nicht daran.
Anmerkung 2: Zu beachten ist, dass *mí* zur Unterscheidung von dem Possessivadjektiv mit Akzent geschrieben wird, während *ti* keinen Akzent trägt.
Anmerkung 3: Pronominaladverbien wie im Französischen (*y* und *en*) gibt es im heutigen Spanisch nicht.

## Der Gebrauch der betonten Objektpronomen   107

Die betonten Objektpronomen werden verwendet,

1. wenn eine Präposition vorausgeht:

| | |
|---|---|
| *¿A quién buscas? – A ti.* | Wen suchst du? – Dich. |
| *¿Con quién quieres hablar? – Con ella.* | Mit wem willst du sprechen? – Mit ihr. |
| *Este regalo es para ti.* | Dieses Geschenk ist für dich. |
| *Están hablando de mí.* | Sie sprechen gerade von mir. |

| | |
|---|---|
| ¿No quieres jugar con ellos? | Willst du nicht mit ihnen spielen? |
| Lo haré todo por usted. | Ich werde alles für Sie tun. |
| Juan ha aprendido ruso por sí solo. | Juan hat allein Russisch gelernt. |
| Las cifras hablan por sí solas. | Die Zahlen sprechen für sich. |
| Ellas piensan sólo en sí mismas. | Sie denken nur an sich selbst. |
| Pienso siempre en ella. | Ich denke immer an sie. |
| ¿Te refieres a mí? | Meinst du mich? |

Anmerkung 1: Nach den Präpositionen *entre, excepto, incluso, menos* und *según* steht das Subjektpronomen: *Entre tú y yo nunca ha habido problemas.* – Zwischen dir und mir hat es nie Probleme gegeben. *Todos van de vacaciones, excepto/menos yo.* – Alle fahren in Urlaub außer mir. *Todos me han engañado, incluso tú.* – Alle haben mich betrogen, auch du. *Según yo, el examen era muy complicado.* – Meiner Meinung nach war die Prüfung sehr schwierig.

Anmerkung 2: Geht den Pronomen *mí, ti* und *sí* die Präposition *con* voraus, so ergeben sich die Verbindungen *conmigo, contigo* und *consigo*: *¿Quieres salir conmigo?* – Willst du mit mir ausgehen? *No me quiero pelear contigo.* – Ich will mich nicht mit dir streiten. *Ha llevado todo el dinero consigo.* – Er hat das ganze Geld mitgenommen. Im letzteren Fall ist auch der Gebrauch des nicht-reflexiven Objektpronomens zulässig: *Ha llevado todo el dinero con él.*

Anmerkung 3: In einigen Fällen wird eine im Deutschen aus Präposition + Personalpronomen bestehende Verbindung im Spanischen anders wiedergegeben: Grüßen Sie ihn/sie [Sing.] von mir. – *Déle saludos de mi parte.* – Ich lasse von mir hören. – *Yo daré noticias de mi vida.* Gehen wir zu dir? – *¿Vamos a tu casa?* Ich habe eine Frage an dich. – *Tengo una pregunta que hacerte.* Die Zeit arbeitet für uns. – *El tiempo trabaja a nuestro favor.* Ich lerne für mich/allein Spanisch. – *Estudio español por mi cuenta.* Er/Sie ist bei uns zu Besuch. *Está de visita en nuestra casa.* Jeder für sich. – *Cada uno por su cuenta.* Sie setzte einen Detektiv auf ihn an. *Puso a un detective sobre/tras su pista.* Wir haben wegen dir verloren. – *Hemos perdido por tu culpa.* Ich habe fünfzehn Leute unter mir. – *Tengo quince personas a mi cargo/mando.* Sie ist sich selbst überlassen. – *Está dejada a su suerte.* Er/Sie wohnt über uns. – *Vive en el piso de arriba.* Ich fühle mich bei ihm sicher. – *Me siento seguro a su lado.* Er presste sie an sich. – *La apretó contra su pecho.*

2. wenn das durch das Pronomen bezeichnete direkte oder indirekte Objekt hervorgehoben werden soll, wobei zusätzlich das entsprechende unbetonte Pronomen stehen muss:

| | |
|---|---|
| A mí eso no me interesa. | Mich interessiert das nicht. |
| A ti no necesito decírtelo. | Dir brauche ich es nicht zu sagen. |
| A mí no me quisieron invitar. | Mich wollten sie nicht einladen. |

| | |
|---|---|
| Me preguntaron a mí. | Mich haben sie gefragt. |
| ¿Por qué no nos lo dijeron a nosotros? | Warum haben sie es **uns** nicht gesagt? |
| A ti te falta un tornillo. | Bei dir ist doch eine Schraube locker. |

3. wenn Eindeutigkeit bezüglich der Person hergestellt werden soll:

| | |
|---|---|
| Hay que preguntarle a ella. | Man muss **sie** fragen. |

4. bei Gegenüberstellungen:

| | |
|---|---|
| Me invitaron a mí y no a él. | Sie luden mich ein und nicht ihn. |

5. wenn eine weitere Nominalgruppe hinzutritt:

| | |
|---|---|
| Nos escribieron a nosotros y a nuestros amigos. | Sie schrieben uns und unseren Freunden. |

## Die Formen der unbetonten Objektpronomen    108

| | | direktes Objekt | | | |
|---|---|---|---|---|---|
| Person | | Singular | Bedeutung | Plural | Bedeutung |
| 1. Person | | *me* | mich | *nos* | uns |
| 2. Person | | *te* | dich | *os* | euch |
| 3. Person | maskulin | *le/lo* | ihn | *les/los* | sie |
| | feminin | *la* | sie | *las* | |
| | reflexiv | *se* | sich | *se* | sich |

| | | indirektes Objekt | | | |
|---|---|---|---|---|---|
| Person | | Singular | Bedeutung | Plural | Bedeutung |
| 1. Person | | *me* | mir | *nos* | uns |
| 2. Person | | *te* | dir | *os* | euch |
| 3. Person | maskulin | *le* | ihm | *les* | ihnen |
| | feminin | | ihr | | |
| | reflexiv | *se* | sich | *se* | sich |

Anmerkung 1: Die Formen des Reflexivpronomens stimmen mit denen des unbetonten Objektpronomens in der 1. und 2. Person überein. In der 3. Person lautet das Reflexivpronomen *se* (vgl. auch § 193).

Anmerkung 2: In Lateinamerika werden für das maskuline direkte Objekt nur die Pronomen *lo* bzw. *los* verwendet, während in Spanien für männliche Personen und Lebewesen der Gebrauch von *le* und *lo* bzw. *les* und *los* als korrekt gilt.

## 109 Der Gebrauch der unbetonten Objektpronomen

Die unbetonten Objektpronomen treten immer in Verbindung mit einem Verb auf, dem sie vorausgehen oder an das sie angehängt werden können (zur Stellung der Pronomen vgl. §§ 113-116).

Die unbetonten Objektpronomen können im Satz auftreten

1. als direktes Objekt:

| | |
|---|---|
| ¿Me acompañas a comer? | Gehst du mit mir essen? |
| Te quiero. | Ich liebe dich. |
| ¿Conoces a Carlos? – Sí, le/lo conozco. | Kennst du Carlos? – Ja, ich kenne ihn. |
| ¿Conoces este diccionario? – Sí, lo conozco. | Kennst du dieses Wörterbuch? – Ja, ich kenne es. |
| ¿Has visto a María? – No, no la he visto. | Hast du Maria gesehen? – Nein, ich habe sie nicht gesehen. |
| No la comprendo a usted. | Ich verstehe Sie [fem. Sing.] nicht. |
| No le/lo comprendo a usted. | Ich verstehe Sie [mask. Sing.] nicht. |
| Mi hijo no quiere lavarse. | Mein Sohn will sich nicht waschen. |
| ¿Por qué nos habéis llamado? – No os hemos llamado. | Warum habt ihr uns gerufen? – Wir haben euch nicht gerufen. |
| ¿Has leído todos estos libros? – Sí, los he leído todos. | Hast du alle diese Bücher gelesen? – Ja, ich habe sie alle gelesen. |
| ¿Cuándo vas a ver a tus hermanas? – Voy a verlas mañana. | Wann besuchst du deine Schwestern? – Ich besuche sie morgen. |
| ¿Cuándo volveré a verlos/verles a ustedes? | Wann werde ich Sie [mask. Pl.] wiedersehen? |
| ¿Puedo ayudarlas a ustedes? | Kann ich Ihnen [fem. Pl.] helfen? |
| Explique las diferencias, si las hay, entre las siguientes frases. | Erklären Sie die Unterschiede zwischen den folgenden Sätzen, wenn es welche gibt. |

2. als indirektes Objekt:

| | |
|---|---|
| ¿Por qué no me contestas? | Warum antwortest du mir nicht? |
| ¿Juan te ha devuelto el dinero? | Hat dir Juan das Geld zurückgegeben? |
| ¿Qué le vas a regalar a tu marido? – Le voy a regalar dos corbatas. | Was wirst du deinem Mann schenken? – Ich werde ihm zwei Krawatten schenken. |
| ¿Qué vas a regalar a tu esposa? – Le voy a regalar una pulsera de oro. | Was wirst du deiner Frau schenken? – Ich werde ihr ein goldenes Armband schenken. |

| | |
|---|---|
| ¿Ya le has puesto sal a la comida? – No, aún no le he puesto sal. | Hast du schon Salz ins Essen getan? – Nein, ich habe noch kein Salz hinein getan. |
| ¿Puedo ofrecerle a usted un café? | Kann ich Ihnen [mask./fem. Sing.] einen Kaffee anbieten? |
| ¿Ya se ha cortado el pelo? | Hat er sich schon die Haare schneiden lassen? |
| ¡Quítese el abrigo! | Ziehen Sie [Sing.] Ihren Mantel aus! |
| Todavía no nos han escrito. | Sie haben uns noch nicht geschrieben. |
| Ahora os voy a explicar las reglas. | Jetzt werde ich euch die Regeln erklären. |
| Les enseñé las fotos ayer. | Ich zeigte ihnen gestern die Fotos. |
| Voy a enviarles a ustedes una postal. | Ich werde Ihnen [mask./fem. Pl.] eine Postkarte schicken. |
| ¡No se compren un coche tan rápido! | Kaufen Sie [Pl.] sich keinen so schnellen Wagen! |

Zur possessiven Funktion des indirekten Objektpronomens vgl. § 48.2. Zum Ausdruck der inneren Beteiligung durch das indirekte Objektpronomen vgl. § 202.2

Anmerkung 1: Als unkorrekt gilt der Gebrauch von *la* und *las* als indirektes Objekt anstelle von *le* und *les*: *Ayer la/las di unos sellos. –* Gestern gab ich ihr/ihnen einige Briefmarken. Diesen Gebrauch bezeichnet man als *Laísmo*. Korrekt ist: *Ayer le/les di unos sellos.* Andererseits findet sich auch die Verwendung von *le* anstelle von *la* und *les* anstelle von *las* in der Funktion eines direkten Objekts: *\*Le/les vi ayer. –* Ich sah sie [fem. Sing./Pl.] gestern. Diesen Gebrauch bezeichnet man als *Leísmo*. Korrekt ist: *La/las vi ayer.* Ebenso spricht man von *Leísmo*, wenn *le* anstelle von *lo* zur Bezeichnung eines maskulinen direkten Sachobjekts verwendet wird: *\*Este diccionario le consulto con frecuencia. –* In diesem Wörterbuch schlage ich häufig nach. Korrekt ist: *Este diccionario lo consulto con frecuencia.* Als sehr unkorrekt gilt der Gebrauch von *lo* und *los* anstelle von *le* und *les* zur Bezeichnung des indirekten Objekts (*Loísmo*): *\*Lo/los escribí una carta. –* Ich schrieb ihm/ihnen einen Brief. Korrekt ist: *Le/les escribí una carta.*

Anmerkung 2: Persönlicher Ausdrucksweise im Deutschen steht im Spanischen oft unpersönliche Ausdrucksweise gegenüber: Er bekam einen Lachanfall. – *Le dio/entró un ataque de risa.* Ich bekam einen Krampf. – *Me dio un calambre.* Ich bekomme 30 Euro Taschengeld im Monat. – *Me dan treinta euros al mes como paga.* Sie zitterte am ganzen Körper. – *Le temblaba todo el cuerpo.* Er klapperte vor Kälte mit den Zähnen. – *Le castañeaban los dientes por el frío.* Er hat Mundgeruch. – *Le huele el aliento.* Ich vertrage den Kohl nicht. – *No me hace bien el repollo.*

Anmerkung 3: Der umgekehrte Fall – unpersönliche Ausdrucksweise im Deutschen und persönliche Ausdrucksweise im Spanischen – ist selten: Mir sind die Hände gebunden. – *Tengo las manos atadas.* Mir stehen die Haare zu Berge. – *Tengo los pelos de punta.*

## 110 Besonderheiten des Gebrauchs des unbetonten Objektpronomens *lo*

*Lo* ersetzt nicht nur ein maskulines direktes Objekt im Singular (vgl. §§ 108, 109), sondern es kann auch

1. auf ein neutrales Pronomen Bezug nehmen:

| | |
|---|---|
| *Has prometido enviarme algo, pero aún no lo he recibido.* | Du hast versprochen, mir etwas zu schicken, aber ich habe es noch nicht bekommen. |

2. sich auf einen ganzen Satz beziehen:

| | |
|---|---|
| *¿Dónde he puesto mis gafas? – No lo sé.* | Wo habe ich meine Brille hingetan? – Ich weiß es nicht. |
| *Luis sabe quién rompió el cristal, pero no lo dice.* | Luis weiß, wer die Scheibe zerbrochen hat, aber er sagt es nicht. |

3. sich auf ein Prädikativum (Adjektiv/Substantiv) beziehen:

| | |
|---|---|
| *Manuel se cree inteligente, pero no lo es.* | Manuel hält sich für intelligent, ist es aber nicht. |
| *¿Tu hija está cansada? – No, no lo está.* | Ist deine Tochter müde? – Nein. |
| *¿Juan es médico? – Sí, lo es.* | Ist Juan Arzt? – Ja. |

Anmerkung: In der Verbindung von *ser* + Personalpronomen bleibt dt. 'es' im Spanischen unausgedrückt: *¿Quién es la madre de esa chica? – Soy yo.* Wer ist die Mutter dieses Mädchens? – Ich bin es.

4. Folgt auf das Verb *todo* als direktes Objekt, so steht vor dem Verb *lo*:

| | |
|---|---|
| *Mi hijo lo rompe todo.* | Mein Sohn macht alles kaputt. |
| *Carlos lo sabe todo.* | Carlos weiß alles. |

## 5. Ausdrücke mit 'es' (als direktes Objekt):

| | |
|---|---|
| Ich habe es eilig. | Tengo prisa. |
| Machen Sie es sich bequem! | ¡Póngase cómodo/a! |
| Er hat es nicht lange ausgehalten. | No aguantó mucho rato. |
| es ausbaden müssen | pagar los platos rotos/el pato |
| Sie wird es weit bringen. | (Ella) llegará lejos. |
| Ich habe es schwer mit ihm. | Lo tengo difícil con él. |
| Mach's kurz! | ¡Abrevia! |
| Du hast es gut. | Tienes suerte. |
| Er hat es leicht. | Lo tiene fácil. |
| Sie macht es sich leicht. | No se complica la vida. |
| Ich habe es vergessen. | Se me ha olvidado. |
| Haben Sie es klein/passend? | ¿Lo tiene suelto/justo? |
| Ich will es nicht riskieren. | No quiero correr el riesgo. |

## Kombinationen unbetonter Objektpronomen    111

1. Die Objektpronomen *me, te, le, nos, os, les* und das reflexive *se* können mit *lo, la, los* und *las* eine Verbindung laut folgender Tabelle eingehen. Hierbei steht das indirekte Objekt an erster, das direkte Objekt an zweiter Stelle. Man beachte besonders, dass *le* und *les* vor folgendem *lo, la, los* und *las* zu *se* wird:

|  | *lo* | *la* | *los* | *las* |
|---|---|---|---|---|
| *me* | me lo | me la | me los | me las |
| *te* | te lo | te la | te los | te las |
| *le* | se lo | se la | se los | se las |
| *nos* | nos lo | nos la | nos los | nos las |
| *os* | os lo | os la | os los | os las |
| *les* | se lo | se la | se los | se las |
| *se* | se lo | se la | se los | se las |

Anmerkung: Werden die unbetonten Personalpronomen an das Verb angehängt, so werden sie zusammen geschrieben.

| | |
|---|---|
| No me lo dice. | Er sagt es mir nicht. |
| No quería decírmelo. | Er wollte es mir nicht sagen. |
| Te la venderemos (= la casa). | Wir werden es dir verkaufen. |
| Se lo habíamos prometido. | Wir hatten es ihm/ihr/ihnen/Ihnen versprochen. |
| ¡Cuéntaselo a tu abuela! | Das kannst du deiner Großmutter erzählen! |
| No quiere dárnoslos (= los libros). | Er will sie uns nicht geben. |

| | |
|---|---|
| No os lo aconsejo. | Ich rate es euch nicht. |
| Se lo diré a ustedes mañana. | Ich werde es Ihnen morgen sagen. |
| No se lo hizo decir dos veces. | Er/Sie ließ es sich nicht zweimal sagen. |

Anmerkung: Da *se* mit nachfolgendem *lo, la, los, las* 'ihm', 'ihr', 'ihnen' [mask./fem.] und 'Ihnen' [Sing./Pl.] bedeuten kann, kann zur Verdeutlichung der gemeinten Person das entsprechende betonte Objektpronomen dem Verb folgen, zum Beispiel: *Se lo devolví a él.* – Ich gab es ihm zurück. *Se lo dije a ellas* – Ich sagte es ihnen. *Ya se lo he contado a usted.* – Ich habe es Ihnen schon erzählt.

2. Die unbetonten Pronomen *me, te, nos, os, le* (indirektes Objekt) und *les* (indirektes Objekt) können zwar miteinander kombiniert werden, aber derartige Verbindungen werden vermieden. Statt dessen wird das indirekte Objekt als betontes Pronomen nachgestellt:

| | |
|---|---|
| Te recomienda a mí. | Er empfiehlt dich mir. |
| Me recomienda a ti. | Er empfiehlt mich dir. |
| Te confío a ella. | Ich vertraue dich ihr an. |
| Nos había confiado a ellos. | Er hatte uns ihnen anvertraut. |
| Os presentaron a nosotros. | Sie stellten euch uns vor. |
| Nos presentaron a vosotros. | Sie stellten uns euch vor. |

Anmerkung: Bei der Verwendung eines reflexiven Verbs ist hingegen die Rolle der Pronomen festgelegt, so dass keine Mehrdeutigkeit entsteht, zum Beispiel: *Te me presento* kann nur heißen 'Ich stelle mich dir vor', während *Te me imagino como profesor* nur als 'Ich stelle dich mir als Lehrer vor' verstanden werden kann. Das gleiche gilt beim Gebrauch des ethischen Dativs: *No te me rompas la pierna.* – Brich dir ja nicht das Bein!

3. Die als indirektes Objekt gebrauchten Pronomen *me, te, le, nos, os* und *les* können mit dem Reflexivpronomen *se* verbunden werden. Bei diesen Verbindungen nimmt *se* immer die erste Stelle ein:

| presentarse a alguien | sich jdm. vorstellen |
|---|---|
| se me presenta | er/sie stellt sich mir vor |
| se te presenta | er/sie stellt sich dir vor |
| se le presenta | er/sie stellt sich ihm/ihr/Ihnen vor |
| se nos presenta | er/sie stellt sich uns vor |
| se os presenta | er/sie stellt sich euch vor |
| se les presenta | er/sie stellt sich ihnen/Ihnen vor |

4. Unpersönliches *se* (vgl. 192.3) steht in Verbindung mit weiteren Objektpronomen ebenfalls an erster Stelle:

| | |
|---|---|
| *Se me dijo que el señor García no estaba.* | Man sagte mir, dass Herr García nicht da sei. |
| *Se me ordenó llevar la carta a Correos.* | Man befahl mir, den Brief zur Post zu bringen. |

5. Kombinationen von drei Pronomen sind möglich, kommen aber selten vor:

| | |
|---|---|
| *¡No te me lo comas todo!* | Iss mir nicht alles auf! |
| *¡No se me le acerque a mi hija!* | Bleiben Sie mir von meiner Tochter weg! |

## Idiomatische Wendungen mit unbetonten Objektpronomen 112

| | |
|---|---|
| *¡Que lo pases bien!* | Amüsier dich gut!/Viel Spaß! |
| *Ayer lo pasamos bomba.* | Gestern hatten wir einen Mordsspaß. |
| *Ahora lo tengo muy claro.* | Jetzt ist es mir klar. |
| *¿Qué le vamos a hacer?* | Was sollen wir da machen? |
| *¡No la tomes con él!* | Leg dich nicht mit ihm an! |
| *¡Te lo advierto!* | Ich warne dich! |
| *Quien la hace la paga.* | Wer eine Dummheit gemacht hat, muss auch die Folgen tragen. |
| *Juan está durmiéndola.* | Juan schläft seinen Rausch aus. |
| *La tiene tomada conmigo.* | Er/Sie hat mich auf dem Kieker. |
| *¿Las tiene todas consigo?* | Hat der/die sie noch alle beisammen? |
| *Pepe se las sabe todas.* | Pepe hat es faustdick hinter den Ohren. |
| *Carlos se la pega a su mujer con la secretaria.* | Carlos betrügt seine Frau mit der Sekretärin. |
| *Me la cargaré yo.* | An mir wird es hängen bleiben. |
| *Se las cantaré claras.* | Ich werde ihm die Meinung sagen. |
| *¡Me las pagarás!* | Das wirst du mir büßen! |
| *¡Arréglatelas como puedas!* | Schau zu, wie du zurechtkommst! |
| *Como me había engañado se las juré.* | Da er mich betrogen hatte, schwor ich ihm Rache. |
| *Esta es una pregunta que se las trae.* | Das ist eine Frage, die es in sich hat. |

| | |
|---|---|
| Tu hermano se las da de listo. | Dein Bruder spielt den Schlauen. |
| Se las echa/da de poeta/valiente. | Er spielt sich als Dichter/Held auf. |
| No sé cómo se las ingenió para convencerlo. | Ich weiß nicht, wie er es fertig brachte, ihn zu überzeugen. |
| Se las da de ofendido. | Er spielt die beleidigte Leberwurst. |
| Me las apaño muy bien solo. | Ich komme ganz gut allein klar. |
| Vas a vértelas conmigo. | Du wirst es mit mir zu tun bekommen. |
| No le des más vuelta. | Denk nicht weiter darüber nach. |

### Die Stellung der unbetonten Objektpronomen

Die unbetonten Objektpronomen können im Spanischen entweder dem Verb vorausgehen oder an das Verb angehängt werden, wobei sich die Betonung des Verbs nicht ändert (zur Akzentsetzung vgl. § 6). In manchen Fällen ist sowohl Voranstellung als auch Anfügung möglich.

### 113 Die unbetonten Objektpronomen beim konjugierten Verb

Unbetonte Objektpronomen stehen unmittelbar vor einem konjugierten Verb, bei zusammengesetzten Zeiten vor dem Hilfsverb:

| | |
|---|---|
| La veo todos los días. | Ich sehe sie jeden Tag. |
| ¿Dónde los conociste? | Wo hast du sie kennen gelernt? |
| Te lo habíamos dicho. | Wir hatten es dir gesagt. |

Anmerkung: In der Schriftsprache und dann vornehmlich, wenn sich ein Verb in bejahter Form am Beginn eines Hauptsatzes befindet, wird das Objektpronomen gelegentlich an die Verbform angehängt: *Díjome el médico que ...* Der Arzt sagte mir, dass ... Kommt diese Erscheinung in der gesprochenen Sprache vor, gilt sie als regional (Galicien, Asturien, León) oder als veraltet. Als feste Wendung hat sich in der gesprochenen Sprache erhalten: *¡Habráse visto!* Wer hätte das geglaubt?/Das ist unerhört!

### 114 Die unbetonten Objektpronomen beim Imperativ

1. Beim bejahten Imperativ werden die Pronomen an die Verbform angehängt:

| | |
|---|---|
| ¡Siéntate! | Setz dich! |
| ¡Callaos! | Haltet den Mund! |
| ¡Vámonos! | Gehen wir! |
| ¡Sentémonos! | Setzen wir uns! |
| ¡Dígaselo a él! | Sagen Sie es ihm! |
| ¡Acérquense! | Treten Sie näher! |

Anmerkung: Man beachte, dass beim Imperativ der 2. Person Plural das auslautende -*d* entfällt, wenn ein Pronomen angehängt wird: *¡Decidid!* Beschließt! - *¡Decidíos!* (mit Akzent!) Entscheidet euch! Ferner entfällt das Endungs-*s* in der 1. Person Plural bei Anfügung eines Pronomens: *Nos casamos.* Wir heiraten. – *¡Casémonos!* Heiraten wir!

2. Beim verneinten Imperativ werden die Pronomen unmittelbar vorangestellt:

| | |
|---|---|
| *¡No lo hagas!* | Tu es nicht! |
| *¡No se lo diga a ella!* | Sagen Sie es ihr nicht! |
| *¡No nos quejemos de todo!* | Beklagen wir uns nicht über alles! |
| *¡No os levantéis tan tarde!* | Steht nicht so spät auf! |
| *¡No se preocupen por ello!* | Machen Sie sich deswegen keine Sorgen! |

## Die unbetonten Objektpronomen beim Infinitiv 115

1. Die unbetonten Objektpronomen werden an den Infinitiv angehängt (vgl. jedoch § 115.2-5):

| | |
|---|---|
| *Estoy dispuesto a ayudarla.* | Ich bin bereit, ihr zu helfen. |
| *No tengo ganas de ocuparme de ese asunto.* | Ich habe keine Lust, mich um diese Angelegenheit zu kümmern. |
| *Salió sin decírmelo.* | Er ging weg, ohne es mir zu sagen. |

2. Folgt ein Infinitiv auf ein Verb der Wahrnehmung oder auf *dejar* '(zu)lassen' bzw. *hacer/mandar* '(veran)lassen', so stehen die Pronomen beim Verb der Wahrnehmung oder bei *dejar* bzw. *hacer* (vorangestellt bzw. angehängt):

| | |
|---|---|
| *Lo veo llegar.* | Ich sehe ihn ankommen. |
| *Me gusta escucharte/oírte tocar el piano.* | Ich höre dich gern Klavier spielen. |
| *La oímos gritar.* | Wir hör(t)en sie schreien. |
| *¡Déjalos jugar!* | Lass sie spielen! |
| *Se lo hizo saber.* | Er teilte es ihm/ihr/ihnen mit. |
| *¡Hazlo venir!* | Lass ihn kommen! |

Anmerkung 1: Der Infinitiv kann in diesem Fall auch passivische Bedeutung haben wie in: *Me oí llamar.* – Ich hörte, wie ich gerufen wurde. Unterscheide: *Te oí llamar.* – Ich hörte dich rufen. *Oí llamarte.* – Ich hörte, wie du gerufen wurdest.

Anmerkung 2: Bildet das Pronomen mit dem Verb eine inhaltliche Einheit, so wird es an den Infinitiv angehängt: *Los vimos pelearse.* – Wir sahen, wie sie sich stritten. *¡Déjame pensarlo!* – Lass mich darüber nachdenken!

3. Geht einem Infinitiv ein Modalverb (*deber, querer, poder, saber, soler*) voraus, so stehen die unbetonten Objektpronomen entweder vor dem Modalverb oder werden an den Infinitiv angehängt:

| | |
|---|---|
| *No te lo quiero decir./No quiero decírtelo.* | Ich will es dir nicht sagen. |
| *Nos solíamos levantar a las seis./ Solíamos levantarnos a las seis.* | Wir standen gewöhnlich um sechs Uhr auf. |
| *¿Cómo lo puede saber?/¿Cómo puede saberlo?* | Wie kann er/sie es wissen? |
| *No te lo sé explicar./No sé explicártelo.* | Ich kann es dir nicht erklären. |
| *Se lo debes prestar./Debes prestárselo.* | Du musst es ihm/ihr/Ihnen leihen. |

Anmerkung: Die Verben *necesitar* und *preferir* lassen nur die Anfügung des Objektpronomens an den Infinitiv zu: *Prefiero decirte la verdad.* – Ich sage dir lieber die Wahrheit. *No necesitas decírmelo.* – Du brauchst es mir nicht zu sagen.

4. Gehen einem Hauptverb im Infinitiv zwei Modalverben voraus, so können die unbetonten Objektpronomen entweder vor dem konjugierten Modalverb stehen, an den Infinitiv des Modalverbs oder an den Infinitiv des Hauptverbs angehängt werden:

| | |
|---|---|
| *Lo quiero saber hacer./Quiero saberlo hacer./Quiero saber hacerlo.* | Ich will es tun können. |

5. Wie die in § 110.3 behandelten Modalverben verhalten sich auch die Ausdrücke *tener que, haber de, ir a, venir a, empezar a, acabar de, no dejar de, deber de, volver a*:

| | |
|---|---|
| *Se lo tienes que agradecer./ Tienes que agradecérselo.* | Du musst ihm dafür danken. |
| *Te lo voy a enviar mañana./Voy a enviártelo mañana* (= el paquete). | Ich werde es dir morgen schicken. |
| *Juan lo debe de saber./Juan debe de saberlo.* | Juan muss es wissen. |
| *Me empiezo a preguntar si .../ Empiezo a preguntarme si ...* | Ich fange an mich zu fragen, ob ... |
| *Puedes empezar a hacerlo./ Puedes empezarlo a hacer./ Lo puedes empezar a hacer.* | Du kannst anfangen, es zu tun. |
| *La acabo de recibir./Acabo de recibirla* (= la carta). | Ich habe ihn gerade bekommen. (den Brief) |

| | |
|---|---|
| No me deja de molestar./No deja de molestarme. | Er belästigt mich unaufhörlich. |
| Se lo volveré a preguntar./Volveré a preguntárselo. | Ich werde ihn/sie noch einmal danach fragen. |
| Nos lo has de dar./Has de dárnoslo. | Du hast es uns zu geben. |

Anmerkung 1: Bei den oben aufgeführten Ausdrücken ist, mit Ausnahme von *ir a*, die Nachstellung der Objektpronomen häufiger.

Anmerkung 2: Nach den Verben *mandar* und *ordenar* und dem Ausdruck *es preciso* + Infinitiv ergibt sich je nach Stellung des Objektpronomens ein Bedeutungsunterschied: *Le mandé escribir una carta.* – Ich ließ ihn/sie einen Brief schreiben. *Mandé escribirle una carta.* – Ich ließ ihm/ihr einen Brief schreiben. *Le es preciso buscar otro piso.* – Er/Sie muss eine andere Wohnung suchen. *Es preciso buscarle otro piso.* – Man muss ihm/ihr eine andere Wohnung suchen.

## Die unbetonten Objektpronomen beim Gerundium       116

1. Die unbetonten Objektpronomen werden an das *gerundio* angehängt (vgl. jedoch § 116.2):

| | |
|---|---|
| *Acercándome a la casa, vi que ...* | Als ich mich dem Haus näherte, sah ich, dass ... |
| *Habiéndoselo dicho, me enteré de que ...* | Nachdem ich es ihm gesagt hatte, erfuhr ich, dass ... |

2. Nach den Ausdrücken *estar, seguir, continuar, andar, ir, venir* und *llevar* + *gerundio* können die Objektpronomen entweder dem konjugierten Verb vorausgehen oder an das *gerundio* angehängt werden:

| | |
|---|---|
| *Me estoy lavando./Estoy lavándome.* | Ich wasche mich gerade. |
| *¿Te sigues dedicando/¿Sigues dedicándote al estudio del español?* | Widmest du dich immer noch dem Studium des Spanischen? |
| *Se continúa quejando./ Continúa quejándose.* | Er beklagt sich weiterhin. |
| *Se lo anda contando a todos./ Anda contándoselo a todos.* | Er erzählt es allen herum. |
| *Se me va haciendo tarde./ Va haciéndoseme tarde.* | Es wird allmählich spät für mich. |
| *Me vengo ocupando/Vengo ocupándome de este problema desde hace mucho tiempo.* | Ich beschäftige mich schon seit langem mit diesem Problem. |
| *Lo lleva estudiando cinco años./ Lleva estudiándolo cinco años.* | Er lernt es (= das Spanische) seit fünf Jahren. |

Anmerkung: Bei *estar* + *gerundio* steht das Objektpronomen zumeist vor *estar*.

# 117 Der Gebrauch der unbetonten Objektpronomen als Wiederaufnahme bzw. als Vorwegnahme des Objekts

1. Wenn ein Substantiv, ein Personalpronomen oder ein Demonstrativpronomen als direktes oder indirektes Objekt dem Verb vorausgeht (vgl. § 282), so wird es durch das entsprechende unbetonte Objektpronomen wieder aufgenommen:

| | |
|---|---|
| *A tu profesor de latín lo veré mañana.* | Deinen Lateinlehrer werde ich morgen sehen. |
| *Esta novela la compré ayer.* | Diesen Roman kaufte ich gestern. |
| *A mí no me interesa el fútbol.* | Mich interessiert Fußball nicht. |
| *Esto no lo sé.* | Das weiß ich nicht. |
| *A mi hermana eso no le importa.* | Meiner Schwester macht das nichts. |
| *A estas reglas hay que añadirles otra.* | Diesen Regeln muss man eine weitere hinzufügen. |
| *A mí no me gusta esta película.* | Mir gefällt dieser Film nicht. |
| *A ése no se lo diré jamás.* | Dem da werde ich es nie sagen. |

Anmerkung: Wenn das vorangehende substantivische Objekt unbestimmt ist, unterbleibt eher die pronominale Wiederaufnahme: *Malas cosas cuentas.* – Schlimme Dinge erzählst du (vgl. auch § 282.2).

2. Folgt ein betontes Objektpronomen dem Verb, so muss diesem das entsprechende unbetonte Objektpronomen vorausgehen:

| | |
|---|---|
| *Se lo di a él.* | Ich gab es **ihm**. |
| *Me miraron a mí.* | Sie schauten **mich** an. |
| *¿Por qué os lo dijeron a vosotros?* | Warum sagten sie es **euch**? |

3. Auf ein Substantiv, das dem Verb als indirektes Objekt folgt, kann mit dem entsprechenden Objektpronomen verwiesen werden:

| | |
|---|---|
| *Mañana (le) devolveré el dinero a mi amigo.* | Morgen werde ich meinem Freund das Geld zurückgeben. |
| *(Se) lo diré a tu padre.* | Ich werde es deinem Vater sagen. |

Anmerkung: Es kann auch auf ein Substantiv, das dem Verb als direktes Objekt folgt, mit dem entsprechenden unbetonten Objektpronomen verwiesen werden: *Ayer (la) vi a tu hermana en la discoteca.* – Gestern sah ich deine Schwester in der Diskothek.

# Kapitel 10 Die Relativpronomen
(Los pronombres relativos)

Das Relativpronomen verknüpft einen Nebensatz mit einer Nominalgruppe, auf die es sich bezieht. Die Wahl des Relativpronomens richtet sich nach der Funktion, die es im Relativsatz erfüllt, und danach, ob es sich auf eine Person oder eine Sache bezieht. Es gibt einfache (*que, quien*) und zusammengesetzte Relativpronomen (*el que, el cual*).

## Typen von Relativsätzen 118

Das Spanische unterscheidet zwei Typen von Relativsätzen

1. einschränkende Relativsätze (oraciones de relativo especificativas), d.h. Relativsätze, die zum Verständnis des Hauptsatzes notwendig sind; sie werden nicht durch Kommata abgetrennt:

| Podrán participar en el segundo curso los alumnos que hayan terminado con éxito el primero. | Am zweiten Kurs können nur die Schüler teilnehmen, die den ersten erfolgreich abgeschlossen haben. |

2. erläuternde Relativsätze (oraciones de relativo explicativas), d.h. Relativsätze, die eine zum Verständnis des Hauptsatzes nicht notwendige Information geben; sie werden durch Kommata abgetrennt:

| Los rehenes, que ya se habían preparado para lo peor, fueron puestos en libertad. | Die Geiseln, die sich schon auf das Schlimmste vorbereitet hatten, wurden freigelassen. |

## Die Formen der Relativpronomen 119

| Singular | | | Plural | |
|---|---|---|---|---|
| maskulin | feminin | neutrum | maskulin | feminin |
| el que | la que | lo que | los que | las que |
| el cual | la cual | lo cual | los cuales | las cuales |
| cuyo | cuya | | cuyos | cuyas |
| cuanto | cuanta | | cuantos | cuantas |
| quien | | | quienes | |
| que | | | | |

Anmerkung: Die Präposition *a* verbindet sich mit *el que* zu *al que* und mit *el cual* zu *al cual*, und die Präposition *de* mit *el que* zu *del que* und mit *el cual* zu *del cual* (vgl. § 29).

## Der Gebrauch der Relativpronomen

## 120 Das Relativpronomen *que*

1. Das unveränderliche Relativpronomen *que* kann sich auf Personen oder Sachen beziehen und kann als Subjekt oder als direktes Objekt des Relativsatzes gebraucht werden:

| | |
|---|---|
| Conozco a una señora que domina cinco idiomas. | Ich kenne eine Frau, die fünf Sprachen beherrscht. |
| Los turistas que van a Granada visitan la Alhambra. | Die Touristen, die nach Granada fahren, besuchen die Alhambra. |
| La falda que está en el escaparate me gusta mucho. | Der Rock, der im Schaufenster liegt, gefällt mir sehr. |
| El chico que ves allí es el hijo de mi vecino. | Der Junge, den du dort siehst, ist der Sohn meines Nachbarn. |
| ¿Ya han llegado los libros que había pedido la semana pasada? | Sind die Bücher, die ich letzte Woche bestellt habe, schon da? |
| Lo primero que hago al levantarme es ducharme. | Das Erste, was ich nach dem Aufstehen tue, ist Duschen. |

Anmerkung: Als Subjekt kann *que* in einschränkenden Relativsätzen nicht durch *el cual, el que, quien* ersetzt werden.

2. Dem Relativpronomen *que* kann eine einsilbige Präposition (*a, de, en, con*, aber nicht *sin, por*) vorausgehen. In diesem Fall bezieht sich das Relativpronomen zumeist auf Sachen:

| | |
|---|---|
| El artículo a que te refieres es muy interesante. | Der Artikel, auf den du dich beziehst, ist sehr interessant. |
| El dinero de que disponemos no es suficiente. | Das Geld, über das wir verfügen, genügt nicht. |
| La teoría en que se basa este libro me parece equivocada. | Die Theorie, auf der dieses Buch beruht, scheint mir irrig. |
| ¿Cuáles son los países con que linda España? | Welches sind die Länder, an die Spanien angrenzt? |

Anmerkung 1: Da *sin que* und *porque* Konjunktionen sind, lautet nach den Präpositionen *sin* und *por* das Relativpronomen *el que* etc. oder *el cual* etc.: *Esta es la razón por la que/la cual no vinieron.* – Das ist der Grund, weshalb sie nicht kamen. *Mi jefe tiene la segunda llave sin la que/la cual no se puede abrir la caja fuerte.* – Mein Chef hat den zweiten Schlüssel, ohne den man den Safe nicht öffnen kann.

Anmerkung 2: Gelegentlich kann sich das Relativpronomen *que* mit vorausgehender Präposition auch auf eine Person beziehen: *Esta es la secretaria de que te hablé el otro día.* – Das ist die Sekretärin, von der ich dir neulich erzählte.

## Das Relativpronomen *el que/la que/lo que/los que/las que que*

**1.** Zur Verdeutlichung der Beziehung des Relativpronomens steht *el que* etc. anstelle von *que*:

| | |
|---|---|
| La hermana de mi amigo, la que nos visitó ayer, va a casarse la semana que viene. | Die Schwester meines Freundes, **die** uns gestern besuchte, wird nächste Woche heiraten. |
| La hermana de mi amigo, el que nos visitó ayer, va a casarse la semana que viene. | Die Schwester meines Freundes, **der** uns gestern besuchte, wird nächste Woche heiraten. |

Anmerkung: In diesem Fall kann auch *la cual* bzw. *el cual* stehen, die jedoch seltener gebraucht werden.

**2.** Das Relativpronomen *el que* etc. steht zumeist nach einsilbigen Präpositionen und kann sich auf Personen oder Sachen beziehen:

| | |
|---|---|
| El chico con el que salí ayer es muy amable. | Der Junge, mit dem ich gestern ausging, ist sehr nett. |
| La señora a la que encontramos en el parque es la maestra de mi hijo. | Die Frau, die wir im Park trafen, ist die Lehrerin meines Sohnes. |
| La casa en la que vive es muy antigua. | Das Haus, in dem er wohnt, ist sehr alt. |
| El asunto al que acabas de aludir me preocupa desde hace mucho tiempo. | Die Angelegenheit, auf die du gerade angespielt hast, beschäftigt mich seit langem. |
| La enfermedad de la que padece mi cuñado es muy grave. | Die Krankheit, an der mein Schwager leidet, ist sehr schwer. |
| La novela de la que se trata es muy conocida. | Der Roman, um den es geht, ist sehr bekannt. |

Anmerkung: Nach mehrsilbigen Präpositionen steht als Relativpronomen in der Regel *el cual* etc. (vgl. § 123.2).

**3.** Das Relativpronomen *el que* etc. kann auch ohne Bezugswort stehen. In diesem Fall hat es oft verallgemeinernde Bedeutung:

| | |
|---|---|
| Los que hayan terminado con éxito el primer curso podrán participar en el segundo. | Diejenigen, die den ersten Kurs mit Erfolg abgeschlossen haben, können am zweiten teilnehmen. |
| Yo no soy de los que creen eso. | Ich gehöre nicht zu denen, die das glauben. |
| El que no llora no mama. | Wer nicht jammert, kriegt nichts. |
| El que dice esto es un mentiroso. | Derjenige, der/Wer das sagt, ist ein Lügner. |

Anmerkung: Hier kann *el que* etc. durch *quien/quienes* ersetzt werden (vgl. § 122.2).

4. Das deutsche Relativpronomen 'was' wird im Spanischen durch *lo que* wiedergegeben:

| | |
|---|---|
| *Lo que es feo puede ser interesante.* | Was hässlich ist, kann interessant sein. |
| *Me dijo todo lo que sabía.* | Er sagte mir alles, was er wusste. |
| *Mi marido quiere dejar de fumar, lo que no es fácil.* | Mein Mann will mit dem Rauchen aufhören, was nicht leicht ist. |
| *Lo que te voy a decir es lo siguiente: ...* | Was ich dir sagen will, ist Folgendes: ... |

Anmerkung 1: Dem Relativpronomen *lo que* kann eine Präposition vorausgehen, wie zum Beispiel in: *El viaje nos había cansado mucho, por lo que nos acostamos temprano.* – Die Reise hatte uns sehr angestrengt, weswegen wir früh zu Bett gingen. *Mi hermano fue nombrado director, de lo que me alegré mucho.* – Mein Bruder wurde zum Direktor ernannt, worüber ich mich sehr freute. *Mi hija piensa pasar las vacaciones en España con su novio, con lo que no estoy de acuerdo.* – Meine Tochter will ihre Ferien mit ihrem Freund in Spanien verbringen, womit ich nicht einverstanden bin. *Por lo que veo ...* – Wie ich sehe, ... *Lo único de lo que se acuerda es ....* – Das Einzige, woran er sich erinnert, ist ..., *de lo que deduzco que ...* – woraus ich schließe, dass ..., *algo con lo que no contaba .* – etwas, womit er/sie nicht gerechnet hatte.

Anmerkung 2: Bezieht sich 'was' auf einen vorangehenden Sachverhalt, kann es auch durch *lo cual* oder umgangssprachlich durch *cosa que* ausgedrückt werden. *Carlos dice que gana tres mil euros al mes, cosa que yo no creo.* – Carlos sagt, er verdiene 3.000 Euro im Monat, was ich nicht glaube.

Anmerkung 3: Nach *algo, nada, lo primero, lo último* steht nur *que*: *No compro nada que no me guste.* – Ich kaufe nichts, was mir nicht gefällt. *Lo primero que dijo era ¡ojo!* – Das Erste, was er sagte, war 'Aufgepasst!' Aber: *Nada de lo que hace pone contenta a su mujer.* – Nichts (von dem), was er tut, stellt seine Frau zufrieden.

Merke: *Lo que pasa es que no tengo tiempo.* – Allerdings habe ich keine Zeit.

# 122 Das Relativpronomen *quien/quienes*

1. Das Relativpronomen *quien* bezieht sich nur auf Personen. Es steht meistens nach einsilbigen Präpositionen:

| | |
|---|---|
| *Ese es el camarero de quien me quejé la última vez.* | Das ist der Kellner, über den ich mich das letzte Mal beschwerte. |
| *¿Cómo se llama el señor a quien acabas de saludar?* | Wie heißt der Herr, den du gerade gegrüßt hast? |

Anmerkung 1: Als Subjekt kann *quien* nur in erläuternden Relativsätzen erscheinen: *Su hermana, quien se casó hace tres años, piensa en divorciarse.* – Seine Schwester, die vor drei Jahren heiratete, denkt an Scheidung.

Anmerkung 2: Der Plural *quienes* wird selten gebraucht: *Ellos son los chicos de quienes te hablé.* – Das sind die, von denen ich dir erzählt habe. *Hay quienes piensan que ...* – Es gibt Leute, die denken, dass...

2. *Quien* ohne Bezugswort erscheint besonders in Sentenzen und Sprichwörtern:

| | |
|---|---|
| *Quien mucho abarca, poco aprieta.* | Wer zu viel auf einmal will, bringt nur wenig zustande. |
| *Quien busca el peligro, en él perece.* | Wer sich in Gefahr begibt, kommt darin um. |
| *Quien calla, otorga.* | Wer schweigt, stimmt zu. |
| *Quien siembra vientos, recoge tempestades.* | Wer Wind sät, wird Sturm ernten. |

## Das Relativpronomen *el cual/la cual/lo cual/los cuales/ las cuales*  123

1. *El cual* etc. kann zur Verdeutlichung der Beziehung des Relativpronomens verwendet werden (vgl. auch § 121.1):

| | |
|---|---|
| *La esposa de Manuel, la cual aprende alemán, ...* | Die Frau von Manuel, **die** Deutsch lernt, ... |
| *La esposa de Manuel, el cual aprende alemán, ...* | Die Frau von Manuel, **der** Deutsch lernt, ... |

2. Das Relativpronomen *el cual* etc. steht besonders nach mehrsilbigen Präpositionen:

| | |
|---|---|
| *Los exámenes para los cuales/los que me estoy preparando tendrán lugar en mayo.* | Die Prüfungen, auf die ich mich gerade vorbereite, finden im Mai statt. |
| *Yo no conozco los motivos por los cuales/los que se portaron así.* | Ich kenne nicht die Gründe, weshalb sie sich so benahmen. |
| *La casa delante de la cual está aparcado el Mercedes rojo es de mi primo.* | Das Haus, vor dem der rote Mercedes geparkt ist, gehört meinem Cousin. |
| *El zócalo encima del cual se eleva la estatua data del siglo XV.* | Der Sockel, auf dem die Statue steht, stammt aus dem 15. Jahrhundert. |
| *Esta es la pieza de recambio sin la cual la máquina no funciona.* | Das ist das Ersatzteil, ohne das die Maschine nicht funktioniert. |

3. Nach Zahl- oder Mengenbegriffen erscheint das Relativpronomen *los cuales/las cuales* in partitiver Funktion:

| | |
|---|---|
| Tengo cuatro hijos, cada uno de los cuales toca un instrumento. | Ich habe vier Kinder, von denen jedes ein Instrument spielt. |
| En mi biblioteca hay muchos libros antiguos, algunos de los cuales son muy preciosos. | In meiner Bibliothek befinden sich viele alte Bücher, von denen einige sehr wertvoll sind. |
| Disponemos de otros buenos jugadores, dos de los cuales están actualmente heridos. | Wir verfügen über weitere gute Spieler, von denen zwei im Augenblick verletzt sind. |

4. Das Relativpronomen *lo cual* bezieht sich auf den Inhalt eines vorausgehenden Satzes:

| | |
|---|---|
| Desde hace unos días se pinta mi hija de doce años, lo cual no me gusta del todo. | Seit einigen Tagen schminkt sich meine zwölfjährige Tochter, was mir überhaupt nicht gefällt. |

Anmerkung: *Lo cual* ist in diesem Fall durch *lo que* oder umgangssprachlich *cosa que* ersetzbar (vgl. auch § 121.4 u. Anm. 2).

## 124 Das Relativpronomen *cuanto/cuanta/cuantos/cuantas*

Das Relativpronomen *cuanto* etc. bedeutet soviel wie *todo lo que* etc. Es steht ohne Bezugswort, und ihm kann eine Präposition vorausgehen:

| | |
|---|---|
| Me dio cuanto tenía. | Er gab mir alles, was er hatte. |
| Cuantos vinieron, trajeron un regalo. | Alle, die kamen, brachten ein Geschenk mit. |
| Contestaré a cuantos me escriban. | Ich werde allen antworten, die mir schreiben (werden). |
| En su discurso el presidente agradeció a cuantos habían contribuido a la solución del problema. | In seiner Rede dankte der Präsident allen, die zur Lösung des Problems beigetragen hatten. |

## 125 Das Relativadjektiv *cuyo/cuya/cuyos/cuyas*

Das Relativadjektiv *cuyo* etc., das zur Wiedergabe von dt. 'dessen, deren' dient, richtet sich in Geschlecht und Zahl nach dem folgenden Substantiv (und nicht wie im Deutschen nach dem vorausgehenden Substantiv). Vor *cuyo* etc. kann auch eine Präposition stehen:

| | |
|---|---|
| Mi hijo juega con un chico cuyo padre trabaja en Alemania. | Mein Sohn spielt mit einem Jungen, dessen Vater in Deutschland arbeitet. |

| | |
|---|---|
| Manuel, a cuya hermana conocí en Barcelona, frecuenta un curso de ruso. | Manuel, dessen Schwester ich in Barcelona kennen lernte, besucht einen Russischkurs. |
| Este es el señor sin cuya ayuda yo no habría conseguido mi puesto de trabajo. | Das ist der Herr, ohne dessen Hilfe ich meine Stelle nicht bekommen hätte. |

Anmerkung 1: Statt *cuyo* etc. kann auch nachgestelltes *del cual* etc. gebraucht werden: *Este es el señor sin la ayuda del cual ...*

Anmerkung 2: In der gesprochenen Sprache wird *cuyo* etc. gewöhnlich durch *que su* ersetzt: *Esa chica que su padre es pintor ...* – Dieses Mädchen, dessen Vater Maler ist, ...

## Die Relativadverbien *donde, cuando, como* 126

1. Das Relativadverb *donde* kann

- anstelle der Präposition *en* + Relativpronomen verwendet werden:

| | |
|---|---|
| Me gusta el pueblo donde vives. | Mir gefällt das Dorf, wo du lebst. |
| La casa donde nací fue construida en 1865. | Das Haus, in dem ich geboren wurde, wurde 1865 erbaut. |

- auch ohne vorausgehendes Bezugswort gebraucht werden:

| | |
|---|---|
| Aquel pobre no tiene donde dormir. | Der Arme dort hat keinen Platz, wo er schlafen kann. |
| Comimos donde (comemos) siempre. | Wir aßen da, wo wir immer essen. |
| Donde come uno, comen dos. | Wo einer isst, werden auch zwei satt. |
| Mira donde pisas. | Pass auf, wo du hintrittst. |

- sich mit den Präpositionen *a, de, desde, en, hacia, para* und *por* verbinden:

| | |
|---|---|
| El cuarto en donde dormí estaba muy sucio. | Das Zimmer, in dem ich schlief, war sehr schmutzig. |
| Le enseñé al policía la ventana por donde el ladrón había penetrado en la casa. | Ich zeigte dem Polizisten das Fenster, durch das der Einbrecher in das Haus eingedrungen war. |
| A las seis de la mañana salimos para Sevilla de donde volvimos a medianoche. | Um sechs Uhr morgens fuhren wir nach Sevilla, von wo wir um Mitternacht zurückkehrten. |

Unterscheide: *No conozco el lugar adonde van.* – Ich kenne nicht den Ort, wohin sie gehen (Der Ort, auf den sich *adonde* bezieht, ist ausgedrückt). *Vamos a donde están los otros.* – Wir gehen dahin, wo die anderen sind (Bezugswort nicht ausgedrückt).

2. Das Relativadverb *cuando* steht nur in erläuternden Relativsätzen (vgl. § 118.2):

| | |
|---|---|
| *En una noche de invierno, cuando reinaba un silencio absoluto, se oyeron de repente fuertes golpes en la puerta de la calle.* | In einer Winternacht, in der völlige Stille herrschte, hörte man plötzlich ein starkes Klopfen an der Haustür. |

Anmerkung: In den folgenden Ausdrücken hat *que* temporale Funktion: *Siempre recordaré el día (en) que te vi por primera vez.* – Ich werde mich immer an den Tag erinnern, an dem ich dich zum ersten Mal sah. *El año que nació mi hijo murió mi padre.* – In dem Jahr, in dem mein Sohn geboren wurde, starb mein Vater.

3. Das Relativadverb *como*:

| | |
|---|---|
| *No considero oportuna la manera como/en que el gobierno intenta resolver el problema.* | Ich halte die Art und Weise, wie die Regierung das Problem zu lösen versucht, nicht für angebracht. |

Anmerkung: Eine Präposition bleibt vor dem Relativadverb erhalten: *Fíjate en como lo hace.* – Achte mal darauf, wie er/sie es macht. *No tiene idea de como se pesca.* – Er/Sie hat keine Ahnung vom Angeln.

# Kapitel 11 Das Adjektiv (El adjetivo calificativo)

Die Funktion eines Adjektivs besteht darin, ein Substantiv näher zu bestimmen. Ein Adjektiv kann Bestandteil einer Nominalgruppe sein (attributives Adjektiv, vgl. § 26.9) oder mit *ser/estar* und einigen weiteren Verben das Prädikat bilden (prädikatives Adjektiv, vgl. §§ 204.2, 205.4,5). Das attributive Adjektiv kann vor oder nach dem Substantiv stehen (vgl. §§ 131-135). Sowohl das attributive als auch das prädikative Adjektiv stimmen in Genus und Numerus mit dem Substantiv, zu dem sie gehören, überein (vgl. § 130). Adjektive können auch in adverbialer Funktion verwendet werden (vgl. § 252).

## Die Endungen des Adjektivs  127

Die spanischen Adjektive lassen sich nach ihrer Endung in folgende Gruppen einteilen:

| Gruppe | Singular | | Plural | |
|---|---|---|---|---|
| | maskulin | feminin | maskulin | feminin |
| 1. Gruppe | *-o* | *-a* | *-os* | *-as* |
| 2. Gruppe | -Konsonant | | *-es* | |
| 3. Gruppe | *-e* | | *-es* | |
| 4. Gruppe | -Konsonant | | | |

1. Beispiele zu Gruppe 1:

| *un hotel pequeño* | ein kleines Hotel |
|---|---|
| *hoteles pequeños* | kleine Hotels |
| *una casa pequeña* | ein kleines Haus |
| *casas pequeñas* | kleine Häuser |

2. Beispiele zu Gruppe 2 (zu dieser Gruppe gehören Adjektive, die auf *-án*, *-ín*, *-ón*, *-ol*, *-or*, *-és* oder *-uz* ausgehen):

| *un libro alemán/español/inglés* | ein deutsches/spanisches/ englisches Buch |
|---|---|
| *libros alemanes/españoles/ingleses* | deutsche/spanische/englische Bücher |
| *un chica alemana/española/inglesa* | ein deutsches/spanisches/ englisches Mädchen |
| *chicas alemanas/españolas/inglesas* | deutsche/spanische/englische Mädchen |

| | |
|---|---|
| un hombre parlanchín/comilón/ trabajador/andaluz hombres parlanchines/comilones/ trabajadores/andaluces | ein geschwätziger/gefräßiger/ fleißiger/andalusischer Mann geschwätzige/gefräßige/ fleißige/andalusische Männer |
| una mujer parlanchina/ comilona/trabajadora/andaluza mujeres parlanchinas/ comilonas/trabajadoras/andaluzas | eine geschwätzige/gefräßige/ fleißige/andalusische Frau geschwätzige/gefräßige/ fleißige/andalusische Frauen |

Ausnahmen: Nur eine Form im Singular weisen die Komparative auf -or sowie die Adjektive *cortés* 'höflich' und *gris* 'grau' auf: *el mejor alumno* der beste Schüler, *la mejor alumna* die beste Schülerin; *un señor/una señora cortés* ein höflicher Herr/eine höfliche Dame; *un jersey gris* ein grauer Pullover, *una chaqueta gris* eine graue Jacke. Im Plural kann das Adjektiv *gris* unverändert bleiben oder *grises* lauten: *chaquetas gris(es)* graue Jacken.

3. Beispiele zu Gruppe 3:

| | |
|---|---|
| un muchacho inteligente muchachos inteligentes una muchacha inteligente muchachas inteligentes | ein intelligenter Junge intelligente Jungen ein intelligentes Mädchen intelligente Mädchen |

Ausnahmen: Die feminine Form der Adjektive auf -ete und -ote lautet -eta und -ota: *una chica grandota* ein hochaufgeschossenes Mädchen, *una mujer gordeta* eine dickliche Frau.

4. Beispiele zu Gruppe 4:

| | |
|---|---|
| un jersey/una falda azul jerseys/faldas azules | ein blauer Pullover/Rock blaue Pullover/Röcke |
| un hombre/una mujer joven hombres/mujeres jóvenes | ein junger Mann/eine junge Frau junge Männer/Frauen |
| un marido/una esposa ejemplar maridos/esposas ejemplares | ein mustergültiger Ehemann/ eine mustergültige Ehefrau mustergültige Ehemänner/ Ehefrauen |
| un matrimonio/una pareja feliz matrimonios/parejas felices | eine glückliche Ehe/ein glückliches Paar glückliche Ehen/Paare |

Anmerkung: Adjektive, die im Singular auf -z enden, verwandeln dieses vor der Pluralendung -es in -c- (vgl. hierzu auch § 20.4). Zur Akzentsetzung vgl. § 6).

## 5. Sonderfälle

Nur je eine Endung im Singular und im Plural haben:

- Adjektive auf **-í** und **-ú**. Sie bilden den Plural auf **-íes** und **-úes**:

| un producto/una poesía israelí | ein israelisches Produkt/Gedicht |
| productos/poesías israelíes | israelische Produkte/Gedichte |
| un sacerdote/una costumbre hindú | ein hinduistischer Priester/Brauch |
| sacerdotes/costumbres hindúes | hinduistische Priester/Bräuche |

- Adjektive mit den Suffixen **-ista** und **-cola**:

| un líder/una idea comunista | ein kommunistischer Führer/Gedanke |
| líderes/ideas comunista**s** | kommunistische Führer/Gedanken |

| un pueblo/una región vinícola | ein Winzerdorf/ein Weinbaugebiet |
| pueblos/regiones vinícola**s** | Winzerdörfer/Weinbaugebiete |

- einige wenige Adjektve auf **-a**:

| un coche/una cerveza belga | ein belgisches Auto/Bier |
| coches/cervezas belg**as** | belgische Autos/Biere |
| un animal/una gallina indígena | ein einheimisches Tier/Huhn |
| animales/gallinas indígen**as** | einheimische Tiere/Hühner |

## Unveränderliche Adjektive      **128**

Nur eine Form haben:

1. einige wenige Farbadjektive:

| una chaqueta beige [be̱is] | eine beige Jacke |
| chaquetas beige | beige Jacken |

2. die mit **claro** und **oscuro** zusammengesetzten Farbadjektive und sonstige zusammengesetzte Farbbezeichnungen:

| ojos azul claro | hellblaue Augen |
| trajes azul oscuro | dunkelblaue Anzüge |
| pantalones verde botella | flaschengrüne Hosen |

3. adjektivisch gebrauchte Substantive:

| guantes violeta | violette Handschuhe |
| zapatos marrón/café | braune Schuhe |
| faldas rosa/naranja/lila | rosarote/orangefarbene/lila Röcke |

4. *chic*:

| una mujer chic | eine schicke Frau |
| unas mujeres chic | einige schicke Frauen |

## 129 Sonderformen der Adjektive *bueno, malo, grande* und *santo*
(vgl. auch § 7.1, 2, 4)

1. Die Adjektive *bueno* und *malo* verlieren das *-o* vor folgendem maskulinem Substantiv im Singular:

| un buen libro | ein gutes Buch |
| un mal momento | ein schlimmer Augenblick |

2. Das Adjektiv *grande* verliert im Allgemeinen vor einem folgenden femininen oder maskulinen Substantiv im Singular die letzte Silbe:

| un gran susto | ein großer Schreck |
| una gran sorpresa | eine große Überraschung |

3. Das Adjektiv *santo* wird vor einem maskulinen Eigennamen zu *san* verkürzt:

| San Ignacio de Loyola | der heilige Ignatius von Loyola |
| San Pablo | der heilige Paulus |

Anmerkung: Diese Verkürzung unterbleibt vor *Tomás* und *Domingo*: *Santo Tomás* der heilige Thomas, *Santo Domingo* der heilige Dominikus.

## 130 Die Übereinstimmung des Adjektivs mit dem Substantiv
(La concordancia de los adjetivos)

1. Das Adjektiv richtet sich sowohl in attributiver als auch in prädikativer Stellung in Genus und Numerus nach dem Substantiv, auf das es sich bezieht.

Attributiver Gebrauch (uso atributivo):

| la antigua capital | die ehemalige Hauptstadt |
| las novelas interesantes | die interessanten Romane |

Prädikativer Gebrauch (uso predicativo):

| La vida es cara. | Das Leben ist teuer. |
| Los padres de ella son severos. | Ihre Eltern sind streng. |

2. Wenn ein Adjektiv sich auf mehrere Substantive mit gleichem Genus bezieht, so steht es im Plural:

| una chaqueta y una falda amarillas | eine gelbe Jacke und ein gelber Rock |
| un plato y un vaso rotos | ein zerbrochener Teller und ein zerbrochenes Glas |

3. Bezieht sich ein Adjektiv auf mehrere Substantive mit verschiedenem Genus, so erscheint es in der maskulinen Form des Plurals:

| las blusas y los zapatos modernos | die modernen Blusen und Schuhe |
| Las camisas y los pantalones eran caros. | Die Hemden und die Hosen waren teuer. |

Anmerkung 1: Eine Anordnung wie *los zapatos y las blusas modernos* wird im Allgemeinen vermieden.

Anmerkung 2: Bezieht sich ein vor einem Substantiv stehendes Adjektiv auch auf weitere Substantive mit unterschiedlichem Genus, so richtet es sich in Genus und Numerus meist nach dem ersten Substantiv: *Ayer compré nuevas camisas y pantalones.* – Gestern kaufte ich neue Hemden und Hosen.

Anmerkung 3: Man beachte auch, dass ein Substantiv im Plural stehen muss, wenn sich mehrere Adjektive darauf beziehen: *Tenemos una secretaria que domina las lenguas inglesa, francesa e italiana.* – Wir haben eine Sekretärin, die Englisch, Französisch und Italienisch beherrscht.

## Die Stellung des attributiven Adjektivs  131

Das Adjektiv steht nach dem Nomen, wenn es unterscheidende Funktion hat; es steht vor dem Nomen, wenn es beschreibende Funktion hat. Wenn zum Beispiel Eheleute sagen: *Hemos comprado una pequeña casa,* so wollen sie nur beschreiben, wie ihr Haus ist. Sagen sie hingegen: *Hemos comprado una casa pequeña,* so bringen sie damit zum Ausdruck, dass es nur ein kleines, kein großes Haus ist, das sie sich gekauft haben. Außerdem gibt die Voranstellung subjektives Urteil, Emphase und besondere Intensität wieder.

## 132 Die Voranstellung des Adjektivs (la anteposición del adjetivo)

Vorangestellt werden:

1. eine Reihe von Adjektiven, die im Allgemeinen nicht mit unterscheidender Funktion gebraucht werden, sondern eine wertende Bedeutung haben:

| | |
|---|---|
| *Tengo una buena amiga.* | Ich habe eine gute Freundin. |
| *Platón fue un gran filósofo.* | Platon war ein großer Philosoph. |
| *Ayer recibí una mala noticia.* | Gestern erhielt ich eine schlechte Nachricht. |
| *las duras condiciones de vida* | die harten Lebensbedingungen |
| *un violento choque* | ein heftiger Zusammenstoß |
| *un craso/gran error* | ein dicker Fehler |

2. emphatisch gebrauchte Adjektive:

| | |
|---|---|
| *Eres un verdadero amigo.* | Du bist ein wirklicher Freund. |
| *Me he llevado un enorme chasco.* | Ich habe einen tüchtigen Reinfall erlebt. |

3. Adjektive in festen Wortverbindungen:

| | |
|---|---|
| *falsa modestia* | falsche Bescheidenheit |
| *los frescos colores de la primavera* | die frischen Frühlingsfarben |
| *los altos hornos* | die Hochöfen |
| *Baja Sajonia* | Niedersachsen |
| *la eterna canción* | die alte Leier |

## 133 Die Nachstellung des Adjektivs (la posposición del adjetivo)

Die Nachstellung des Adjektivs ist die übliche und häufigste Stellung.

Nachgestellt werden:

1. Adjektive, die stets unterscheidende Funktion haben und die zum Beispiel Farbe, Form, Nationalität, geographische, politische, religiöse Zugehörigkeit usw. angeben:

| | |
|---|---|
| *la falda amarilla* | der gelbe Rock |
| *una mesa redonda* | ein runder Tisch |

| | |
|---|---|
| el África Occidental | Westafrika |
| el golfo Pérsico | der Persische Golf |
| el equipo alemán | die deutsche Mannschaft |
| el partido socialista | die sozialistische Partei |
| la teología católica | die katholische Theologie |

Anmerkung 1: Folgt auf das Substantiv eine Ergänzung, die mit ihm eine begriffliche Einheit bildet, so wird ein normalerweise nachgestelltes Adjektiv vorangestellt: *una excelente mermelada de moras* eine ausgezeichnete Brombeermarmelade, *en una céntrica calle de Benidorm* in einer zentral gelegenen Straße Benidorms, *el católico Rey de España* der katholische König Spaniens.

Anmerkung 2: Drückt ein Nationalitätsadjektiv eine vermeintlich charakteristische Eigenschaft eines Volkes aus, so kann es vorangestellt werden: *su española generosidad* seine spanische Großzügigkeit, *su alemana puntualidad* seine deutsche Pünktlichkeit.

Anmerkung 3: In festen Verbindungen stehen Farbadjektive gelegentlich vor dem Substantiv (pleonastischer Gebrauch): *la blanca nieve* der weiße Schnee, *el negro carbón* die schwarze Kohle.

2. die sog. relationalen Adjektive, d.h. Adjektive, die von Substantiven abgeleitet sind und die eine Verbindung angeben zwischen dem Substantiv, auf das sich das Adjektiv bezieht, und dem Substantiv, von dem das Adjektiv abgeleitet ist. Im Deutschen werden solche Verbindungen oft durch ein zusammengesetztes Substantiv wiedergegeben:

| | |
|---|---|
| *las aguas residuales* | die Abwässer |
| *una reunión ministerial* | ein Ministertreffen |
| *las condiciones medioambientales* | die Umweltbedingungen |
| *el himno nacional* | die Nationalhymne |
| *la exploración espacial* | die Weltraumforschung |

Anmerkung: Dabei ist zu beachten, dass bei vielen Relationsadjektiven gelehrte Bildungen vorliegen, wie z.B. in *la prensa local* (zu *lugar*) die Lokalpresse, *la jerarquía eclesiastica* (zu *iglesia*) die Kirchenhierarchie, *la zona portuaria* (zu *puerto*) das Hafengebiet (vgl. auch § 304.4).

3. in der Regel adjektivisch gebrauchte Partizipien:

| | |
|---|---|
| *una película aburrida* | ein langweiliger Film |
| *una madre afligida* | eine betrübte Mutter |

Aber: *las llamadas democracias* die so genannten Demokratien, *el pretendido/ supuesto autor* der angebliche Autor

4. näher bestimmte Adjektive:

| | |
|---|---|
| un muchacho muy listo | ein sehr schlauer Junge |
| una situación extraordinariamente difícil | eine äußerst schwierige Lage |
| una obra digna de elogio | ein lobenswertes Werk |

5. Komparative und Superlative:

| | |
|---|---|
| un coche más barato | ein billigeres Auto |
| un hotel menos caro | ein preiswerteres Hotel |
| el viaje más largo | die längste Reise |
| su novela menos interesante | sein/ihr uninteressantestes/am wenigsten interessantes Buch |

## 134 Voran- bzw. Nachstellung des Adjektivs mit Bedeutungsunterschied

Folgende Adjektive haben verschiedene Bedeutung, je nachdem ob sie vor oder nach dem Nomen stehen:

| | | |
|---|---|---|
| alto | un alto funcionario | ein hoher Beamter |
| | un funcionario alto | ein großer Beamter |
| antiguo | una antigua iglesia | eine ehemalige Kirche |
| | una iglesia antigua | eine alte Kirche |
| cierto | ciertas noticias | gewisse Meldungen |
| | noticias ciertas | sichere Meldungen |
| curioso | una curiosa persona | ein seltsamer Mensch |
| | una persona curiosa | ein neugieriger Mensch |
| grande | un gran hombre | ein bedeutender Mann |
| | un hombre grande | ein großer Mann |
| nuevo | un nuevo coche | ein neues/anderes Auto |
| | un coche nuevo | ein neues (nicht gebrauchtes) Auto |
| numeroso | numerosas familias | zahlreiche Familien |
| | familias numerosas | Großfamilien |
| pobre | una pobre mujer | eine arme/bedauernswerte Frau |
| | una mujer pobre | eine arme/mittellose Frau |
| presente | la presente carta | der vorliegende Brief |
| | la situación presente | die gegenwärtige Lage |
| puro | la pura verdad | die reine Wahrheit |
| | el aire puro | die saubere Luft |
| raro | un raro fenómeno | eine seltene Erscheinung |
| | un fenómeno raro | eine seltsame Erscheinung |

| | | |
|---|---|---|
| simple | una simple pregunta<br>una pregunta simple | nur/bloß eine Frage<br>eine einfache Frage |
| solo | una sola mujer<br>una mujer sola | eine einzige Frau<br>eine allein stehende Frau/eine Frau ohne Begleitung |
| triste | un triste consuelo<br>un niño triste | ein armseliger Trost<br>ein trauriges Kind |
| vario | varios colores<br>colores varios | mehrere Farben<br>unterschiedliche Farben |
| viejo | un viejo amigo<br><br>un amigo viejo | ein alter Freund/ein Freund, den man schon lange kennt<br>ein alter/betagter Freund |

Merke auch: *el propio nombre* der eigene Name – *el nombre propio* der Eigenname, *la próxima semana/la semana próxima* die nächste Woche, *por primera vez/por vez primera* zum ersten Mal, *la santa misa* die heilige Messe – *Viernes Santo* Karfreitag

## Die Stellung von zwei Adjektiven beim Substantiv    135

1. Wenn sich zwei Adjektive auf ein Substantiv beziehen, so steht das nicht unterscheidende Adjektiv vor, das unterscheidende nach dem Substantiv:

| | |
|---|---|
| las graves pérdidas económicas | die schweren finanziellen Verluste |
| los pequeños niños descalzos | die kleinen barfüßigen Kinder |
| un buen vino español | ein guter spanischer Wein |
| las grandes aspiraciones francesas | die ehrgeizigen französischen Ziele |

2. Beziehen sich zwei unterscheidende Adjektive auf ein Substantiv, so steht direkt nach dem Substantiv dasjenige Adjektiv, das mit diesem eine Sinneinheit bildet:

| | |
|---|---|
| la literatura española moderna | die moderne spanische Literatur |
| las relaciones diplomáticas insuficientes | die unzureichenden diplomatischen Beziehungen |

3. Zwei durch *y* bzw. *pero* verbundene Adjektive stehen nach dem Substantiv:

| | |
|---|---|
| un director severo pero justo | ein strenger, aber gerechter Chef |
| un obrero hábil y aplicado | ein fähiger und fleißiger Arbeiter |

## 136 Besonderheiten der Wiedergabe deutscher Adjektive im Spanischen

Deutsche Adjektive werden zuweilen durch eine Fügung aus Präposition (meist *de*) + Substantiv bzw. Relativsatz wiedergegeben:

| | |
|---|---|
| ein richtiges Auto | *un coche de verdad* |
| ein sehr aktuelles Thema | *un tema de la máxima actualidad* |
| eine luxuriöse Wohnung | *una habitación de lujo* |
| orthographische Fehler | *faltas de ortografía* |
| der spanische König | *el rey de España* |
| die italienische Botschaft | *la embajada de Italia* |
| ein silbernes Armband | *una pulsera de plata* |
| die goldene Hochzeit | *las bodas de oro* |
| ein buntes Hemd | *una camisa de color* |
| sehr wertvolle Wandteppiche | *tapices de gran valor* |
| ein großartiges Werk | *una obra de gran mérito* |
| zur gewohnten Zeit | *a la hora de costumbre* |
| eine unbedeutende Zeitung | *un periódico de poca importancia* |
| kurzfristige Geschäfte | *operaciones a corto plazo* |
| die kirchliche Trauung | *el matrimonio por la iglesia* |
| zahllose Abenteuer | *aventuras sin cuento* |
| wertlose Gegenstände | *objetos sin valor* |
| die serienmäßige Produktion | *la producción en serie* |
| saure Gurken | *pepinillos en vinagre* |
| mit einer unfreundlichen Miene | *con cara de pocos amigos* |
| ein undichtes Fenster | *una ventana que no cierra bien* |

Anmerkung 1: Der umgekehrte Fall liegt zum Beispiel vor in: *violencia doméstica* Gewalt in der Familie.

Anmerkung 2: Das Adverb *entonces* kann auch adjektivisch gebraucht werden, z.B.: *el entonces ministro del Interior* der damalige Innenminister.

## 137 Die Substantivierung des Adjektivs

1. Im Spanischen können wie im Deutschen fast alle Adjektive als Substantive gebraucht werden:

| | |
|---|---|
| *el tonto* | der Dumme |
| *la pequeña* | die Kleine |
| *los salvajes* | die Wilden |
| *el enfermo* | der Kranke |
| *las enfermas* | die Kranken [fem.] |
| *el bueno* | der Gute |

Merke: *lo bueno* das Gute, *lo malo* das Schlechte, *lo bello y lo feo* das Schöne und das Hässliche (vgl. § 28, Anm. 2). Aber: Gutes tun *hacer el bien*, das Gute und das Böse *el bien y el mal*.

2. Viele Adjektive sind zu Substantiven geworden:

| | |
|---|---|
| *el periódico* | die Zeitung |
| *el diario* | das Tagebuch/die Tageszeitung |
| *la fresca* | die frische Luft |
| *la postal* | die Postkarte |
| *la circular* | das Rundschreiben |
| *el somnífero* | das Schlafmittel |

3. Adverbiale Wendungen:

| | |
|---|---|
| *a lo mejor* | womöglich/vielleicht |
| *a lo grande* | in großem Stil/auf großem Fuß |
| *a lo loco* | überstürzt/Hals über Kopf |
| *a lo lejos* | in der Ferne |
| *de lo contrario* | sonst |
| *por lo visto* | offensichtlich |
| *a la ligera* | leichtsinnig/oberflächlich |
| *a la francesa* | auf französische Art |
| *a la corta o a la larga* | über kurz oder lang |
| *a la(s) clara(s)* | deutlich/unverhohlen |

Merke: *hacer lo imposible por* + Inf. alles in Bewegung setzen, um zu; *Lo cierto es que ...* – Tatsache ist, dass ...; *lo peor de este asunto* das Schlimmste an dieser Angelegenheit

**Die Steigerung der Adjektive** (la gradación de los adjetivos)     **138**

Man unterscheidet drei Stufen des Adjektivs: den Positiv, den Komparativ und den Superlativ. Der Positiv gibt eine Eigenschaft an, ohne sie mit der anderer Wesen/Dinge zu vergleichen. Der Komparativ drückt eine Eigenschaft aus, die einem Wesen/Ding in höherem bzw. geringerem Maße eigen ist als einem anderen oder bei einem Wesen/Ding in gleichem Maße vorhanden ist wie bei einem anderen. Der Superlativ bringt zum Ausdruck, dass einem Wesen/Ding eine Eigenschaft in höchstem bzw. geringstem Maße im Vergleich zu anderen oder in sehr hohem bzw. sehr geringem Maße zukommt.

# 139 Der Komparativ (el comparativo)

1. Der Komparativ wird gebildet, indem man dem zu steigernden Adjektiv *más* (= Aufwärtssteigerung/*comparativo de superioridad*) bzw. *menos* (= Abwärtssteigerung/*comparativo de inferioridad*) voranstellt:

| | |
|---|---|
| *una carta más larga* | ein längerer Brief |
| *un profesor menos severo* | ein weniger strenger Lehrer/ ein nicht so strenger Lehrer |
| *¿No hay habitaciones más baratas?* | Gibt es keine billigeren Zimmer? |
| *Tu eres más papista que el papa.* | Du bist päpstlicher als der Papst. |

2. Die Adjektive *bueno*, *malo*, *grande* und *pequeño* können regelmäßig oder unregelmäßig gesteigert werden. Die unregelmäßigen Formen lauten:

| | | | |
|---|---|---|---|
| *bueno* | gut | - *mejor* | besser |
| *malo* | schlecht/schlimm | - *peor* | schlechter/schlimmer |
| *grande* | groß | - *mayor* | größer |
| *pequeño* | klein | - *menor* | kleiner/geringer |

Die unregelmäßigen Steigerungsformen werden häufiger gebraucht:

| | |
|---|---|
| *Muchos españoles abandonaron su país en busca de una vida mejor.* | Viele Spanier verließen ihr Land auf der Suche nach einem besseren Leben. |
| *Yo soy peor estudiante que mi hermano.* | Ich bin ein schlechterer Student als mein Bruder. |
| *En este caso la probabilidad sería mayor.* | In diesem Fall wäre die Wahrscheinlichkeit größer. |
| *Este año la renta per cápita ha sido menor que el año pasado.* | Dieses Jahr war das Pro-Kopf-Einkommen geringer als im letzten Jahr. |

Anmerkung: Die Formen *mayor* und *menor* können sich auch auf das Alter beziehen. In diesem Fall werden sie immer nachgestellt: *mi hermano mayor* mein älterer Bruder, *tu hermana menor* deine jüngere Schwester.

Merke: *mayor de edad* volljährig, *una señora de edad/ya mayor* eine ältere Dame, *la gente mayor* die älteren Leute

Zwischen den regelmäßigen und den unregelmäßigen Steigerungsformen bestehen Bedeutungs- und Gebrauchsunterschiede:

- Werden *bueno* und *malo* regelmäßig gesteigert, beziehen sie sich auf eine Charaktereigenschaft. Darüber hinaus können sie in der Umgangssprache an Stelle von *mejor* und *peor* vorkommen:

| | |
|---|---|
| *Mi papá es más bueno que el tuyo.* | Mein Papa ist netter/lieber als deiner. |
| *Paco es más bueno que el pan.* | Paco ist herzensgut. |
| *El profesor dice que Juan es más malo que Carlos.* | Der Lehrer sagt, dass Juan ungezogener sei als Carlos. |

Merke:   meine bessere Hälfte *mi media naranja*

- Die regelmäßigen Steigerungsformen von *grande* und *pequeño* werden in der Regel auf konkrete Dinge angewandt:

| | |
|---|---|
| *Nuestra casa es más grande que la vuestra.* | Unser Haus ist größer als eures. |
| *Vuestro jardín es más pequeño que el nuestro.* | Euer Garten ist kleiner als unserer. |

## Die Wiedergabe der Vergleichspartikel 'als'   140

1. Folgt auf 'als' ein Substantiv, ein Pronomen, ein Adjektiv, ein Adverb, ein Verb im Infinitiv oder eine präpositionale Fügung, so gebraucht man **que**:

| | |
|---|---|
| *Carlos es más inteligente que Juan.* | Carlos ist intelligenter als Juan. |
| *Tu hermano estudia más que tú.* | Dein Bruder lernt mehr als du. |
| *Mi coche es menos rápido que el tuyo.* | Mein Auto ist weniger schnell als deines/nicht so schnell wie deines. |
| *La cerveza alemana es mejor que la francesa.* | Das deutsche Bier ist besser als das französische. |
| *Este restaurante es más caro que bueno.* | Dieses Restaurant ist mehr teuer als gut. |
| *Mejor hoy que mañana.* | Besser heute als morgen. |
| *Es más fácil gastar que ahorrar.* | Es ist leichter auszugeben als zu sparen. |
| *Más vale prevenir que curar.* | Vorbeugen ist besser als heilen. |
| *Este año hay más turistas en Italia que en España.* | Dieses Jahr gibt es in Italien mehr Touristen als in Spanien. |
| *Aquí llueve más de lo que nieva.* | Hier regnet es mehr als es schneit. |

2. Folgt auf *más/menos* + Substantiv ein Verb, so steht **del que/de la que/de los que/de las que** je nach Genus und Numerus des Substantivs, weil sich der Vergleich auf dieses Substantiv bezieht:

| | |
|---|---|
| *Manuel tiene más dinero del que puede gastar(se).* | Manuel hat mehr Geld, als er ausgeben kann. |
| *Mi padre tiene menos edad de la que aparenta.* | Mein Vater ist jünger, als er aussieht. |
| *Mi marido compra más libros de los que puede leer.* | Mein Mann kauft mehr Bücher, als er lesen kann. |

Anmerkung: In der Umgangssprache wird bisweilen *del que/de la que* etc. durch *de lo que* ersetzt: *Mi padre tiene menos edad de lo que aparenta.*

3. Bezieht sich der Vergleich auf ein Adjektiv oder Adverb, so gebraucht man **de lo que**:

| | |
|---|---|
| *Es más difícil de lo que parece.* | Es ist schwieriger, als es aussieht. |
| *Juanita es más inteligente de lo que piensas.* | Juanita ist intelligenter als du glaubst. |
| *Terminé el trabajo más pronto de lo que había pensado.* | Ich war mit der Arbeit früher fertig als ich gedacht hatte. |

Anmerkung: Ein hypothetischer Vergleich (dt. 'als ob') wird durch *como si* + *pretérito imperfecto/pluscuamperfecto de subjuntivo* oder durch *como que* + Indikativ [ugspr.] wiedergegeben: *Nos comportábamos como si no nos conociésemos.* – Wir verhielten uns, als ob wir uns nicht kennen würden. *Hace como si ni supiera contar hasta diez.* - Er/Sie tut, als ob er/sie nicht bis drei zählen könne. *Hice como si no lo hubiera visto.* – Ich tat, als ob ich ihn nicht gesehen hätte. *Lo recuerdo como si fuera ayer.* – Ich erinnere mich daran, als ob es gestern gewesen wäre. *Hace como si durmiera./Hace como que duerme./Finge dormir.* – Er tut, als ob er schliefe. *Hacía como si durmiera./Hacía como que dormía./Fingía dormir.* – Er tat, als ob er schliefe. Merke: *como si nada* [ugspr.] als ob nichts geschehen wäre

4. Vor Zahlen steht **de** nach **más** und **menos**:

| | |
|---|---|
| *Tengo más de dos mil libros.* | Ich habe mehr als/über zweitausend Bücher. |
| *Esta vez habré hecho menos de cinco faltas.* | Diesmal werde ich weniger als fünf Fehler gemacht haben. |

Unterscheide: *No he gastado más **de** veinte euros.* – Ich habe nicht mehr als 20 Euro ausgegeben. *No he gastado más **que** veinte euros./He gastado nada más que veinte euros.* – Ich habe nur 20 Euro ausgegeben. *Esto no me pasa más que a mí.* – Das passiert nur mir.

Merke: *más tiempo del necesario* länger als notwendig, *más de lo necesario* mehr als notwendig, *antes de lo previsto* früher als vorgesehen, *más difícil de lo esperado* schwieriger als erwartet, *más de la cuenta* mehr als ratsam/geboten; Es gibt mehr als genug. – *Hay de sobra*; anders als *distinto a/de*.

5. Auf die Komparativformen *superior* 'höher/besser/vorzüglicher', *inferior* 'niedriger/schlechter', *anterior* 'früher' und *posterior* 'später' folgt die Präposition *a*:

| | |
|---|---|
| *Nuestros productos son superiores a los vuestros.* | Unsere Produkte sind besser als eure. |
| *Mi sueldo es inferior al tuyo.* | Mein Gehalt ist kleiner als deines. |
| *La caída de Constantinopla es anterior al descubrimiento de América.* | Der Fall von Konstantinopel liegt früher als die/vor der Entdeckung Amerikas. |

## Die Wiedergabe von dt. '(eben)so ... wie' 141

1. Dt. '(eben)so + Adjektiv + wie' wird durch **tan** + Adjektiv + **como** wiedergegeben (comparativo de igualdad):

| | |
|---|---|
| *Extremadura es tan grande como Suiza.* | Die Extremadura ist so groß wie die Schweiz. |
| *María no es tan amable como Luisa.* | Maria ist nicht so nett wie Luisa. |
| *No es tan fácil como parece.* | Es ist nicht so leicht wie es aussieht. |

2. Dt. '(eben)so viel wie' wird durch *tanto como* ausgedrückt:

| | |
|---|---|
| *Yo gano tanto como tú.* | Ich verdiene (eben)so viel wie du. |
| *No estudias tanto como tu hermana.* | Du lernst nicht so viel wie deine Schwester. |

3. Dt. '(eben)so viel(e) + Substantiv + wie' wird durch *tanto/tanta/tantos/tantas* + Substantiv + *como* wiedergegeben:

| | |
|---|---|
| *Tengo tantos sellos como tú.* | Ich habe so viele Briefmarken wie du. |
| *No tengo tanto tiempo como tú.* | Ich habe nicht so viel Zeit wie du. |
| *Carlos conoce a tantas chicas como yo.* | Carlos kennt ebenso viele Mädchen wie ich. |

4. Dt. '(genau)so wie' wird durch *igual que* ausgedrückt:

| | |
|---|---|
| *Juanita es igual que su padre.* | Juanita ist (genau)so wie ihr Vater. |
| *Nosotros trabajamos igual que vosotros.* | Wir arbeiten genauso wie ihr. |
| *Tengo unos zapatos iguales que los que llevas tú.* | Ich habe genau solche Schuhe wie du sie trägst. |

## 142 Die Wiedergabe von dt. 'je mehr/weniger .. desto mehr/weniger'

Dt. 'je mehr/weniger ... desto mehr/weniger' wird durch *cuanto más/ menos ... (tanto) más/menos* wiedergegeben. Dabei richten sich *cuanto* und *tanto* in Genus und Numerus nach ihrem Bezugswort:

| | |
|---|---|
| *Cuanto más se tiene, (tanto) más se quiere.* | Je mehr man hat, desto mehr will man haben. |
| *Cuanto más lo pienso, (tanto) menos estoy convencido de ello.* | Je mehr ich darüber nachdenke, desto weniger bin ich davon überzeugt. |
| *Cuantos más libros tienes, (tantos) menos lees.* | Je mehr Bücher du hast, desto weniger liest du. |
| *Cuantas más lenguas conozcas, más posibilidades tendrás de encontrar trabajo.* | Je mehr Sprachen du kannst, desto mehr Möglichkeiten hast du, Arbeit zu finden. |
| *Cuantos menos niños nacen, (tantos) más problemas tiene el Estado.* | Je weniger Kinder geboren werden, desto mehr Probleme hat der Staat. |
| *Cuantas menos faltas hagas, mejor.* | Je weniger Fehler du machst, um so besser. |

## 143 Der relative Superlativ (superlativo relativo)

Der relative Superlativ wird mit dem Komparativ und dem bestimmten Artikel (vor dem Adjektiv oder dem Substantiv) gebildet (zu den unregelmäßigen Komparativformen vgl. § 139.2):

| | |
|---|---|
| *La idea más genial es la de José.* | Die genialste Idee ist die von José. |
| *Manuel es el alumno más inteligente de la clase.* | Manuel ist der intelligenteste Schüler (in) der Klasse. |
| *La música es lo más interesante para los jóvenes.* | Musik ist für die Jugendlichen das Interessanteste. |
| *Cádiz es una de las más antiguas ciudades de España.* | Cadiz ist eine der ältesten Städte Spaniens. |

| | |
|---|---|
| *Eso pasa en las mejores familias.* | Das kommt in den besten Familien vor. |
| *Tengo la mujer más buena del mundo.* | Ich habe die beste Frau der Welt. |
| *Esa sería la peor solución.* | Das wäre die schlechteste Lösung. |
| *La criminalidad es uno de los mayores problemas/problemas más grandes de nuestra época.* | Die Kriminalität ist eines der größten Probleme unserer Zeit. |
| *Soy la mayor de cinco hermanos.* | Ich bin die Älteste von fünf Geschwistern. |
| *Esa fue una de las más grandes catástrofes.* | Das war eine der größten Katastrophen. |
| *Ese es el menor de mis problemas.* | Das ist das geringste meiner Probleme. |
| *Eso no tiene la menor gracia.* | Das ist überhaupt nicht lustig. |
| *La habitación más pequeña la tengo yo.* | Das kleinste Zimmer habe ich. |
| *Sería lo más fácil.* | Das wäre das Einfachste. |

Anmerkung 1: Man beachte, dass im Gegensatz zum Französischen der bestimmte Artikel vor einem nachgestellten Adjektiv im Superlativ nicht wiederholt wird: nicht *la idea la más genial.*

Anmerkung 2: Das Adjektiv *grande* kann im Superlativ vor einem Substantiv nicht apokopiert werden: *la más grande catástrofe* die größte Katastrophe (nicht *la más gran catástrofe*).

Anmerkung 3: Eine Abstufung der Rangfolge wird folgendermaßen vorgenommen: die zweitgrößte Stadt der Welt *la segunda ciudad más grande del mundo,* der dritthöchste Turm *la tercera torre más alta,* der zweitbeste Spieler *el segundo mejor jugador.* AIDS ist zurzeit die vierthäufigste Todesursache auf der Welt und die häufigste in Afrika. *El sida es, en este momento, la cuarta causa de muerte en el mundo y la primera en África.*

Zu *la mayor/menor parte* vgl. § 67, Anm. 3, 4, bzw. § 68, Anm. 3

## Der absolute Superlativ (el superlativo absoluto) 144

1. Der absolute Superlativ drückt einen sehr hohen Grad einer Eigenschaft aus. Man bildet den absoluten Superlativ, indem man an den Stamm des Adjektivs die Endung ***-ísimo*** anhängt:

| | |
|---|---|
| un problema dificilísimo | ein sehr schwieriges Problem |
| una mujer hermosísima | eine äußerst schöne Frau |
| una comida buenísima | ein sehr gutes Essen |

Anmerkung 1: Die Form *bonísimo* wird sehr selten gebraucht. Die latinisierende Form *óptimo* gehört einer höheren Sprachebene an und ist emphatisch: *una solución óptima* eine vortreffliche Lösung. Ebenso verhält es sich bei der Form *mínimo*, die jedoch noch durch *más* gesteigert werden kann: *No tengo la (más) mínima idea.* – Ich habe nicht die geringste Ahnung.

Anmerkung 2: Man beachte die orthographischen Besonderheiten: *largo – larguísimo* sehr lang, *rico – riquísimo* sehr reich, *locuaz – locuacísimo* sehr geschwätzig.

2. Bei folgenden Superlativformen treten Schwankungen im Stamm auf:

| | | |
|---|---|---|
| *corriente* | *corrientísimo*/[selten] *correntísimo* | sehr geläufig |
| *cierto* | *ciertísimo*/[gehoben] *certísimo* | ganz sicher |
| *fuerte* | *fortísimo*/[ugspr. auch] *fuertísimo* | sehr stark |

3. Superlative nach lateinischem Muster weisen folgende Adjektive auf:

| | | |
|---|---|---|
| *fiel* | *fidelísimo* | sehr treu |
| *cruel* | *crudelísimo* | sehr grausam |
| *amable* | *amabilísimo* | äußerst liebenswürdig |
| *noble* | *nobilísimo* | sehr vornehm |
| *antiguo* | *antiquísimo* | sehr alt |
| *sabio* | *sapientísimo* | sehr weise |
| *sagrado* | *sacratísimo* | hochheilig |
| *célebre* | *celebérrimo* | sehr berühmt |
| *mísero* | *misérrimo* | sehr erbärmlich |
| *pobre* | *paupérrimo* | sehr arm |

Anmerkung 1: In der gesprochenen Sprache werden anstelle von *crudelísimo* und *paupérrimo* die Formen *cruelísimo* und *pobrísimo* verwendet.

Anmerkung 2: *Acérrimo* gilt im heutigen Spanisch als einfaches Adjektiv, das auch gesteigert werden kann: *el adversario más acérrimo* der erbittertste Gegner.

Anmerkung 3: Der Superlativ von *amplio* lautet *amplísimo* sehr weit, der von *frío* heißt *friísimo* oder [lit.] *frigidísimo* sehr kalt, der von *cursi* lautet *cursilísimo* sehr kitschig, der von *joven jovencísimo* sehr jung.

## 145 Weitere Ausdrucksmöglichkeiten des hohen Grades

Weitere Möglichkeiten, den sehr hohen Grad einer Eigenschaft auszudrücken, sind (bis auf die Gradadverbien gehören alle weiteren Möglichkeiten der Umgangssprache an):

1. Gradadverbien, wie *muy, extremadamante, extremamente, enormemente, sumamente, extraordinariamente, inmensamente*:

| | |
|---|---|
| *Esta traducción es muy difícil.* | Diese Übersetzung ist sehr schwierig. |
| *Este problema es sumamente complicado.* | Dieses Problem ist äußerst kompliziert. |

2. Wiederholung des Adjektivs :

| | |
|---|---|
| *una chica guapa guapa* | ein sehr hübsches Mädchen |
| *un jardín grande grande* | ein riesengroßer Garten |

3. Vorsilben:

| | |
|---|---|
| *remalo* | sehr schlecht |
| *requetebueno* | ausgezeichnet/hervorragend |
| *archidesesperado* | äußerst verzweifelt |

4. Vergleiche:

| | |
|---|---|
| *pobre como una rata/más pobre que una rata/pobre como Job* | bettelarm/arm wie eine Kirchenmaus |
| *más fresco que una lechuga* | frech wie Oskar |
| *delgado como un fideo/huso* | spindeldürr |
| *más sordo que una tapia* | stocktaub |
| *fuerte como un toro* | bärenstark |
| *negro como el carbón* | pechschwarz |
| *más feo que Picio* | potthässlich [nur mask.] |

5. konsekutiver Infinitiv:

| | |
|---|---|
| *ser tonto a más no poder* | im höchsten Grad dumm sein |
| *estar loco de atar* | im höchsten Grad verrückt sein |

6. Präpositionaler Ausdruck:

| | |
|---|---|
| *ser de un tonto increíble* | unglaublich dumm sein |
| *estar loco de remate* | völlig dumm sein |
| *estar calado hasta los huesos* | pudelnass sein |
| *estar hasta los topes* | gerammelt voll sein |

7. Konsekutiver Relativsatz:

| | |
|---|---|
| *Hace un frío que pela.* | Es ist bitterkalt. |

# 146 Gelehrte Komparativ- und Superlativformen

Einige Komparativformen und Superlativformen, die keinen Positiv besitzen, sind dem Lateinischen entnommen:

| | |
|---|---|
| el labio superior | die Oberlippe |
| el curso inferior | der Unterlauf |
| noticias ulteriores | weitere Meldungen |
| la ropa interior | die Unterwäsche |
| las revoluciones anteriores | die früheren Revolutionen |
| el lado posterior | die hintere Seite |
| las publicaciones posteriores | die späteren Veröffentlichungen |
| amigos íntimos | sehr enge Freunde |
| la parte extrema | der äußerste Teil |
| la temperatura mínima | die Tiefsttemperatur |
| el máximo triunfo | der größte Triumph |
| el rendimiento óptimo | die Bestleistung |
| los tres últimos capítulos | die letzten drei Kapitel |
| la suma necesidad | die äußerste Not |

Unterscheide: *Bajo en la próxima parada.* – Ich steige an der nächsten (= folgenden) Haltestelle aus. *¿Cuál es la parada más próxima?* – Welches ist die nächste (= am wenigsten entfernte) Haltestelle?

# 147 Mittels Präpositionen angeschlossene Adjektivergänzungen

Adjektive können Ergänzungen zu sich nehmen, die durch die Präpositionen *a, con, de, en, para, por* angeschlossen werden (vgl. auch §§ 271.11, 272.8, 273.12, 274.7, 275.6, 276.9):

| | |
|---|---|
| conforme a las normas | entsprechend den Normen |
| contento con la solución | zufrieden mit der Lösung |
| típico de los alemanes | typisch für die Deutschen |
| rico en vitaminas | reich an Vitaminen |
| bueno para la salud | gut für die Gesundheit/gesund |
| apto para el servicio militar | wehrdiensttauglich |
| conocido por su sentido del humor | bekannt für seinen Humor |

# Kapitel 12 Die Formen des Verbs (Las formas del verbo)

Die Bildung der Formen eines spanischen Verbs ist in erster Linie von der Zugehörigkeit des Verbs zu einer bestimmten Konjugationsklasse (vgl. § 148) abhängig. Man unterscheidet finite und infinite Verbformen. Die finiten Verbformen sind durch Person, Numerus, Tempus, und Modus bestimmt (zum Gebrauch der einzelnen Tempora vgl. Kap. 13, zur Verwendung der Modi vgl. Kap. 14, zur Verwendung des Passivs vgl. Kap. 15). Zu den infiniten Verbformen zählen der Infinitiv (vgl. Kap. 20), die Partizipien (vgl. Kap. 18) und das Gerundium (vgl. Kap. 19). Ferner unterscheidet man zwischen einfachen und zusammengesetzten Verbformen. Letztere werden mit einem Hilfsverb und dem Partizip Perfekt gebildet (vgl. §§ 161, 163). Einige Verben sind unregelmäßig (vgl. Anhang).

## Die Konjugationen (las conjugaciones) 148

Die spanischen Verben werden nach ihrer Infinitivendung in drei Konjugationen eingeteilt:

1. Konjugation: Verben auf *-ar* (vgl. §§ 150-153)
2. Konjugation: Verben auf *-er* (vgl. §§ 154-156)
3. Konjugation: Verben auf *-ir* (vgl. §§ 157-159)

## Die Verbformen und ihre Ableitung 149

Die einfachen Formen des spanischen Verbs umfassen Indikativ Präsens (presente de indicativo), Indikativ Imperfekt (pretérito imperfecto de indicativo), *pretérito indefinido*, Futur I (futuro imperfecto de indicativo), Konditional I (condicional), *presente de subjuntivo* und *imperfecto de subjuntivo I/II* sowie Imperativ. Zu den zusammengesetzten Formen gehören Indikativ Perfekt (pretérito perfecto compuesto de indicativo), Indikativ Plusquamperfekt (pretérito pluscuamperfecto de indicativo), Futur II (futuro perfecto de indicativo), *pretérito anterior*, Konditional II (condicional perfecto), *pretérito perfecto de subjuntivo* und *pretérito pluscuamperfecto de subjuntivo I/II*.

Die folgenden einfachen Formen sind ableitbar:

1. Die Formen des *presente de subjuntivo* werden vom Stamm der 1. Pers. Sing. Präsens Indikativ abgeleitet:

| | | |
|---|---|---|
| *(yo) trabaj**o*** | → | *trabaj**e**, trabaj**es***, etc. |
| *(yo) conduzc**o*** | → | *conduzc**a**, conduzc**as***, etc. |
| *(yo) hag**o*** | → | *hag**a**, hag**as***, etc. |
| *(yo) pid**o*** | → | *pid**a**, pid**as***, etc. |

Ausnahmen: *(yo) doy → dé, (yo) estoy → esté, (yo) he → haya, (yo) voy → vaya, (yo) sé → sepa, (yo) soy → sea*

2. Die Formen des Indikativ Imperfekt werden aus dem Infinitivstamm abgeleitet:

| | | |
|---|---|---|
| trabaj*ar* | → | trabaj*aba*, trabaj*abas*, etc. |
| conduc*ir* | → | conduc*ía*, conduc*ías*, etc. |
| hac*er* | → | hac*ía*, hac*ías*, etc. |
| ped*ir* | → | ped*ía*, ped*ías*, etc |

Ausnahmen: *ir → iba, ser → era, ver → veía*

3. Die Formen des *imperfecto de subjuntivo I* und *II* werden vom Stamm der 3. Person Plural des *pretérito indefinido* abgeleitet:

| | | |
|---|---|---|
| *(ellos) trabajaron* | → | *trabajara/trabajase, trabajaras/trabajases,* etc. |
| *(ellos) condujeron* | → | *condujera/condujese, condujeras/condujeses,* etc. |
| *(ellos) hicieron* | → | *hiciera/hiciese, hicieras/hicieses,* etc. |
| *(ellos) pidieron* | → | *pidiera/pidiese, pidieras, pidieses,* etc. |

Anmerkung: Auch das äußerst selten und nur schriftsprachlich vorkommende *futuro de subjuntivo* wird vom Stamm der 3. Person Plural des *pretérito indefinido* abgeleitet: *hicieron → hiciere, hicieres, hiciere, hiciéremos, hiciereis, hicieren* (vgl. § 187.2, Anm. 7).

4. Futur I und Konditional I werden vom Infinitiv abgeleitet:

| | | |
|---|---|---|
| trabajar | → | trabajar*é*, trabajar*ás* etc./trabajar*ía*, trabajar*ías*, etc. |
| comer | → | comer*é*, comer*ás* etc./comer*ía*, comer*ías*, etc. |
| recibir | → | recibir*é*, recibir*ás* etc./recibir*ía*, recibir*ías*, etc. |

Ausnahmen vgl. § 156.8

5. Nur die 2. Person Singular und Plural kennen eine eigene Imperativform, wobei der Imperativ der 2. Person Singular formengleich mit der 3. Person Singular Präsens ist. Beim Imperativ der 2. Person Plural tritt ein *d* an die Stelle des *r* des Infinitivs. Für alle übrigen Personen sowie beim verneinten Imperativ treten die entsprechenden Formen des *presente de subjuntivo* ein. Unregelmäßig sind die Imperative folgender Verben:

| | | | | | | |
|---|---|---|---|---|---|---|
| decir | di | sag | salir | sal | geh hinaus |
| hacer | haz | tu | ser | sé | sei |
| ir | ve(te) | geh | tener | ten | hab |
| poner | pon | stell | venir | ven | komm |

Anmerkung: Von *estar* gebraucht man meist die reflexive Form des Imperativs: ¡*Estáte quieto/tranquilo!* – Sei ruhig/Reg dich nicht auf!

## Die 1. Konjugation (Typus *cantar* singen) — 150

| Indikativ Präsens<br>*presente de indicativo* | | Indikativ Imperfekt<br>*pretérito imperfecto de indicativo* | | *pretérito indefinido* | |
|---|---|---|---|---|---|
| (yo) | cant**o** | (yo) | cant**aba** | (yo) | cant**é** |
| (tú) | cant**as** | (tú) | cant**abas** | (tú) | cant**aste** |
| (él) | cant**a** | (él) | cant**aba** | (él) | cant**ó** |
| (nosotros) | cant**amos** | (nosotros) | cant**ábamos** | (nosotros) | cant**amos** |
| (vosotros) | cant**áis** | (vosotros) | cant**abais** | (vosotros) | cant**asteis** |
| (ellos) | cant**an** | (ellos) | cant**aban** | (ellos) | cant**aron** |

| Futur I<br>*futuro imperfecto de indicativo* | | Konditional I<br>*condicional* | |
|---|---|---|---|
| (yo) | cant**aré** | (yo) | cant**aría** |
| (tú) | cant**arás** | (tú) | cant**arías** |
| (él) | cant**ará** | (él) | cant**aría** |
| (nosotros) | cant**aremos** | (nosotros) | cant**aríamos** |
| (vosotros) | cant**aréis** | (vosotros) | cant**aríais** |
| (ellos) | cant**arán** | (ellos) | cant**arían** |

| *presente de subjuntivo* | | *imperfecto de subjuntivo I/II* | |
|---|---|---|---|
| (yo) | cant**e** | (yo) | cant**ara**/cant**ase** |
| (tú) | cant**es** | (tú) | cant**aras**/cant**ases** |
| (él) | cant**e** | (él) | cant**ara**/cant**ase** |
| (nosotros) | cant**emos** | (nosotros) | cant**áramos**/cant**ásemos** |
| (vosotros) | cant**éis** | (vosotros) | cant**arais**/cant**aseis** |
| (ellos) | cant**en** | (ellos) | cant**aran**/cant**asen** |

| Imperativ/*imperativo* | | |
|---|---|---|
| Person | bejaht *afirmativo* | verneint *negativo* |
| 2. Sing. | cant**a** | no cant**es** |
| 3. Sing. | cant**e** (Vd.) | no cant**e** (Vd.) |
| 1. Pl. | cant**emos** | no cant**emos** |
| 2. Pl. | cant**ad** | no cant**éis** |
| 3. Pl. | cant**en** (Vds.) | no cant**en** (Vds.) |

Zur Bildung des Partizip Perfekt und des Gerundiums vgl. §§ 209, 215

## 151 Besonderheiten der Betonung

Eine Gruppe von Verben, die im Infinitiv auf *-iar* oder *-uar* enden, weisen in den stammbetonten Formen (d.h. im Singular und in der 3. Pers. Plural) des Indikativs und des *presente de subjuntivo* ein betontes *í* bzw. *ú* auf:

1. Typus *enviar* schicken:

| Indikativ Präsens<br>presente de indicativo | | presente de subjuntivo | |
|---|---|---|---|
| (yo) | envío | (yo) | envíe |
| (tú) | envías | (tú) | envíes |
| (él) | envía | (él) | envíe |
| (nosotros) | enviamos | (nosotros) | enviemos |
| (vosotros) | enviáis | (vosotros) | enviéis |
| (ellos) | envían | (ellos) | envíen |

Nach diesem Schema richten sich:

| | |
|---|---|
| aliarse con | sich verbünden mit |
| ampliar | erweitern |
| ansiar | ersehnen |
| ataviar | schmücken |
| averiar | beschädigen |
| chirriar | kreischen/knarren |
| confiar en | vertrauen auf |
| criar | aufziehen/züchten |
| desafiar | herausfordern |
| desconfiar de | misstrauen |
| desviar | umleiten/ablenken |
| enfriar | abkühlen |
| espiar | spionieren |
| esquiar | Ski fahren |
| expiar | sühnen/büßen |
| extasiarse | in Verzückung geraten |
| extraviar | irreführen |
| fiarse de | sich verlassen auf |
| gloriar | rühmen/preisen |
| guiar | führen/leiten |
| inventariar | inventarisieren |
| liar | binden/drehen |
| repatriarse | heimkehren |
| resfriarse | sich erkälten |

| | |
|---|---|
| *rociar* | tauen |
| *triar* | sortieren |
| *vaciar* | leeren |
| *variar* | (sich) ändern |

Anmerkung 1: Ebenso wie *enviar* verhalten sich die Verben auf *-grafiar* (*fotografiar* fotografieren, *radiografiar* röntgen, *telegrafiar* telegrafieren usw.).

Anmerkung 2: Eine weitere Besonderheit weist das Verb *aislar* 'isolieren' auf. In den stammbetonten Formen wird das *i* betont, das infolgedessen einen Akzent trägt: *aíslo, aíslas, aísla, aíslan* (Indikativ Präsens), *aísle, aísles, aísle, aíslen* (*presente de subjuntivo*).

## 2. Typus *continuar* fortfahren:

| Indikativ Präsens *presente de indicativo* | | *presente de subjuntivo* | |
|---|---|---|---|
| *(yo)* | *continúo* | *(yo)* | *continúe* |
| *(tú)* | *continúas* | *(tú)* | *continúes* |
| *(él)* | *continúa* | *(él)* | *continúe* |
| *(nosotros)* | *continuamos* | *(nosotros)* | *continuemos* |
| *(vosotros)* | *continuáis* | *(vosotros)* | *continuéis* |
| *(ellos)* | *continúan* | *(ellos)* | *continúen* |

Nach diesem Schema richten sich:

| | |
|---|---|
| *acentuar* | betonen |
| *actuar* | handeln |
| *atenuar* | mildern |
| *conceptuar de* | erachten für |
| *deshabituar* | abgewöhnen |
| *desvirtuar* | entkräften [fig.] |
| *discontinuar* | unterbrechen |
| *efectuar* | ausführen |
| *evaluar en* | schätzen auf |
| *exceptuar* | ausnehmen |
| *extenuar* | schwächen |
| *fluctuar* | schwanken |
| *graduar* | abstufen |
| *habituarse a* | sich gewöhnen an |
| *individuar* | spezifizieren |
| *infatuar* | betören |
| *insinuar* | andeuten |
| *licuar* | auspressen (Frucht) |
| *menstruar* | menstruieren |

| | |
|---|---|
| perpetuar | verewigen |
| preceptuar | verordnen |
| puntuar | interpunktieren |
| redituar | Zinsen bringen |
| revaluar | aufwerten |
| situar | versetzen |
| tatuar | tätowieren |
| usufructuar | nutznießen |
| valuar | (ab)schätzen |

## 152 Orthographische Besonderheiten

In der 1. Person Singular des *pretérito indefinido* und in allen Personen des *presente de subjuntivo* der Verben auf **-gar**, **-car** und **-guar** wird die Schreibung an die Aussprache angepasst und bei den Verben auf **-zar** wird entsprechend einer orthographischen Konvention das **z** in **c** verwandelt:

| Infinitiv | 1. Pers. Sing. pretérito indefinido | 1. Pers. Sing. presente de subjuntivo |
|---|---|---|
| *pagar* (be)zahlen | *(yo) pagué* | *(yo) pague* |
| *aparcar* parken | *(yo) aparqué* | *(yo) aparque* |
| *averiguar* untersuchen | *(yo) averigüé* | *(yo) averigüe* |
| *rezar* beten | *(yo) recé* | *(yo) rece* |

## 153 Verben mit verschiedenen Stämmen (sog. Gruppenverben) (verbos de irregularidad común)

1. Eine Gruppe von Verben mit dem Stammvokal **e** bzw. **o** weist in den stammbetonten Formen des Indikativ Präsens und des *presente de subjuntivo* den Diphthong **ie** bzw. **ue** auf:

1.1. Typus **pensar** denken:

| Indikativ Präsens presente de indicativo | | presente de subjuntivo | |
|---|---|---|---|
| *(yo)* | *pienso* | *(yo)* | *piense* |
| *(tú)* | *piensas* | *(tú)* | *pienses* |
| *(él)* | *piensa* | *(él)* | *piense* |
| *(nosotros)* | *pensamos* | *(nosotros)* | *pensemos* |
| *(vosotros)* | *pensáis* | *(vosotros)* | *penséis* |
| *(ellos)* | *piensan* | *(ellos)* | *piensen* |

Nach diesem Schema richten sich:

| | |
|---|---|
| *acertar* | (das Rechte) treffen |
| *alentar* | Mut machen |
| *apretar* | drücken |
| *arrendar* | pachten/verpachten |
| *atravesar* | überqueren |
| *calentar* | wärmen/heizen |
| *cegar* | blind machen |
| *cerrar* | schließen |
| *comenzar* | beginnen |
| *concertar* | vereinbaren/übereinstimmen |
| *confesar* | gestehen |
| *desalentar* | mutlos machen |
| *desenterrar* | ausgraben |
| *deshelar* | tauen |
| *despertar* | wecken |
| *desplegar* | entfalten |
| *desterrar* | verbannen |
| *empedrar* | pflastern |
| *empezar* | beginnen |
| *encerrar* | einschließen |
| *enterrar* | eingraben/beerdigen |
| *fregar* | scheuern |
| *gobernar* | regieren |
| *helar* | gefrieren |
| *manifestar* | offenbaren |
| *mentar* | erwähnen |
| *merendar* | vespern |
| *negar* | abschlagen/leugnen |
| *nevar* | schneien |
| *plegar* | falten |
| *quebrar* | brechen/bankrott gehen |
| *recomendar* | empfehlen |
| *regar* | benetzen/bewässern |
| *remendar* | flicken |
| *reventar* | zerreißen/zerplatzen |
| *segar* | mähen |
| *sembrar* | säen |
| *sentar(se)* | (sich) setzen |
| *serrar* | sägen |
| *temblar* | zittern |
| *tentar* | betasten/versuchen |
| *tropezar* | stolpern |

## 1.2. Typus *contar* (er)zählen:

| Indikativ Präsens<br>presente de indicativo | | presente de subjuntivo | |
|---|---|---|---|
| (yo) | cuento | (yo) | cuente |
| (tú) | cuentas | (tú) | cuentes |
| (él) | cuenta | (él) | cuente |
| (nosotros) | contamos | (nosotros) | contemos |
| (vosotros) | contáis | (vosotros) | contéis |
| (ellos) | cuentan | (ellos) | cuenten |

Nach diesem Schema richten sich:

| | |
|---|---|
| acordar/acordarse de | vereinbaren/sich erinnern an |
| acostarse | zu Bett gehen |
| almorzar | zu Mittag essen |
| apostar | wetten |
| aprobar | billigen/(Prüfung) bestehen |
| avergonzarse | sich schämen |
| colgar | hängen |
| comprobar | nachweisen/feststellen |
| concordar | übereinstimmen |
| consolar | trösten |
| costar | kosten |
| demostrar | zeigen/beweisen |
| descontar | abziehen |
| desolar | verwüsten/tief betrüben |
| despoblar | entvölkern |
| encontrar | finden/begegnen |
| encontrarse | sich befinden/sich begegnen |
| esforzarse | sich anstrengen |
| forzar | zwingen |
| mostrar | zeigen |
| probar | versuchen/beweisen |
| probarse | anprobieren |
| recordar | (sich) erinnern an |
| reforzar | verstärken |
| renovar | erneuern |
| resonar | ertönen |
| rodar | rollen/(Film) drehen |
| rogar | bitten |
| soldar | schweißen/löten |

| | |
|---|---|
| *soltar* | loslassen |
| *sonar* | klingen/läuten |
| *soñar* | träumen |
| *tostar* | rösten |
| *trocar* | tauschen |
| *tronar* | donnern |
| *volar* | fliegen/in die Luft sprengen |
| *volcar* | umstürzen |

2. Das Verb *jugar* ist das einzige, bei dem *u* in den stammbetonten Formen des Indikativ Präsens und des *presente de subjuntivo* zu *ue* wird. Bei **errar** wird **e** zu **ye**:

| Indikativ Präsens *presente de indicativo* | | *presente de subjuntivo* | |
|---|---|---|---|
| *(yo)* | j**ue**go | *(yo)* | j**ue**gue |
| *(tú)* | j**ue**gas | *(tú)* | j**ue**gues |
| *(él)* | j**ue**ga | *(él)* | j**ue**gue |
| *(nosotros)* | jugamos | *(nosotros)* | juguemos |
| *(vosotros)* | jugáis | *(vosotros)* | juguéis |
| *(ellos)* | j**ue**gan | *(ellos)* | j**ue**guen |

| Indikativ Präsens *presente de indicativo* | | *presente de subjuntivo* | |
|---|---|---|---|
| *(yo)* | **ye**rro | *(yo)* | **ye**rre |
| *(tú)* | **ye**rras | *(tú)* | **ye**rres |
| *(él)* | **ye**rra | *(él)* | **ye**rre |
| *(nosotros)* | erramos | *(nosotros)* | erremos |
| *(vosotros)* | erráis | *(vosotros)* | erréis |
| *(ellos)* | **ye**rran | *(ellos)* | **ye**rren |

3. Das Verb **andar** 'gehen' weist im *pretérito indefinido* und im *imperfecto de subjuntivo I/II* einen besonderen Stamm auf:

| *pretérito indefinido* | | *imperfecto de subjuntivo I/II* | |
|---|---|---|---|
| *(yo)* | anduve | *(yo)* | *anduviera/anduviese* |
| *(tú)* | anduviste | *(tú)* | *anduvieras/anduvieses* |
| *(él)* | anduvo | *(él)* | *anduviera/anduviese* |
| *(nosotros)* | anduvimos | *(nosotros)* | *anduviéramos/anduviésemos* |
| *(vosotros)* | anduvisteis | *(vosotros)* | *anduvierais/anduvieseis* |
| *(ellos)* | anduvieron | *(ellos)* | *anduvieran/anduviesen* |

# 154 Die 2. Konjugation (Typus *comer* essen)

| Indikativ Präsens<br>*presente de indicativo* | | Indikativ Imperfekt<br>*pretérito imperfecto de indicativo* | | *pretérito indefinido* | |
|---|---|---|---|---|---|
| *(yo)* | com**o** | *(yo)* | com**ía** | *(yo)* | com**í** |
| *(tú)* | com**es** | *(tú)* | com**ías** | *(tú)* | com**íste** |
| *(él)* | com**e** | *(él)* | com**ía** | *(él)* | com**ió** |
| *(nosotros)* | com**emos** | *(nosotros)* | com**íamos** | *(nosotros)* | com**imos** |
| *(vosotros)* | com**éis** | *(vosotros)* | com**íais** | *(vosotros)* | com**isteis** |
| *(ellos)* | com**en** | *(ellos)* | com**ían** | *(ellos)* | com**ieron** |

| Futur I<br>*futuro imperfecto de indicativo* | | Konditional I<br>*condicional* | |
|---|---|---|---|
| *(yo)* | com**eré** | *(yo)* | com**ería** |
| *(tú)* | com**erás** | *(tú)* | com**erías** |
| *(él)* | com**erá** | *(él)* | com**ería** |
| *(nosotros)* | com**eremos** | *(nosotros)* | com**eríamos** |
| *(vosotros)* | com**eréis** | *(vosotros)* | com**eríais** |
| *(ellos)* | com**erán** | *(ellos)* | com**erían** |

| *presente de subjuntivo* | | *imperfecto de subjuntivo I/II* | |
|---|---|---|---|
| *(yo)* | com**a** | *(yo)* | com**iera**/com**iese** |
| *(tú)* | com**as** | *(tú)* | com**ieras**/com**ieses** |
| *(él)* | com**a** | *(él)* | com**iera**/com**iese** |
| *(nosotros)* | com**amos** | *(nosotros)* | com**iéramos**/com**iésemos** |
| *(vosotros)* | com**áis** | *(vosotros)* | com**ierais**/com**ieseis** |
| *(ellos)* | com**an** | *(ellos)* | com**ieran**/com**iesen** |

| Imperativ/*imperativo* | | |
|---|---|---|
| Person | bejaht *afirmativo* | verneint *negativo* |
| 2. Sing. | com**e** | no com**as** |
| 3. Sing. | com**a** (Vd.) | no com**a** (Vd.) |
| 1. Pl. | com**amos** | no com**amos** |
| 2. Pl. | com**ed** | no com**áis** |
| 3. Pl. | com**an** (Vds.) | no com**an** (Vds.) |

Zur Bildung des Partizip Perfekt und des Gerundiums vgl. §§ 209, 215

## Orthographische Besonderheiten 155

1. In der 1. Person Singular Indikativ Präsens der Verben auf *-cer* (vgl. aber § 156.2) und *-ger* und in allen Personen des *presente de subjuntivo* wird die Schreibung an die Aussprache angepasst und daher wird **c** in **z** und **g** in **j** verwandelt:

| Infinitiv | 1. Pers. Sing. Indikativ Präsens | 1. Pers. Sing. presente de subjuntivo |
|---|---|---|
| *vencer* siegen | *(yo) venzo* | *(yo) venza* |
| *proteger* schützen | *(yo) protejo* | *(yo) proteja* |

2. Bei den Verben, deren Stamm auf Vokal endet, wird in der 3. Person Singular und Plural des *pretérito indefinido* und in allen Personen des *imperfecto de subjuntivo I* und *II* das *i* in *y* verwandelt; bei den Verben auf *-ñer* entfällt in diesem Fall das *i*:

| Infinitiv | 3. Pers. Sing./Pl. preterito indefinido | imperfecto de subjuntivo I/II |
|---|---|---|
| *caer* fallen | *(él) cayó/(ellos) cayeron* | *(yo) cayera/cayese* |
| *leer* lesen | *(él) leyó/(ellos) leyeron* | *(yo) leyera/leyese* |
| *roer* nagen | *(él) royó/(ellos) royeron* | *(yo) royera/royese* |
| *tañer* spielen (Instr.) | *(él) tañó/(ellos) tañeron* | *(yo) tañera/tañese* |

## Verben mit verschiedenen Stämmen 156

1. Eine Gruppe von Verben mit dem Stammvokal **e** bzw. **o** weist in den stammbetonten Formen des Indikativ Präsens und des *presente de subjuntivo* den Diphthong **ie** bzw. **ue** auf:

1.1. Typus *entender* verstehen:

| Indikativ Präsens presente de indicativo | | presente de subjuntivo | |
|---|---|---|---|
| *(yo)* | *entiendo* | *(yo)* | *entienda* |
| *(tú)* | *entiendes* | *(tú)* | *entiendas* |
| *(él)* | *entiende* | *(él)* | *entienda* |
| *(nosotros)* | *entendemos* | *(nosotros)* | *entendamos* |
| *(vosotros)* | *entendéis* | *(vosotros)* | *entendáis* |
| *(ellos)* | *entienden* | *(ellos)* | *entiendan* |

Nach diesem Schema richten sich:

| | |
|---|---|
| *ascender (a)* | besteigen/befördern/befördert werden/sich belaufen (auf) |
| *atender a* | sich kümmern um |
| *defender* | verteidigen |
| *desatender* | außer Acht lassen/sich nicht kümmern um |
| *descender (de)* | herabsteigen/abstammen von |
| *desentenderse de* | außer Acht lassen/sich nicht kümmern um |
| *encender* | anzünden |
| *extender* | ausbreiten |
| *heder a* | stinken nach |
| *hender* | spalten/zerteilen |
| *perder* | verlieren |
| *querer* | wollen |
| *reverter* | überfließen/-laufen |
| *sobr(e)entender(se)* | stillschweigend voraussetzen/ sich von selbst verstehen |
| *tender (a)* | auf-/ausspannen/neigen (zu) |
| *trascender* | penetrant sein (Geruch) |
| *verter* | (aus)gießen |

1.2. Typus *volver* zurückkehren:

| Indikativ Präsens presente de indicativo | | presente de subjuntivo | |
|---|---|---|---|
| (yo) | v**ue**lvo | (yo) | v**ue**lva |
| (tú) | v**ue**lves | (tú) | v**ue**lvas |
| (él) | v**ue**lve | (él) | v**ue**lva |
| (nosotros) | volvemos | (nosotros) | volvamos |
| (vosotros) | volvéis | (vosotros) | volváis |
| (ellos) | v**ue**lven | (ellos) | v**ue**lvan |

Nach diesem Schema richten sich:

| | |
|---|---|
| *absolver* | frei-/lossprechen |
| *cocer* | kochen |
| *conmover* | bewegen/erschüttern |
| *desenvolver* | auswickeln |
| *devolver* | zurückgeben |
| *disolver* | auflösen |
| *doler* | schmerzen |

| | |
|---|---|
| *envolver* | einwickeln |
| *llover* | regnen |
| *moler* | mahlen |
| *morder* | beißen |
| *mover* | bewegen |
| *oler* | riechen |
| *poder* | können |
| *remover* | entfernen/umrühren |
| *resolver* | (Problem) lösen/beschließen |
| *retorcer* | verdrehen |
| *revolver* | durcheinanderbringen/umrühren |
| *soler* | (zu tun) pflegen |
| *torcer* | verdrehen/abbiegen |
| *volverse* | sich umdrehen |

Anmerkung: In den stammbetonten Formen des Indikativ Präsens und des *presente de subjuntivo* des Verbs **oler** 'riechen' tritt vor anlautendem *ue* ein **h** auf: *huele, huelen*.

2. Die Verben auf **-acer**, **-ecer** und **-ocer** mit Ausnahme von *hacer* und Komposita, *mecer* und *cocer* fügen in der 1. Person Singular Indikativ Präsens und in allen Formen des *presente de subjuntivo* vor der Endung *-o* ein /k/ (geschrieben **c**) ein, wobei das stammauslautende /θ/ als **z** wiedergegeben wird:

| Infinitiv | 1. Pers. Sing. Indikativ Präsens | *presente de subjuntivo* |
|---|---|---|
| *nacer* geboren werden | *(yo) nazco* | *(yo) nazca etc.* |
| *ofrecer* anbieten | *(yo) ofrezco* | *(yo) ofrezca, etc.* |
| *conocer* kennen | *(yo) conozco* | *(yo) conozca, etc.* |

Ebenso verhalten sich:

| | |
|---|---|
| *abastecer* | versorgen |
| *aborrecer* | verabscheuen |
| *agradecer* | danken |
| *aparecer* | erscheinen |
| *compadecer* | bemitleiden |
| *comparecer* | erscheinen |
| *complacerse en* | Gefallen finden an/sich freuen über |
| *convalecer* | gesunden |
| *crecer* | wachsen |
| *desaparecer* | verschwinden |
| *desconocer* | nicht kennen |

| | |
|---|---|
| embellecer | verschönern |
| empobrecer | verarmen |
| endurecer | hart werden |
| engrandecer | vergrößern/groß werden |
| ennoblecer | adeln |
| enriquecerse | sich bereichern |
| enrojecer | rot werden |
| entristecerse | traurig werden |
| envejecer | alt werden |
| establecer | errichten |
| fallecer | sterben |
| favorecer | begünstigen |
| florecer | blühen |
| fortalecer | stärken |
| humedecer | befeuchten |
| merecer | verdienen |
| obedecer | gehorchen |
| padecer | leiden |
| parecer | scheinen |
| perecer | umkommen |
| permanecer | bleiben |
| pertenecer | gehören |
| reconocer | erkennen |
| restablecer | wiederherstellen |

3. Die Verben *poner, tener* und *valer* fügen in der 1. Person Singular Präsens Indikativ und in allen Formen des *presente de subjuntivo* zwischen Stamm und Endung ein *-g-* ein (zu den übrigen Formen vgl. Anhang):

| Infinitiv | | 1. Pers. Sing. Indikativ Präsens | *presente de subjuntivo* |
|---|---|---|---|
| *poner* | stellen/legen | *(yo) ponga* | *(yo) ponga*, etc. |
| *tener* | halten | *(yo) tengo* | *(yo) tenga*, etc. |
| *valer* | wert sein | *(yo) valgo* | *(yo) valga*, etc. |

4. Die Verben *caer* und *traer* fügen in der 1. Person Singular Präsens Indikativ und in allen Formen des *presente de subjuntivo* zwischen Stamm und Endung *-ig-* ein:

| Infinitiv | | 1. Pers. Sing. Indikativ Präsens | *presente de subjuntivo* |
|---|---|---|---|
| *caer* | fallen | *(yo) caigo* | *(yo) caiga*, etc. |
| *traer* | bringen | *(yo) traigo* | *(yo) traiga*, etc |

5. Das Verb *hacer* verwandelt in der 1. Person Singular Präsens Indikativ und in allen Formen des *presente de subjuntivo* den Stammauslaut /θ/ (geschrieben *c*) in *g*:

| Infinitiv | | 1. Pers. Sing. Indikativ Präsens | *presente de subjuntivo* |
|---|---|---|---|
| hacer | machen | *(yo) ha**g**o* | *(yo) ha**g**a*, etc. |

6. Vokalischer und konsonantischer Wechsel liegt vor bei den Verben *caber* und *saber*. Hinzu kommt eine orthographische Veränderung:

| Infinitiv | | 1. Pers. Sing. Indikativ Präsens | *presente de subjuntivo* |
|---|---|---|---|
| caber | hineinpassen | *(yo) qu**e**po* | *(yo) qu**e**pa*, etc. |
| saber | wissen | *(yo) sé* | *(yo) sepa*, etc. |

7. Einen unregelmäßigen Stamm im *pretérito indefinido* und im *imperfecto de subjuntivo* I/II weisen die Verben *caber, hacer, poder, poner, querer, saber, tener, traer* auf (vgl. Anhang):

| Infinitiv | | *pretérito indefinido* | *imperfecto de subjuntivo* |
|---|---|---|---|
| caber | hineinpassen | *(yo) cupe*, etc. | *(yo) cupiera/cupiese*, etc. |
| hacer | machen | *(yo) hice*, etc. | *(yo) hiciera/hiciese*, etc. |
| poder | können | *(yo) pude*, etc. | *(yo) pudiera/pudiese*, etc. |
| poner | stellen/legen | *(yo) puse*, etc. | *(yo) pusiera/pusiese*, etc. |
| querer | wollen | *(yo) quise*, etc. | *(yo) quisiera/quisiese*, etc. |
| saber | wissen | *(yo) supe*, etc. | *(yo) supiera/supiese*, etc. |
| tener | halten | *(yo) tuve*, etc. | *(yo) tuviera/tuviese*, etc. |
| traer | (her)bringen | *(yo) traje*, etc. | *(yo) trajera/trajese*, etc. |

8. Die Verben *caber, hacer, poder, poner, querer, saber, tener, valer* verfügen über einen besonderen Futurstamm (vgl. Anhang):

| Infinitiv | | Futur I/*futuro imperfecto* | Konditional I *condicional* |
|---|---|---|---|
| caber | hineinpassen | *(yo) cabré*, etc. | *(yo) cabría*, etc. |
| hacer | machen | *(yo) haré*, etc. | *(yo) haría*, etc. |
| poder | können | *(yo) podré*, etc. | *(yo) podría*, etc. |
| poner | stellen/setzen | *(yo) pondré*, etc. | *(yo) pondría*, etc. |
| querer | wollen | *(yo) querré*, etc. | *(yo) querría*, etc. |
| saber | wissen | *(yo) sabré*, etc. | *(yo) sabría*, etc. |
| tener | halten | *(yo) tendré*, etc. | *(yo) tendría*, etc. |
| valer | wert sein | *(yo) valdré*, etc. | *(yo) valdría*, etc. |

# 157 Die 3. Konjugation (Typus *recibir* erhalten)

| Indikativ Präsens<br>*presente de indicativo* | Indikativ Imperfekt<br>*pretérito imperfecto de indicativo* | *pretérito indefinido* |
|---|---|---|
| *(yo)* recib**o** | *(yo)* recib**ía** | *(yo)* recib**í** |
| *(tú)* recib**es** | *(tú)* recib**ías** | *(tú)* recib**iste** |
| *(él)* recib**e** | *(él)* recib**ía** | *(él)* recib**ió** |
| *(nosotros)* recib**imos** | *(nosotros)* recib**íamos** | *(nosotros)* recib**imos** |
| *(vosotros)* recib**ís** | *(vosotros)* recib**íais** | *(vosotros)* recib**isteis** |
| *(ellos)* recib**en** | *(ellos)* recib**ían** | *(ellos)* recib**ieron** |

| Futur I<br>*futuro imperfecto de indicativo* | Konditional I<br>*condicional* |
|---|---|
| *(yo)* recib**iré** | *(yo)* recib**iría** |
| *(tú)* recib**irás** | *(tú)* recib**irías** |
| *(él)* recib**irá** | *(él)* recib**iría** |
| *(nosotros)* recib**iremos** | *(nosotros)* recib**iríamos** |
| *(vosotros)* recib**iréis** | *(vosotros)* recib**iríais** |
| *(ellos)* recib**irán** | *(ellos)* recib**irían** |

| *presente de subjuntivo* | *imperfecto de subjuntivo I/II* |
|---|---|
| *(yo)* recib**a** | *(yo)* recib**iera**/recib**iese** |
| *(tú)* recib**as** | *(tú)* recib**ieras**/recib**ieses** |
| *(él)* recib**a** | *(él)* recib**iera**/recib**iese** |
| *(nosotros)* recib**amos** | *(nosotros)* recib**iéramos**/recib**iésemos** |
| *(vosotros)* recib**áis** | *(vosotros)* recib**ierais**/recib**ieseis** |
| *(ellos)* recib**an** | *(ellos)* recib**ieran**/recib**iesen** |

| Imperativ/*imperativo* | | |
|---|---|---|
| Person | bejaht *afirmativo* | verneint *negativo* |
| 2. Sing. | recib**e** | no recib**as** |
| 3. Sing. | recib**a** (Vd.) | no recib**a** |
| 1. Pl. | recib**amos** | no recib**amos** |
| 2. Pl. | recib**id** | no recib**áis** |
| 3. Pl. | recib**an** (Vds.) | no recib**an** |

Zur Bildung des Partizip Perfekt und des Gerundiums vgl. §§ 209, 215

## Orthographische Besonderheiten

1. In der 1. Person Singular Indikativ Präsens und in allen Personen des *presente de subjuntivo* der Verben auf *-gir*, *-guir*, *-quir* und *-cir* wird die Schreibung an die Aussprache angepasst, d.h. dass *g* in *j*, *qu* in *c* und *c* in *z* verwandelt werden und *gu* zu *g* vereinfacht wird:

| Infinitiv | | 1. Pers. Sing. Indikativ Präsens | *presente de subjuntivo* |
|---|---|---|---|
| *dirigir* | lenken/führen | *(yo) dirijo* | *(yo) dirija*, etc. |
| *distinguir* | unterscheiden | *(yo) distingo* | *(yo) distinga*, etc. |
| *delinquir* | sich vergehen | *(yo) delinco* | *(yo) delinca*, etc. |
| *resarcirse* | sich schadlos halten | *(yo) resarzo* | *(yo) resarza*, etc. |

2. Bei den Verben auf *-uir* wird in den stammbetonten Formen des Indikativ Präsens sowie in allen Formen des *presente de subjuntivo* ein *y* eingeschoben. Außerdem wird in der 3. Person Singular und Plural des *pretérito indefinido* sowie in allen Personen des *imperfecto de subjuntivo* das *i* in *y* verwandelt:

| Indikativ Präsens *presente de indicativo* | | *presente de subjuntivo* | |
|---|---|---|---|
| *(yo)* | construyo | *(yo)* | construya |
| *(tu)* | construyes | *(tu)* | construyas |
| *(él)* | construye | *(él)* | construya |
| *(nosotros)* | construimos | *(nosotros)* | construyamos |
| *(vosotros)* | construís | *(vosotros)* | construyáis |
| *(ellos)* | construyen | *(ellos)* | construyan |

| *pretérito indefinido* | | *imperfecto de subjuntivo I/II* | |
|---|---|---|---|
| *(yo)* | construí | *(yo)* | construyera/construyese |
| *(tú)* | construiste | *(tú)* | construyeras/construyeses |
| *(él)* | construyó | *(él)* | construyera/construyese |
| *(nosotros)* | construimos | *(nosotros)* | construyéramos/construyésemos |
| *(vosotros)* | construisteis | *(vosotros)* | construyerais/construyeseis |
| *(ellos)* | construyeron | *(ellos)* | construyeran/construyesen |

Nach diesem Schema richten sich:

| | |
|---|---|
| *afluir* | zuströmen |
| *argüir de* | folgern aus |
| *atribuir* | zuschreiben |

| | |
|---|---|
| concluir de | folgern aus |
| confluir | zusammenfließen |
| constituir | bilden/darstellen |
| contribuir a | beitragen zu |
| destituir | absetzen |
| destruir | zerstören |
| disminuir | vermindern |
| distribuir | verteilen |
| excluir de | ausschließen von |
| fluir | fließen |
| huir de | fliehen aus/vor |
| imbuir | einflößen |
| incluir | einschließen |
| influir en | beeinflussen |
| instituir | einrichten/einsetzen |
| instruir | unterrichten |
| obstruir | verstopfen |
| refluir | zurückfließen |
| restituir | zurückgeben |
| retribuir | vergüten |
| sustituir | ersetzen |

3. Bei den Verben auf *-llir/-ñir* entfällt das *i* in der Endung der 3. Person Singular und Plural des *pretérito indefinido* und in allen Personen des *subjuntivo de imperfecto I/II* (vgl. auch § 215.1, Anm. 1):

| Infinitiv | | 3. Pers. Sing./Pl. *pretérito indefinido* | *imperfecto de subjuntivo I/II* |
|---|---|---|---|
| *bullir* | sieden | *bulló/bulleron* | *bullera/bullese* |
| *reñir* | streiten | *riñó/riñeron* | *riñera/riñese* |

4. In den stammbetonten Formen des Indikativ Präsens und des *presente de subjuntivo* der Verben **prohibir** 'verbieten' und **reunir** 'versammeln' wird das *i* bzw. das *u* betont und trägt daher einen Akzent:

| Indikativ Präsens | | *presente de subjuntivo* | |
|---|---|---|---|
| (yo) | *prohíbo/reúno* | (yo) | *prohíba/reúna* |
| (tú) | *prohíbes/reúnes* | (tú) | *prohíbas/reúnas* |
| (él) | *prohíbe/reúne* | (él) | *prohíba/reúna* |
| (nosotros) | *prohibimos/reunimos* | (nosotros) | *prohibamos/reunamos* |
| (vosotros) | *prohibís/reunís* | (vosotros) | *prohibáis/reunáis* |
| (ellos) | *prohíben/reúnen* | (ellos) | *prohíban/reúnan* |

## Verben mit verschiedenen Stämmen

1. Eine Gruppe von Verben verwandelt das **e** des Stamms in **i**, wenn die Endung nicht mit einem betonten **i** beginnt. Das ist der Fall bei den stammbetonten Formen des Indikativ Präsens, in der 3. Pers. Sing. und Pl. des *pretérito indefinido* sowie in allen Personen des *presente de subjuntivo* und in der 2. Pers. Sing. des Imperativs (vgl. auch § 215.2):

Typus *pedir* bitten/verlangen:

| Indikativ Präsens<br>presente de indicativo | | presente de subjuntivo | |
|---|---|---|---|
| (yo) | pido | (yo) | pida |
| (tú) | pides | (tú) | pidas |
| (él) | pide | (él) | pida |
| (nosotros) | pedimos | (nosotros) | pidamos |
| (vosotros) | pedís | (vosotros) | pidáis |
| (ellos) | piden | (ellos) | pidan |
| pretérito indefinido | | imperfecto de subjuntivo I/II | |
| (yo) | pedí | (yo) | pidiera/pidiese |
| (tú) | pediste | (tú) | pidieras/pidieses |
| (él) | pidió | (él) | pidiera/pidiese |
| (nosotros) | pedimos | (nosotros) | pidiéramos/pidiésemos |
| (vosotros) | pedisteis | (vosotros) | pidierais/pidieseis |
| (ellos) | pidieron | (ellos) | pidieran/pidiesen |
| Imperativ/*imperativo* ¡pide! - ¡pedid! | | | |

Nach diesem Schema richten sich:

| | |
|---|---|
| *colegir de* | folgern aus |
| *competir* | konkurrieren |
| *concebir* | sich ausdenken/begreifen |
| *conseguir* | erlangen/erreichen |
| *corregir* | verbessern |
| *derretir* | schmelzen |
| *despedir* | verabschieden/entlassen |
| *elegir* | auswählen |
| *embestir* | anfallen |
| *expedir* | verschicken |
| *freír* | braten/backen |
| *gemir* | seufzen |
| *impedir* | (ver)hindern |

| | |
|---|---|
| *medir* | messen |
| *perseguir* | verfolgen |
| *proseguir* | fortfahren |
| *reelegir* | wiederwählen |
| *regir* | leiten/lenken |
| *reír(se)* | lachen |
| *rendir* | erstatten/leisten |
| *reñir* | schelten/(sich) streiten |
| *repetir* | wiederholen |
| *revestir* | verkleiden |
| *seguir* | folgen |
| *servir* | dienen |
| *sonreír* | lächeln |
| *teñir* | färben |
| *vestirse* | sich anziehen |

2. Einige Verben mit dem Stammvokal **e** weisen in den stammbetonten Formen des Indikativ Präsens, des *presente de subjuntivo* und des Imperativs den Diphthong **ie** auf. Der Wechsel von **e** zu **i** erfolgt, wenn der Stamm unbetont ist und die Endung kein betontes **i** enthält. Dies ist der Fall in der 1. und 2. Pers. Pl. des *presente de subjuntivo* und der 3. Pers. Sing. und Pl. des *pretérito indefinido* und in den davon abgeleiteten Formen des *imperfecto de subjuntivo*.

Typus **sentir** fühlen/bedauern:

| Indikativ Präsens presente de indicativo | | presente de subjuntivo | |
|---|---|---|---|
| *(yo)* | s**ie**nto | *(yo)* | s**ie**nta |
| *(tú)* | s**ie**ntes | *(tú)* | s**ie**ntas |
| *(él)* | s**ie**nte | *(él)* | s**ie**nta |
| *(nosotros)* | sentimos | *(nosotros)* | sintamos |
| *(vosotros)* | sentís | *(vosotros)* | sintáis |
| *(ellos)* | s**ie**nten | *(ellos)* | s**ie**ntan |

| pretérito indefinido | | imperfecto de subjuntivo I/II | |
|---|---|---|---|
| *(yo)* | sentí | *(yo)* | sintiera/sintiese |
| *(tú)* | sentiste | *(tú)* | sintieras/sintieses |
| *(él)* | sintió | *(él)* | sintiera/sintiese |
| *(nosotros)* | sentimos | *(nosotros)* | sintiéramos/sintiésemos |
| *(vosotros)* | sentisteis | *(vosotros)* | sintierais/sintieseis |
| *(ellos)* | sintieron | *(ellos)* | sintieran/sintiesen |

| Imperativ/*imperativo* |
|---|
| ¡s**ie**nte! - ¡sentid! |

Nach diesem Schema richten sich:

| | |
|---|---|
| *adherirse a* | sich anschließen |
| *advertir* | benachrichtigen/warnen/bemerken |
| *arrepentirse de* | bereuen |
| *asentir* | zustimmen |
| *conferir* | verleihen |
| *consentir* | einwilligen |
| *convertir en* | verwandeln in |
| *desmentir* | dementieren |
| *diferir* | aufschieben/verschieden sein |
| *digerir* | verdauen |
| *disentir de* | anderer Meinung sein |
| *divertirse* | sich amüsieren |
| *herir* | verwunden |
| *hervir* | sieden |
| *inferir de* | folgern aus |
| *injerirse en* | sich einmischen in |
| *invertir en* | investieren in |
| *mentir* | lügen |
| *pervertir* | verderben |
| *preferir* | vorziehen |
| *presentir* | ahnen |
| *referir* | berichten |
| *requerir* | erfordern |
| *resentirse de* | unter den Folgen leiden von |
| *sugerir* | eingeben |
| *transferir* | übertragen |

3. Die Verben **adquirir** 'erwerben', **inquirir** 'untersuchen', **cernir** 'sieben', **concernir** 'betreffen' und **discernir** 'erkennen' weisen in den stammbetonten Formen des Indikativ Präsens und *presente de subjuntivo* den Diphthong *ie* auf:

| Indikativ Präsens *presente de indicativo* | | *presente de subjuntivo* | |
|---|---|---|---|
| (yo) | adqu**ie**ro | (yo) | adqu**ie**ra |
| (tú) | adqu**ie**res | (tú) | adqu**ie**ras |
| (él) | adqu**ie**re | (él) | adqu**ie**ra |
| (nosotros) | adquirimos | (nosotros) | adquiramos |
| (vosotros) | adquirís | (vosotros) | adquiráis |
| (ellos) | adqu**ie**ren | (ellos) | adqu**ie**ran |

| Indikativ Präsens<br>*presente de indicativo* | | *presente de subjuntivo* | |
|---|---|---|---|
| (yo) | c*ie*rno | (yo) | c*ie*rna |
| (tú) | c*ie*rnes | (tú) | c*ie*rnas |
| (él) | c*ie*rne | (él) | c*ie*rna |
| (nosotros) | cernimos | (nosotros) | cernamos |
| (vosotros) | cernís | (vosotros) | cernáis |
| (ellos) | c*ie*rnen | (ellos) | c*ie*rnan |

4. Das Verb **erguir** 'aufrichten' weist in den stammbetonten Formen des Indikativ Präsens und *presente de subjuntivo* den Diphthong *ie* auf, der *ye* geschrieben wird. Die mit *i* beginnenden Formen sind selten:

| Indikativ Präsens<br>*presente de indicativo* | | *presente de subjuntivo* | |
|---|---|---|---|
| (yo) | *ye*rgo (irgo) | (yo) | *ye*rga (irga) |
| (tú) | *ye*rgues (irgues) | (tú) | *ye*rgas (irgas) |
| (él) | *ye*rgue (irgue) | (él) | *ye*rga (irga) |
| (nosotros) | erguimos | (nosotros) | ergamos (irgamos) |
| (vosotros) | erguís | (vosotros) | ergáis (irgáis) |
| (ellos) | *ye*rguen (irguen) | (ellos) | *ye*rgan (irgan) |

Anmerkung: Das **e** des Stamms wird in *i* verwandelt, wenn die Endung kein betontes *i* enthält. Das ist der Fall bei der 3. Person Singular und Plural des *pretérito indefinido* (*irguió, irguieron*) und den davon abgeleiteten Formen des *imperfecto de subjuntivo* (*irguiera/ irguiese* etc.).

5. Die Verben **dormir** 'schlafen' und **morir** 'sterben' weisen in den stammbetonten Formen des Indikativ Präsens, des *presente de subjuntivo* und des Imperativs den Diphthong *ue* auf. Der Wechsel von *o* zu *u* erfolgt, wenn der Stamm unbetont ist und die Endung kein betontes *i* enthält. Dies ist der Fall in der 1. und 2. Person Plural des *presente de subjuntivo* und in der 3. Person Singular und Plural des *pretérito indefinido*, sowie in den davon abgeleiteten Formen des *imperfecto de subjuntivo*:

| Indikativ Präsens<br>*presente de indicativo* | | *presente de subjuntivo* | |
|---|---|---|---|
| (yo) | d*ue*rmo | (yo) | d*ue*rma |
| (tú) | d*ue*rmes | (tú) | d*ue*rmas |
| (él) | d*ue*rme | (él) | d*ue*rma |
| (nosotros) | dormimos | (nosotros) | durmamos |
| (vosotros) | dormís | (vosotros) | durmáis |
| (ellos) | d*ue*rmen | (ellos) | d*ue*rman |

| pretérito indefinido | | imperfecto de subjuntivo I/II | |
|---|---|---|---|
| (yo) | dormí | (yo) | durmiera/durmiese |
| (tú) | dormiste | (tú) | durmieras/durmieses |
| (él) | durmió | (él) | durmiera/durmiese |
| (nosotros) | dormimos | (nosotros) | durmiéramos/durmiésemos |
| (vosotros) | dormisteis | (vosotros) | durmierais/durmieseis |
| (ellos) | durmieron | (ellos) | durmieran/durmiesen |

| Imperativ/imperativo |
|---|
| ¡duerme! - ¡dormid! |

6. Die Verben auf **-ducir** fügen in der 1. Person Singular Präsens Indikativ und in allen Personen des *presente de subjuntivo* vor der Endung -o ein /k/ (geschrieben **c**) ein, wobei das stammauslautende /θ/ als **z** wiedergegeben wird. Im *pretérito indefinido* weisen diese Verben einen unregelmäßigen Stamm auf:

Typus **conducir** führen/fahren:

| Indikativ Präsens presente de indicativo | | presente de subjuntivo | |
|---|---|---|---|
| (yo) | conduzco | (yo) | conduzca |
| (tú) | conduces | (tú) | conduzcas |
| (él) | conduce | (él) | conduzca |
| (nosotros) | conducimos | (nosotros) | conduzcamos |
| (vosotros) | conducís | (vosotros) | conduzcáis |
| (ellos) | conducen | (ellos) | conduzcan |

| pretérito indefinido | | imperfecto de subjuntivo I/II | |
|---|---|---|---|
| (yo) | conduje | (yo) | condujera/condujese |
| (tú) | condujiste | (tú) | condujeras/condujeses |
| (él) | condujo | (él) | condujera/condujese |
| (nosotros) | condujimos | (nosotros) | condujéramos/condujésemos |
| (vosotros) | condujisteis | vosotros) | condujerais/condujeseis |
| (ellos) | condujeron | (ellos) | condujeran/condujesen |

Ebenso verhalten sich:

| aducir | (als Grund) anführen |
| deducir | folgern |
| producir | herstellen |
| reducir | verringern |
| seducir | verführen |
| traducir | übersetzen |

7. Die Verben *asir*, *salir* und *venir* fügen in der 1. Person Singular Präsens Indikativ und in allen Personen des *presente de subjuntivo* zwischen Stamm und Endung ein **-g-** ein (zu den übrigen Formen vgl. Anhang):

| Infinitiv | 1. Pers. Sing. Indikativ Präsens | presente de subjuntivo |
|---|---|---|
| *asir* ergreifen | *(yo) asgo* | *(yo) asga (tú) asgas* |
| *salir* (hin)ausgehen | *(yo) salgo* | *(yo) salga, (tú) salgas* |
| *venir* kommen | *(yo) vengo* | *(yo) venga,(tú) vengas* |

8. Das Verb *oír* fügt in der 1. Person Singular Präsens Indikativ und in allen Personen des *presente de subjuntivo* zwischen Stamm und Endung **-ig-** ein (zu den übrigen Formen vgl. Anhang):

| Infinitiv | 1. Pers. Sing. Indikativ Präsens | presente de subjuntivo |
|---|---|---|
| *oír* hören | *(yo) oigo* | *(yo) oiga, (tú) oigas*, etc. |

9. Das Verb *decir* verwandelt in der 1. Person Singular Präsens Indikativ und in allen Personen des *presente de subjuntivo* den Stammvokal *e* in *i* und den Stammauslaut /θ/ (geschrieben *c*) in **-g**:

| Infinitiv | 1. Pers. Sing. Indikativ Präsens | presente de subjuntivo |
|---|---|---|
| *decir* sagen | *(yo) digo* | *(yo) diga, (tú) digas* |

10. Die Verben *decir* und *venir* weisen im *pretérito indefinido* und in dem davon abgeleiteten *imperfecto de subjuntivo* einen unregelmäßigen Stamm auf (zu den übrigen Formen vgl. Anhang):

| Infinitiv | pretérito indefinido | imperfecto de subjuntivo |
|---|---|---|
| *decir* sagen | *dije, dijiste, dijo*, etc. | *dijera/dijese*,etc. |
| *venir* kommen | *vine, viniste, vino*, etc | *viniera/viniese*,etc. |

11. Die Verben *decir, salir* und *venir* verfügen über einen besonderen Futur- und Konditionalstamm (zu den übrigen Formen vgl. Anhang):

| Infinitiv | Futur I *futuro imperfecto* | Konditional *condicional* |
|---|---|---|
| *decir* sagen | *diré, dirás, dirá*, etc. | *diría, dirías*, etc. |
| *salir* (hin)aus-gehen | *saldré, saldrás, saldrá*, etc. | *saldría, saldrías*,etc. |
| *venir* kommen | *vendré, vendrás*, etc. | *vendría, vendrías*, etc. |

## Die Bildung der zusammengesetzten Verbformen

Die zusammengesetzten Formen aller spanischen Verben werden mit dem Hilfsverb *haber* und dem Partizip Perfekt (zur Bildung vgl. § 209) gebildet.

### Die einfachen Formen des Hilfsverbs *haber*　　160

| Indikativ Präsens<br>*presente de indicat.* | | Indikativ Imperfekt<br>*pret. imperf. de indicat.* | | *pretérito indefinido* | |
|---|---|---|---|---|---|
| *(yo)* | he | *(yo)* | había | *(yo)* | hube |
| *(tú)* | has | *(tú)* | habías | *(tú)* | hubiste |
| *(él)* | ha | *(él)* | había | *(él)* | hubo |
| *(nosotros)* | hemos | *(nosotros)* | habíamos | *(nosotros)* | hubimos |
| *(vosotros)* | habéis | *(vosotros)* | habíais | *(vosotros)* | hubisteis |
| *(ellos)* | han | *(ellos)* | habían | *(ellos)* | hubieron |

| Futur I<br>*futuro imperfecto de indicativo* | | Konditional I<br>*condicional* | |
|---|---|---|---|
| *(yo)* | habré | *(yo)* | habría |
| *(tú)* | habrás | *(tú)* | habrías |
| *(él)* | habrá | *(él)* | habría |
| *(nosotros)* | habremos | *(nosotros)* | habríamos |
| *(vosotros)* | habréis | *(vosotros)* | habríais |
| *(ellos)* | habrán | *(ellos)* | habrían |

| *presente de subjuntivo* | | *imperfecto de subjuntivo I/II* | |
|---|---|---|---|
| *(yo)* | haya | *(yo)* | hubiera/hubiese |
| *(tú)* | hayas | *(tú)* | hubieras/hubieses |
| *(él)* | haya | *(él)* | hubiera/hubiese |
| *(nosotros)* | hayamos | *(nosotros)* | hubiéramos/hubiésemos |
| *(vosotros)* | hayáis | *(vosotros)* | hubierais/hubieseis |
| *(ellos)* | hayan | *(ellos)* | hubieran/hubiesen |

### Die zusammengesetzten Formen (los tiempos compuestos)　　161

| Indikativ Perfekt<br>*pret. compuesto de indicativo* | | Indikativ Plusquamperfekt<br>*pret. pluscuamperf. de indicativo* | |
|---|---|---|---|
| *(yo)* | he cantado | *(yo)* | había cantado |
| *(tú)* | has comido | *(tú)* | habías comido |
| *(él)* | ha recibido | *(él)* | había recibido |
| *(nosotros)* | hemos dicho | *(nosotros)* | habíamos dicho |
| *(vosotros)* | habéis escrito | *(vosotros)* | habíais escrito |
| *(ellos)* | han hecho | *(ellos)* | habían hecho |

| Futur II<br>futuro perfecto de indicativo | | pretérito anterior | |
|---|---|---|---|
| (yo) | habré cantado | (yo) | hube cantado |
| (tú) | habrás comido | (tú) | hubiste comido |
| (él) | habrá recibido | (él) | hubo recibido |
| (nosotros) | habremos dicho | (nosotros) | hubimos dicho |
| (vosotros) | habréis escrito | (vosotros) | hubisteis escrito |
| (ellos) | habrán hecho | (ellos) | hubieron hecho |

| pretérito perfecto de subjuntivo | | Konditional II<br>condicional compuesto | |
|---|---|---|---|
| (yo) | haya cantado | (yo) | habría cantado |
| (tú) | hayas comido | (tú) | habrías comido |
| (él) | haya recibido | (él) | habría recibido |
| (nosotros) | hayamos dicho | (nosotros) | habríamos dicho |
| (vosotros) | hayáis escrito | (vosotros) | habríais escrito |
| (ellos) | hayan hecho | (ellos) | habrían hecho |

| pretérito pluscuamperfecto de subjuntivo I/II | |
|---|---|
| (yo) | hubiera/hubiese cantado |
| (tú) | hubieras/hubieses comido |
| (él) | hubiera/hubiese recibido |
| (nosotros) | hubiéramos/hubiésemos dicho |
| (vosotros) | hubierais/hubieseis escrito |
| (ellos) | hubieran/hubiesen hecho |

## 162 Übersicht über die Formen von *ser/estar*

| Indikativ/*indicativo* | | | |
|---|---|---|---|
| Präsens/*presente* | | Perfekt/*pretérito perfecto comp.* | |
| (yo) | soy/estoy | (yo) | he sido/estado |
| (tú) | eres/estás | (tú) | has sido/estado |
| (él) | es/está | (él) | ha sido/estado |
| (nosotros) | somos/estamos | (nosotros) | hemos sido/estado |
| (vosotros) | sois/estáis | (vosotros) | habéis sido/estado |
| (ellos) | son/están | (ellos) | han sido/estado |

| Imperfekt<br>*pretérito imperfecto* | | Plusquamperfekt<br>*pretérito pluscuamperfecto* | |
|---|---|---|---|
| (yo) | era/estaba | (yo) | había sido/estado |
| (tú) | eras/estabas | (tú) | habías sido/estado |
| (él) | era/estaba | (él) | había sido/estado |
| (nosotros) | éramos/estábamos | (nosotros) | habíamos sido/estado |
| (vosotros) | erais/estabais | (vosotros) | habíais sido/estado |
| (ellos) | eran/estaban | (ellos) | habían sido/estado |

| pretérito indefinido | pretérito anterior |
|---|---|
| *(yo)* fui/estuve | *(yo)* hube sido/estado |
| *(tú)* fuiste/estuviste | *(tú)* hubiste sido/estado |
| *(él)* fue/estuvo | *(él)* hubo sido/estado |
| *(nosotros)* fuimos/estuvimos | *(nosotros)* hubimos sido/estado |
| *(vosotros)* fuisteis/estuvisteis | *(vosotros)* hubisteis sido/estado |
| *(ellos)* fueron/estuvieron | *(ellos)* hubieron sido/estado |

| Futur I/*futuro imperfecto* | Futur II/*futuro perfecto* |
|---|---|
| *(yo)* seré/estaré | *(yo)* habré sido/estado |
| *(tú)* serás/estarás | *(tú)* habrás sido/estado |
| *(él)* será/estará | *(él)* habrá sido/estado |
| *(nosotros)* seremos/estaremos | *(nosotros)* habremos sido/estado |
| *(vosotros)* seréis/estaréis | *(vosotros)* habréis sido/estado |
| *(ellos)* serán/estarán | *(ellos)* habrán sido/estado |

| subjuntivo ||
|---|---|
| Präsens/*presente* | Perfekt/*pretérito perfecto comp.* |
| *(yo)* sea/esté | *(yo)* haya sido/estado |
| *(tú)* seas/estés | *(tú)* hayas sido/estado |
| *(él)* sea/esté | *(él)* haya sido/estado |
| *(nosotros)* seamos/estemos | *(nosotros)* hayamos sido/estado |
| *(vosotros)* seáis/estéis | *(vosotros)* hayáis sido/estado |
| *(ellos)* sean/estén | *(ellos)* hayan sido/estado |

| Imperfekt/*imperfecto I* | Imperfekt/*imperfecto II* |
|---|---|
| *(yo)* fuera/estuviera | *(yo)* fuese/estuviese |
| *(tú)* fueras/estuvieras | *(tú)* fueses/estuvieses |
| *(él)* fuera/estuviera | *(él)* fuese/estuviese |
| *(nosotros)* fuéramos/estuviéramos | *(nosotros)* fuésemos/estuviésemos |
| *(vosotros)* fuerais/estuvierais | *(vosotros)* fueseis/estuvieseis |
| *(ellos)* fueran/estuvieran | *(ellos)* fuesen/estuviesen |

| Plusquamperfekt<br>*pretérito pluscuamperfecto I* | Plusquamperfekt<br>*pretérito pluscuamperfecto II* |
|---|---|
| *(yo)* hubiera sido/estado | *(yo)* hubiese sido/estado |
| *(tú)* hubieras sido/estado | *(tú)* hubieses sido/estado |
| *(él)* hubiera sido/estado | *(él)* hubiese sido/estado |
| *(nosotros)* hubiéramos sido/estado | *(nosotros)* hubiésemos sido/estado |
| *(vosotros)* hubierais sido/estado | *(vosotros)* hubieseis sido/estado |
| *(ellos)* hubieran sido/estado | *(ellos)* hubiesen sido/estado |

| Konditional/*condicional* | |
|---|---|
| **Konditional I** *condicional simple* | **Konditional II** *condicional compuesto* |
| (yo) sería/estaría | (yo) habría sido/estado |
| (tú) serías/estarías | (tú) habrías sido/estado |
| (él) sería/estaría | (él) habría sido/estado |
| (nosotros) seríamos/estaríamos | (nosotros) habríamos sido/estado |
| (vosotros) seríais/estaríais | (vosotros) habríais sido/estado |
| (ellos) serían/estarían | (ellos) habrían sido/estado |

| Imperativ/*imperativo* | | |
|---|---|---|
| Person | afirmativo | negativo |
| 2. Sing. | sé/está | no seas/estés |
| 3. Sing. | sea/esté (Vd.) | no sea/esté (Vd.) |
| 1. Pl. | seamos/estemos | no seamos/estemos |
| 2. Pl. | sed/estad | no seáis/estéis |
| 3. Pl. | sean/estén (Vds.) | no sean/estén (Vds.) |

## 163 Die Bildung des Passivs

Das Passiv wird mit **ser** + **Partizip Perfekt** gebildet, das in Genus und Numerus mit dem zugehörigen Substantiv übereinstimmt. In den zusammengesetzten Zeiten bleibt das Partizip Perfekt von *ser* (*sido*) unverändert. Zu beachten ist, dass nicht jedes Verb in jede Zeit des Passivs gesetzt werden kann (vgl. § 188):

Typus ***temer*** fürchten:

| Indikativ/*indicativo* | | |
|---|---|---|
| Präsens/*presente* | | Perfekt/*pretérito perfecto comp.* |
| (yo) soy temido | (yo) | he sido temido |
| (tú) eres temido | (tú) | has sido temido |
| (él) es temido | (él) | ha sido temido |
| (nosotros) somos temidos | (nosotros) | hemos sido temidos |
| (vosotros) sois temidos | (vosotros) | habéis sido temidos |
| (ellos) son temidos | (ellos) | han sido temidos |

| Imperfekt *pretérito imperfecto* | | Plusquamperfekt *pretérito pluscuamperfecto* | |
|---|---|---|---|
| (yo) | era temido | (yo) | había sido temido |
| (tú) | eras temido | (tú) | habías sido temido |
| (él) | era temido | (él) | había sido temido |
| (nosotros) | éramos temidos | (nosotros) | habíamos sido temidos |
| (vosotros) | erais temidos | (vosotros) | habíais sido temidos |
| (ellos) | eran temidos | (ellos) | habían sido temidos |

| pretérito indefinido | | pretérito anterior | |
|---|---|---|---|
| (yo) | fui temido | (yo) | hube sido temido |
| (tú) | fuiste temido | (tú) | hubiste sido temido |
| (él) | fue temido | (él) | hubo sido temido |
| (nosotros) | fuimos temidos | (nosotros) | hubimos sido temidos |
| (vosotros) | fuisteis temidos | (vosotros) | hubisteis sido temidos |
| (ellos) | fueron temidos | (ellos) | hubieron sido temidos |

| Futur I/*futuro imperfecto* | | Futur II/*futuro perfecto* | |
|---|---|---|---|
| (yo) | seré temido | (yo) | habré sido temido |
| (tú) | serás temido | (tú) | habrás sido temido |
| (él) | será temido | (él) | habrá sido temido |
| (nosotros) | seremos temidos | (nosotros) | habremos sido temidos |
| (vosotros) | seréis temidos | (vosotros) | habréis sido temidos |
| (ellos) | serán temidos | (ellos) | habrán sido temidos |

| subjuntivo | | | |
|---|---|---|---|
| Präsens/*presente* | | Perfekt/*pretérito perfecto comp.* | |
| (yo) | sea temido | (yo) | haya sido temido |
| (tú) | seas temido | (tú) | hayas sido temido |
| (él) | sea temido | (él) | haya sido temido |
| (nosotros) | seamos temidos | (nosotros) | hayamos sido temidos |
| (vosotros) | seáis temidos | (vosotros) | hayáis sido temidos |
| (ellos) | sean temidos | (ellos) | hayan sido temidos |

| Imperfekt/*imperfecto I* | | Imperfekt/*imperfecto II* | |
|---|---|---|---|
| (yo) | fuera temido | (yo) | fuese temido |
| (tú) | fueras temido | (tú) | fueses temido |
| (él) | fuera temido | (él) | fuese temido |
| (nosotros) | fuéramos temidos | (nosotros) | fuésemos temidos |
| (vosotros) | fuerais temidos | (vosotros) | fueseis temidos |
| (ellos) | fueran temidos | (ellos) | fuesen temidos |

| Plusquamperfekt *pretérito pluscuamperfecto I* | | Plusquamperfekt *pretérito pluscuamperfecto II* | |
|---|---|---|---|
| (yo) | hubiera sido temido | (yo) | hubiese sido temido |
| (tú) | hubieras sido temido | (tú) | hubieses sido temido |
| (él) | hubiera sido temido | (él) | hubiese sido temido |
| (nosotr.) | hubiéramos sido temidos | (nosotros) | hubiésemos sido temidos |
| (vosotr.) | hubierais sido temidos | (vosotros) | hubieseis sido temidos |
| (ellos) | hubieran sido temidos | (ellos) | hubiesen sido temidos |

| Konditional/*condicional* ||
|---|---|
| **Konditional I**<br>*condicional simple* | **Konditional II**<br>*condicional compuesto* |
| *(yo)* sería temido<br>*(tú)* serías temido<br>*(él)* sería temido<br>*(nosotros)* seríamos temidos<br>*(vosotros)* seríais temidos<br>*(ellos)* serían temidos | *(yo)* habría sido temido<br>*(tú)* habrías sido temido<br>*(él)* habría sido temido<br>*(nosotros)* habríamos sido temidos<br>*(vosotros)* habríais sido temidos<br>*(ellos)* habrían sido temidos |

# Kapitel 13  Der Gebrauch der Formen des Indikativs
(El uso de las formas del indicativo)

Zu den Tempora des Indikativs gehören das Präsens (el presente), das Imperfekt (el pretérito imperfecto), das Perfekt (el pretérito perfecto compuesto), das *pretérito indefinido*, das Plusquamperfekt (el pretérito pluscuamperfecto), das *pretérito anterior*, das Futur I (el futuro imperfecto) und das Futur II (el futuro perfecto). Zur Bildung der einzelnen Formen vgl. Kap. 12. Dem *pretérito indefinido* und dem *pretérito imperfecto* entspricht im Deutschen die einfache Vergangenheit (Präteritum) bzw. das Perfekt (in gesprochener Sprache).

Anmerkung: Um bei den Lernenden keine Verwirrung zu stiften, halten wir uns an die in den meisten Spanisch-Lehrbüchern verwendete Terminologie, auch wenn manche Bezeichnungen, wie zum Beispiel *el pretérito indefinido*, die temporale Funktion im Grunde genommen unzutreffend kennzeichnen.

## Das Präsens (el presente) 164

1. Das Präsens beschreibt Zustände oder Handlungen der unmittelbaren Gegenwart, Geschehen, die bis in die Gegenwart andauern, sowie Gewohnheiten und Feststellungen, die zeitlose Gültigkeit besitzen:

| | |
|---|---|
| Quiero a Carmen. | Ich liebe Carmen. |
| Hace buen tiempo. | Es ist schönes Wetter. |
| Conozco a Carlos desde hace cinco años. | Ich kenne Carlos seit fünf Jahren. |
| Voy al mercado todos los jueves. | Ich gehe jeden Donnerstag auf den Markt. |
| La tierra gira alrededor del sol. | Die Erde dreht sich um die Sonne. |
| El dinero no hace la felicidad, pero consuela mucho. | Geld macht nicht glücklich, aber es beruhigt. |
| Agua pasada no mueve molino. | Was geschehen ist, ist geschehen. |

Anmerkung 1: In einigen Fällen entspricht dem spanischen Präsens ein anderes Tempus oder ein anderer Modus im Deutschen: *Por poco/Casi me caigo.* – Beinahe wäre ich (hin)gefallen. *Hace tanto tiempo que no te veo!* – Ich habe dich so lange nicht mehr gesehen!

Anmerkung 2: In der 1. Person Singular erscheint eine an den Gesprächspartner gestellte Frage, ob eine Handlung ausgeführt werden soll. Im Deutschen wird in diesem Fall das Modalverb 'sollen' verwendet: *¿Te ayudo?* – Soll ich dir helfen? *¿Llamo a un médico?* – Soll ich einen Arzt rufen? (Vgl. auch § 231.7)

2. Das Präsens kann auch eine zukünftige Handlung bezeichnen, wenn ein konkreter Zeitpunkt genannt wird:

| Mañana salimos para Granada. | Morgen fahren wir nach Granada. |
|---|---|
| El año que viene voy a Grecia. | Nächstes Jahr fahre ich nach Griechenland. |

3. Um eine Erzählung aufzulockern oder lebendiger zu gestalten, kann man das historische Präsens (presente histórico) anstelle eines Vergangenheitstempus verwenden:

| Colón descubre América en 1492. | 1492 entdeckt Kolumbus Amerika. |
|---|---|
| Estábamos jugando a las cartas. De repente mi hijo rompe a llorar, se levanta y sale corriendo. | Wir spielten Karten. Plötzlich bricht mein Sohn in Tränen aus, steht auf und rennt hinaus. |

4. Das Präsens wird auch verwendet, um einen Befehl oder eine nachdrückliche Aufforderung auszudrücken:

| Ahora mismo te pones a hacer los deberes. | Jetzt sofort fängst du an, deine Hausaufgaben zu machen! |
|---|---|
| Cuando acabes, me ayudas a subir las maletas. | Wenn du fertig bist, hilfst du mir, die Koffer hinaufzutragen! |
| La próxima vez preguntas. | Das nächste Mal fragst du! |
| Tú tomas esta primera calle a la izquierda, pasas el puente, y luego ... y luego preguntas otra vez. | Du gehst du erste Straße links, gehst über die Brücke und dann ... und dann fragst du noch einmal. |

## 165 Das Perfekt (el pretérito perfecto compuesto)

Das *pretérito perfecto* bezeichnet Handlungen, die

1. sich kurz vor der Gegenwart vollzogen haben:

| ¿Han escuchado ustedes el boletín de noticias? | Haben Sie die Nachrichten gehört? |
|---|---|
| Hemos llegado hace un cuarto de hora. | Wir sind vor einer Viertelstunde angekommen. |

2. sich in einem noch andauernden Zeitraum ereignet haben:

| ¿A qué hora te has levantado esta mañana? | Um wie viel Uhr bist du heute Morgen aufgestanden? |
|---|---|
| Los negocios han marchado viento en popa este año. | Die Geschäfte sind dieses Jahr wie geschmiert gelaufen. |

| | |
|---|---|
| Hoy he fumado demasiado. | Heute habe ich zu viel geraucht. |
| Todavía no he pagado la cuenta. | Ich habe die Rechnung noch nicht bezahlt. |
| En este siglo las ciencias han progresado mucho en todos los terrenos. | In diesem Jahrhundert haben die Wissenschaften auf allen Gebieten große Fortschritte gemacht. |
| Estos últimos meses ha llovido muy poco. | In den letzten Monaten hat es sehr wenig geregnet. |

Anmerkung 1: Das *pretérito perfecto* wird in der Regel in Sätzen gebraucht, in denen Ausdrücke wie *hoy* 'heute', *esta semana* 'diese Woche', *este mes* 'diesen Monat', *este año* 'dieses Jahr', *últimamente* 'in der letzten Zeit', *hasta ahora* 'bis jetzt', *todavía no* 'noch nicht', *en mi vida* 'nie im Leben', *nunca* 'niemals' erscheinen.

Anmerkung 2: Ein Satz wie 'Heute Morgen hat es geregnet' kann auch durch *Esta mañana llovió* wiedergegeben werden, wenn aus der Sicht des Sprechenden der Vorgang als abgeschlossen angesehen wird und keinen Bezug mehr zur Gegenwart hat.

Anmerkung 3.: In einigen Teilen Spaniens und in Lateinamerika wird anstelle des *pretérito perfecto* das *pretérito indefinido* verwendet.

3. sich in der Vergangenheit vollzogen haben, deren Folgen aber in der Gegenwart noch andauern:

| | |
|---|---|
| Desgraciadamente me he torcido el pie derecho. No puedo jugar. | Unglücklicherweise habe ich mir den rechten Fuß verstaucht. Ich kann nicht spielen. |
| Mi padre ha muerto hace dos años. | Mein Vater ist vor zwei Jahren gestorben. |
| ¿Qué he hecho yo para merecer esto? | Womit habe ich das verdient? |

Anmerkung: Der Satz *Mi padre ha muerto hace dos años* drückt aus, dass ich den Verlust meines Vaters noch heute als schmerzlich empfinde, während in *Mi padre murió hace dos años* nur auf den Zeitpunkt des Todes abgehoben ist.

4. sich in der Vergangenheit vollzogen haben, bei denen die Frage nach dem Zeitpunkt des Geschehens aber ohne Belang ist:

| | |
|---|---|
| ¿Has leído las novelas ejemplares de Cervantes? – Sí, las he leído. | Hast du die exemplarischen Novellen von Cervantes gelesen? – Ja, ich habe sie gelesen. |
| ¿Habéis encontrado a Pepe? | Habt ihr Pepe getroffen? |
| ¿Has estado alguna vez en Grecia ? | Warst du schon einmal in Griechenland? |
| He terminado mi trabajo. | Ich bin mit meiner Arbeit fertig. |
| Según he oído, … | Wie ich höre, … |

## 166 Das *pretérito indefinido*

Das *pretérito indefinido* wird zur Wiedergabe eines vergangenen Vorgangs gebraucht, der als abgeschlossen angesehen wird. Dabei ist die Dauer oder die Häufigkeit eines Vorgangs ohne Bedeutung:

| | |
|---|---|
| *Aquel día no pude concentrarme.* | An diesem/jenem Tag konnte ich mich nicht konzentrieren. |
| *El año pasado mis padres visitaron a mi hermano que trabaja en Alemania.* | Letztes Jahr besuchten meine Eltern meinen Bruder, der in Deutschland arbeitet. |
| *Cervantes murió en 1616.* | Cervantes starb 1616. |
| *Mi tío vivió cinco años en Francia.* | Mein Onkel lebte fünf Jahre in Frankreich. |

Anmerkung: Das *pretérito indefinido* wird häufig in Sätzen gebraucht, in denen Ausdrücke erscheinen, die auf einen Zeitpunkt oder einen Zeitraum in der Vergangenheit verweisen, wie z.B. *ayer* 'gestern', *anoche* 'gestern Abend', *la semana pasada* 'letzte Woche', *aquel año* 'in jenem Jahr', *en 1980* 'im Jahr 1980'.

Zur Verwendung des *pretérito indefinido* in Erzähltexten vgl. § 171

## 167 Das Imperfekt (el pretérito imperfecto)

Das Imperfekt wird verwendet

1. zur Beschreibung vergangener Handlungen, Vorgänge oder Zustände, die als nicht abgeschlossen angesehen werden:

| | |
|---|---|
| *Mi padre era amable para con todo el mundo.* | Mein Vater war zu jedermann freundlich. |
| *Aquella noche llovía a cántaros.* | In jener Nacht regnete es in Strömen. |
| *Estábamos muy cansados.* | Wir waren sehr müde. |
| *Lo veía venir.* | Ich habe es kommen sehen. |

2. zur Bezeichnung von Handlungen, die sich in der Vergangenheit regelmäßig wiederholt haben:

| | |
|---|---|
| *Durante las vacaciones no me levantaba nunca antes de las nueve.* | Während der Ferien stand ich nie vor neun Uhr auf. |
| *Mi hermano iba al cine por lo menos una vez por semana.* | Mein Bruder ging mindestens einmal in der Woche ins Kino. |

## Besonderer Gebrauch des Imperfekts

Weiterhin wird das Imperfekt gebraucht

1. zur Angabe von begonnenen oder beabsichtigten Handlungen (imperfecto conativo):

| *Precisamente ahora me ponía a trabajar.* | Gerade wollte ich mich an die Arbeit machen. |
|---|---|
| *Ah, se me olvidaba, déme también medio kilo de naranjas.* | Ach, fast hätte ich es vergessen, geben Sie mir auch ein Pfund Orangen. |

2. häufig in der gesprochenen Sprache anstelle des Konditionals zur Angabe einer hypothetischen Handlung (imperfecto irreal; vgl. auch § 187.2, Anm. 2):

| *Si yo lo supiera, te lo decía (= diría).* | Wenn ich es wüsste, würde ich es dir sagen. |
|---|---|
| *Yo, en tu lugar, no lo hacía.* | Ich an deiner Stelle würde es nicht machen. |

Anmerkung: Wenn Kinder ein Rollenspiel planen, verwenden sie auch das Imperfekt (imperfecto lúdico): *Yo era el rey y tú me preguntabas si ...* – Ich bin der König und du fragst mich, ob ...

Wendung: *¡No faltaba (= faltaría) más!* - Das wäre ja noch schöner!

3. in zurückhaltenden Äußerungen (imperfecto de cortesía):

| *Quería pedirte un favor.* | Ich wollte dich um einen Gefallen bitten. |
|---|---|
| *Debías decírselo a él.* | Du müsstest es ihm sagen. |
| *Debías habérmelo dicho.* | Du hättest es mir sagen müssen. |
| *Podían trabajar más.* | Sie könnten mehr arbeiten. |
| *Podía hablar un momentito con Vd.?* | Könnte ich Sie einen Augenblick sprechen? |
| *Venía a decirte que hoy no te puedo ayudar.* | Ich komme, um dir zu sagen, dass ich dir heute nicht helfen kann. |
| *He traído unas flores para Vd.* – *No hacía falta./No tenía que haberse molestado.* | Ich habe Ihnen ein paar Blumen mitgebracht. – Das wäre wirklich nicht nötig gewesen. |

Anmerkung: Bei den Verben *deber*, *poder* und *querer* kann auch das Konditional oder *imperfecto de subjuntivo II* gebraucht werden. Bei *querer* ist jedoch der Gebrauch des Konditionals selten: *Deberías/Debieras/Podrías/Pudieras decírselo.* – Du müsstest/könntest es ihm sagen. *Quisiera/Querría salir contigo.* – Ich möchte mit dir ausgehen.

Zum Gebrauch des Imperfekts in der indirekten Rede vgl. § 296.2.

# 169 Gegenüberstellung von Imperfekt und *pretérito indefinido*

Dem deutschen Präteritum (Erzählzeit) entsprechen im Spanischen zwei Tempora, das *pretérito imperfecto* und das *pretérito indefinido*.

1. Wenn mehrere Handlungen gleichzeitig in der Vergangenheit ablaufen, wird das *pretérito imperfecto* gebraucht:

| | |
|---|---|
| Mamá planchaba, mi hermano leía y yo dibujaba. | Mama bügelte, mein Bruder las und ich zeichnete. |
| Mientras yo descansaba un poco, mi mujer miraba la tele. | Während ich mich ein wenig ausruhte, sah meine Frau fern. |

2. Setzt eine Handlung ein, während die andere weiterläuft und noch nicht abgeschlossen ist, so steht die neueinsetzende Handlung im *pretérito indefinido*, die noch im Ablauf begriffene im *imperfecto*:

| | |
|---|---|
| Estábamos cenando, cuando de repente se apagó la luz. | Wir aßen gerade zu Abend, als plötzlich das Licht ausging. |
| Mientras jugábamos al ajedrez, llamaron a la puerta. | Während wir Schach spielten, klopfte es an die Tür. |

3. Folgen zwei oder mehrere Handlungen unmittelbar aufeinander, so dass eine Handlung durch den Beginn der nächsten Handlung abgeschlossen wird, so wird das *pretérito indefinido* verwendet:

| | |
|---|---|
| Alfonso se estiró, bostezó y se restregó los ojos. | Alfonso streckte sich, gähnte und rieb sich die Augen. |
| Mi padre se sentó, encendió un cigarrillo y se puso a fumar. | Mein Vater setzte sich, zündete eine Zigarette an und fing an zu rauchen. |
| Llegué, vi, vencí. | Ich kam, ich sah, ich siegte. |

4. Bei einigen spanischen Verben ergibt sich ein Bedeutungsunterschied, je nachdem ob sie im Imperfekt oder im *pretérito indefinido* stehen:

| | |
|---|---|
| No lo sabíamos. | Wir wussten es nicht. |
| Lo supimos ayer. | Wir erfuhren es gestern. |
| La conocía de vista. | Ich kannte sie vom Sehen. |
| Le/Lo conocí en un congreso. | Ich lernte ihn auf einer Tagung kennen. |
| Juanita tenía una hija. | Juanita hatte eine Tochter. |
| Juanita tuvo una hija a los veinte años. | Juanita bekam mit 20 eine Tochter. |

# Das Plusquamperfekt (el pretérito pluscuamperfecto)     170

1. Das *pretérito pluscuamperfecto* bezeichnet einen Vorgang der Vergangenheit, der sich vor einem anderen Vorgang der Vergangenheit vollzogen hat:

| | |
|---|---|
| *Cuando llegué, mis hermanos ya habían comido.* | Als ich ankam, hatten meine Geschwister schon gegessen. |
| *Como habíamos terminado nuestro trabajo, salimos a tomar el aire.* | Da wir unsere Arbeit beendet hatten, gingen wir frische Luft schnappen. |

Anmerkung 1:   Das *pretérito pluscuamperfecto* drückt auch die Vorzeitigkeit zu einem *presente histórico* aus: *Aquella tarde está presente también nuestro colega a quien habían dado el alta unos días antes.* – An jenem Abend ist auch unser Kollege anwesend, der einige Tage zuvor aus dem Krankenhaus entlassen worden war.

Anmerkung 2:   In der Funktion des *pretérito pluscuamperfecto* wird in der Schriftsprache recht häufig die Form auf *-ra (cantara)* verwendet. Hierbei handelt es sich in Wirklichkeit nicht um eine Form des *subjuntivo*, sondern um die ursprüngliche Form des lateinischen Plusquamperfekts (*cantaveram*): *Cinco horas después de que la policía sofocara el motín, ...* – Fünf Stunden, nachdem die Polizei die Meuterei unterdrückt hatte, ... Auch die *se*-Form kommt in dieser Funktion gelegentlich vor.

2. Besonders in der Umgangssprache wird das *pretérito pluscuamperfecto* in irrealen Bedingungssätzen anstelle des Konditional II oder des *pretérito pluscuamperfecto de subjuntivo* gebraucht:

| | |
|---|---|
| *Si me hubieran ofrecido el empleo, lo había aceptado* (= *habría/hubiera aceptado*) | Wenn sie mir die Stelle angeboten hätten, hätte ich sie angenommen. |

# Der Gebrauch der Vergangenheitstempora in einem Erzähltext     171

Der folgende Textausschnitt veranschaulicht das Zusammenspiel von *pretérito indefinido*, *pretérito imperfecto* und *pretérito pluscuamperfecto* in einem Erzähltext. Während das *pretérito imperfecto* auf die Frage „Was war schon?" antwortet, gibt eine Verbform im *pretérito indefinido* Auskunft auf die Frage „Was geschah (dann)?". Das *pretérito pluscuamperfecto* wird zur Kennzeichnung eines Vorgangs verwendet, der beim Ablauf eines anderen Vorgangs bereits abgeschlossen war:

| | |
|---|---|
| *La vida en la ciudad de Córdoba no le **era** fácil a Colón. **Intentaba** ganar un poco de dinero vendiendo libros y ma-*<br>5 *pas, pero no siempre **conseguía** lo necesario. Por suerte, **tenía** algunas personas conocidas que, a veces, lo **ayudaban** e **invitaban** a comer o cenar en*<br>10 *sus casas.*<br>　*Una de ellas **era** Luciano Esbarroya, genovés como él, que **había llegado** a Córdoba hacía ya algunos años. Éste*<br>15 ***tenía** con su hermano Leonardo una farmacia en la que **organizaban** fiestas hasta altas horas de la noche. Y **fue** allí, una tarde de verano de 1487,*<br>20 *donde Cristóbal **conoció** a Beatriz Enríquez, una joven increíblemente hermosa. El amor entre ellos **nació** en seguida.*<br>25 *A partir de aquella ocasión los dos **empezaron** a verse, pero siempre en lugares escondidos porque la familia de Beatriz no **tenía** muy buena opinión de*<br>30 *Colón.*<br>　*Una tarde de finales del verano, en que los padres de la joven **habían salido** de la ciudad, **salieron** al campo a*<br>35 *pasear. **Hacía** muchísimo calor y poco a poco, el cielo se **llenó** de grandes nubes negras. Pronto **empezó** a caer una fortísima lluvia.* | Das Leben in Cordoba war für Columbus nicht einfach. Er versuchte durch den Verkauf von Büchern und Landkarten ein wenig Geld zu verdienen, aber oft reichte es nicht für das Notwendigste. Glücklicherweise hatte er einige Bekannte, die ihm gelegentlich halfen und ihn zum Essen einluden.<br>　Einer dieser Bekannten war Luciano Esbarroya, der, wie er Genuese, schon einige Jahre zuvor nach Cordoba gekommen war. Dieser besaß mit seinem Bruder Leonardo eine Apotheke, in der sie bis tief in die Nacht Feste veranstalteten. Und dort lernte Columbus an einem Sommerabend des Jahres 1487 eine unglaublich schöne junge Frau namens Beatriz Enríquez kennen. Sie verliebten sich sofort ineinander.<br>　Nach dieser Begegnung fingen die beiden an sich zu treffen, aber immer an geheimen Orten, denn die Familie von Beatriz hatte keine gute Meinung von Columbus.<br>　An einem Nachmittag im Spätsommer, an dem die Eltern der jungen Frau weggefahren waren, gingen sie aufs Feld hinaus, um spazieren zu gehen. Es war sehr heiß und der Himmel bedeckte sich allmählich mit großen schwarzen Wolken. Bald begann es sehr stark zu regnen. |

Spanischer Text aus: Luis María Carrero, *El secreto de Cristóbal Colón*, Madrid, Santillana, 1994, S. 31f.

In den Zeilen 2-17 wird das *pretérito imperfecto* verwendet, um den Hintergrund der Erzählung, insbesondere Zustände und wiederholte Handlungen, zu beschreiben. Das *pretérito pluscuamperfecto* in Z. 13 bezeichnet einen der Haupthandlung vorangehenden abgeschlossenen Vorgang. In Z. 18 setzt eine neue Handlung ein, auf die weitere folgen:

Columbus und Beatriz lernten sich kennen, verliebten sich ineinander und begannen sich regelmäßig zu treffen. Die Verben in den Zeilen 18, 20, 23 und 26 stehen daher im *pretérito indefinido*. Das Verb im *pretérito imperfecto* in Z. 29 liefert einen begründenden Begleitumstand. Nachdem das *pretérito pluscuamperfecto* in Z. 33 einen zeitlich vorausgehenden Vorgang ausgedrückt hat – die Eltern von Beatriz waren weggefahren – beginnt in Z. 34 wieder eine neue Handlung: Die beiden Verliebten gingen ins Feld hinaus, um spazieren zu gehen. Der Wechsel zwischen *pretérito imperfecto* und *pretérito indefinido* in den Zeilen 34-38 dient dazu, Hintergrund und Vordergrund der Erzählung zu unterscheiden. Zunächst war es sehr heiß (Hintergrund der Erzählung, daher *pretérito imperfecto*). Danach zogen dunkle Wolken am Himmel auf, und anschließend begann es zu regnen. Hier folgen zwei Ereignisse aufeinander, die im Vordergrund der Erzählung stehen, folglich wird das *pretérito indefinido* verwendet.

## Das *pretérito anterior* 172

Das *pretérito anterior* erscheint nur nach den temporalen Konjunktionen *tan pronto como/luego que/así que* 'sobald' und *no bien/apenas* 'kaum'. Es bezeichnet eine Handlung, die einer im *pretérito indefinido* ausgedrückten Handlung unmittelbar vorausgeht. In der gesprochenen Sprache wird es überhaupt nicht mehr und in der Schriftsprache nur noch selten verwendet:

| Apenas hube terminado de comer, me puse a estudiar. Tan pronto como se hubieron marchado los padres, los dos hermanos se pelearon. | Kaum war ich mit dem Essen fertig, begann ich zu lernen. Kaum waren die Eltern weggegangen, da stritten sich die beiden Brüder. |
|---|---|

Anmerkung: Statt des *pretérito anterior* werden das *pretérito pluscuamperfecto* oder das *pretérito indefinido* gebraucht: *Luego que hubo salido/ había salido/salió, todos se echaron a reír.* – Sobald er hinausgegangen war, brachen alle in Gelächter aus.

# 173 Das Futur I (el futuro imperfecto)

Das Futur I wird verwendet

1. zur Bezeichnung in der Zukunft liegender Handlungen oder Zustände:

| | |
|---|---|
| Mañana llegarán mis abuelos. | Morgen werden meine Großeltern kommen. |
| La semana que viene saldremos para Londres. | Nächste Woche werden wir nach London fahren. |

Anmerkung: Das Futur I wird in der Umgangssprache häufig durch die Verbalperiphrase *ir + a +* Infinitiv ersetzt (vgl. § 235.15): *Vamos a llegar hacia las cinco.* – Wir werden gegen fünf Uhr ankommen.

Merke: *el pagaré* der Schuldschein

2. zum Ausdruck einer Vermutung in der Gegenwart:

| | |
|---|---|
| Mi profesor de latín tendrá unos cincuenta años. | Mein Lateinlehrer wird etwa fünfzig Jahre alt sein. |
| Serán las ocho. | Es wird acht Uhr sein. |
| Ya llegará. | Er/Sie wird schon noch kommen. |

Anmerkung: Das Futur I kann auch in konzessiver Funktion verwendet werden. Es drückt dann eine Vermutung in der Gegenwart aus, die anschließend in Frage gestellt wird: *Será inteligente pero ha suspendido matemáticas.* – Er mag intelligent sein, aber er ist in Mathematik durchgefallen.

3. zur Angabe eines Befehls oder einer Verpflichtung:

| | |
|---|---|
| No matarás. | Du sollst nicht töten. |
| Para mañana haréis un resumen del cuento. | Für morgen schreibt ihr eine Zusammenfassung der Erzählung. |

Anmerkung: Wird das Futur I in einem Fragesatz gebraucht, so drückt es eine höfliche Bitte aus: *¿Me regalarás una muñeca?* – Schenkst du mir bitte eine Puppe? Das Futur I kann auch zum Ausdruck einer höflichen Aufforderung benutzt werden: *Les agradeceré que me reserven una habitación individual con baño y pensión completa desde el 15 al 29 de octubre.* – Reservieren Sie mir bitte ein Einzelzimmer mit Bad und Vollpension vom 15. bis 29. Oktober.

4. zum Ausdruck einer Überraschung, eines Erstaunens:

| | |
|---|---|
| ¡Serás tonto! | Bist du dumm! |
| ¿Lo negarás? | Willst du das leugnen? |

## Das Futur II (el futuro perfecto)

Das Futur II wird verwendet

1. zur Angabe einer Handlung, die abgeschlossen sein wird, wenn eine andere zukünftige Handlung einsetzt:

| | |
|---|---|
| Cuando llegue mi marido, ya habré preparado la cena. | Wenn mein Mann kommt, habe ich schon das Abendessen zubereitet. |
| Cuando mi hermano comience la secundaria yo ya habré terminado la carrera. | Wenn mein Bruder in die Oberstufe kommt, werde ich mein Studium schon beendet haben. |

2. zum Ausdruck einer Vermutung oder Möglichkeit bezüglich eines zurückliegenden Ereignisses:

| | |
|---|---|
| Ya habrá empezado la función. | Die Vorstellung wird schon begonnen haben. |
| Habrás gastado mucho dinero. | Du wirst viel Geld ausgegeben haben. |

Anmerkung: Das Futur II kann auch in konzessiver Funktion verwendet werden. Es drückt dann eine Vermutung in der Vergangenheit aus, die anschließend in Frage gestellt wird: *Luis habrá estudiado mucho pero no ha aprobado el examen.* – Mag sein, dass Luis viel gelernt hat, aber er hat die Prüfung nicht bestanden.

Merke: *¿Habráse visto semejante cosa?* – Hat man Worte?

# Kapitel 14 Der Gebrauch des *subjuntivo*, des Imperativs und des Konditionals
(El uso del subjuntivo, del imperativo y del condicional)

Außer dem Indikativ (vgl. Kap. 13) gibt es im Spanischen drei weitere Modi, den *subjuntivo* (vgl. §§ 175-184), den Imperativ (vgl. § 185) und den Konditional (vgl. §§ 186,187). Die einzelnen Modi bringen eine besondere Haltung des Sprechers hinsichtlich der im Satz enthaltenen Aussage zum Ausdruck.

## 175 Allgemeine Charakteristika des *subjuntivo*

Man unterscheidet vier Tempora des *subjuntivo*: *presente de subjuntivo*, *pretérito perfecto de subjuntivo*, *imperfecto de subjuntivo*, *pretérito pluscuamperfecto de subjuntivo*. Die letzten beiden weisen zwei Formen auf (zu den Formen vgl. Kap. 12).

Der *subjuntivo* kann im Hauptsatz stehen (vgl. § 176); meistens erscheint er im *que*-Satz (vgl. §§ 177-181), nach einer Reihe von Konjunktionen (vgl. § 182) und in bestimmten Relativsätzen (vgl. § 183). Der *subjuntivo* drückt in der Regel eine Willensäußerung (vgl. § 177), eine subjektive Bewertung eines Geschehens (vgl. § 178) oder Zweifel bzw. Unsicherheit (vgl. § 179) aus. Die Wahl zwischen Indikativ und *subjuntivo* ist selten frei. Im Allgemeinen wird der *subjuntivo* durch bestimmte Verben, verbale Fügungen, unpersönliche Ausdrücke oder Konjunktionen ausgelöst. Zu beachten ist, dass der spanische *subjuntivo* und der deutsche Konjunktiv in ihrem Gebrauch nicht übereinstimmen.

### Der Gebrauch des *subjuntivo*

## 176 Der *subjuntivo* im Hauptsatz

Der *subjuntivo* wird im Hauptsatz gebraucht

1. in formelhaften Wendungen, die einen Wunsch, eine Verwünschung oder eine Aufforderung ausdrücken. Oft wird der *subjuntivo* durch **que** oder **ojalá** eingeleitet:

| | |
|---|---|
| ¡Que disfrute de su estancia! | Angenehmen Aufenthalt! |
| ¡Sea Vd. bienvenido a nuestra empresa! | Seien Sie in unserer Firma willkommen! |
| ¡Que Dios se lo pague! | Gott möge es Ihnen lohnen! |
| ¡Que lo pase bien en Madrid! | Angenehmen Aufenthalt in Madrid! |

| | |
|---|---|
| ¡Ojalá apruebes el examen! | Hoffentlich bestehst du die Prüfung! |
| ¡Ojalá vinieran! | Wenn sie doch kämen! |
| ¡Mal rayo te parta! | Der Teufel soll dich holen! |
| ¡Que no me venga diciendo que ... | Er/Sie soll mir nur nicht kommen und sagen, dass ... |
| ¡Que sea dicho entre nosotros! | Das bleibt unter uns! |
| ¡Que te diviertas/os divertáis/ se divierta(n)! | Viel Vergnügen! |
| ¡Que se mejore(n)!/¡Que te mejores!/¡Que os mejoréis! | Gute Besserung! |
| ¡Vivan los novios! | Das Brautpaar lebe hoch! |
| ¡Que aproveche! | Guten Appetit! |
| ¡Que descanse! | Schlafen Sie gut! |
| ¡Que me pase esto a mí! | Ausgerechnet mir muss das passieren! |
| ¡Que conste! | Damit das klar ist! |

2. zum Ausdruck einer Einräumung oder eines Zugeständnisses:

| | |
|---|---|
| Voy a realizar este proyecto, cueste lo que cueste. | Ich werde dieses Projekt durchführen, koste es, was es wolle. |
| Te ayudaremos, suceda lo que suceda. | Wir werden dir helfen, geschehe, was wolle. |
| Pase por esta vez. | Diesmal mag es noch hingehen. |
| Quieras o/que no, ... | Ob du willst oder nicht, ... |
| Diga lo que diga, ... | Er/Sie mag sagen, was er/sie will, ... |
| Pase lo que pase, ... | Was auch immer geschieht, ... |
| Por mí que no quede. | An mir soll es nicht liegen. |
| sea como quiera | wie dem auch sei |

3. in den Formen des Imperativs, außer der 2. Person Singular und Plural des bejahten Imperativs (vgl. auch § 185):

| | |
|---|---|
| ¡Coma Vd. menos! | Essen Sie weniger! |
| ¡No vengas antes de las cinco! | Komme nicht vor fünf Uhr! |

4. nach **quizá(s), acaso** und **tal vez** 'vielleicht'; es kann jedoch auch der Indikativ stehen:

| | |
|---|---|
| Quizá no lo sepan (saben). | Vielleicht wissen sie es nicht. |

Anmerkung: Nach *a lo mejor* steht der Indikativ: *A lo mejor no lo saben.*

5. in Wendungen:

| | |
|---|---|
| ¡Venga el dinero! | Her mit dem Geld! |
| ¡Vaya una lluvia! | Was für ein Regen! |
| Que yo sepa, ... | Soviel ich weiß, ... |
| No que yo sepa. | Nicht dass ich wüsste. |
| Que yo recuerde, ...: | Soweit ich mich erinnere, ... |
| Que yo vea, ... | Soviel ich sehe, ... |
| dicho sea de paso | nebenbei gesagt |
| Véase arriba. | Siehe oben. |

**Der *subjuntivo* im *que*-Satz**

## 177 Der *subjuntivo* nach Ausdrücken der Willensäußerung

Im *que*-Satz steht der *subjuntivo* nach Ausdrücken der **Willensäußerung** (Wunsch, Verlangen, Erlaubnis, Verbot):

1. Verben:

| | |
|---|---|
| aconsejar a alg. | jdm. raten |
| advertir a alg. | jdn. warnen |
| no aguantar | nicht zulassen |
| asegurarse de | sich vergewissern |
| confiar en | darauf vertrauen |
| consentir | erlauben/genehmigen |
| contribuir a | dazu beitragen |
| decidir | beschließen |
| decir a alg. | jdm. sagen, dass er ... soll |
| dejar | lassen/zulassen |
| desear | wünschen |
| empeñarse en | darauf bestehen |
| encarecer a alg. | jdn. eindringlich bitten |
| encargar a alg. | jdn. beauftragen |
| esperar | hoffen |
| evitar | vermeiden |
| exigir | fordern/verlangen |
| estar a/en favor de | dafür sein |
| insistir en | darauf bestehen |
| instar a alg. | jdn. dringend auffordern/drängen |
| mandar a alg. a | jdm. befehlen |
| obligar a alg. a | jdn. zwingen |

| | |
|---|---|
| *odiar* | hassen |
| *oponerse a* | dagegen sein |
| *ordenar* | verfügen/anordnen |
| *pedir/rogar a alg.* | jdn. bitten |
| *perdonar a alg.* | jdm. verzeihen |
| *permitir* | erlauben/gestatten |
| *persuadir a alg.* | jdn. überreden |
| *preferir* | vorziehen/lieber wollen |
| *procurar* | zu erreichen versuchen |
| *prohibir a alg.* | jdm. verbieten |
| *proponer* | vorschlagen |
| *querer* | wollen |
| *recomendar* | empfehlen |
| *solicitar* | erbitten |
| *suplicar* | inständig bitten/ersuchen |
| *no tolerar* | nicht zulassen |

| | |
|---|---|
| *Le he dicho a Juan que no se desanime.* | Ich habe Juan gesagt, er solle nicht den Mut verlieren. |
| *Mi padre insiste en que termine mis estudios.* | Mein Vater besteht darauf, dass ich mein Studium abschließe. |
| *Le ruego (que) me lo diga.* | Ich bitte Sie, es mir zu sagen. |
| *Confío en que Vd. arregle el asunto.* | Ich vertraue darauf, dass Sie die Angelegenheit in Ordnung bringen. |
| *Le dije que lo hiciera tan deprisa como pudiera.* | Ich sagte ihm/ihr, er/sie solle es so schnell tun, wie er/sie könne. |

Anmerkung 1: Nach *confiar* ist auch Futur möglich; nach *esperar* in der Bedeutung 'erwarten/damit rechnen, dass' steht Futur.

Anmerkung 2: Nach *desear, esperar, evitar, preferir, procurar* (vgl. § 223.7) und *querer* (vgl. § 223.4) steht bei Subjektgleichheit der Infinitiv.

Anmerkung 3: 'Ich warte darauf, dass er kommt' wird durch *Espero a que venga* wiedergegeben.

Anmerkung 4: Nach *aconsejar, permitir, prohibir, recomendar* (vgl. § 223.8) und *dejar, mandar* (vgl. § 223.6) kann auch der Infinitiv stehen.

Anmerkung 5: Bei *advertir* muss im *que*-Satz *no* erscheinen: *Te advierto que no lo hagas.* – Ich warne dich, es zu tun.

Anmerkung 6: Nach *perdonar* kann auch ein mit *por* eingeleiteter Infinitiv stehen: *Perdona que venga tan tarde./Perdóname por venir tan tarde.* Entschuldige, dass ich so spät komme.

Anmerkung 7: Folgt auf *preferir* ein Vergleich, so wird dieser mit *a que* ausgedrückt: *Prefiero que no digas nada a que nos mientas.* – Ich will lieber, dass du nichts sagst, als dass du uns anlügst.

2. unpersönliche Ausdrücke:

| | |
|---|---|
| *es aconsejable* | es ist ratsam |
| *basta con* | es reicht |
| *conviene/es conveniente* | es ist angebracht |
| *hace falta* | es ist nötig |
| *es fundamental* | es ist wesentlich |
| *importa/es importante* | es ist wichtig |
| *es imprescindible* | es ist unabdingbar |
| *es mejor* | es ist besser |
| *es menester/necesario/preciso* | es ist notwendig |
| *es urgente* | es ist dringend erforderlich |
| *más vale* | es ist besser |

| | |
|---|---|
| *Más vale que no digas nada.* | Es ist besser, wenn du nichts sagst. |
| *Es aconsejable que no le llevéis la contraria.* | Es ist ratsam, dass ihr ihm/ihr nicht widersprecht. |
| *No hace falta que lo escribas otra vez.* | Es ist nicht nötig, dass du es nochmals schreibst. |
| *Es mejor que te quedes aquí.* | Es ist besser, du bleibst hier. |
| *Basta con que vengas a las once.* | Es reicht, wenn du um 11 kommst. |
| *Es necesario que toméis una rápida decisión.* | Es ist notwendig, dass ihr einen schnellen Entschluss fasst. |

Anmerkung: Bei unpersönlichem Subjekt steht der Infinitiv (vgl. § 223.3): *Más vale no decir nada.* – Es ist besser, wenn man nichts sagt/nichts zu sagen.

## 178 Der *subjuntivo* nach Ausdrücken der subjektiven Bewertung

Im *que*-Satz steht der *subjuntivo* nach Ausdrücken der **subjektiven Bewertung** eines als wahr vorausgesetzten Sachverhaltes:

1. unpersönliche Ausdrücke:

| | |
|---|---|
| *me agrada* | es gefällt mir |
| *es agradable* | es ist angenehm |
| *me alegra* | es freut mich |
| *basta* | es genügt |
| *es una bendición* | es ist ein Segen |
| *está bien* | es ist gut |
| *es bueno* | es ist gut |
| *me desagrada* | es missfällt mir |
| *me disgusta* | es gefällt mir gar nicht |

| | |
|---|---|
| *me duele* | es schmerzt mich/es tut mir weh |
| *me encanta* | ich freue mich sehr |
| *me extraña* | es wundert mich |
| *es extraño* | es ist seltsam |
| *me fastidia* | es ärgert mich |
| *me hace gracia* | es gefällt mir |
| *me gusta* | es gefällt mir |
| *no me importa* | es macht mir nichts aus |
| *me indigna* | es empört mich |
| *es justo* | es ist richtig |
| *es (una) lástima* | es ist (jammer)schade |
| *es una lata* | es ist eine dumme Geschichte |
| *es lógico* | es ist logisch |
| *está mal* | es ist schlecht |
| *me molesta* | es stört mich |
| *es natural* | es ist natürlich |
| *me parece bien/mal* | ich finde es gut/schlecht |
| *es una pena* | es ist schade |
| *me da pena* | es tut mir Leid |
| *me da rabia* | es ärgert mich |
| *es raro* | es ist seltsam |
| *es sensato* | es ist vernünftig |
| *no sirve* | es hat keinen Zweck |
| *me sorprende* | es überrascht mich |
| *es sorprendente* | es ist erstaunlich |
| *es útil/inútil* | es ist nützlich/es hat keinen Zweck |
| *es una (verdadera) vergüenza* | es ist eine (richtige) Schande |

| | |
|---|---|
| Es natural que a su edad tenga novia. | Es ist natürlich, dass er in seinem Alter eine Freundin hat. |
| Es lógico que no hagas progresos si no estudias. | Es ist logisch, dass du keine Fortschritte machst, wenn du nicht lernst. |
| Es una lástima que no puedas asistir a la fiesta. | Es ist jammerschade, dass du nicht an dem Fest teilnehmen kannst. |
| Me extraña que no te hayan preguntado. | Es wundert mich, dass sie dich nicht gefragt haben. |
| Me fastidia que pongas en duda mis buenas intenciones. | Es ärgert mich, dass du meine guten Absichten in Zweifel ziehst. |
| ¿Le molesta que fume? | Stört es Sie, wenn ich rauche? |
| Me sorprende que no lo sepas. | Es überrascht mich, dass du es nicht weißt. |

Aber: *Me fastidia mucho tener que repetirte siempre las mismas cosas.* – Es ärgert mich sehr, dass ich dir immer dieselben Dinge noch einmal sagen muss. Möglich ist auch: *Me fastidia mucho que tenga que repetirte siempre las mismas cosas.*

2. Verben und verbale Fügungen:

| | |
|---|---|
| *alegrarse de/celebrar* | sich freuen |
| *avergonzarse de* | sich schämen |
| *estar contento* | sich freuen |
| *no tener la culpa de* | nichts dafür können |
| *enfadarse/enojarse de* | sich ärgern |
| *entristecerse de* | traurig darüber sein/werden |
| *estar harto de* | es satt haben |
| *tener inconveniente en* | etw. dagegen haben |
| *indignarse de* | sich entrüsten |
| *lamentar* | bedauern |
| *lamentarse de* | sich beklagen |
| *maravillarse de* | sich wundern |
| *estar orgulloso de* | stolz sein |
| *sentir* | bedauern |
| *temer/tener miedo de* | fürchten/Angst haben |

| | |
|---|---|
| *Me alegro de que hayáis venido.* | Ich freue mich, dass ihr gekommen seid. |
| *Celebro que tu hermano esté bien de salud.* | Ich freue mich, dass dein Bruder bei guter Gesundheit ist. |
| *No tengo inconveniente en que se lo digas a él.* | Ich habe nichts dagegen, dass du es ihm sagst. |
| *Me avergüenzo de que mi hijo no se haya comportado como se debe.* | Ich schäme mich, dass sich mein Sohn nicht ordentlich benommen hat. |
| *(Me) temo que sea demasiado tarde.* | Ich fürchte, dass es zu spät ist. |

Anmerkung 1: Bei Subjektgleichheit steht der Infinitiv: *Me avergüenzo de no saber nadar.* – Ich schäme mich, dass ich nicht schwimmen kann. *Celebramos haber tenido una niña.* – Wir freuen uns, dass wir ein Mädchen bekommen haben.

Anmerkung 2: Nach *comprender* in der Bedeutung 'Verständnis haben' steht der *subjuntivo*: *Comprendo que no quieras venir.* – Ich verstehe, dass du nicht kommen willst.

Anmerkung 3: Nach *temer* kann auch Futur stehen: *Temo que mi hermano no podrá venir.* – Ich fürchte, mein Bruder wird nicht kommen können.

# Der *subjuntivo* nach Ausdrücken des Zweifels und der Unsicherheit

Im *que*-Satz steht der *subjuntivo* nach Ausdrücken des **Zweifelns**, der **Unsicherheit**, der **Möglichkeit** oder der **Wahrscheinlichkeit**:

| | |
|---|---|
| *es difícil* | es ist unwahrscheinlich |
| *dudar (de)* | bezweifeln |
| *es fácil* | es ist leicht möglich |
| *es imposible* | es ist unmöglich |
| *es (im)probable* | es ist (un)wahrscheinlich |
| *parece mentira* | man kann es kaum glauben |
| *se excluye/descarta la posibilidad de* | es ist ausgeschlossen |
| *existe la posibilidad de* | es besteht die Möglichkeit |
| *es (muy) posible* | es ist (gut) möglich |
| *se puede/puede ser* | es kann sein |

| | |
|---|---|
| *Puede ser que me haya equivocado.* | Es kann sein, dass ich mich getäuscht habe. |
| *Dudo que el gobierno haya tomado las medidas necesarias.* | Ich bezweifle, dass die Regierung die notwendigen Maßnahmen ergriffen hat. |
| *Es difícil que mi hermana cambie de opinión.* | Es ist unwahrscheinlich, dass meine Schwester ihre Meinung ändert. |
| *Parece mentira que lo haya perdido todo.* | Man kann es kaum glauben, dass er alles verloren hat. |

Anmerkung 1: Nach folgenden in verneinter Form gebrauchten unpersönlichen Ausdrücken steht ebenfalls der *subjuntivo*:

| | |
|---|---|
| *no es cierto* | es ist nicht wahr/es stimmt nicht |
| *no está claro* | es ist nicht klar |
| *no está demostrado* | es ist nicht bewiesen |
| *no es evidente* | es liegt nicht auf der Hand |
| *no ocurre/pasa/sucede* | es kommt nicht vor |
| *no es seguro* | es ist nicht sicher |

*No pasa casi nunca que mi marido me traiga flores.* – Es kommt fast nie vor, dass mir mein Mann Blumen mitbringt.

Anmerkung 2: Nach *Supongamos que/Suponiendo que* 'angenommen, dass' und *Es de suponer que* 'Es ist anzunehmen, dass' steht ebenfalls der *subjuntivo*: *Supongamos que nuestro partido gane las próximas elecciones.* – Nehmen wir einmal an, unsere Partei gewinnt die nächsten Wahlen.

Anmerkung 3: Nach den Ausdrücken *no dudo que* 'ich zweifle nicht daran, dass'/*no tengo dudas de que* 'ich habe keinen Zweifel daran, dass'/*no hay duda de que* 'es besteht kein Zweifel daran, dass' steht gewöhnlich der Indikativ: *No hay duda de que nos han engañado.* – Es besteht kein Zweifel daran, dass man uns betrogen hat.

# 180 Der *subjuntivo* nach Verben des Sagens und Denkens

Der *subjuntivo* steht nach Verben und Ausdrücken des Sagens und Denkens, wenn sie fragend oder verneint gebraucht werden:

| | |
|---|---|
| *admitir* | zugeben |
| *advertir* | darauf aufmerksam machen |
| *afirmar* | behaupten |
| *asegurar* | versichern |
| *confesar* | bekennen |
| *creer* | glauben |
| *decir* | sagen |
| *estimar* | meinen/der Auffassung sein |
| *figurarse/imaginarse* | sich einbilden |
| *imaginar* | vermuten/annehmen |
| *jurar* | schwören |
| *juzgar/opinar* | meinen/glauben |
| *ser de la opinión de* | der Meinung sein |
| *me parece* | mir scheint |
| *pensar* | denken |
| *presumir* | vermuten/mutmaßen |
| *reconocer* | zugeben |
| *saber* | wissen |
| *sospechar* | vermuten |
| *sostener* | behaupten |
| *tengo para mí* | ich persönlich glaube |

| | |
|---|---|
| No afirmo que este problema sea fácil de resolver. | Ich behaupte nicht, dass dieses Problem leicht zu lösen ist/sei. |
| No digo que no lo sepan hacer. | Ich sage nicht, dass sie es nicht tun können. |
| ¿Crees que hayan terminado ya? | Glaubst du, dass sie schon fertig sind? |
| No creo que te hayas portado bien. | Ich glaube nicht, dass du dich gut benommen hast. |

Anmerkung 1: Nach *me parece* + Adjektiv/Adverb steht der *subjuntivo*: *Me parece injusto que te hayan despedido.* – Es erscheint mir ungerecht, dass man dich entlassen hat.

Anmerkung 2: Nach *negar* 'leugnen' steht bei Subjektgleichheit der Infinitiv, sonst immer der *subjuntivo*: *El niega haberla visto.* – Er bestreitet, sie gesehen zu haben. *Ella niega que él lo sepa.* – Sie bestreitet, dass er es weiß.

Anmerkung 3: Nach verneintem Imperativ dieser Verben steht der Indikativ: *No digas que no lo sabes.* – Sag nicht, dass du es nicht weißt. Auch: *No puedes decir que no te había prevenido.* – Du kannst nicht sagen, dass ich dich nicht gewarnt hätte.

Anmerkung 4: Ebenfalls wird der *subjuntivo* gebraucht nach: *eso no indica/significa/quiere decir que* das bedeutet nicht, dass; *no estar convencido/persuadido de que* nicht davon überzeugt sein, dass. *No estoy convencido de que los otros lo hagan mejor.* – Ich bin nicht davon überzeugt, dass die anderen es besser machen.

## Der *subjuntivo* im vorangestellten Subjekt- oder Objektsatz  181

Im vorangestellten Subjekt- oder Objektsatz steht in der Regel der *subjuntivo*:

| | |
|---|---|
| *El hecho de que siga escribiéndonos, significa que nos está agradecido.* | Die Tatsache, dass er uns weiterhin schreibt, bedeutet, dass er uns dankbar ist. |
| *El que a su padre le guste empinar el codo, lo saben todos.* | Dass sein/ihr Vater gern einen hebt, wissen alle. |
| *Que te hayas equivocado, es evidente.* | Dass du dich geirrt hast, ist offenkundig. |
| *Que eso es así, salta a la vista/no se puede negar.* | Dass das so ist, springt ins Auge/kann man nicht leugnen. |

## Der *subjuntivo* nach Konjunktionen  182

Der *subjuntivo* steht nach bestimmten Konjunktionen (vgl. Kap. 25):

| | |
|---|---|
| *antes (de) que* | bevor |
| *para que/a fin (de) que/con el fin de que* | damit |
| *por miedo a que* | aus Furcht, dass |
| *sin que* | ohne dass |
| *con tal (de) que* | wenn nur/insofern |
| *a no ser que/a menos que* | es sei denn/außer |
| *caso que/en caso de que* | falls |
| *a condición de que* | unter der Bedingung, dass |
| *como si/cual si* | als ob |
| *de ahí que* (auch Ind.) | daher |

| | |
|---|---|
| ¡Llámame por teléfono antes de que vengas a verme! | Ruf mich an, bevor du mich besuchen kommst! |
| Nos robaron el coche sin que nos diéramos cuenta. | Sie stahlen uns den Wagen, ohne dass wir es merkten. |
| Gasta demasiado dinero; de ahí que a menudo tenga que pedir prestado. | Er gibt zu viel Geld aus; daher muss er sich oft welches leihen. |

## 183 Der *subjuntivo* im Relativsatz

Der *subjuntivo* steht in Relativsätzen,

1. die eine geforderte Eigenschaft oder eine Bedingung enthalten:

| | |
|---|---|
| Busco una secretaria que sepa portugués. | Ich suche eine Sekretärin, die Portugiesisch kann. |
| Escríban diez frases que contengan el subjuntivo. | Schreiben Sie zehn Sätze mit dem *Subjuntivo*. |
| Necesitamos un fontanero que arregle la ducha. | Wir brauchen einen Klempner, der die Dusche repariert. |
| Quisiera un vino seco que fuera bien con el pescado. | Ich möchte einen trockenen Wein, der gut zum Fisch passt. |
| ¿Porqué no le regalas algo que le sirva? | Warum schenkst du ihm/ihr nicht etwas, was ihm/ihr nützt/wovon er/sie etwas hat? |
| Un maestro al que no gusten los niños ha errado su vocación. | Ein Lehrer, der keine Kinder mag, hat seinen Beruf verfehlt. |

2. wenn der Vordersatz verneint ist, weil es niemand oder nichts gibt, auf den/worauf die Aussage des Relativsatzes zutrifft:

| | |
|---|---|
| No hay nadie que lo sepa. | Es gibt niemand, der es weiß. |
| No hay quien pueda con él. | Es gibt niemand, der es mit ihm aufnehmen kann. |
| ¡Esto no hay nadie quien lo entienda! | Das versteht niemand! |
| No dijo nada que pudiera interesaros. | Er/Sie sagte nichts, was euch hätte interessieren können |
| No conozco ningún diccionario que registre esta palabra. | Ich kenne kein Wörterbuch, das dieses Wort enthält. |
| No hay peros que valgan. | Es gibt kein Aber. |

3. wenn die Nominalgruppe, auf die sich der Relativsatz bezieht, unbestimmt ist:

| | |
|---|---|
| *El que se oponga a esta propuesta, que levante la mano.* | Wer gegen diesen Vorschlag ist, hebe die Hand. |
| *A los que aprueben, los invitaremos.* | Diejenigen, die bestehen, werden wir einladen. |
| *El que esté libre de culpa tire la primera piedra.* | Wer frei von Schuld ist, werfe den ersten Stein. |
| *Haré todo lo que esté en mi poder.* | Ich werde alles tun, was in meiner Macht steht. |
| *El que haya visto el atraco, que se dirija a la policía.* | Wer den Überfall gesehen hat, soll sich an die Polizei wenden. |
| *Tonto el que se lo crea.* | Wer das glaubt, ist dumm. |
| *Escoge lo que quieras.* | Wähl, was du willst. |

Anmerkung: Steht in den obigen Relativsätzen der Indikativ, so geht der Sprecher davon aus, dass die Personen, Gegenstände oder Sachverhalte, auf die sich die Nominalgruppe bezieht, wirklich vorhanden sind. Der Relativsatz *El que ha visto el atraco* impliziert, dass der Sprecher annimmt, dass jemand den Überfall gesehen hat, während in dem Relativsatz *El que haya visto el atraco* offenbleibt, ob überhaupt jemand den Überfall beobachtet hat.

4. nach den Indefinitpronomen *quienquiera* (vgl. § 78), *cualquiera* (vgl. § 77), *cualquier* + Substantiv (vgl. § 71) und *comoquiera*:

| | |
|---|---|
| *Quienquiera que lo haya dicho, no creo que sea verdad.* | Wer es auch immer gesagt haben mag, ich glaube nicht, dass es wahr ist. |
| *A quienquiera que pregunte por ella, dile que no está.* | Wenn jemand nach ihr fragt, sag ihm, sie sei nicht da. |
| *Cualquiera que sea la respuesta, hay que aceptarla.* | Welches auch immer die Antwort ist, man muss sie akzeptieren. |
| *Cualquier propuesta que hagan los otros, él está en contra.* | Welchen Vorschlag die anderen auch machen, er ist dagegen. |
| *De cualquier modo que lo hagas, tus colegas te criticarán.* | Wie auch immer du es anstellst, deine Kollegen werden dich kritisieren. |
| *Comoquiera que sea, encontraremos una solución.* | Wie dem auch sei, wir werden eine Lösung finden. |

Anmerkung: Nach *dondequiera que* 'wo/wohin auch immer' steht in der Regel der Indikativ, wenn der Ort bestimmt oder bestimmbar ist, der *subjuntivo* steht, wenn der Ort unbestimmt ist: *Dondequiera que apareció, armó camorra.* – Wo immer/Überall wo er auftauchte, suchte er Streit. *Dondequiera que vayas, te seguiré.* – Wohin du auch gehst, ich folge dir.

5. nach *cuanto* (vgl. auch § 124), *donde* (vgl. auch § 126.1) und *como* (vgl. § 126.3), wenn ihr Bezug unbestimmt ist:

| | |
|---|---|
| *¡Dime cuanto sepas!* | Sag mir alles, was du weißt! |
| *¡Hazlo como quieras!* | Mach es, wie du willst! |
| *¡Háblanos de los clubes donde hayas jugado!* | Erzähl uns von den Clubs, in denen du gespielt hast! |
| *¿Porqué no vamos a un sitio donde no hayamos estado nunca?* | Warum gehen wir nicht einmal dahin, wo wir noch nie waren? |
| *Completa con el pronombre adecuado donde sea necesario.* | Ergänze mit dem passenden Pronomen, wo es nötig ist. |

6. die zu festen Wendungen geworden sind:

| | |
|---|---|
| *Lo que/Como quiera.* | Wie Sie wollen. |
| *Lo que/Como te parezca.* | Wie du meinst. |
| *Como tú digas.* | Wie du meinst. |

## 184 Die Zeitenfolge im Nebensatz mit *subjuntivo*

1. Steht im Hauptsatz ein Tempus der **Gegenwartsgruppe** (Präsens, Imperativ, Futur, Perfekt), so steht im *que*-Satz zur Angabe der Gleichzeitigkeit und Nachzeitigkeit *presente de subjuntivo,* zur Angabe der Vorzeitigkeit *pretérito perfecto de subjuntivo*:

| | |
|---|---|
| *No quiero que vengan.* | Ich will nicht, dass sie kommen. |
| *Espero que esto te sirva de escarmiento.* | Ich hoffe, das ist dir ein abschreckendes Beispiel. |
| *No creo que hayan llegado ya.* | Ich glaube nicht, dass sie schon angekommen sind. |
| *Dile que cierre la puerta.* | Sage ihm, er soll die Tür zumachen! |
| *Será mejor que no digas nada.* | Es wird besser sein, wenn du nichts sagst. |
| *Me ha sorprendido que no haya aceptado la invitación.* | Es hat mich überrascht, dass er/sie die Einladung nicht angenommen hat. |

2. Steht im Hauptsatz ein Tempus der **Vergangenheitsgruppe** (Imperfekt, *pretérito indefinido*, Plusquamperfekt, Konditional I/II), so steht im *que*-Satz zur Angabe der Gleichzeitigkeit und Nachzeitigkeit *imperfecto de subjuntivo I/II*, zur Angabe der Vorzeitigkeit *pretérito pluscuamperfecto de subjuntivo I/II*:

| | |
|---|---|
| *Esperaba que eso te sirviera/ sirviese de escarmiento.* | Ich hoffte, das wäre für dich ein abschreckendes Beispiel. |

| | |
|---|---|
| No creía que hubieran/hubiesen llegado ya. | Ich glaubte nicht, dass sie schon angekommen seien. |
| Yo no quería que vinieran/viniesen. | Ich wollte nicht, dass sie kommen. |
| Le dije que cerrara/cerrase la puerta. | Ich sagte ihm, er solle die Tür zumachen. |
| Nuestros padres habían esperado que nos casáramos/casásemos por la Iglesia. | Unsere Eltern hatten gehofft, wir würden kirchlich heiraten. |
| Sería necesario que vinieras/vinieses. | Es wäre nötig, dass du kämest. |
| Te pediría que me hicieras/hicieses un favor. | Ich möchte dich bitten, mir einen Gefallen zu tun. |
| Me habría gustado que mi hijo estudiara/estudiase Derecho. | Ich hätte es gern gehabt, wenn mein Sohn Jura studiert hätte. |

Anmerkung: Nach einem Konditional I/II im Hauptsatz kann entgegen der Zeitenfolge im *que*-Satz *presente de subjuntivo* stehen, wenn ein eindeutiger Bezug zur Gegenwart oder Zukunft vorliegt. Dieser Gebrauch findet sich häufig im gesprochenen Spanisch: *Me gustaría/Querría/Quisiera que me ayudes.* – Ich möchte, dass du mir hilfst.

## Der Gebrauch des Imperativs (el uso del imperativo) 185

1. Der Imperativ der 2. Person Singular wird verwendet, wenn man mit einer Person vertraut ist und sie duzt:

| | |
|---|---|
| ¡Trabaja menos! | Arbeite weniger! |
| ¡Déjame en paz! | Lass mich in Frieden! |
| ¡Compréndeme de una vez! | Versteh mich doch endlich einmal! |
| ¡Escribe una carta! | Schreib einen Brief! |
| ¡Duerme! | Schlaf! |
| ¡Sírvete tú mismo! | Bedien dich selbst! |
| ¡Córrete un poco hacia la derecha! | Rück ein bisschen nach rechts! |

2. Der Imperativ der 2. Person Plural wird benutzt, wenn man sich an mehrere Personen wendet, mit denen man vertraut ist:

| | |
|---|---|
| ¡Cantad una canción! | Singt ein Lied! |
| ¡Tened paciencia! | Habt Geduld! |
| ¡Pasad (pasad), por favor! | Kommt bitte herein! |
| ¡Construidlo (= el puente)! | Baut sie (= die Brücke)! |
| ¡Decid la verdad! | Sagt die Wahrheit! |
| ¡Dejad de hablar! | Hört auf zu schwätzen! |

Anmerkung: Bei reflexiven Verben entfällt das *d* vor dem Pronomen: *¡Poneos cómodos!* – Macht es euch bequem! *¡Sentaos en el sofá!* – Setzt euch auf das Sofa! Ausnahme: *¡Idos!* – Geht weg! In der Umgangssprache wird *d* oft durch *r* ersetzt: *¡Cantar!* – Singt! *¡Sentaros!* – Setzt euch!

3. Der Imperativ der 3. Person Singular und Plural wird zum Ausdruck einer höflichen Aufforderung benutzt, wenn man sich an eine oder mehrere Personen wendet, zu denen eine soziale Distanz besteht und die man siezt. Einige Imperativformen sind zu festen Wendungen geworden:

| | |
|---|---|
| *¡Espere Vd. un momento!* | Warten Sie [Sing.] einen Augenblick! |
| *¡Quédese con la vuelta!* | Stimmt so!/Behalten Sie das Wechselgeld! |
| *¡Venga Vd. mañana!* | Kommen Sie [Sing.] morgen! |
| *¡Siéntense!* | Setzen Sie [Pl.] sich! |
| *Permitan que me presente.* | Darf ich mich vorstellen. |
| *Me llamo ...* | Ich heiße ... |
| *¡Dígamelo!* | Sagen Sie [Sing.] es mir! |
| *¡Diga!/¡Dígame!* – *¡Oiga!* | Hallo! (am Telefon) |
| *¡Tenga!* | Nehmen Sie!/Hier bitte! |
| *¡Mire!* | Schauen Sie (einmal)! |
| *¡Disculpe!* | Entschuldigen Sie! |
| *¡Véase al dorso!* | Bitte wenden. |

Anmerkung 1: Die Hinzufügung von *Vd./Vds.* ist fakultativ.
Anmerkung 2: Die Formen *¡Vaya!* und *¡Venga!* werden oft in Ausrufen verwendet: *¡Vaya (un) sinvergüenza!* – So ein unverschämter Kerl! *¡Vaya una plancha!* – So ein Reinfall! *Hemos perdido el tren, ¡vaya!* – Wir haben den Zug verpasst, wie ärgerlich! *¡Venga, hombre, date prisa!* – Los, Mensch, beeil dich!

Folgende Imperativformen werden besonders häufig gebraucht:

| | | |
|---|---|---|
| *dar* | *dé/den* | geben Sie |
| *decir* | *diga(n)* | sagen Sie |
| *hacer* | *haga(n)* | machen Sie |
| *ir* | *vaya(n)* | gehen Sie |
| *oír* | *oiga(n)* | hören Sie |
| *poner* | *ponga(n)* | setzen/stellen/legen Sie |
| *salir* | *salga(n)* | gehen Sie hinaus |
| *tener* | *tenga(n)* | haben Sie |
| *traer* | *traiga(n)* | bringen Sie |
| *venir* | *venga(n)* | kommen Sie |

4. Der Imperativ der 1. Person Plural drückt eine Aufforderung aus, die den Sprecher mit einschließt:

| | |
|---|---|
| ¡Tomemos un café! | Trinken wir einen Kaffee! |
| ¡Construyamos un mundo más humano! | Lasst uns eine menschlichere Welt bauen! |
| ¡Empecemos! | Fangen wir an! |

Anmerkung 1: Der Imperativ der 1. Person Plural von *ir* lautet ¡Vamos! (nicht *vayamos*) – Gehen wir!
Anmerkung 2: Der Imperativ der 1. Person Plural wird meist durch *vamos a* + Infinitiv ersetzt: ¡Vamos a empezar! – Fangen wir an!
Anmerkung 3: Bei reflexiven Verben entfällt vor *nos* das Endungs-*s*: ¡Vámonos! – Gehen wir! ¡Sentémonos! – Setzen wir uns!

5. Verneinte Imperativformen dienen dazu, ein Verbot oder eine Warnung auszudrücken:

| | |
|---|---|
| ¡No digas tonterías! | Sag keinen Unsinn! |
| ¡No me grites! | Schrei mich nicht an! |
| ¡No se preocupe Vd.! | Machen Sie [Sing.] sich keine Sorgen! |
| ¡No os ofendáis! | Seid nicht beleidigt! |
| ¡No nos enfademos! | Ärgern wir uns nicht! |
| ¡No exijan Vds. demasiado! | Verlangen Sie [Pl.] nicht zu viel! |
| ¡No te muevas (del sitio)! | Rühr dich nicht (von der Stelle)! |

Anmerkung: Statt ¡No nos enfademos! steht oft ¡No nos vamos a enfadar!

## Der Gebrauch des Konditionals            186

Der Konditional wird verwendet

1. im Hauptsatz eines irrealen Bedingungssatzes (vgl. § 187.2):

| | |
|---|---|
| Si yo tuviera dinero, compraría un coche nuevo. | Wenn ich Geld hätte, würde ich ein neues Auto kaufen. |
| Si tu padre llegara a saberlo, ¿qué diría? | Wenn dein Vater es erfahren würde, was würde er sagen? |
| Si lo hubiéramos visto, se lo habríamos dicho. | Wenn wir ihn/es gesehen hätten, hätten wir es ihm gesagt. |

2. im Hauptsatz zum Ausdruck einer Annahme:

| | |
|---|---|
| *Yo me aburriría.* | Ich würde mich langweilen. |
| *No nos expondríamos a ese peligro.* | Wir würden uns dieser Gefahr nicht aussetzen. |

3. zum Ausdruck der Nachzeitigkeit nach einer Zeit der Vergangenheit in der indirekten Rede (vgl. § 296.2):

| | |
|---|---|
| *Carlos dijo que no se metería en ese asunto.* | Carlos sagte, dass er sich nicht in diese Angelegenheit einmischen werde. |

4. zum Ausdruck einer höflichen Bitte oder einer zurückhaltenden Äußerung:

| | |
|---|---|
| *¿Me podrías echar una mano?* | Könntest du mir helfen? |
| *Yo diría que éstas no son las medidas apropiadas para resolver el problema.* | Ich würde sagen, dass das nicht die geeigneten Maßnahmen sind, um das Problem zu lösen. |
| *Yo que tú, me lo pensaría.* | An deiner Stelle würde ich es mir überlegen. |
| *No deberías haberlo hecho.* | Du hättest es nicht tun dürfen. |
| *¿Me podría dar hora para mañana?* | Könnten Sie mir für morgen einen Termin geben? |

Anmerkung: Anstelle von *querría* 'ich möchte' wird meist *quisiera* bzw. *quería* gebraucht (vgl. § 168.3 Anm.).

5. zum Ausdruck einer Vermutung in der Vergangenheit:

| | |
|---|---|
| *Serían las ocho cuando llegaron.* | Es war wohl acht Uhr, als sie ankamen. |

6. zur vorsichtigen Wiedergabe von Mitteilungen oder Nachrichten (besonders in Presse, Rundfunk und Fernsehen). Hier ist nur Konditional II möglich:

| | |
|---|---|
| *El ministro habría dimitido de su cargo.* | Der Minister soll zurückgetreten sein. |
| *El ataque habría provocado unas 50 muertes entre la población civil.* | Der Angriff soll etwa 50 Tote unter der Zivilbevölkerung gefordert haben. |

7. zum Verweis auf ein zukünftiges Ereignis aus der Vergangenheit heraus:

| El 18 de julio de 1936 estalló una guerra civil en la que murieron miles de españoles y que duraría casi tres años. | Am 18. Juli 1936 brach ein Bürgerkrieg aus, in dem Tausende Spanier starben und der fast drei Jahre dauern sollte. |

Anmerkung: Steht im Hauptsatz das historische Präsens (presente histórico), so wird zum Verweis auf Zukünftiges das Futur gebraucht: *El 18 de julio de 1936 estalla una guerra civil en la que mueren miles de españoles y que durará casi tres años.*

## 87 Die Tempora und die Modi im Bedingungssatz

Bei den Bedingungssätzen unterscheidet man folgende Fälle: 1. erfüllbare Bedingung (reale Hypothese), 2. unerfüllbare Bedingung (irreale Hypothese.

1. Liegt eine reale Hypothese vor, gebraucht man die Konjunktion *si* + Indikativ; im Hauptsatz erscheint ebenfalls der Indikativ, der Imperativ oder auch der Konditional (Zu beachten ist, dass in einem *si*-Satz nie Futur oder Konditional stehen darf):

| | |
|---|---|
| *Si lo sabe, te lo dirá.* | Wenn er/sie es weiß, wird er/sie es dir sagen. |
| *Si hace buen tiempo, saldremos de excursión.* | Wenn schönes Wetter ist, machen wir einen Ausflug. |
| *Si no estudias, suspenderás.* | Wenn du nicht lernst, wirst du nicht bestehen. |
| *Si occurre algo, me lo avisa.* | Wenn etwas los ist, geben Sie mir Bescheid. |
| *Si no estás de acuerdo, dímelo.* | Wenn du nicht einverstanden bist, sag es mir. |
| *Si te lo pide, se lo daría.* | Wenn er dich darum bittet, würde ich es ihm geben. |
| *Si le/lo has ofendido, le tienes que pedir perdón.* | Wenn du ihn beleidigt hast, musst du dich bei ihm entschuldigen. |
| *¿Te molesta si fumo?* | Stört es dich, wenn ich rauche? |

Merke: wenn Not am Mann ist, ... – *en caso de necesidad* ...
wenn alle Stricke reißen, ... – *en el peor de los casos*
Und wenn sie nicht gestorben sind, leben sie noch heute. – *Y colorín, colorado, este cuento se ha acabado.*

2. Bei der irrealen Hypothese unterscheidet man zwei Fälle: Irrealität der Gegenwart und Irrealität der Vergangenheit. Dabei steht für die Gegenwart im *si*-Satz *imperfecto de subjuntivo I/II* (Formen auf *-ra* oder *-se*), im Hauptsatz Konditional I. Für die Vergangenheit steht im *si*-Satz *pluscuamperfecto de subjuntivo I/II*, im Hauptsatz Konditional II oder *pluscuamperfecto de subjuntivo I* (*-ra*-Form). Bezieht sich der Hauptsatz auf die Gegenwart, so steht in diesem der Konditional I:

| | |
|---|---|
| *Si lo supiera/supiese, te lo diría.* | Wenn er/sie es wüsste, würde er/sie es dir sagen. |
| *Si hiciera/hiciese buen tiempo, saldríamos de excursión.* | Wenn schönes Wetter wäre, würden wir einen Ausflug machen. |
| *Si yo estuviera/estuviese en tu lugar, no lo haría.* | Wenn ich an deiner Stelle wäre, würde ich es nicht tun. |
| *Si lo hubiera/hubiese sabido, te lo habría/hubiera dicho.* | Wenn er es gewusst hätte, hätte er es dir gesagt. |
| *Si hubiera/hubiese hecho buen tiempo, habríamos/hubiéramos hecho una excursión.* | Wenn schönes Wetter gewesen wäre, hätten wir einen Ausflug gemacht. |
| *Si me hubieras/hubieses hecho caso, no te encontrarías en esa situación.* | Wenn du auf mich gehört hättest, würdest du dich nicht in dieser Lage befinden. |
| *Si hubieras/hubieses leído la novela, sabrías quien es el asesino.* | Wenn du den Roman gelesen hättest, wüsstest du, wer der Mörder ist. |

Anmerkung 1: Im Gegensatz zum Deutschen kann die Konjunktion *si* nicht entfallen: Hätte ich die Möglichkeit ... – *Si yo tuviera la posibilidad* ...

Anmerkung 2: In der gesprochenen Sprache wird häufig Indikativ Imperfekt statt *imperfecto de subjuntivo* im *si*-Satz und statt Konditional I im Hauptsatz gesetzt: *Si yo lo sabía, se lo decía.* – Wenn ich es wüßte, würde ich es ihm sagen.

Anmerkung 3: Der Gebrauch des *imperfecto de subjuntivo I* (*-ra*-Form) im Hauptsatz statt des Konditionals I gilt als affektiert: *Si me invitaras/invitases, viniera* (statt: *vendría*). Ausgeschlossen ist in diesem Fall *imperfecto de subjuntivo II* (*-se*-Form; *viniese*).

Anmerkung 4: Der *si*-Satz kann auch einen irrealen Wunsch ausdrücken: *¡Si yo lo hubiera sabido antes!* – Wenn ich es nur früher gewusst hätte!

Anmerkung 5: In einigen Ländern Lateinamerikas wird im Hauptsatz häufig *pluscuamperfecto de subjuntivo II* gebraucht: *Si me hubieras/hubieses invitado, hubiese venido* (statt: *habría/hubiera venido*) – Wenn du mich eingeladen hättest, wäre ich gekommen. Auch in Spanien ist diese Form oft zu hören.

Anmerkung 6: *Si*-Sätze werden auch verwendet zum Ausdruck des Protestes und der Überraschung: *¡Si no he dicho nada!* – Ich habe doch gar nichts gesagt! *¡Si no lo sabíamos!* – Wir wussten es doch gar nicht!

Anmerkung 7: Fast nur noch in Gesetzestexten oder Sprichwörtern erscheint zur Bezeichnung der in der Zukunft liegenden Möglichkeit im Bedingungssatz der *futuro de subjuntivo*. Er wird wie der *imperfecto de subjuntivo I* gebildet, weist jedoch den Endungsvokal *e* auf: *Si alguien lo hiciere, será castigado.* – Wenn es jemand tun sollte, wird er bestraft. *Quien no diere de sus peras, no espere de las ajenas.* – Wer von seinen Birnen keine verschenkt, der erwarte keine von den anderen.

Anmerkung 8: Die Konjunktion *si* kann auch kausale Funktion annehmen: *Si has prometido salir con María, no puedes salir con Carmen.* – Wenn/Da du versprochen hast, mit María auszugehen, kannst du nicht mit Carmen ausgehen.

Anmerkung 9: Wenn auf die Konjunktion *si* ein Futur oder ein Konditional folgt, so hat *si* die Bedeutung 'ob' und es handelt sich um einen indirekten Fragesatz: *No sé si vendrá/vendría.* – Ich weiß nicht, ob er kommen wird/käme.

Zu 'als ob' vgl. § 140.3, Anm.

## Kapitel 15  Der Gebrauch des Passivs
## (El uso de la voz pasiva)

Das Passiv ist eine verbale Konstruktion, die immer dann benutzt wird, wenn der Urheber oder die Ursache einer Handlung unausgedrückt bleibt oder nicht im Vordergrund der Mitteilung steht. Während das Passiv in der Behördensprache und in Zeitungen relativ häufig vorkommt, wird es in der spanischen Umgangssprache sehr viel seltener gebraucht als im Deutschen. Statt dessen werden aktivische Sätze oder das sogenannte reflexive Passiv (vgl. § 190) vorgezogen. Darüber hinaus gibt es einige passivische Verbalperiphrasen (vgl. § 232). Zur Bildung der Formen vgl. § 163.

## 188 Aktivsatz und Passivsatz

1. Nur Verben mit einem direkten Objekt (transitive Verben) können ein persönliches Passiv bilden. Bei der Umformung eines Aktivsatzes in einen Passivsatz wird das direkte Objekt des Aktivsatzes zum Subjekt des Passivsatzes. Das Subjekt des Aktivsatzes erscheint im Passivsatz als eine mit der Präposition *por* eingeleitete Nominalgruppe:

| | |
|---|---|
| *Cristóbal Colón descubrió América en 1492.* | Columbus entdeckte 1492 Amerika. |
| *América fue descubierta por Cristóbal Colón en 1492.* | Amerika wurde 1492 von Columbus entdeckt. |
| *Mi hermano llevará la carta a Correos.* | Mein Bruder wird den Brief zur Post bringen. |
| *La carta será llevada a Correos por mi hermano.* | Der Brief wird von meinem Bruder zur Post gebracht werden. |

Anmerkung 1: Nach Partizipien von Verben, die ein Gefühl ausdrücken, wie z.B. *temido* 'gefürchtet', *estimado* 'geschätzt', *querido* 'geliebt', sowie nach *conocido* 'gekannt', findet sich anstelle von *por* auch die Präposition *de*: *El tirano es temido de sus súbditos.* – Der Tyrann wird von seinen Untertanen gefürchtet. Im gesprochenen Spanisch wird auch in diesem Fall *por* vorgezogen.

Anmerkung 2: Ist der Urheber unbekannt oder für den Textzusammenhang ohne Belang, so kann er wie im Deutschen unausgedrückt blei-ben: *Muchas casas nuevas fueron construidas en este barrio.* – Viele neue Häuser wurden in diesem Viertel gebaut.

Anmerkung 3: Im Spanischen gibt es keine Passivsätze mit artikellosem Subjekt (außer bei Namen). Daher muss ein Satz wie 'Dort wird guter Wein verkauft' durch *Allí venden buen vino/se vende buen vino* wiedergegeben werden.

Anmerkung 4: In einer Nominalgruppe mit passivischem Sinn wird die Präposition 'durch/von' mit *por parte de* ausgedrückt: ein Angriff auf den Irak durch die Vereinigten Staaten *un ataque a Irak por parte de los EE.UU.*, die Eroberung der Macht durch Napoleon *la conquista del poder por parte de Napoleón.*

2. Alle transitiven Verben können im Prinzip in den einfachen Zeiten *pretérito indefinido*, Futur I und Konditional I sowie in allen zusammengesetzten Zeiten passivisch verwendet werden:

| | |
|---|---|
| *Esta novela fue publicada en 1930.* | Dieser Roman wurde 1930 veröffentlicht. |
| *Esta ley será abolida.* | Dieses Gesetz wird abgeschafft werden. |
| *En los últimos meses muchos bancos han sido atracados.* | In den letzten Monaten sind viele Banken überfallen worden. |
| *Muchos náufragos habían sido salvados por los guardacostas.* | Viele Schiffbrüchige waren von der Küstenwache gerettet worden. |

3. Transitive Verben, die einen andauernden Vorgang bzw. Zustand ausdrücken (durative Verben), können auch im Präsens und im Imperfekt passivisch verwendet werden:

| | |
|---|---|
| *En su visita oficial a España, el canciller es acompañado por el ministro de asuntos exteriores.* | Bei seinem offiziellen Besuch Spaniens wird der Kanzler vom Außenminister begleitet. |
| *Mi padre es estimado por todos.* | Mein Vater wird von allen geschätzt. |
| *La ciudad era protegida por las tropas aliadas.* | Die Stadt wurde von den alliierten Truppen geschützt. |
| *Este profesor era querido por todos los alumnos.* | Dieser Lehrer wurde von allen Schülern geliebt. |

4. Erscheinen transitive Verben, die eine momentane Handlung bezeichnen (punktuelle Verben), im Präsens oder im Imperfekt, so werden sie stets als wiederholte Handlungen verstanden:

| | |
|---|---|
| *La puerta es abierta por el portero cada día a las ocho.* | Die Tür wird jeden Tag um acht vom Pförtner geöffnet. |
| *El aceite era vendido a un precio exorbitante.* | Das Öl wurde (gewöhnlich) zu einem überhöhten Preis verkauft. |

Anmerkung: Ein deutscher Satz wie 'Die Tür wird geöffnet' kann nicht durch *La puerta es abierta* wiedergegeben werden. In einem solchen Fall bietet sich im Spanischen die aktivische Konstruktion *Abren la puerta* oder das reflexive Passiv *La puerta se abre* (vgl. § 190) an.

## 189 Das Zustandspassiv

Soll nicht der Vorgang einer passivischen Handlung, sondern ihr Ergebnis bezeichnet werden, so wird das Partizip Perfekt mit **estar** (vgl. § 162) verbunden. Das Zustandspassiv kommt in der Regel nur im Präsens und im Imperfekt vor:

| | |
|---|---|
| La puerta está abierta. | Die Tür ist geöffnet/offen. |
| El coche ya está reparado. | Das Auto ist schon repariert. |
| Todas las peras estaban vendidas. | Alle Birnen waren verkauft. |
| Los contratos ya estában firmados. | Die Verträge waren bereits unterzeichnet. |

Anmerkung: Wird von durativen Verben ein Zustandspassiv gebildet, so kann neben *estar* auch *ser* verwendet werden: *Carmen estaba/era acompañada por su novio.* – Carmen wurde von ihrem Freund begleitet. *El presidente estaba/era protegido por varios guardaespaldas.* – Der Präsident wurde von mehreren Leibwächtern geschützt.

## 190 Das reflexive Passiv (la pasiva refleja)

Zur Wiedergabe eines deutschen Passivs wird im Spanischen sehr häufig eine Reflexiv-Konstruktion verwendet, bei der sich das aktive Verb im Numerus nach dem Subjekt richtet. Diese Konstruktion ist aber nur möglich, wenn das Subjekt keine Person ist. Bei diesem Satztyp geht das Verb meist dem Subjekt voraus:

| | |
|---|---|
| En España se hablan varias lenguas. | In Spanien werden mehrere Sprachen gesprochen. |
| En Cataluña se habla catalán. | In Katalonien wird Katalanisch gesprochen. |
| No se aceptan cheques. | Es werden keine Schecks angenommen. |
| Se refuerzan las medidas de seguridad en todo el mundo. | Auf der ganzen Welt werden die Sicherheitsmaßnahmen verstärkt. |
| Se organizan muchos viajes a París. | Es werden viele Parisreisen veranstaltet. |
| Ciertos sustantivos se usan sólo en singular. | Bestimmte Substantive werden nur im Singular gebraucht. |

| | |
|---|---|
| Se han aplazado los exámenes orales. | Die mündlichen Prüfungen wurden verschoben. |
| No se hacen excepciones. | Es werden keine Ausnahmen gemacht. |
| Se llevan otra vez las faldas cortas. | Man trägt wieder kurze Röcke. |
| No se admiten devoluciones en/de artículos de oferta. | Reduzierte Ware ist vom Umtausch ausgeschlossen. |
| La recogida de la correspondencia se efectúa a las cuatro. | Der Briefkasten wird um 4 Uhr geleert. |

Anmerkung 1: In der spanischen Umgangssprache, insbesondere in Lateinamerika, erscheint anstelle des reflexiven Passivs manchmal das unpersönliche se (se impersonal), bei dem keine Numerusangleichung stattfindet. So hört man anstelle von korrektem *Allí se venden coches de segunda mano.* 'Dort werden Gebrauchtwagen verkauft' *Allí se vende coches de segunda mano.*

Anmerkung 2: Ist das Subjekt eine Person, so kann nur das *se impersonal* verwendet werden: *Se ha detenido a ocho inmigrantes más.* – Es wurden weitere acht Einwanderer festgenommen.

Anmerkung 3: Bei Modalverben + Infinitiv ist sowohl das reflexive Passiv als auch das unpersönliche *se* möglich: *Así no se puede(n) resolver estos problemas.* – So können diese Probleme nicht gelöst werden. Ersetzt man das Substantiv durch ein Pronomen, so lautet der Satz: *Así no se los puede resolver* oder *Así no se puede resolverlos.* – So kann man sie nicht lösen.

Anmerkung 4: Manchmal finden sich Reflexiv-Konstruktionen, bei denen der Urheber genannt wird: *Se firmó el contrato por el director.* – Der Vertrag wurde vom Direktor unterzeichnet.

## Andere Wiedergabe deutscher Passivkonstruktionen im Spanischen     191

In einigen Fällen werden deutsche Passivkonstruktionen im Spanischen durch andere Ausdrucksweisen wiedergegeben:

| | |
|---|---|
| Das Baby wird gestillt. | El bebé toma el pecho. |
| Werden Sie schon bedient? | ¿Ya le atienden? |
| Morgen werde ich in Geographie geprüft. | Mañana me examino de geografía/ tengo un examen de geografía. |
| Vor vierzehn Tagen wurde bei uns eingebrochen. | Hace quince días nos entraron a robar. |
| Die Kinder wurden ihr zugesprochen. | Le concedieron a ella la custodia de los niños. |
| Vor Taschendieben wird gewarnt. | ¡Cuidado con los rateros! |
| Dieser Betrieb wird bestreikt. | Esta empresa está siendo boicoteada con huelgas. |

| | |
|---|---|
| Wann wird der Briefkasten gelehrt? | ¿A qué hora recogen el buzón? |
| Die Frau brachte vor, misshandelt worden zu sein. | La mujer alegó haber sido objeto de malos tratos. |
| In den Nachrichten wurde gemeldet, dass ... | Dieron en las noticias que ... |
| Herr López, Sie werden am Telefon verlangt. | Señor López, le llaman al teléfono. |
| Ihm/Ihr wurde der Füherschein entzogen. | Le retiraron el carnet de conducir. |
| Sie wurden vom Regen überrascht. | La lluvia los sorprendió. |
| Er wurde von einem LKW angefahren. | Lo atropelló un camión. |
| Wir sind überstimmt worden. | Hemos quedado en minoría. |

## 192 Die Wiedergabe von dt. 'man'

Das deutsche Indefinitpronomen 'man' kann auf folgende Weise wiedergegeben werden:

1. durch das mit *ser* + Partizip Perfekt gebildete Passiv:

| | |
|---|---|
| Man fand die verlorenen Gegenstände nicht wieder. | Los objetos perdidos no fueron hallados. |

2. durch das reflexive Passiv (la pasiva refleja, vgl. § 190):

| | |
|---|---|
| Man wünscht nähere Informationen. | Se desean informaciones más detalladas. |
| Das sagt man nicht. | Eso no se dice. |

3. durch das unpersönliche *se* (se impersonal):

| | |
|---|---|
| Man hat uns in die Welt gesetzt, damit wir glücklich sind. | Se nos ha puesto en el mundo para ser felices. |

4. durch das Indefinitpronomen *uno* (vgl. § 61, Anm. 2):

| | |
|---|---|
| Man kann nicht an alles denken. | Uno no puede pensar en todo. |
| Manchmal fragt man sich, warum ... | A veces uno se pregunta por qué ... |

Anmerkung 1:   Es existiert mit dieser Bedeutung auch die feminine Form *una*: *Una debe ser sincera.* – Man muss aufrichtig sein.

Anmerkung 2: In Verbindung mit reflexiven Verben ist die Verwendung des unpersönlichen *se* ausgeschlossen. An seine Stelle tritt *uno*: *Uno se acostumbra a todo.* – Man gewöhnt sich an alles. In diesem Fall kann *uno* auch nachgestellt werden: *Se acostumbra uno a todo.*

Anmerkung 3: Der Dativ von 'man', 'einem' und der Akkusativ 'einen' werden folgendermaßen wiedergegeben: *Te dicen una cosa y luego hacen otra.* – Die sagen einem eine Sache und machen dann etwas anderes. *No te dejan en paz.* – Die lassen einen nicht in Ruhe. *Le dicen a uno que no es posible.* – Die sagen einem, es sei nicht möglich.

5. durch die dritte Person Plural Aktiv:

| | |
|---|---|
| Man hat mich betrogen. | *Me han engañado.* |
| Man hat ihn geschlagen. | *Lo han golpeado.* |
| Mich hat man nicht eingeladen. | *A mí no me han invitado.* |
| Man sagt, sein Onkel sei sehr reich. | *Dicen que su tío es muy rico.* |
| Ihm/Ihr gefällt es, wenn man ihn/sie fragt. | *Le gusta que le pregunten.* |

# Kapitel 16  Das reflexive Verb (El verbo reflexivo)

Im Spanischen spielen reflexive Verben eine wichtigere Rolle als im Deutschen. In vielen Fällen haben spanische Verben in ihrer reflexiven Form eine Bedeutung, die sich von derjenigen der nicht-reflexiven Form unterscheidet und die im Deutschen nicht immer eine genaue Entsprechung findet.

## 193 Die Formen des Reflexivpronomens beim Verb

Wie im Deutschen gibt es im Spanischen nur für die dritte Person Singular und Plural ein eigenes Reflexivpronomen. In den übrigen Personen werden die entsprechenden Personalpronomen benutzt. Die Reflexivpronomen können als direktes Objekt oder indirektes Objekt (vgl. § 108) fungieren.

Typus *lavarse* sich waschen:

| | |
|---|---|
| me lavo | ich wasche mich |
| te lavas | du wäschst dich |
| se lava | er/sie wäscht sich |
| nos lavamos | wir waschen uns |
| os laváis | ihr wascht euch |
| se lavan | sie waschen sich |

Anmerkung: Auch die reflexiven Verben bilden die zusammengesetzten Zeiten mit *haber*: *Me he lavado.* – Ich habe mich gewaschen.

## 194 Die Stellung des Reflexivpronomens

Für die Stellung des Reflexivpronomens gelten dieselben Regeln wie für die Stellung der unbetonten Objektpronomen (vgl. §§ 113-116). Das Reflexivpronomen steht:

1. beim konjugierten Verb:

| | |
|---|---|
| *Me caso.* | Ich heirate. |
| *Me he casado.* | Ich habe geheiratet. |

2. beim Imperativ:

| | |
|---|---|
| *¡Cásate!* | Heirate! |
| *¡Cásese!* | Heiraten Sie [Sing.]! |
| *¡Casémonos!* | Heiraten wir! |
| *¡Casaos!* | Heiratet! |
| *¡Cásense!* | Heiraten Sie [Pl.]! |

| | |
|---|---|
| ¡No te cases! | Heirate nicht! |
| ¡No se case! | Heiraten Sie [Sing.] nicht! |
| ¡No nos casemos! | Heiraten wir nicht! |
| ¡No os caséis! | Heiratet nicht! |
| ¡No se casen! | Heiraten Sie [Pl.] nicht! |

3. beim Infinitiv:

| | |
|---|---|
| casarse | heiraten |
| para casarse | um zu heiraten |
| antes de casarse | bevor er/sie heiratet/heiraten |
| Los vi pelearse. | Ich sah sie streiten. |
| ¡Déjame casarme! | Lass mich heiraten! |
| Quiero casarme./Me quiero casar. | Ich will heiraten. |
| Van a casarse/Se van a casar. | Sie werden heiraten. |
| Vuelven a casarse./Se vuelven a casar. | Sie heiraten wieder. |

4. beim *gerundio*:

| | |
|---|---|
| casándose | da/wenn/usw. er/sie heiratet/heiraten |
| habiéndose casado | nachdem er/sie geheiratet hat/haben |
| Están peleándose./Se están peleando. | Sie streiten sich gerade. |

## Verben mit Reflexivpronomen als direktem Objekt

| | |
|---|---|
| cambiarse | sich umziehen |
| desnudarse | sich ausziehen |
| divertirse | sich amüsieren |
| encontrarse | sich befinden/sich treffen |
| esconderse | sich verstecken |
| herirse | sich verletzen |
| mirarse | sich betrachten |
| peinarse | sich kämmen |
| reunirse | sich treffen |
| santiguarse | sich bekreuzigen |
| vestirse | sich anziehen |

| | |
|---|---|
| ¡Vístete de prisa! | Zieh dich schnell an! |
| Hoy me encuentro bien. | Heute geht es mir gut. |
| ¡Que te diviertas! | Viel Vergnügen! |
| ¡Mírate al espejo! | Betrachte dich im Spiegel! |
| Mañana nos reuniremos en casa de Pilar. | Morgen treffen wir uns bei Pilar. |

## 196 Verben mit Reflexivpronomen als indirektem Objekt

| | |
|---|---|
| comprarse u.c. | sich etw. kaufen |
| permitirse u.c. | sich etw. leisten |
| ponerse u.c. | sich etw. anziehen |
| quitarse u.c. | sich etw. ausziehen |
| romperse u.c. | sich etw. brechen |

| | |
|---|---|
| Creo que me he roto el brazo. | Ich glaube, ich habe mir den Arm gebrochen. |
| ¡Quitaos los zapatos! | Zieht eure Schuhe aus! |
| No puedo permitirme tal lujo. | Ich kann mir diesen Luxus nicht leisten. |
| Me voy a poner el vestido azul. | Ich werde das blaue Kleid anziehen. |

## 197 Verben, die im Gegensatz zum Deutschen reflexiv gebraucht werden

| | |
|---|---|
| abonarse a u.c. | etw. abonnieren |
| accidentarse | verunglücken |
| amotinarse | meutern |
| apagarse | ausgehen (Licht) |
| apercibirse de u.c. | etw. merken |
| arrastrarse | kriechen |
| arrepentirse de u.c. | etw. bereuen |
| arrodillarse | (sich) niederknien |
| arrugarse | knittern |
| asemejarse a alg. | jdm. ähneln |
| atreverse a | wagen zu |
| balancearse | schaukeln (auf dem Schaukelstuhl/-pferd) |
| bañarse | baden [intransitiv] |
| basarse en u.c. | auf etw. beruhen |
| callar(se) | schweigen |
| casarse | heiraten |
| celebrarse | stattfinden |
| chutarse | drücken (Drogen) |
| coagularse/cuajarse | gerinnen |
| colgarse | abstürzen (Computer) |
| coligarse | koalieren |
| componerse de u.c. | aus etw. bestehen |
| confesarse con alg. | jdm. beichten |
| corregirse de u.c. | etw. ablegen (z.B. einen Fehler) |

| | |
|---|---|
| *corromperse* | verderben/verkommen |
| *criarse* | aufwachsen |
| *darse cuenta de u.c.* | etwas (be)merken |
| *curarse* | gesund werden/genesen |
| *deberse a u.c.* | auf etw. zurückzuführen sein |
| *declararse* | ausbrechen (Feuer/Krankheit) |
| *desangrarse* | verbluten |
| *descongelarse* | auftauen |
| *desencadenarse* | los-/ausbrechen |
| *despertarse* | aufwachen |
| *desplomarse* | einstürzen (Haus)/zusammenbrechen (Person) |
| *dividirse en* | zerfallen in (Text) |
| *dormirse* | einschlafen |
| *duchar(se)* | (sich) duschen |
| *efectuarse* | stattfinden |
| *empobrecerse* | verarmen |
| *encaramarse en u.c.* | auf etw. klettern |
| *encargarse de/hacerse cargo de u.c.* | etw. übernehmen |
| *encenderse* | angehen (Licht) |
| *enterarse de u.c.* | etw. erfahren |
| *entrenar(se) para u.c* | für etw. trainieren |
| *estancarse* | stagnieren |
| *estrellarse contra u.c.* | an etw. zerschellen |
| *extrañarse de u.c.* | über etw. staunen |
| *hincharse* | anschwellen |
| *hundirse* | untergehen/sinken (Schiff) |
| *impacientarse* | ungeduldig werden |
| *infiltrarse* | einsickern |
| *iniciarse* | beginnen [intransitiv] |
| *introducirse en u.c.* | in etw. eindringen |
| *irse* | weggehen |
| *levantarse* | aufstehen |
| *llamarse* | heißen |
| *maravillarse de u.c.* | über etw. staunen |
| *marcharse* | weggehen |
| *marchitarse* | welken |
| *mudarse (de casa)* | umziehen |
| *oxidarse* | verrosten |
| *pararse* | halten (Auto) |
| *parecerse* | ähnlich sehen |
| *ponerse* | untergehen (Sonne) |
| *rebelarse contra alg./u.c.* | gegen jdn./etw. rebellieren |

| | |
|---|---|
| remontarse a u.c. | auf etw. zurückgehen [historisch] |
| romperse | zerbrechen |
| sublevarse contra alg. | gegen jdn. rebellieren |
| sumergirse | versinken |
| tambalearse | torkeln/schwanken |
| trasladarse a | übersiedeln/umziehen nach |

| | |
|---|---|
| No me atrevo a decirles toda la verdad. | Ich wage es nicht, ihnen die ganze Wahrheit zu sagen. |
| Me voy a abonar a El País. | Ich werde *El País* abonnieren. |
| Ya hemos empezado a entrenarnos para el campeonato. | Wir haben schon begonnen, für die Meisterschaft zu trainieren. |
| El Titanic se hundió en 1912. | Die Titanic ging 1912 unter. |
| Me voy a encargar del asunto. | Ich werde mich um die Angelegenheit kümmern. |
| Te arrepentirás de esa decisión. | Du wirst diesen Entschluss bereuen. |
| ¿A qué se debe este aumento de la criminalidad? | Worauf ist diese Zunahme der Kriminalität zurückzuführen? |
| El libro se compone de tres partes. | Das Buch besteht aus drei Teilen. |
| El chico se ha encaramado en el árbol. | Der Junge ist auf den Baum geklettert. |
| El avión se estrelló poco antes de aterrizar. | Das Flugzeug zerschellte kurz vor der Landung. |
| Ayer me enteré de lo ocurrido. | Gestern erfuhr ich, was passiert war. |
| No tengo ganas de quedarme en casa. | Ich habe keine Lust, zu Hause zu bleiben. |

| | | |
|---|---|---|
| Merke auch: | cruzarse de brazos | die Arme verschränken |
| | encogerse de hombros | mit den Schultern zucken |
| | presentarse como candidato | kandidieren für |
| | hacerse con el poder | die Macht ergreifen |

## 198 Verben, die im Gegensatz zum Deutschen nicht-reflexiv gebraucht werden

| | |
|---|---|
| abogar por alg./u.c. | sich für jdn./etw. einsetzen |
| alternar | sich abwechseln |
| ascender a | sich belaufen auf |
| cambiar | sich ändern |
| capotar | sich überschlagen |
| conspirar contra alg./u.c. | sich gegen jdn./etw. verschwören |
| convalecer de u.c. | sich von etw. erholen |

| | |
|---|---|
| cuidar de alg. | sich um jdn. kümmern |
| descansar | (sich) ausruhen |
| desear | (sich) wünschen |
| diferir de alg./u.c. | sich von jdm./etw. unterscheiden |
| girar | sich drehen |
| interceder por alg. | sich für jdn. einsetzen/ verwenden |
| mejorar | sich bessern |
| merecer bien de u.c. | sich um etw. verdient machen |
| montar a | sich belaufen auf |
| profundizar en u.c. | sich in etw. vertiefen |
| quedar con alg. | sich mit jdm. verabreden |
| recordar u.c. | sich an etw. erinnern |
| reñir | (sich) streiten |
| repercutir en u.c. | sich auf etw. auswirken |
| resultar | sich herausstellen als |
| rimar con u.c. | sich auf etw. reimen |
| serpentear | sich schlängeln |
| vomitar | sich übergeben |

| | |
|---|---|
| Las condiciones de trabajo han mejorado. | Die Arbeitsbedingungen haben sich gebessert. |
| Tus opiniones difieren de las mías. | Deine Ansichten unterscheiden sich von (den) meinen. |
| Algunos generales conspiraron contra el dictador. | Einige Generäle verschworen sich gegen den Diktator. |
| El descontento de su mujer repercute en toda la familia. | Die Unzufriedenheit seiner Frau wirkt sich auf die ganze Familie aus. |
| La situación no ha cambiado mucho. | Die Lage hat sich nicht sehr verändert. |
| La Tierra gira alrededor del Sol. | Die Erde dreht sich um die Sonne. |

Wendungen:

| | |
|---|---|
| tomar apuntes | sich Notizen machen |
| tomar ejemplo de alg. | sich an jdm. ein Beispiel nehmen |
| tomar/pedir prestado | sich etw. ausleihen |
| solicitar un empleo | sich um eine Stelle bewerben |

Merke auch: sich etw. anhören *escuchar u.c.*, sich etw. ansehen *mirar/ver u.c.*, sich etw. von jdm. erhoffen *esperar u.c. de alg.*, sich etw. erträumen *soñar con u.c.*

# 199 Andere Wiedergabe deutscher oder spanischer reflexiver Verben

1. In einigen Fällen werden deutsche reflexive Verben im Spanischen durch zusammengesetzte Ausdrücke wiedergegeben:

| | |
|---|---|
| sich mit jdm. anfreunden | *hacerse amigo/amiga de alg.* |
| sich anschnallen | *ponerse el cinturón* |
| sich anstellen (in einer Schlange) | *ponerse a la cola/hacer cola* |
| sich ausweisen | *probar su identidad* |
| sich bei jdm. bedanken | *dar las gracias a alg.* |
| sich beeilen | *darse prisa* |
| sich bewähren | *dar buen resultado* (Sache)/ *hacerse valer* (Person) |
| sich blamieren | *hacer el ridículo/ponerse en ridículo/tirarse una plancha/ meter la pata* |
| sich duellieren | *batirse en duelo* |
| sich einigen | *ponerse de acuerdo* |
| sich bei jdm. einhaken | *cogerse del brazo de alg./ tomar a alg. del brazo* |
| sich erschießen | *pegarse un tiro* |
| sich gedulden | *tener paciencia* |
| sich genieren | *sentirse avergonzado* |
| sich aus etw. heraushalten | *mantenerse al margen de u.c.* |
| sich (körperlich) lieben | *hacer el amor* |
| sich lohnen | *valer/merecer la pena* |
| sich melden (Schule) | *levantar la mano* |
| sich melden (Telefon) | *coger el teléfono/responder al teléfono* |
| sich normalisieren | *volver a la normalidad/ normalizarse* |
| sich outen | *salir del armario* |
| sich räuspern | *aclararse la voz* |
| sich rentieren | *ser rentable* |
| sich sonnen | *tomar el sol* |
| sich stärken (Essen und Trinken) | *reunir fuerzas* |
| sich überschlagen (Auto) | *dar vueltas de campana* |
| sich (total) verausgaben | *agotar sus fuerzas* |
| sich verwählen (Telefon) | *equivocarse de número/ marcar mal* |

2. Der umgekehrte Fall findet sich in:

| | |
|---|---|
| *abatirse/desalentarse/ desanimarse/descorazonarse/ desmoralizarse* | den Mut verlieren |
| *abrigarse* | sich warm anziehen |
| *acabarse* | zu Ende gehen |
| *agraviarse* | sich beleidigt fühlen |
| *animarse* | Mut fassen |
| *apellidarse* | mit Familiennamen heißen |
| *asilarse* | Asyl suchen |
| *atribuirse* | für sich in Anspruch nehmen |
| *autocensurarse* | Selbstkritik üben |
| *compadecerse de* | Mitleid haben mit |
| *debordarse* | über die Ufer treten |
| *declararse a alg.* | jdm. eine Liebeserklärung machen |
| *depreciarse* | an Wert verlieren |
| *desconcertarse* | die Fassung verlieren |
| *desequilibrarse* | aus dem Gleichgewicht kommen |
| *desesperarse* | alle Hoffnung aufgeben |
| *desorientarse* | die Orientierung verlieren |
| *drogarse* (auch: *tomar drogas*) | Drogen nehmen |
| *escandalizarse* | Anstoß nehmen |
| *examinarse de inglés* | eine Prüfung in Englisch ablegen |
| *exasperarse* | außer sich geraten |
| *exhibirse* | sich zur Schau stellen |
| *exiliarse* | ins Exil gehen |
| *extasiarse* | in Verzückung geraten |
| *herniarse* | sich einen Bruch heben |
| *impacientarse por/con* | die Geduld verlieren wegen |
| *independizarse* | unabhängig werden/sich abnabeln |
| *jubilarse* | in den Ruhestand treten/in Rente gehen |
| *licenciarse* | sein Examen ablegen |
| *nacionalizarse/naturalizarse francés* | die französische Staatsbürgerschaft annehmen |
| *ofenderse* | sich beleidigt fühlen |
| *organizarse* | sich seine Zeit einteilen |
| *oxigenarse* | Frischluft tanken |
| *plasmarse* | Gestalt annehmen |
| *prolongarse* | sich in die Länge ziehen |
| *quemarse* | einen Sonnenbrand bekommen |
| *relacionarse con* | sich in Verbindung setzen mit |
| *resentirse de* | die Nachwirkungen spüren von |

| | |
|---|---|
| *responsabilizarse de* | die Verantwortung übernehmen für |
| *satisfacerse con* | sich zufrieden geben mit |
| *suicidarse* (auch: *cometer suicidio*) | Selbstmord verüben |
| *titularse* | den Titel tragen (Buch) |

# 200 Verben, die reflexiv oder nicht-reflexiv gebraucht werden

1. Folgende Verben werden wie im Deutschen nicht-reflexiv und reflexiv gebraucht (vgl. auch §§ 197, 198):

| | | | |
|---|---|---|---|
| *abrir* | öffnen | - *abrirse* | sich öffnen/ aufgehen |
| *aburrir* | langweilen | - *aburrirse* | sich langweilen |
| *acercar* | näher heranbringen | - *acercarse* | sich nähern |
| *alejar* | entfernen | - *alejarse* | sich entfernen |
| *convertir en* | verwandeln in | - *convertirse en* | sich verwandeln in/ werden zu |
| *defender* | verteidigen | - *defenderse* | sich verteidigen/ sich durchschlagen |
| *despedir* | verabschieden | - *despedirse* | sich verabschieden |
| *ocupar* | besetzen/ beschäftigen | - *ocuparse de* | sich beschäftigen mit/ sich kümmern um |
| *preocupar* | mit Besorgnis erfüllen | - *preocuparse* | sich Sorgen machen |
| *presentar* | vorstellen | - *presentarse* | sich vorstellen |
| *referir* | beziehen/ berichten | - *referirse a* | sich beziehen auf |
| *retirar* | zurückziehen | - *retirarse* | sich zurückziehen |
| *reunir* | (ver)sammeln | - *reunirse* | sich versammeln |
| *sentar* | (hin)setzen | - *sentarse* | sich (hin)setzen |
| *vestir* | anziehen/ anhaben | - *vestirse* | sich anziehen |

| | |
|---|---|
| *La madre sentó al niño a la mesa.* | Die Mutter setzte das Kind an den Tisch. |
| *La madre se sentó a la mesa.* | Die Mutter setzte sich an den Tisch. |
| *Estos asuntos me ocupan desde hace dos meses.* | Diese Angelegenheiten beschäftigen mich seit zwei Monaten. |
| *Me ocupo de lenguas extranjeras.* | Ich beschäftige mich mit Fremdsprachen. |

| | |
|---|---|
| El señor García sólo viste trajes oscuros. | Herr García hat nur dunkle Anzüge an. |
| ¡Vestíos antes de desayunar! | Zieht euch an, bevor ihr frühstückt! |
| Refirió todos los detalles del partido. | Er berichtete alle Einzelheiten des Spiels. |
| ¿A quién te refieres? | Wen meinst du? |
| ¿Ya te han presentado? | Haben sie dich schon vorgestellt? |
| ¿Permite(n) que me presente? | Darf ich mich vorstellen? |

Merke: *vestir con elegancia* sich elegant kleiden

2. Bei den folgenden Verben ändert sich die Bedeutung, je nachdem ob sie nicht-reflexiv oder reflexiv gebraucht werden:

| | | | |
|---|---|---|---|
| *acostar* | zu Bett bringen | - *acostarse* | zu Bett gehen |
| *ahogar* | ertränken/erwürgen | - *ahogarse* | ertrinken/ersticken |
| *apagar* | ausmachen/auslöschen | - *apagarse* | ausgehen (Licht) |
| *descubrir* | entdecken/aufdecken | - *descubrirse* | die Kopfbedeckung abnehmen/an den Tag kommen |
| *despertar* | (auf)wecken | - *despertarse* | aufwachen |
| *encender* | anzünden | - *encenderse* | sich entzünden/ angehen (Licht) |
| *encontrar* | finden/treffen | - *encontrarse* | sich befinden/ sich treffen |
| *extender* | ausstrecken | - *extenderse a* | sich erstrecken auf |
| *hallar* | finden | - *hallarse* | sich befinden |
| *levantar* | heben/hochheben | - *levantarse* | aufstehen |
| *llamar* | rufen/nennen | - *llamarse* | heißen |
| *meter* | hineintun/-legen/ -stecken | - *meterse en* | sich hineindrängen/ sich einmischen in |
| | | - *meterse con* | Streit beginnen mit |
| *negar* | verneinen/(ver)- leugnen/verweigern | - *negarse* | sich weigern |
| *perder* | verlieren | - *perderse* | verloren gehen/umkommen/verderben |
| *poner* | setzen/stellen/legen | - *ponerse* + Adj. | werden |
| *tratar* | behandeln | - *tratarse de* | sich handeln um |
| *volver* | (um)drehen/(um)- kehren/zurückkehren von | - *volverse* | sich umdrehen |
| | | - *volverse* + Adj. | werden |

| | |
|---|---|
| Hay que llamar al médico. | Man muss den Arzt rufen. |
| ¿Cómo se llama Vd.? | Wie heißen Sie? |
| ¡Apaga la luz! | Mach das Licht aus! |
| De repente se apagó la luz. | Plötzlich ging das Licht aus. |
| Voy a acostar al nene. | Ich bringe den Kleinen ins Bett. |
| Es hora de acostarse. | Es ist Zeit, zu Bett zu gehen. |
| ¿A qué hora quieres que te despierte? | Um wie viel Uhr soll ich dich wecken? |
| Ya me he despertado a las cinco. | Ich bin schon um fünf aufgewacht. |

Merke: *probar la comida* das Essen versuchen/kosten
*probarse un par de zapatos* ein Paar Schuhe anprobieren

## 201 Die reziproken Verben

Reziproke Verben drücken im Plural eine wechselseitige Handlung aus:

| | |
|---|---|
| *abrazarse* | sich umarmen |
| *ayudarse* | sich helfen |
| *besarse* | sich küssen |
| *citarse* | sich verabreden |
| *escribirse/cartearse* | sich schreiben |
| *hablarse* | miteinander reden |
| *pelearse* | (sich) streiten/sich schlagen/ sich balgen |
| *reconciliarse* | sich versöhnen |
| *separarse* | sich trennen |
| *telefonearse/llamarse por teléfono* | sich anrufen/miteinander telefonieren |

| | |
|---|---|
| Los padres de ella se separaron hace tres años. | Ihre Eltern trennten sich vor drei Jahren. |
| Mis hijos se pelean continuamente. | Meine Kinder streiten (sich) ständig. |
| Tenéis que ayudaros. | Ihr müsst euch helfen. |

Anmerkung: Zur Verstärkung kann noch hinzutreten: *el uno al otro, unos a otros, mutuamente*: *ayudarse unos a otros* sich gegenseitig helfen. Aber nicht: *Se separaron mutuamente.* – Sie trennten sich.

Merke: *Este chico se ayuda.* – Dieser Junge weiß sich zu helfen.

## Sonderfälle

Bei den folgenden Verben besteht ein Bedeutungsunterschied zwischen der reflexiven und der nicht-reflexiven Form.

1. Verben der Bewegung:

- *caer/caerse*:

| | |
|---|---|
| Ha caído mucha nieve. | Es ist viel Schnee gefallen. |
| Muchos cayeron en la guerra civil. | Viele kamen im Bürgerkrieg ums Leben. |
| Este año mi cumpleaños cae en sábado. | Dieses Jahr fällt mein Geburtstag auf einen Samstag. |
| ¡Cuidado, que te vas a caer! | Achtung, du fällst (hin)! |
| Mi hijo se cayó de la bicicleta. | Mein Sohn fiel vom Fahrrad. |
| Se ha caído de la silla. | Er/Sie ist vom Stuhl gekippt. |
| Se me cae el pelo. | Mir gehen die Haare aus. |

- *escapar/escaparse*:

| | |
|---|---|
| Habrá escapado a su atención que ... | Es wird Ihrer Aufmerksamkeit entgangen sein, dass ... |
| Algunos presos lograron escapar(se) de la cárcel. | Einigen Häftlingen gelang es, aus dem Gefängnis zu entkommen. |
| Se le escapó un buen negocio. | Ihm entging ein gutes Geschäft. |
| A mi padre se le escapó la mano. | Meinem Vater fuhr die Hand aus. |

- *ir/irse*:

| | |
|---|---|
| Mañana voy al cine. | Morgen gehe ich ins Kino. |
| Me iré de Madrid el 8 de mayo. | Ich werde am 8. Mai Madrid verlassen. |
| Ella se va con el primero que llega. | Sie geht mit dem Erstbesten. |

- *llevar/llevarse*:

| | |
|---|---|
| ¡Lleva la carta a Correos, por favor! | Bring den Brief bitte zur Post! |
| ¡Llévatelo todo! | Nimm alles mit! |
| Los ladrones se llevaron todo el dinero. | Die Diebe nahmen das ganze Geld mit. |

- *marchar/marcharse*:

| | |
|---|---|
| *El tren marchaba lentamente.* | Der Zug fuhr langsam. |
| *Las cosas marchan de mal en peor.* | Die Dinge laufen immer schlechter. |
| *Ahora me marcho.* | Jetzt gehe ich. |
| *Muchos trabajadores se marcharon de España.* | Viele Arbeiter verließen Spanien. |

- *salir/salirse*:

| | |
|---|---|
| *El tren sale a las 9,11.* | Der Zug fährt um 9.11 Uhr ab. |
| *Salimos del cine a las once.* | Wir verließen um elf Uhr das Kino. |
| *Nos salimos del cine porque no nos gustaba la película.* | Wir verließen das Kino, weil uns der Film nicht gefiel. |
| *El bidón se sale.* | Der Kanister leckt/ist undicht. |
| *Se ha salido la leche.* | Die Milch ist übergelaufen. |
| *Me he salido del compás.* | Ich bin aus dem Takt gekommen. |
| *Se me ha salido la cadena.* | Mir ist die Kette heruntergesprungen. |
| *El coche se salió de la carretera.* | Das Auto kam von der Straße ab. |
| *Se ha salido de tono.* | Er/Sie hat sich im Ton vergriffen. |

- *venir/venirse*:

| | |
|---|---|
| *¿Por qué no vienen?* | Warum kommen sie nicht? |
| *¿Por qué no te vienes conmigo?* | Warum gehst/kommst du nicht mit mir? |

2. Verben mit der Bedeutung 'etwas in sich aufnehmen':

- *beber/beberse*:

| | |
|---|---|
| *Mi padre bebe mucho vino.* | Mein Vater trinkt viel Wein. |
| *Ayer nos bebimos tres botellas de vino.* | Gestern tranken wir drei Flaschen Wein. |

- *comer/comerse*:

| | |
|---|---|
| *Ayer comimos muy bien.* | Gestern aßen wir sehr gut. |
| *No comieron jamón.* | Sie aßen keinen Schinken. |
| *Mi hijo come de todo.* | Mein Sohn isst alles. |
| *Mi hija se lo comió todo.* | Meine Tochter aß alles auf. |
| *Ayer me comí un pollo entero.* | Gestern aß ich ein ganzes Hähnchen. |
| *Luis se come las uñas.* | Luis kaut an den Fingernägeln. |

- *fumar/fumarse*:

| | |
|---|---|
| *Fumo mucho.* | Ich rauche viel. |
| *Mi hermano fuma puros.* | Mein Bruder raucht Zigarren. |
| *Ahora me voy a fumar un pitillo.* | Jetzt rauche ich eine. |

Anmerkung: Die reflexive Form ist nur mit direktem Objekt möglich, das eine bestimmte Menge ausdrückt.

Merke auch: *fumarse un capítulo* sich ein Kapitel schenken/ein Kapitel überspringen, *fumarse la clase de historia* die Geschichtsstunde schwänzen

- *tomar/tomarse*:

| | |
|---|---|
| *¡Vamos a tomar una taza de café!* | Trinken wir eine Tasse Kaffee! |
| *Ahora me voy a tomar una copita de coñac.* | Jetzt trinke ich/genehmige ich mir ein Gläschen Cognac. |

3. weitere transitive Verben:

- *aprender/aprenderse*:

| | |
|---|---|
| *Voy a España para aprender español.* | Ich fahre nach Spanien, um Spanisch zu lernen. |
| *Me he aprendido todas las palabras.* | Ich habe alle Wörter gelernt. |
| *¿Te has aprendido la lección?* | Hast du deine Lektion gelernt? |

- *leer/leerse*:

| | |
|---|---|
| *Me gustaría leer este libro.* | Ich würde dieses Buch gern lesen. |
| *Me he leído el libro en dos días.* | Ich habe das Buch in zwei Tagen ausgelesen. |

- *saber/saberse*:

| | |
|---|---|
| *¿Sabes alemán?* | Kannst du Deutsch? |
| *¿Te sabes la lección?* | Kannst du deine Lektion? |

4. weitere intransitive Verben:

- *dormir/dormirse*:

| | |
|---|---|
| *Dormimos en la misma habitación.* | Wir schlafen in demselben Zimmer. |
| *Los niños se durmieron enseguida.* | Die Kinder schliefen sofort ein. |
| *Se me ha dormido la pierna.* | Mein Bein ist eingeschlafen. |

Anmerkung: Transitiver Gebrauch von *dormir* liegt vor in den Ausdrücken: *dormir la siesta* Mittagsschlaf halten und *dormirla* (= *la borrachera*) seinen Rausch ausschlafen, *dormir a un niño* ein Kind zum Schlafen bringen, *dormir al público* das Publikum einschläfern.

- *estar/estarse*:

| | |
|---|---|
| *Estamos en el jardín.* | Wir sind im Garten. |
| *¡Estáte quieto!* | Sei ruhig! |
| *Mi amigo francés (se) estará con nosotros todo el mes de julio.* | Mein französischer Freund wird den ganzen Monat Juli bei uns bleiben. |

- *morir/morirse*:

| | |
|---|---|
| *Mi abuela (se) murió hace cinco años.* | Meine Großmutter starb vor fünf Jahren. |
| *Mi suegro murió en un accidente de tráfico.* | Mein Schwiegervater kam bei einem Verkehrsunfall ums Leben. |
| *Dos niños murieron ahogados en el río.* | Zwei Kinder ertranken in dem Fluss. |
| *Este pobre se muere desde hace tres meses.* | Dieser Arme liegt seit drei Monaten im Sterben. |
| *Me muero de vergüenza.* | Ich schäme mich zu Tode. |
| *Mi hijo se muere por el fútbol.* | Mein Sohn ist ein Fußballnarr. |

Anmerkung: Die reflexive Form wird in der Umgangssprache viel häufiger gebraucht als die nicht-reflexive.

- *quedar/quedarse*:

| | |
|---|---|
| *El campo de fútbol queda al otro lado.* | Der Fußballplatz ist auf der anderen Seite. |
| *No queda pan.* | Es ist kein Brot mehr da. |
| *Quedan siete minutos para la salida.* | Es sind noch sieben Minuten bis zur Abfahrt. |
| *Quedamos en escribirnos una vez por semana.* | Wir vereinbarten, uns einmal pro Woche zu schreiben. |
| *Así queda muy bien.* | So sieht es sehr gut aus./ So macht es sich gut. |
| *Me quedo aquí.* | Ich bleibe hier. |
| *Me quedo con estos zapatos.* | Ich nehme diese Schuhe. (beim Kauf) |

## 5. Reflexive Verben mit passiver Bedeutung:

| | |
|---|---|
| ¿Cándo te vas a cortar el pelo? | Wann wirst du dir die Haare schneiden lassen? |
| Me examino de dos asignaturas. | Ich werde in zwei Fächern geprüft. |
| Tendré que operarme del estómago. | Ich werde am Magen operiert werden müssen. |

## Ausdrücke mit *hacerse* + Infinitiv/Substantiv/Adjektiv/Adverb

| | |
|---|---|
| *hacerse comprender* | sich verständlich machen |
| *hacerse notar por u.c.* | sich durch etw. hervortun |
| *hacerse obedecer* | sich Gehorsam verschaffen |
| *hacerse querer de alg.* | sich bei jdm. beliebt machen |
| *hacerse médico/abogado* | Arzt/Anwalt werden |
| *hacerse vegetariano* | Vegetarier werden |
| *hacerse de noche* | Nacht werden |
| *hacerse el sordo/la sorda* | sich taub stellen |
| *hacerse el tonto/la tonta/* | sich dumm stellen |
| *hacerse el sueco/la sueca* | |
| *hacerse el enfermo* | den kranken Mann markieren |
| *hacerse famoso* | berühmt werden |
| *hacerse odioso a alg.* | sich bei jdm. verhasst machen |
| *hacerse viejo* | alt werden |
| *hacerse rico* | reich werden |
| *hacerse tarde* | spät werden |

| | |
|---|---|
| ¡No te hagas el enfermo! | Markier nicht den kranken Mann! |
| Se va haciendo de noche. | Es wird allmählich Nacht. |
| Se (me) hace tarde. | Es wird spät (für mich). |
| Yo me haré obedecer. | Ich werde mir Gehorsam verschaffen. |

Spanische Entsprechungen deutscher Ausdrücke mit 'werden':

| | |
|---|---|
| krank werden | *ponerse enfermo/a* |
| blass werden | *ponerse pálido/a* |
| schwanger werden | *quedarse embarazada* |
| verrückt werden | *volverse loco/a* |
| blind werden | *quedar ciego/a* |

# Kapitel 17  Der Gebrauch von *ser* und *estar*
(El uso de ser y estar)

Dem deutschen Verb 'sein' entsprechen im Spanischen zwei Verben: **ser** und **estar**. In Verbindung mit prädikativen Adjektiven oder Partizipien kann der Gebrauch von *ser* oder *estar* zu mehr oder weniger deutlichen Bedeutungsunterschieden führen. In einigen Fällen wird dt. 'ist/sind' durch das unpersönliche **hay** wiedergegeben (vgl. § 208). Zu den Formen von *ser* und *estar* vgl. § 162.

## 204  Der Gebrauch von *ser*

Das Verb *ser* wird in folgenden Fällen gebraucht:

1. bei Substantiven, Pronomen und Infinitiven, die als Prädikativum fungieren:

| | |
|---|---|
| *Mi padre es abogado.* | Mein Vater ist Anwalt. |
| *Mi amigo es alemán.* | Mein Freund ist Deutscher. |
| *El tiempo es dinero.* | Zeit ist Geld. |
| *¿Quién es? – Soy yo.* | Wer ist es? – Ich bin es. |
| *¿Qué es esto? – Esto es un tenedor.* | Was ist das? – Das ist eine Gabel. |
| *Este reloj es mío.* | Diese Uhr gehört mir. |
| *Esto sería hacer lo contrario.* | Das hieße, das Gegenteil tun. |

Anmerkung: Nur in wenigen Ausdrücken erscheint *estar* vor einem Substantiv: *De matemáticas estoy pez.* – Von Mathematik habe ich keinen blassen Dunst. *Hoy mi hermano está mosca.* – Heute ist mein Bruder gereizt. *Ayer Luis estuvo trompa.* – Gestern hatte Luis einen sitzen. *Este chaval está cañón.* – Dieser Junge sieht glänzend aus.

2. bei folgenden Adjektiven, die charakteristische Eigenschaften einer Person oder einer Sache ausdrücken:

| | |
|---|---|
| *ser abundante en* | überreich sein an |
| *ser accidental* | zufällig sein |
| *ser agudo* | spitz sein |
| *ser ajeno a* | fremd sein + Dativ |
| *ser apto para* | tauglich sein für |
| *ser astuto* | schlau sein |
| *ser atrevido* | gewagt sein |
| *ser benévolo* | wohlwollend sein |
| *ser célebre por* | berühmt sein für |
| *ser confidencial* | vertraulich sein |
| *ser cortante* | scharf sein (Messer) |

| | |
|---|---|
| ser creyente | gläubig sein |
| ser culpable de | schuldig sein an |
| ser (des)favorable | (un)günstig sein |
| ser diferente de | anders sein als/verschieden sein von |
| ser difícil | schwierig sein |
| ser doloroso | schmerzlich sein |
| ser dudoso | fraglich sein |
| ser escarpado | steil sein |
| ser estéril | unfruchtbar sein |
| ser evitable | vermeidbar sein |
| ser excitable | erregbar sein |
| ser extraño | sonderbar sein |
| ser fácil | leicht sein |
| ser falso | falsch sein |
| ser famoso por | berühmt sein für |
| ser grave | schlimm sein |
| ser honrado | ehrlich sein |
| ser horrible | schrecklich sein |
| ser hueco | hohl sein |
| ser idéntico a | identisch sein mit |
| ser idóneo para | tauglich sein für |
| ser igual a | gleich sein + Dativ |
| ser (i)legal | (un)gesetzlich sein |
| ser (im)popular | (un)beliebt sein |
| ser (im)potable | (nicht) trinkbar sein |
| ser impotente | machtlos/impotent sein |
| ser (im)probable | (un)wahrscheinlich sein |
| ser (im)puntual | (un)pünktlich sein |
| ser (in)aceptable | (un)annehmbar sein |
| ser (in)capaz de | (un)fähig sein zu |
| ser (in)competente en | (in)kompetent sein in |
| ser (in)concebible | (un)vorstellbar sein |
| ser (in)conveniente | (un)angebracht sein |
| ser (in)discreto | (in)diskret sein |
| ser indispensable | unentbehrlich/unerlässlich sein |
| ser inevitable | unvermeidlich sein |
| ser (in)explicable | (un)erklärbar sein |
| ser (in)fiel | (un)treu/(un)gläubig sein |
| ser (in)mortal | (un)sterblich sein |
| ser (in)oportuno | (un)angebracht sein |
| ser insensato | sinnlos sein |
| ser (in)sincero | (un)aufrichtig sein |
| ser (in)suficiente | (un)genügend sein |
| ser (in)válido | (un)gültig sein |

| | |
|---|---|
| ser invencible | unbesiegbar sein |
| ser invisible | unsichtbar sein |
| ser (ir)real | (un)wirklich sein |
| ser (ir)responsable | (un)verantwortlich sein |
| ser ligero | leicht sein (Gewicht) |
| ser mayor de edad | volljährig sein |
| ser necesario para | notwendig sein für |
| ser nocivo a | schädlich sein für |
| ser posible | möglich sein |
| ser pobre en | arm sein an |
| ser potente | mächtig/potent sein |
| ser preciso | notwendig sein |
| ser propio de | eigen sein + Dativ |
| ser rápido | schnell sein |
| ser romo | stumpf sein |
| ser sorprendente | überraschend sein |
| ser unánime | einstimmig sein |
| ser único | einzig(artig) sein |
| ser útil | nützlich sein |
| ser ventajoso | vorteilhaft sein |

| | |
|---|---|
| Carlos es sincero. | Carlos ist aufrichtig. |
| La decisión fue unánime. | Die Entscheidung war einstimmig. |
| El pasaporte ya no era válido. | Der Pass war nicht mehr gültig. |
| Luisa es fiel. | Luisa ist treu. |
| Tu comportamiento no es aceptable. | Dein Verhalten ist nicht hinnehmbar. |
| Esta agua no es potable. | Dieses Wasser ist nicht trinkbar. |
| El tabaco es nocivo para la salud. | Rauchen gefährdet die Gesundheit. |
| Este fruto es pobre en vitaminas. | Diese Frucht ist arm an Vitaminen. |
| Esta traducción no es fácil. | Diese Übersetzung ist nicht leicht. |

3. in dem Ausdruck **ser de** zur Bezeichnung des Besitzes, der Zugehörigkeit, der Herkunft, der Beschaffenheit oder als Frage nach dem Schicksal einer Person oder Sache:

| | |
|---|---|
| Esta moto es de Juan. | Dieses Motorrad gehört Juan. |
| Yo no soy de los que siempre se quejan. | Ich gehöre nicht zu denen, die sich immer beklagen. |
| Mi madre es de Salamanca. | Meine Mutter ist aus Salamanca. |
| La mesa es de madera. | Der Tisch ist aus Holz. |
| ¿Qué será de nuestro hijo? | Was wird aus unserem Sohn werden? |

Merke : *La diferencia es de mil euros.* – Die Differenz beträgt 1000 Euro. *La temperatura es de 20 grados.* – Die Temperatur beträgt 20 Grad.

4. in dem unpersönlichen Ausdruck **es de** + Infinitiv:

| | |
|---|---|
| *Es de suponer que los ministros se pongan de acuerdo.* | Es ist anzunehmen, dass die Minister sich einigen. |

5. bei Zeitangaben:

| | |
|---|---|
| *Es invierno.* | Es ist Winter. |
| *Es Navidad.* | Es ist Weihnachten. |
| *Hoy es miércoles.* | Heute ist Mittwoch. |
| *Hoy es el 15 de octubre.* | Heute ist der 15. Oktober. |
| *¿Qué hora es? – Son las cinco.* | Wie viel Uhr ist es? – Es ist fünf. |

Merke: *Es de día/noche.* – Es ist Tag/Nacht.

6. bei Preisangaben:

| | |
|---|---|
| *Me quedo con esta falda. ¿Cuánto es? – Son treinta euros.* | Ich nehme diesen Rock. Wie viel kostet er? – Er kostet 30 Euro. |

7. bei der Hervorhebung einzelner Satzglieder (vgl. § 284):

| | |
|---|---|
| *Es así como lo tienes que hacer.* | So musst du es machen! |
| *A quien hay que dirigirse es a él.* | An ihn muss man sich wenden! |

8. in der Bedeutung 'stattfinden':

| | |
|---|---|
| *La sesión fue a puerta cerrada.* | Die Sitzung fand unter Ausschluss der Öffentlichkeit statt. |
| *La conferencia será en el Aula Magna.* | Der Vortrag wird in der Aula stattfinden. |

9. in den Einleitungsformeln von Märchen:

| | |
|---|---|
| *Érase/Era una vez un rey que ...* | Es war einmal ein König, der ... |

10. zur Bildung des Passivs (vgl. § 188):

| | |
|---|---|
| *El pueblo fue destruido por un terremoto.* | Das Dorf wurde durch ein Erdbeben zerstört. |
| *El presidente será elegido la semana que viene.* | Der Präsident wird nächste Woche gewählt (werden). |

## 205 Der Gebrauch von *estar*

Das Verb *estar* wird in folgenden Fällen gebraucht:

1. zur Angabe des örtlichen Befindens:

| | |
|---|---|
| *Barcelona está en Cataluña.* | Barcelona liegt in Katalonien. |
| *La estación está a unos quinientos metros de aquí.* | Der Bahnhof ist etwa fünfhundert Meter von hier. |
| *El museo está lejos/cerca de aquí.* | Das Museum ist weit weg von hier/hier in der Nähe. |
| *El pan está en la mesa.* | Das Brot liegt auf dem Tisch. |
| *¿Está Maribel?* | Ist Maribel da? |
| *No estoy para nadie.* | Ich bin für niemanden zu sprechen. |
| *Estamos en casa de Juanita.* | Wir sind bei Juanita. |

2. zur Angabe des gesundheitlichen Befindens:

| | |
|---|---|
| *¿Cómo está Vd.?* | Wie geht es Ihnen? |
| *Hoy estoy mejor.* | Heute geht es mir besser. |
| *Mi hermano está enfermo.* | Mein Bruder ist krank. |

3. zur Angabe des Zustandspassivs (vgl. § 189):

| | |
|---|---|
| *El trabajo está terminado.* | Die Arbeit ist beendet. |
| *Todos los ejemplares ya están vendidos.* | Alle Exemplare sind schon verkauft. |

4. in Verbindung mit Adjektiven, die einen vorübergehenden Zustand bezeichnen:

| | |
|---|---|
| *estar borracho* | betrunken sein |
| *estar contento con/de* | zufrieden sein mit |
| *estar descalzo* | barfuß sein |
| *estar descontento con/de* | unzufrieden sein mit |
| *estar desnudo* | nackt sein |
| *estar dispuesto a* | bereit sein zu |
| *estar enfermo* | krank sein |
| *estar exento de* | frei sein von |
| *estar furioso de u.c./con/contra alg.* | über etw./auf jdn. wütend sein |
| *estar harto de* | überdrüssig sein |
| *estar indispuesto* | unwohl sein |
| *estar lleno de* | voll sein von |
| *estar perplejo* | bestürzt sein |
| *estar solo* | allein sein |
| *estar vacío* | leer sein |

| | |
|---|---|
| *Pablo está enfermo.* | Pablo ist krank. |
| *Estaba desnuda cuando entré.* | Sie war nackt, als ich eintrat. |
| *El vaso está lleno.* | Das Glas ist voll. |
| *Su padre está borracho otra vez.* | Sein/Ihr Vater ist schon wieder betrunken. |
| *Mis padres están dipuestos a ayudarte.* | Meine Eltern sind bereit, dir zu helfen. |
| *Mi mujer no está contenta con esta solución.* | Meine Frau ist mit dieser Lösung nicht zufrieden. |
| *Las botellas estaban vacías.* | Die Flaschen waren leer. |

5. bei den meisten Partizipien, die in der Regel einen vorübergehenden Zustand bezeichnen:

| | |
|---|---|
| *estar abierto* | offen sein |
| *estar afligido por* | betrübt sein wegen |
| *estar acostado* | im Bett liegen |
| *estar asustado* | erschrocken sein |
| *estar autorizado para* | ermächtigt/befugt sein zu |
| *estar cansado de u.c.* | einer Sache müde/überdrüssig sein |
| *estar capacitado para* | befähigt sein zu |
| *estar cerrado* | geschlossen sein |
| *estar consternado* | bestürzt sein |
| *estar conmovido por* | ergriffen sein von |
| *estar convencido de* | überzeugt sein von |
| *estar decepcionado* | enttäuscht sein |
| *estar desanimado* | mutlos sein |
| *estar desesperado* | verzweifelt sein |
| *estar echado* | liegen |
| *estar embarazada* | schwanger sein |
| *estar enamorado de* | verliebt sein in |
| *estar encantado por* | entzückt sein von |
| *estar encargado de* | beauftragt sein mit |
| *estar encinta* | schwanger sein |
| *estar estropeado* | kaputt sein |
| *estar exasperado por* | erbittert sein wegen |
| *estar excitado* | aufgeregt sein |
| *estar experimentado en* | erfahren sein in |
| *estar facultado para* | ermächtigt sein zu |
| *estar herido* | verletzt/verwundet sein |
| *estar irritado por u.c./con/ contra alg.* | wegen etw./gegen jdn. aufgebracht sein |
| *estar levantado* | auf(gestanden) sein |
| *estar ligado a* | verbunden sein mit |

| | |
|---|---|
| *estar mojado* | nass sein |
| *estar ocupado* | belegt/besetzt sein |
| *estar paralizado* | gelähmt sein |
| *estar pensado para* | gedacht sein für |
| *estar preocupado* | besorgt sein/in Sorge sein |
| *estar prohibido* | verboten sein |
| *estar provisto de* | versehen sein mit |
| *estar puesto* | liegen |
| *estar relacionado con* | in Verbindung stehen mit |
| *estar rodeado de* | umgeben sein von |
| *estar roto* | kaputt sein |
| *estar satisfecho con* | zufrieden sein mit |
| *estar situado* | gelegen sein/liegen |
| *estar tumbado* | liegen |
| *estar versado en* | versiert sein in |
| *estar vinculado a* | verknüpft sein mit |

| | |
|---|---|
| *Hoy estoy muy cansado.* | Heute bin ich sehr müde. |
| *Estoy convencido de que no dijo la verdad.* | Ich bin davon überzeugt, dass er/sie nicht die Wahrheit sagte. |
| *Su mujer está embarazada de cinco meses.* | Seine Frau ist im fünften Monat schwanger. |
| *Conchita está enamorada de su profesor.* | Conchita ist in ihren Lehrer verliebt. |
| *Este asiento está ocupado.* | Dieser Platz ist besetzt. |
| *El despertador estaba roto.* | Der Wecker war kaputt. |

6. in Verbindungen mit bestimmten Präpositionen:

| | |
|---|---|
| *¿**A** cuánto está la carne ahora?* | Was kostet jetzt das Fleisch? |
| *La comida está a punto.* | Das Essen ist fertig. |
| *Estamos a/en sábado.* | Wir haben Samstag. |
| *Estamos a cinco de junio.* | Wir haben den 5. Juni. |
| *Estoy **con** dinero.* | Ich habe Geld. |
| *Mi hermana está con fiebre.* | Meine Schwester hat Fieber. |
| *El profesor está **de** pie delante de la clase.* | Der Lehrer steht vor der Klasse. |
| *Estamos de paso.* | Wir sind auf der Durchreise. |
| *Están de compra.* | Sie sind beim Einkaufen. |
| *De momento estoy de camarero.* | Im Augenblick arbeite ich als Kellner. |
| *Estamos **en** primavera.* | Wir haben Frühling. |
| *El arroz está en su punto.* | Der Reis ist gar. |

| | |
|---|---|
| No estoy **para** bromas. | Ich bin nicht zum Scherzen aufgelegt. |
| El tren está para llegar. | Der Zug kommt gleich. |
| Este piso está para alquilar. | Diese Wohnung ist zu vermieten. |
| Yo estoy **por** el Real. | Ich bin für Real Madrid. |
| Yo estoy por ayudarla. | Ich bin dafür, ihr zu helfen. |
| Estoy por decir que ... | Ich möchte beinahe sagen, dass ... |
| Mucho está por hacer. | Viel muss noch getan werden. |
| Estamos **sin** pan. | Wir haben kein Brot. |
| Las camas están sin hacer. | Die Betten sind noch nicht gemacht. |

Anmerkung:  Nur in wenigen Ausdrücken erscheint *estar* in Verbindung mit einem Substantiv (vgl. § 204.1, Anm.).

## Der Gebrauch von *ser/estar* bei bestimmten Adjektiven  206

1. Folgende Adjektive werden mit **ser** verbunden, wenn sie das Wesen einer Person oder eines Gegenstandes beschreiben; sie stehen mit **estar**, wenn eine Aussage gemacht wird, die nur für eine bestimmte Gelegenheit gilt. Die deutsche Entsprechung bleibt in der Regel in beiden Fällen gleich:

| | |
|---|---|
| ser/estar agrio | sauer sein |
| ser/estar alegre | fröhlich sein |
| ser/estar alto | groß/hoch sein |
| ser/estar amable | freundlich sein |
| ser/estar ancho | breit/weit sein |
| ser/estar antipático | unsympathisch sein |
| ser/estar atento | aufmerksam/zuvorkommend sein |
| ser/estar blanco | weiß sein |
| ser/estar celoso | eifersüchtig sein |
| ser/estar ciego | blind sein |
| ser/estar claro | klar sein |
| ser/estar (des)agradable | (un)angenehm sein |
| ser/estar dulce | süß sein |
| ser/estar estrecho | eng sein |
| ser/estar flojo | schwach sein |
| ser/estar fresco | frisch/frech sein |
| ser/estar frío | kalt sein |
| ser/estar fuerte | stark sein |
| ser/estar gordo | dick sein |
| ser/estar grande | groß sein |
| ser/estar gris | grau sein |
| ser/estar guapo | hübsch sein |
| ser/estar hablador | gesprächig sein |

| | |
|---|---|
| ser/estar imposible | unmöglich sein |
| ser/estar inteligente | intelligent sein |
| ser/estar joven | jung sein |
| ser/estar largo | lang sein |
| ser/estar limpio | sauber sein |
| ser/estar libre | frei sein |
| ser/estar miope | kurzsichtig sein |
| ser/estar oscuro | dunkel sein |
| ser/estar orgulloso | stolz sein |
| ser/estar pequeño | klein sein |
| ser/estar perezoso | faul sein |
| ser/estar raro | seltsam/merkwürdig sein |
| ser/estar rojo | rot sein |
| ser/estar serio | ernst sein |
| ser/estar simpático | sympathisch sein |
| ser/estar soltero | ledig/unverheiratet sein |
| ser/estar sucio | schmutzig sein |
| ser/estar terrible | schrecklich sein |
| ser/estar valiente | tapfer sein |
| ser/estar viejo | alt sein |

| | |
|---|---|
| *Juanita es muy guapa.* | Juanita ist sehr hübsch. |
| *¡Qué guapa estás hoy!* | Wie hübsch du heute bist! |
| *Las hijas del señor García son muy inteligentes.* | Die Töchter von Herrn García sind sehr intelligent. |
| *Llevándote así has estado muy inteligente.* | Auf diese Weise hast du dich sehr intelligent benommen. |
| *Las aguas estancadas son sucias.* | Stauwasser ist schmutzig. |
| *El mantel estaba sucio.* | Die Tischdecke war schmutzig. |
| *Mi chaqueta es gris.* | Meine Jacke ist grau. |
| *El cielo está gris.* | Der Himmel ist grau. |
| *Mi hija no es muy habladora.* | Meine Tochter ist nicht sehr gesprächig. |
| *Esta tarde ha estado habladora.* | Heute Nachmittag war sie gesprächig. |
| *Mi jefe es muy amable.* | Mein Chef ist sehr freundlich. |
| *Ayer mi jefe estuvo muy amable conmigo.* | Gestern war mein Chef sehr freundlich zu mir. |
| *Este alumno es terrible.* | Dieser Schüler ist schrecklich. |
| *Desde que Juan ha dejado de fumar está terrible.* | Seitdem Juan mit dem Rauchen aufgehört hat, ist er schrecklich. |
| *Estos pantalones son anchos.* | Diese Hose ist weit. |
| *Estos pantalones me están muy anchos.* | Diese Hose ist mir zu weit. |

2. Bei den folgenden Adjektiven ergibt sich ein deutlicher Bedeutungsunterschied, der sich auf die Übersetzung ins Deutsche auswirkt:

| | |
|---|---|
| ser bueno | gut sein |
| estar bueno | gesund sein |
| ser católico | katholisch sein |
| (no) estar católico | (nicht) einwandfrei sein (Fleisch) |
| ser cojo | hinken/lahm sein (von Geburt) |
| estar cojo | gelähmt sein (infolge eines Unfalls)/ wackeln (Tisch) |
| ser consciente | gewissenhaft/sich bewusst sein |
| estar consciente | bei Bewusstsein sein |
| ser decente | anständig sein |
| estar decente | anständig aussehen |
| ser despierto | aufgeweckt sein |
| estar despierto | wach sein |
| ser listo | schlau sein |
| estar listo | fertig/bereit sein |
| ser molesto | lästig/beschwerlich sein |
| estar molesto | peinlich berührt/verlegen sein |
| ser negro | schwarz sein |
| estar negro de rabia | außer sich sein vor Wut |
| ser nuevo | neu sein |
| estar nuevo | (wie) neu sein |
| ser rico | reich sein |
| estar rico | köstlich schmecken |
| ser seguro de sí mismo | selbstsicher sein |
| estar seguro de u.c. | sich einer Sache sicher sein |
| ser verde | grün/schlüpfrig sein (Witz) |
| estar verde | unfertig/unreif sein |
| ser violento | heftig/ungestüm/gewalttätig sein |
| estar violento | sich gehemmt fühlen |
| ser vivo | schlau/gerissen/lebhaft sein |
| estar vivo | lebendig/am Leben sein |

| | |
|---|---|
| La gran mayoría de los españoles son católicos. | Die große Mehrheit der Spanier ist katholisch. |
| Esta carne no está católica. | Dieses Fleisch ist nicht einwandfrei. |
| Este chico es cojo de nacimiento. | Dieser Junge hinkt von Geburt an. |
| Esta chica está coja desde el accidente. | Dieses Mädchen ist seit dem Unfall gelähmt. |
| Tu amigo es muy listo. | Dein Freund ist sehr schlau. |
| La traducción tiene que estar lista el viernes a más tardar. | Die Übersetzung muss spätestens am Freitag fertig sein. |

| | |
|---|---|
| *Esta moto es nueva.* | Dieses Motorrad ist neu. |
| *Este coche está nuevo.* | Dieses Auto ist wie neu. |
| *No somos ricos.* | Wir sind nicht reich. |
| *La tarta está muy rica.* | Die Torte schmeckt köstlich. |
| *Ese tío es muy vivo.* | Dieser Kerl ist sehr gerissen. |
| *Estaba más muerta que viva.* | Sie war mehr tot als lebendig. |

Anmerkung: Bei *ser malo/estar malo* wird je nach Kontext unterschiedlich übersetzt: *Fumar es malo para la salud.* – Rauchen ist schlecht für die Gesundheit. *Este chico es muy malo.* – Dieser Junge ist sehr ungezogen. *La leche está mala.* – Die Milch ist sauer.

## 207 Der Gebrauch von *ser/estar* bei bestimmten Partizipien

1. Folgende Partizipien werden mit *ser* verbunden, wenn sie das Wesen einer Person oder eines Gegenstandes beschreiben; sie stehen mit *estar*, wenn eine Aussage gemacht wird, die nur für eine bestimmte Gelegenheit gilt. Die deutsche Entsprechung bleibt in der Regel in beiden Fällen gleich:

| | |
|---|---|
| *ser/estar abierto* | offen sein |
| *ser/estar agradecido* | dankbar sein |
| *ser/estar aplicado* | fleißig sein |
| *ser/estar decidido* | entschlossen sein |
| *ser/estar despistado* | zerstreut sein |
| *ser/estar equilibrado* | ausgeglichen sein |

| | |
|---|---|
| *Manuel es muy abierto.* | Manuel ist sehr offen. |
| *La puerta está abierta.* | Die Tür ist offen. |
| *Estas rosas son agradecidas.* | Diese Rosen sind dankbar. |
| *Te estoy muy agradecido por tu ayuda.* | Ich bin dir für deine Hilfe sehr dankbar. |
| *En mi opinión ese ministro no es lo suficiente decidido.* | Meiner Meinung nach ist dieser Minister nicht entschlossen genug. |
| *Estamos decididos a vender la casa.* | Wir sind entschlossen, das Haus zu verkaufen. |

Anmerkung: Es heißt ohne Unterschied *ser* oder *estar casado* 'verheiratet sein'. Man sagt aber nur *estar casado con alg.* 'mit jdm. verheiratet sein'.

2. Bei den folgenden Partizipien ergibt sich ein deutlicher Bedeutungsunterschied, der sich auf die Übersetzung ins Deutsche auswirkt:

| | |
|---|---|
| *ser abandonado* | nachlässig/schlampig sein |
| *estar abandonado* | vernachlässigt/ungepflegt sein |
| *ser aburrido* | langweilig sein |
| *estar aburrido* | sich langweilen |

| | |
|---|---|
| ser callado | schweigsam sein |
| estar callado | nichts sagen |
| ser cansado | anstrengend/ermüdend sein |
| estar cansado | müde sein |
| ser considerado | rücksichtsvoll sein |
| estar considerado | angesehen sein |
| ser cumplido | höflich/verlässlich sein |
| estar cumplido | vollendet sein |
| ser desenvuelto | ungezwungen/unbefangen sein |
| estar desenvuelto | ausgewickelt/ausgepackt sein |
| ser dispuesto para | begabt/fähig sein für |
| estar dispuesto a | bereit sein zu |
| ser divertido | lustig/unterhaltsam sein |
| estar divertido | in guter Stimmung sein |
| ser interesado | selbstsüchtig/gewinnsüchtig sein |
| estar interesado en u.c. | an etw. interessiert/beteiligt sein |
| ser leído | belesen sein |
| estar leído | gelesen werden |
| ser parado | schüchtern sein |
| estar parado | arbeitslos sein |
| ser pesado | lästig/aufdringlich sein |
| estar pesado | auf die Nerven gehen |

| | |
|---|---|
| Este chico es muy abandonado. | Dieser Junge ist sehr schlampig. |
| Este jardín está abandonado. | Dieser Garten ist ungepflegt. |
| Esta película es aburrida. | Dieser Film ist langweilig. |
| Estamos aburridos. | Es ist uns langweilig. |
| El viaje fue bastante cansado. | Die Reise war ziemlich anstrengend. |
| Hoy estoy muy cansado. | Heute bin ich sehr müde. |
| Mi jefe es muy interesado. | Mein Chef ist sehr selbstsüchtig. |
| Estamos interesados en esta oferta. | Wir sind an diesem Angebot interessiert. |
| El novio de Carmen es parado. | Carmens Freund ist schüchtern. |
| Mi marido está parado desde hace un año. | Mein Mann ist seit einem Jahr arbeitslos. |

## Der Gebrauch von *hay* 208

Dt. 'es ist/es sind/es gibt' wird mit der 3. Pers. Sing. des Verbs *haber* wiedergegeben (zu den Formen vgl. § 160). Im Indikativ Präsens lautet die Form *hay*. Die entsprechenden Formen werden verwendet

1. vor Substantiven mit unbestimmtem Artikel oder ohne Artikel:

| | |
|---|---|
| *En la bolsa hay una toalla.* | In der Tasche ist ein Handtuch. |
| *En muchos países no hay justicia social.* | In vielen Ländern gibt es keine soziale Gerechtigkeit. |
| *En este barrio no hay hoteles.* | In diesem Viertel gibt es/sind keine Hotels. |

Aber: *En la bolsa está el peine de Carmen.* – In der Tasche ist Carmens Kamm.

2. vor Indefinita:

| | |
|---|---|
| *En aquel país hay mucha violencia.* | In jenem Land gibt es viel Gewalt. |
| *Aquí hay poca industria.* | Hier gibt es/ist wenig Industrie. |
| *Había mucha gente.* | Es waren viele Leute da. |
| *En nuestra clase hay unos alumnos que están flojos en latín.* | In unserer Klasse gibt es/sind einige Schüler, die in Latein schwach sind. |
| *¿Hay algo para beber?* | Ist etwas zu trinken/zum Trinken da? |

3. vor Zahlen:

| | |
|---|---|
| *En el curso de alemán hay cinco italianos.* | Im Deutschkurs sind fünf Italiener. |

Zum Gebrauch von *hay que* vgl. §§ 223.3, 231.6

# Kapitel 18 Die Partizipien (Los participios)

Im Spanischen gibt es zwei Partizipien, das Partizip Perfekt und das Partizip Präsens. Während das Partizip Präsens nur noch eingeschränkt verwendet wird, dient das Partizip Perfekt zur Bildung der zusammengesetzten Verbformen (vgl. § 161) und des Passivs (vgl. § 163). In der geschriebenen Sprache wird es zur Verkürzung von Relativsätzen und Adverbialsätzen gebraucht. Einige Formen des Partizip Perfekt und des Partizip Präsens haben sich zu Substantiven, Adjektiven, Präpositionen und Konjunktionen entwickelt (vgl. §§ 210.2,3, 213.1). Zu Verbalperiphrasen mit dem Partizip Perfekt vgl. §§ 232, 233.

## Das Partizip Perfekt (el participio pasado)

### Die Bildung des Partizip Perfekt    209

1. Die Verben auf *-ar* bilden das Partizip Perfekt auf *-ado*, die Verben auf *-er* und *-ir* bilden das Partizip Perfekt auf *-ido*:

| | | | |
|---|---|---|---|
| *trabajar* | arbeiten | *trabajado* | gearbeitet |
| *comer* | essen | *comido* | gegessen |
| *leer* | lesen | *leído* | gelesen |
| *caer* | fallen | *caído* | gefallen |
| *construir* | bauen | *construido* | gebaut |
| *salir* | hinausgehen | *salido* | hinausgegangen |

Zur Akzentsetzung vgl. § 4.2, Anm. 2

2. Unregelmäßig sind die Partizipien folgender Verben und ihrer Komposita (mit den Endungen *-to, -so, -cho*):

| | | |
|---|---|---|
| *abrir* | öffnen | *abierto* |
| *absolver* | freisprechen | *absuelto* |
| *cubrir* | (zu)decken | *cubierto* |
| *decir* | sagen | *dicho* |
| *descubrir* | entdecken | *descubierto* |
| *desenvolver* | auswickeln/entwickeln | *desenvuelto* |
| *devolver* | zurückgeben | *devuelto* |
| *disolver* | auflösen | *disuelto* |
| *envolver* | einwickeln | *envuelto* |
| *escribir* | schreiben | *escrito* |
| *freír* | braten | *frito* |
| *hacer* | machen | *hecho* |

| | | |
|---|---|---|
| *imprimir* | drucken | *impreso* |
| *morir* | sterben | *muerto* |
| *poner* | setzen/stellen/legen | *puesto* |
| *prender* | festnehmen | *preso* |
| *proveer (de)* | versehen (mit) | *provisto* |
| *resolver* | beschließen/lösen | *resuelto* |
| *romper* | (zer)brechen | *roto* |
| *ver* | sehen | *visto* |
| *volver* | zurückkehren | *vuelto* |

Anmerkung 1: Die Verben *freír, proveer, prender* und *imprimir* weisen auch ein regelmäßiges Partizip auf: *freído, proveído, prendido, imprimido*.

Anmerkung 2: Das Partizip *muerto* wird häufig anstelle von *matado* verwendet: *Le han muerto.* – Man hat ihn umgebracht.

3. Einige Verben weisen zwei Partizipien auf, ein regelmäßiges, das zur Bildung der zusammengesetzten Formen und des Passivs gebraucht wird, und ein unregelmäßiges, das nur adjektivische Funktion hat:

| | | | | |
|---|---|---|---|---|
| *abstraer* | abstrahieren | *abstraído* | *abstracto* | abstrakt |
| *atender* | beachten | *atendido* | *atento* | aufmerksam |
| *bendecir* | segnen | *bendecido* | *bendito* | gesegnet/geweiht/heilig |
| *concluir* | abschließen | *concluido* | *concluso* | abgeschlossen |
| *confesar* | gestehen | *confesado* | *confeso* | geständig |
| *confundir* | verwechseln | *confundido* | *confuso* | unklar/verwirrt |
| *contundir* | (zer)quetschen | *contundido* | *contuso* | verletzt |
| *convencer* | überzeugen | *convencido* | *convicto* | überführt |
| *convertir* | verwandeln/bekehren | *convertido* | *converso* | bekehrt |
| *corregir* | verbessern | *corregido* | *correcto* | richtig |
| *corromper* | verderben | *corrompido* | *corrupto* | korrupt |
| *difundir* | verbreiten | *difundido* | *difuso* | verschwommen |
| *elegir* | wählen | *elegido* | *electo* | gewählt (noch nicht im Amt) |
| *enjugar* | (ab)trocknen | *enjugado* | *enjuto* | trocken/hager |
| *eximir* | entheben | *eximido* | *exento de* | frei von |
| *expeler* | vertreiben | *expelido* | *expulso* | vertrieben |
| *expresar* | ausdrücken | *expresado* | *expreso* | ausdrücklich |
| *extender* | ausbreiten | *extendido* | *extenso* | ausgedehnt |
| *extinguir* | (aus)löschen | *extinguido* | *extinto* | erloschen |
| *fijar* | befestigen | *fijado* | *fijo* | fest/sicher |
| *hartar* | (über)sättigen | *hartado* | *harto* | satt/überdrüssig |

| | | | | |
|---|---|---|---|---|
| *incluir* | einschließen | *incluido* | *incluso* | eingeschlossen/beiliegend |
| *infundir* | einflößen | *infundido* | *infuso* | eingegossen/angeboren |
| *insertar* | einfügen | *insertado* | *inserto* | eingerückt/eingewachsen |
| *invertir* | umkehren/investieren | *invertido* | *inverso* | umgekehrt |
| *juntar* | verbinden | *juntado* | *junto* | vereint/gefaltet |
| *maldecir* | (ver)fluchen | *maldecido* | *maldito* | verflucht |
| *manifestar* | offenbaren | *manifestado* | *manifiesto* | offenkundig |
| *nacer* | geboren werden | *nacido* | *nato* | geboren [fig.] |
| *poseer* | besitzen | *poseído* | *poseso* | besessen |
| *presumir* | vermuten | *presumido* | *presunto* | mutmaßlich |
| *propender* | neigen | *propendido* | *propenso* | geneigt/bereit |
| *recluir* | einschließen | *recluido* | *recluso* | eingeschlossen |
| *salvar* | retten | *salvado* | *salvo* | unbeschädigt |
| *soltar* | losmachen | *soltado* | *suelto* | lose/losgelöst/flink/flüssig |
| *sujetar* | unterwerfen | *sujetado* | *sujeto* | unterworfen |
| *suspender* | aufhängen/unterbrechen | *suspendido* | *suspenso* | unschlüssig/erstaunt |
| *teñir* | färben | *teñido* | *tinto* | gefärbt/rot |
| *torcer* | (ver)drehen | *torcido* | *tuerto* | krumm/schief/einäugig |

Merke: *vino tinto* Rotwein

### Der Gebrauch des Partizip Perfekt  **210**

1. das Partizip Perfekt wird zur Bildung der zusammengesetzten Verbformen (vgl. § 161) und des Passivs (vgl. § 163) gebraucht:

| | |
|---|---|
| Hoy he trabajado mucho. | Heute habe ich viel gearbeitet. |
| El tren ha llegado ya. | Der Zug ist schon angekommen. |
| El puente fue construido por los romanos. | Die Brücke wurde von den Römern gebaut. |

2. Einige Partizipien werden als Adjektive (mit aktiver bzw. passiver Bedeutung) oder als Substantive gebraucht:

| | |
|---|---|
| ser leído | belesen sein |
| estar bebido | beschwipst sein |
| llegar comido | nach dem Essen kommen |

| | |
|---|---|
| *ser mal pensado* | immer das Schlechteste denken |
| *los heridos* | die Verletzten |
| *lo sucedido* | das Geschehnis/der Vorfall |

Anmerkung 1: Deutsche zusammengesetzte Substantive werden im Spanischen gelegentlich durch ein Substantiv + Partizip Perfekt wiedergegeben: die Vorauszahlung *el pago adelantado* (vgl. § 309.1).

Anmerkung 2: In Verbindung mit dem Verb *morir* drückt das Partizip Perfekt die Todesart aus: *morir ahogado* (= *ahogarse*) ertrinken, *morir asfixiado* (= *asfixiarse*) ersticken, *morir envenenado* vergiftet werden, *morir ahorcado* gehenkt werden, *morir fusilado* standrechtlich erschossen werden.

Merke: die sogenannten Verben der Bewegung *los llamados verbos de movimiento,* die sogenannten Risikosportarten *los llamados deportes de riesgo,* deine sogenannten Freunde *tus supuestos amigos*

3. Einige Partizipien sind zu Präpositionen oder Konjunktionen geworden:

| | |
|---|---|
| *dado que* | weil |
| *dada la lluvia* | wegen des Regens |
| *visto que* | in Anbetracht dessen, dass/da ja |
| *debido al mal tiempo* | infolge des schlechten Wetters |

## 211 Partizipialkonstruktionen zur Verkürzung von Nebensätzen

Das Partizip Perfekt kann zur Verkürzung von Nebensätzen gebraucht werden. Dabei stimmt es in Genus und Numerus mit seinem Beziehungswort überein. Zur Verdeutlichung der Beziehung zwischen verkürztem Nebensatz und Hauptsatz können dem Partizip Konjunktionen vorausgehen. Es sind zwei Konstruktionen zu unterscheiden:

1. die **verbundene Partizipialkonstruktion** (construcción conjunta), bei der sich das Partizip auf ein Substantiv des Hauptsatzes bezieht:

| | |
|---|---|
| *No me gustaría vivir en un país gobernado por un dictador.* | Ich würde nicht gern in einem Land leben, das von einem Diktator regiert wird. |
| *En una conferencia de prensa celebrada en la capital jordana el ministro dijo que ...* | Auf einer Pressekonferenz, die in der jordanischen Hauptstadt abgehalten wurde, sagte der Minister, ... |
| *El delantero centro, aunque herido, ha jugado muy bien.* | Der Mittelstürmer hat, obwohl er verletzt war, sehr gut gespielt. |
| *Una vez regresados a casa, empezaron por tomar una taza de café.* | Nachdem sie nach Hause zurückgekehrt waren, tranken sie zuerst einmal eine Tasse Kaffee. |

**Anmerkung:** Zuweilen kann im Deutschen das Partizip Perfekt entfallen: *un mosaico hecho por Miró* ein Mosaik von Miró, *un hijo habido de su relación con* ein Sohn aus seiner/ihrer Verbindung mit, *textos tomados de la prensa diaria* Texte aus der Tagespresse.

2. die **absolute Partizipialkonstruktion** (construcción absoluta), bei der sich das Partizip auf ein Substantiv bezieht, das nicht zum Hauptsatz gehört. Bei dieser Konstruktion steht das Partizip meist vor dem Substantiv, auf das es sich bezieht:

| | |
|---|---|
| *Terminados sus estudios en Francia, José volvió a España.* | Nachdem José sein Studium in Frankreich abgeschlossen hatte, kehrte er nach Spanien zurück. |
| *Llegado el invierno, no me gusta salir de casa.* | Wenn der Winter gekommen ist, gehe ich nicht gern aus dem Haus. |
| *Después de muerta la madre, Luis se trasladó a Sevilla.* | Nachdem seine Mutter gestorben war, zog Luis nach Sevilla. |
| *Apenas reunida la asamblea, se produjo la primera controversia.* | Kaum war die Versammlung zusammengetreten, da kam es zur ersten Auseinandersetzung. |
| *Antes de traducido el contrato, no podemos tomar una decisión.* | Bevor der Vertrag nicht übersetzt ist, können wir keinen Beschluss fassen. |

Anmerkung 1: Bei modalem Gebrauch kann das absolute Partizip dem Substantiv folgen: *Los jóvenes andaban, las manos metidas en los bolsillos, paseando por la calle.* – Die Jugendlichen schlenderten mit den Händen in den Hosentaschen durch die Straße.
Anmerkung 2: Man beachte, dass an das Partizip Perfekt kein Pronomen angehängt wird: nicht *\*Apenas reunídase la asamblea ...*
Anmerkung 3: Literarisch ist die Konstruktion Partizip Perfekt + *que* + persönliche Verbform zur Angabe der Vorzeitigkeit: *Llegado que hubo a París, ...* Sobald er/sie in Paris angekommen war, ...

## Wendungen mit dem Partizip Perfekt

| | |
|---|---|
| *mejor dicho* | besser gesagt |
| *dicho y hecho* | gesagt, getan |
| *bien parecido* | gut aussehend |
| *ir todo seguido* | immer geradeaus gehen |
| *¡Prohibido fumar!* | Rauchen verboten! |
| *Agotadas las localidades* | Ausverkauft (Theater) |
| *¡Preparados, listos, ya!* | Auf die Plätze, fertig, los! |
| *tomar u.c. prestada* | sich etw. ausleihen |
| *abstracción hecha de* | abgesehen von |

| | |
|---|---|
| *diez días seguidos* | zehn Tage hintereinander |
| *en resumidas cuentas* | kurz und gut/zusammengefasst |
| *con gracias anticipadas* (Brief) | vielen Dank im Voraus |
| *Del dicho al hecho hay mucho trecho.* | Gesagt ist noch lange nicht getan. |

In einigen Wendungen bedient sich das Spanische im Gegensatz zum Deutschen anderer Konstruktionen:

| | |
|---|---|
| abgesehen davon, dass | *prescindiendo del hecho de que* |
| angenommen, dass | *suponiendo que* + subj. |
| wenn es nicht zuviel verlangt ist | *si no es pedir mucho* |
| halb angezogen | *a medio vestir* |
| Das ist leicht gesagt. | *Eso se dice fácil/pronto.* |
| ehrlich gesagt | *a decir verdad* |
| genau genommen | *mirándolo bien/si bien se mira* |
| ein bezahlter Killer | *un asesino a sueldo* |

**Das Partizip Präsens** (el participio de presente)

## 213 Der Gebrauch des Partizip Präsens

1. Das Partizip Präsens ist im modernen Spanisch nicht mehr lebendig. Es wird nur noch in wenigen Fällen verwendet.

Einige Partizipien haben sich zu Adjektiven, Substantiven oder Präpositionen entwickelt.

- Zu Adjektiven sind geworden:

| | |
|---|---|
| *el calor agobiante* | die drückende Hitze |
| *el mes corriente* | der laufende Monat |
| *el sustantivo correspondiente* | das entsprechende Substantiv |
| *al día siguiente* | am folgenden Tag |
| *una mayoría aplastante* | eine überwältigende Mehrheit |
| *el sol naciente* | die aufgehende Sonne |
| *la luna creciente/menguante* | der zu-/abnehmende Mond |

Anmerkung: Zu beachten ist, dass das Reflexivpronomen beim Partizip entfällt: *El sol se pone.* – Die Sonne geht unter. Aber: *el sol poniente* die untergehende Sonne.

- Zu Substantiven sind geworden:

| | |
|---|---|
| *los habitantes* | die Einwohner |
| *el/la principiante* | der/die Anfänger(in) |
| *el/la oyente* | der/die Zuhörer(in) |
| *el/la remitente* | der/die Absender(in) |
| *el calmante* | das schmerzstillende Mittel |
| *el/la acompañante* | der/die Begleiter(in) |
| *el/la estudiante* | der Student/die Studentin |
| *el componente* | der Bestandteil/das Mitglied |
| *el/la manifestante* | der Demonstrant/ die Demonstrantin |

Anmerkung: Zum Teil haben die femininen Substantive eine eigene Form: *el dependiente/la dependienta* der Verkäufer/die Verkäuferin (im Laden), *el sirviente/la sirvienta* der Diener/die Dienerin (vgl. § 13.2).

Merke: der Konsument *el consumidor,* der Produzent *el productor,* der Spekulant *el especulador,* der Simulant *el simulador,* der Interessent *el interesado,* der Abonnent *el abonado*

- Als Präpositionen werden gebraucht:

| | |
|---|---|
| *durante las vacaciones* | während der Ferien |
| *mediante un intérprete* | mittels eines Dolmetschers |
| *no obstante su riqueza* | trotz seines/ihres Reichtums |

2. In einigen Fällen kann es zur Verkürzung eines Relativsatzes dienen (Schriftsprache und Amtsstil):

| | |
|---|---|
| *los viajeros procedentes de Francia* | die aus Frankreich kommenden Reisenden |
| *palabras pertenecientes a la misma familia* | Wörter, die zu derselben Wortfamilie gehören |
| *los extranjeros residentes en el país* | die im Land wohnenden Ausländer |
| *los alumnos participantes en el curso de francés* | die am Französischkurs teilnehmenden Schüler |
| *la abundante bibliografía existente sobre el tema* | die sehr reiche Bibliographie, die es zu diesem Thema gibt |
| *el tren proveniente de Madrid* | der Zug aus Madrid |

# 214 Unterschiedliche Wiedergabe des deutschen Partizip Präsens im Spanischen

Oft wird das deutsche Partizip Präsens im Spanischen durch eine andere Konstruktion wiedergegeben, nämlich durch

1. einen Relativsatz:

| | |
|---|---|
| der kommende Monat | el mes que viene/el próximo mes |
| eine weinende Frau | una mujer que llora |
| lachende Kinder | niños que ríen |
| von einer erschreckenden Einfältigkeit sein | ser de una simpleza que asusta |

2. einen präpositionalen Ausdruck:

| | |
|---|---|
| das betreffende Werk | la obra en cuestión |
| ein brennendes Gebäude | un edificio en llamas |
| der fahrende Zug | el tren en marcha |
| halb weinend, halb lachend | entre llanto(s) y risa(s) |
| die spanischsprachigen Länder | los países de habla española/ hispanohablantes/hispanoparlantes |

3. ein Partizip Perfekt:

| | |
|---|---|
| eine brennende Kerze | una vela encendida |
| das am Tisch sitzende Mädchen | la niña sentada a la mesa |
| die auf -tor ausgehenden Wörter | las palabras terminadas en «-tor» |
| mit a beginnende Wendungen | locuciones comenzadas por «a» |
| die vergleichende Sprachwissenschaft | la lingüística comparada |

4. ein Gerundium:

| | |
|---|---|
| Er sagte mir lächelnd, dass ... | Me djo sonriendo que ... |
| Sie entfernten sich weinend. | Se alejaron llorando. |

Merke: *agua hirviendo* kochendes Wasser, *velas ardiendo* brennende Kerzen

5. ein Adjektiv, das meist auf **-dor/-tor** endet:

| | |
|---|---|
| ein drohender Blick | una mirada amenazadora |
| ein vielversprechendes Kind | un niño prometedor |
| ein überwältigender Sieg | una victoria abrumadora |
| ein ohrenbetäubender Lärm | un ruido ensordecedor |

| | |
|---|---|
| der tosende Beifall | el aplauso atronador |
| ein anstrengender Tag | un día agotador |
| die Erdöl produzierenden Länder | los países productores de petróleo |
| ein befriedigendes Ergebnis | un resultado satisfactorio |
| die arbeitende Bevölkerung | la población activa |
| eine krebserregende Substanz | una sustancia cancerígena |
| nicht rostender Stahl | acero inoxidable |
| eine allein erziehende Mutter | una madre soltera/sola |

6. ein Adverb oder eine adverbiale Wendung:

| | |
|---|---|
| mit heraushängender Zunge | con la lengua afuera |
| schwimmend überqueren | pasar a nado |
| fließend lesen | leer de corrido |
| tastend | a tientas |
| die Dienst habende Apotheke | la farmacia de turno/servicio |
| postlagernd | en lista de correos |
| das aufnehmende Land | el país de acogida |
| Er sagte es, wohl wissend, dass es nicht stimmte. | Lo dijo a sabiendas de que no era verdad. |

7. *que hay que* + Inf. bzw. *a* + Infinitiv bei passivischem Sinn, der eine Verpflichtung beinhaltet:

| | |
|---|---|
| die zu ergreifenden Maßnahmen | las medidas que hay que tomar |
| der zu übersetzende Text | el texto que hay que traducir |
| die einzuhaltenden Normen | las normas a cumplir |

Anmerkung: Die Adjektive *fácil* und *difícil* verlangen *de*: *un problema fácil/difícil de resolver* ein leicht/schwer zu lösendes Problem.

8. ein Substantiv:

| | |
|---|---|
| die zunehmende Arbeitslosigkeit | el aumento del paro |
| der abnehmende Tabakkonsum | la disminución del consumo de tabaco |

## Kapitel 19  Das Gerundium (El gerundio)

Das Gerundium (gerundio) ist eine unveränderliche infinite Verbform, die adverbiale Funktion erfüllt und zur Verkürzung von Adverbialsätzen sowie zur Bildung von Verbalperiphrasen (vgl. § 234) verwendet wird. Es gibt zwei Formen des Gerundiums, das einfache Gerundium (gerundio simple, vgl. § 215.1) und das zusammengesetzte Gerundium (gerundio compuesto, vgl. § 215.3).

## 215 Die Bildung des Gerundiums

1. Die Verben auf *-ar* bilden das *gerundio* auf *-ando*, diejenigen auf *-er* und *-ir* bilden es auf *-iendo*:

| | | |
|---|---|---|
| *trabajar* | arbeiten | *trabajando* |
| *comer* | essen | *comiendo* |
| *escribir* | schreiben | *escribiendo* |

Anmerkung 1: Zwischenvokalisches *-i-* wird zu *-y-*: *construir* bauen – *construyendo, leer* lesen – *leyendo, traer* (her)bringen – *trayendo, oír* hören – *oyendo, caer* fallen – *cayendo*; nach ñ und *ll* fällt *i* weg: *gruñir* grunzen – *gruñendo, bullir* sieden – *bullendo*; beachte auch: *ir* gehen – *yendo*.

Anmerkung 2: Einige Gerundiumformen können in familiärer Ausdrucksweise ein Diminutivsuffix annehmen (besonders in Lateinamerika), z.B: *callandito* ganz leise/sachte.

2. Folgende Verben und ihre Komposita (vgl. auch § 159.1) bilden ein unregelmäßiges Gerundium, wobei im Verbstamm *e* zu *i* bzw. *o* zu *u* wird:

| | | |
|---|---|---|
| *competir* | konkurrieren | *compitiendo* |
| *concebir* | begreifen | *concibiendo* |
| *decir* | sagen | *diciendo* |
| *derretir* | schmelzen | *derritiendo* |
| *divertirse* | sich vergnügen | *divirtiéndose* |
| *dormir* | schlafen | *durmiendo* |
| *elegir* | wählen (zu) | *eligiendo* |
| *embestir* | anfallen | *embistiendo* |
| *erguir* | aufrichten | *irguiendo* |
| *freír* | braten | *friendo* |
| *gemir* | seufzen | *gimiendo* |
| *herir* | verletzen | *hiriendo* |
| *medir* | messen | *midiendo* |
| *morir* | sterben | *muriendo* |
| *pedir* | bitten | *pidiendo* |

| | | |
|---|---|---|
| *poder* | können | *pudiendo* |
| *regir* | leiten/regieren | *rigiendo* |
| *reír* | lachen | *riendo* |
| *rendir* | erstatten/leisten | *rindiendo* |
| *reñir* | ausschelten | *riñendo* |
| *repetir* | wiederholen | *repitiendo* |
| *seguir* | folgen | *siguiendo* |
| *sentir* | fühlen | *sintiendo* |
| *servir* | dienen | *sirviendo* |
| *teñir* | färben | *tiñendo* |
| *venir* | kommen | *viniendo* |
| *vestir* | anziehen | *vistiendo* |

3. In der Schriftsprache findet sich auch ein zusammengesetztes Gerundium (gerundio compuesto), das Vorzeitigkeit ausdrückt. Es wird mit dem *gerundio* von *haber* + Partizip Perfekt gebildet und nur temporal oder kausal gebraucht (vgl. § 217.1,2).

## Der Gebrauch des Gerundiums

### Das Gerundium in adverbialer Funktion 216

Das *gerundio* drückt die Art und Weise aus, wie sich ein Vorgang vollzieht. Es antwortet auf die Frage: wie? In der Regel steht das Gerundium nach dem finiten Verb:

| | |
|---|---|
| Vino corriendo. | Er/Sie kam angerannt. |
| Voy andando | Ich gehe zu Fuß. |
| Ella salió llorando. | Sie ging weinend hinaus. |
| Me lo dijo sonriendo. | Er/Sie sagte es mir lächelnd. |
| El tiempo pasa/se va volando. | Die Zeit vergeht im Flug. |
| Tu hermano no se mata trabajando. | Dein Bruder arbeitet sich nicht zu Tode/reißt sich kein Bein aus. |

### Die Verkürzung von Adverbialsätzen durch das Gerundium 217

Das *gerundio* wird vor allem zur Verkürzung von Adverbialsätzen verwendet. Dabei ist eine eindeutige Bestimmung der Funktion des Gerundiums nicht immer möglich. Meistens ist das Subjekt des Gerundiums mit dem Subjekt des Hauptsatzes identisch (gerundio concertado). Der *gerundio*-Satz kann jedoch auch ein eigenes Subjekt haben (gerundio absoluto, vgl. § 218):

1. Temporale Beziehung (vgl. § 263):

| | |
|---|---|
| *Viniendo para aquí, vi un accidente en la carretera.* | Auf dem Herweg sah ich einen Unfall auf der Landstraße. |
| *Saliendo del teatro, me encontré con mi antiguo profesor de latín.* | Als ich aus dem Theater kam, traf ich meinen ehemaligen Lateinlehrer. |
| *Habiendo jugado diez años en el mismo club, decidí cambiar.* | Nachdem ich zehn Jahre bei demselben Verein gespielt hatte, beschloss ich zu wechseln |

Anmerkung: Um die unmittelbare Vorzeitigkeit zu betonen, kann in der Schriftsprache dem *gerundio* die Präposition *en* vorangestellt werden: *En despidiéndose de su madre se fue a la escuela.* – Er verabschiedete sich von seiner Mutter und ging in die Schule.

2. Kausale Beziehung (vgl. § 264):

| | |
|---|---|
| *Estando enfermo, no pude terminar el trabajo.* | Da ich krank war, konnte ich die Arbeit nicht beenden. |
| *Teniendo miedo, el chico se fue corriendo.* | Da der Junge Angst hatte, lief er davon. |
| *Habiendo olvidado mi pasaporte, tuve que regresar.* | Da ich meinen Pass vergessen hatte, musste ich umkehren. |
| *No sabiendo qué contestar, se marchó.* | Da er nicht wusste, was er antworten sollte, ging er weg. |

3. Modale Beziehung:

| | |
|---|---|
| *Pasé todo el día estudiando.* | Ich verbrachte den ganzen Tag mit Lernen. |
| *Gané mucho trabajando duro.* | Ich verdiente viel Geld dadurch, dass ich hart arbeitete. |
| *Enseñando nunca te harás rico.* | Durch Unterrichten wirst du niemals reich. |
| *Manuel se gana la vida dando clases particulares.* | Manuel verdient seinen Lebensunterhalt mit Nachhilfestunden. |
| *Escribiendo muy de prisa he hecho muchas faltas.* | Dadurch dass ich sehr schnell geschrieben habe, habe ich viele Fehler gemacht. |

Anmerkung: Verbverbindungen wie 'hinausrennen, hinaufrennen, angerannt kommen' werden im Spanischen wie folgt wiedergegeben: *salir corriendo, subir corriendo, llegar corriendo;* die Nacht durcharbeiten *pasar la noche trabajando.*

4. Konditionale Beziehung (vgl. §§ 268, 187):

| | |
|---|---|
| Tomando el tren de las seis, llegaremos hacia las diez. | Wenn wir den Sechs-Uhr-Zug nehmen, werden wir gegen zehn Uhr ankommen. |
| Tomando el tren de las seis, habríamos llegado hacia las diez. | Wenn wir den Sechs-Uhr-Zug genommen hätten, wären wir gegen zehn Uhr angekommen. |
| Comportándote de ese modo, no vas a conseguir nada. | Wenn du dich so verhältst, wirst du nichts erreichen. |

5. Konzessive Beziehung (meist mit vorausgehendem *aun*, vgl. § 267):

| | |
|---|---|
| Aun teniendo mucho dinero, no compraría ese coche. | Selbst wenn ich viel Geld hätte, würde ich dieses Auto nicht kaufen. |
| Aun sabiéndolo, yo no te lo diría. | Selbst wenn ich es wüsste, würde ich es dir nicht sagen. |
| Estando reñidos, todavía nos hablamos. | Obwohl wir Streit haben, sprechen wir noch miteinander. |

6. *Como* + *gerundio* kann einen mit *como si* eingeleiteten hypothetischen Vergleichssatz ersetzen (vgl. § 140.3, Anm.):

| | |
|---|---|
| El perro me miró como disculpándose. | Der Hund schaute mich an, als ob er sich entschuldigen wollte. |
| Juan hizo un gesto como queriendo decirme que no lo sabía. | Juan machte eine Geste, als wolle er mir sagen, dass er es nicht wisse. |

### Das Gerundium mit eigenem Subjekt                            218

Hat das *gerundio* ein eigenes Subjekt, wird dieses nachgestellt:

| | |
|---|---|
| Estando así las cosas, es mejor no insistir. | Da sich die Sache so verhält, ist es besser, nicht darauf zu bestehen. |
| Escribiendo yo una carta, llegó mi tía María. | Während ich einen Brief schrieb, kam meine Tante Maria an. |
| El año 409 varios pueblos germánicos invaden la Península produciéndose de esta manera la descomposición del dominio romano. | Im Jahr 409 fallen mehrere germanische Völker in die Halbinsel ein und so kommt es zum Zerfall der römischen Herrschaft. |

## 219 Das Gerundium zur Verkürzung einer Satzreihe

Das *gerundio* dient auch dazu, an einen Hauptsatz einen weiteren Satz anzuschließen. Es hat dasselbe Subjekt wie der Hauptsatz, bezeichnet eine Folge oder einen Begleitumstand und drückt Gleichzeitigkeit oder unmittelbare Nachzeitigkeit zur Haupthandlung aus. Im Deutschen werden beide Sätze in der Regel durch 'und (dabei)' verbunden:

| | |
|---|---|
| La cliente se despidió diciéndome que volvería más tarde. | Die Kundin verabschiedete sich und sagte mir, sie werde später wiederkommen. |
| El chico salió dando un portazo. | Der Junge ging hinaus und knallte die Tür zu. |
| El coche de su amigo cayó por un terraplén dando varias vueltas de campana. | Das Auto seines Freundes stürzte eine Böschung hinunter und überschlug sich (dabei) mehrmals. |
| Nuestro profesor de Historia era joven e iba acicalado, luciendo siempre la última moda. | Unser Geschichtslehrer war jung und herausgeputzt, und er trug immer die neueste Mode. |
| La fuerte explosión destruyó parte del palacio, matando a seis personas e hiriendo a otras diez más. | Die starke Explosion zerstörte einen Teil des Palastes, tötete sechs Personen und verletzte weitere zehn. |
| El volcán entró en actividad el jueves, lanzando ríos de lava contra la ciudad. | Der Vulkan brach am Donnerstag aus und schleuderte Lavaströme gegen die Stadt. |

## 220 Das Gerundium mit Bezug auf das direkte Objekt

1. Das *gerundio* wird nach den Verben der Wahrnehmung (vgl. § 223.5) und der Darstellung (**describir** beschreiben, **pintar** malen, **representar** darstellen) mit Bezug auf das direkte Objekt gebraucht:

| | |
|---|---|
| Vi a una niña pidiendo en la calle. | Ich sah ein Mädchen auf der Straße betteln. |
| El cuadro representa a Jesús llamando a Zaqueo. | Das Gemälde stellt Jesus dar, wie er Zachäus ruft. |
| El autor describe a los niños jugando en la playa. | Der Autor beschreibt die Kinder, wie sie am Strand spielen. |

Anmerkung 1: Das *gerundio* kann sich auf das Subjekt beziehen, dann muss es allerdings dem Subjekt vorangehen: *Saliendo de la tienda, Luis vio a una niña.* – Als Luis das Geschäft verließ, sah er ein Mädchen.

Anmerkung 2: Außerdem findet sich das *gerundio* nach den Verben *encontrar/hallar* finden, *dejar* zurücklassen und *sorprender* überraschen: *El otro día mi jefe me sorprendió durmiendo.* – Neulich überraschte mich mein Chef beim Schlafen.

2. Das Gerundium kann zur Verkürzung eines Relativsatzes verwendet werden, aber nur, wenn es einen Vorgang oder eine Handlung bezeichnet:

| | |
|---|---|
| *También hay cazas sobrevolando todo el espacio aéreo con especial atención a centrales nucleares, estadios, puentes y edificios emblemáticos* (El País). | Es gibt auch Jagdflugzeuge, die den ganzen Luftraum überfliegen, wobei sie besonders auf Atomkraftwerke, Stadien, Brücken und Bauwerke mit Wahrzeichencharakter achten. |
| *Había demasiada gente haciendo cola.* | Es waren zu viele Leute da, die Schlange standen. |

Anmerkung: Der Gebrauch des *gerundio* in Sätzen wie *La chica lleva un pañuelo cubriéndole el cabello moreno* 'Das Mädchen trägt ein Kopftuch, das ihr braunes Haar bedeckt' und *Buscamos una casa dando al bosque* 'Wir suchen eine Haus, das zum Wald hin gelegen ist' werden von Grammatikern als nicht korrekt angesehen, da das *gerundio* hier einen Zustand und keine Handlung ausdrückt. In der Pressesprache ist dieser Gebrauch jedoch häufig anzutreffen. Korrekt lauten die entsprechenden Sätze: *La chica lleva un pañuelo que le cubre el cabello moreno* und *Buscamos una casa que dé al bosque/con vista hacia el bosque.* Nach einer Ergänzung mit der Präposition *con* gilt die Verwendung des *gerundio* hingegen als korrekt: *Buscamos una casa con una terraza dando al bosque.* - Wir suchen ein Haus mit einer Terrasse, die zum Wald hin gelegen ist.

## Sonderfälle

1. Das *gerundio* erscheint in Überschriften und besonders unter Fotos und Illustrationen (gerundio epigráfico/representativo):

| | |
|---|---|
| *matando el tiempo* | die Zeit totschlagen |
| *Las ranas pidiendo rey* (Fabel) | Die Frösche forderten einen König. |
| *En la foto, el canciller dando la bienvenida a Gorbachov.* | Auf dem Foto: Der Kanzler heißt Gorbatschow willkommen. |

2. Das *gerundio* wird in Sätzen gebraucht, die etwas Erstaunliches, Überraschendes oder einen Vorwurf ausdrücken:

| | |
|---|---|
| *¡Isabel jugando al fútbol!* | Isabel spielt Fußball! |
| *¡Manuel fregando la vajilla!* | Manuel spült Geschirr! |
| *Jaime es un pesado: todo el día hablando de sí mismo.* | Jaime ist ein lästiger Kerl. Den ganzen Tag redet er nur von sich. |

3. In adjektivischer Funktion kommt das Gerundium nur in folgenden Ausdrücken vor (vgl. § 214.4, Merke):

| | |
|---|---|
| agua hirviendo | kochendes Wasser |
| velas ardiendo | brennende Kerzen |

## 222 Ausdrücke und Wendungen mit dem Gerundium

| | |
|---|---|
| Voy corriendo. | Ich komme sofort. |
| andando el tiempo | mit der Zeit |
| ¡Andando a la cama! | Ab ins Bett! |
| permitiendo Dios | so Gott will |
| considerando que... | angesichts der Tatsache, dass ... |
| considerando todas las circunstancias | unter Berücksichtigung aller Umstände |
| suponiendo que ... | angenommen, dass ... |
| irse defendiendo | sich so durchschlagen |
| Está comunicando. | Es ist belegt. (Telefon) |
| ¡Ya va siendo hora! | Es wird allmählich Zeit! |
| ¿Cómo estás? – Voy tirando. [Spanien] | Wie geht es dir? – Ganz leidlich. |
| pensándolo bien | wenn man es sich richtig überlegt |
| hablando con más precisión | um genauer zu sein |
| Cambiando de tema ¿qué opinas de ...? | Um von etwas Anderem zu reden, was hältst du von ...? |
| Concluyendo puedo afirmar que ... | Abschließend kann ich bestätigen, dass ... |
| Resumiendo podemos decir que ... | Zusammenfassend können wir sagen, dass ... |
| Más vale pájaro en mano que ciento volando. | Ein Spatz in der Hand ist besser als eine Taube auf dem Dach. |
| viniendo de Málaga | auf dem Weg von Málaga |
| en la quinta línea contando de arriba | in der fünften Zeile von oben |
| ir a Bonn pasando por Colonia | über Köln nach Bonn fahren |
| Me consuelo pensando que ... | Ich tröste mich bei dem Gedanken, dass ... |

# Kapitel 20  Der Infinitiv (El infinitivo)

Der Infinitiv ist eine Form, die sowohl verbal als auch nominal (als Subjekt oder Objekt) gebraucht werden kann. Wie ein Verb kann er Ergänzungen zu sich nehmen, wie ein Substantiv kann er von einem Artikel, einem Demonstrativadjektiv, einem Possessivadjektiv oder von einem Indefinitadjektiv begleitet sein. In bestimmten Fällen geht ihm eine Präposition voraus:

| | |
|---|---|
| *Más vale no decir nada.* | Es ist besser, nichts zu sagen. |
| *Prefiero jugar.* | Ich spiele lieber. |
| *Dudaba entre ir y no ir.* | Er war unschlüssig, ob er gehen sollte oder nicht. |
| *El problema consiste en encontrar un puesto de trabajo adecuado.* | Das Problem besteht darin, einen angemessenen Arbeitsplatz zu finden. |
| *El/Este/Su lamentarse continuo me está dando la lata.* | Das/Dieses ständige/Sein/Ihr ständiges Jammern geht mir auf den Geist. |
| *Sólo el pensarlo me pone la carne de gallina.* | Wenn ich nur daran denke, bekomme ich (eine) Gänsehaut. |
| *Quizá el tener que aprender dos idiomas en la niñez origine en niños intelectualmente poco dotados dificultades.* | Vielleicht verursacht das Lernenmüssen zweier Sprachen in der Kindheit bei weniger begabten Kindern Schwierigkeiten. |
| *Europa está viviendo un renacer de sus lenguas minoritarias.* | Europa erlebt zurzeit ein Wiederaufleben seiner Minderheitensprachen. |

Anmerkung 1:  Im Gegensatz zum Deutschen behält der Infinitiv seinen Verbalcharakter und regiert die für ihn üblichen Ergänzungen: *el reparar un coche* das Reparieren eines Autos, *al terminar la carrera* nach Abschluss des Studiums.

Anmerkung 2:  Einige Infinitive sind zu Substantiven geworden, wie z. B.: *el poder* die Macht, *los deberes* die Pflichten/Schulaufgaben, *el saber* das Wissen.

## Der präpositionslose Infinitiv    223

Der präpositionslose Infinitiv steht

1. nach unpersönlichen Ausdrücken, die aus *ser* + Adjektiv bestehen:

| | |
|---|---|
| *es difícil* | es ist schwierig |
| *es fácil* | es ist leicht |

| | |
|---|---|
| es importante | es ist wichtig |
| es (im)posible | es ist (un)möglich |
| es innecesario | es ist unnötig |
| es inútil | es ist zwecklos |
| es mejor | es ist besser |
| es necesario/menester | es ist notwendig |
| es peligroso | es ist gefährlich |
| es preciso | es ist nötig/man muss |
| es urgente | es ist dringend |
| es útil | es ist nützlich |

| | |
|---|---|
| En esta zona será difícil encontrar hoteles baratos. | In diesem Gebiet wird es schwierig sein, billige Hotels zu finden. |
| No era fácil hacerle cambiar de opinión. | Es war nicht leicht, ihn umzustimmen. |
| Es peligroso asomarse. | Nicht hinauslehnen! |
| Hoy no es posible visitar el museo. | Heute ist es nicht möglich, das Museum zu besuchen. |
| No es necesario escribir la carta otra vez. | Es ist nicht nötig, den Brief nochmals zu schreiben. |

Anmerkung 1: Wenn ein persönliches oder sächliches Subjekt möglich ist, wird der Infinitiv mit *de* angeschlossen: *Este idioma es difícil de aprender.* – Diese Sprache ist schwer zu erlernen.

Anmerkung 2: Bei persönlichem Subjekt steht der *subjuntivo*: *No es necesario que escribas.* – Es ist nicht nötig, dass du schreibst (vgl. § 178.1).

2. nach **ser** + unbestimmter Artikel/Possessivpronomen + Substantiv:

| | |
|---|---|
| es mi deber | es ist meine Pflicht |
| es un placer | es ist eine Freude |
| es una vergüenza | es ist eine Schande |
| es una tontería | es ist eine Dummheit |

| | |
|---|---|
| Es un placer escucharla tocar la guitarra. | Es ist eine Freude, sie Gitarre spielen zu hören. |
| Es mi deber decírtelo. | Es ist meine Pflicht, es dir zu sagen. |
| Es una vergüenza tratarlo así. | Es ist eine Schande, ihn so zu behandeln. |
| Sería una tontería desperdiciar la ocasión. | Es wäre eine Dummheit, die Gelegenheit zu verpassen. |

Aber: *Es hora de marcharse.* – Es ist Zeit zu gehen.

3. nach einer Reihe unpersönlicher Verben und Ausdrücke:

| | |
|---|---|
| *me apetece* | ich habe Lust |
| *cabe* | man muss/darf |
| *conviene* | man sollte/es ist angebracht |
| *me cuesta (mucho)* | es fällt mir schwer |
| *me encanta* | ich ... sehr gern |
| *me hace gracia* | es gefällt mir/ich ... gern |
| *me gusta* | es gefällt mir/ich ... gern |
| *hay que* | man muss |
| *huelga* | es erübrigt sich |
| *no me importa* | es macht mir nichts aus |
| *se me olvidó* | ich vergaß |
| *da pena* | es tut einem weh |
| *no merece/vale la pena* | es lohnt sich nicht |
| *me resulta difícil* | es fällt mir schwer |
| *no sirve/no tiene sentido* | es hat keinen Sinn |
| *me toca* | ich muss/es ist meine Aufgabe |
| *más vale* | es ist besser |

| | |
|---|---|
| Me cuesta mucho creerlo. | Es fällt mir schwer, es zu glauben. |
| A mi hermana le gusta mucho bailar. | Meine Schwester tanzt sehr gern. |
| Me resulta difícil pronunciar esta palabra. | Es fällt mir schwer, dieses Wort auszusprechen. |
| Hay que empezar en seguida. | Man muss sofort anfangen. |
| ¿No te apetece salir con nosotros? | Hast du keine Lust, mit uns auszugehen? |
| ¿Os importa contestarnos unas preguntas? | Macht es euch etwas aus, uns einige Fragen zu beantworten? |
| Me encanta viajar. | Ich reise sehr gern. |

Anmerkung: Bei persönlichem Subjekt steht nach *conviene* und *más vale* (vgl. § 177.2) sowie nach *me gusta* und *no sirve* (vgl. § 178.1) der *subjuntivo*.

4. nach den Modalverben **deber** müssen/sollen, **poder** können/dürfen, **querer** wollen, **saber** können (= gelernt haben), **soler** pflegen:

| | |
|---|---|
| Debemos estudiar más. | Wir müssen mehr lernen. |
| No sé jugar al ajedrez. | Ich kann kein Schach spielen. |
| Mi mujer suele levantarse a las seis y media. | Meine Frau steht gewöhnlich um halb sieben auf. |
| Quiero adelgazar cinco kilos. | Ich will fünf Kilo abnehmen. |
| Hoy no te puedo acompañar. | Heute kann ich dich nicht begleiten. |

5. nach den Verben der Wahrnehmung *oír* 'hören', *escuchar* 'zuhören', *mirar* 'zuschauen', *ver* 'sehen', *sentir* 'fühlen/bedauern', *observar* 'beobachten' *notar* 'bemerken'. Dabei steht der Infinitiv vor dem Objekt, wenn er selbst keine weiteren Ergänzungen hat. Hängen von ihm jedoch weitere Ergänzungen ab, so folgt er dem Objekt. In diesen Fällen ist das Objekt des Hauptverbs Subjekt des Infinitivs:

| | |
|---|---|
| *Vimos llegar los coches.* | Wir sahen die Autos ankommen. |
| *Siento latir mi corazón.* | Ich fühle mein Herz schlagen. |
| *Oí a alguien bajar las escaleras.* | Ich hörte jemand die Treppe hinuntergehen. |
| *Vi a los niños jugar en el jardín.* | Ich sah die Kinder im Garten spielen. |
| *Juan miró a su hermano arreglar la bicicleta.* | Juan sah seinem Bruder bei der Reparatur des Fahrrads zu. |

Merke: *He oído decir que ...* – Ich habe gehört, dass …
*He oído hablar de ello.* – Ich habe davon gehört.

Zur Stellung der Personalpronomen vgl. § 115.2

6. nach den Verben *dejar* zulassen, *hacer/mandar* veranlassen:

| | |
|---|---|
| *No querían dejar(le/lo) salir al chico.* | Sie wollten den Jungen nicht hinausgehen lassen. |
| *¡Hágalo pasar!* | Lassen Sie ihn eintreten! |
| *Me he mandado hacer un traje.* | Ich habe mir einen Anzug machen lassen. |

Anmerkung: Auf *dejar* kann auch ein *que*-Satz + *subjuntivo* folgen: *Déjame que te lo explique todo.* – Lass mich dir alles erklären.

7. nach Verben, die sonst ein direktes Objekt nach sich haben. Dabei ist das Subjekt des Verbs auch Subjekt des Infinitivs:

| | |
|---|---|
| *acordar* | beschließen |
| *celebrar* | sich freuen |
| *conseguir/lograr* | gelingen |
| *decidir* | beschließen |
| *desear* | wünschen |
| *esperar* | hoffen |
| *evitar* | vermeiden |
| *jurar* | schwören |
| *necesitar* | müssen |
| *pensar* | gedenken/wollen |
| *planear/proyectar* | planen |
| *preferir* | es vorziehen/lieber wollen |

| | |
|---|---|
| pretender | versuchen/danach streben |
| procurar/intentar | versuchen |
| prometer | versprechen |
| proponerse | sich vornehmen |
| rehusar | es ablehnen |

| | |
|---|---|
| Vicente e Isabel piensan casarse en octubre. | Vicente und Isabel wollen im Oktober heiraten. |
| Prefiero quedarme en casa. | Ich bleibe lieber zu Hause. |
| El Gobierno proyecta endurecer los controles. | Die Regierung plant, die Kontrollen zu verschärfen. |
| Rehusé prestarle dinero. | Ich lehnte es ab, ihm Geld zu leihen. |
| Desafortunadamente no logré convencerla. | Leider gelang es mir nicht, sie zu überzeugen. |
| Juro no volver a hacerlo. | Ich schwöre, es nicht wieder zu tun. |

Anmerkung 1: Nach *decidir, desear, esperar, evitar* und *preferir* steht bei persönlichem Subjekt der *subjuntivo* (vgl. § 177.1), nach *esperar* mit der Bedeutung 'erwarten' Futur: *Espero que le pedirás perdón.* – Ich erwarte, dass du dich bei ihm entschuldigst.

Anmerkung 2: Nach *preferir* wird ein zweiter Infinitiv mit *a* oder *antes que* angeschlossen: *Prefiero quedarme en casa a salir con esta lluvia.* – Ich bleibe lieber zu Hause, als bei diesem Regen auszugehen. *Prefiero ir a pie antes que montarme con él en coche.* – Ich gehe lieber zu Fuß, als bei ihm ins Auto zu steigen.

8. nach folgenden Verben, deren Objekt Subjekt des Infinitivs ist:

| | |
|---|---|
| aconsejar a alg. | jdm. raten |
| impedir a alg. | jdn. (daran) hindern |
| permitir a alg. | jdm. erlauben |
| prohibir a alg. | jdm. verbieten |
| proponer a alg. | jdm. vorschlagen |
| recomendar a alg. | jdm. empfehlen |

| | |
|---|---|
| Mis padres no permitirán a mi hermana irse de viaje con su novio. | Meine Eltern werden meiner Schwester nicht erlauben, mit ihrem Freund zu verreisen. |
| El médico prohibió al enfermo levantarse. | Der Arzt verbot dem Kranken aufzustehen. |
| La policía los impidió entrar en el estadio. | Die Polizei hinderte sie am Betreten des Stadions. |

Anmerkung: Nach den genannten Verben kann auch ein *que*-Satz + *subjuntivo* stehen: *El médico prohibió al enfermo que se levantase* (vgl. auch § 177.1).

9. in emphatischen Fragesätzen:

| ¿A qué esperar más? | Wozu noch länger warten? |
| ¿Callarme yo? | Ich soll schweigen? |

10. bei Subjektgleichheit in indirekten Fragesätzen, in denen eine Unsicherheit oder ein Zweifel ausgedrückt wird, wobei das Verb 'sollen' mit inbegriffen ist:

| Yo no sé qué hacer. | Ich weiß nicht, was ich machen soll. |
| El empleado no sabía qué cara poner. | Der Angestellte wusste nicht, was für ein Gesicht er machen sollte. |

11. in Arbeitsanweisungen, Aufforderungen und Verboten:

| Poner en estilo indirecto. | Setz/Setzen Sie in die indirekte Rede. |
| No fumar. | Nicht rauchen. |
| Empujar. – Tirar. | Drücken. – Ziehen. |

Merke: ¡Ayunar o comer trucha! – Alles oder nichts. ¡Camarero, la cuenta por favor! – Ober, bitte zahlen!

12. anstelle eines Imperativs im Singular oder Plural:

| ¡Entrar! | Tritt ein!/Tretet ein! |
| ¡Comer! | Iss!/Esst! |

Anmerkung: Bisweilen geht dem Infinitiv die Präposition *a* voraus: ¡A comer!

13. in Relativsätzen, die an einen verneinten Hauptsatz angeschlossen werden:

| No tenemos nadie a quien encargar esta tarea. | Wir haben niemand, dem wir diese Aufgabe übertragen könnten. |
| Pilar no tiene una amiga con quien desahogarse. | Pilar hat keine Freundin, bei der sie ihr Herz ausschütten könnte. |
| No había muchos sitios donde ir a divertirse. | Es gab nicht viele Orte, wo man sich amüsieren konnte/sich hätte amüsieren können. |
| No tengo con qué abrir la botella. | Ich habe nichts, um die Flasche zu öffnen. |

14. in Wendungen:

| | |
|---|---|
| y pensar que | und wenn man bedenkt, dass/ und dabei ... |
| es decir que | das heißt, dass |
| ¡Ni pensarlo! | Ich denke nicht daran! |
| abrir paréntesis, ... cerrar paréntesis | Klammer auf, ... Klammer zu |
| ¡No molestar! | Bitte nicht stören! |

## Der Infinitiv mit *a*     **224**

1. Der Infinitiv mit *a* steht nach folgenden Verben:

| | |
|---|---|
| acostumbrar (a) | zu tun pflegen |
| acostumbrarse a | sich daran gewöhnen |
| aprender a | lernen |
| apresurarse a | sich beeilen |
| arriesgarse a | riskieren/Gefahr laufen |
| aspirar a | danach streben |
| atreverse a | (es) wagen |
| brindarse a | sich anbieten |
| comenzar a | anfangen |
| comprometerse a | sich verpflichten |
| condescender a | sich herablassen |
| contribuir a | dazu beitragen |
| decidirse a | sich entschließen |
| disponerse a | sich daranmachen |
| empezar a | anfangen |
| enseñar a | lehren |
| habituarse a | sich daran gewöhnen |
| limitarse a | sich darauf beschränken |
| negarse a | sich weigern |
| ofrecerse a | sich anbieten |
| prepararse a | sich darauf vorbereiten |
| probar a | versuchen |
| proceder a | sich daran machen |
| renunciar a | darauf verzichten |
| resignarse a | sich damit abfinden |
| resistirse a | sich widersetzen/sich sträuben |
| resolverse a | sich entschließen |
| tender a | dazu neigen/darauf abzielen |

| | |
|---|---|
| *Empiezo a trabajar a las ocho.* | Ich fange um 8 Uhr an zu arbeiten. |
| *No me atrevería a contradecirlo.* | Ich würde es nicht wagen, ihm zu widersprechen. |
| *¿Quién te ha enseñado a bailar?* | Wer hat dir das Tanzen beigebracht? |
| *Todos tenemos que contribuir a mejorar la situación.* | Wir müssen alle dazu beitragen, die Lage zu verbessern. |
| *Me he decidido a cambiar de partido.* | Ich habe mich entschlossen, die Partei zu wechseln. |

Merke: *Mira a ver si ...* – Schau nach, ob ...

2. Bei den folgenden Verben ist das Objekt Subjekt des Infinitivs:

| | |
|---|---|
| *acostumbrar a alg. a* | jdn. daran gewöhnen |
| *ayudar a alg. a* | jdm. helfen |
| *impulsar a alg. a* | jdn. antreiben/anspornen |
| *incitar a alg. a* | jdn. anreizen/veranlassen |
| *inducir a alg. a* | jdn. dazu verleiten/veranlassen |
| *mover a alg. a* | jdn. veranlassen/dazu bewegen |
| *obligar a alg. a* | jdn. verpflichten/zwingen |
| *persuadir a alg. a* | jdn. überreden |
| *tentar a alg. a* | jdn. dazu verführen |

| | |
|---|---|
| *¿Podrías ayudarme a traducir esta carta?* | Könntest du mir bei der Übersetzung dieses Briefes helfen? |
| *Todo nos inducía a suponer que la guerra terminaría pronto.* | Alles ließ uns vermuten, dass der Krieg schnell zu Ende gehen würde. |
| *Se los obligó a devolver todo el dinero.* | Man zwang sie, das ganze Geld zurückzugeben. |
| *No podrás moverlo a cambiar de opinión.* | Du wirst ihn nicht dazu bringen können, seine Meinung zu ändern. |

Anmerkung: Nach *obligar* und *persuadir* kann auch *a que* + *subjuntivo* stehen: *Se los obligó a que devolvieran ...* (vgl. auch § 177.1). Nach *convencer a alg.* 'jdn. überreden' steht *para que* + *subjuntivo*.

3. Der Infinitiv mit *a* steht nach den Verben der Bewegung:

| | |
|---|---|
| *bajar a* | hinuntergehen |
| *ir a* | gehen |
| *levantarse a* | aufstehen |
| *salir a* | hinausgehen |
| *sentarse a* | sich setzen |
| *subir a* | hinaufgehen |
| *venir a* | kommen |

| | |
|---|---|
| La madre salió a llamar a sus hijos. | Die Mutter ging hinaus, ihre Kinder zu rufen. |
| ¡Levántate a abrir la puerta! | Steh auf und öffne die Tür! |
| ¿Cuándo vienes a traerme el disco? | Wann kommst du und bringst mir die Schallplatte? |
| Inés ha ido a visitarla varias veces. | Ines hat sie mehrmals besucht. |

Anmerkung 1: Soll der finale Charakter der Infinitivergänzung hervorgehoben werden, so wird *para* gebraucht.

Anmerkung 2: Nach *volver* 'zurückkommen' muss *para* stehen. Unterscheide: *Vuelve para casarse.* – Er kommt zurück, um zu heiraten. *Vuelve a casarse.* – Er heiratet wieder.

4. Wendungen:

| | |
|---|---|
| *a contar desde hoy* | von heute an (gerechnet) |
| *a juzgar por las apariencias* | dem Anschein nach |
| *¡A trabajar!* | Los, an die Arbeit! |
| *¡A ver el reloj!* | Gib/Geben Sie die Uhr doch mal her! |
| *A ver si ...* | Mal sehen/abwarten, ob ... |
| *A ver si lo sabe Vd.* | Nun, vielleicht wissen **Sie** es. |
| *Voy a llamar a la policía, y a ver qué pasa.* | Ich werde die Polizei rufen, und dann werden wir ja sehen, was passiert. |
| *a saber* | nämlich |
| *a pedir de boca* | nach Herzenslust |
| *a partir de mañana* | ab morgen |

5. Der Infinitiv mit *a* steht nach folgenden Partizipien:

| | |
|---|---|
| *estar acostumbrado a* | gewohnt sein |
| *estar decidido a* | entschlossen sein |
| *estar dispuesto a* | bereit sein |
| *estar obligado a* | gezwungen/gehalten sein |
| *estar resuelto a* | entschlossen sein |

| | |
|---|---|
| *Estoy acostumbrado a levantarme temprano.* | Ich bin gewohnt, früh aufzustehen. |
| *Estamos decididos a defender nuestros derechos.* | Wir sind entschlossen, unsere Rechte zu verteidigen. |
| *No parecen estar dispuestos a ayudarnos.* | Sie scheinen nicht bereit zu sein, uns zu helfen. |

## 225 Der Infinitiv mit *con*

Der Infinitiv mit *con* steht nach den Verben *amenazar*, *bastar* und *soñar*:

| | |
|---|---|
| Sueño con hacer un viaje a París. | Ich träume davon, eine Reise nach Paris zu machen. |
| Basta con decírselo a ella. | Man braucht es ihr nur zu sagen. |
| Los terroristas amenazaron con matar al ministro. | Die Terroristen drohten, den Minister umzubringen. |

## 226 Der Infinitiv mit *de*

1. Der Infinitiv mit *de* steht nach folgenden Verben:

| | |
|---|---|
| abstenerse de | sich enthalten |
| alegrarse (de) | sich freuen |
| arrepentirse de | bereuen |
| avergonzarse de | sich schämen |
| cansarse de | überdrüssig werden |
| cesar de | aufhören |
| concluir de | zu Ende tun |
| cuidarse de | Acht geben auf |
| dejar de | aufhören |
| desconfiar de | misstrauen/bezweifeln |
| desesperarse de | die Hoffnung aufgeben |
| disuadir a alg. de | jdm. davon abraten |
| encargarse de | es übernehmen |
| excusarse con alg. de | sich bei jdm. entschuldigen |
| guardarse de | sich hüten |
| olvidarse de | vergessen |
| parar de | aufhören |
| no poder menos de | nicht umhinkönnen |
| tratar de | versuchen |
| se trata de | es geht darum |

| | |
|---|---|
| Me alegro de verte. | Ich freue mich, dich zu sehen. |
| Se trata de mejorar las condiciones de vida. | Es geht darum, die Lebensbedingungen zu verbessern. |
| He dejado de fumar. | Ich habe mit dem Rauchen aufgehört. |
| Los disuadimos de comprar la casa. | Wir rieten ihnen vom Kauf des Hauses ab. |
| Desconfío de poder hacerlo. | Ich bezweifle, dass ich es tun kann. |

Anmerkung: Nach *alegrarse* und *avergonzarse* steht bei verschiedenem Subjekt der *subjuntivo* (vgl. § 178.2).

2. Der Infinitiv mit *de* steht nach sehr vielen Substantiven:

| | |
|---|---|
| *tener la costumbre de* | die Gewohnheit haben/ gewohnt sein |
| *tener el derecho de* | das Recht haben |
| *tener el deseo de* | den Wunsch haben |
| *ser muy dueño de* | jdm. steht es ganz frei |
| *hacer a alg. el favor de* | jdm. den Gefallen tun |
| *tener ganas de* | Lust haben |
| *no hacer ningún gesto de* | keine Anstalten machen |
| *tener el gusto de* | das Vergnügen haben |
| *dar la impresión de* | den Eindruck machen |
| *tener (la) intención de* | die Absicht haben/beabsichtigen |
| *no hay manera de* | es ist unmöglich |
| *tener miedo de* | Angst haben/fürchten |
| *tener oportunidad de* | Gelegenheit haben |
| *correr peligro de* | Gefahr laufen |
| *tener permiso de/para* | die Erlaubnis haben/dürfen |
| *estar a punto de* | im Begriff sein |
| *tener la suerte de* | das Glück haben |
| *tener el valor de* | den Mut haben |

| | |
|---|---|
| *Hoy no tengo ganas de ir a la playa.* | Heute habe ich keine Lust, an den Strand zu gehen. |
| *No hubo manera de convencerle/lo.* | Man konnte ihn nicht überzeugen. |
| *¡Hágame el favor de cerrar la ventana!* | Bitte schließen Sie das Fenster! |

Anmerkung: Nach *tener miedo* und *tener la suerte* steht bei verschiedenem Subjekt der *subjuntivo*.

3. Der Infinitiv mit *de* steht nach Adjektiven, die sonst ein substantivisches Objekt mit *de* anschließen:

| | |
|---|---|
| *estar cansado de* | überdrüssig sein |
| *estar contento con/de* | sich freuen |
| *estar deseoso de* | von dem Wunsch beseelt sein |
| *ser (in)capaz de* | (un)fähig sein |
| *ser (in)digno de* | (un)würdig sein |
| *estar (muy) lejos de* | weit davon entfernt sein |
| *ser libre de/para* | frei sein zu |
| *estar orgulloso de* | stolz sein |
| *estar seguro de* | sicher sein |

| | |
|---|---|
| Esta pelicula es digna de ver/ verse/ser vista. | Dieser Film ist sehenswert. |
| ¿Estáis seguros de haberle/lo visto? | Seid ihr sicher, ihn gesehen zu haben? |
| Sois libres de hacer lo que queráis. | Es steht euch frei zu tun, was ihr wollt. |
| Estoy orgulloso de haber aprobado el examen. | Ich bin stolz, die Prüfung bestanden zu haben. |
| Yo no sería capaz de trabajar doce horas seguidas. | Ich könnte nicht zwölf Stunden an einem Stück arbeiten. |

Anmerkung: Nach *estar contento* und *estar orgulloso* steht bei verschiedenem Subjekt der *subjuntivo* (vgl. § 178.2).

4. Der Infinitiv mit **de** kommt in folgenden Ausdrücken vor:

| | |
|---|---|
| *es de desear que* + subj. | es ist zu wünschen, dass |
| *es de esperar que* + subj. | es ist zu hoffen, dass |
| *es de suponer que* + subj. | es ist zu vermuten, dass |

| | |
|---|---|
| Es de desear que el asunto salga bien. | Es ist zu wünschen, dass die Sache gut ausgeht. |
| Es de suponer que el Gobierno aumente los impuestos. | Es ist zu vermuten, dass die Regierung die Steuern erhöht. |
| Es de esperar que se realice tu deseo. | Es ist zu hoffen, dass dein Wunsch in Erfüllung geht. |

## 227 Der Infinitiv mit *en*

1. Der Infinitiv mit **en** steht nach folgenden Verben:

| | |
|---|---|
| *coincidir en* | darin übereinstimmen |
| *complacerse en* | Gefallen daran finden |
| *consistir en* | darin bestehen |
| *convenir en* | verabreden/übereinkommen |
| *detenerse en* | sich damit aufhalten |
| *dudar en* | unschlüssig sein, ob man ... soll/zögern |
| *empeñarse en* | darauf bestehen/unbedingt etw. tun wollen |
| *entretenerse en* | sich die Zeit mit ... vertreiben |
| *esforzarse en/por* | sich bemühen |
| *tener gusto en* | etw. gerne tun |
| *hacer bien en* | gut daran tun |
| *insistir en* | darauf bestehen |

| | |
|---|---|
| *tener interés en* | Interesse daran haben |
| *molestarse en* | sich die Mühe machen |
| *obstinarse en* | sich darauf versteifen/unbedingt wollen |
| *ocuparse en* | sich damit beschäftigen |
| *pensar en* | daran denken |
| *tardar en* | zögern/(Zeit) brauchen |
| *no tardar en* | nicht lange brauchen/etw. bald tun |
| *titubear/vacilar en* | zögern/zaudern |
| *no tener reparos en* | keine Hemmungen haben |

| | |
|---|---|
| *Harías bien en adelgazar un poco.* | Du tätest gut daran, ein wenig abzunehmen. |
| *No me voy a detener en/a contarte todos los detalles.* | Ich werde mich nicht damit aufhalten, dir alle Einzelheiten zu erzählen. |
| *Yo no había pensado en cerrar la ventana.* | Ich hatte nicht daran gedacht, das Fenster zu schließen. |
| *Si quieres que te ayude no dudes en decírmelo.* | Wenn ich dir helfen soll, zögere nicht, es mir zu sagen. |

Anmerkung: Nach *empeñarse* und *insistir* steht bei verschiedenem Subjekt der *subjuntivo* (vgl. auch § 177.1).

Merke: *Mucho gusto en conocerle.* – Ich freue mich, Ihre Bekanntschaft zu machen, *¡Ten cuidado en no caerte!/¡Cuidado con caerte!* – Pass auf, dass du nicht hinfällst!

2. Der Infinitiv mit **en** steht nach den Adjektiven:

| | |
|---|---|
| *ser exacto en* | genau sein |
| *ser franco en* | offen sein |
| *ser largo en* | großzügig sein |
| *estar ocupado en* | damit beschäftigt sein |
| *ser perezoso en/para* | faul sein |
| *el primero en* | der Erste, der |
| *el último en* | der Letzte, der |

| | |
|---|---|
| *Luis siempre es el primero en levantarse.* | Luis ist immer der Erste, der aufsteht/steht immer als Erster auf. |
| *Soy perezoso en escribir.* | Ich bin schreibfaul. |
| *Mi tío es largo en dar propinas.* | Mein Onkel gibt großzügige Trinkgelder. |
| *Mi mujer está ocupada en planchar mis camisas.* | Meine Frau ist mit dem Bügeln meiner Hemden beschäftigt. |

## 228 Der Infinitiv mit *para*

Der Infinitiv mit ***para*** steht nach folgenden Ausdrücken:

| | |
|---|---|
| *arreglárselas para* | es fertigbringen |
| *autorizar a alg. para* | jdn. (dazu) ermächtigen |
| *es para* | es ist zum ... |
| *(no) tener motivo para* | (keinen) Grund haben |
| *tener permiso para/de* | die Erlaubnis haben/dürfen |
| *servir para* | dazu dienen |
| *(no) tener tiempo para/de* | (keine) Zeit haben |

| | |
|---|---|
| *Es para volverse loco.* | Es ist zum Verrücktwerden. |
| *No tienes motivo para lamentarte.* | Du hast keinen Grund, dich zu beklagen. |
| *No le/lo habían autorizado para hacer esta declaración.* | Man hatte ihn nicht dazu ermächtigt, diese Erklärung abzugeben. |
| *No sé cómo te las arreglas para sacar tan buenas notas.* | Ich weiß nicht, wie du es fertig bringst, so gute Noten zu bekommen. |
| *Hoy no tengo tiempo de/para ir al cine.* | Heute habe ich keine Zeit, ins Kino zu gehen. |

## 229 Der Infinitiv mit *por*

Der Infinitiv mit ***por*** steht nach folgenden Verben und Ausdrücken:

| | |
|---|---|
| *afanarse por/en* | sich abmühen |
| *esforzarse por/en* | sich bemühen |
| *felicitar a alg. por* | jdn. dazu beglückwünschen |
| *estar impaciente por* | es nicht erwarten können |
| *luchar por* | kämpfen |
| *matarse por* | alles tun |
| *morirse por* | darauf brennen |
| *optar por* | sich entscheiden |
| *reprender a alg. por* | jdn. tadeln |

| | |
|---|---|
| *Estoy impaciente por llegar.* | Ich kann es nicht erwarten anzukommen. |
| *Opté por callarme.* | Ich schweig lieber. |
| *Mi colega se mata por obtener el favor del jefe.* | Mein Kollege tut alles, um die Gunst des Chefs zu erlangen. |
| *Hay que luchar por conseguir algo en la vida.* | Man muss kämpfen, um im Leben etwas zu erreichen. |

Merke: *por decirlo así/por así decirlo* sozusagen/gewissermaßen, *por no decir* um nicht zu sagen/geschweige denn, *por no hablar de* ganz zu schweigen von

## Der Infinitiv zur Verkürzung von Nebensätzen 230

Folgende Präpositionen und präpositionale Wendungen + Infinitiv dienen zur Verkürzung eines Nebensatzes, der meistens dasselbe Subjekt aufweist wie der Hauptsatz:

1. Temporale Präpositionen:

| | |
|---|---|
| El pobre **al** ver la mirada de su mujer no se atrevió a decir nada. | Als der arme Kerl den Blick seiner Frau sah, wagte er nicht, etwas zu sagen. |
| **Antes de** ir a la piscina tengo que hacer los deberes. | Bevor ich ins Schwimmbad gehe, muss ich meine Hausaufgaben machen. |
| **Después de** comer salgo a pasear a mi perro. | Nach dem Essen führe ich meinen Hund aus. |
| **Tras** descansar media hora reanudaremos el trabajo. | Wenn wir uns eine halbe Stunde ausgeruht haben, werden wir uns wieder an die Arbeit machen. |
| **A poco de** producirse el incendio llegaron los bomberos. | Kurz nach Ausbruch des Feuers kam die Feuerwehr. |
| **Poco antes de** ponerse el sol, llegamos al destino. | Kurz vor Sonnenuntergang erreichten wir unser Ziel. |
| **Nada más** regresar a casa llamé por teléfono a mi novia. | Kaum war ich nach Hause zurückgekehrt, rief ich meine Freundin an. |
| Aquella noche bebieron **hasta** emborracharse. | In jener Nacht tranken sie, bis sie betrunken waren. |
| Escuchábamos un poco de música **en espera de** sentarnos a la mesa. | Wir hörten ein wenig Musik, bis wir uns zu Tisch setzen konnten. |

Anmerkung 1: Der Infinitiv kann ein eigenes Subjekt haben, das nachgestellt wird: *Al salir el sol, nos pusimos en marcha.* – Als die Sonne aufging, machten wir uns auf den Weg.

Anmerkung 2: Meist erscheint nach *después de* der Infinitiv Präsens anstelle des Infinitiv Perfekt.

2. Finale Präpositionen:

| | |
|---|---|
| Estamos aquí **para** aprender inglés. | Wir sind hier, um Englisch zu lernen. |
| Mi padre salió al jardín **con ánimo de** tomar el fresco. | Mein Vater ging in den Garten hinaus, um frische Luft zu schnappen. |
| Tenemos que hacer horas extraordinarias **a fin de** terminar el trabajo en el plazo previsto. | Wir müssen Überstunden machen, um die Arbeit in der vorgesehenen Frist abzuschließen. |
| Me han escrito la carta **con el fin de** hacerme cambiar de opinión. | Sie haben mir den Brief geschrieben mit dem Ziel, mich umzustimmen. |
| Creo que Manuel lo hizo **con (la) intención de** engañarte. | Ich glaube, dass Manuel es in der Absicht tat, dich zu betrügen. |
| Muchos emigran **con (el) objeto de** encontrar un porvenir mejor. | Viele wandern aus in der Absicht, eine bessere Zukunft zu finden. |

Merke: *Para ser tan joven no tiene malas ideas.* – Dafür, dass er noch so jung ist, hat er keine schlechten Ideen.

3. Konsekutive Präpositionen:

| | |
|---|---|
| Yo estaba cansado **a*l*hasta tal punto de** no poder mantenerme en pie. | Ich war so müde, dass ich mich nicht mehr auf den Beinen halten konnte. |
| Carmen llegó **al extremo de** no comer para adelgazar. | Carmen ging so weit, dass sie nichts mehr aß, um abzunehmen. |

4. Konditionale Präpositionen:

| | |
|---|---|
| Todavía tiemblo al pensar lo que podía haber sucedido **de** no estar tú allí. | Ich zittere noch bei dem Gedanken, was hätte passieren können, wenn du nicht dort gewesen wärst. |
| Te voy a ayudar **con la/a condición de** recibir una tercera parte de lo que ganes. | Ich werde dir helfen unter der Bedingung, dass ich ein Drittel von dem erhalte, was du verdienst. |
| Voy a invertir mucho dinero en este negocio **aun a riesgo de** perderlo. | Ich werde viel Geld in dieses Geschäft investieren, selbst auf die Gefahr hin, es zu verlieren. |

Anmerkung: Selten wird auch die Präposition *a* mit konditionaler Bedeutung verwendet: *A no ser por él, me habrían despedido.* – Wenn er nicht gewesen wäre, hätten sie mich entlassen.

## 5. Kausale Präpositionen:

| | |
|---|---|
| Atropelló a un niño **por** ir a excesiva velocidad. | Er überfuhr ein Kind, weil er mit überhöhter Geschwindigkeit fuhr. |
| A mi hermana le corrían las lágrimas **de** tanto reírse. | Meiner Schwester liefen vom vielen Lachen die Tränen herunter. |
| Juan se fue **con el pretexto de** tener que ayudar a su madre. | Juan ging unter dem Vorwand weg, er müsse seiner Mutter helfen. |

## 6. Konzessive Präpositionen:

| | |
|---|---|
| **Con** enfadarte, nada conseguirás. | Auch wenn du dich ärgerst, wirst du nichts erreichen. |
| **A pesar de** haber estudiado mucho, mi hijo no aprobó. | Obwohl mein Sohn viel gelernt hatte, bestand er die Prüfung nicht. |

## 7. Modale und andere Präpositionen:

| | |
|---|---|
| El cliente se fue **sin** decir palabra. | Der Kunde ging, ohne etwas zu sagen. |
| **Además de** saber francés e inglés, mi primo habla bien el italiano. | Mein Cousin kann nicht nur Französisch und Englisch, sondern er spricht auch gut Italienisch. |
| **En vez de** ir a la escuela, mi hijo fue al cine. | Anstatt in die Schule zu gehen, ging mein Sohn ins Kino. |
| **A fuerza de** fumar/**De tanto** fumar José se arruinó la salud. | Durch zu vieles Rauchen ruinierte José (sich) seine Gesundheit. |

# Die Wiedergabe deutscher Modalverben im Spanischen 231

Deutsche Modalverben können im Spanischen auf sehr unterschiedliche Weise wiedergegeben werden. Im Folgenden wird eine Auswahl der wichtigsten Ausdrucksmöglichkeiten aufgeführt.

## 1. brauchen

- 'nicht brauchen':

| | |
|---|---|
| Man braucht die Versandkosten nicht zu bezahlen. | No hay que pagar los gastos de envío. |
| Du brauchst nicht zu fragen. | No hace falta que preguntes./ No tienes que preguntar. |
| Man braucht nur zu fragen. | No hay más que preguntar. |
| Du brauchst nicht gleich zu weinen. | No es necesario/No hace falta que te pongas a llorar en seguida. |

| Das braucht niemand zu wissen. | No hace falta que lo sepa nadie. |
| Ihr braucht es ihm nicht zu sagen. | No es necesario que se lo digáis. |

- 'nur brauchen':

| Du brauchst nur zu fragen. | No tienes más que preguntar. |
| Sie brauchen nur die Hühnerbrüstchen zu braten. | Sólo necesita freír las pechugas. |
| Man braucht nur zu wollen. | Basta con querer. |

2. **dürfen**

- 'dürfen' im Sinne einer Erlaubnis:

| Darf ich dir helfen? | ¿Te puedo ayudar? |
| Jetzt darf ich wieder alles essen. | Ya puedo comer de todo. |
| Es darf getanzt werden. | Se puede bailar. |
| Das darf nicht wahr sein. | Eso no puede ser. |
| Darf ich Sie etwas fragen? | ¿Me permite Vd. una pregunta? |
| Darf ich rauchen? | ¿Me permite Vd. que fume? |
| Darf ich vorgehen? | ¿Me permite que vaya delante? |
| Darf man hier rauchen? | ¿Está permitido fumar aquí? |
| Darf ich um den nächsten Tanz bitten? | ¿Me concede el próximo baile? |
| Darf ich dir nachschenken? | ¿Te sirvo un poco más? |

- 'dürfte' zum Ausdruck einer Vermutung:

| Das dürfte ein Irrtum sein. | Esto será un error. |
| Das dürfte das letzte Mal sein. | Esta será la última vez. |
| Es dürfte acht Uhr gewesen sein. | Serían las ocho. |

- 'nicht dürfen':

| Sie darf mit ihrem Freund nicht in Urlaub fahren. | No tiene permiso/No le han dado permiso de irse de vacaciones con su novio. |
| Er durfte den Vertrag nicht unterschreiben. | No estaba autorizado a firmar el contrato. |
| Nach seinem Infarkt darf mein Vater nicht mehr Tennis spielen. | Después de sufrir un infarto mi padre ya no puede jugar al tenis/a mi padre no le dejan jugar al tenis. |
| Das hättest du nicht tun dürfen. | No hubieras/habrías debido hacerlo. |
| Du darfst es ihm nicht übelnehmen. | No debes tomárselo a mal. |

- 'man darf nicht':

| Man darf ihn nicht aus den Augen verlieren. | No hay que perderlo de vista./ No hay que quitarle/No se le puede quitar el ojo de encima. |
| Man darf nicht den Kopf verlieren. | No hay que perder la cabeza. |
| Hier darf man nicht rauchen. | Aquí está prohibido/se prohibe/ no está permitido/no se permite fumar. |

## 3. können

- 'können' im Sinne von 'möglich sein'/'die Erlaubnis haben':

| Du kannst dort bleiben. | Puedes quedarte allí. |
| Ich kann es dir nicht sagen. | No te lo puedo decir. |
| Leider können wir nicht kommen. | Desgraciadamente no podemos ir. |
| Das kann jedem passieren. | Eso le puede pasar a cualquiera. |
| Es kann nicht sein. | No puede ser. |
| Was kann man mehr verlangen? | ¿Qué más se puede pedir? |
| Diese Bemerkung hätte er sich ersparen können. | Podría/Podía haberse ahorrado esa observación/ese comentario. |

- 'können' in der Bedeutung von 'wissen/gelernt haben':

| Kannst du Gitarre spielen? | ¿Sabes tocar la guitarra? |
| Ich kann kein Italienisch. | No sé (hablar) italiano. |
| Man muss verlieren können. | Hay que saber perder. |
| Sie kann gut mit Kindern umgehen. | Sabe tratar a los niños. |
| Unsere Tochter kann nicht mit Geld umgehen. | Nuestra hija no sabe manejar el dinero. |

- 'nicht umhinkönnen/einfach etwas tun müssen':

| Ich kann nicht umhin, seine Einladung anzunehmen. | No puedo menos de aceptar/ No puedo evitar aceptar su invitación. |
| Ich konnte nicht umhin zu lachen. | No pude menos de reírme. |

- 'können' bleibt in einigen Fällen unübersetzt:

| | |
|---|---|
| Man kann nie wissen. | Nunca se sabe. |
| Ich kann mir nicht erklären, wie diese Dinge passieren können. | No me explico cómo pueden pasar esas cosas. |
| Ich kann mir deinen Bruder nicht als Arzt vorstellen! | ¡No me imagino a tu hermano de médico! |
| Das kann ich mir denken. | Me lo imagino. |
| Wie kannst du es nur wagen, in diesem Ton mit mir zu sprechen? | ¿Cómo te atreves a hablarme en ese tono? |
| Ich könnte schwören, dass ich ihn gesehen habe. | Juraría que lo he visto. |

- Wendungen:

| | |
|---|---|
| so gut ich kann | lo mejor que pueda |
| Man könnte meinen, dass ... | Se diría que ... |
| Ich kann ihn nicht leiden. | No me cae bien./[ugspr.]No lo trago. |
| Du könntest dich ruhig entschuldigen! | ¡Harías bien en pedir perdón! |
| Ich könnte einen Schluck vertragen. | No me vendría mal un trago. |
| Hier kann ich noch stehen. (im Wasser) | Aquí todavía hago pie. |
| Da kannst du lange warten! | ¡Puedes esperar sentado! |

4. **lassen**

- 'lassen' im Sinne von 'zulassen':

| | |
|---|---|
| Mama, lass mich ins Kino gehen! | Mamá, ¡déjame ir al cine! |
| Ich werde mir einen Bart wachsen lassen. | Voy a dejarme crecer la barba. |
| Lass **mich** machen! | ¡Déjame hacerlo a mí! |

- 'lassen' zum Ausdruck von 'veranlassen':

| | |
|---|---|
| Wir haben das Esszimmer streichen lassen. | Hemos mandado pintar el comedor. |
| Der Besuch ließ auf sich warten. | La visita se hizo esperar. |
| Er lässt sich nicht lange bitten. | No se hace de rogar. |

- 'lasst uns ...':

| | |
|---|---|
| Lasst uns nach Hause gehen! | ¡Vamos a casa! |
| Lasst uns Frieden schließen! | ¡Hagamos las paces! |

- 'lassen' + Infinitiv eines Verbs, das einen Zustand bezeichnet:

| | |
|---|---|
| Mein Mann hatte den Schlüssel stecken lassen. | Mi marido se había dejado la llave puesta. |
| Lassen wir die Lichter brennen? | ¿Dejamos las luces encendidas? |

- 'etwas lässt sich tun':

| | |
|---|---|
| Das lässt sich einrichten. | Esto se puede arreglar. |
| Das lässt sich nicht bestreiten. | Eso no se puede negar. |
| Die wichtigsten Punkte lassen sich wie folgt zusammenfassen: ... | Los puntos más importantes se pueden resumir como sigue: ... |
| Dieser Teppich lässt sich sehr schlecht säubern. | Esta alfombra se limpia muy mal. |
| Dieser Stoff lässt sich gut waschen. | Esta tela se lava bien. |
| Hemden lassen sich besser bügeln, wenn du sie etwas anfeuchtest. | Las camisas se planchan mejor si las humedeces un poco. |

- 'lassen' bleibt in einigen Fällen unausgedrückt:

| | |
|---|---|
| Ich habe mir die Haare schneiden lassen. | Me he cortado el pelo. |
| Ich habe mir Strähnen machen lassen. | Me he hecho mechas. |
| Ich werde mich nächstes Jahr pensionieren lassen. | Me voy a jubilar el año que viene. |
| Lassen Sie sich nicht stören! | ¡No se moleste!/No interrumpa lo que está haciendo. |
| Es heißt, dass sich seine Eltern scheiden lassen wollen. | Dicen que sus padres se van a divorciar. |
| Ich möchte diesen Brief einschreiben lassen. | Quiero certificar esta carta./Quiero mandar esta carta certificada. |
| Meine Frau lässt Sie vielmals grüßen. | Mi esposa le manda muchos saludos. |
| Der Mathematiklehrer hat drei meiner Klassenkameraden durchfallen lassen. | El profesor de matemáticas ha suspendido a tres de mis compañeros (de clase). |
| Darüber lässt sich streiten. | Eso es discutible. |
| sich von jdm./etw. inspirieren lassen | inspirarse en alg./u.c. |
| jdn. etw. abholen lassen | enviar a alg. por u.c./[ugspr.] a por u.c. |

Wendungen:

| | |
|---|---|
| Er ließ uns wissen, dass ... | Nos hizo saber que ... |
| Lassen Sie sich das gesagt sein! | ¡Téngalo Vd. por dicho! |
| Ich habe mir sagen lassen, dass ... | Me han dicho que ... |
| Lasst es euch schmecken! | ¡Que aproveche! |
| Juan lässt sich gehen. | Juan se está descuidando/ abandonando. |
| einen Drachen steigen lassen | echar una cometa a volar |
| Lass dir das nicht entgehen! | ¡No te lo pierdas! |
| Über Geschmack lässt sich nicht streiten. | De gustos no hay nada escrito. |

### 5. mögen

- mögen in der Bedeutung von 'wollen/wünschen':

| | |
|---|---|
| Ich mag nicht zum Zahnarzt gehen. | No me gusta ir al dentista. |
| Er mag es mir nicht sagen. | No quiere decírmelo. |
| Was magst du heute essen? | ¿Qué quieres comer hoy? |
| Mein Sohn mag Arzt werden. | Mi hijo quiere ser/hacerse médico. |

- 'mögen' im Sinne von 'Lust haben':

| | |
|---|---|
| Ich mag nicht ins Kino gehen. | No tengo ganas de ir al cine. |
| Magst du mich zum Bahnhof begleiten? | ¿Quieres acompañarme a la estación? |

- 'mögen' mit der Bedeutung 'möglich sein':

| | |
|---|---|
| Es mag so sein. | Puede que sea así. |
| Sie mag ihn gesehen haben. | Puede ser que le/lo haya visto. |

- 'mögen' im Aufforderungssatz wird mit que + subj. wiedergegeben:

| | |
|---|---|
| Er möge sofort beginnen! | ¡Que empiece enseguida! |

- 'mögen' im Wunschsatz:

| | |
|---|---|
| Mögen Sie viel Glück haben! | ¡Que tenga mucha suerte! |
| Möge Gott dir verzeihen! | ¡Que Dios te perdone! |

- 'ich möchte':

| Ich möchte Sie um einen Gefallen bitten. | Quisiera/Quería pedirle un favor. |
| Ich möchte Herrn Sánchez sprechen. | Quisiera hablar con el señor Sánchez. |

- 'lieber mögen':

| Ich möchte lieber aus dem Glas trinken. | Prefiero beber en vaso. |
| Er möchte lieber fernsehen als einen Spaziergang machen. | Prefiere ver la tele a dar un paseo. |

- 'mögen' zum Ausdruck einer Vermutung:

| Wer mag das sein? | ¿Quién será? |
| Wie spät mag es gewesen sein, als er dich anrief? | ¿Qué hora sería cuando te llamó? |

- Wendungen:

| Man möchte meinen, dass ... | Se diría que ... |
| Wie dem auch sein mag, ... | Sea como fuere, ... |
| So reich sie auch sein mag, ... | Por (muy) rica que sea, ... |

6. **müssen**

- 'müssen' zur Bezeichnung einer Notwendigkeit:

| Ich muss einkaufen gehen. | Tengo que ir de compras. |
| Wie viel muss ich bezahlen? | ¿Cuánto tengo que pagar?/ ¿Cuánto es/vale/cuesta? |
| Mein Mann muss fünf Kilo abnehmen. | Mi marido tiene que adelgazar cinco kilos. |
| Ich muss Briefmarken kaufen. | Tengo que/Necesito comprar sellos. |
| Der Zahnarzt musste mir drei Backenzähne ziehen. | El dentista ha tenido que sacarme tres muelas. |
| Das muss eine Verwechslung sein. | Tiene que tratarse de un error. |
| Du musst mir noch einmal erklären, wie man eine Präsentation mit Power Point macht. | Necesito que me expliques otra vez cómo se hace una presentación con Power Point. |

| | |
|---|---|
| Ich muss dich sprechen. | Necesito hablar contigo. |
| Du wirst dich beeilen müssen, wenn du die Ausstellung sehen willst. | Te vas a tener que dar prisa/Vas a tener que darte prisa si quieres ver la exposición. |
| Morgen muss ich sehr früh aufstehen. | Mañana me toca darme el madrugón. |

- 'müssen' zum Ausdruck einer Vermutung:

| | |
|---|---|
| Es muss sechs Uhr sein. | Deben de ser las seis. |
| Es muss mindestens 40° sein. | Debe de hacer por lo menos cuarenta grados. |
| Mach die Tür auf. Es müssen Juan und Antonio sein. | Abre la puerta. Deben de ser Juan y Antonio. |
| Hier muss der Mord geschehen sein. | Aquí tiene que haber sucedido el asesinato. |
| Deine Schwester müsste längst hier sein. | Tu hermana hace tiempo que debería de/tendría que estar aquí. |

- 'man muss':

| | |
|---|---|
| Man muss sich den Umständen anpassen. | Hay que adaptarse a las circunstancias. |
| Man wird den Gürtel enger schnallen müssen, wenn die Preise so steigen. | Va a haber que apretarse el cinturón si los precios no paran de subir. |

- 'müssen' in Verbindung mit physiologischen Vorgängen:

| | |
|---|---|
| Ich muss mich übergeben. | Voy a vomitar. |
| Ich muss niesen. | Me están entrando ganas de estornudar. |
| Ich muss gähnen. | No puedo menos de bostezar. |
| Ich musste husten. | Me dio la tos. |

- 'müssen' zum Ausdruck eines Vorwurfs:

| | |
|---|---|
| Musst du immer zu spät kommen? | ¿Has de/Tienes que llegar siempre tarde? |
| Warum müsst ihr (euch) ständig streiten? | ¿Por qué habéis de/tenéis que reñir continuamente? |

- Wendungen:

| | |
|---|---|
| Sie mussten heiraten. | Se casaron de penalti/a la fuerza. |
| Ich musste einfach lachen. | No pude menos de reírme. |
| Wenn es sein muss. | Si es necesario./Si no hay más remedio. |
| Sie müssen sich verwählt haben. | Se ha equivocado (de número). |

## 7. sollen

- in Wunschsätzen wird 'sollen' durch *que + subjuntivo* ausgedrückt:

| | |
|---|---|
| Er soll verschwinden! | ¡Que se largue! |
| Sie sollen warten! | ¡Que esperen! |

- 'du solltest' im Sinne von 'du müsstest eigentlich':

| | |
|---|---|
| Du solltest dich schämen. | Deberías estar avergonzado. |
| Ihr solltet mehr Geduld haben. | Deberíais tener más paciencia. |

- sollte auf die Vergangenheit bezogen:

| | |
|---|---|
| Meine Schwester sollte um 7 Uhr ankommen. | Mi hermana debía llegar a las siete. |
| Ihr solltet die Übung 10 machen und nicht Übung 11! | Debíais hacer el ejercicio 10, y no el ejercicio 11. |
| Du hättest sein Gesicht sehen sollen! | ¡Deberías haber visto su cara! |

- 'sollen' wird mit *querer que + subjuntivo* bzw. durch die 1. Person des betreffenden Verbs wiedergegeben, wenn nach dem Willen eines anderen gefragt wird:

| | |
|---|---|
| Soll ich den Arzt rufen? | ¿Quiere(s) que llame al médico? |
| Was soll ich tun? | ¿Qué quiere(s) que yo haga?/ ¿Qué hago? |
| Woher soll ich es wissen? | ¿Cómo quiere(s) que yo lo sepa?/¿Cómo lo voy a saber yo? |
| Soll ich einen Kaffee machen? | ¿Hago un café? |
| Soll ich dir noch etwas Wein einschenken? | ¿Te sirvo más vino? |
| Was soll ich anziehen? | ¿Qué me pongo? |

- 'sollen' bleibt unübersetzt in direkten und indirekten Fragesätzen, in denen eine Unsicherheit oder ein Zweifel ausgedrückt wird:

| | |
|---|---|
| Was soll man/ich tun? | ¿Qué hacer? |
| Was soll man von so einer Antwort halten? | ¿Qué decir de esa respuesta? |
| Ich weiß nicht, wie ich mich verhalten soll. | No sé cómo comportarme. |
| Sie wussten nicht, welchen Zug sie nehmen sollten. | No sabían qué tren tomar. |
| Was soll aus ihr werden? | ¿Qué será de ella? |

- 'sollen' zum Ausdruck eines Befehls, einer Drohung oder einer Beschwichtigung wird durch das Futur des betreffenden Verbs ausgedrückt:

| | |
|---|---|
| Du sollst nicht töten. | No matarás. |
| Das sollst du mir büßen! | ¡Esto me lo vas a pagar!/¡Me las pagarás! |
| Das soll nicht mehr vorkommen! | ¡Esto no volverá a repetirse! |

- jdm. sagen, er soll(e) etw. tun:

| | |
|---|---|
| Sag ihm, er soll vor dem Kino auf mich warten. | Dile que me espere delante del cine. |
| Ich sagte ihm, er solle das Haus verkaufen. | Le dije que vendiera la casa. |

- 'sollen' in der Bedeutung von 'es heißt, dass/man sagt, dass':

| | |
|---|---|
| Seine Eltern sollen sehr streng sein. | Dicen que sus padres son muy severos. |
| Seine Freundin soll sehr arrogant sein. | Se dice/Comentan/Parece que su novia es muy arrogante. |

- du solltest besser/lieber:

| | |
|---|---|
| Du solltest diesen Plan besser aufgeben. | Harías mejor en abandonar este plan. |
| Manuel sollte lieber das Bett hüten. | Manuel haría mejor en guardar cama. |
| Sie sollte lieber niemandem etwas sagen. | Sería mejor que no dijera nada a nadie. |

- 'sollen' zur Wiedergabe unbestätigter Meldungen oder zum Ausdruck der Entrüstung:

| Ich soll so etwas gesagt haben? | ¿Yo habría dicho semejante cosa?/¿Qué yo he dicho semejante cosa? |
|---|---|
| Der Beamte soll 200.000 Euro unterschlagen haben. | El funcionario habría malversado 200.000 euros. |
| Das soll ein Lehrer sein? | ¿Y ése es un profesor? |

- 'sollen' als Einleitung eines Bedingungssatzes:

| Solltest du sie sehen, so sag ihr, dass sie sich keine Sorgen zu machen braucht. | En caso de que la veas, dile que no se preocupe. |
|---|---|

- 'sollen' als Verweis aus der Vergangenheit heraus auf ein zukünftiges Geschehen:

| Sein Onkel erlitt einen Schlaganfall, von dem er sich nicht mehr erholen sollte. | Su tío sufrió un ataque de apoplejía, del que ya no se restablecería. |
|---|---|

- Wendungen mit 'sollen':

| An mir soll es nicht liegen. | Por mí que no quede. |
|---|---|
| Man sollte meinen, dass ... | Se diría que ... |
| Was soll es sein? (im Lokal) | ¿Qué va a ser? |
| Das soll einer wissen! | ¡Vete/Vaya usted a saber! |

## 8. wollen

- 'wollen' zum Ausdruck einer Absicht:

| Ich will Deutsch lernen. | Quiero aprender alemán. |
|---|---|
| Willst du mich auf den Arm nehmen? | ¿Quieres tomarme el pelo? |

- 'wollen' im Sinne von 'etw. vorhaben':

| Im Moment wollen sie nicht heiraten. | Por el momento no se van a casar. |
|---|---|
| Was willst du mit dem Haus machen? | ¿Qué piensas hacer con la casa? |

- 'wollen' im Sinne von 'behaupten/vorgeben':

| Der Zeuge will gesehen haben, wie der Angeklagte aus dem Laden gerannt kam. | *El testigo dice haber visto al acusado salir corriendo de la tienda.* |
|---|---|

- '(gerade) wollen' im Sinne von 'im Begriff sein':

| Ich wollte gerade in den Zug einsteigen, als ich einen Schrei hörte. | *Yo estaba a punto de subir al tren cuando oí un grito.* |
|---|---|

- 'wollen wir ... ?' zum Ausdruck einer Aufforderung:

| Wollen wir Schach spielen? | *¿Jugamos al ajedrez?* |
|---|---|
| Wollen wir wetten? | *¿Apostamos?* |

- Wendungen mit 'wollen':

| Das will nichts heißen. | *Eso no quiere decir nada.* |
|---|---|
| Das will gut überlegt sein. | *Hay que pensarlo bien.* |
| Das will ich meinen! | *¡Ya lo creo!* |
| Das will ich hoffen. | *(Así) lo espero.* |
| Das will ich nicht hoffen. | *Espero que no.* |
| Willst du hier Wurzeln schlagen? | *¿Vas a echar raíces?* |
| Das Auto will nicht anspringen. | *El coche no arranca.* |
| Das will ich überhört haben! | *¡Prefiero pasarlo por alto!* |

# Kapitel 21  Die Verbalperiphrasen (Las perífrasis verbales)

Verbalperiphrasen sind Fügungen zweier Verben, wobei das erste Verb in seiner Bedeutung abgeschwächt ist und als Hilfsverb fungiert. Verbalperiphrasen spielen im Spanischen eine sehr wichtige Rolle bei der Nuancierung von Äußerungen. Sie können aus einer Verbform und einem Partizip Perfekt (vgl. §§ 232-233), einem Gerundium (vgl. §§ 234) oder einem Infinitiv (vgl. §§ 235) bestehen.

## Verbalperiphrasen mit dem Partizip Perfekt

### Verbalperiphrasen mit Bezug auf das Subjekt    232

Bei den folgenden Verbalperiphrasen, von denen einige passivische Bedeutung haben, stimmt das Partizip in Genus und Numerus mit dem Subjekt überein:

1. *andar* + Partizip Perfekt drückt einen vorübergehenden Zustand aus:

| | |
|---|---|
| No sé lo que le pasa a mi hijo; anda muy distraído. | Ich weiß nicht, was mit meinem Sohn los ist; er ist sehr zerstreut. |
| Desde hace unos días mi mujer anda muy preocupada. | Seit einigen Tagen ist meine Frau sehr besorgt. |

2. *encontrarse/hallarse/verse* + Partizip Perfekt haben passivische Bedeutung und drücken das Bestehen eines Zustandes aus:

| | |
|---|---|
| Los niños se encuentran muy afectados por lo que han visto. | Die Jungen sind von dem, was sie gesehen haben, sehr betroffen. |
| Las mujeres que denuncian a sus maridos se encuentran muy desprotegidas. | Frauen, die ihre Ehemänner anzeigen, fühlen sich sehr schutzlos. |
| Las relaciones entre los dos estados se encuentran facilitadas por este tratado. | Die Beziehungen zwischen den beiden Staaten werden durch diesen Vertrag erleichtert. |
| El castillo se hallaba iluminado por unos potentes proyectores. | Das Schloss wurde von einigen starken Scheinwerfern erleuchtet. |
| La producción alemana de automóviles se ha visto superada por la japonesa. | Die deutsche Automobilproduktion ist von der japanischen überflügelt worden. |

3. **seguir** und (selten) **permanecer/continuar** + Partizip Perfekt heben das Weiterbestehen eines Zustandes hervor und bezeichnen die Dauer:

| | |
|---|---|
| Esta solución sigue favorecida por el gobierno. | Diese Lösung wird von der Regierung weiterhin bevorzugt. |
| Ya son las once pasadas, y sus hijos siguen levantados. | Es ist schon 11 Uhr vorbei, und ihre Kinder sind immer noch auf. |
| Este piso sigue desalquilado. | Diese Wohnung steht immer noch leer. |
| La puerta continúa cerrada. | Die Tür ist weiterhin geschlossen. |
| La fábrica permanece ocupada por los huelgistas. | Die Fabrik bleibt von den Streikenden besetzt. |

Anmerkung: In den obigen Beispielsätzen können die Verben *seguir* und *permanecer/continuar* durch *estar todavía* ersetzt werden.

4. **ir** + Partizip Perfekt drückt einen Zustand unter einem dynamischen Gesichtspunkt aus. Die dabei verwendeten Partizipien beziehen sich meist entweder auf das Äußere oder die psychische Verfassung einer Person:

| | |
|---|---|
| Maribel va muy pintada. | Maribel ist stark geschminkt. |
| Mi marido va muy preocupado por lo que pasa en su oficina. | Mein Mann ist sehr besorgt über das, was in seinem Büro passiert. |

Merke: *El Atlético y el Real van empatados a puntos.* – Atlético und Real Madrid sind punktgleich.
*Mi reloj siempre va adelantado/atrasado.* – Meine Uhr geht immer vor/nach.

5. **ir/venir** können in Verbindung mit dem Partizip Perfekt bestimmter Verben auch zum Ausdruck des Passivs verwendet werden:

| | |
|---|---|
| Las concesivas van introducidas por las conjunciones siguientes: ... | Konzessivsätze werden durch folgende Konjunktionen eingeleitet: ... |
| El sustantivo puede ir precedido o seguido de un adjetivo. | Dem Substantiv kann ein Adjektiv vorausgehen oder folgen. |
| El comportamiento de los clientes viene condicionado por muchos factores. | Das Verhalten der Kunden wird durch viele Faktoren bestimmt. |

Anmerkung: Man beachte, dass nach *ir acompañado/precedido/seguido* die Präposition *de* verwendet wird.

6. **quedar/resultar** + Partizip Perfekt drücken einen passivischen Vorgang einschließlich des daraus folgenden Ergebnisses aus:

| | |
|---|---|
| Gran parte de las casas quedaron destruidas por el terremoto. | Ein großer Teil der Häuser wurde durch das Erdbeben zerstört. |
| El televisor (se) había quedado encendido. | Der Fernseher war eingeschaltet geblieben/lief noch. |
| Nueva York quedó envuelta en una densa nube de polvo. | New York war in eine dichte Staubwolke eingehüllt. |
| Cinco personas resultaron heridas en el accidente. | Fünf Personen wurden bei dem Unfall verletzt. |

## Verbalperiphrasen mit Bezug auf das Objekt 233

Bei den folgenden Verbalperiphrasen stimmt das Partizip in Genus und Numerus mit dem Objekt überein:

1. **dar por** + Partizip Perfekt bedeutet 'halten für/ansehen als':

| | |
|---|---|
| Doy por terminado este asunto. | Ich halte diese Angelegenheit für erledigt. |

| | | |
|---|---|---|
| Merke: | dar por descontado | als sicher annehmen |
| | darse por ofendido | sich beleidigt fühlen |
| | darse por aludido | sich betroffen fühlen |
| | darse por pagado con | sich zufriedengeben mit |
| | darse por vencido | sich geschlagen geben |

2. **dejar** + Partizip Perfekt betont die Folgen einer abgeschlossenen Handlung:

| | |
|---|---|
| He dejado olvidada mi estilográfica. | Ich habe meinen Füller liegen lassen. |
| Anoche dejé encendida la luz en el comedor. | Gestern Abend ließ ich im Esszimmer das Licht brennen. |
| Maribel dejó plantado a su novio. | Maribel ließ ihren Freund sitzen. |

3. **llevar** + Partizip Perfekt bezeichnet einen abgeschlossenen Vorgang.

| | |
|---|---|
| Llevo estudiado todo el capítulo. | Ich habe das ganze Kapitel durchgearbeitet. |
| Llevábamos recorridos 200 kms cuando me di cuenta de que había olvidado mi pasaporte. | Wir waren schon 200 km gefahren, als ich merkte, dass ich meinen Pass vergessen hatte. |

| Mis padres llevan casados veinticinco años. | Meine Eltern sind seit fünfundzwanzig Jahren verheiratet. |

Anmerkung 1: In der gesprochenen Sprache wird bei *llevar* und *tener* die Kongruenz z.T. nicht beachtet.

Anmerkung 2: In Verbindung mit einem Kleidungsstück bedeutet *llevar puesto* 'anhaben': *Mi hija llevaba puesta una falda gris.* – Meine Tochter hatte einen grauen Rock an. Das Partizip kann dabei entfallen.

4. *tener* + Partizip Perfekt betont den Abschluss einer Handlung:

| Ya tengo escrita la carta. | Mein Brief ist schon geschrieben. |
| Estas dificultades ya las tenemos superadas. | Diese Schwierigkeiten haben wir schon hinter uns. |
| ¿Tenéis algo previsto para este fin de semana? | Habt ihr für dieses Wochenende schon etwas vor? |
| Lo tienes merecido. | Das geschieht dir recht. |

5. *traer* + Partizip Perfekt drückt das Weiterwirken eines Zustandes aus:

| Estos problemas me traen muy preocupado. | Diese Probleme machen mir große Sorgen. |
| Ese hijo la trae perdida. | Dieser Sohn macht sie völlig fertig. |

## 234 Verbalperiphrasen mit dem Gerundium

1. *acabar/terminar* + *gerundio* drückt den Abschluss eines Handlungsverlaufs aus (vgl. auch § 235.2):

| El director acabó aceptando nuestra propuesta. | Der Direktor nahm schließlich unseren Vorschlag an. |
| Sus padres acabaron consintiendo en el matrimonio. | Ihre Eltern willigten schließlich in die Heirat ein. |

2. *andar* + *gerundio* gibt den Verlauf einer Handlung an, wobei ein nur vager Bezug auf die Zeit oder den Ort gegeben ist:

| Andan diciendo por ahí que soy un mentiroso. | Sie erzählen dort herum, dass ich ein Lügner sei. |
| Siempre andas metiendo cizaña. | Immer stiftest du Unfrieden. |
| Anduvimos mirando los escaparates. | Wir schauten uns Schaufenster an. |

3. **empezar/comenzar** + *gerundio* drückt den Beginn eines Handlungsverlaufs aus (vgl. auch § 235.9):

| | |
|---|---|
| *El rey empezó diciendo que ...* | Der König sagte zu Beginn, dass ... |
| *Los niños comenzaron peleándose.* | Die Kinder stritten sich anfangs. |

4. **estar** + *gerundio* drückt eine gerade sich vollziehende bzw. andauernde Handlung aus:

| | |
|---|---|
| *Estoy leyendo 'El País'.* | Ich lese gerade *El País*. |
| *Tiene que esperar un poco. Están comiendo.* | Sie müssen ein wenig warten. Sie essen gerade/sind beim Essen. |
| *Están llamando.* | Es klingelt. |
| *Su mujer está esperando un niño/está esperando familia.* | Seine Frau bekommt ein Kind/Nachwuchs. |
| *Me estoy poniendo malo.* | Mir wird schlecht. |
| *¿Estás durmiendo?* | Schläfst du? |
| *Por lo visto estabas soñando.* | Du hast offensichtlich geträumt. |
| *Está cambiando la voz.* | Er ist im Stimmbruch. |
| *Me estoy pelando.* | Meine Haut schält sich. |
| *Siempre está fanfarroneando.* | Er klopft immer nur Sprüche. |
| *Las circunstancias están siendo investigadas por agentes de la Policía Judicial.* | Die Umstände werden zurzeit von Beamten der Kriminalpolizei untersucht. |
| *Mis padres siempre me están haciendo reproches.* | Meine Eltern machen mir ständig Vorwürfe. |
| *Mi hijo está siendo atendido por un psicólogo.* | Mein Sohn ist zurzeit bei einem Psychologen in Behandlung. |
| *Ayer mi hermana estuvo hablando por teléfono toda la mañana.* | Gestern hat meine Schwester den ganzen Vormittag telefoniert. |
| *Estuvo tosiendo sin parar.* | Er/Sie hustete unaufhörlich. |
| *He estado leyendo toda la tarde.* | Ich habe den ganzen Nachmittag gelesen. |
| *He estado pensando cómo ...* | Ich habe darüber nachgedacht, wie ... |
| *Mamá nos estará esperando para comer desde la una y media.* | Mama wird schon seit halb zwei mit dem Essen auf uns warten. |

Anmerkung 1: Gelegentlich entfällt *estar*: *Tu siempre metiendo la nariz en lo que no te importa/donde no debes.* – Du steckst immer die Nase in Dinge, die dich nichts angehen.

Anmerkung 2: Auf *estar* kann nicht das *gerundio* von *estar* folgen. Ein Satz wie 'Er ist gerade unter der Dusche' muss durch *Está ahora mismo en la ducha* wiedergegeben werden.

5. *ir* + *gerundio* bezeichnet das allmähliche Fortschreiten einer Handlung. Es schließt Gegenwart und Zukunft ein:

| | |
|---|---|
| La concentration va disminuyendo. | Die Konzentration nimmt allmählich ab. |
| Poco a poco van aclarándose las circunstancias de la muerte de los dos hermanos. | Allmählich klären sich die Todesumstände der beiden Brüder auf. |
| Ya va siendo hora de ir. | Es ist allmählich Zeit zu gehen. |
| La situación va agravándose visiblemente. | Die Lage verschärft sich zusehends. |
| Ya voy comprendiendo. | Ich beginne zu verstehen. |
| Ya puedes ir empezando mientras tanto. | Du kannst ja inzwischen schon mal anfangen. |
| Van perdiendo por tres a cuatro. | Sie liegen mit 3:4 zurück. |
| Voy aprendiendo algo nuevo cada día. | Ich lerne jeden Tag etwas Neues. |

Anmerkung: Durch *ir* + *gerundio* kann auch die Anstrengung bezeichnet werden, mit der eine Handlung durchgeführt wird: *Vamos pagando las letras del coche.* – Wir bezahlen (langsam und unter großem Opfer) die Wechsel für das Auto.

6. *llevar* + *gerundio* gibt die Dauer einer Handlung an:

| | |
|---|---|
| ¿Cuánto tiempo lleva Vd. estudiando alemán? | Wie lange lernen Sie schon Deutsch? |
| Manuel lleva saliendo con Carmen más de tres años. | Manuel geht schon über drei Jahre mit Carmen. |
| Llevo dos horas esperando. | Ich warte schon seit zwei Stunden. |
| Esta organización lleva recogiendo testimonios de mujeres torturadas en todo el mundo desde 1997. (El País) | Diese Organisation sammelt seit 1997 Aussagen misshandelter Frauen aus der ganzen Welt. |

Anmerkung: Als Alternativkonstruktionen sind möglich: *Hace más de tres años que Manuel sale con Carmen* oder *Manuel sale con Carmen desde hace más de tres años.*

7. *quedarse* + *gerundio* gibt das Fortdauern einer Handlung an:

| | |
|---|---|
| Me quedé leyendo hasta la una de la noche/madrugada. | Ich las bis um ein Uhr nachts. |
| Como el partido era muy aburrido, me fui del estadio, pero mis amigos se quedaron viéndolo. | Da das Spiel sehr langweilig war, verließ ich das Stadion, aber meine Freunde schauten es weiter an. |

8. *salir* + *gerundio* bezeichnet eine plötzlich einsetzende Handlung. Es wird vor allem mit den Verben *correr, volar* und *decir* gebraucht:

| | |
|---|---|
| Cuando el niño se acercó, la urraca salió volando. | Als das Kind sich näherte, flog die Elster weg. |
| Los jóvenes que armaban jaleo en plena noche salieron corriendo al llegar la policía. | Die Jugendlichen, die mitten in der Nacht Krach machten, suchten das Weite, als die Polizei kam. |
| Cuando menos lo esperábamos, Paco salió diciendo que no quería terminar sus estudios. | Als wir es am wenigsten erwarteten, sagte Paco plötzlich, dass er sein Studium nicht beenden wolle. |

Merke:   *salir ganando*           (schließlich) gewinnen
           *salir perdiendo*          den Kürzeren ziehen
           *salir pitando*             sich schnellstens davonmachen/ abhauen

9. *seguir/continuar* + *gerundio* bezeichnet eine weiterhin bestehende Handlung:

| | |
|---|---|
| Mi hijo sigue buscando un puesto de trabajo fijo. | Mein Sohn sucht immer noch/ weiterhin einen festen Arbeitsplatz. |
| ¿Continúas tocando la guitarra? | Spielst du noch Gitarre? |
| Eso sigue siendo así. | Das ist weiterhin so. |
| El SIDA se sigue considerando una enfermedad incurable. | AIDS gilt immer noch als eine unheilbare Krankheit. |

Anmerkung:   Nach *seguir* kann *estando* entfallen: *El ministro sigue en Madrid.* – Der Minister ist noch in Madrid. *¿Sigues de camarero en el hotel Embajador?* – Bist du immer noch Kellner im Hotel Embajador?

10. *venir* + *gerundio* gibt eine Handlung an, die in der Vergangenheit begonnen hat und allmählich bis zur Gegenwart voranschreitet, wobei gleichzeitig die Vorstellung der Wiederholung mit enthalten ist:

| | |
|---|---|
| Esto viene sucediendo desde hace ya varios años. | Das geschieht schon seit mehreren Jahren immer wieder. |
| Pepe me venía contando siempre la misma historia. | Pepe erzählte mir immer dieselbe Geschichte. |
| Hace años que mi jefe viene diciendo lo mismo. | Seit Jahren sagt mein Chef dasselbe. |

# 235 Verbalperiphrasen mit dem Infinitiv

1. **acabar de** + Infinitiv bezeichnet eine Handlung, die sich kurz vor der Gegenwart oder einem Zeitpunkt der Vergangenheit vollzogen hat:

| | |
|---|---|
| Acabo de recibir una buena noticia. | Ich habe gerade eine gute Nachricht erhalten. |
| Acabábamos de llegar a casa, cuando oímos un grito. | Wir waren gerade zu Hause angekommen, als wir einen Schrei hörten. |
| Acaba de ser papá. | Er ist gerade Vater geworden. |

2. **acabar/terminar por** + Infinitiv drückt den vom Subjekt nicht gewollten Abschluss eines Verlaufs aus:

| | |
|---|---|
| El alumno acabó por confesar que había copiado de su vecino. | Der Schüler gab schließlich zu, dass er von seinem Nachbarn abgeschrieben hatte. |

Anmerkung: Statt *acabar por* + Inf. kann auch *acabar* + *gerundio* gebraucht werden: *El alumno acabó confesando que ...* (vgl. § 234.1).

3. **acertar a** + Infinitiv bezeichnet eine sich zufällig ereignende Handlung:

| | |
|---|---|
| En aquel momento acertó a pasar un profesor. | In jenem Augenblick kam zufällig ein Lehrer vorbei. |

4. **alcanzar a** + Infinitiv bedeutet 'es schaffen':

| | |
|---|---|
| No alcancé a convencerlo. | Ich schaffte es nicht, ihn zu überzeugen. |
| No alcanzo a comprender tu decisión. | Ich kann deine Entscheidung nicht verstehen. |
| Su secretaria alcanza a despachar toda la correspondencia de la empresa. | Seine Sekretärin schafft es, die gesamte Korrespondenz der Firma zu erledigen. |

5. **darle (a uno) por** + Infinitiv drückt eine Handlung aus, die als übertrieben oder unerwartet empfunden wird:

| | |
|---|---|
| A mi hijo le dio por jugar al tenis todas las tardes. | Mein Sohn spielte auf einmal jeden Nachmittag Tennis. |
| Ahora le ha dado por hacer poesías. | Jetzt schreibt er auf einmal Gedichte. |

6. **deber (de)** + Infinitiv drückt eine Vermutung aus. Die Präposition wird heute oft weggelassen:

| Alguien debe de habérselo dicho. | Jemand muss es ihm/ihr/ihnen gesagt haben. |
|---|---|
| Debían de ser las ocho. | Es musste acht Uhr gewesen sein. |

7. **dejar de** + Infinitiv bringt zum Ausdruck, dass eine gewohnheitsmäßige oder erwartete Handlung nicht eingetreten ist. In verneinter Form bedeutet die Wendung, dass die durch das Hauptverb ausgedrückte Handlung nicht unterbrochen wird. Außerdem kann diese Periphrase im Futur und im Imperativ einen festen Vorsatz oder eine ausdrückliche Bitte bezeichnen:

| ¿Cómo es que hoy has dejado de ir al concierto? | Wieso bist du heute nicht ins Konzert gegangen? |
|---|---|
| Julio no ha dejado de aprender alemán. | Julio lernt immer noch Deutsch. |
| Cuando pases por casa de Luisa ¡no dejes de saludarla de mi parte! | Wenn du bei Luisa vorbeikommst, grüße sie von mir/vergiss nicht, sie von mir zu grüßen. |

Anmerkung: *Dejar de* + Inf. bedeutet außerdem 'aufhören zu': *He dejado de fumar.* – Ich habe aufgehört zu rauchen. *Nunca dejaré de quererte.* – Ich werde nie aufhören, dich zu lieben.

8. **echar(se) a** + Infinitiv gibt einen plötzlichen Beginn an. *Echar a* wird in Verbindung mit den Infinitiven *andar* 'gehen', *correr* 'laufen', *nadar* 'schwimmen' und *volar* 'fliegen' gebraucht, während die reflexive Form mit den Infinitiven *llorar* 'weinen', *reír* 'lachen' und *temblar* 'zittern' verwendet wird:

| Los alumnos se echaron a reír. | Die Schüler fingen an zu lachen. |
|---|---|
| Cuando nos acercamos, el pájaro echó a volar. | Als wir uns näherten, flog der Vogel davon. |

9. **empezar/comenzar por** + Infinitiv drückt den Beginn der Handlungsverlaufs aus (vgl. auch § 234.3):

| Manuel empezó por decir que no quería y terminó por aceptarlo. | Zuerst sagte Manuel, dass er nicht wolle, dann war er einverstanden. |
|---|---|

10. **estar para** + Infinitiv bedeutet 'im Begriff sein, etw. zu tun' und in verneinter Form 'nicht zu etw. aufgelegt sein':

| | |
|---|---|
| Estamos para ir de vacaciones. | Wir sind im Begriff in Urlaub zu fahren. |
| No estoy para escribir. | Ich bin nicht zum Schreiben aufgelegt. |

11. **estar por** + Infinitiv bezeichnet eine noch auszuführende Handlung: außerdem bedeutet es 'dafür sein':

| | |
|---|---|
| El tren está por salir. | Der Zug fährt gleich ab. |
| No estoy por despedir al entrenador. | Ich bin nicht dafür, den Trainer zu entlassen. |

12. **estar sin** + Infinitiv drückt aus, dass die vom Verb im Infinitiv bezeichnete Handlung nicht realisiert ist:

| | |
|---|---|
| He estado un mes sin fumar. | Ich habe einen Monat lang nicht geraucht. |
| Las camas están sin hacer. | Die Betten sind noch nicht gemacht. |

13. **haber de** + Infinitiv bezeichnet eine Notwendigkeit oder ein schicksalhaftes Geschehen; in Verbindung mit *siempre* drückt es einen Tadel aus:

| | |
|---|---|
| Habremos de hacerlo. | Wir werden es wohl tun müssen. |
| Todos hemos de morir. | Wir müssen alle sterben. |
| ¡Siempre has de meter la pata! | Immer musst du ins Fettnäpfchen treten! |

14. **hay que** + Infinitiv drückt unpersönliches 'müssen' aus:

| | |
|---|---|
| Hay que encontrar una solución. | Man muss eine Lösung finden. |
| No hay que quitarle la esperanza. | Man darf ihm nicht die Hoffnung nehmen. |

15. **ir a** + Infinitiv bezeichnet einen unmittelbar bevorstehenden Vorgang:

| | |
|---|---|
| Te lo voy a explicar todo./ Voy a explicártelo todo. | Ich werde dir alles erklären. |
| Inés va a tener un hijo. | Ines bekommt ein Kind. |
| Juan va a ser padre. | Juan wird Vater. |
| Es lo que iba a decir. | Das wollte ich gerade sagen. |

Anmerkung: Heute wird *ir a* + Inf. häufig als Ersatz für das Futur I verwendet, und die Form *iba a* + Inf. dient als Ersatz für das Konditional I (vgl. § 296.2).
Merke: *¿Cómo iba yo a saberlo?* – Wie/Woher sollte ich das wissen?
Zu *vamos a* + Inf. vgl. § 185.4, Anm. 2

16. *liarse a* + Infinitiv bezeichnet den Beginn einer Handlung, die als unüberlegt empfunden wird:

| | |
|---|---|
| *Cuando mi tío se lía a hablar no hay quien lo pare.* | Wenn mein Onkel zu reden anfängt, hält ihn keiner mehr. |

17. *llegar a* + Infinitiv bedeutet 'soweit gehen, etw. zu tun' oder 'schließlich etw. tun'. In verneinter Form bedeutet die Wendung 'es nicht schaffen, etw. zu tun':

| | |
|---|---|
| *Su padre llegó a insultarme.* | Sein Vater ging soweit, mich zu beschimpfen. |
| *Aunque al principio Carmen no me era simpática, llegué a enamorarme de ella.* | Obwohl Carmen mir am Anfang nicht sympathisch war, verliebte ich mich schließlich in sie. |
| *No llegaré nunca a comprenderlo.* | Ich werde es nie verstehen. |
| *Mi amigo ha llegado a ser un gran experto en Informática.* | Mein Freund ist ein großer Experte auf dem Gebiet der Informatik geworden. |

Anmerkung: Besonders in der Umgangssprache wird *llegar a* + Inf. mit konditionaler Bedeutung gebraucht: *Si llego a saberlo* (= *Si lo hubiera sabido*), *no lo habría hecho.* – Wenn ich es gewusst hätte, hätte ich es nicht getan.

18. *meterse a* + Infinitiv bedeutet 'anfangen, etw. zu tun' (ohne die nötigen Kenntnisse zu haben):

| | |
|---|---|
| *Te metes a hablar de arquitectura sin tener la mínima idea.* | Du redest da über Architektur, ohne die geringste Ahnung zu haben. |

19. *pasar a* + Infinitiv bedeutet 'zu etw. übergehen' und wird in Verbindung mit Verben wie *estudiar, analizar* und *leer* u.ä. gebraucht:

| | |
|---|---|
| *Después de hablar sobre el texto, pasemos a analizar el estilo del escritor.* | Nachdem wir über den Text gesprochen haben, wollen wir nun den Stil des Schriftstellers untersuchen. |

20. **ponerse a** + Infinitiv ist ein Synonym zu *empezar/comenzar a* + Infinitiv; Subjekt ist zumeist ein lebendes Wesen:

| ¡Ponte a estudiar! | Fang an zu lernen! |

21. **quedar en** + Infinitiv entspricht dem deutschen Ausdruck 'bei etw. verbleiben':

| Quedamos en llamarle por teléfono al día siguiente. | Wir verblieben dabei, ihn am folgenden Tag anzurufen. |

22. **romper a** + Infinitiv drückt den plötzlichen Beginn einer Handlung aus. Es wird nur noch mit den Infinitiven *llorar* 'weinen' und *reír* 'lachen' verwendet sowie mit *hablar* 'sprechen' und *andar* 'gehen' mit Bezug auf ein Kind, das zu sprechen bzw. zu laufen beginnt:

| Al oír esta noticia mi madre rompió a llorar. Mi hijo rompió a andar a los once meses. | Als meine Mutter diese Nachricht hörte, brach sie in Tränen aus. Mein Sohn fing mit elf Monaten an zu laufen. |

23. **tener que** + Infinitiv bezeichnet einen äußeren Zwang:

| Hoy tengo que trabajar hasta las siete. | Heute muss ich bis sieben arbeiten. |

24. **venir a** + Infinitiv bezeichnet eine ungefähre Angabe:

| El director vino a decir lo siguiente: Ahora mi marido viene a ganar el doble. | Der Direktor sagte ungefähr Folgendes: ... Jetzt verdient mein Mann ungefähr das Doppelte. |

25. **volver a** + Infinitiv drückt die Wiederholung einer Handlung aus:

| ¡Que no te vuelva a pasar! ¿Cuándo lo volverás a ver/ volverás a verlo? | Dass dir das nicht noch einmal passiert! Wann wirst du ihn wiedersehen? |

# Kapitel 22  Die Ergänzungen des Verbs
## (Los complementos del verbo)

An spanische Verben können, sofern sie nicht intransitiv sind, verschiedene Arten von Objekten angeschlossen werden, und zwar ein direktes Objekt, ein indirektes Objekt oder ein präpositionales Objekt (mit den Präpositionen *a, de, con, en, por* oder *sobre*). Einige Verben können durch zwei Objekte ergänzt werden. Eine kleine Gruppe von Verben kann eine prädikative Ergänzung zu sich nehmen, die sich entweder auf das Subjekt oder das Objekt des Satzes bezieht.

## Verben mit direktem Objekt                                    236

1. Die meisten Verben, die im Deutschen mit direktem Objekt konstruiert werden, werden auch im Spanischen mit direktem Objekt gebraucht. Ist das direkte Objekt eine bestimmte Person, so geht ihm die Präposition *a* voraus (vgl. § 271.2):

| | |
|---|---|
| *He escrito una carta.* | Ich habe einen Brief geschrieben. |
| *Ayer vi a tu hermano.* | Gestern sah ich deinen Bruder. |

2. Einige Verben, die im Spanischen mit direktem Objekt verwendet werden, werden im Deutschen mit indirektem Objekt bzw. mit präpositionalem Objekt konstruiert (Dass es sich um ein direktes Objekt handelt, kann man bei persönlichem Objekt eindeutig nur am femininen Personalpronomen der 3. Pers. erkennen):

| | |
|---|---|
| *acechar a alg.* | jdm. auflauern |
| *amenazar a alg.* | jdm. drohen |
| *apostar u.c.* | (um) etw. wetten |
| *apretar u.c.* | auf etw. drücken |
| *asisitir a alg.* | jdm. helfen/beistehen |
| *ayudar a alg.* | jdm. helfen |
| *consultar u.c.* | in etw. nachschlagen |
| *contradecir a alg.* | jdm. widersprechen |
| *despedir a alg.* | jdm. kündigen |
| *disculpar a alg.* | jdm. verzeihen |
| *escuchar a alg./u.c.* | jdm./einer Sache zuhören |
| *evitar a alg.* | jdm. ausweichen |
| *felicitar a alg.* | jdm. gratulieren |
| *impresionar a alg.* | jdm. imponieren |
| *invadir u.c.* | in etw. einfallen |
| *olfatear u.c.* | an etw. schnuppern (Tier) |

| | |
|---|---|
| *perdonar a alg.* | jdm. verzeihen |
| *perjudicar a alg./u.c.* | jdm./einer Sache schaden |
| *preceder a alg./u.c.* | jdm./einer Sache vorangehen |
| *presenciar u.c.* | bei etw. dabeisein |
| *pulsar u.c.* | auf etw. drücken |
| *recordar u.c.* | sich an etw. erinnern |
| *resistir u.c.* | einer Sache widerstehen/ standhalten |
| *roer u.c.* | an etw. nagen |
| *seguir a alg./u.c.* | jdm./einer Sache folgen |
| *señalar a alg./u.c.* | auf jdn./etw. hinweisen |

| | |
|---|---|
| No recuerdo la fecha exacta. | Ich kann mich an das genaue Datum nicht erinnern. |
| No la perdonará nunca. | Er wird ihr nie verzeihen. |
| Las tropas iraquíes invadieron Kuwait. | Die irakischen Truppen fielen in Kuwait ein. |
| No sé si seguirán mi consejo. | Ich weiß nicht, ob sie meinem Rat folgen werden. |
| Lo felicité por el nacimiento de su hijo. | Ich gratulierte ihm zur Geburt seines Sohnes. |

3. Ausdrücke und Wendungen mit dem direkten Objekt:

| | |
|---|---|
| *abordar un problema* | an ein Problem herangehen |
| *aporrear el piano* | auf dem Klavier klimpern |
| *balancear las piernas* | mit den Beinen baumeln |
| *castañatear los dedos* | mit den Fingern schnalzen |
| *chascar la lengua* | mit der Zunge schnalzen |
| *chupar el dedo* | am Daumen lutschen |
| *clamar venganza* | nach Rache schreien |
| *comerse las uñas* | an den Nägeln kauen |
| *contagiarle la gripe a alg.* | jdn. mit der Grippe anstecken |
| *correr mundo* | in der Welt herumkommen |
| *debatir un tema* | über ein Thema diskutieren |
| *desaconsejar la compra* | vom Kauf abraten |
| *doblar/volver la esquina* | um die Ecke biegen |
| *ganar/perder terreno* | an Boden gewinnen/verlieren |
| *hojear un libro* | in einem Buch blättern |
| *hurgarse la nariz/ meterse el dedo en la nariz* | in der Nase bohren |

| | |
|---|---|
| *hurgarse los dientes* | in den Zähnen stochern |
| *jugar cien euros* | um hundert Euro spielen |
| *leer la mano* | aus der Hand lesen |
| *lidiar un toro* | mit einem Stier kämpfen |
| *mirar el reloj* | auf die Uhr schauen |
| *no mirar el precio* | nicht auf den Preis schauen |
| *morder una manzana* | in einen Apfel beißen |
| *morderse los labios* | sich auf die Lippen beißen |
| *mover la cola* | mit dem Schwanz wedeln |
| *oler u.c.* | an etw. riechen |
| *pedir perdón* | um Verzeihung bitten |
| *pisar el freno* | auf die Bremse treten |
| *pisotear el césped* | auf dem Rasen herumtrampeln |
| *presidir una reunión* | bei einer Versammlung den Vorsitz führen |
| *profesar el cristianismo* | sich zum christlichen Glauben bekennen |
| *rechinar los dientes* | mit den Zähnen knirschen |
| *recorrer toda Europa* | durch ganz Europa reisen |
| *saltar la valla* | über den Zaun springen |
| *solicitar un empleo* | sich um eine Stelle bewerben |
| *suspender una asignatura/ el latín/las matemáticas* | in einem Fach/in Latein/ in Mathematik durchfallen |
| *trabajar la madera* | mit Holz arbeiten |
| *votar una propuesta* | über einen Vorschlag abstimmen |

Aber: *ganar en altura/importancia* an Höhe/Bedeutung gewinnen

4. In den folgenden Fällen steht im Deutschen ein direktes Objekt, während das Spanische einen präpositionalen Ausdruck verwendet:

| | |
|---|---|
| Konkurs anmelden | *declararse en quiebra* |
| Tränen lachen | *llorar de la risa* |
| Prosa schreiben | *escribir en prosa* |
| Schicht arbeiten | *trabajar por turnos* |
| Seite 20 aufschlagen | *abrir por la página 20* |
| die Bedingungen erfüllen | *cumplir con los requisitos* |
| eine Stelle antreten | *incorporarse a un puesto* |
| den Verleger kontaktieren | *contactar con el editor* |
| den Kollegen verdächtigen | *sospechar del colega* |

## Verben mit indirektem oder präpositionalem Objekt

## 237 Verben mit *a*-Objekt

1. Den meisten deutschen Verben mit indirektem Objekt entsprechen im Spanischen Verben mit ***a*-Objekt**:

| | |
|---|---|
| *asistir a u.c.* | einer Sache beiwohnen |
| *ceder a alg./u.c.* | jdm./einer Sache nachgeben |
| *contravenir a u.c.* | einer Sache zuwiderhandeln |
| *corresponder a u.c.* | einer Sache entsprechen |
| *incumbir a alg.* | jdm. obliegen |
| *parecerse a alg./u.c.* | jdm./einer Sache ähnlich sein/ähneln |
| *pertenecer a alg./u.c.* | jdm./zu einer Sache gehören |

| | |
|---|---|
| *No voy a tener tiempo para asistir a la conferencia.* | Ich werde keine Zeit haben, den Vortrag zu besuchen. |
| *¿A quién pertenece esa maleta?* | Wem gehört dieser Koffer? |
| *El ministro tuvo que ceder a la presión de su partido.* | Der Minister musste dem Druck seiner Partei nachgeben. |
| *El resultado no corresponde a mis expectativas.* | Das Ergebnis entspricht nicht meinen Erwartungen. |

2. Mit indirektem Objekt werden im Gegensatz zum Deutschen folgende Verben konstruiert:

| | |
|---|---|
| *jugar a u.c.* | etw. spielen |
| *preguntar a alg.* | jdn. fragen |
| *sobrevivir a alg./u.c.* | jdn./etw. überleben |

| | |
|---|---|
| *Nadie sobrevivió a la catástrofe.* | Niemand überlebte die Katastrophe. |
| *Antes tenemos que preguntarle a María.* | Zuerst müssen wir Maria fragen. |
| *Me gusta jugar al ajedrez.* | Ich spiele gerne Schach. |

Merke: *jugar una fortuna* ein Vermögen verspielen

3. Folgenden spanischen Verben mit ***a*-Objekt** entsprechen deutsche Verben mit präpositionalem Objekt:

| | |
|---|---|
| *acudir a u.c.* | zu etw. herbeieilen/zu etw. greifen |
| *acudir a alg.* | sich an jdn. (um Hilfe/Schutz) wenden |

| | |
|---|---|
| *aludir a alg./u.c.* | auf jdn./etw. anspielen |
| *apelar a alg./u.c.* | an jdn./etw. appellieren |
| *apestar a u.c.* | nach etw. stinken/sehr stark nach etw. riechen |
| *apuntar a alg./u.c.* | auf jdn./etw. zielen/auf etw. hindeuten |
| *ascender a* | sich belaufen auf |
| *aspirar a u.c.* | nach etw. streben/trachten |
| *atender a u.c.* | auf etw. achten |
| *ayudar a u.c.* | zu etw. beitragen/verhelfen |
| *condenar a u.c.* | zu etw. verurteilen |
| *conducir a u.c.* | zu etw. führen |
| *contestar (a) u.c.* | auf etw. antworten/etw. beantworten |
| *contribuir a u.c.* | zu etw. beitragen |
| *destinar a/para alg./u.c.* | für jdn./etw. bestimmen |
| *disparar a alg./u.c.* | auf jdn./etw. schießen |
| *hablar a/con alg.* | jdn./mit jdm. sprechen |
| *instigar a u.c.* | zu etw. anstiften |
| *llegar a u.c.* | zu etw. kommen/bei etw. ankommen |
| *llevar a u.c.* | zu etw. führen |
| *montar a* | sich belaufen auf |
| *oler a u.c.* | nach etw. riechen |
| *pasar a u.c.* | zu etw. übergehen |
| *recurrir a alg./u.c.* | sich an jdn. wenden/auf etw. zurückgreifen |
| *renunciar a u.c.* | auf etw. verzichten |
| *responder a u.c.* | auf etw. antworten |
| *saber a u.c.* | nach etw. schmecken |
| *sonar a u.c.* | nach etw. klingen |
| *suceder a alg.* | auf jdn. folgen |
| *trepar a u.c.* | auf etw. klettern |

| | |
|---|---|
| *El asado sabe a quemado.* | Der Braten schmeckt angebrannt. |
| *El número de muertos asciende a 122.* | Die Zahl der Toten beläuft sich auf 122. |
| *Todos tienen que contribuir a la solución de este problema.* | Alle müssen zur Lösung dieses Problems beitragen. |
| *El borracho apestaba a vino barato.* | Der Betrunkene stank nach billigem Wein. |
| *Todo apunta a que él la mató y luego se suicidó.* | Alles deutet darauf hin, dass er sie tötete und dann Selbstmord beging. |

Anmerkung: Folgt ein *que*-Satz, bleibt die Präposition erhalten.

4. Folgenden spanischen reflexiven Verben mit *a*-Objekt entsprechen deutsche reflexive Verben mit indirektem Objekt bzw. präpositionalem Objekt:

| | |
|---|---|
| acercarse a alg./u.c. | sich jdm./einer Sache nähern |
| acostumbrarse a alg./u.c. | sich an jdn./etw. gewöhnen |
| adaptarse a u.c. | sich einer Sache anpassen |
| adecuarse a u.c. | sich einer Sache anpassen |
| adherirse a u.c. | einer Sache zustimmen/beipflichten/ sich einer Sache anschließen/einer Sache beitreten |
| afiliarse a u.c. | in etw. eintreten/einer Sache beitreten |
| ajustarse a alg./u.c. | sich nach jdm./etw. richten |
| aplicarse a u.c. | sich einer Sache widmen |
| aproximarse a alg./u.c. | sich jdm./einer Sache nähern |
| arriesgarse a u.c. | sich an etw. heranwagen |
| arrimarse a u.c. | sich an etw. lehnen/an etw. herantreten |
| atenerse a u.c. | sich an etw. halten |
| deberse a u.c. | auf etw. zurückzuführen sein |
| decidirse a u.c. | sich zu etw. entschließen |
| dedicarse a u.c. | sich einer Sache widmen |
| dirigirse a alg. | sich an jdn. wenden |
| elevarse a | sich belaufen auf |
| entregarse a alg./u.c. | sich jdm./einer Sache hingeben |
| exponerse a u.c. | sich einer Sache aussetzen |
| habituarse/hacerse a u.c. | sich an etw. gewöhnen |
| imponerse a alg. | sich gegen jdn. durchsetzen |
| limitarse a u.c. | sich auf etw. beschränken |
| oponerse a u.c. | sich einer Sache widersetzen |
| prestarse a u.c. | sich für etw. eignen |
| reducirse a u.c. | sich auf etw. beschränken |
| referirse a alg./u.c. | sich auf jdn./etw. beziehen |
| remitirse a u.c. | sich auf jdn./etw. berufen |
| remontarse a u.c. | auf etw. zurückgehen |
| resolverse a u.c. | sich zu etw. entschließen |
| restringirse a u.c. | sich auf etw. beschränken |
| sobreponerse a alg./u.c. | sich gegen jdn./etw. durchsetzen/ sich über etw. hinwegsetzen |
| someterse a u.c. | sich einer Sache unterziehen |
| sujetarse a u.c. | sich an etw. (fest)halten |
| sustraerse a u.c. | sich einer Sache entziehen |
| unirse a/con alg./u.c. | sich jdm./einer Sache anschließen |

| | |
|---|---|
| ¿A quién hay que dirigirse? | An wen muss man sich wenden? |
| Tenemos que limitarnos a lo estrictamente necesario. | Wir müssen uns auf das Allernotwendigste beschränken. |
| Es importante saber adaptarse a las circunstancias. | Es ist wichtig, sich den Umständen anpassen zu können. |
| No podrás sustraerte a tus obligaciones. | Du wirst dich deinen Verpflichtungen nicht entziehen können. |
| No me opongo a ello. | Ich habe nichts dagegen. |

## Verben mit *de*-Objekt 238

1. Nicht-reflexive Verben:

| | |
|---|---|
| abusar de alg./u.c. | jdn./etw. missbrauchen |
| advertir de u.c. | vor etw. warnen |
| alardear de u.c. | mit etw. prunken |
| bajar de u.c. | aus etw. aussteigen |
| beber de u.c. | aus etw. trinken |
| cambiar de alg./u.c. | jdn./etw. wechseln |
| carecer de u.c. | etw. entbehren |
| colgar de u.c. | an etw. hängen [nicht fig.] |
| constar de u.c. | aus etw. bestehen |
| convalecer de u.c. | von etw. genesen |
| copiar de alg./u.c. | von jdm./aus etw. abschreiben |
| cuidar de alg./u.c. | jdn. betreuen/auf etw. achten |
| datar de | zurückgehen auf/herrühren von |
| depender de alg./u.c. | von jdm./etw. abhängen |
| desbordar de u.c. | von etw. überquellen |
| descansar de u.c. | von etw. ausruhen |
| descender de alg./u.c. | von jdm. abstammen/von etw. herabsteigen |
| desconfiar de alg./u.c. | jdm./einer Sache misstrauen |
| desesperar de alg./u.c. | an jdm./etw. verzweifeln |
| desistir de u.c. | von etw. ablassen |
| diferir de alg./u.c. | sich von jdm./etw. unterscheiden |
| disfrutar de u.c. | etw. genießen |
| disponer de u.c. | über etw. verfügen |
| disputar de/sobre u.c. | über etw. streiten |
| dudar de u.c. | an etw. zweifeln |
| enfermar de u.c. | an etw. erkranken |
| entender de u.c. | etw. von etw. verstehen |
| gozar de u.c. | etw. genießen |
| hablar de/sobre u.c. | von/über etw. sprechen |

| | |
|---|---|
| *hervir/hormiguear de u.c.* | von etw. wimmeln |
| *huir de alg./u.c.* | vor jdm./etw. fliehen |
| *morir de u.c.* | an etw. sterben |
| *padecer de u.c.* | an etw. leiden |
| *participar de u.c.* | an etw. teilhaben/an etw. beteiligt sein |
| *pasar de u.c.* | mit etw. nichts zu tun haben wollen |
| *pender de u.c.* | an etw. hängen [nicht fig.] |
| *prescindir de u.c.* | von etw. absehen/auf etw. verzichten |
| *preservar de u.c.* | vor etw. schützen |
| *presumir de u.c.* | sich auf etw. etw. einbilden |
| *proceder de u.c.* | von etw. herkommen |
| *protestar de u.c.* | etw. beteuern |
| *responder de/por alg./u.c.* | für jdn./etw. bürgen/haften |
| *servir de/como u.c.* | als etw. dienen |
| *sonreír de/por alg./u.c.* | über jdn./etw. lächeln |
| *sospechar de alg.* | jdn. verdächtigen |
| *sufrir de u.c.* | an/unter etw. leiden |
| *tirar de u.c.* | an etw. ziehen |
| *tratar de u.c.* | etw. behandeln |

| | |
|---|---|
| *Mi tío murió de paro cardíaco.* | Mein Onkel starb an Herzstillstand. |
| *¡No abuses de mi paciencia!* | Missbrauche meine Geduld nicht! |
| *No dudo de tu sinceridad.* | Ich zweifle nicht an deiner Aufrichtigkeit. |
| *¿De qué trata el libro?* | Wovon handelt das Buch? |
| *Desgraciadamente, no dispongo de la experiencia requerida.* | Leider verfüge ich nicht über die notwendige Erfahrung. |
| *Ante estas circunstancias, me veo obligado a desistir de mi proyecto.* | In Anbetracht dieser Umstände sehe ich mich gezwungen, meinen Plan aufzugeben. |

2. Reflexive Verben:

| | |
|---|---|
| *abastecerse de/con u.c.* | sich mit etw. eindecken |
| *abrigarse de u.c.* | sich vor etw. schützen |
| *abstenerse de u.c.* | sich einer Sache enthalten |
| *acordarse de alg./u.c.* | sich an jdn./etw. erinnern |
| *admirarse de alg./u.c.* | sich über jdn./etw. wundern |
| *adueñarse de u.c.* | sich einer Sache bemächtigen |
| *alabarse de u.c.* | mit etw. prahlen |

| | |
|---|---|
| alegrarse de u.c. | sich über etw. freuen |
| alejarse de alg./u.c. | sich von jdm./etw. entfernen |
| alimentarse de/con u.c. | sich von etw. ernähren |
| ampararse de/contra u.c. | sich vor etw. schützen/sich gegen etw. verteidigen |
| apoderarse de u.c. | sich einer Sache bemächtigen |
| apropiarse de u.c. | sich etw. aneignen |
| aprovecharse de alg./u.c. | jdn. ausnützen/sich etw. zunutze machen |
| arrepentirse de u.c. | etw. bereuen |
| asombrarse de alg./u.c. | sich über jdn./etw. wundern |
| asustarse de/por/con u.c. | vor etw. erschrecken |
| atracarse de u.c. | sich mit etw. vollstopfen |
| avergonzarse de/por u.c. | sich einer Sache schämen |
| beneficiarse de u.c. | aus etw. Nutzen ziehen |
| burlarse de alg./u.c. | sich über jdn./etw. lustig machen |
| cansarse de u.c. | von etw. müde werden |
| cerciorarse de u.c. | sich einer Sache vergewissern |
| compadecerse de alg. | mit jdm. Mitleid haben |
| componerse de u.c. | aus etw. bestehen |
| concienciarse de u.c. | sich etw. bewusst machen |
| confundirse de u.c. | sich in etw. irren |
| convencerse de u.c. | sich von etw. überzeugen |
| cubrirse de u.c. | sich mit etw. bedecken |
| cuidarse de alg./u.c. | sich vor jdm./etw. hüten/sich um jdn./etw. kümmern |
| defenderse de/contra alg./u.c. | sich gegen jdn./etw. verteidigen |
| dejarse de u.c. | etw. (unter)lassen |
| derivarse de u.c. | von etw. herrühren/sich von etw. ableiten |
| desacostumbrarse de u.c. | sich etw. abgewöhnen |
| descuidarse de u.c. | sich über etw. hinwegsetzen |
| desembarazarse de alg./u.c. | jdn./etw. loswerden |
| deshacerse de alg./u.c. | jdn./etw. loswerden |
| despedirse de alg. | sich von jdm. verabschieden |
| desprenderse de u.c. | sich von etw. losmachen |
| disfrazarse de alg./u.c. | sich als jd./etw. verkleiden |
| distanciarse de alg./u.c. | sich von jdm./etw. distanzieren |
| dolerse de u.c. | über etw. klagen/etw. bedauern |
| enamorarse de alg./u.c. | sich in jdn./etw. verlieben |
| encargarse de u.c. | etw. übernehmen |
| enfadarse de/por u.c. | sich über etw. ärgern |

| | |
|---|---|
| enterarse de u.c. | etw. erfahren/in Erfahrung bringen |
| entristecerse de/por u.c. | über etw. traurig werden |
| esconderse de alg. | sich vor jdm. verstecken |
| examinarse de u.c. | seine Prüfung in etw. machen |
| extrañarse de alg./u.c. | sich über jdn./etw. wundern/ über jdn./etw. staunen |
| fiarse de alg./u.c. | sich auf jdn./etw. verlassen |
| guardarse de alg./u.c. | sich vor jdm./etw. in Acht nehmen/ hüten |
| horrorizarse de u.c. | über etw. entsetzt sein |
| indignarse de/por alg./u.c. | sich über jdn./etw. entrüsten/ empören |
| informarse de/sobre alg./u.c. | sich nach jdm./etw. erkundigen |
| jactarse de u.c. | sich mit etw. brüsten |
| justificarse de u.c. | sich für etw. rechtfertigen |
| lamentarse de/por u.c. | sich über etw. beklagen |
| lastimarse de alg. | mit jdm. Mitleid haben |
| liberarse de alg./u.c. | sich von/aus etw. befreien |
| maravillarse de alg./u.c. | sich über jdn./etw. wundern |
| nutrirse de u.c. | sich von etw. nähren |
| ocuparse de/en u.c. | sich mit etw. beschäftigen |
| olvidarse de u.c./olvidar u.c. | etw. vergessen |
| picarse de/por u.c. | wegen etw. eingeschnappt sein/ sich auf etw. etwas einbilden |
| preocuparse de u.c. | sich um etw. kümmern |
| prevenirse de u.c. | sich mit etw. versehen |
| privarse de u.c. | auf etw. verzichten |
| protegerse de/contra u.c. | sich vor/gegen etw. schützen |
| proveerse de u.c. | sich mit etw. versehen/eindecken |
| quejarse de alg./u.c. | sich über jdn./etw. beklagen |
| quitarse de u.c. | sich von etw. losmachen |
| recobrarse de u.c. | sich von etw. erholen |
| recuperarse de u.c. | sich von etw. erholen |
| reírse de alg./u.c. | über jdn./etw. lachen |
| reponerse de u.c. | sich von etw. erholen |
| resarcirse de u.c. | sich für etw. schadlos halten |
| resguardarse de u.c. | sich vor etw. schützen |
| rodearse de alg./u.c. | sich mit jdm./etw. umgeben |
| servirse de u.c. | sich einer Sache bedienen |
| tratarse de alg./u.c. | sich um jdn./etw. handeln |
| valerse de u.c. | sich einer Sache bedienen/ zu etw. greifen |
| vengarse de alg. | sich an jdm. rächen |

| | |
|---|---|
| Me había confundido de piso/ en el piso. | Ich hatte mich im Stockwerk geirrt. |
| ¿De qué te ríes? | Worüber lachst du? |
| Me parece que Manuel se ha enamorado de María. | Ich glaube, dass Manuel sich in Maria verliebt hat. |
| Los obreros se quejan de las malas condiciones de trabajo. | Die Arbeiter beklagen sich über die schlechten Arbeitsbedingungen. |
| ¿De qué se trata? | Worum handelt es sich? |
| Mi hermano no se priva de nada. | Mein Bruder verzichtet auf nichts. |
| ¡Déjate de mentiras! | Lass doch das Lügen! |
| Aún no me he recuperado de mi enfermedad. | Ich habe mich von meiner Krankheit noch nicht erholt. |
| No te has cubierto precisamente de gloria. | Du hast dich nicht gerade mit Ruhm bekleckert. |

Anmerkung: Der dt. Ausdruck 'sich auf etw. freuen' wird durch *esperar ansiosamente/impacientemente/con impaciencia que* + *subjuntivo* bzw. *estar entusiasmado con la idea de* + Infinitiv wiedergegeben: *Espero con impaciencia que llegue Navidad.* – Ich freue mich auf Weihnachten. *Estoy muy entusiasmado con la idea de ir al Perú.* – Ich freue mich sehr auf die Reise nach Peru. Auch: *El viaje al Perú me da/hace mucha ilusión.* Diese Ausdrucksweise ist geläufiger als *esperar ansiosamente* etc.

## Verben mit *con*-Objekt

1. Nicht-reflexive Verben:

| | |
|---|---|
| *acabar con alg./u.c.* | jdn./etw. zugrunde richten/mit jdm./etw. Schluss machen |
| *acertar con u.c.* | finden, was man sucht |
| *alternar con alg.* | mit jdm. verkehren/sich mit jdm. abwechseln |
| *coincidir con u.c.* | mit etw. zusammenfallen/sich mit etw. decken |
| *combinar con u.c.* | zu etw. passen |
| *competir con alg./u.c.* | mit jdm./etw. konkurrieren |
| *concordar con u.c.* | mit etw. übereinstimmen |
| *consultar con alg.* | sich mit jdm. beratschlagen |
| *contar con alg./u.c.* | mit jdm./etw. rechnen/ auf jdn./etw. zählen |
| *continuar con u.c.* | mit etw. weitermachen |
| *conversar con alg.* | sich mit jdm. unterhalten |
| *corresponder con alg.* | mit jdm. im Briefwechsel stehen |
| *cumplir con u.c.* | etw. erfüllen (Pflicht) |
| *enlazar con u.c.* | an etw. Anschluss haben |

| | |
|---|---|
| *equipar con/de u.c.* | mit etw. ausrüsten/ausstatten |
| *hablar con/a alg.* | jdn./mit jdm. sprechen |
| *insistir con alg.* | auf jdn. eindringen |
| *ligar con alg.* | mit jdm. anbändeln/jdn. anmachen |
| *limitar/lindar con u.c.* | an etw. angrenzen |
| *luchar con/contra u.c.* | mit/gegen etw. kämpfen |
| *reñir con alg.* | mit jdm. streiten/sich mit jdm. zanken |
| *rimar con u.c.* | sich auf etw. reimen |
| *romper con alg./u.c.* | mit jdm./etw. brechen |
| *soñar con alg./u.c.* | von jdm./etw. träumen |
| *topar con u.c.* | auf etw. stoßen |
| *tratar con alg.* | mit jdm. Umgang haben/verkehren |
| *tropezar con u.c./alg.* | über etw. stolpern/auf etw. stoßen/jdm. zufällig begegnen |

| | |
|---|---|
| *España linda con Francia y Portugal.* | Spanien grenzt an Frankreich und Portugal. |
| *No puedes competir con ellos.* | Du kannst mit ihnen nicht konkurrieren. |
| *Allí tropecé con mi primo, después de diez años sin vernos.* | Dort begegnete ich zufällig meinem Cousin, nachdem wir uns zehn Jahre nicht gesehen hatten. |
| *Esta noche soñé con Carmen.* | Heute Nacht habe ich von Carmen geträumt. |
| *No sé por qué Carlos rompió con su novia.* | Ich weiß nicht, warum Carlos mit seiner Freundin Schluss gemacht hat. |
| *El adjetivo concuerda en género y número con el sustantivo.* | Das Adjektiv stimmt in Genus und Numerus mit dem Substantiv überein. |
| *No podemos contar con él.* | Wir können mit ihm nicht rechnen. |
| *Mañana continuaremos con el tema.* | Morgen werden wir mit dem Thema weitermachen. |

2. Reflexive Verben:

| | |
|---|---|
| *aconsejarse con alg.* | sich bei jdm. Rat holen |
| *acordarse/arreglarse con alg.* | sich mit jdm. einigen |
| *alinearse con alg.* | sich jdm. anschließen |
| *arreglarse con u.c.* | mit etw. zu Rande kommen |
| *atreverse con alg.* | es mit jdm. aufnehmen |
| *casarse con alg.* | jdn. heiraten |
| *citarse con alg.* | sich mit jdm. verabreden |

| | |
|---|---|
| *compararse con alg.* | sich mit jdm. vergleichen |
| *comprometerse con alg.* | sich jdm. gegenüber verpflichten |
| *conformarse con u.c.* | sich mit etw. einverstanden erklären/sich mit etw. abfinden |
| *consolarse con u.c.* | sich mit etw. trösten |
| *contentarse con u.c.* | sich mit etw. begnügen |
| *detenerse con/en u.c.* | sich mit etw. aufhalten |
| *encontrarse con alg./u.c.* | sich mit jdm. treffen/auf etw. stoßen |
| *enfadarse con/contra alg.* | sich über jdn. ärgern |
| *enfrentarse con alg./u.c.* | sich mit jdm./etw. auseinandersetzen |
| *enojarse con/contra alg.* | sich über jdn. ärgern |
| *enriquecerse con u.c.* | sich an etw. bereichern |
| *entusiasmarse con u.c.* | sich für etw. begeistern |
| *familiarizarse con alg./u.c.* | sich mit jdm./etw. vertraut machen |
| *fastidiarse con alg.* | sich über jdn. ärgern |
| *hacerse con u.c.* | sich etw. aneignen/verschaffen |
| *identificarse con alg./u.c.* | sich mit jdm./etw. identifizieren |
| *ilusionarse con u.c.* | sich auf etw. freuen |
| *insinuarse con alg.* | sich bei jdm. einschmeicheln |
| *liarse con alg.* | sich mit jdm. einlassen |
| *llevarse bien con alg.* | sich mit jdm. gut vertragen |
| *prometerse con alg.* | sich mit jdm. verloben |
| *quedarse con u.c.* | etw. behalten/nehmen |
| *reconciliarse con alg.* | sich mit jdm. aussöhnen |
| *resentirse con alg.* | auf jdn. böse sein |
| *resignarse con u.c.* | sich mit etw. abfinden |
| *satisfacerse con u.c.* | sich mit etw. zufrieden geben |
| *solidarizarse con alg.* | sich mit jdm. solidarisieren |
| *toparse con alg.* | jdn. treffen |

| | |
|---|---|
| *Me contento con poco.* | Ich begnüge mich mit wenig. |
| *Se llevan bien con sus vecinos.* | Sie vertragen sich mit ihren Nachbarn gut. |
| *Cuesta mucho familiarizarse con las obras de este autor.* | Es fällt schwer, sich in die Werke dieses Autors einzulesen. |
| *Juan acabó por reconciliarse con su novia.* | Juan söhnte sich schließlich mit seiner Freundin aus. |
| *Me conformo con una habitación sencilla.* | Ich bin mit einem einfachen Zimmer einverstanden. |
| *Me quedo con los zapatos castaños.* | Ich nehme die braunen Schuhe. |
| *Nos citamos delante del teatro.* | Wir verabredeten uns vor dem Theater. |

# 240 Verben mit *en*-Objekt

1. Nicht-reflexive Verben:

| | |
|---|---|
| *abundar en u.c.* | an etw. Überfluss haben |
| *acabar en u.c.* | auf etw. hinauslaufen |
| *aterrizar en u.c.* | auf etw. landen |
| *ayudar en u.c.* | bei etw. helfen |
| *caer en u.c.* | in etw. fallen/etw. begreifen/einsehen |
| *colaborar/cooperar en u.c.* | an etw. mitwirken/bei etw. mitarbeiten |
| *comer en u.c.* | aus etw. essen |
| *comerciar en u.c.* | mit etw. handeln |
| *confiar en alg./u.c.* | auf jdn./etw. vertrauen |
| *consentir en u.c.* | in etw. einwilligen |
| *consistir en u.c.* | in etw. bestehen |
| *convertir en u.c.* | in etw. verwandeln |
| *creer en alg./u.c.* | an jdn./etw. glauben |
| *degenerar en u.c.* | in etw. ausarten |
| *deleitarse en/con u.c.* | an etw. seine Freude haben |
| *desembocar en u.c.* | in etw. münden |
| *estimar en u.c.* | auf etw. schätzen |
| *estribar/radicar en u.c.* | auf etw. beruhen |
| *gastar dinero/tiempo en u.c.* | Geld/Zeit für etw. ausgeben/brauchen |
| *incurrir en u.c.* | in etw. verfallen |
| *influir en/sobre u.c.* | etw. beeinflussen |
| *insistir en u.c.* | auf etw. bestehen |
| *intervenir en u.c.* | sich in etw. einschalten/in etw. eingreifen |
| *negociar en u.c.* | mit etw. handeln |
| *participar en u.c.* | an etw. teilnehmen |
| *pensar en alg./u.c.* | an jdn./etw. denken |
| *persistir en u.c.* | auf etw. hartnäckig bestehen |
| *profundizar en u.c.* | einer Sache auf den Grund gehen |
| *quedar en u.c.* | etw. verabreden/beschließen |
| *rayar en u.c.* | an etw. grenzen [fig.] |
| *reparar en u.c.* | auf etw. achten/Rücksicht nehmen/etw. bemerken |
| *trabajar en u.c.* | an etw. arbeiten |
| *traficar/tratar en u.c.* | mit etw. handeln |

| | |
|---|---|
| *Esta región abunda en vino.* | In dieser Gegend gibt es sehr viel Wein. |
| *Me gustaría colaborar en este proyecto.* | Ich würde gerne an diesem Projekt mitarbeiten. |
| *Mi marido gasta mucho dinero en libros.* | Mein Mann gibt viel Geld für Bücher aus. |
| *Los padres de ella no consintieron en el matrimonio.* | Ihre Eltern willigten nicht in die Ehe ein. |
| *Eso no ha influido en la decisión de nuestra hija.* | Das hat die Entscheidung unserer Tochter nicht beeinflusst. |

2. Reflexive Verben:

| | |
|---|---|
| *apoyarse en u.c.* | auf etw. beruhen/sich auf etw. (auf)stützen |
| *aventurarse en u.c.* | sich auf etw. einlassen |
| *basarse en u.c.* | auf etw. basieren |
| *cifrarse en u.c.* | sich auf etw. belaufen |
| *complacerse en/con u.c.* | an etw. Gefallen finden |
| *concentrarse en u.c.* | sich auf etw. konzentrieren |
| *confundirse en/de u.c.* | sich in etw. irren |
| *convertirse en u.c.* | zu etw. werden |
| *detenerse en/con u.c.* | sich bei etw. aufhalten |
| *dividirse en u.c.* | sich in etw. teilen/gliedern |
| *ejercitarse en u.c.* | sich in etw. üben |
| *entrometerse en u.c.* | sich in etw. einmischen |
| *envolverse en u.c.* | sich auf etw. einlassen |
| *equivocarse en alg./u.c.* | sich in jdm./etw. täuschen |
| *erigirse en alg.* | sich als jd. aufspielen |
| *especializarse en u.c.* | sich auf etw. spezialisieren |
| *fijarse en alg./u.c.* | auf jdn./etw. achten |
| *fundarse en u.c.* | auf etw. beruhen |
| *infiltrarse en u.c.* | in etw. einsickern |
| *injerirse/inmiscuirse en u.c.* | sich in etw. einmischen |
| *inscribirse en u.c.* | sich in etw. einschreiben |
| *inspirarse en u.c.* | sich von etw. inspirieren lassen |
| *integrarse en u.c.* | sich in etw. integrieren |
| *introducirse en u.c.* | in etw. eindringen |
| *matricularse en u.c.* | sich für etw. immatrikulieren |
| *meterse/mezclarse en u.c.* | sich in etw. einmischen |
| *pararse en u.c.* | sich mit etw. aufhalten |
| *perfeccionarse en u.c.* | sich in etw. vervollkommnen |
| *tornarse en u.c.* | sich in etw. verwandeln |
| *traducirse en u.c.* | seinen Ausdruck in etw. finden |

| | |
|---|---|
| No quiero que te mezcles en mis asuntos. | Ich will nicht, dass du dich in meine Angelegenheiten einmischst. |
| No puedo detenerme más tiempo en este problema. | Ich kann mich nicht länger bei diesem Problem aufhalten. |
| Me voy a especializar en informática. | Ich werde mich auf Informatik spezialisieren. |
| ¡Nunca te fijas en lo que haces! | Du achtest nie auf das, was du tust! |
| Si yo estuviera en tu lugar no me aventuraría en tal empresa. | Wenn ich an deiner Stelle wäre, würde ich mich nicht auf ein solches Unternehmen einlassen. |
| Pienso tomar clases particulares para perfeccionarme en español. | Ich will Privatstunden nehmen, um mich im Spanischen zu vervollkommnen. |
| El informe se basa en las declaraciones de dos testigos. | Der Bericht stützt sich auf die Aussagen zweier Zeugen. |

## 241 Verben mit *por*-Objekt

1. Nicht-reflexive Verben:

| | |
|---|---|
| abogar por alg./u.c. | sich für jdn./etw. einsetzen |
| brindar por alg./u.c. | auf jdn./etw. anstoßen |
| comenzar por u.c. | mit etw. beginnen |
| disputar por u.c. | um etw. streiten |
| empezar por u.c. | mit etw. beginnen |
| enviar por u.c. | etw. holen lassen |
| ir por alg./u.c. /[ugspr.] a por u.c. | jdn./etw. holen |
| jurar por alg./u.c. | bei jdm./etw. schwören |
| juzgar por u.c. | nach etw. urteilen |
| luchar por u.c. | für etw. kämpfen |
| militar por/en favor de u.c. | sich für etw. einsetzen |
| mirar por u.c. | für etw. sorgen |
| optar por u.c. | sich für etw. entscheiden |
| pasar por u.c. | durch etw. fahren/als etw. gelten |
| preguntar por alg./u.c. | nach jdm./etw. fragen |
| protestar por u.c. | wegen etw. protestieren |
| re(e)mplazar/sustituir u.c. por u.c. | etw. durch etw. ersetzen |
| regirse por u.c. | sich nach etw. richten |
| responder por alg./u.c. | für jdn./etw. bürgen/haften |
| suspirar por alg./u.c. | sich nach jdm./etw. sehnen |
| venir por/[ugspr.] a por u.c. | etw. (ab)holen |
| votar por alg./u.c. | für jdn./etw. stimmen |

| | |
|---|---|
| *Todavía no sé por qué partido votar.* | Ich weiß noch nicht, welche Partei ich wählen soll. |
| *¡Vete por/[ugspr.] a por leche!* | Hol Milch! |
| *¿Han preguntado por mí?* | Hat jemand nach mir gefragt? |
| *¡Vamos a brindar por la salud de nuestros huéspedes!* | Stoßen wir auf das Wohl unserer Gäste an! |

2. Reflexive Verben:

| | |
|---|---|
| *alegrarse por u.c.* | sich auf etw. freuen |
| *alterarse por u.c.* | sich über etw. aufregen |
| *apasionarse por u.c.* | sich für etw. begeistern |
| *avergonzarse por/de u.c.* | sich einer Sache schämen |
| *decidirse por u.c./en favor de alg.* | sich für etw./jdn. entscheiden |
| *destacarse por u.c.* | sich durch etw. auszeichnen |
| *determinarse por u.c.* | sich für etw. entscheiden |
| *distinguirse por u.c.* | sich durch etw. hervortun |
| *enfadarse por/de u.c.* | sich über etw. ärgern |
| *enojarse por/de u.c.* | sich über etw. ärgern |
| *entusiasmarse por u.c.* | sich für etw. begeistern |
| *exaltarse por u.c.* | sich über etw. aufregen |
| *guiarse por u.c.* | sich von etw. leiten lassen |
| *interesarse por u.c.* | sich für etw. interessieren |
| *lamentarse por/de alg./u.c.* | sich über jdn./etw. beklagen |
| *manifestarse por u.c.* | für etw. demonstrieren |
| *morirse por u.c.* | nach etw. ein starkes Verlangen haben |
| *ofenderse por u.c.* | wegen etw. beleidigt sein |
| *orientarse por u.c.* | sich nach etw. richten |
| *preocuparse por alg./u.c.* | sich wegen jdm./einer Sache Sorgen machen |
| *pronunciarse por u.c.* | sich für etw. aussprechen |
| *resolverse por u.c.* | sich für etw. entscheiden |
| *sacrificarse por alg./u.c.* | sich für jdn./etw. opfern |
| *señalarse por u.c.* | sich durch etw. auszeichnen |
| *vengarse por u.c.* | sich für etw. rächen |

| | |
|---|---|
| *Me intereso sobre todo por las lenguas románicas.* | Ich interessiere mich vor allem für die romanischen Sprachen. |
| *Me decidí por la corbata azul.* | Ich entschied mich für die blaue Krawatte. |
| *Tu hermano se ofende por las cosas más insignificantes.* | Dein Bruder ist wegen jeder Kleinigkeit beleidigt. |
| *Mi hijo se muere por el fútbol.* | Mein Sohn ist fußballverrückt. |

## 242 Verben mit *sobre*-Objekt

| | |
|---|---|
| deliberar sobre u.c. | über etw. beraten |
| discutir sobre u.c. | über etw. diskutieren |
| especular sobre u.c. | auf etw. spekulieren |
| hablar sobre/de u.c. | über etw. sprechen |
| informarse sobre/de u.c. | sich über etw. informieren |
| meditar sobre u.c. | über etw. nachdenken |
| opinar sobre u.c. | sich zu etw. äußern |
| pesar sobre u.c. | auf etw. lasten |
| pronunciarse sobre u.c. | sich zu etw. äußern |
| reflexionar sobre u.c. | über etw. nachdenken |
| volver sobre u.c. | auf etw. zurückkommen |

| | |
|---|---|
| *Volveré sobre este asunto.* | Ich werde auf diese Angelegenheit zurückkommen. |
| *Harías bien en reflexionar sobre lo que te he dicho.* | Du tätest gut daran, über das nachzudenken, was ich dir gesagt habe. |

## Verben mit zwei Objekten

## 243 Verben mit direktem Objekt und mit *a*-Objekt

| | |
|---|---|
| aconsejar u.c. a alg. | jdm. (zu) etw. raten |
| agradecer u.c. a alg. | jdm. für etw. danken |
| añadir u.c. a u.c. | etw. zu etw. hinzufügen |
| anteponer u.c. a u.c. | einer Sache vor etw. den Vorrang geben |
| comparar u.c. a/con u.c. | etw. mit etw. vergleichen |
| comprar u.c. a alg. | jdm. etw. abkaufen |
| comunicar u.c. a alg. | jdm. etw. mitteilen |
| conferir u.c. a alg. | jdm. etw. verleihen |
| confiar u.c. a alg. | jdm. etw. anvertrauen |
| contar u.c. a alg. | jdm. etw. erzählen |
| dar u.c. a alg. | jdm. etw. geben |
| deber u.c. a alg. | jdm. etw. schulden |
| dedicar u.c. a alg. | jdm. etw. widmen |
| desear u.c. a alg. | jdm. etw. wünschen |
| devolver u.c. a alg. | jdm. etw. zurückgeben |
| dirigir u.c. a alg. | etw. an jdn. richten/adressieren |
| encargar/encomendar u.c. a alg. | jdn. mit etw. beauftragen |
| enseñar u.c. a alg. | jdm. etw. beibringen |
| enviar u.c. a alg. | jdm. etw. schicken |
| envidiar u.c. a alg./a alg. por u.c. | jdn. um etw. beneiden |

| | |
|---|---|
| *escribir u.c. a alg.* | jdm. etw. schreiben |
| *estafar u.c. a alg.* | jdn. um etw. betrügen |
| *evitar u.c. a alg.* | jdm. etw. ersparen |
| *exigir u.c. a alg.* | etw. von jdm. verlangen |
| *explicar u.c. a alg.* | jdm. etw. erklären |
| *imputar u.c. a alg.* | jdn. einer Sache bezichtigen |
| *leer u.c. a alg.* | jdm. etw. vorlesen |
| *llevar u.c. a alg.* | jdm. etw. bringen |
| *mostrar u.c. a alg.* | jdm. etw. zeigen |
| *negar u.c. a alg.* | jdm. etw. verweigern |
| *ocultar u.c. a/de alg.* | etw. vor jdm. verbergen |
| *ordenar u.c. a alg.* | jdm. etw. befehlen |
| *pedir u.c. a alg.* | jdn. um etw. bitten |
| *permitir u.c. a alg.* | jdm. etw. erlauben |
| *prestar u.c. a alg.* | jdm. etw. leihen |
| *procurar/proporcionar u.c. a alg.* | jdm. etw. verschaffen |
| *prohibir u.c. a alg.* | jdm. etw. verbieten |
| *quitar u.c. a alg.* | jdm. etw. wegnehmen |
| *reclamar u.c. a alg.* | etw. von jdm. verlangen |
| *recomendar u.c. a alg.* | jdm. etw. empfehlen |
| *recordar u.c. a alg.* | jdn. an etw. erinnern |
| *regalar u.c. a alg.* | jdm. etw. schenken |
| *reprochar u.c. a alg.* | jdm. etw. vorwerfen |
| *sugerir u.c. a alg.* | jdm. etw. nahelegen |
| *traer u.c. a alg.* | jdm. etw. (mit)bringen |
| *traspasar u.c. a alg.* | etw. auf jdn. übertragen |

| | |
|---|---|
| *El poeta compara la vida a una flor.* | Der Dichter vergleicht das Leben mit einer Blume. |
| *No me atreví a pedírtelo.* | Ich wagte es nicht, dich darum zu bitten. |
| *¿Qué les has traído a los hijos?* | Was hast du den Kindern mitgebracht? |
| *¿Cuánto le debo?* | Wieviel schulde ich Ihnen? |

Anmerkung: Der dt. Ausdruck 'jdm. etw. leihen' kann auch durch *dejar u.c. a alg.* wiedergegeben werden: Kannst du mir einen Bleistift leihen? - *¿Me puedes dejar un lápiz?* Der Ausdruck 'sich etw. von jdm. leihen' wird mit *pedir prestado u.c. a alg./tomar prestado u.c. de alg.* wiedergegeben, wobei das Partizip Perfekt mit dem direkten Objekt übereinstimmt: Ich habe mir von meinem Bruder 100 Euro geliehen. – *Le he pedido prestados a mi hermano cien euros./He tomado prestados cien euros de mi hermano.* Ich habe mir von ihr einen Rock geliehen. – *Le he pedido prestada una falda./He tomado prestada una falda suya/de ella.*

## 244 Verben mit direktem Objekt und mit *de*-Objekt

| | |
|---|---|
| *acusar a alg. de u.c.* | jdn. einer Sache anklagen |
| *aprender u.c. de alg.* | etw. von jdm. lernen |
| *asir/coger a alg. de u.c.* | jdn. an etw. packen |
| *compensar a alg. de/por u.c.* | jdn. mit etw. entschädigen |
| *convencer a alg. de u.c.* | jdn. von etw. überzeugen |
| *deducir u.c. de u.c.* | etw. aus etw. folgern |
| *desacostumbrar a alg. de u.c.* | jdm. etw. abgewöhnen |
| *disuadir a alg. de u.c.* | jdn. von etw. abbringen |
| *inferir u.c. de u.c.* | etw. aus etw. folgern |
| *informar a alg. de/sobre u.c.* | jdn. von etw. unterrichten |
| *librar/liberar a alg./de u.c.* | jdn. etw. aus etw. befreien |
| *recompensar a alg. de u.c.* | jdn. für etw. belohnen |
| *tirar a alg. de u.c.* | jdn. an etw. ziehen |

| | |
|---|---|
| *No logré disuadirle/lo de su proyecto.* | Es gelang mir nicht, ihn von seinem Vorhaben abzubringen. |
| *Le/Lo han acusado de asesinato.* | Man hat ihn des Mordes angeklagt. |
| *Trataba de convencerme de sus ideas.* | Er versuchte mich von seinen Ideen zu überzeugen. |

## 245 Weitere Verben mit zwei Objekten

| | |
|---|---|
| *amenazar a alg. con u.c.* | jdm. mit etw. drohen/jdn. mit etw. bedrohen |
| *apoyar a alg. en u.c.* | jdn. bei etw. unterstützen |
| *aventajar a alg. en u.c.* | jdn. an etw. übertreffen |
| *ayudar a alg. en u.c.* | jdm. bei etw. helfen |
| *cambiar u.c. por u.c.* | etw. für etw. (ein)tauschen |
| *capacitar a alg. para u.c.* | jdn. zu etw. befähigen/ berechtigen |
| *compaginar u.c. con u.c.* | etw. mit etw. in Einklang bringen |
| *confrontar a alg. con u.c.* | jdn. mit etw. konfrontieren |
| *confundir u.c. con u.c.* | etw. mit etw. verwechseln |
| *desafiar a alg. a u.c.* | jdn. zu etw. herausfordern |
| *disculparse con alg. de u.c.* | sich bei jdm. für etw. entschuldigen |
| *entusiasmar a alg. por u.c.* | jdn. für etw. begeistern |
| *envidiar a alg. por u.c.* | jdn. um etw. beneiden |
| *exceder a alg. en u.c.* | jdn. an etw. übertreffen |
| *excusarse con alg. de u.c.* | sich bei jdm. für etw. entschuldigen |

| | |
|---|---|
| ganar a alg. en u.c. | jdn. in etw. übertreffen |
| habilitar a alg. para u.c. | jdn. zu etw. ermächtigen |
| implicar a alg. en u.c. | jdn. in etw. hineinziehen |
| indemnizar a alg. por u.c. | jdn. für etw. entschädigen |
| preguntar a alg. por u.c. | jdn. nach etw. fragen |
| quejarse de u.c. a alg. | sich bei jdm. über etw. beschweren |
| reconocer a alg. por u.c. | jdn. an etw. erkennen |
| re(e)mplazar u.c. por/con u.c. | etw. durch etw. ersetzen |
| resentirse con alg. por/de u.c. | wegen etw. auf jdn. ärgerlich sein |
| responsabilizar a alg. de u.c. | jdn. für etw. verantwortlich machen |
| superar a alg. en u.c. | jdn. an etw. übertreffen |
| sustituir u.c. por/con u.c. | etw. durch etw. ersetzen |
| vengarse en alg. de/por u.c. | sich an jdm. für etw. rächen |

| | |
|---|---|
| La reconocí por su modo de andar. | Ich erkannte sie an ihrem Gang (wieder). |
| Sustituir las palabras que van en cursiva por el adjetivo correspondiente. | Ersetzen Sie die kursiv gedruckten Wörter durch das entsprechende Adjektiv. |
| Mi padre me ayuda a menudo en mis deberes. | Mein Vater hilft mir oft bei den Hausaufgaben. |
| El ladrón amenazó a los clientes con un revolver. | Der Räuber bedrohte die Kunden mit einem Revolver. |

Aber: *sustituir a alg. por alg.* jdn. durch jdn. ersetzen

### Die prädikative Ergänzung 246

Prädikative Ergänzungen können sich auf das Subjekt oder auf das direkte Objekt beziehen:

1. Verben mit prädikativer Ergänzung zum Subjekt:

| | |
|---|---|
| ser considerado | gelten als |
| llegar el último | als Letzter ankommen |
| morir (pobre) | (arm) sterben |
| nacer | geboren werden als |
| parecer | (er)scheinen |
| quedar | bleiben |
| quedar huérfano de padre y madre | Vollwaise sein |
| quedarse viudo/viuda | Witwer/Witwe werden |
| resultar | sich erweisen als/sich gestalten |

| | |
|---|---|
| Mi madre se quedó viuda a los cincuenta años. | Meine Mutter wurde mit fünfzig Jahren Witwe. |
| Estas medidas resultaron insuficientes. | Diese Maßnahmen erwiesen sich als unzulänglich. |
| El crimen no quedará impune. | Das Verbrechen wird nicht ungestraft bleiben. |
| Muchos artistas murieron pobres. | Viele Künstler starben arm. |
| Mozart nació músico. | Mozart wurde als Musiker geboren. |

2. Verben mit prädikativer Ergänzung zum direkten Objekt:

| | |
|---|---|
| conservar (íntegro) | (unversehrt) bewahren |
| considerar/creer/estimar | halten für |
| designar | bestimmen zu |
| elegir | wählen zu |
| encontrar | finden/vorfinden |
| estimar (conveniente) | für (angebracht) halten |
| fingirse (enfermo) | sich krank stellen |
| llamar | nennen |
| mostrarse | sich zeigen |
| naturalizarse (francés) | die (französische) Staatsangehörigkeit annehmen |
| nombrar (alcalde) | (zum Bürgermeister) ernennen |
| ordenar (sacerdote) | (zum Priester) weihen |
| sentirse | sich fühlen (als) |

| | |
|---|---|
| Los padres de ella se mostraron muy comprensivos. | Ihre Eltern zeigten sich sehr verständnisvoll. |
| Tu amigo se cree muy listo. | Dein Freund hält sich für sehr schlau. |
| Creo que se finge enferma. | Ich glaube, sie stellt sich krank. |
| No me siento superior a los otros. | Ich fühle mich den anderen nicht überlegen. |
| El partido le/lo designó candidato a la presidencia. | Die Partei bestimmte ihn zum Präsidentschaftskandidaten. |
| Se cree el ombligo del mundo. | Er/Sie hält sich für den Nabel der Welt. |
| Mi nieto tiene la intención de naturalizarse inglés. | Mein Enkel hat die Absicht, die englische Staatsbürgerschaft anzunehmen. |
| Carmen ya se siente alemana. | Carmen fühlt sich schon als Deutsche. |
| Le/Lo han nombrado gobernador de nuestra provincia. | Man hat ihn zum Gouverneur unserer Provinz ernannt. |

Anmerkung: Nach *considerar* kann *como* stehen: *Le considero (como) un gran autor de nuestra época.* – Ich halte ihn für einen großen Schriftsteller unserer Zeit.

3. Ergänzungen zum Subjekt oder Objekt mit Präposition oder *como*:

| | |
|---|---|
| *calificar a alg. de* | jdn. als ... bezeichnen |
| *caracterizar a alg. como* | jdn. als ... charakterisieren |
| *colocar a alg. como* | jdn. als ... einstellen |
| *darse por (vencido)* | sich (geschlagen) geben |
| *definirse como* | sich bezeichnen als |
| *erigirse en* | sich aufspielen als |
| *morir como* | sterben als |
| *ofrecerse de* | sich anbieten als |
| *pasar por* | gelten als |
| *hacerse pasar por* | sich ausgeben als |
| *presentar a alg. como* | jdn. als ... hinstellen |
| *reconocer a alg. por/como* | jdn. anerkennen als |
| *servir de/como* | dienen als |
| *tener a alg. por* | jdn. für ... halten |
| *tildar a alg. de* | jdn. als ... bezeichnen |
| *tomar a alg. como (rehén)* | jdn. als (Geisel) nehmen |
| *tomar a alg. como/por ejemplo* | sich jdn. als Vorbild nehmen |
| *tomar a alg. por* | jdn. für ... halten (irrtümlich) |
| *trabajar de/como* | arbeiten als |
| *tratar a alg. de* | jdn. ... nennen |

| | |
|---|---|
| *Aún no me doy por vencido.* | Noch gebe ich mich nicht geschlagen. |
| *Carlos trabaja de camarero en el hotel Continental.* | Carlos arbeitet als Kellner im Hotel Continental. |
| *La tomaron por alemana.* | Sie hielten sie für eine Deutsche. |
| *Todos los profesores califican a ese alumno de inteligente.* | Alle Lehrer bezeichnen diesen Schüler als intelligent. |
| *Un 72% de los inmigrantes de origen turco se define como 'religioso'. (El País)* | Etwa 72% der Einwanderer türkischer Herkunft bezeichnen sich als religiös. |

Merke: *tratar de tú/usted* duzen/siezen

# Kapitel 23  Das Adverb (El adverbio)

Adverbien dienen dazu, Verben, Adjektive, andere Adverbien oder ganze Sätze näher zu bestimmen. Im Spanischen können sich Adverbien gelegentlich auch auf Substantive beziehen:

| | |
|---|---|
| Hoy hemos jugado bien. | Heute haben wir gut gespielt. |
| Ayer te llevaste muy mal. | Gestern hast du dich sehr schlecht benommen. |
| Juanita es una chica muy guapa. | Juanita ist ein sehr schönes Mädchen. |
| Afortunadamente estuvieron en casa. | Glücklicherweise waren sie zu Hause. |
| Una situación así es intolerable. | Eine solche Lage ist unerträglich. |
| Así lo hace la gente bien. | So machen es die feinen Leute. |
| Somos muy amigos. | Wir sind gute Freunde. |

## 247 Die Formen des Adverbs

Nach ihrer Form werden die Adverbien in ursprüngliche, zusammengesetzte und abgeleitete Adverbien unterteilt:

1. **Ursprüngliche** Adverbien sind solche, die sich von keinem anderen Wort herleiten lassen, wie zum Beispiel: *ya* schon, *más* mehr, *aquí* hier.

2. **Zusammengesetzte** Adverbien sind solche, die aus zwei oder mehr Wörtern gebildet sind, wie zum Beispiel: *deprisa* schnell.

3. **Abgeleitete** Adverbien sind solche, die durch Anhängen des Suffixes *-mente* an ein Adjektiv gebildet sind, wie zum Beispiel *brevemente* kurz (von *breve*).

4. Neben den eigentlichen Adverbien gibt es **adverbiale Ausdrücke**, d.h. mehr oder weniger festgefügte Wortgruppen, die wie Adverbien verwendet werden, wie zum Beispiel: *con precisión* genau, *sin intención* unabsichtlich.

## 248 Adverbklassen

Hinsichtlich ihrer Bedeutung unterscheidet man folgende Arten von Adverbien:

Adverbien des Ortes (*allí* dort, *cerca* nahe, *lejos* weit),
Adverbien der Zeit (*hoy* heute, *ayer* gestern, *tarde* spät),
Adverbien der Art und Weise (*bien* gut, *despacio* langsam, *así* so),

Adverbien der Menge (*mucho* viel/sehr, *poco* wenig, *bastante* genug, vgl. §§ 53, 54, 63),
Adverbien der Bestätigung (*sí* ja, *ciertamente* gewiss),
Adverbien der Verneinung (*no* nicht/nein, *nunca* nie),
Adverbien des Zweifels (*acaso/tal vez* vielleicht),
Frageadverbien (*¿cómo?* wie? vgl. § 101, *¿cuándo?* wann? vgl. § 99).

## Die Bildung der abgeleiteten Adverbien     249

1. Die abgeleiteten Adverbien werden gebildet, indem man an die feminine Form des Adjektivs das Suffix **-mente** anhängt:

| | | |
|---|---|---|
| *lento* | *lentamente* | langsam |
| *sincero* | *sinceramente* | aufrichtig |
| *completo* | *completamente* | völlig |

Anmerkung 1: Der Akzent des Adjektivs bleibt erhalten: *rápido – rápidamente* schnell, *cortés – cortésmente* höflich.
Anmerkung 2: Das Adverb *recientemente* wird vor einem Partizip zu *recién* verkürzt: *los recién llegados* – die Neuangekommenen.

| | |
|---|---|
| *Pedro y su familia viven muy sencillamente.* | Pedro und seine Familie leben sehr einfach. |
| *Vamos directamente a casa.* | Wir gehen direkt nach Hause. |
| *Mi hermano me interrumpe continuamente.* | Mein Bruder unterbricht mich ständig. |

2. Folgen zwei abgeleitete Adverbien aufeinander, so hat nur das letzte Adverb die Endung -*mente*:

| | |
|---|---|
| *¡Habla clara y distintamente!* | Sprich klar und deutlich. |

3. Abweichende Adverbbildungen weisen auf:

| | | |
|---|---|---|
| *bueno* | *bien* | gut |
| *malo* | *mal* | schlecht |

Beispiele:

| | |
|---|---|
| *El hermano de Carmen habla bien el alemán.* | Carmens Bruder spricht gut Deutsch. |
| *El negocio funciona muy mal.* | Das Geschäft läuft sehr schlecht. |

# 250 Die Steigerung der Adverbien

1. Der regelmäßige Komparativ wird durch Voranstellung von *más* gebildet:

| | | |
|---|---|---|
| *rápidamente* | *más rápidamente* | schneller |
| *despacio* | *más despacio* | langsamer |
| *tarde* | *más tarde* | später |

Merke: *tarde o temprano* früher oder später

2. Folgende Adverbien bilden einen unregelmäßigen Komparativ:

| | | |
|---|---|---|
| *bien* | *mejor* | besser |
| *mal* | *peor* | schlechter |
| *mucho/muy* | *más* | mehr |
| *poco* | *menos* | weniger |

Beispiele:

| | |
|---|---|
| *Tú hablas mejor el español que Manuel.* | Du sprichst besser Spanisch als Manuel. |
| *Ahora veo peor que antes.* | Jetzt sehe ich schlechter als vorher. |
| *Mi hermano gana más/menos que yo.* | Mein Bruder verdient mehr/ weniger als ich. |

Merke: *Cuanto más rápido, (tanto) mejor.* – Je schneller, desto besser.
Zur Wiedergabe von dt. 'je ... desto' vgl. § 142.

3. Der absolute Superlativ der abgeleiteten Adverbien entsteht durch Anfügung von *-ísimamente* an den Adjektivstamm:

| | | |
|---|---|---|
| *lentamente* | *lentísimamente* | sehr langsam |
| *urgentemente* | *urgentísimamente* | äußerst dringend |

Anmerkung: Wegen ihrer Länge werden diese Formen verhältnismäßig selten gebraucht. Statt *urgentísimamente* verwendet man z.B. *muy urgentemente* oder die Umschreibung *con toda urgencia*.

4. Eine kleine Zahl ursprünglicher Adverbien können in familiärer Ausdrucksweise einen absoluten Superlativ auf *-ísimo* bilden. Es sind dies: *despacio* langsam, *pronto* schnell, *temprano* früh, *tarde* spät, *mucho* sehr und *poco* wenig:

| | | |
|---|---|---|
| *temprano* | *tempranísimo* | sehr früh |
| *poco* | *poquísimo* | sehr wenig |

Anmerkung 1: Der Superlativ von *lejos* heißt *lejísimos*, der von *cerca cerquísima*.
Anmerkung 2: Einige dieser Adverbien können eine Diminutivform bilden: *despacito* sachte/leise, *cerquita* ganz nahe.

Beispiele:

| | |
|---|---|
| Hoy me he levantado tempranísimo. | Heute bin ich sehr früh aufgestanden. |
| Mi hijo lee muchísimo. | Mein Sohn liest sehr viel. |
| Mi marido gana poquísimo. | Mein Mann verdient sehr wenig. |

5. Wendungen:

| | |
|---|---|
| a lo mejor + Ind. | womöglich/vielleicht |
| por mejor decir | besser gesagt |
| como mejor pudo | so gut er/sie konnte |
| cada vez más | immer mehr |
| más o menos | mehr oder weniger/ungefähr |
| a más tardar | spätestens |
| por lo menos/cuanto menos | wenigstens |
| cuanto más | höchstens |

6. Einen relativen Superlativ, der deutschen Ausdrücken wie 'am besten, am schnellsten' usw. entspricht, gibt es im Spanischen nicht. Zur Wiedergabe solcher Ausdrücke verwendet man meistens Umschreibungen mit Hilfe von Hervorhebungssätzen (vgl. § 285):

| | |
|---|---|
| Am besten singt Juan. | El que mejor canta es Juan. |
| Am meisten aß immer Pilar. | La que más comía era Pilar. |
| Was hat euch am meisten interessiert? | ¿Qué es lo que más os ha interesado? |
| Am liebsten trinke ich Rioja. | Lo que más me gusta es el Rioja. |
| So gefällt es mir am besten. | Así es como más me gusta. |
| Am besten verstand ich mich mit meiner älteren Schwester. | Con quien mejor me entendía era con mi hermana mayor. |
| Morgens wandert man am besten. | Por la mañana es cuando mejor se camina. |
| Das hat mir am wenigsten gefallen. | Eso fue lo que menos me gustó. |
| Am besten nehmen Sie den Bus Nummer 5. | Lo mejor es que tome el autobús número 5. |

# 251 Die Stellung der Adverbien

Die Stellung der Adverbien ist im Spanischen sehr frei (vgl. § 280):

| | |
|---|---|
| Desgraciadamente, Pablo no puede venir./Pablo, desgraciadamente, no puede venir./Pablo no puede venir, desgraciadamente. | Pablo kann leider nicht kommen. |
| Siempre llegas tarde./ Llegas siempre tarde./ Llegas tarde siempre. | Du kommst immer zu spät. |
| Ya está terminado el trabajo./ El trabajo ya está terminado./ El trabajo está terminado ya. | Die Arbeit ist schon beendet. |
| Carlos todavía no ha llegado./ Carlos no ha llegado todavía. | Carlos ist noch nicht angekommen. |

Anmerkung 1: Es ist zu beachten, dass bei den zusammengesetzten Zeiten zwischen Hilfsverb und Partizip im Allgemeinen kein Adverb steht.

Anmerkung 2: Die Adverbien *claro* 'natürlich', *seguro/seguramente* 'sicherlich' und *por supuesto* 'selbstverständlich/freilich' werden mit dem Rest des Satzes durch *que* verbunden: *Claro que lo sé.* – Natürlich weiß ich es. *Seguro que vendrán.* – Sicherlich werden sie kommen.

# 252 Adverbial gebrauchte Adjektive

1. Adjektive, die einen körperlichen oder seelischen Zustand bezeichnen oder in festen Verbindungen vorkommen, können adverbial (eigentlich prädikativ) gebraucht werden. Sie sind veränderlich:

| | |
|---|---|
| Llegamos muy cansados. | Wir kamen sehr müde an. |
| Vivían felices en el campo. | Sie lebten glücklich auf dem Land. |
| Salimos indemnes del accidente. | Wir überstanden den Unfall unversehrt. |
| A muchos les gusta bañarse desnudos. | Viele baden gerne nackt. |
| Se cortan las patatas muy finas. | Man schneidet die Kartoffeln sehr fein. |
| Esta enciclopedia la compré muy barata. | Dieses Lexikon bekam ich sehr billig. |
| Vendieron cara su vida. | Sie verkauften ihr Leben teuer. |
| Gano 3000 euros limpios. | Ich verdiene 3000 Euro netto. |
| Se mantienen neutrales? | Sie verhalten sich neutral. |

2. Bestimmte Adjektive können – in Verbindung mit bestimmten Verben – in adverbialer Form gebraucht werden. Sie sind unveränderlich:

| | |
|---|---|
| *hablar alto/bajo* | laut/leise sprechen |
| *hablar claro* | deutlich/offen sprechen |
| *seguir derecho/recto* | geradeaus weitergehen |
| *sonar elegante* | elegant klingen |
| *desayunar fuerte* | kräftig frühstücken |
| *desayunar ligero* | ein leichtes Frühstück einnehmen |
| *respirar hondo* | tief einatmen |
| *correr rápido* | schnell fahren |
| *pegar duro* | hart zuschlagen |
| *jugar limpio/sucio* | fair/unfair spielen |
| *encontrarse fatal* | sich miserabel fühlen |

Anmerkung: In familiärer Ausdrucksweise können auch einige Substantive adverbiale Funktion haben: *costar un horror/una enormidad/un disparate/un riñón* – unheimlich viel kosten. *Lo hemos pasado fenómeno/fenomenal.* – Wir haben eine tolle Zeit verbracht. *Me gusta la mar.* – Es gefällt mir unheimlich gut. *He trabajado una atrocidad.* – Ich habe entsetzlich viel gearbeitet. *Duele una barbaridad.* – Es tut verdammt weh.

3. Bei einigen adverbial gebrauchten Adjektiven ist die Kongruenz fakultativ:

| | |
|---|---|
| *Las golondrinas vuelan alto/altas.* | Die Schwalben fliegen hoch. |
| *Los alumnos llegaron puntual(es).* | Die Schüler kamen pünktlich an. |

## Besonderheiten bei der Wiedergabe deutscher Adverbien im Spanischen

Nicht immer muss einem deutschen Adverb ein spanisches Adverb entsprechen. Statt dessen werden häufig adverbiale Wendungen bzw. verbale Umschreibungen verwendet:

1. Adverbiale Wendungen, die aus Präposition + Substantiv bestehen, können ein Adverb auf *-mente* ersetzen:

| | | |
|---|---|---|
| *concienzudamente* | *a conciencia* | gewissenhaft |
| *perfectamente* | *a la perfección* | perfekt |
| *cortésmente* | *con cortesía* | höflich |
| *exactamente* | *con exactitud* | genau |
| *frecuentemente* | *con frecuencia* | oft |
| *detenidamente* | *con detenimiento* | ausführlich |
| *inmediatamente* | *de inmediato* | sofort/unverzüglich |

| | | |
|---|---|---|
| continuamente | de continuo | ständig |
| gravemente herido | herido de gravedad | schwer verletzt |
| detalladamente | en detalle | im Einzelnen |
| confidencialmente | en confianza | vertraulich |
| personalmente | en persona | persönlich |
| casualmente | por casualidad | zufällig |
| afortunadamente | por fortuna | glücklicherweise |
| desgraciadamente | por desgracia | unglücklicherweise |
| completamente | por completo | völlig |
| cronológicamente | por orden cronológico | chronologisch |
| despiadadamente | sin piedad | unbarmherzig |
| indudablemente | sin duda (alguna) | zweifellos |

Merke: *actualmente/en la actualidad* gegenwärtig/zur Zeit, *generalmente/por lo general/en general* im Allgemeinen, *con demasiada frecuencia* allzuoft

2. Häufig werden Umschreibungen mit *manera, forma* etc. gebraucht:

| | |
|---|---|
| explicar de manera convincente | überzeugend erklären |
| hablar en voz alta/baja | laut/leise sprechen |
| con voz conmovida | gerührt |
| a paso de tortuga/buey | im Schneckentempo |
| darle a alg. a entender u.c. en forma velada | jdm. etw. indirekt zu verstehen geben |
| resolver un problema de forma rápida y eficaz | ein Problem schnell und wirksam lösen |
| proceder de modo distinto | anders verfahren |
| decir u.c. con aire reprobador | etw. vorwurfsvoll sagen |
| hablar a alg. en tono de amigo | mit jdm. freundschaftlich reden |
| conducir de una forma demasiado temeraria | zu riskant fahren |
| comportarse de manera solidaria | sich solidarisch verhalten |
| escribir de forma ilegible | unleserlich schreiben |

3. In folgenden Fällen werden deutsche Adverbien im Spanischen durch adverbiale Wendungen wiedergegeben:

| | |
|---|---|
| bar (be)zahlen | *pagar al contado* |
| kirchlich heiraten | *casarse por la Iglesia* |
| standesamtlich heiraten | *casarse por lo civil/civilmente* |
| überlegt/bewusst handeln | *actuar con conocimiento de causa* |
| inkognito reisen | *viajar de incógnito* |
| auswendig lernen | *aprender de memoria* |
| schriftlich beantworten | *contestar por escrito* |
| schallend lachen | *reír a carcajadas* |

| | |
|---|---|
| köstlich schmecken | *saber a gloria* |
| rechtzeitig ankommen | *llegar a tiempo* |
| wohlbehalten ankommen | *llegar sin novedad* |
| wahnsinnig lieben | *querer con locura* |
| tragisch nehmen | *tomar por lo trágico* |
| sich schwarz kleiden | *vestirse de negro* |
| mehrheitlich/einstimmig billigen | *aprobar por mayoría/unanimidad* |
| studienhalber ins Ausland gehen | *ir al extranjero en plan de estudio* |
| geschäftlich in Madrid sein | *estar en Madrid por asuntos de negocio* |
| angebrannt riechen | *oler a quemado* |
| serienmäßig hergestellt | *fabricado en serie* |
| urplötzlich bremsen | *frenar en seco* |
| konzentriert arbeiten | *trabajar con concentración* |
| anonym bleiben | *quedar(se) en el anonimato* |
| kühl/trocken aufbewahren | *conservar en frío/seco* |
| etw. beiläufig erwähnen | *mencionar u.c. de paso* |
| bitter schmecken | *tener un sabor amargo* |
| laut denken | *pensar en voz alta* |
| sich politisch betätigen | *dedicarse a la política* |
| etw. mit jdm. brüderlich teilen | *compartir u.c. con alg. como buenos hermanos* |
| etw. grün anmalen | *pintar u.c. de verde* |
| appetitlich aussehen | *tener un aspecto apetitoso* |
| sich ärztlich behandeln lassen | *someterse a un tratamiento médico* |
| links blinken | *poner el intermitente izquierdo* |
| defensiv spielen | *jugar a la defensiva* |
| offensiv spielen | *jugar al ataque* |
| künstlerisch begabt sein | *tener talento artístico* |
| genau wissen | *saber a ciencia cierta* |
| schwer verunglücken | *tener un grave accidente* |
| schwer stürzen | *sufrir una grave caída* |
| etw. sauber abschreiben | *pasar u.c. al limpio* |
| schlecht hören | *tener mal oído* |
| schlecht träumen | *tener mal sueño* |
| jdn. privat sprechen | *hablar con alg. en privado* |
| sich positiv auswirken | *tener un efecto positivo* |
| etw. preiswert kaufen | *comprar u.c. a buen precio* |
| etw. sehr optimistisch sehen | *ver u.c. con mucho optimismo* |
| sich etw. näher ansehen | *mirar u.c. más de cerca* |
| notariell beglaubigt | *certificado ante notario* |
| etw. längs durchschneiden | *cortar u.c. a lo largo* |

| | |
|---|---|
| fröhlich schauen | *poner cara de contento* |
| sich nass/trocken rasieren | *afeitarse con cuchilla/con maquinilla (eléctrica)* |
| etw. unbewusst machen | *hacer u.c. sin darse cuenta* |
| politisch verfolgt werden | *ser perseguido por sus ideas políticas* |
| weit gereist sein | *haber recorrido mundo* |
| unentschieden enden | *acabar con un empate* |
| etw. vorsätzlich tun | *hacer u.c. a propósito/con premeditación* |
| links wählen | *votar a la izquierda* |
| etw. übel nehmen | *tomarse u.c. a mal* |

4. In folgenden Fällen werden deutsche Adverbien im Spanischen verbal umschrieben:

| | |
|---|---|
| *El tren acaba de salir.* | Der Zug ist soeben/gerade abgefahren. |
| *No acabo de comprenderlo.* | Ich verstehe das nicht ganz. |
| *Acabaron por aceptar la propuesta.* | Sie nahmen schließlich den Vorschlag (doch noch) an. |
| *Acerté a pasar por allí.* | Ich kam zufällig dort vorbei. |
| *Continúo/Sigo trabajando.* | Ich arbeite weiter. |
| *Esperemos que consiga convencerla.* | Hoffentlich gelingt es ihm, sie zu überzeugen. |
| *Estoy escribiendo una carta.* | Ich schreibe gerade einen Brief. |
| *Me gusta bailar.* | Ich tanze gern. |
| *No me gusta ir/viajar en avión.* | Ich fliege nicht gern. |
| *Juan no para de hablar.* | Juan redet pausenlos. |
| *Los gramáticos coinciden en decir que ...* | Die Grammatiker sagen übereinstimmend, dass ... |
| *Parece que está enfermo.* | Anscheinend ist er krank. |
| *Prefiero ir al cine.* | Ich gehe lieber ins Kino. |
| *Mi hermano insiste en comprar la casa.* | Mein Bruder will unbedingt das Haus kaufen. |
| *Prefiero quedarme en casa.* | Ich bleibe lieber zu Hause. |
| *Siento mucho no poder venir/ir.* | Leider kann ich nicht kommen. |
| *No tardarán en llegar.* | Sie werden bald kommen. |
| *¿Por qué no vuelves a casarte?* | Warum heiratest du nicht wieder? |

Anmerkung: Die Verbindungen 'gern essen/trinken' + direktes Objekt werden im Spanischen einfach durch *gustar* ausgedrückt: *Me gusta la paella.* – Ich esse gern Paella. *Me gusta el vino.* – Ich trinke gern Wein. 'Gern', absolut gebraucht, wird durch *con gusto* wiedergegeben: *¿Me acompañas? – Con gusto.* Begleitest du mich? – (Sehr) Gern.

# Kapitel 24  Verneinung und Einschränkung
## (Negación y restricción)

Im Gegensatz zum Deutschen wird im Spanischen zwischen der einfachen (vgl. § 254) und der mehrteiligen (§ 256) Verneinung unterschieden. Darüber hinaus gibt es eine Reihe von Ausdrücken, mit denen man die Bedeutung einzelner Satzteile einschränken kann (§§ 257, 258). Zum Gebrauch von Indefinita mit verneinender Bedeutung vgl. §§ 60, 74, 76.

## Die einfache Verneinung  254

1. Die Verneinung (dt. 'nicht') wird durch **no** ausgedrückt, das vor dem Verb und vor einem eventuellen Objektpronomen steht. Außerdem kann *no* vor einem *gerundio* oder einem Partizip ohne Hilfsverb erscheinen sowie vor oder nach dem Wort, das es verneint:

| | |
|---|---|
| *Hoy no trabajamos.* | Heute arbeiten wir nicht. |
| *No lo sé.* | Ich weiß es nicht. |
| *No los he visto.* | Ich habe sie nicht gesehen. |
| *Es mejor no despertarlo.* | Es ist besser, ihn nicht zu wecken. |
| *No estudiando bastante suspenderás el examen.* | Da du nicht genug lernst, wirst du die Prüfung nicht bestehen. |
| *Se trata de una noticia no confirmada.* | Es handelt sich um eine nicht bestätigte Meldung. |
| *Se lo he dicho a él, no a ella.* | Ich habe es ihm, nicht ihr gesagt. |
| *No todos están de acuerdo.* | Nicht alle sind einverstanden. |
| *Bebo vino, pero no todos los días.* | Ich trinke Wein, aber nicht jeden Tag. |
| *Yo hablo francés, pero mi hermana no.* | Ich spreche Französisch, aber meine Schwester nicht. |
| *Aguanto mucho, pero eso no.* | Ich lasse mir viel gefallen, aber das nicht. |

Unterscheide: *No espero volver a verlo.* – Ich hoffe nicht, ihn wiederzusehen. – *Espero no volver a verlo.* – Ich hoffe, ihn nicht wiederzusehen.

2. *No* wird außerdem mit der Bedeutung 'nein' gebraucht:

| | |
|---|---|
| *¿Tienes sed? – No, no tengo sed.* | Hast du Durst? – Nein, ich habe keinen Durst. |

Merke: *digo que no* – ich sage nein; ebenso: *creo que no* – ich glaube nein, *votar que no* – mit nein stimmen, *claro que no* – natürlich nicht.

3. Nach einem Komparativ sowie nach den Konjunktionen *hasta que* oder *a menos que* kann *no* stehen, ohne dass es verneinende Wirkung hat (pleonastischer Gebrauch):

| | |
|---|---|
| *Es mejor callar que (no) decir tonterías.* | Es ist besser zu schweigen, als Dummheiten zu sagen. |
| *No lo dejaré en paz hasta que (no) lo sepa.* | Ich werde ihn nicht in Ruhe lassen, bis ich es weiß. |
| *Iremos de excursión a menos que (no) llueva.* | Wir werden einen Ausflug machen, es sei denn, es regnet. |

4. *No* kann auch als eine an eine Frage angehängte Partikel auftreten:

| | |
|---|---|
| *Está/Es claro ¿no?* | Das ist doch klar, oder? |
| *No estabas en casa ¿no?* | Du warst doch nicht zu Hause, oder? |

Anmerkung: Wird einer verneinten Aussage oder Frage widersprochen, so steht *sí*: *Yo no tengo hambre. – Yo sí.* – Ich habe keinen Hunger. – Ich ja/schon. *¿No tienes hambre? – Sí.* – Hast du keinen Hunger? – Doch.

## 255 Die Wiedergabe von dt. 'kein'

1. Dt. '**kein**' wird gewöhnlich nur durch *no* wiedergegeben, wobei der Artikelgebrauch unberührt bleibt:

| | |
|---|---|
| *¿Eres profesor? – No, no soy profesor.* | Bist du Lehrer? – Nein, ich bin kein Lehrer. |
| *¿Su padre es francés? – No, mi padre no es francés.* | Ist Ihr Vater Franzose? – Nein, mein Vater ist kein Franzose. |
| *¿Sería ésta una solución? – No, ésta no sería una solución.* | Wäre das eine Lösung? – Nein, das wäre keine Lösung. |
| *¿Tenéis hambre? – No, no tenemos hambre.* | Habt ihr Hunger? – Nein, wir haben keinen Hunger. |
| *¿Tu hijo ya tiene novia? – No, mi hijo todavía no tiene novia* | Hat dein Sohn schon eine Freundin? – Nein, mein Sohn hat noch keine Freundin. |
| *¿Llevas dinero encima? – No, no llevo dinero (encima).* | Hast du Geld dabei? – Nein, ich habe kein Geld dabei. |
| *¿Habla Vd. alemán? – No, no hablo alemán.* | Sprechen Sie Deutsch? – Nein, ich spreche kein Deutsch. |

| | |
|---|---|
| ¿Tienes hermanos? – No, no tengo hermanos. | Hast du Geschwister? – Nein, ich habe keine Geschwister. |
| ¿Tocas el piano? – No, no toco el piano. | Spielst du Klavier? – Nein, ich spiele kein Klavier. |
| ¿Te gusta el vino? – No, no me gusta el vino. | Trinkst du gern Wein? – Nein, ich mag keinen Wein. |
| ¿Juegas al fútbol? – No, no juego al fútbol. | Spielst du Fußball? – Nein, ich spiele kein Fußball. |
| ¿Tienes las manos limpias? – No, no tengo las manos limpias. | Hast du saubere Hände? – Nein, ich habe keine sauberen Hände. |

2. Dt. 'kein' + wird durch *ningún/ninguna* wiedergegeben, wenn es beim Subjekt steht oder wenn auf eine Frage mit *algún/alguna* eine verneinende Antwort gegeben wird:

| | |
|---|---|
| Ninguna teoría me convence./ No me convence ninguna teoría. | Keine Theorie überzeugt mich. |
| Ningún buen profesor haría semejante cosa. | Kein guter Lehrer würde so etwas machen. |
| No me gusta ningún vino. | Kein Wein schmeckt mir. |
| ¿Perteneces a algún sindicato? – No, no pertenezco a ningún sindicato. | Gehörst du einer Gewerkschaft an? – Nein, ich gehöre keiner Gewerkschaft an. |
| ¿Tocas algún instrumento?- No, no toco ningún instrumento. | Spielst du ein Instrument? – Nein, ich spiele kein Instrument. |
| ¿Hubo algún problema? – No, no hubo (ningún) problema. | Gab es ein Problem? – Nein, es gab kein Problem. |

3. Wendungen und Ausdrücke mit 'kein':

| | |
|---|---|
| Mach dir keine Sorgen. | ¡No te preocupes! |
| Kein Problem! | No es problema. |
| Keine Idee! | ¡Ni idea! |
| Kein Kommentar! | ¡Sin comentarios! |
| Kein Wort mehr! | ¡Ni palabra más! |
| Nur keine Angst! | ¡No tenga(s) miedo! |
| Keine Ursache! | De nada. |
| kein einziges Mal | ni una sola vez |
| Kein Mensch ist unsterblich. | Nadie es inmortal. |
| Heute keine Post! | Hoy no hay/no ha llegado correo. |
| Für morgen keine Hausaufgaben! | Para mañana no hay/no os pongo deberes. |

| | |
|---|---|
| Das ist keinen Pfifferling wert. | No vale un comino. |
| Ich habe kein Auge zugetan. | No he pegado ojo. |
| Das ist doch keine Art! | ¡Eso no es manera de comportarse! |
| Keine Antwort ist auch eine Antwort. | Quien calla otorga. |
| Kein Zugang! | ¡Prohibido el paso! |
| Ich habe keine Kondition. | No estoy en forma. |
| Du bist keine große Hilfe. | No eres de gran ayuda. |

## 256 Die mehrteilige Verneinung

1. Zu *no* können Adverbien/adverbiale Ausdrücke, Pronomen oder Kombinationen von Adverbien und Pronomen hinzutreten:

| | |
|---|---|
| *no ... ya* | nicht mehr |
| *no ... todavía/aún* | noch nicht |
| *no ... nunca/jamás* | nie(mals) |
| *no ... en absoluto* | überhaupt nicht |
| *no ... apenas* | kaum |
| *no ... tampoco* | auch nicht |
| *no ... ni siquiera* | nicht einmal |
| *no ... ni* | nicht ... und nicht |
| *no ... ni ... ni* | weder ... noch |
| *no ... en ninguna parte/ en ningún sitio/lugar* | nirgends |
| *no ... de ninguna manera* | nicht im Geringsten |
| *no ... en mi vida* | nie in meinem Leben |
| *no ... nada* | nichts/überhaupt nicht/gar nicht |
| *no ... nadie* | niemand |
| *no ... a nadie* | niemanden/niemandem |
| *no ... nada a nadie* | niemandem etwas |
| *no ... nunca nada a nadie* | niemals jemandem etwas |
| *no ... ninguno* | keiner/niemand |
| *no ... a ninguno* | keinen/keinem/niemand(en/em) |
| *no ... ningún/ninguna* + Subst. | kein/keine + Subst. (Subj.) |
| *no ... a ningún/ninguna* + Subst. | keinen/keine/kein + Subst. (Obj.)/keinem/ keiner + Subst. |
| *no ... nunca más/ya no ... nunca* | nie mehr |
| *no ... nada en absoluto* | überhaupt nichts |
| *no ... nunca nada más* | nie mehr etwas |

| | |
|---|---|
| No he visto a nadie. | Ich habe niemand(en) gesehen. |
| No lo sabemos tampoco. | Wir wissen es auch nicht. |
| No veo a ningún alumno. | Ich sehe keinen Schüler. |
| Esto no me gusta en absoluto. | Das gefällt mir überhaupt nicht. |
| No tengo ni siquiera una bicicleta. | Ich habe nicht einmal ein Fahrrad. |
| Mi tío no ha dado nunca nada a nadie. | Mein Onkel hat nie jemandem etwas gegeben. |
| No teníamos ni idea de lo que había pasado. | Wir hatten keine Ahnung von dem, was vorgefallen war. |
| Muchos no saben ni leer ni escribir. | Viele können weder lesen noch schreiben. |
| No hace nada de frío. | Es ist überhaupt nicht kalt. |

2. Stehen *nunca, nada, nadie, ninguno, ni siquiera, tampoco, en mi vida, en ninguna parte* vor dem Verb, so entfällt *no*:

| | |
|---|---|
| Nunca me ha ayudado. | Nie hat er mir geholfen. |
| Nada de lo que dice es verdad. | Nichts von dem, was er/sie sagt, ist wahr. |
| Nadie ha venido. | Niemand ist gekommen. |
| Ni siquiera sabe nadar. | Er kann nicht einmal schwimmen. |
| En mi vida he visto una persona más descarada que ella. | Niemals habe ich in meinem Leben eine frechere Person gesehen als sie. |
| Tampoco lo sabía su profesor. | Auch sein/ihr Lehrer wusste es nicht. |

3. Nach einem Komparativ haben *nunca, nada, nadie* usw. positive Bedeutung:

| | |
|---|---|
| Ahora gano más que nunca. | Jetzt verdiene ich mehr als je zuvor. |
| Conozco a Isabel mejor que nadie. | Ich kenne Isabel besser als sonst jemand. |
| Aquí descanso mejor que en ninguna otra parte. | Hier ruhe ich mich besser aus als sonst irgendwo. |

Aber: *mejor que nada* besser als nichts

# 257 Die Einschränkung

1. Zur Einschränkung des Subjekts und des Objekts gebraucht man *(tan)sólo/solamente/(a) nadie sino (a)/(a) nadie más que (a)/el único que ... es/la única que ... es/no ... más que*:

| | |
|---|---|
| Sólo mi madre/Solamente mi madre/Nadie sino mi madre/Nadie más que mi madre lo sabe./La única que lo sabe es mi madre. | Nur meine Mutter weiß es. |
| Me quedan sólo/solamente veinte minutos./No me quedan más que veinte minutos. | Mir bleiben nur noch zwanzig Minuten. |
| Tengo sólo/solamente cinco euros./No tengo más que cinco euros. | Ich habe nur fünf Euro. |
| Conozco sólo/solamente a Juan./No conozco a nadie más que a Juan./No conozco a nadie sino a Juan./El único que conozco es Juan. | Ich kenne nur Juan. |

2. Wird eine finite Verbform eingeschränkt, so gebraucht man *no hacer más que*:

| | |
|---|---|
| Él no hacía más que reír. | Er lachte nur. |
| Tú no haces más que hablar de eso. | Du redest nur davon/von nichts anderem. |

3. Bezieht sich 'nur' auf einen ganzen Satz, so steht *lo que pasa es que* oder *solamente/sólo que*:

| | |
|---|---|
| Me gustaría ir a la fiesta, lo que pasa es que/solamente que no sé qué ponerme. | Ich würde gerne auf das Fest gehen, nur weiß ich nicht, was ich anziehen soll. |
| El niño es inteligente, lo que pasa es que no quiere estudiar. | Das Kind ist intelligent, nur will es nicht lernen. |

# 258 Wendungen und Ausdrücke zur Wiedergabe von dt. 'nur/erst'

| | |
|---|---|
| Wenn ich nur daran denke, wird mir übel. | Sólo de pensarlo me pongo malo/mala. |
| Alles, sich nur nicht blamieren! | Todo menos hacer el ridículo. |
| Er braucht nur zu fragen. | No tiene más que preguntar. |
| Iss nur! | ¡Pues come! |
| Wenn es nur regnen würde! | ¡Ojalá lloviera! |

| | |
|---|---|
| Wie kann man nur so dumm sein? | *¿Cómo se puede ser tan tonto?* |
| Nur nicht den Mut verlieren! | *¡Sobre todo no desanimarse!* |
| Nur Mut! | *¡Ánimo!* |
| Er/Sie ging weg, ohne mich auch nur anzuschauen. | *Se fue sin mirarme siquiera.* |
| Wir haben nur noch eine Flasche Wein. | *Nos queda sólo una botella de vino.* |
| Seine Tochter ist erst zwölf. | *Su hija tiene solamente doce años.* |
| Ich habe es erst gestern erfahren. | *No lo supe hasta ayer.* |
| Erst nach dem Fall der Mauer änderte sich die Lage. | *La situación no cambió hasta la caída del muro.* |
| Unser Sohn kommt erst übermorgen zurück. | *Nuestro hijo no vuelve hasta pasado mañana.* |
| Ich habe erst zehn Zeilen übersetzt. | *Hasta ahora sólo he traducido diez líneas.* |
| Ich bin erst nach Hause gekommen. | *Acabo de llegar a casa.* |
| Erst/Zuerst ..., dann ... | *Primero ..., luego ...* |

## Kapitel 25  Die Konjunktionen (Las conjunciones)

Mit Hilfe von Konjunktionen werden Sätze und Satzglieder miteinander verbunden. Man unterscheidet beiordnende Konjunktionen (conjunciones coordinantes), die gleichrangige Sätze oder Satzglieder verbinden, und unterordnende Konjunktionen (conjunciones subordinantes), die Nebensätze einleiten. Auch Adverbien und adverbiale Ausdrücke können in der Funktion von Konjunktionen gebraucht werden.

### Die beiordnenden Konjunktionen

### 259 Die aneinanderreihenden Konjunktionen
(las conjunciones copulativas)

| | |
|---|---|
| y (e vor Wörtern, die mit i oder hi beginnen, nicht aber vor hie) | und |
| ni | und nicht/noch |
| también | auch |
| tampoco | auch nicht |
| tanto ... como/así ... como | sowohl ... als auch |
| no sólo/solamente ... sino (también) | nicht nur ... sondern auch |
| lo mismo que | wie auch |
| al igual que | genau so wie |

| | |
|---|---|
| Tanto el francés como el español son lenguas románicas. | Sowohl Französisch als auch Spanisch sind romanische Sprachen. |
| Carlos y Luis son de Sevilla. | Carlos und Luis sind aus Sevilla. |
| Francia e Inglaterra son miembros de la Unión Europea. | Frankreich und England gehören der Europäischen Union an. |
| Yo también estoy flojo en matemáticas. | Ich bin auch schwach in Mathematik. |
| Tampoco mi hermano está fuerte en latín. | Auch mein Bruder ist nicht gut in Latein. |
| No sólo están sus hermanos, sino (también) sus primos. | Nicht nur seine Brüder, sondern auch seine Cousins sind da. |
| A mi padre, lo mismo que a mi madre, les gusta nadar. | Mein Vater wie auch meine Mutter schwimmen gern. |
| No lo sé, ni lo quiero saber. | Ich weiß es nicht, und will es (auch) nicht wissen. |

| El catalán es, al igual que el castellano, una lengua románica derivada del latín. | Das Katalanische ist genau so wie das Kastilische eine romanische Sprache, die vom Lateinischen abstammt. |
|---|---|

Anmerkung: Dt. 'nicht nur ... sondern auch' wird mit *no sólo/solamente ... sino que (también)* wiedergegeben, wenn zwei Sätze miteinander verbunden werden: *No sólo estarán sus hermanos, sino que (también) vendrán sus primos.* – Nicht nur seine Brüder werden da sein, sondern auch seine Cousins werden kommen.

## Die ausschließenden Konjunktionen     260
(las conjunciones disyuntivas)

| | |
|---|---|
| *o* (*u* vor Wörtern, die mit *o* beginnen) | oder |
| *o ... o* | entweder ... oder |
| *bien ... (o) bien* | entweder ... oder |
| *ya ... ya* | bald ... bald/mal ... mal |
| *ahora ... ahora* | bald ... bald/mal ... mal |
| *sea(n) ... sea(n)* | sei(en) es ... sei(en) es/teils ... teils |
| *parte ... parte* | teils ... teils |
| *ni ... ni* | weder ... noch |

| O todo o nada | Alles oder nichts. |
|---|---|
| Son siete u ocho paradas. | Es sind sieben oder acht Haltestellen. |
| No están ni mi hermano ni mi hermana. | Weder mein Bruder noch meine Schwester sind da. |
| Ni Luis ni Pablo lo saben. | Weder Luis noch Pablo wissen es. |
| Ahora dice que sí, ahora dice que no. | Bald sagt er ja, bald sagt er nein. |
| Nos encontramos sea hoy sea mañana. | Wir treffen uns entweder heute oder morgen. |
| Pasé mi juventud parte en Alemania, parte en España. | Ich verbrachte meine Jugend teils in Deutschland, teils in Spanien. |

Anmerkung 1: Geht ein Verb zwei durch *o* verbundenen Subjekten voraus, so kann es im Singular oder im Plural stehen: *Me tienta(n) la falda gris o el jersey azul.* – Es reizt mich der graue Rock oder der blaue Pullover.

Anmerkung 2: Dt. 'weder noch' als verkürzte Antwort auf eine Frage wird im Spanischen je nach Genus des Bezugswortes durch *ni el uno/la una ni el otro/la otra* bzw. bei Bezug auf einen Sachverhalt durch *ni lo uno ni lo otro* wiedergegeben.

## 261 Die entgegensetzenden Konjunktionen
(las conjunciones adversativas)

| | |
|---|---|
| *pero* [häufiger]/*mas* | aber |
| *sino* (*que* bei folgendem Verb) | sondern |
| *todavía* | jedoch/immerhin |
| *en cambio* | dagegen |
| *sin embargo* | trotzdem/nichtsdestoweniger |
| *no obstante* | dessen ungeachtet/trotzdem |

| | |
|---|---|
| *Tu hijo no estudia mucho, sin embargo saca buenas notas.* | Dein Sohn lernt nicht viel, trotzdem bekommt er gute Noten. |
| *Esta camisa es bastante cara, pero me quedo con ella.* | Dieses Hemd ist ziemlich teuer, aber ich nehme es. |
| *No fuimos en coche sino que anduvimos.* | Wir fuhren nicht mit dem Auto, sondern gingen zu Fuß. |
| *No tengo mucho tiempo; no obstante te acompañaré a la estación.* | Ich habe nicht viel Zeit; trotzdem werde ich dich zum Bahnhof begleiten. |
| *La hermana de Luis es muy simpática, su hermano, en cambio, me da la lata.* | Die Schwester von Luis ist sehr sympathisch, sein Bruder dagegen geht mir auf den Geist. |

## 262 Die folgernden Konjunktionen (las conjunciones conclusivas)

| | |
|---|---|
| *por eso/esto* | daher/deshalb |
| *por (lo) tanto* | daher/deshalb |
| *por consiguiente/por ende* | folglich |
| *luego* | also/folglich |
| *y así* | und so/daher |
| *ahora bien* | also demnach |
| *(así) pues* | also/folglich |
| *de ahí que* + subj./Ind. | daher |

| | |
|---|---|
| *Pienso, luego existo.* | Ich denke, also existiere ich. |
| *Me duele la pierna, por eso no podré participar en la excursión.* | Mir tut das Bein weh, daher werde ich nicht am Ausflug teilnehmen können. |
| *Estoy nervioso, por consiguiente no me molestes.* | Ich bin nervös, folglich störe mich nicht! |
| *Pilar ya no se entiende con su novio, por (lo) tanto se va a separar de él.* | Pilar versteht sich nicht mehr mit ihrem Freund, daher wird sie sich von ihm trennen. |

## Die unterordnenden Konjunktionen

### Die temporalen Konjunktionen (las conjunciones temporales)

| | |
|---|---|
| cuando | als/wenn/jedes Mal wenn |
| cada vez que | jedes Mal wenn |
| siempre que | immer wenn |
| mientras | während |
| en tanto que/en cuanto | solange/während |
| apenas/tan pronto como/así que/ una vez (que)/[lit.] luego que | sobald |
| después (de) que | nachdem |
| antes (de) que | bevor/ehe |
| hasta que | bis |
| desde que | seit/seitdem |

Von den temporalen Konjunktionen ist *antes (de) que* die einzige, nach der immer der *subjuntivo* steht. Die anderen werden mit dem *subjuntivo* verbunden, wenn die Handlung des Temporalsatzes in der Zukunft liegt:

| | |
|---|---|
| **Cuando** estoy enfermo, no salgo de casa. | Wenn ich krank bin, verlasse ich nicht das Haus. |
| Cuando yo tenía tu edad, viajaba mucho. | Als ich so alt war wie du, reiste ich viel. |
| Cuando llegué a casa, me sentía muy cansado. | Als ich zu Hause ankam, fühlte ich mich sehr müde. |
| Cuando los vi, me escondí detrás de un árbol. | Als ich sie erblickte, versteckte ich mich hinter einem Baum. |
| Cuando nos pregunten, les diremos que no sabemos nada. | Wenn sie uns fragen, werden wir ihnen sagen, dass wir nichts wissen. |
| Cuando hayas aprobado el examen, nos casaremos. | Wenn du die Prüfung bestanden hast, werden wir heiraten. |
| **Cada vez que** mi tío nos visita, me trae algo. | Jedes Mal wenn mein Onkel uns besucht, bringt er mir etwas mit. |
| **Antes que** te cases, mira lo que haces. [Sprichwort] | Bevor du heiratest, sieh, was du tust. |
| Mi amigo dijo que quería regresar a casa antes de que se hiciera de noche. | Mein Freund sagte, dass er nach Hause gehen wolle, bevor es Nacht werde. |

| | |
|---|---|
| **Mientras** mi madre preparaba la cena, mi padre leía el periódico y yo escuchaba música. | Während meine Mutter das Abendessen zubereitete, las mein Vater die Zeitung und ich hörte Musik. |
| **Mientras** hagas los deberes, yo arreglaré tu bicicleta. | Während/Solange du Hausaufgaben machst, werde ich dein Fahrrad reparieren. |
| **Apenas/Tan pronto como** me sentaba a la mesa, venía alguien a molestarme. | Sobald ich mich zu Tisch setzte, kam jemand und störte mich. |
| **Tan pronto como** lo sepa, te informaré. | Sobald ich es weiß, werde ich dich informieren. |
| Mi marido ya no está contento **desde que** trabaja en esa fábrica. | Mein Mann ist nicht mehr zufrieden, seitdem er in dieser Fabrik arbeitet. |
| Esperamos siempre **hasta que** nuestra hija vuelve a casa. | Wir warten immer, bis unsere Tochter nach Hause kommt. |
| ¡Espera hasta que venga Luis! | Warte, bis Luis kommt! |
| **Después de que** hubo estallado la guerra, muchos trataron de abandonar el país. | Nachdem der Krieg ausgebrochen war, versuchten viele das Land zu verlassen. |
| **Después de que** termine la conferencia, iremos a dar un paseo. | Nachdem/Wenn der Vortrag zu Ende ist, werden wir einen Spaziergang machen. |

Anmerkung: Hat 'während' adversative Bedeutung, so wird es durch *mientras que* (seltener durch einfaches *mientras*) + Indikativ wiedergegeben: *Yo tengo que trabajar, mientras que tú te estás mano sobre mano.* – Ich muss arbeiten, während du die Hände in den Schoß legst.

## 264 Die kausalen Konjunktionen (las conjunciones causales)

| | |
|---|---|
| como [am Satzanfang] | da |
| ya que/puesto que/dado que | da ja/da nämlich |
| visto que | in Anbetracht dessen, dass |
| porque [nicht am Satzanfang] | weil |
| cuanto más que | zumal da |

Diese Konjunktionen werden alle mit dem Indikativ verbunden:

| | |
|---|---|
| Como hace mucho calor, no tengo ganas de trabajar. | Da es sehr heiß ist, habe ich keine Lust zu arbeiten. |

| | |
|---|---|
| No acepto el empleo porque está mal pagado. | Ich nehme die Stelle nicht an, weil sie schlecht bezahlt ist. |
| Se desconoce la cifra real de los jóvenes parados, ya que muchos no están inscritos en las oficinas de empleo. | Man kennt nicht die tatsächliche Zahl der arbeitslosen Jugendlichen, da viele nicht bei den Arbeitsämtern gemeldet sind. |

Anmerkung 1: Wird ein Grund ausgeschlossen, so gebraucht man *no porque* + *subjuntivo*: *No voy al concierto, no porque no tenga dinero, sino porque no quiero.* – Ich gehe nicht zum Konzert, nicht weil ich kein Geld hätte, sondern weil ich nicht will.

Anmerkung 2: Wird auf einen mit *por qué* eingeleiteten Fragesatz direkt geantwortet, so kann die Antwort mit *porque* beginnen: *¿Por qué no vas al cine? – Porque estoy cansado.* – Warum gehst du nicht ins Kino? – Weil ich müde bin.

## Die finalen Konjunktionen (las conjunciones finales) 265

| | |
|---|---|
| *para que/porque/* *a fin de que/con el fin de que/* *a que* | damit |
| *por miedo a que* | aus Furcht, dass |

Diese Konjunktionen werden alle mit dem *subjuntivo* verbunden:

| | |
|---|---|
| *Tenemos que hacer grandes sacrificios para que nuestro hijo pueda frecuentar la universidad.* | Wir müssen große Opfer bringen, damit unser Sohn die Universität besuchen kann. |
| *Voy al médico a que me dé algo contra la jaqueca.* | Ich gehe zum Arzt, damit er mir etwas gegen Migräne gibt. |
| *La chica esconde su diario por miedo a que lo lean sus padres.* | Das Mädchen versteckt ihr Tagebuch aus Furcht, dass es ihre Eltern lesen (könnten). |

## Die konsekutiven Konjunktionen 266
(las conjunciones consecutivas)

| | |
|---|---|
| *de manera/modo/forma/* [lit.] *suerte que* | so, dass |
| *a/hasta tal punto que* | so sehr, dass |
| *tanto que* | so viel/sehr, dass |
| *tantos que* | so viele, dass |
| *tan ... que* | so ... dass |

Die konsekutiven Konjunktionen werden mit dem Indikativ gebraucht; es steht jedoch der *subjuntivo*, wenn auf etwas Erwünschtes, der Konditional, wenn auf etwas Mögliches hingewiesen wird:

| | |
|---|---|
| *Esta vez mi hermano ha escrito de manera que puedo leer su carta.* | Diesmal hat mein Bruder so geschrieben, dass ich seinen Brief lesen kann. |
| *¡Explícamelo de manera que lo pueda comprender!* | Erklär es mir so, dass ich es verstehen kann! |
| *Estábamos tan conmovidos que no pudimos decir ni una sola palabra.* | Wir waren so bewegt, dass wir kein einziges Wort herausbrachten. |
| *Los Ramírez son tan ricos que podrían permitirse cualquier lujo.* | Die Ramírez sind so reich, dass sie sich jeden Luxus leisten könnten. |
| *Muchas personas tienen tantos libros que nunca podrán leerlos todos.* | Viele Menschen haben so viele Bücher, dass sie sie nie alle werden lesen können. |

Anmerkung 1: Dt. 'zu viel/zu sehr/zu + Adj./Adv. + als dass' wird durch *demasiado/demasiada* + Adj./Adv. + *para que* + *subjuntivo* wiedergegeben: *El equipo español jugó demasiado bien para que el equipo belga lo pudiera vencer.* – Die spanische Mannschaft spielte zu gut, als dass die belgische Mannschaft sie hätte schlagen können.

Anmerkung 2: Nach *no* + *ser* + *tan* + Adj./Adv. steht der *subjuntivo*: *Yo no soy tan tonto que me lo crea.* – Ich bin nicht so dumm, dass ich es glauben würde.

## 267 Die konzessiven Konjunktionen (las conjunciones concesivas)

| | |
|---|---|
| *aunque/aun cuando/a pesar de que/pese a que* + Ind. | obwohl |
| *aunque/aun cuando/a pesar de que/pese a que* + subj. | selbst wenn |
| *(aun) a riesgo de que* + subj. | selbst auf die Gefahr hin, dass |
| *por (muy)* + Adj./Adv. + *que* + subj. | wie/so ... auch |
| *por mucho que* + subj. | wie/so viel auch |

| | |
|---|---|
| *A pesar de que mi tío pasó muchos años en Alemania, no habla bien el alemán.* | Obwohl mein Onkel viele Jahre in Deutschland war, spricht er nicht gut Deutsch. |
| *Me voy a comprar ese traje, aunque es muy caro.* | Ich werde mir diesen Anzug kaufen, obwohl er sehr teuer ist. |
| *Por (muy) ricos que sean, no dan nunca nada a nadie.* | So reich sie auch sein mögen, sie geben niemals jemandem etwas. |

Anmerkung: Nach *aunque/aun cuando/a pesar de que/pese a que* steht der *subjuntivo*, wenn auf ein zukünftiges oder mögliches Ereignis Bezug genommen wird: *Me voy a comprar ese traje, aunque/aun cuando sea muy caro.* – Ich werde mir diesen Anzug kaufen, selbst wenn er sehr teuer ist/sein sollte. Weiterhin kann der *subjuntivo* bei einer Aussage stehen, die zu einer allgemeinen Erfahrung im Gegensatz steht: *Mi mujer es rubia, aunque es/sea andaluza.* – Meine Frau ist blond, obwohl sie Andalusierin ist.

## Die konditionalen Konjunktionen 268
(las conjunciones condicionales)

| | |
|---|---|
| *si* | wenn/falls |
| *en caso de que* | falls/im Falle, dass |
| *suponiendo que/siempre que* | vorausgesetzt, dass |
| *con tal (de) que* | wenn nur/insofern |
| *a condición de que* | unter der Bedingung, dass |
| *a no ser que* [alle mit subj.] | falls nicht/es sei denn, dass |

Diese Konjunktionen werden mit dem *subjuntivo* verbunden (zu den Tempora und Modi im *si*-Satz vgl. § 187):

| | |
|---|---|
| *Mañana salimos de excursión, a no ser que haga mal tiempo.* | Morgen machen wir einen Ausflug, es sei denn, es ist schlechtes Wetter. |
| *Te lo diré a condición de que no se lo cuentes a nadie.* | Ich werde es dir sagen, unter der Bedingung, dass du es niemand erzählst. |
| *Te ayudaré, siempre que mañana tenga tiempo.* | Ich werde dir helfen, vorausgesetzt, dass ich morgen Zeit habe. |
| *En caso de que llueva, aplazaremos la excursión para más tarde.* | Falls es regnet, werden wir den Ausflug auf später verschieben. |

Anmerkung: Hat *siempre que* die Bedeutung 'immer wenn', so steht der Indikativ: *Siempre que viene, me pide un favor.* – Immer wenn er kommt, bittet er mich um einen Gefallen.

## Die modalen Konjunktionen (las conjunciones modales) 269

| | |
|---|---|
| *como/según* | wie/je nachdem wie |
| *a medida que* | in dem Maße wie |
| *salvo que* | es sei denn, dass/außer wenn |
| *sin que* | ohne dass |

Von den modalen Konjunktionen werden *sin que* und *salvo que* immer mit dem *subjuntivo* verbunden, während die anderen mit dem *subjuntivo* gebraucht werden, wenn offen gelassen wird, ob ein Vorgang eintritt:

| | |
|---|---|
| *Según he oído, los García piensan vender su casa.* | Wie ich gehört habe, wollen die Garcías ihr Haus verkaufen. |
| *A veces hago lo uno y otras lo otro, según me dé.* | Mal tu ich das Eine, mal das andere, gerade wie ich Lust habe. |
| *Sustituir los puntos con los verbos 'ser' o 'estar' según convenga.* | Ersetzen Sie die Punkte je nachdem durch *ser* oder *estar*. |
| *Como sabéis no es nada grave.* | Wie ihr wisst, ist es nichts Schlimmes. |
| *Lo haremos todo como queráis.* | Wir werden alles machen, wie ihr wollt. |
| *A medida que nos aproximábamos a la frontera, mis padres se iban poniendo nerviosos.* | In dem Maße, wie wir uns der Grenze näherten, wurden meine Eltern nervös. |
| *A medida que estudiéis, haréis progresos.* | In dem Maße, wie ihr lernt, werdet ihr Fortschritte machen. |
| *Entramos sin que lo notara nadie.* | Wir gingen hinein, ohne dass es jemand merkte/gemerkt hätte. |
| *Mañana vendré, salvo que ocurra algo imprevisto.* | Ich werde morgen kommen, es sei denn, es passiert etwas Unvorhergesehenes. |

# Kapitel 26 Die Präpositionen (Las preposiciones)

Präpositionen und präpositionale Fügungen – letztere enthalten in der Regel ein zusätzliches Substantiv – dienen einerseits zur Angabe von Begleitumständen der im Prädikat ausgedrückten Handlung und drücken andererseits Beziehungen zwischen Satzteilen aus. Die am häufigsten auftretenden spanischen Präpositionen *a, de, en, por, para, con, sobre* haben vielfältige Funktionen, die auch vom Kontext abhängen. Diesen Präpositionen ist im Folgenden jeweils ein eigener Paragraph gewidmet.

## Übersicht über die Präpositionen und präpositionalen Fügungen  270

| | | |
|---|---|---|
| *a* vgl. § 271 | | |
| *a base de* | *a base de huevos* | mit/aus Eiern (hergestellt) |
| *a cambio de* | *a cambio de petróleo* | im Austausch für/gegen Erdöl |
| *a casa de* | *ir a casa de Juan* | zu Juan gehen |
| *a/por causa de* | *a/por causa de la lluvia* | wegen des Regens |
| *a comienzos de* | *a comienzos de enero* | Anfang Januar |
| *a/como consecuencia de* | *a/como consecuencia de la huelga* | als Folge des Streiks |
| *a cuenta de* | *a cuenta de la empresa* | auf Kosten der Firma |
| *a la derecha de* | *a la derecha del cine* | rechts vom Kino |
| *a diferencia de* | *a diferencia del alemán* | im Unterschied zum Deutschen |
| *a expensas de* | *a expensas de los padres* | auf Kosten der Eltern |
| *a imitación de* | *a imitación del maestro* | nach dem Vorbild des Meisters |
| *a instancia de* | *a instancia del ministro* | auf Ersuchen des Ministers |
| *a la izquierda de* | *a la izquierda de la iglesia* | links von der Kirche |
| *a lo largo de* | *a lo largo del río* | den Fluss entlang |
| *a partir de* | *a partir de hoy* *a partir de diez personas* *a partir de Málaga* | von heute an ab zehn Personen ab Málaga |
| *a pesar de* | *a pesar de sus noventa años* | trotz seiner neunzig Jahre |
| *a petición de* | *a petición del cliente* | auf Wunsch des Kunden |

| | | |
|---|---|---|
| a principios de | a principios de mes | zu Beginn des Monats |
| a propuesta de | a propuesta del comité de empresa | auf Vorschlag des Betriebsrates |
| a raíz de | a raíz de la conferencia | unmittelbar nach dem Vortrag |
| a ruegos de | a ruegos de mis padres | auf Bitten meiner Eltern |
| a solicitud de | a solicitud del presidente | auf Veranlassung des Präsidenten |
| a través de | a través del desierto<br>a través de mi amigo | durch die Wüste<br>durch/über meinen Freund |
| al abrigo de | al abrigo de un muro | im Schutz einer Mauer |
| al amparo de | al amparo de la iglesia | unter dem Schutz der Kirche |
| al borde de | al borde del abismo | am Rande des Abgrunds |
| al cabo de | al cabo de tres horas | nach drei Stunden |
| al fondo de | al fondo de la sala | hinten im Saal |
| al lado de | al lado del hospital | neben dem Krankenhaus |
| al norte de | al norte de Madrid | nördlich von Madrid |
| acerca de | acerca del asunto | die Angelegenheit betreffend |
| además de | Además del libro me regaló esta corbata. | Außer dem Buch schenkte er mir diese Krawatte. |
| alrededor de | alrededor del jardín<br>alrededor de veinte años | um den Garten herum<br>ungefähr zwanzig Jahre |
| ante | ante el rey<br>ante este problema | in Gegenwart des Königs<br>angesichts dieses Problems |
| antes de | antes de las cinco<br>mil años antes de Cristo | vor fünf Uhr<br>tausend Jahre vor Christus |
| aparte de | aparte de ello | abgesehen davon |
| bajo | bajo la foto<br>bajo el dominio español<br>caminar bajo la lluvia<br>bajo fianza<br>bajo la siguiente dirección<br>bajo la dirección de un famoso director de orquesta | unter dem Foto<br>unter spanischer Herrschaft<br>im Regen gehen<br>gegen Kaution<br>unter folgender Adresse<br>unter der Leitung eines berühmten Dirigenten |
| cerca de | cerca de la estación<br>Estamos cerca de Navidad.<br>cerca de mil personas | in der Nähe des Bahnhofs<br>Es ist/Wir haben bald Weihnachten.<br>etwa tausend Menschen |
| con vgl. § 272 | | |
| con arreglo a | con arreglo a lo convenido | gemäß der Vereinbarung |

| | | |
|---|---|---|
| con la colaboración de | con la colaboración de unos colegas | unter Mitwirkung einiger Kollegen |
| con excepción de | con excepción de Italia | mit Ausnahme Italiens |
| con exclusión de | con exclusión de los equipos ingleses | unter Ausschluss der englischen Mannschaften |
| con miras a | con miras al futuro | im Hinblick auf die Zukunft |
| con motivo de | con motivo de nuestra boda | anlässlich unserer Hochzeit |
| con ocasión de | con ocasión de mi promoción | anlässlich meiner Beförderung |
| con referencia a | con referencia a su carta del ... | mit Bezug auf Ihr Schreiben vom ... |
| con respecto a | con repecto al paro | hinsichtlich der Arbeitslosigkeit |
| con vistas a | con vistas a un fin común | im Hinblick auf ein gemeinsames Ziel |
| conforme a | conforme a la ley | gemäß dem Gesetz |
| contra | luchar contra el alcoholismo | gegen den Alkoholismus kämpfen |
| | contra reembolso | gegen Nachnahme |
| contrariamente a | contrariamente a la orden | gegen den Befehl |
| dado [veränd.] | dada la dificultad de la empresa | angesichts der Schwierigkeiten der Unternehmung |
| de vgl. § 273 | | |
| de acuerdo con | de acuerdo con las instrucciones | gemäß den Weisungen |
| de casa de | Vengo de casa de Juan. | Ich komme von Juan. |
| debajo de | debajo de la cama | unter dem Bett |
| debido a | debido a su enfermedad | infolge seiner Krankheit |
| delante de | delante del estanco | vor dem Tabakladen |
| dentro de | dentro de la casa | innerhalb des Hauses |
| | El tren sale dentro de cinco minutos. | Der Zug fährt in fünf Minuten ab. |
| desde | desde el avión | vom Flugzeug aus |
| | desde el tres de enero | seit dem dritten Januar |
| | faldas desde 10 euros | Röcke ab 10 Euro |
| | desde pequeño | von klein auf |
| | desde siempre | schon immer/von jeher |
| | desde la óptica de los profesores | aus Sicht der Lehrer |

| | | |
|---|---|---|
| desde hace | desde hace quince días | seit vierzehn Tagen |
| después de | después de las ocho | nach acht Uhr |
| detrás de | detrás de la iglesia | hinter der Kirche |
| durante | durante las vacaciones | während der Ferien |
| en vgl. § 274 | | |
| en ausencia de | en ausencia de algo mejor | in Ermangelung eines Besseren |
| en busca de | en busca de trabajo | auf der Suche nach Arbeit |
| en el campo de | en el campo de la ciencia | auf dem Gebiet der Wissenschaft |
| en casa de | estar en casa de Juan | bei Juan sein |
| en caso de | en caso de guerra | im Kriegsfall |
| en compañía de | en compañía de su esposo | in Begleitung ihres Gatten |
| en comparación con | en comparación con los países latinoamericanos | im Vergleich zu den lateinamerikanischen Ländern |
| en conmemoración de | en conmemoración de nuestras bodas de plata | zur Erinnerung an unsere Silberhochzeit |
| en connivencia con | en connivencia con los carceleros | im Einverständnis mit den Gefängnisaufsehern |
| en contra de | votar en contra del Gobierno | gegen die Regierung stimmen |
| en contradicción con | en contradicción con sus convicciones | im Widerspruch zu seinen Grundsätzen |
| en contraste con | en contraste con el alcalde | im Gegensatz zum Bürgermeister |
| en cuanto a | en cuanto a este problema | was dieses Problem angeht |
| en defecto de | en defecto de un pasaporte | in Ermangelung eines Passes |
| en detrimento de | en detrimento del Estado | zum Schaden des Staates |
| en/a favor de | en/a favor del reo | zu Gunsten des Angeklagten |
| en función de | en función de sus aptitudes | entsprechend seinen/ihren Fähigkeiten |
| en honor de | en honor del Rey | zu Ehren des Königs |
| en medio de | en medio de tanta gente en medio del caos | inmitten so vieler Leute inmitten des Chaos |
| en memoria de | en memoria de mi abuelo | zur Erinnerung an meinen Großvater |
| en nombre de | en nombre de mis padres | im Namen meiner Eltern |

| | | |
|---|---|---|
| en poder de | en poder de los terroristas | in der Gewalt der Terroristen |
| en presencia de | en presencia del canciller | in Anwesenheit des Kanzlers |
| en pro de | en pro de la libertad | für die Freiheit |
| en recompensa de | en recompensa de tu trabajo | als Belohnung für deine Arbeit |
| en recuerdo de | en recuerdo de mi padre | zur Erinnerung an meinen Vater |
| en relación con | en relación con los gastos | im Verhältnis zu den Kosten |
| en señal de | en señal de gratitud | zum Zeichen der Dankbarkeit |
| en tiempo(s) de | en tiempos de Franco | zu Francos Zeiten |
| en torno a | en torno a la mesa<br>en torno a las ocho de la tarde | um den Tisch herum<br>etwa um 8 Uhr abends |
| en el (trans)curso de | en el transcurso de un año | im Laufe eines Jahres |
| en venganza de | en venganza de los agravios sufridos | aus Rache für die erlittenen Beleidigungen |
| en vez de | en vez de un café | anstatt eines Kaffees |
| en virtud de | en virtud de esta ley | aufgrund/kraft dieses Gesetzes |
| en vista de | en vista de tantas dificultades | angesichts so großer Schwierigkeiten |
| encima de | encima de la mesa | über/auf dem Tisch |
| entre | entre Murcia y Alicante<br><br>entre barrotes<br>entre bastidores<br>entre otras cosas<br>entre los alumnos | zwischen Murcia und Alicante<br>hinter Gittern<br>hinter den Kulissen<br>unter anderem<br>unter den Schülern |
| excepto | Estaban todos, excepto él. | Alle waren da, außer ihm. |
| frente a | frente al museo<br>tu actitud frente a este problema | gegenüber dem Museum<br>deine Einstellung zu diesem Problem |
| fuera de | fuera de España | außerhalb Spaniens |
| gracias a | gracias a tu ayuda | dank deiner Hilfe |
| hace | hace quince días | vor vierzehn Tagen |

| | | |
|---|---|---|
| *hacia* | *hacia Valencia* | in Richtung Valencia |
| | *hacia las nueve* | gegen neun Uhr |
| *hasta* | *hasta el centro* | bis zum Zentrum |
| | *hasta las cinco* | bis um fünf Uhr |
| | *hasta cuatro veces al año* | bis zu vier Mal im Jahr |
| *junto a* | *junto a la entrada* | beim/neben dem Eingang |
| *lejos de* | *lejos de la estación* | weit vom Bahnhof entfernt |
| *mediante* | *mediante un prefijo* | mittels eines Präfixes |
| *menos* | *todos menos Carlos* | alle außer Carlos |
| *merced a* | *merced a su ayuda* | dank seiner Hilfe |
| *para* vgl. § 275 | | |
| *pese a* | *pese a los obstáculos* | trotz der Hindernisse |
| *por* vgl. § 276 | | |
| *por consejo de* | *por consejo del médico* | auf Anraten des Arztes |
| *por encargo de* | *por encargo del abad* | im Auftrag des Abtes |
| *por falta de* | *por falta de dinero* | aus Mangel an Geld/ mangels Geld |
| *por medio de* | *por medio de un amigo* | durch einen Freund |
| *por obra de* | *por obra de tu perseverancia* | dank deiner Ausdauer |
| *por orden de* | *por orden del ayuntamiento* | auf Anordnung der Stadtverwaltung |
| *por recomendación de* | *por recomendación de un amigo* | auf Empfehlung eines Freundes |
| *por sugerencia de* | *por sugerencia del jefe* | auf Anregung des Chefs |
| *por temor a* | *por temor al castigo* | aus Angst vor Strafe |
| *respecto a/de/ con respecto a* | *respecto al contenido* | hinsichtlich des Inhalts |
| *rumbo a* | *rumbo a Canarias* | Richtung Kanarische Inseln |
| *según* | *según las instrucciones* | gemäß den Instruktionen |
| *sin* | *sin dinero* | ohne Geld |
| *sobre* vgl. § 277 | | |
| *tras* | *tras la puerta* | hinter der/die Tür |
| | *tras la tormenta* | nach dem Sturm |

Anmerkung: Da *hace* ursprünglich eine Verbform ist, wird es zu *hacía,* wenn das Verb im Imperfekt oder im Plusquamperfekt steht: *Su padre era médico desde hacía veinte años.* – Sein Vater war schon seit zwanzig Jahren Arzt. *Su novio había llegado a Madrid hacía tres años.* – Ihr Freund war drei Jahre vorher nach Madrid gekommen.

# Die Präposition *a*

Die Präposition *a* wird verwendet

1. zur Angabe des indirekten Objekts:

| | |
|---|---|
| *Le daré el dinero a tu padre.* | Ich werde deinem Vater das Geld geben. |

2. zur Angabe des direkten persönlichen Objekts (einschließlich der Indefinita):

| | |
|---|---|
| *Estoy esperando a Paco.* | Ich warte auf Paco. |
| *Ayer vi a tu hermana.* | Gestern sah ich deine Schwester. |
| *No conozco a nadie.* | Ich kenne niemand. |

Aber: *Nadie pudo identificar el muerto.* – Niemand konnte den Toten identifizieren.

Anmerkung 1: Nach *tener* entfällt die Präposition *a*: *Cristina ya tiene novio.* – Cristina hat schon einen Freund. *Carlos tiene una novia muy guapa.* – Carlos hat eine sehr hübsche Freundin. Aber: *Hoy tenemos con nosotros al profesor Huber, de Munich.* – Heute haben wir Professor Huber aus München bei uns.

Anmerkung 2: Geht dem direkten persönlichen Objekt ein Zahlwort oder ein Indefinitadjektiv voraus, kann *a* entfallen: *En el parque encontramos (a) tres/muchos alemanes.* – Im Park trafen wir drei/viele Deutsche.

Anmerkung 3: Vor Kollektivbegriffen kann *a* stehen: *Conozco (a) su familia.* – Ich kenne seine Familie. *Quiero conocer (a) gente.* – Ich will Leute kennen lernen.

Anmerkung 4: Vor Bezeichnungen von Tieren, zu denen ein persönliches Verhältnis besteht, steht *a*: *¿Puedo traer a mi gato?* – Kann ich meine Katze mitbringen? *Sacar al perro* mit dem Hund Gassi gehen.

Anmerkung 5: Personifizierten Begriffen kann *a* vorausgehen: *temer a la Muerte/temer la muerte* den Tod fürchten. Dies gilt auch für Städte- und Ländernamen: *Quien no ha visto (a) Granada, no ha visto nada.* – Wer Granada nicht gesehen hat, hat nichts gesehen. *Dios bendiga a América.* – Gott segne Amerika. *A Galicia se la conoce por Santiago.* – Galizien kennt man durch Santiago (de Compostela).

Anmerkung 6: Handelt es sich um unbestimmte Personen, so entfällt *a*: *Busco un cocinero.* – Ich suche einen Koch. *Necesito una secretaria.* – Ich brauche eine Sekretärin. *Quiero un niño.* – Ich will ein Kind. *Está esperando un niño.* – Sie bekommt ein Kind. Aber: *Busco a mi cocinero.* – Ich suche meinen Koch. *Quiero a este niño.* – Ich liebe dieses Kind.

Anmerkung 7: Im heutigen Spanisch hat sich der Gebrauch der Präposition *a* vor direktem Objekt ausgeweitet. So kann *a* vor Sachobjekten nach den folgenden Verben stehen, die sonst meist mit einem persönlichen Objekt verbunden werden:

| | |
|---|---|
| *acompañar* | begleiten |
| *afectar* | befallen/betreffen |
| *combatir* | bekämpfen |
| *criticar* | kritisieren |
| *llamar* | nennen |
| *re(e)mplazar/sustituir* | ersetzen |
| *superar* | überwinden |
| *vencer* | besiegen |

*Otros problemas que afectan actualmente el/al país son*: ... – Weitere Probleme, die zurzeit das Land bewegen, sind: ... *Hay que llamar (a) las cosas por su nombre.* – Man muss die Dinge beim Namen nennen. *Se ha avanzado mucho para vencer el/al sida.* – Bei der Bekämpfung von AIDS ist man weit vorangekommen.

Anmerkung 8: In Sätzen wie 'Ich stelle meinen Eltern meine Freundin vor' oder 'Ich ziehe die klassischen Schriftsteller den modernen vor' entfällt die Präposition *a* vor dem direkten Objekt, um Mehrdeutigkeiten zu vermeiden: *Presento mi novia a mis padres. Prefiero los autores clásicos a los modernos.*

## 3. zur Richtungsangabe (wohin?):

| | |
|---|---|
| *ir* | gehen/fahren |
| *a Barcelona/a Francia* | nach Barcelona/nach Frankreich |
| *al extranjero/al mar* | ins Ausland/ans Meer |
| *a la escuela/al teatro/al cine/* | in die Schule/ins Theater/ins Kino/ |
| *a casa/al mercado/a la sauna* | nach Hause/auf den Markt/in die Sauna |
| *a la playa/al centro* | an den Strand/ins Zentrum |
| *a clase/a un concierto* | in den Unterricht/in ein Konzert |
| *a la iglesia* | in die Kirche |
| *al baile/a la oficina* | zum Ball/ins Büro |
| *al dentista/al médico* | zum Zahnarzt/Arzt |
| *a la peluquería/a la panadería* | zum Friseur/Bäcker |
| *al váter* | aufs Klo |
| *viajar a Ibiza* | nach Ibiza reisen |
| *irse a vivir a las afueras* | in die Vororte ziehen |
| *salir al campo* | aufs Land hinausfahren |

| | |
|---|---|
| sentarse a la mesa | sich an den Tisch setzen |
| subir al tejado/al autobús | auf das Dach/in den Bus steigen |
| dirigirse a la salida | zum Ausgang gehen |
| ir/subir a bordo | an Bord gehen |
| ir a la cárcel | ins Gefängnis kommen |
| ir a la guerra | in den Krieg ziehen |
| echar a alg. a la calle | jdn. hinauswerfen |
| pasar a la historia | in die Geschichte eingehen |
| caer al suelo/a tierra | auf den Boden/die Erde fallen |

Merke: *Bienvenido a nuestra ciudad.* – Willkommen in unserer Stadt. *Podemos ir a tomar un café a otro sitio.* – Wir können an einem anderen Ort einen Kaffee trinken.

4. in einigen Fällen zur Ortsangabe (wo?):

| | |
|---|---|
| dormir al aire libre | im Freien schlafen |
| estar sentado a la sombra/al sol/ a la puerta | im Schatten/in der Sonne/ an der Tür sitzen |
| a la vuelta de la esquina | gleich um die Ecke |
| al fondo | im Hintergrund |
| a mi derecha | zu meiner Rechten |
| a mano izquierda | linker Hand |
| vivir al margen de la sociedad | am Rande der Gesellschaft leben |
| mirarse al espejo | sich im Spiegel betrachten |
| al otro lado | auf der anderen Seite |
| a pleno sol | in der prallen Sonne |
| Salamanca está a 41 grados de latitud norte. | Salamanca liegt auf dem 41. nördlichen Breitengrad. |
| faltar al trabajo | bei/auf der Arbeit fehlen |
| a mis espaldas | hinter meinem Rücken |
| al alcance de la mano/del oído | in Reich-/Hörweite |

Aber: *en el fondo* im Grunde/eigentlich, *la señora de mi derecha* die Dame zu meiner Rechten

5. zur Angabe der Entfernung:

| | |
|---|---|
| Mannheim está a 70 kms. de Francfort. | Mannheim ist 70 km von Frankfurt entfernt. |
| a los pocos metros | wenige Meter davon entfernt |
| a cinco minutos de aquí | fünf Minuten von hier |

## 6. zur Angabe eines Zeitpunkts und des Alters:

| | |
|---|---|
| *a las cinco* | um fünf (Uhr) |
| *a los diez días de la llegada* | zehn Tage nach der Ankunft |
| *a(l) mediodía/a medianoche* | am Mittag/um Mitternacht |
| *casarse a los/con veinticinco años* | mit fünfundzwanzig (Jahren) heiraten |
| *al principio* | am Anfang |
| *a principios/a mediados/a fin(al)es del siglo XVII* | zu Beginn/in der Mitte/am Ende des 17. Jahrhunderts |
| *a los diez años de edad* | im Alter von zehn Jahren |
| *al alba/al amanecer* | in der Morgendämmerung |
| *al salir el sol* | bei Sonnenaufgang |
| *a la caída del sol/al ponerse el sol* | bei Sonnenuntergang |
| *al oscurecer/al caer la noche/ anochecer* | in der Abenddämmerung/bei Einbruch der Dunkelheit |
| *al volver a casa* | auf der Heimfahrt |
| *a mi regreso* | bei meiner Heimkehr |
| *al venir* | auf dem Herweg |
| *a la ida* | auf der Hinfahrt/Hinreise |
| *al estallar la guerra* | bei Ausbruch des Krieges |
| *al entrar a Italia* | bei der Einreise nach Italien |
| *a la vuelta* | auf dem Rückweg |
| *al año/al día siguiente* | im Jahr/am Tag darauf |
| *a los pocos días* | wenige Tage später |

Aber: *Vamos a tomar el tren de las cinco.* – Wir werden den Fünf-Uhr-Zug/Zug um fünf Uhr nehmen.

## 7. zur Angabe des Mittels:

| | |
|---|---|
| *escribir a máquina* | mit der Maschine schreiben |
| *dibujar a lápiz* | mit Bleistift zeichnen |
| *ir a pie* | zu Fuß gehen |
| *ir a caballo* | reiten |
| *jugar a los naipes/las cartas* | Karten spielen |
| *hecho/escrito a mano* | handgearbeitet/-geschrieben |
| *a la/por la fuerza* | mit Gewalt |

## 8. zur Angabe der Art und Weise:

| | |
|---|---|
| *pagar a plazos/al contado* | in Raten/bar zahlen |
| *comprar a crédito* | auf Kredit kaufen |
| *a largo plazo* | langfristig |

| | |
|---|---|
| *odiarse a muerte* | sich auf den Tod hassen |
| *vivir al día* | in den Tag hinein leben |
| *al revés* | verkehrt(herum)/umgekehrt |
| *hacer las cosas a medias* | alles nur halb machen |
| *hablar el español a la perfección* | perfekt Spanisch sprechen |
| *a regañadientes* | zähneknirschend |
| *a todo volumen* | in voller Lautstärke |
| *a la buena de Dios/al azar* | aufs Geratewohl |
| *a fondo* | gründlich |
| *a vuelta de correos* | postwendend |
| *a sangre fría* | kaltblütig |
| *a duras penas* | mit knapper Not |
| *a hurtadillas* | heimlich/verstohlen |
| *asesinar a traición* | heimtückisch ermorden |
| *llover a cántaros* | in Strömen regnen |
| *al ajillo* | mit Knoblauch in Öl gebraten |
| *despedirse a la francesa* | sich auf französisch verabschieden |
| *tener la música a tope* | die Musik voll aufgedreht haben |
| *beber a la salud de alg.* | auf jds. Gesundheit trinken |
| *a paso de tortuga* | im Schneckentempo |
| *al galope* | im Galopp |
| *al peso* | nach Gewicht |
| *trabajar a toda marcha* | auf Hochtouren arbeiten |
| *llevar a alg./u.c. a cuestas* | jdn./etw. auf dem Rücken tragen |
| *a voz en cuello/grito* | aus vollem Hals |
| *a costa de la salud* | auf Kosten der Gesundheit |
| *a la inversa* | umgekehrt |
| *a sorbos* | schluckweise |
| *a placer/discreción* | nach Belieben |
| *a grandes rasgos* | in groben Zügen |
| *vivir a lo grande* | auf großem Fuß leben |
| *tomar u.c. a la ligera* | etw. auf die leichte Schulter nehmen |
| *andar a gatas* | auf allen vieren gehen |
| *saber a gloria* | köstlich schmecken |
| *a horcajadas* | rittlings |
| *a bandadas* | scharenweise |
| *cocer al baño María* | im Wasserbad kochen |
| *llover a cántaros* | in Strömen regnen |
| *saber u.c. al dedillo* | etw. aus dem Effeff können |
| *a hurtadillas/escondidas* | heimlich |
| *vestirse a la moda* | sich modisch kleiden |

| | |
|---|---|
| a ciegas | blindlings |
| a prueba | auf Probe |
| a ciencia cierta | mit aller Gewissheit/ganz genau |
| a fuego lento/vivo | auf kleiner/großer Flamme |
| al ralentí | in Zeitlupe |
| nadar a braza | brustschwimmen |
| a toda costa | um jeden Preis |
| a puerta cerrada | hinter verschlossenen Türen/unter Ausschluss der Öffentlichkeit |
| a solas | (ganz) allein |
| reír a carcajadas | schallend lachen |
| pagar a escote [ugspr.] | getrennt zahlen |
| disparar a bocajarro/ quemarropa | aus nächster Nähe schießen |
| a lo que salga | auf gut Glück |
| hacer u.c. a contrapelo | etw. nur widerwillig machen |
| trabajar a tiempo completo/ parcial | Vollzeit/Teilzeit arbeiten |
| a tiempo | rechtzeitig |
| a duras penas | mit Ach und Krach/Hängen und Würgen |
| a oscuras | im Dunkeln |
| a toda prisa | in aller Eile |
| a medio hablar | mitten im Satz |
| a nivel político | auf politischer Ebene |

9. in distributiver Bedeutung:

| | |
|---|---|
| dos veces al día | zweimal am Tag |
| un par de veces a la semana | ein paarmal pro Woche |

Auch: *por semana*

10. nach folgenden Substantiven:

| | |
|---|---|
| la adicción a las drogas | die Drogensucht |
| la adhesión a la Unión Europea | der Beitritt zur Europäischen Union |
| la agresión a | der Angriff auf |
| la alergia al polen | die Pollenallergie |
| una alusión a | eine Anspielung auf |
| el amor a | die Liebe zu |
| la antipatía a | die Antipathie gegen |
| el asalto a | der Sturm/Angriff/Überfall auf |

| | |
|---|---|
| la aspiración a | das Streben nach |
| Atención a la salida | Achtung bei der Abfahrt |
| el atentado a | das Attentat auf |
| el candidato a la presidencia | der Präsidentschaftskandidat |
| un comentario a | ein Kommentar zu |
| la crítica a | die Kritik an |
| el derecho a | das Recht/der Anspruch auf |
| entrevista a | Interview mit |
| la falta a | das Foul an |
| un himno a | ein Hymnus auf |
| el horror a | das Grauen vor |
| la inclinación a/por | die Neigung zu |
| la inducción al asesinato | die Anstiftung zum Mord |
| una introducción a | eine Einführung in |
| la llegada a Madrid | die Ankunft in Madrid |
| el miedo/temor a | die Furcht vor |
| un monumento a los caídos | ein Gefallenendenkmal |
| la objeción a | der Einwand gegen |
| un obstáculo a | ein Hindernis für |
| el odio a | der Hass auf |
| el olor a | der Geruch nach |
| la oposición | der Widerstand gegen |
| un prólogo a | ein Vorwort zu |
| la reacción a | die Reaktion auf |
| la referencia a | der Bezug auf |
| la repulsión/repugnancia a | die Abneigung gegen |
| la resistencia a | der Widerstand gegen |
| la respuesta a | die Antwort/Reaktion auf |
| el sabor a | der Geschmack nach |
| la tendencia a | der Hang zu |
| una visita a la ciudad | ein Besuch der Stadt |

11. nach folgenden Adjektiven:

| | |
|---|---|
| abierto a | offen für |
| accesible a | zugänglich (+ Dat.)/erschwinglich für |
| adicto a (las drogas) | drogensüchtig |
| alérgico a | allergisch gegen |
| conforme a | entsprechend (+ Dat.) |
| contiguo a | angrenzend an |
| decidido a | entschlossen zu |
| dispuesto a | bereit zu |
| distinto a/de | anders als |

| | |
|---|---|
| esencial a | wesentlich für |
| idéntico a | identisch mit/genau wie |
| igual a | gleich wie |
| inferior/superior a | unterlegen/überlegen (+ Dat.) |
| ligado a | verbunden mit |
| necesario a/para | notwendig für |
| nocivo a | schädlich für |
| orientado a (la práctica) | ausgerichtet auf/orientiert an |
| paralelo a | parallel zu |
| parecido/similar a | ähnlich (+ Dat.) |
| predispuesto/propenso a | anfällig für |
| resistente a | widerstandsfähig gegen |
| sensible a | empfindlich gegen |
| sordo a | taub gegen |

12. in Wendungen:

| | |
|---|---|
| a la vez | gleichzeitig |
| a su vez | seinerseits/ihrerseits |
| a continuación | anschließend |
| llegar a tiempo | rechtzeitig ankommen |
| a todo trance | unter allen Umständen |
| a ratos | bisweilen/dann und wann |
| a pedir de boca | nach Herzenslust |
| Aquí estoy muy a gusto. | Hier fühle ich mich sehr wohl. |
| Todo se va a pique. | Alles geht zu Grunde. |
| a trechos | streckenweise |
| al contrario | im Gegenteil |
| a mi modo de ver | meiner Ansicht nach |
| a pedir de boca | nach Herzenslust |
| a mi gusto | nach meinem Geschmack |
| Aquí estoy muy a gusto/ a mis anchas. | Hier fühle ich mich sehr wohl. |
| a este paso | bei diesem Tempo |
| Estamos al completo. | Wir sind vollzählig. |
| a mitad de precio | zum halben Peis |
| a precios reducidos | zu ermäßigten Preisen |
| a propósito | übrigens/absichtlich |
| a la luz de las velas | bei Kerzenlicht |
| trabajar a destajo | im Akkord arbeiten |
| a la luz de los focos | bei Flutlicht |

Verben mit a-Objekt vgl. § 237, Infinitiv mit a vgl. § 224

# Die Präposition *con*

Die Präposition *con* wird verwendet

1. zur Angabe der Begleitung, der Gemeinschaft:

| | |
|---|---|
| *Carlos juega con Luis.* | Carlos spielt mit Luis. |
| *vivir con sus padres* | bei seinen Eltern wohnen |
| *un señor con un periódico* | ein Herr mit einer Zeitung |
| *estar con alg.* | bei jdm. sein |
| *dar clase con alg.* | bei jdm. Unterricht nehmen |

Aber: *dar clase a alg.* jdm. Unterricht geben, *el señor del periódico* der Herr mit der Zeitung, *el de la guitarra* der mit der Gitarre

2. zur Angabe der Art und Weise:

| | |
|---|---|
| *aplaudir con entusiasmo* | begeistert Beifall klatschen |
| *con voz temblorosa* | mit zitternder Stimme |
| *esperar con paciencia* | geduldig warten |
| *querer a una mujer con locura* | eine Frau wahnsinnig lieben |
| *Lo he visto con mis ojos.* | Ich habe es mit eigenen Augen gesehen. |
| *escuchar con mucha atención* | sehr aufmerksam zuhören |
| *con razón* | mit Recht |
| *mirar a alg. con desconfianza* | jdn. misstrauisch anschauen |
| *saber con seguridad/certeza* | sicher wissen |
| *con intención* | absichtlich |
| *con sentimientos encontrados* | mit gemischten Gefühlen |
| *Hoy me he levantado con el pie izquierdo.* | Heute bin ich mit dem linken Fuß zuerst aufgestanden. |
| *hablar italiano con fluidez/ soltura* | fließend Italienisch sprechen |
| *andar con secretos* | geheimnisvoll tun |
| *escribir una palabra con mayúscula* | ein Wort großschreiben |
| *recibir/obtener u.c. con receta* | etw. auf Rezept bekommen |

Merke: mit Ja/Nein antworten *responder que sí/no*

3. zur Angabe des Mittels:

| | |
|---|---|
| *cerrar la puerta con llave* | die Tür abschließen |
| *comer con palillos/los dedos* | mit Stäbchen/den Fingern essen |

| | |
|---|---|
| *escribir con bolígrafo/boli* | mit Kugelschreiber/Kuli schreiben |
| *escribir con/en el ordenador* | mit dem Computer schreiben |
| *¿Puedo pagar con tarjeta?* | Kann ich mit Karte zahlen? |
| *señalar a alg. con el dedo* | mit dem Finger auf jdn. zeigen |
| *ir con muletas* | an/auf Krücken gehen |

Aber: *a máquina* mit der Maschine

4. zur Angabe des Begleitumstandes:

| | |
|---|---|
| *con el frío que hace* | bei dieser Kälte |
| *con el viento que hace* | bei diesem Wind |
| *llegar con retraso* | mit Verspätung ankommen |
| *con la sorpresa de su padre* | zur Überraschung seines Vaters |
| *Con apetito la comida siempre está buena.* | Wenn man Appetit hat, schmeckt das Essen immer gut. |
| *trabajar con/bajo un sol abrasador* | unter sengender Hitze arbeiten |
| *entrar en el cruce con la luz roja* | bei Rot in die Kreuzung fahren |
| *hablar con la boca llena* | mit vollem Mund sprechen |
| *con las botas puestas* | gestiefelt und gespornt |
| *con cinco grados sobre cero* | bei fünd Grad über Null |

5. mit konzessiver Bedeutung:

| | |
|---|---|
| *La quiero con todos sus defectos.* | Ich liebe sie mit all ihren Fehlern. |
| *con todo* | trotz allem |
| *Con todo su dinero no es feliz.* | Mit all seinem Geld ist er nicht glücklich. |

6. zur Angabe eines Merkmals, einer Eigenschaft:

| | |
|---|---|
| *Me gustan los zapatos con/de tacón alto.* | Mir gefallen Schuhe mit hohem Absatz. |
| *una iglesia con dos torres* | eine Kirche mit zwei Türmen |
| *un apartamento con vista(s) al mar* | eine Wohnung mit Blick aufs Meer |
| *una chica con un bolso negro* | ein Mädchen mit einer schwarzen Tasche |

Aber: *¿Ves a la chica del bolso negro?* – Siehst du das Mädchen mit der schwarzen Tasche? (Frage: welches Mädchen?)

7. nach folgenden Substantiven:

| | |
|---|---|
| *tener amistad con alg.* | mit jdm. befreundet sein |
| *¡Cuidado con el tráfico!* | Gib auf den Verkehr Acht! |
| *¡Ojo con el bolso!* | Achte auf deine Handtasche! |
| *la convivencia con extranjeros* | das Zusammenleben mit Ausländern |
| *En comparación con él soy un principiante.* | Im Vergleich zu ihm bin ich ein Anfänger. |
| *problemas con el paro* | Probleme mit der Arbeitslosigkeit |
| *Mi colega tiene un lío con nuestro jefe.* | Meine Kollegin hat ein Verhältnis mit unserem Chef. |
| *tener buenas posibilidades con alg.* | bei jdm. gute Chancen haben |
| *la frontera con Francia* | die Grenze zu Frankreich |

8. nach folgenden Adjektiven:

| | |
|---|---|
| *amable con/para con* | freundlich zu |
| *atento con/para con* | zuvorkommend gegenüber |
| *cruel con/para con* | grausam zu |
| *generoso con/para/para con* | großzügig gegenüber |
| *contento/satisfecho con/de* | zufrieden mit |
| *comparado con* | verrglichen mit/gemessen an |
| *entusiasmado con/por* | begeistert von |
| *generoso con/para/para con* | großzügig gegenüber |
| *prometido con* | verlobt mit |

9. in Wendungen:

| | |
|---|---|
| *con perdón* | mit Verlaub gesagt |
| *preferir con mucho* | bei weitem vorziehen |
| *No puedo con él.* | Ich kann ihn nicht ausstehen. |
| *conocido con el nombre de* | bekannt unter dem Namen |
| *con el tiempo* | mit der Zeit |
| *Tengo con qué vivir.* | Ich habe genug zum Leben/mein Auskommen. |
| *acostarse con la gallinas* | mit den Hühnern zu Bett gehen |
| *Eso no es nada con ...* | Das ist nichts im Vergleich zu ... |
| *Con uno basta.* | Einer ist genug. |
| *andar(se) con pies de plomo* | äußerst vorsichtig zu Werke gehen |
| *con el pretexto de* | unter dem Vorwand |
| *sólo con cita previa* | nur nach vorheriger Anmeldung |
| *mantener con vida* | am Leben erhalten |

Verben mit *con*-Objekt vgl. § 239, Infinitiv mit *con* vgl. § 225

# 273 Die Präposition *de*

Die Präposition *de* wird verwendet

1. zur Wiedergabe des deutschen Genitivs:

| | |
|---|---|
| *el coche de mis padres* | das Auto meiner Eltern |
| *la novia de mi hermano* | die Verlobte meines Bruders |

2. zur näheren Bestimmung eines Substantivs:

| | |
|---|---|
| *un piso de tres habitaciones* | eine Dreizimmerwohnung |
| *una mujer de cien años* | eine hundertjährige Frau |
| *la ciudad de Barcelona* | die Stadt Barcelona |
| *el título de conde* | der Titel Graf/eines Grafen |
| *la batalla de Waterloo* | die Schlacht bei Waterloo |
| *una fuente de riqueza* | eine Quelle des Reichtums |
| *el tren de las 5.13* | der Zug um 5.13 Uhr |
| *las noticias de las ocho* | die 20-Uhr-Nachrichten |
| *un cine de la Gran Vía* | ein Kino in der Gran Vía |
| *el semáforo de la esquina* | die Ampel an der Ecke |
| *el mapa de la página 50* | die Karte auf Seite 50 |
| *¿Quién es la chica de la foto?* | Wer ist das Mädchen auf dem Foto? |
| *la dirección de correo electrónico* | die E-Mail-Adresse |
| *la casa de al lado* | das Haus nebenan |
| *la vivienda de arriba* | die Wohnung darüber |
| *la mesa del rincón* | der Tisch in der Ecke |
| *zapatos de tacón alto* | Schuhe mit hohem Absatz |
| *una camisa de mangas cortas* | ein kurzärmeliges Hemd |
| *la mujer de pelo rojo* | die Frau mit den roten Haaren |
| *un señor de mediana edad* | ein Herr mittleren Alters |
| *Fráncfort del Meno/Oder* | Frankfurt am Main/an der Oder |
| *una ola de protestas* | eine Welle des Protests |
| *bolsas de todos los tamaños* | Taschen in allen Größen |

Aber: *un (coche) 90 caballos (CV)* ein Wagen mit 90 PS

3. zur Angabe der Herkunft und der Trennung:

| | |
|---|---|
| *Yo soy de Salamanca.* | Ich bin aus Salamanca. |
| *Mi padre es originario/oriundo de Bilbao.* | Mein Vater stammt aus Bilbao. |
| *Mi cuñado es de Francia.* | Mein Schwager ist aus Frankreich. |
| *Vengo de Madrid.* | Ich komme aus Madrid. |

| | |
|---|---|
| ser de origen turco | türkischer Herkunft sein |
| volver de Alemania | aus Deutschland zurückkommen |
| salir del compartimiento | das Abteil verlassen |
| bajar del coche | aus dem Auto steigen |
| echar de casa | aus dem Haus jagen |
| los viajeros procedentes de Francia | die Reisenden aus Frankreich |
| de izquierda a derecha | von links nach rechts |
| el tren de Murcia | der Zug aus Murcia |
| un edificio del siglo quince | ein Gebäude aus dem 15. Jahrhundert |
| saber de buena fuente/tinta | aus guter Quelle wissen |
| beber de la botella | aus der Flasche trinken |
| sacar dinero de la cuenta | Geld vom Konto abheben |
| empezar de/desde cero | bei Null anfangen |
| retirar de la circulación | aus dem Verkehr ziehen |
| traducir del español al alemán | aus dem Spanischen ins Deutsche übersetzen |
| recoger a alg. de la estación | jdn. vom Bahnhof abholen |
| de una distancia de diez metros | aus einer Entfernung von zehn Metern |
| los niños del primer matrimonio | die Kinder aus erster Ehe |
| Me viene de familia. | Das liegt bei mir in der Familie. |

Aber:  *cesar en el cargo* aus dem Dienst scheiden

4. in partitiver Funktion:

| | |
|---|---|
| un pedazo de jamón | ein Stück Schinken |
| un filete de ternera | ein Kalbschnitzel |
| una copa de vino | ein Glas Wein |
| una botella de agua mineral | eine Flasche Mineralwasser |
| una vaso de cerveza | ein Glas Bier |
| una pizca de sal | eine Prise Salz |

Aber:  *un vaso para cerveza* ein Bierglas – *el vaso para la cerveza* das Bierglas

5. zur Angabe der Art und Weise:

| | |
|---|---|
| andar de puntillas | auf den Zehenspitzen gehen |
| aprender de memoria | auswendig lernen |
| de esta manera | auf diese Weise |
| hablar de prisa | schnell sprechen |

| | |
|---|---|
| *vestido de negro* | schwarz gekleidet |
| *estar/quedarse de pie* | stehen/stehen bleiben |
| *de cualquier modo* | irgendwie |
| *trabajar de firme* | tüchtig arbeiten |
| *de viva voz* | mündlich |
| *de (todo) corazón* | von (ganzem) Herzen |
| *tocar de oído* | nach Gehör spielen |
| *Tengo los pelos de punta.* | Mir stehen die Haare zu Berge. |

6. zur Angabe des Materials:

| | |
|---|---|
| *una mesa de madera* | ein Tisch aus Holz |
| *un anillo de oro* | ein goldener Ring |

7. zur Angabe des Grundes:

| | |
|---|---|
| *cagarse de miedo* | vor Angst in die Hosen machen |
| *gritar de dolor* | vor Schmerz schreien |
| *caerse de sueño* | vor Müdigkeit umfallen |
| *temblar de frío* | vor Kälte zittern |
| *bostezar de aburrimiento* | vor Langeweile gähnen |
| *morir(se) de hambre* | vor Hunger umkommen/ verhungern |
| *estar loco de alegría* | sich wahnsinnig freuen |

8. zur Angabe des Lebensalters/Lebensabschnitts:

| | |
|---|---|
| *de niño/de joven/ de mayor/de soltero/ de casada* | als Kind/Jugendliche(r)/ Erwachsener/Junggeselle/ Verheiratete |
| *De alumno estuve un año en España.* | Als Schüler war ich ein Jahr in Spanien. |
| *¿Cómo eras de pequeño?* | Wie warst du als Kind/, als du klein warst? |

9. nach folgenden Partizipien (vgl. auch § 188.1, Anm. 1):

| | |
|---|---|
| *temido de/querido de* | gefürchtet von/geliebt von |
| *odiado de* | gehasst von |
| *acompañado de/seguido de* | begleitet von/gefolgt von |

10. nach den Verben *coger, tirar, colgar, pender*:

| | |
|---|---|
| *colgar/pender de la pared* | an der Wand hängen |
| *tirar de la cuerda* | an der Leine ziehen |
| *coger del/por el brazo* | am Arm nehmen |
| *tomarse de las mano* | sich an den Händen fassen |

Aber: *coger el toro por los cuernos* den Stier bei den Hörnern packen [fig.]

11. nach folgenden Substantiven:

| | |
|---|---|
| *el afán de* | das Streben nach |
| *la añoranza de* | die Sehnsucht nach |
| *las ansias de* | die Sehnsucht/Begierde/das Verlangen nach |
| *el antónimo de* | das Antonym zu |
| *el asesinato de* | der Mord an |
| *la avidez de* | die Begierde nach |
| *la busca/búsqueda de* | die Suche nach |
| *la causa/la razón/el motivo de* | der Grund für |
| *tener celos de* | eifersüchtig sein auf |
| *la clave de(l triunfo)* | der Schlüssel zu(m Erfolg) |
| *tener compasión de* | Mitleid haben mit |
| *el control de* | die Kontrolle über |
| *el criterio de* | das Kriterium für |
| *la culpa de* | die Schuld an |
| *el deseo de* | der Wunsch/das Verlangen nach |
| *un ejemplo de* | ein Beispiel für |
| *tener envidia de* | neidisch sein auf |
| *tener ganas de* | Lust haben auf |
| *la falta/penuria de* | der Mangel an |
| *los gastos de* | die Ausgaben für |
| *el móvil del crimen* | das Motiv für das Verbrechen |
| *la necesidad de* | der Bedarf an/das Bedürfnis nach |
| *la nostalgia de* | die Sehnsucht nach |
| *el orgullo de/por* | der Stolz auf |
| *la parodia de* | die Parodie auf |
| *el parte de* | der Bericht über |
| *la perspectiva de* | die Aussicht auf |
| *profesor/a de* | Lehrer/in für |
| *la provisión de* | der Vorrat an |
| *la prueba de* | der Beweis für |

| | |
|---|---|
| el recuerdo de | die Erinnerung an |
| la responsabilidad de | der Verantwortung für |
| la sed de amor/poder | das Bedürfnis nach Liebe/ der Machthunger |
| el símbolo de | das Symbol für |
| la solicitud de | der Antrag auf |
| un sinónimo de | ein Synonym zu |
| un síntoma de | ein Symptom für |

12. nach folgenden Adjektiven:

| | |
|---|---|
| agotado de | erschöpft von |
| ávido de | gierig nach |
| borracho de | trunken von |
| cansado/harto de | überdrüssig (+ Gen.) |
| característico de | charakteristisch für |
| celoso/envidioso de | eifersüchtig/neidisch auf |
| ser consciente de | sich bewusst sein (+ Gen.) |
| culpable de | schuldig an |
| decepcionado de | enttäuscht von |
| diferente de | verschieden von |
| dotado de/con/provisto de | ausgestattet/versehen mit |
| enamorado de | verliebt in |
| encantado de/con | hocherfreut/entzückt über |
| (in)capaz de | (un)fähig zu |
| (in)dependiente de | (un)abhängig von |
| (in)digno de | (un)würdig (+ Gen.) |
| distinto de/a | anders als |
| libre de | frei von |
| lleno de | voll von |
| orgulloso de | stolz auf |
| originario de | gebürtig aus |
| pálido de | blass/bleich vor |
| procedente de | stammend aus |
| representativo de | repräsentativ für |
| responsable de | verantwortlich für |
| revelador de | aufschlussreich für |
| satisfecho de | zufrieden mit |
| significativo de | bezeichnend für |
| sinónimo de | gleichbedeutend mit |
| sorprendido de | überrascht von/erstaunt über |
| típico de | typisch für |

13. in Wendungen:

| | |
|---|---|
| de costumbre | gewöhnlich |
| de repente/golpe | plötzlich/auf einmal |
| de momento | zur Zeit/im Augenblick |
| de vez en cuando | ab und zu |
| estar de moda | modern sein |
| de ningún modo | keinesfalls |
| de todas maneras | jedenfalls/immerhin |
| formar parte de | gehören zu |
| de verdad | wirklich/im Ernst |
| de milagro | wie durch ein Wunder |
| estar de visita en casa de alg. | bei jdm. zu Besuch sein |
| ir de compras | einkaufen gehen |
| ir de vacaciones/camping | in Urlaub fahren/zelten |
| ir de paseo | spazieren gehen |
| ir/salir de excursión | einen Ausflug machen |
| Esta blusa te va de maravilla. | Diese Bluse steht dir glänzend. |
| Eso viene de perlas. | Das kommt wie gerufen. |
| andar mal de dinero | knapp bei Kasse sein |
| Soy de la opinión de que ... + Ind. | Ich bin der Meinung, dass ... |
| uno de cada tres | jeder Dritte |
| de camino a Toledo | auf dem Weg nach Toledo |
| de hecho | tatsächlich |
| Lo conozco de nombre/vista/oídos. | Ich kenne ihn dem Namen nach/vom Sehen/vom Hörensagen. |
| matar dos pájaros de un tiro | zwei Fliegen mit einer Klappe schlagen |
| de perfil | im Profil |
| estar de oferta | im Angebot sein |
| de saldo | im Angebot |
| ¿Qué tomas de postre? | Was nimmst du zum Nachtisch? |
| de una sentada/tirada | in einem Zug/auf einmal |
| estar bien de precio | preisgünstig sein |
| cruzarse de brazos | die Hände in den Schoß legen |
| Estamos de tu parte. | Wir sind auf deiner Seite. |
| treinta centímetros de diámetro | dreißig Zentimeter im Durchmesser |
| muy de madrugada | in aller Frühe |
| oír mal de un oído | auf einem Ohr schlecht hören |
| ir de caza | auf die Jagd gehen |

Verben mit *de*-Objekten vgl. § 238, Infinitiv mit *de* vgl. § 226

# 274 Die Präposition *en*

Die Präposition **en** wird verwendet

1. zur Angabe des Ortes (wo?):

| | |
|---|---|
| *estar en España/en Madrid* | in Spanien/in Madrid sein |
| *en el centro de la ciudad* | im Stadtzentrum |
| *en el norte de la Turquía* | im Norden der Türkei |
| *en la esquina* | an der Ecke |
| *en el mapa* | auf der Landkarte |
| *vivir en el campo* | auf dem Land leben |
| *pasar las vacaciones en la montaña* | die Ferien in den Bergen verbringen |
| *en la frontera* | an der Grenze |
| *en el cruce* | an der Kreuzung |
| *en la península* | auf der Halbinsel |
| *estar situado en la costa* | am Meer liegen |
| *en el mar/a la orilla del mar/ junto al mar* | am Meer |
| *en el cielo* | am/im Himmel |
| *en la foto* | auf dem Foto |
| *en el segundo piso* | im zweiten Stock |
| *vivir en la planta baja* | im Erdgeschoss wohnen |
| *vivir en la buhardilla* | unterm Dach wohnen |
| *en la escalera* | auf der Treppe |
| *trabajar en el extranjero* | im Ausland arbeiten |
| *en el mundo entero* | auf der ganzen Welt |
| *quedarse en casa* | zu Hause bleiben |
| *estar en casa de María* | bei Maria sein |
| *en la mesa/sobre la mesa/ encima de la mesa* | auf dem Tisch |
| *en la barra* | an der Theke |
| *estar en la ducha* | unter der Dusche sein/stehen |
| *estudiar en la Universidad de Munich* | an der Universität München studieren |
| *En mi reloj son las seis.* | Auf meiner Uhr ist es sechs. |
| *comprar unas gafas de sol en/donde el óptico* | eine Sonnenbrille beim Optiker kaufen |
| *en dos kilómetros a la redonda* | im Umkreis von zwei Kilometern |
| *en medio de la calle* | mitten auf der Straße |
| *colgar en la pared* | an der Wand hängen |

| | |
|---|---|
| en el campo de la política | auf dem Gebiet der Politik |
| mirarse en el espejo | sich im Spiegel betrachten |
| comparecer/deponer en juicio | vor Gericht erscheinen/ aussagen |
| en la pantalla | auf dem Bildschirm |
| Eso se encuentra en Márquez. | Das steht bei Márquez. |
| grabar u.c. en el disco duro | etw. auf (der) Festplatte speichern |
| en el pasillo | auf dem Gang |
| Hay alguien en la puerta. | Es ist jemand an der Tür. |
| en primer plano | im Vordergrund |
| en el patio | auf dem Hof |
| en la corte de los reyes | am Hof der Könige |
| en el horizonte | am Horizont |
| en una isla | auf einer Insel |
| pagar en caja | an der Kasse zahlen |
| en la taquilla | am Fahrkartenschalter/an der Theaterkasse |
| en la panadería/carnicería | beim Bäcker/Metzger |
| en los círculos políticos | in politischen Kreisen |
| Tengo frío en los pies. | Ich friere an den Füßen. |
| en el frente | an der Front |

Merke: *escribir en la pizarra* an die Tafel schreiben, *sentarse en una silla/en un taburete/en el suelo* sich auf einen Stuhl/Schemel/den Boden setzen, *besar en la boca* auf den Mund küssen, *poner en la picota a alg.* jdn. an den Pranger stellen

2. zur Angabe eines Zeitpunkts oder Zeitraums:

| | |
|---|---|
| en otoño/en julio | im Herbst/im Juli |
| en el siglo XVII | im 17. Jahrhundert |
| en tiempos de los romanos | zur Zeit der Römer |
| en aquella época | zu jener Zeit/damals |
| Nací en 1965. | Ich bin 1965 geboren. |
| leer una novela en dos días | einen Roman in zwei Tagen lesen |
| en cualquier momento | jeden Augenblick |
| en plena guerra civil | mitten im Bürgerkrieg |
| en un futuro próximo | in naher Zukunft |
| en un santiamén | im Nu |
| en el tiempo libre | in der Freizeit |
| No he dormido en toda la noche. | Ich habe die ganze Nacht nicht geschlafen. |

| | |
|---|---|
| en/durante las vacaciones | in den Ferien |
| en Navidad | zu Weihnachten |
| en Todos los Santos | an Allerheiligen |
| en Reyes | am Dreikönigsfest |
| en pleno día | am hellichten Tag |
| en la salida | beim Abflug |
| en mi presencia | in meiner Gegenwart |
| en esa ocasión | bei dieser Gelegenheit |
| en pleno verano | im Hochsommer |
| en la temporada alta | in der Hochsaison |
| en la temporada baja | in der Vor-/Nachsaison |
| en la pretemporada | in der Vorsaison |
| en el carnaval | im Karneval |

3. zur Angabe der Art und Weise:

| | |
|---|---|
| frenar en seco | plötzlich bremsen |
| tomar en serio u.c. | etw. ernst nehmen |
| en broma | aus/zum Spaß |
| hablar en voz alta/baja | laut/leise sprechen |
| pagar en efectivo/metálico | bar zahlen |
| en solitario | im Alleingang |
| ir en fila india | im Gänsemarsch gehen |

4. zur Angabe des Transportmittels (vgl. auch § 33.3):

| | |
|---|---|
| viajar en tren | mit dem Zug reisen |
| ir en bicicleta/en coche | mit dem Fahrrad/Auto fahren |
| en el coche de mi hermano | mit dem Auto meines Bruders |
| subir en ascensor | mit dem Aufzug hochfahren |
| lanzarse en paracaídas | mit dem Fallschirm abspringen |
| ir en tiovivo | Karussell fahren |

Aber: *ir/montar a caballo* reiten

Anmerkung: Das Verb 'trampen' kann folgendermaßen wiedergegeben werden: *viajar en autoestop/hacer autoestop/ir a dedo/hacer dedo*.

5. zur Angabe des Materials (vgl. auch § 273.6):

| | |
|---|---|
| una estatua en mármol | eine Marmorstatue |

Auch: *una estatua de mármol*

6. nach folgenden Substantiven:

| | |
|---|---|
| la confianza en | das Vertrauen auf |
| la esperanza en | die Hoffnung auf |
| la fé en | der Glaube an |
| la participación en | die Teilnahme an |
| la repercusión en | die Auswirkung auf |

7. nach folgenden Adjektiven:

| | |
|---|---|
| abundante en | überreich an |
| bajo en (calorías) | (kalorien)arm |
| bueno en (geografía) | gut in (Geographie) |
| comprometido en | verwickelt in |
| rico/pobre en | reich/arm an |
| fuerte/flojo en (una asignatura) | stark/schwach in (einem Fach) |
| competente en | kompetent in |
| experto/experimentado en | erfahren in |
| interesado en | interessiert/beteiligt an |
| versado en | bewandert in |

8. zur Angabe eines Differenzbetrages:

| | |
|---|---|
| El paro bajó en 12.000 personas en julio. | Die Zahl der Arbeitslosen sank im Juli um 12000. |
| Sería necesario aumentar la producción de acero en un 5%. | Man müsste die Stahlproduktion um etwa 5% steigern. |
| Me he equivocado sólo en 5 euros. | Ich habe mich nur um 5 Euro geirrt. |

Aber: *Mi reloj va cinco minutos adelantado.* – Meine Uhr geht fünf Minuten nach.

9. in Wendungen:

| | |
|---|---|
| en mi opinion | meiner Meinung nach |
| fumar en pipa | Pfeife rauchen |
| tomar parte en u.c. | an etw. teilnehmen |
| en seguida | sofort |
| en general | im Allgemeinen |
| en promedio | im Durchschnitt |

| | |
|---|---|
| en realidad | in Wirklichkeit/eigentlich |
| en cambio | dagegen |
| en el fondo | im Grunde/eigentlich |
| Mi página personal está en construcción. | Meine Homepage befindet sich im Aufbau. |
| El periódico está en prensa. | Die Zeitung wird gerade gedruckt. |
| ¿Lo dices en serio? | Meinst du das ernst? |
| en balde | vergebens |
| no tener nada en particular | nichts Besonderes an sich haben |
| en versión original | im Original |
| tener en poco | gering schätzen |
| trabajar en equipo | im Team arbeiten |
| tener confianza en | Vertrauen haben in |
| a las seis en punto | Punkt sechs (Uhr) |
| las palabras terminadas en -ez | die Wörter auf -ez |
| Estoy aquí en viaje de negocios. | Ich bin auf Geschäftsreise hier. |
| Mis papeles están en regla. | Meine Papiere sind in Ordnung. |
| en estas circunstancias | unter diesen Umständen |
| hoy (en) día | heutzutage |
| ¿Qué haría Vd. en mi lugar? | Was täten Sie an meiner Stelle? |
| en común | gemeinsam |
| en directo | live |
| grabar en vídeo | auf Video aufnehmen |
| en pocas palabras | mit wenigen Worten |
| en suma | kurz gesagt |
| coger a alg. en flagrante | jdn. in flagranti/auf frischer Tat ertappen |
| pasar en rojo | bei Rot durchfahren |
| en lo sucesivo | von nun an |
| aprobar el examen en el primer intento | die Prüfung im/beim ersten Anlauf bestehen |
| No estoy para nadie en todo el día. | Ich bin den ganzen Tag für niemanden zu sprechen. |
| estar en activo | im Berufsleben stehen |
| en recompensa de | als Belohnung für |
| estar en estado de buena esperanza/en estado interesante | guter Hoffnung sein |
| ir en caravana | Kolonne fahren |
| estar en ascuas | (wie) auf glühenden Kohlen sitzen |

Verben mit *en*-Objekt vgl. § 240, Infinitiv mit *en* vgl. § 227

# Die Präposition *para* 275

Die Präposition ***para*** wird verwendet

1. zum Ausdruck des Zweckes oder der Bestimmung:

| | |
|---|---|
| *Este regalo es para ti.* | Dieses Geschenk ist für dich. |
| *Ha sido un padre para mí.* | Er war wie ein Vater für mich. |
| *¿Qué toma Vd. para el desayuno?* | Was nehmen Sie zum Frühstück? |
| *¿Para qué aprender japonés?* | Wozu soll man Japanisch lernen? |
| *Es un poco joven para este trabajo.* | Er ist ein bisschen (zu) jung für diese Arbeit. |
| *¿Tiene una mesa para dos?* | Haben Sie einen Tisch für zwei Personen? |
| *Tengo que estudiar para un examen.* | Ich muss für eine Prüfung lernen. |
| *¿Puede envolvérmelo para regalo?* | Können Sie es mir als Geschenk einpacken? |
| *No tengo secretos para él.* | Ich habe keine Geheimnisse vor ihm. |
| *para tu tranquilidad* | zu deiner Beruhigung |
| *para su información* | zu Ihrer Information |
| *para mi grande alegría* | zu meiner großen Freude |

2. zur Angabe der Richtung oder des Zieles nach bestimmten Verben:

| | |
|---|---|
| *embarcarse para Nueva York* | sich nach New York einschiffen |
| *salir para Toledo* | nach Toledo reisen |
| *zarpar para Tenerife* | nach Teneriffa auslaufen |

Auch: *el tren para Madrid* der Zug nach Madrid

3. in Vergleichen:

| | |
|---|---|
| *Para diciembre no hace frío.* | Für Dezember ist es nicht kalt. |
| *Para sus diez años sabe mucho.* | Für seine zehn Jahre weiß er viel. |

4. in einer ungefähren Zeitangabe:

| | |
|---|---|
| *Mi hermana se casa para octubre.* | Meine Schwester heiratet irgendwann im Oktober. |

5. nach folgenden Substantiven:

| | |
|---|---|
| la aptitud para | die Eignung/Begabung für |
| la disposición para | die Veranlagung für |
| la explicación para/de | die Erklärung für |
| la facilidad para | die Begabung/das Talent für |
| tener la idea para | die Idee haben zu |
| el talento para | das Talent/die Begabung für |

6. nach folgenden Adjektiven:

| | |
|---|---|
| apto para | geeignet für |
| bueno para | gut für |
| decisivo para | entscheidend/ausschlaggebend für |
| dotado para | begabt für |
| idóneo para | fähig zu |
| importante para | wichtig für |
| malo para | schlecht für |
| necesario para | notwendig für |
| perjudicial/pernicioso para | schädlich für |
| útil para | nützlich für |

7. in Wendungen:

| | |
|---|---|
| No es para tanto. | So schlimm ist es auch wieder nicht. |
| Es para tener miedo. | Da bekommt man ja Angst. |
| No estoy para bromas. | Ich bin nicht zum Scherzen aufgelegt. |
| para sorpresa de los invitados | zur Überraschung der Gäste |
| Para mi vergüenza tengo que reconocer que no lo sé. | Zu meiner Schande muss ich gestehen, dass ich es nicht weiß. |
| dejar para mañana | auf morgen verschieben |

Infinitiv mit *para* vgl. §§ 228, 230.2

# 276 Die Präposition *por*

Die Präposition ***por*** wird verwendet

1. zur ungefähren Angabe eines Ortes:

| | |
|---|---|
| ¿Hay una farmacia por aquí? | Gibt es hier eine Apotheke? |
| Por aquí, por favor. | Hier entlang, bitte. |
| viajar por Sudamérica | durch Südamerika reisen |
| por el camino | unterwegs |
| navegar por/en Internet | im Internet surfen |

2. zur Angabe des Weges oder der Richtung:

| | |
|---|---|
| *pasar por la aduana* | den Zoll passieren |
| *Pase por caja, por favor.* | Gehen Sie bitte zu Kasse. |
| *Este tren pasa por Murcia.* | Dieser Zug fährt über Murcia. |
| *por montes y valles* | über Berg und Tal |
| *Pasaré por tu casa.* | Ich werde bei dir vorbeikommen. |
| *deambular por la calles* | durch die Straßen schlendern |
| *echar/tirar por la ventana* | aus dem Fenster werfen |
| *tomar por la derecha* | rechts abbiegen |
| *saltar por los aires* | in die Luft fliegen/explodieren |
| *entrar por la puerta* | zur Tür hereinkommen |

Aber:   *girar/doblar/torcer a la derecha*

3. zur Angabe der Zeit:

| | |
|---|---|
| *por la mañana/por la tarde/ por la noche* | morgens/nachmittags/abends |
| *ayer por la tarde* | gestern Nachmittag |
| *Por hoy he cumplido.* | Für heute habe ich mein Soll erfüllt. |
| *por ahora* | einstweilen/vorläufig |
| *por el momento* | im Augenblick/zurzeit |
| *su reelección por cinco años más* | seine Wiederwahl für weitere fünf Jahre |

Aber:   *de noche* nachts, *a las seis de la mañana* um sechs Uhr morgens

4. zur Angabe des Mittels:

| | |
|---|---|
| *llamar por teléfono* | anrufen |
| *saber por la prensa* | aus der Presse wissen |
| *enviar por correo electrónico* | per E-Mail schicken |
| *mandar u.c. por fax* | etw. faxen |
| *enviar por el móvil un mensaje a alg.* | jdm. eine SMS schicken |
| *retransmitir u.c. por televisión* | etw. im Fernsehen übertragen |
| *ver los partidos de fútbol por/en la tele* | sich die Fußballspiele im Fernsehen anschauen |
| *escuchar las noticias por la radio* | die Nachrichten im Radio anhören |
| *por experiencia* | aus Erfahrung |

| | |
|---|---|
| *Conozco la familia sólo por fotos.* | Ich kenne die Familie nur durch Fotos. |
| *Tengo tu dirección por un amigo alemán.* | Ich habe deine Adresse von einem deutschen Freund. |
| *hablar por los codos* | reden wie ein Wasserfall |
| *tomar la sartén por el mango* | die Hosen anhaben [fig.] |
| *Por la presente le comunicamos que ...* | Hiermit teilen wir Ihnen mit, dass ... |
| *Lo supe por mi amigo.* | Ich habe es von meinem Freund erfahren. |

5. zur Angabe der Art und Weise:

| | |
|---|---|
| *por las buenas o por las malas* | wohl oder übel/im Guten oder im Bösen |
| *por escrito* | schriftlich |
| *casarse por lo civil/por la Iglesia* | standesamtlich/kirchlich heiraten |
| *por orden alfabético* | in alphabetischer Reihenfolge |
| *enviar por separado* | getrennt schicken |
| *pagar por anticipado* | im Voraus bezahlen |
| *por vía judicial* | auf dem Rechtsweg |
| *algo por el estilo* | etwas dergleichen |
| *por escasa mayoría* | mit knapper Mehrheit |
| *por propia iniciativa* | aus eigener Initiative |
| *por proprio esfuerzo* | aus eigener Kraft |

Aber: Sie leben getrennt. – *Viven separados.*

6. zur Angabe des Grundes:

| | |
|---|---|
| *¿Por qué?* | Warum? |
| *Llamo por el anuncio.* | Ich rufe wegen der Anzeige an. |
| *por esto* | daher |
| *por causas aún desconocidas* | aus noch unbekannten Gründen |
| *por esta razón* | aus diesem Grund |
| *Esta es la razón por la que ...* | Das ist der Grund, weshalb ... |
| *por razones de seguridad* | aus Sicherheitsgründen |
| *matar a alg. por celos* | jdn. aus Eifersucht umbringen |
| *por mi culpa* | durch meine Schuld/wegen mir |
| *por amor* | aus Liebe |
| *por algo* | aus gutem Grund |
| *hacer u.c. por gusto/necesidad* | etw. freiwillig/gezwungenermaßen tun |
| *por nada del mundo* | für nichts auf der Welt |

| | |
|---|---|
| Levanto mi copa para brindar por ... | Ich erhebe mein Glas, um auf ... anzustoßen. |
| callarse por miedo | aus Angst schweigen |
| por cumplido | aus Höflichkeit |
| por descuido/equivocación/error | aus Versehen/irrtümlich |
| estar en Barcelona por negocios | geschäftlich in Barcelona sein |
| por razones de salud | aus gesundheitlichen Gründen |
| por costumbre | aus Gewohnheit |

7. zur Angabe des Urhebers oder der Ursache (beim Passiv) (vgl. auch § 188.1)

| | |
|---|---|
| América fue descubierta por Cristóbal Colón. | Amerika wurde von Christoph Columbus entdeckt. |
| La ciudad fue destruida por un terremoto. | Die Stadt wurde durch ein Erdbeben zerstört. |

8. nach folgenden Substantiven:

| | |
|---|---|
| tener interés por alg./u.c. | sich für jdn./etw. interessieren |
| el desinterés por | das Desinteresse an |
| la guerra/lucha/batalla por u.c. | der Krieg/Kampf um etw. |
| denuncias por malos tratos | Anzeigen wegen Misshandlung |
| la afición por | die Vorliebe für |
| el entusiasmo por | die Begeisterung für |
| la felicitación por | der Glückwunsch zu |
| la inclinación por | die Zuneigung zu |

Aber: *tener interés en hacer u.c.* ein Interesse daran haben, etwas zu tun

9. nach folgenden Adjektiven:

| | |
|---|---|
| famoso/célebre por | berühmt für |
| conocido por | bekannt für |
| fascinado por/de | fasziniert von |
| reconocido por | dankbar für |

Verben mit *por*-Objekt vgl. § 241, Infinitiv mit *por* vgl. § 229

10. in Wendungen:

| | |
|---|---|
| por cierto | übrigens |
| por lo menos | wenigstens |
| por fin | schließlich |
| por supuesto | natürlich/selbstverständlich |
| por lo/en general | im Allgemeinen |

| | |
|---|---|
| *por consecuencia* | folglich |
| *Quiero vivir por mi cuenta.* | Ich will für mich leben. |
| *por mí* | meinetwegen |
| *por un pelo* | um ein Haar |
| *por completo* | völlig |
| *por lo común* | gewöhnlich |
| *por unanimidad* | einstimmig |
| *por lo que toca/atañe* | was … betrifft |
| *ganar (por) tres a dos* | (mit) drei zu zwei gewinnen |
| *por si las moscas* [ugspr.] | für alle Fälle |
| *sangrar por la nariz* | Nasenbluten haben |
| *por mayoría aplastante* | mit überwältigender Mehrheit |
| *por las buenas* | im Guten |
| *por cabeza* | pro Kopf |
| *por tu bien* | zu deinem eigenen Nutzen |
| *por desgracia* | leider |
| *por extensión* | im weiteren Sinn |
| *por turnos* | abwechselnd |
| *por término medio* | im Durchschnitt |
| *por ejemplo* | zum Beispiel |
| *por último* | zuletzt/schließlich/endlich |
| *por principio* | prinzipiell |
| *por naturaleza* | von Natur aus |
| *por casualidad/por (si) acaso* | zufällig |
| *por suerte/fortuna* | zum Glück |
| *cien euros por barba* | 100 Euro pro Kopf/Nase |
| *por lo pronto* | einstweilen/vorläufig |
| *por lo visto* | offensichtlich/offenbar |
| *Los precios están por las nubes.* | Die Preise sind gesalzen. |
| *gracias por su visita* | danke für Ihren Besuch |
| *por excelencia* | im wahrsten Sinn des Wortes/ schlechthin |
| *por una parte …, por otra parte …/ por un lado …, por otro lado …* | einerseits …, andererseits … |
| *por parte de los periodistas* | seitens der Journalisten |
| *jugarse el todo por el todo* | alles auf eine Karte setzen |
| *¿Qué se entiende por …?* | Was versteht man unter …? |
| *tener por objeto* | zum Ziel haben |
| *pasar los exámenes por los pelos* | die Prüfungen gerade noch bestehen |
| *dos veces por semana* | zweimal pro Woche |
| *por veinte euros* | für zwanzig Euro |
| *por dinero* | für Geld/gegen Bezahlung |

## Die Präposition *sobre*

Die Präposition *sobre* wird verwendet

1. zur Angabe des Platzes, worauf sich etwas befindet:

| Las revistas están sobre la mesa. | Die Zeitschriften liegen auf dem Tisch. |

2. zur Angabe der Lage an einem Fluss:

| Zaragoza está sobre el Ebro. | Saragossa liegt am Ebro. |

Aber: *Francfort del Main/Meno* Frankfurt am Main

3. in Verbindung mit der Angabe eines Themas:

| un artículo sobre el desarme | ein Artikel über die Abrüstung |
| una observación sobre/acerca de u.c. | eine Bemerkung zu etw. |
| un informe sobre u.c. | ein Bericht über etw. |
| Sobre eso tengo algo que decir. | Dazu muss ich etwas sagen. |

4. zum Ausdruck einer ungefähren Zeit- oder Mengenangabe:

| Llegaron sobre las ocho. | Sie kamen gegen acht Uhr an. |
| Mi cuñado gana sobre los doscientos euros al día. | Mein Schwager verdient etwa 200 Euro am Tag. |
| Su mujer tendrá sobre treinta años. | Seine Frau ist um die dreißig. |

5. in Wendungen:

| sobre manera | über die Maßen |
| sobre todo | vor allem/besonders |
| girar sobre su eje | sich um die eigene Achse drehen |
| accidentes sobre accidentes | Unfälle über Unfälle |
| sobre el terreno | an Ort und Stelle |
| sobre cubierta | an Deck |
| Sobre los cerca 500 millones de europeos, más de 40 millones hablan una lengua local que no es la oficial de su país. (La Vanguardia) | Von den rund 500 Millionen Europäern sprechen mehr als 40 Millionen einen Dialekt, der nicht die Amtssprache ihres Landes ist. |

Verben mit *sobre*-Objekt vgl. § 242

## 278 Kombinationen von Präpositionen

1. In Verbindung mit Verben der Bewegung werden einige Präpositionen mit der Präposition *por* gebraucht:

| | |
|---|---|
| por debajo de | unter ... durch |
| por encima de | über ... hinweg |
| por delante de | vor ... vorbei |
| por detrás de | hinter ... vorbei |
| por entre | zwischen ... durch |
| por fuera de | außerhalb |

| | |
|---|---|
| Nos pasaron el dinero por debajo de la puerta. | Sie schoben uns das Geld unter der Tür durch. |
| Un helicóptero voló por encima del campo de fútbol. | Ein Hubschrauber flog über den Fußballplatz. |
| Los manifestantes marcharon por delante del ayuntamiento. | Die Demonstranten marschierten am Rathaus vorbei. |
| El camino pasa por detrás de la iglesia. | Der Weg führt hinter der Kirche vorbei. |
| El chico se abrió camino por entre los espectadores. | Der Junge bahnte sich einen Weg durch die Zuschauer hindurch. |
| Las llamadas escuelas del Corán se encuentran por fuera de la supervisión estatal. | Die sogenannten Koranschulen befinden sich außerhalb der staatlichen Aufsicht. |

2. Weitere Kombinationsmöglichkeiten zweier Präpositionen:

| | |
|---|---|
| Marcharon en columna **de a** dos. | Sie marschierten in Zweierreihen. |
| Mi amigo vive en la casa **de al lado**. | Mein Freund wohnt im Haus nebenan. |
| El policía sacó al ladrón **de debajo de** la cama. | Der Polizist zog den Einbrecher unter dem Bett hervor. |
| quitar **de en** medio | aus dem Weg räumen |
| Mi abuela sacó mil euros **de entre** la ropa. | Meine Großmutter zog tausend Euro zwischen der Wäsche hervor. |
| El problema **de por** sí es claro, pero su solución es difícil. | Das Problem an und für sich ist klar, aber seine Lösung ist schwierig. |
| Hay un descanso de por medio. | Dazwischen ist eine Pause. |
| El ruido viene de por ahí. | Der Lärm kommt von dort. |
| ¡Ve por/[ugspr.]**a por** cerveza! | Hol Bier! |
| Su comportamiento **para con** sus colegas deja mucho que desear. | Sein Verhalten gegenüber seinen Kollegen lässt sehr zu wünschen übrig. |

# Kapitel 27 Die Struktur des spanischen Satzes
## (La estructura de la oración en español)

Der Form nach unterscheidet man zwischen einfachen Sätzen und zusammengesetzten Sätzen. Ein einfacher Satz ist stets ein Hauptsatz. Ein zusammengesetzter Satz besteht entweder aus zwei oder mehr aneinander gereihten Hauptsätzen (Satzreihe) oder aus einem Hauptsatz und einem oder mehreren Nebensätzen, die vom Hauptsatz abhängen (Satzgefüge).

## Die Struktur des einfachen Satzes 279

In der folgenden Übersicht sind die wichtigsten Typen des einfachen Satzes zusammengestellt. Die Satzglieder erscheinen in der üblichen Reihenfolge (zur Stellung der adverbialen Bestimmung vgl. § 280; zur Umordnung einzelner Satzglieder vgl. §§ 281-283; zur Hervorhebung bestimmter Satzglieder vgl. §§ 284-288):

1. finites Verb:

| | |
|---|---|
| Llueve. | Es regnet. |
| Truena. | Es donnert. |

Anmerkung:  Zu beachten ist, dass dt. 'es' in diesem Fall unausgedrückt bleibt.

2. finites Verb + direktes Objekt (zum Gebrauch der Subjektpronomen vgl. § 105):

| | |
|---|---|
| Leo un periódico. | Ich lese eine Zeitung. |
| Toca la guitarra. | Er/Sie spielt Gitarre. |
| Necesito un diccionario. | Ich brauche ein Wörterbuch. |

3. Subjekt + Verb:

| | |
|---|---|
| Juan duerme. | Juan schläft. |
| Los niños gritan. | Die Kinder schreien. |

4. Subjekt + Verb + direktes Objekt:

| | |
|---|---|
| Juan compra plátanos. | Juan kauft Bananen. |
| Mi hermano aprende italiano. | Mein Bruder lernt Italienisch. |

5. Subjekt + Verb + indirektes Objekt:

| | |
|---|---|
| *Las playas españolas (les) gustan a los turistas.* | Die spanischen Strände gefallen den Touristen. |

Zum Gebrauch des unbetonten Objektpronomens zur Vorwegnahme des indirekten Objekts vgl. § 117.3

6. Subjekt + Verb + direktes Objekt + indirektes Objekt:

| | |
|---|---|
| *Carmen (le) escribió una carta a su prima.* | Carmen schrieb ihrer Cousine einen Brief. |
| *Luis (le) debe mucho dinero a su tío.* | Luis schuldet seinem Onkel viel Geld. |

Anmerkung: Das direkte Objekt steht nach dem indirekten Objekt, wenn es durch einen Relativsatz erweitert ist, wenn es bedeutend länger ist oder wenn es den Schwerpunkt der Mitteilung darstellt: *Manuel (le) devolvió a su tío el dinero que éste le había prestado.* – Manuel gab seinem Onkel das Geld zurück, das dieser ihm geliehen hatte. *Juan (le) regaló a su hijo un coche nuevo.* – Juan schenkte seinem Sohn ein neues Auto.

7. Subjekt + Verb + präpositionales Objekt:

| | |
|---|---|
| *Manuel sueña con Isabel.* | Manuel träumt von Isabel. |
| *Juan disfruta de su riqueza.* | Juan genießt seinen Reichtum. |

8. Subjekt + Verb + direktes Objekt + präpositionales Objekt:

| | |
|---|---|
| *El chico tiró a su madre del brazo.* | Der Junge zog seine Mutter am Arm. |
| *Carlos reconoció a su amigo por la voz.* | Carlos erkannte seinen Freund an der Stimme wieder. |

Zum Gebrauch der Präposition *a* vor direktem persönlichem Objekt vgl. § 271.2

9. Subjekt + Verb + indirektes Objekt + präpositionales Objekt:

| | |
|---|---|
| *El profesor les habló/contó a los alumnos de su vida.* | Der Lehrer erzählte den Schülern aus seinem Leben. |

10. Subjekt + *ser/estar* + Prädikatsnomen:

| | |
|---|---|
| *Carlos es amable.* | Carlos ist nett. |
| *Los alumnos están contentos.* | Die Schüler sind zufrieden. |

Zum Gebrauch von *ser* und *estar* vgl. Kap. 17

11. Subjekt + Verb + Prädikativum:

| | |
|---|---|
| *Las medidas resultaron insuficientes.* | Die Maßnahmen erwiesen sich als unzureichend. |
| *Su abuelo murió pobre.* | Sein Großvater starb arm. |

12. Subjekt + Verb + direktes Objekt + Prädikativum:

| | |
|---|---|
| *El profesor considera a Manuel muy inteligente.* | Der Lehrer hält Manuel für sehr intelligent. |

Anmerkung: Im Gegensatz zum Deutschen kann das Prädikativum auch vor dem direkten Objekt stehen, auf das es sich bezieht: *El profesor considera muy inteligente a Manuel.*

## Die Stellung der adverbialen Bestimmung 280

1. Wie im Deutschen können adverbiale Bestimmungen der Art, des Ortes und der Zeit entweder am Satzanfang oder am Satzende stehen. Die Stellung hängt vom Schwerpunkt der Mitteilung ab. Was am Satzende erscheint, wird stärker hervorgehoben:

| | |
|---|---|
| *Mi hija volverá dentro de una semana.* | Meine Tochter wird in einer Woche zurückkommen. |
| *Desde hace unos días no me encuentro bien.* | Seit einigen Tagen fühle ich mich nicht wohl. |
| *Conocí a mi novia en Sevilla.* | Ich lernte meine Verlobte in Sevilla kennen. |
| *En Cataluña hay mucha industria.* | In Katalonien gibt es viel Industrie. |
| *A estas palabras se echó a reír.* | Bei diesen Worten fing er/sie an zu lachen. |

2. Adverbiale Bestimmungen, die eine Aussage bewerten, stehen gewöhnlich am Satzanfang:

| | |
|---|---|
| *A mi juicio, mi hijo no estudia bastante.* | Meiner Meinung nach lernt mein Sohn nicht genug. |
| *Quizá cambie de opinión.* | Vielleicht überlegt er/sie es sich anders. |
| *Probablemente el jefe del gobierno español irá en visita oficial a la Argentina.* | Wahrscheinlich wird der spanische Regierungschef Argentinien einen offiziellen Besuch abstatten. |
| *Afortunadamente no hubo heridos graves.* | Zum Glück gab es keine Schwerverletzten. |

3. Adverbiale Bestimmungen, die das Verb wie ein Objekt ergänzen, stehen nach dem Verb:

| | |
|---|---|
| Hoy no voy a la escuela. | Heute gehe ich nicht in die Schule. |
| El tren sale a las ocho. | Der Zug fährt um acht Uhr ab. |
| Nos gusta viajar en avión. | Wir fliegen gern. |
| Hay que conducir con cuidado. | Man muss vorsichtig fahren. |
| Mi padre trabaja en la Seat. | Mein Vater arbeitet bei Seat. |

4. Treffen mehrere adverbiale Bestimmungen zusammen, so stehen im Gegensatz zum Deutschen Ortsangaben in der Regel vor weiteren Angaben:

| | |
|---|---|
| Vamos a Madrid en coche. | Wir fahren mit dem Auto nach Madrid. |
| Mi padre nació en Burgos en 1936. | Mein Vater wurde 1936 in Burgos geboren. |

5. Auch am Satzanfang können mehrere adverbiale Bestimmungen stehen; ferner sind Einschübe möglich:

| | |
|---|---|
| En España, por la huelga hoy no circulan trenes. | Wegen des Streiks verkehren heute in Spanien keine Züge. |
| Cada mañana, a las ocho en punto mis hijos salen de casa. | Jeden Morgen verlassen meine Kinder Punkt acht Uhr das Haus. |
| Mi tía, seguramente, vendrá a vernos en Navidad. | Meine Tante wird uns sicher an Weihnachten besuchen. |

## Die Umstellung einzelner Satzglieder

Gegenüber der oben dargestellten üblichen Reihenfolge können einzelne Satzglieder je nach dem Textzusammenhang oder der Mitteilungsabsicht auch in anderen Positionen stehen.

## 281 Die Reihenfolge von Subjekt und Prädikat

Abweichend von der Grundregel steht das Prädikat vor dem Subjekt,

1. wenn das Subjekt den Schwerpunkt der Aussage bildet (in der Regel in Verbindung mit sog. präsentativen Verben):

| | |
|---|---|
| Reinaba un silencio absoluto. | Es herrschte absolute Stille. |
| Suena el teléfono. | Das Telefon klingelt. |

| | |
|---|---|
| Sale el sol. | Die Sonne geht auf. |
| Cae la tarde. | Es wird Abend./Der Abend bricht an. |
| Cambió el semáforo y continuaron. | Die Ampel schaltete um und sie fuhren weiter. |
| Existen muchos problemas. | Es gibt viele Probleme. |
| Se han fundido las bombillas. | Die Glühbirnen sind durchgebrannt. |
| Se ha roto la ducha. | Die Dusche ist kaputt gegangen. |
| Se levanta la sesión. | Die Sitzung ist beendet. |
| Se ha ido la luz. | Der Strom ist ausgefallen. |
| Se está metiendo Vd. en asuntos que no le importan. | Sie mischen sich in Dinge ein, die Sie nichts angehen. |
| Me entra el sueño. | Ich werde müde/schläfrig. |
| Me duele la garganta. | Mir tut der Hals weh. |
| Me gusta la paella. | Ich esse gerne Paella. |
| Aumenta la población en las ciudades. | Die Bevölkerung in den Städten nimmt zu. |
| Está creciendo una generación violenta. | Es wächst eine gewalttätige Generation heran. |
| ¡Que te sirva esto de lección! | Lass dir das eine Lehre sein! |

2. wenn der Satz durch eine adverbiale Bestimmung eingeleitet wird:

| | |
|---|---|
| A partir de 1985 comenzó a recuperarse la economía gracias a diferentes medidas políticas. | Seit 1985 begann die Wirtschaft sich dank verschiedener politischer Maßnahmen zu erholen. |
| Ya viene la comida. | Schon kommt das Essen. |
| En ese preciso momento se abrió la puerta y entró su marido apresuradamente. | Genau in diesem Augenblick ging die Tür auf und ihr Mann stürzte herein. |
| En la capital de Italia pasaron los Sres. García unos días deliciosos. | In der Hauptstadt Italiens verbrachten Herr und Frau García einige wunderbare Tage. |
| En la cárcel está un individuo y pide un abogado para que lo defienda. | Im Gefängnis sitzt ein Kerl und verlangt nach einem Anwalt, der ihn verteidigen soll. |
| De eso se pone uno enfermo. | Davon wird man krank. |

3. sehr häufig beim reflexiven Passiv:

| | |
|---|---|
| Se venden todas las casas. | Es werden alle Häuser verkauft. |
| En España se hablan cinco lenguas. | In Spanien werden fünf Sprachen gesprochen. |

4. bei der absoluten Partizipialkonstruktion:

| | |
|---|---|
| *Pasada una hora volvieron por fin sus padres.* | Nachdem eine Stunde vergangen war, kamen endlich seine/ihre Eltern zurück. |
| *Muerto el perro se acabó la rabia.* [Sprichwort] *Se usa para indicar que una vez suprimida la causa de algo, desaparecen los efectos que producía.* (Diccionario Salamanca) | Wenn der Hund tot ist, ist es mit der Tollwut vorbei. Wird benutzt um auszudrücken, dass, wenn einmal die Ursache von etwas beseitigt ist, die Wirkungen, die sie hervorrief, verschwinden. |
| *Muchos estudiantes, terminados los estudios, no encuentran un puesto de trabajo adecuado.* | Viele Studierende finden nach Abschluss ihres Studiums keinen angemessenen Arbeitsplatz. |

5. beim Gerundium:

| | |
|---|---|
| *Enterándose la madre de que su hija no había dicho la verdad, ésta se puso colorada.* | Als die Mutter erfuhr, dass ihre Tochter nicht die Wahrheit gesagt hatte, wurde diese rot. |

Anmerkung:  Möglich wäre hier auch die Konstruktion *al* + Infinitiv: *Al enterarse la madre ...*

6. bei Infinitivkonstruktionen (vgl. auch § 230.1, Anm. 1):

| | |
|---|---|
| *Diez personas resultaron gravemente heridas al estallar una bomba en el aeropuerto.* | Zehn Personen wurden schwer verletzt, als im Flughafen eine Bombe explodierte. |
| *De no haberlo dicho tú, nadie lo hubiera creído.* | Wenn du es nicht gesagt hättest, hätte es niemand geglaubt. |
| *Después de llegar mi amigo nos pusimos en seguida al trabajo.* | Nachdem mein Freund angekommen war, machten wir uns sofort an die Arbeit. |
| *Nada más producirse la catástrofe Irán solicitó ayuda internacional.* (ABC) | Kaum war die Katastrophe eingetreten, da erbat der Iran internationale Hilfe. |

Anmerkung:  Infinitivkonstruktionen mit nachgestelltem Subjekt werden auch zur Erläuterung der Bedeutung in Wörterbüchern verwendet, z.B. *ponerse*: *ponerse el sol* untergehen (die Sonne).

7. bei Sätzen, die in die direkte Rede eingeschoben bzw. ihr nachgestellt werden:

| *«En tu lugar no lo haría», dijo mi padre.* | „An deiner Stelle würde ich es nicht machen", sagte mein Vater. |

8. in Fragesätzen:

| *¿Es Vd. el profesor García?* | Sind Sie Professor García? |
| *¿Ha venido Juan?* | Ist Juan gekommen? |
| *¿A qué hora llega el tren?* | Um wie viel Uhr kommt der Zug an? |
| *¿Por qué va Carlos a Granada?* | Warum fährt Carlos nach Granada? |
| *No sabíamos dónde estaba Juan.* | Wir wussten nicht, wo Juan war. |
| *No sé por qué se han vuelto así las cosas.* | Ich weiß nicht, warum die Dinge sich so entwickelt haben. |

Anmerkung: Bei Entscheidungsfragen ist auch die Beibehaltung der regelmäßigen Abfolge der Satzglieder möglich. Hierbei steigt die Intonation zum Satzende hin an: *¿Vd. es el profesor García?*; *¿Juan ha venido?*

9. in Relativsätzen, bei denen vom Verb keine weitere Ergänzung abhängt:

| *Hasta el momento se desconocen las circunstancias en que se han producido las muertes.* | Bis jetzt kennt man noch nicht die Umstände, unter denen es zu den Todesfällen gekommen ist. |
| *... año en que se independizó Perú.* | ... das Jahr, in dem Peru unabhängig wurde. |
| *El marido se retrasa en llegar a casa, donde impaciente le aguarda su mujer.* | Der Mann kommt verspätet nach Hause, wo ihn seine Frau ungeduldig erwartet. |

10. in Adverbialsätzen:

| *En la calle hay un pordiosero con la mano extendida, cuando se le aproxima un señor.* | Auf der Straße ist ein Bettler mit ausgestreckter Hand, als sich ihm ein Herr nähert. |
| *Mi cuñado se compró un coche sin que lo supiera su mujer.* | Mein Schwager kaufte sich ein Auto, ohne dass es seine Frau wusste. |
| *Quiero terminar mis deberes antes de que lleguen mis padres.* | Ich möchte meine Hausaufgaben fertig haben, bevor meine Eltern kommen. |

# 282 Die Voranstellung des direkten und indirekten Objekts

1. Das direkte sowie das indirekte Objekt kann wie im Deutschen vor dem Verb stehen. In diesem Fall wird es durch das entsprechende Personalpronomen wieder aufgenommen (vgl. auch § 117; Ausnahmen davon vgl. § 282.2,3):

| | |
|---|---|
| El periódico lo leo todos los días. | Die Zeitung lese ich jeden Tag. |
| Esto lo hace hasta un niño. | Das kann sogar ein Kind. |
| ¡Eso lo ve hasta un ciego! | Das sieht doch ein Blinder. |
| Esta ronda la pago yo. | Diese Runde zahle ich. |
| A Carmen la veré mañana. | Carmen sehe ich morgen. |
| A los alemanes les gusta el flamenco. | Den Deutschen gefällt der Flamenco. |
| Al Gobierno no hay nada que reprocharle. | Der Regierung kann man nichts vorwerfen. |
| Todo el dinero que ganan lo invierten en el extranjero. | Das ganze Geld, das sie verdienen, investieren sie im Ausland. |
| La mayor parte del dinero lo gasta en libros. | Das meiste Geld gibt er/sie für Bücher aus. |
| Las preguntas las hago yo. | Die Fragen stelle ich. |
| El catalán lo habla muy bien. | Katalanisch spricht er/sie sehr gut. |
| El último tramo tenemos que hacerlo a pie. | Das letzte Stück müssen wir zu Fuß gehen. |
| A la que se case conmigo la voy a hacer muy feliz. | Diejenige, die mich heiratet, werde ich sehr glücklich machen. |
| Dos panecillos me los como todas las mañanas. | Zwei Brötchen esse ich jeden Morgen. |

Anmerkung: Die Wiederaufnahme durch das Pronomen unterbleibt in emphatischer Redeweise: *Tres panecillos has comido, no dos.* – Drei Brötchen hast du gegessen, nicht zwei. *Casi seis horas le llevó a mi padre arreglar la lavadora.* – Fast sechs Stunden brauchte mein Vater, um die Waschmaschine zu reparieren. *Eso me pregunto yo también.* – Das frage ich mich auch.

2. Besteht das vorangestellte direkte Objekt aus einem Indefinitpronomen, einem artikellosen Substantiv oder aus einem Substantiv, dem ein unbestimmter Artikel oder ein Indefinitadjektiv vorausgeht, so unterbleibt die pronominale Wiederaufnahme:

| | |
|---|---|
| Mucho no habéis comido. | Viel habt ihr nicht gegessen. |
| Algo haré pero todavía no sé qué. | Etwas werde ich tun, aber ich weiß noch nicht, was. |

| | |
|---|---|
| Ciruelas no tenemos. | Pflaumen haben wir keine. |
| Peor suerte tuvieron las siguientes víctimas: ... | Größeres Pech hatten die folgenden Opfer: ... |
| Una cosa sé con seguridad. | Eines weiß ich sicher. |
| Alguna razón tendrá para no venir. | Irgendeinen Grund wird er haben, um nicht zu kommen. |

3. In Frage- und Ausrufesätzen unterbleibt die pronominale Wiederaufnahme des vorangestellten direkten Objekts ebenfalls:

| | |
|---|---|
| ¿Cuántas páginas has leído? | Wie viele Seiten hast du gelesen? |
| ¡Cuántas víctimas causó esta guerra! | Wie viele Opfer hat dieser Krieg gefordert! |

## Die Voranstellung des präpositionalen Objekts 283

Wie im Deutschen kann auch im Spanischen das präpositionale Objekt an den Satzanfang treten:

| | |
|---|---|
| De las vacaciones todavía no hemos hablado. | Über die Ferien haben wir noch nicht gesprochen. |
| Sobre este asunto no se pondrán de acuerdo. | Über diese Angelegenheit werden sie sich nicht einigen. |
| En Manuel pienso muchas veces. | An Manuel denke ich oft. |
| Del resto no necesitamos ocuparnos por ahora. | Um den Rest brauchen wir uns im Augenblick nicht zu kümmern. |
| A esa pregunta no obtuve respuesta. | Auf diese Frage erhielt ich keine Antwort. |

## Die Hervorhebung einzelner Satzglieder 284

Zur Hervorhebung einzelner Satzglieder gibt es im Spanischen grundsätzlich drei Möglichkeiten:

- hervorzuhebendes Satzglied + *ser* + Relativsatz (Spaltsatz),
- *ser* + hervorzuhebendes Satzglied + Relativsatz (Spaltsatz),
- Relativsatz + *ser* + hervorzuhebendes Satzglied (Sperrsatz).

Als Relativpronomen werden *quien/quienes, el/la/los/las/lo que* verwendet. Der Gebrauch von *el/la/lo cual* ist ausgeschlossen. Das Verb *ser* erscheint entweder in derselben Zeit wie das Verb des Relativsatzes oder im Präsens. Geht dem hervorzuhebenden Satzglied eine Präposition voraus, so erscheint diese auch im Relativsatz.

# 285 Die Hervorhebung des Subjekts, des direkten, indirekten und präpositionalen Objekts

1. Bezieht sich das hervorzuhebende Satzglied auf eine **Person**, so wird der Relativsatz durch *quien/quienes* oder *el/la/los/las que* eingeleitet.

- Hervorhebung des Subjekts:

| | |
|---|---|
| *Los niños necesitan ayuda.* | Kinder brauchen Hilfe. |
| *Los niños son quienes/los que necesitan ayuda.* *Son los niños quienes/los que necesitan ayuda.* *Quienes/Los que necesitan ayuda son los niños.* | **Kinder** brauchen Hilfe. |

Anmerkung: Wird ein Personalpronomen im Singular hervorgehoben, so kann sich das Verb des Relativsatzes entweder nach dem Bezugswort des Relativsatzes richten oder aber in der 3. Person erscheinen: *Soy yo quien/el que te he/ha llamado por teléfono* oder *Yo soy quien/el que te he/ha llamado por teléfono.* – Ich habe dich angerufen. Geht der Relativsatz voraus, ist nur die 3. Person möglich: *Quien/El que te ha llamado por teléfono soy yo.* Wird ein Personalpronomen im Plural hervorgehoben, so richtet sich das Verb des Relativsatzes nach dem Bezugswort. *Nosotros somos quienes/los que te hemos llamado por teléfono* oder *Somos nosotros quienes/los que te hemos llamado por teléfono.* – Wir haben dich angerufen. Aber: *Quienes/Los que te han llamado por teléfono somos nosotros.*

- Hervorhebung des direkten Objekts:

| | |
|---|---|
| *Hemos visto a Manuel.* | Wir haben Manuel gesehen. |
| *A Manuel es a quien/al que hemos visto.* *Es a Manuel a quien/al que hemos visto.* *A quien/Al que hemos visto es a Manuel.* | **Manuel** haben wir gesehen. |

Anmerkung: Geht dem direkten Objekt der unbestimmte Artikel oder ein Indefinitadjektiv voraus (ohne Präposition *a*), so verwendet man zur Hervorhebung *ser* in der 3. Pers. Sing. + *lo que*: *Un cocinero es lo que necesitamos.* – Einen Koch brauchen wir. *Una secretaria que sepa alemán es lo que buscamos.* – Eine Sekretärin, die Deutsch kann, ist das, was wir suchen. *Muchos italianos es lo que he visto.* – Viele Italiener habe ich gesehen.

- Hervorhebung des indirekten Objekts:

| | |
|---|---|
| *(Le) Escribí una postal a mi tía.* | Ich schrieb meiner Tante eine Postkarte. |
| *A mi tía fue a quien/a la que escribí una postal.* *Fue a mi tía a quien/a la que escribí una postal.* *A quien/A la que escribí una postal fue a mi tía.* | **Meiner Tante** schrieb ich eine Postkarte. |

- Hervorhebung des präpositionalen Objekts:

| | |
|---|---|
| *Ayer salí con Carmen.* | Gestern ging ich mit Carmen aus. |
| *Con Carmen es con quien/la que salí ayer.* *Es con Carmen con quien/la que salí ayer.* *Con quien/la que salí ayer es con Carmen.* | **Mit Carmen** ging ich gestern aus. |

2. Bezieht sich das hervorzuhebende Satzglied auf eine **Sache**, verwendet man *el/la/los/las que* als Relativpronomen.

- Hervorhebung des Subjekts:

| | |
|---|---|
| *Esta solución me convence.* | Diese Lösung überzeugt mich. |
| *Esta solución es la que me convence.* *Es esta solución la que me convence.* *La que me convence es esta solución.* | **Diese Lösung** überzeugt mich. |

- Hervorhebung des direkten Objekts:

| | |
|---|---|
| *Necesito esa impresora.* | Ich brauche diesen Drucker. |
| *Esa impresora es la que necesito.* *Es esa impresora la que necesito.* *La que necesito es esa impresora.* | **Diesen Drucker** brauche ich. |

Anmerkung: Geht dem direkten Objekt der unbestimmte Artikel oder ein Indefinitadjektiv voraus, so verwendet man zur Hervorhebung *ser + lo que*: *Lo que necesito es una impresora.* – Was ich brauche, ist ein Drucker. *Muchos libros es lo que hemos comprado.* – Viele Bücher haben wir gekauft.

- Hervorhebung des indirekten Objekts:

| | |
|---|---|
| *Esta tarea (le) incumbe al Estado.* | Diese Aufgabe obliegt dem Staat. |
| *Al Estado es al que incumbe esta tarea.* *Es al Estado al que incumbe esta tarea.* *Al que incumbe esta tarea es al Estado.* | **Dem Staat** obliegt diese Aufgabe. |

- Hervorhebung des präpositionalen Objekts:

| | |
|---|---|
| *Has copiado de este libro.* | Du hast aus diesem Buch abgeschrieben. |
| *De este libro es del que has copiado.* *Es de este libro del que has copiado.* *Del que has copiado es de este libro.* | **Aus diesem Buch** hast du abgeschrieben. |

3. Werden ein neutrales Pronomen, eine Wortgruppe oder ein ganzer Satz hervorgehoben, so lautet das Relativpronomen *lo que*.

- Hervorhebung des Subjekts:

| | |
|---|---|
| *No poder hacer nada me pone triste.* | Nichts tun zu können macht mich traurig. |
| *No poder hacer nada es lo que me pone triste.* *Es no poder hacer nada lo que me pone triste.* *Lo que me pone triste es no poder hacer nada.* | **Nichts tun zu können** macht mich traurig. |

- Hervorhebung des direkten Objekts:

| | |
|---|---|
| *Prefiero jugar al ajedrez.* | Ich spiele lieber Schach. |
| *Jugar al ajedrez es lo que prefiero.* *Es jugar al ajedrez lo que prefiero.* *Lo que prefiero es jugar al ajedrez.* | **Schach** spiele ich lieber. |

- Hervorhebung des indirekten Objekts:

| | |
|---|---|
| Corresponde a esto. | Es entspricht diesem. |
| A esto es a lo que corresponde. | |
| Es a esto a lo que corresponde. | **Dem** entspricht es. |
| A lo que corresponde es a esto. | |

- Hervorhebung des präpositionalen Objekts:

| | |
|---|---|
| Pienso en eso. | Ich denke daran. |
| En eso es en lo que pienso. | |
| Es en eso en lo que pienso. | **Daran** denke ich. |
| En lo que pienso es en eso. | |

## Die Hervorhebung des Prädikatsnomens      286

1. Ist das hervorzuhebende Prädikatsnomen ein Substantiv, so verwendet man *ser + lo que*:

| | |
|---|---|
| Es profesor. | Er ist Lehrer. |
| Profesor es lo que es./Lo que es es profesor. | **Lehrer** ist er. |

2. Ist das hervorzuhebende Prädikatsnomen ein Adjektiv, so gebraucht man *ser + lo que* oder *como*:

| | |
|---|---|
| Está loco. | Er ist verrückt. |
| Loco es lo que está. | |
| Lo que está es loco. | **Verrückt** ist er. |
| Loco es como está. | |

## Die Hervorhebung von Adverbien und adverbialen Bestimmungen      287

1. Zur Hervorhebung von Ortsangaben verwendet man *ser + donde*. Die Präpositionen *a, de, desde, hacia, hasta, por, para*, die vom Verb abhängen, erscheinen vor *donde*:

| | |
|---|---|
| Hay que empezar por aquí. | Man muss hier anfangen. |
| Por aquí es por donde hay que empezar. | |
| Es por aquí por donde hay que empezar. | **Hier** muss man anfangen. |
| Por donde hay que empezar es por aquí. | |

| | |
|---|---|
| *Mi hermana trabaja en Toledo.* | Meine Schwester arbeitet in Toledo. |
| *En Toledo es donde trabaja mi hermana.* *Es en Toledo donde trabaja mi hermana.* *Donde trabaja mi hermana es en Toledo.* | **In Toledo** arbeitet meine Schwester. |

| | |
|---|---|
| *Voy a Madrid.* | Ich fahre nach Madrid. |
| *A Madrid es adonde voy.* *Es a Madrid adonde voy.* *Adonde voy es a Madrid.* | **Nach Madrid** fahre ich. |

| | |
|---|---|
| *Vengo de Barcelona.* | Ich komme aus Barcelona. |
| *De Barcelona es de donde vengo.* *Es de Barcelona de donde vengo.* *De donde vengo es de Barcelona.* | **Aus Barcelona** komme ich. |

Anmerkung: Die Präpositionen *ante*, *bajo*, *entre*, *sobre*, *tras* und präpositionale Wendungen wie z.B. *cerca de*, *debajo de*, *delante de*, *dentro de*, *detrás de*, *encima de*, *fuera de*, *junto a* erscheinen nicht vor *donde*. Die Präposition *en* kann vor *donde* stehen: *Sobre la mesa es en donde había puesto la llave.* – Auf den Tisch hatte ich den Schlüssel gelegt.

2. Zur Hervorhebung von Zeitangaben gebraucht man *ser + cuando*:

| | |
|---|---|
| *Pasó en primavera.* | Es geschah im Frühling. |
| *En primavera fue cuando pasó.* *Fue en primavera cuando pasó.* *Cuando pasó fue en primavera.* | **Im Frühling** geschah es. |

3. Zur Hervorhebung einer modalen Bestimmung verwendet man *ser + como*:

| | |
|---|---|
| *Tienes que jugar así.* | Du musst so spielen. |
| *Así es como tienes que jugar.* *Es así como tienes que jugar.* *Como tienes que jugar es así.* | **So** musst du spielen. |

4. Zur Hervorhebung einer kausalen bzw. finalen adverbialen Bestimmung gebraucht man *ser* + *por lo que* bzw. *para lo que*:

| | |
|---|---|
| *No puedo jugar porque estoy herido.* | Ich kann nicht spielen, weil ich verletzt bin. |
| *Porque estoy herido es por lo que no puedo jugar.* | **Weil ich verletzt bin**, kann ich nicht spielen. |

| | |
|---|---|
| *Voy a España para aprender español.* | Ich fahre nach Spanien, um Spanisch zu lernen. |
| *Para aprender español es para lo que voy a España.* | **Um Spanisch zu lernen**, fahre ich nach Spanien. |

## Die Hervorhebung von Infinitiven    288

Wie im Deutschen steht der hervorgehobene Infinitiv am Satzanfang. Anschließend wird er durch eine finite Verbform wieder aufgenommen:

| | |
|---|---|
| *Disculparse, no se quiere disculpar.* | Entschuldigen will er sich nicht. |
| *Casarse, no se casará con él.* | Heiraten wird sie ihn nicht. |
| *Querer, querría, pero no puede.* | Er wollte schon, aber er kann nicht. |
| *Beber, bebo poco.* | Trinken tu ich wenig. |
| *Trabajar, trabajan.* | Arbeiten tun sie. |
| *Cobrar, cobraba bastante.* | Verdient hat er genug. |
| *Quererte, sí que te quiero, pero ...* | Lieben tu ich dich, aber ... |

Anmerkung: Ein Satz wie 'Gefrühstückt wird zu Hause' wird im Spanischen durch einen Infinitiv wiedergegeben: *Desayunar, se desayuna en casa.*

## Die Satzreihe    289

Zwei oder mehr durch beiordnende Konjunktionen (vgl. §§ 259-262) verbundene Hauptsätze bilden eine Satzreihe:

| | |
|---|---|
| *Yo soy de Valencia, pero mi marido es de Valladolid.* | Ich bin aus Valencia, aber mein Mann ist aus Valladolid. |
| *Manuel toca la guitarra, y su hermana baila.* | Manuel spielt Gitarre und seine Schwester tanzt. |

## Das Satzgefüge

Ein Satzgefüge besteht aus einem Hauptsatz und einem oder mehreren von ihm abhängigen Nebensätzen. Je nachdem, welches Satzglied ein Nebensatz vertritt, unterscheidet man zwischen Subjektsätzen, direkten Objektsätzen, präpositionalen Objektsätzen, Adverbialsätzen und Attributsätzen.

## 290 Der Subjektsatz

Ein Subjektsatz kann nach unpersönlichen Ausdrücken stehen oder durch die Konjunktionen *que, el que* oder *el hecho de que* eingeleitet werden (zum Modusgebrauch im Subjektsatz vgl. §§ 177.2, 178.1, 179, 181):

| | |
|---|---|
| *Es preciso que vengáis.* | Es ist notwendig, dass ihr kommt. |
| *El (hecho de) que no haya venido nos extraña mucho.* | Dass er/sie nicht gekommen ist, befremdet uns sehr. |

## 291 Der direkte Objektsatz

Bei einem direkten Objektsatz kann es sich um einen Aussagesatz (zum Modusgebrauch vgl. §§ 177.1, 180) oder um einen indirekten Fragesatz (vgl. § 298) handeln:

| | |
|---|---|
| *Creo que tiene razón.* | Ich glaube, dass er/sie Recht hat. |
| *No sé si vendrá.* | Ich weiß nicht, ob er/sie kommt. |
| *¿Podría Vd. decirme cuándo llega el tren de Madrid?* | Können Sie mir sagen, wann der Zug aus Madrid ankommt? |

## 292 Der präpositionale Objektsatz

Präpositionale Objektsätze werden durch dieselbe Präposition eingeleitet, mit der auch das entsprechende präpositionale Objekt an das Verb angeschlossen wird. Auf die Präposition folgt die Konjunktion *que* (zur Moduswahl vgl. §§ 177.1, 178.2):

| | |
|---|---|
| *Me alegro de que hayas tenido éxito.* | Ich freue mich, dass du Erfolg gehabt hast. |
| *Mi madre insiste en que termine mis deberes antes de ir al cine.* | Meine Mutter besteht darauf, dass ich meine Hausaufgaben beende, bevor ich ins Kino gehe. |

## Der Adverbialsatz 293

Nach ihrem inhaltlichen Bezug zum Hauptsatz unterscheidet man folgende Adverbialsätze: Temporalsatz, Kausalsatz, Finalsatz, Konsekutivsatz, Konzessivsatz, Konditionalsatz und Modalsatz (zu den hierbei verwendeten Konjunktionen vgl. §§ 263-269):

| | |
|---|---|
| *Se lo diré tan pronto como llegue a casa.* | Ich werde es ihm/ihr sagen, sobald er/sie nach Hause kommt. |
| *No te puedo acompañar porque estoy enfermo.* | Ich kann dich nicht begleiten, weil ich krank bin. |
| *Te he traído una gramática para que aprendas mejor el español.* | Ich habe dir eine Grammatik mitgebracht, damit du besser Spanisch lernst. |
| *¡Habla de manera que todos te entiendan!* | Sprich so, dass alle dich verstehen! |
| *Si hiciera buen tiempo saldríamos de excursión.* | Wenn schönes Wetter wäre, würden wir einen Ausflug machen. |

## Der Attributsatz 294

Ein Attributsatz bestimmt ein Substantiv näher. Er hat die Form eines Relativsatzes (vgl. Kap. 10) oder eines mit einer Präposition + *que* eingeleiteten Nebensatzes:

| | |
|---|---|
| *Hemos alquilado una casa que tiene vista al mar.* | Wir haben ein Haus mit Meerblick gemietet. |
| *Tengo la convicción de que ésta es la mejor solución.* | Ich bin der Überzeugung, dass dies die beste Lösung ist. |

# Kapitel 28  Die indirekte Rede (El estilo indirecto)

Wenn die direkte Rede einer Person von einer anderen Person wiedergegeben wird, spricht man von indirekter Rede. Die ursprüngliche Äußerung in direkter Rede wird dann zu einem Nebensatz, der von einem Verb des Sagens abhängig ist und in dem besondere Regeln bezüglich der Tempuswahl gelten. Einen Sonderfall stellt die indirekte Frage dar.

## 295 Gegenüberstellung von direkter und indirekter Rede

| direkte Rede | indirekte Rede |
|---|---|
| No tengo ganas de estudiar. | Manuel dice que no tiene ganas de estudiar. |
| Ich habe keine Lust zu lernen. | Manuel sagt, er habe keine Lust zu lernen. |
| No me siento bien. | Carmen dijo que no se sentía bien. |
| Ich fühle mich nicht wohl. | Carmen sagte, dass sie sich nicht wohl fühle. |

## 296 Die Umsetzung von der direkten in die indirekte Rede

Bei der Umsetzung von der direkten in die indirekte Rede sind folgende Regeln zu beachten:

1. Steht im einleitenden Satz eine Zeit der **Gegenwartsgruppe** (Präsens, Futur, Konditional oder Perfekt), so wird im abhängigen Satz die Zeit gesetzt, die auch im unabhängigen Satz steht. Imperativ wird zu Konjunktiv Präsens. Eine Anrede in der direkten Rede wird dabei zum indirekten Objekt des Verbs im einleitenden Satz. Wie im Deutschen erfolgt die Veränderung in der Person des Subjekts, wenn sie sinngemäß erforderlich ist. Die Konjunktion *que* kann im Gegensatz zum Deutschen nicht wegfallen:

| direkte Rede | indirekte Rede |
|---|---|
| No lo sé. | Juan dice que no lo sabe. |
| Ich weiß es nicht. | Juan sagt, dass er es nicht wisse/weiß. |
| Vd. tiene que adelgazar. | El médico le dirá a Vd. que tiene que adelgazar. |
| Sie müssen abnehmen. | Der Arzt wird Ihnen sagen, dass Sie abnehmen müssen. |

| | |
|---|---|
| *Voy a llegar a las cinco.* Ich werde um fünf ankommen. | *Pilar dice que va a llegar a las cinco.* Pilar sagt, sie werde um fünf ankommen. |
| *Ayer me fui a bailar con mi novio.* Gestern war ich mit meinem Freund tanzen. | *Inés ha dicho que ayer se fue a bailar con su novio.* Inés hat gesagt, dass sie gestern mit ihrem Freund tanzen war/gewesen sei. |
| *Si me ayudas, te daré cien euros.* Wenn du mir hilfst, gebe ich dir 100 Euro. | *Manuel me ha dicho que si lo ayudo, me dará cien euros.* Manuel hat mir gesagt, dass, wenn ich ihm helfe, er mir 100 Euro gebe. |
| *Está enfermo.* Er ist krank. | *Se diría que está enfermo.* Man könnte meinen, dass er krank ist. |
| *¡Estudia más!* Lerne mehr! | *Papá me ha dicho que estudie más.* Papa hat mir gesagt, ich soll mehr lernen. |
| *Me voy a divorciar si no te separas de tu amante.* Ich werde mich scheiden lassen, wenn du dich nicht von deiner Geliebten trennst. | *Mi mujer me ha dicho que se va a divorciar si no me separo de mi amante.* Meine Frau hat mir gesagt, sie werde sich scheiden lassen, wenn ich mich nicht von meiner Geliebten trenne. |

2. Steht im einleitenden Satz eine Zeit der **Vergangenheitsgruppe** (Imperfekt, *Indefinido* oder Plusquamperfekt), so ergeben sich im abhängigen Satz folgende Veränderungen:

- Präsens wird zu Imperfekt bzw. bleibt heute oft unverändert.
- Futur I wird zu Konditional I bzw. zu *iba a* + Infinitiv.
- Perfekt wird zu Plusquamperfekt.
- *Indefinido* bleibt *Indefinido* oder wird zu Plusquamperfekt.
- Imperativ wird zu Konjunktiv Imperfekt.

Unverändert bleiben Imperfekt, Plusquamperfekt und Konditional.

| direkte Rede | indirekte Rede |
|---|---|
| *Carlos tiene razón.* Carlos hat Recht. | *Respondí que Carlos tenía razón.* Ich antwortete, dass Carlos Recht habe. |

| direkte Rede | indirekte Rede |
|---|---|
| Carlos tenía razón. | Respondí que Carlos tenía razón. |
| Carlos hatte Recht. | Ich antwortete, dass Carlos Recht hatte/gehabt habe. |
| Me casaré a los veinte años. | María dijo que se casaría a los veinte años. |
| Ich werde mit zwanzig Jahren heiraten. | Maria sagte, dass sie mit zwanzig Jahren heiraten werde. |
| Me casé a los veinte años. | María dijo que se casó/se había casado a los veinte años. |
| Ich heiratete mit zwanzig Jahren. | Maria sagte, dass sie mit zwanzig Jahren heiratete/geheiratet habe. |
| Voy a llegar a las cinco. | Pilar dijo que iba a llegar a las cinco. |
| Ich werde um fünf ankommen. | Pilar sagte, sie werde um fünf ankommen. |
| Si me ayudas, te daré cien euros. | Manuel me dijo que si lo ayudaba, me daría cien euros. |
| Wenn du mir hilfst, gebe ich dir 100 Euro. | Manuel sagte mir, dass, wenn ich ihm helfe, er mir 100 Euro gibt/gebe/geben würde. |
| ¡Estudia más! | Papá me dijo que estudiara/estudiase más. |
| Lerne mehr! | Papa sagte mir, ich solle mehr lernen. |
| Me voy a divorciar si no te separas de tu amante. | Mi mujer me dijo que se iba a divorciar si no me separaba de mi amante. |
| Ich werde mich scheiden lassen, wenn du dich nicht von deiner Geliebten trennst. | Meine Frau sagte mir, sie werde sich scheiden lassen, wenn ich mich nicht von meiner Geliebten trenne. |
| ¡Deje Vd. de fumar y haga un poco de gimnásia! | El médico le aconsejó a mi padre que dejara/dejase de fumar y que hiciera/hiciese un poco de gimnásia. |
| Hören Sie mit dem Rauchen auf und machen Sie ein wenig Gymnastik. | Der Arzt riet meinem Vater mit dem Rauchen aufzuhören und ein wenig Gymnastik zu machen. |

Anmerkung: Handelt es sich im abhängigen Satz um eine allgemein gültige Aussage, so steht auch nach einer Zeit der Vergangenheitsgruppe Präsens: *El profesor nos explicó que el agua hierve a cien grados.*
– Der Lehrer erklärte uns, dass Wasser bei hundert Grad kocht.

3. Die irrealen Bedingungssätze bleiben unverändert:

| direkte Rede | indirekte Rede |
| --- | --- |
| *Si yo estuviera en tu lugar, no lo haría.*<br>Wenn ich an deiner Stelle wäre, täte ich es nicht/würde ich es nicht tun. | *Juan me ha dicho/dijo que si estuviera en mi lugar, no lo haría*<br>Juan hat mir gesagt/sagte mir, dass, wenn er an meiner Stelle wäre, er es nicht täte/tun würde. |
| *Me divorciaría si mi marido no se separara/separase de su amante.*<br><br>Ich würde mich scheiden lassen, wenn mein Mann sich nicht von seiner Geliebten trennen würde. | *Mi mujer me ha dicho/dijo que se divorciaría si no me separara/separase de mi amante.*<br>Meine Frau hat mir gesagt/sagte mir, sie würde sich scheiden lassen, wenn ich mich nicht von meiner Geliebten trennen würde. |
| *Si yo lo hubiera/hubiese sabido, te lo habría/hubiera dicho.*<br><br>Wenn ich es gewusst hätte, hätte ich es dir gesagt. | *Mi amigo me dice/dijo que si él lo hubiera/hubiese sabido, me lo habría/hubiera dicho.*<br>Mein Freund sagt/sagte mir, dass, wenn er es gewusst hätte, er es mir gesagt hätte. |
| *Me habría divorciado si mi marido no se hubiera/hubiese separado de su amante.*<br><br>Ich hätte mich scheiden lassen, wenn mein Mann sich nicht von seiner Geliebten getrennt hätte. | *Mi mujer me ha dicho/dijo que se habría divorciado si no me hubiera/hubiese separado de mi amante.*<br>Meine Frau hat mir gesagt/sagte mir, sie hätte sich scheiden lassen, wenn ich mich nicht von meiner Geliebten getrennt hätte. |

Anmerkung: Diese Regel gilt auch für die mit *como si* eingeleiteten Nebensätze: *Hace/Hacía como si lo supiera/hubiera sabido.* – Er tut/tat, als ob er es wüsste/gewusst hätte. *Dijo que hacía como si lo supiera.* – Er sagte, er tue, als ob er es wüsste.

4. Die Zeitenfolge gilt auch für Nebensätze, deren Verb im *subjuntivo* steht:

| direkte Rede | indirekte Rede |
| --- | --- |
| *¡No gastes tanto dinero!*<br><br>Gib nicht so viel Geld aus! | *Siempre le digo a mi hijo que no gaste tanto dinero.*<br>Ich sage meinem Sohn immer, er solle nicht so viel Geld ausgeben. |

| direkte Rede | indirekte Rede |
|---|---|
| ¡Poneos en marcha! | El profesor les dijo a los alumnos que se pusieran/pusiesen en marcha. |
| Macht euch auf den Weg! | Der Lehrer sagte den Schülern, sie sollten sich auf den Weg machen. |
| ¡No se preocupe, señora! | El cura le había dicho a la señora que no se preocupara/preocupase. |
| Machen Sie sich keine Sorgen! | Der Pfarrer hatte der Frau gesagt, sie solle sich keine Sorgen machen. |

## 297 Veränderungen bei Adverbien und Demonstrativa

Bei den Adverbien und den Demonstrativa ergeben sich folgende Veränderungen, wenn es der Sinn verlangt:

| direkte Rede | | indirekte Rede | |
|---|---|---|---|
| aquí | hier | allí | da/dort |
| ahora | jetzt | entonces | damals |
| hoy | heute | aquel día | an jenem Tage |
| ayer | gestern | el día anterior | am Vortag/ tags zuvor |
| mañana | morgen | el/al día siguiente | am folgenden Tag |
| esta mañana | heute Morgen | aquella mañana | an jenem Morgen |
| esta tarde | heute Abend | aquella tarde | an jenem Abend |
| la próxima semana | nächste Woche | la semana siguiente | in der darauf folgenden Woche |

| direkte Rede | indirekte Rede |
|---|---|
| La veré mañana. | Juan dijo que la vería el/al día siguiente. |
| Ich werde sie morgen sehen. | Juan sagte, dass er sie am folgenden Tag sehen werde. |
| Ahora no tengo dinero. | Afirmó que entonces no tenía dinero. |
| Jetzt habe ich kein Geld. | Er behauptete, dass er damals kein Geld gehabt habe. |
| Tengo que acordarme de telefonear a mi novia esta tarde. | Mi amigo me dijo que tenía que acordarse de telefonear a su novia aquella tarde. |
| Ich muss daran denken, heute Abend meine Freundin anzurufen. | Mein Freund sagte mir, dass er daran denken müsse, an jenem/diesem Abend seine Freundin anzurufen. |

## Die indirekte Frage 298

1. Die indirekte Frage wird an ein Verb des Sagens oder Fragens angeschlossen und durch die Konjunktion *si* ('ob') bzw. durch Fragewörter eingeleitet, die dieselben sind wie in der direkten Frage (vgl. § 94). Im Gegensatz zum Deutschen steht in der indirekten Frage im Spanischen der Indikativ:

| direkte Frage | indirekte Frage |
|---|---|
| *¿Dónde está el hotel Alcázar?* Wo ist das Hotel Alcázar? | *¿Puede Vd. decirme dónde está el hotel Alcázar?* Können Sie mir sagen, wo das Hotel Alcázar ist? |
| *¿Quién es el autor de esta novela?* Wer ist der Verfasser dieses Romans? | *¿Sabes quién es el autor de esta novela?* Weißt du, wer der Verfasser dieses Romans ist? |
| *¿Vendrá Carlos mañana?* Kommt Carlos morgen? | *No sé si Carlos vendrá mañana.* Ich weiß nicht, ob Carlos morgen kommt. |
| *¿Han salido ya todos los tomos del nuevo diccionario?* Sind schon alle Bände des neuen Wörterbuchs erschienen? | *Le pregunté al librero si habían salido ya todos los tomos del nuevo diccionario.* Ich fragte den Buchhändler, ob schon alle Bände des neuen Wörterbuchs erschienen seien. |

Anmerkung: Das Interrogativpronomen *qué* kann im indirekten Fragesatz vor einer konjugierten Verbform durch *lo que* ersetzt werden: *No sé qué/lo que ha dicho.* – Ich weiß nicht, was er gesagt hat.

2. Wenn das Verb oder das Substantiv, von dem der indirekte Fragesatz abhängt, eine Ergänzung mit der Präposition *de* verlangt, so bleibt diese erhalten:

| direkte Frage | indirekte Frage |
|---|---|
| *¿Qué papel juega la lengua catalana en la vida cotidiana?* Welche Rolle spielt das Katalanische im täglichen Leben? | *Los estudiantes quieren informarse de qué papel juega la lengua catalana en la vida cotidiana.* Die Studenten wollen sich informieren, welche Rolle die katalanische Sprache im täglichen Leben spielt. |

| direkte Frage | indirekte Frage |
|---|---|
| ¿Quién fue Franco?<br><br>Wer war Franco? | Miguel no tiene idea de quién fue Franco<br>Miguel hat keine Ahnung, wer Franco war. |
| ¿Lo permite el médico o no?<br><br>Erlaubt es der Arzt oder nicht? | Todo depende de si el médico lo permite o no.<br>Alles hängt davon ab, ob es der Arzt erlaubt oder nicht. |

3. In folgende Fällen kann der indirekte Fragesatz nicht unmittelbar an den Ausdruck, von dem er abhängt, angeschlossen werden. Meist wird das Verb *saber* vorgeschaltet:

| Ich bin neugierig/gespannt, ob er/sie kommt. | *Estoy curioso por saber si vendrá.* |
|---|---|
| Es interessiert mich, wer der Autor dieses Buches ist. | *Me interesa saber quién es el autor de ese libro.* |
| Es geht darum, wie das Problem zu lösen ist. | *Se trata de saber cómo se puede resolver el problema.* |

4. Drückt die indirekte Frage Zweifel oder Unsicherheit aus, so steht meist der Infinitiv (vgl. § 223.10):

| *No sé adónde ir.* | Ich weiß nicht, wo ich hingehen soll. |
|---|---|
| *No sabíamos qué decir.* | Wir wussten nicht, was wir sagen sollten. |
| *No sabe por dónde empezar.* | Er/Sie weiß nicht, wo er/sie anfangen soll. |

# Kapitel 29 Die Wortbildung (La formación de palabras)

Durch Ableitung mit Hilfe von Suffixen (sufijos) oder Präfixen (prefijos) und durch Zusammensetzung (composición) von zwei oder mehr Wörtern kann eine Sprache ständig neue Begriffe bilden. Auch durch Substantivierung (sustantivación) oder Kürzung (apócope) können neue Wörter gebildet werden. In der nachfolgenden Übersicht sind die gebräuchlichsten Typen der spanischen Wortbildung aufgeführt.

## Die Wortbildung mittels Suffixen

Ausgangsbasis einer Ableitung mittels Suffixen kann ein Substantiv, ein Verb oder ein Adjektiv sein. Hierbei wird das Suffix in der Regel an den Stamm angehängt, wie z.B. in *fum-ar* rauchen → *fum-ador* Raucher, *real* wirklich → *realizar* verwirklichen, *sop-a* Suppe → *sop-era* Suppenschüssel. Zuweilen treten auch Kombinationen von Suffixen auf, wie z.B. *nación* Nation → *nacional* national → *nacionalizar* verstaatlichen → *nacionalización* Verstaatlichung. Suffixe haben verschiedene Bedeutungen; einige Suffixe können sowohl zur Ableitung von Substantiven als auch zur Bildung von Adjektiven eingesetzt werden.

## Suffixe zur Bildung von Substantiven

| Suffix | Bedeutung | Grundwort | Beispiel | |
|---|---|---|---|---|
| *-ación* | Tätigkeit | *realizar* | *realización* | Durchführung |
| *-ad* | Eigenschaft | *humilde* | *humildad* | Demut |
| *-ada* | Ergebnis einer Handlung | *llegar* | *llegada* | Ankunft |
| *-ado* | 1. tätige Person 2. Ergebnis einer Handlung | *encargar* *asar* | *encargado* *asado* | Beauftragter Braten |
| *-ador* | 1. tätige Person 2. Ort | *trabajar* *mostrar* | *trabajador* *mostrador* | Arbeiter Theke |
| *-amento* | Handlung oder Ergebnis | *fundar* | *fundamento* | Grundlage/ Fundament |
| *-amiento* | vgl. *-amento* | *pensar* | *pensamiento* | Denken/ Gedanke |
| *-ancia* | Eigenschaft | *vigilar* *constante* | *vigilancia* *constancia* | Wachsamkeit Beständigkeit |
| *-ante* | 1. tätige Person 2. Mittel | *acompañar* *calmar* | *acompañante* *calmante* | Begleiter schmerzstillendes Mittel |

| Suffix | Bedeutung | Grundwort | | Beispiel |
|---|---|---|---|---|
| **-ción** | vgl. *-ación* | *describir* | *descripción* | Beschreibung |
| **-dad** | vgl. *-ad* | *igual* | *igualdad* | Gleichheit |
| **-edad** | vgl. *-ad* | *sucio* | *suciedad* | Schmutz |
| **-edor** | vgl. *-ador* | *vender* | *vendedor* | Verkäufer |
| | | *comer* | *comedor* | Speisesaal |
| **-encia** | vgl. *-ancia* | *inteligente* | *inteligencia* | Intelligenz |
| **-ente** | vgl. *-ante* | *presidir* | *presidente* | Präsident |
| **-era** | 1. Beruf | *jardín* | *jardinera* | Gärtnerin |
| | 2. Behälter | *carta* | *cartera* | Brieftasche |
| **-ería** | Ort der Herstellung/d. Verkaufs | *cerveza* | *cervecería* | Brauerei/ Bierlokal |
| **-ero** | vgl. *-era* | *obra* | *obrero* | Arbeiter |
| | | *azúcar* | *azucarero* | Zuckerdose |
| **-ez** | Eigenschaft | *escaso* | *escasez* | Knappheit |
| **-eza** | Eigenschaft | *pobre* | *pobreza* | Armut |
| **-ia** | Eigenschaft | *modesto* | *modestia* | Bescheidenheit |
| **-ía** | Eigenschaft | *valiente* | *valentía* | Tapferkeit |
| **-ición** | vgl. *-ación* | *pedir* | *petición* | Gesuch |
| **-idad** | vgl. *-ad* | *real* | *realidad* | Wirklichkeit |
| **-ida** | vgl. *-ada* | *salir* | *salida* | Ausgang |
| **-ido** | vgl. *-ado* | *cocer* | *cocido* | Eintopf |
| **-idor** | vgl. *-ador* | *servir* | *servidor* | Diener |
| **-iencia** | vgl. *-ancia* | *aparecer* | *apariencia* | Anschein |
| **-iente** | vgl. *-ante* | *servir* | *sirviente* | Diener |
| **-imiento** | vgl. *-am(i)ento* | *conocer* | *conocimiento* | Kenntnis |
| | | *mover* | *movimiento* | Bewegung |
| **-ión** | vgl. *-ación* | *unir* | *unión* | Vereinigung |
| **-ismo** | 1. polit./wissenschaftl. Lehre | *social* | *socialismo* | Sozialismus |
| | | *material* | *materialismo* | Materialismus |
| | 2. Leiden | *alcohol* | *alcoholismo* | Alkoholismus |
| **-ista** | Anhänger einer Lehre | *social* | *socialista* | Sozialist |
| **-or** | vgl. *-ador* | *pintar* | *pintor* | Maler |
| **-tad** | vgl. *-ad* | *libre* | *libertad* | Freiheit |
| **-tor** | vgl. *-ador* | *conducir* | *conductor* | Fahrer |

Anmerkung 1: Bei einer Reihe von Ableitungen tritt Genuswechsel ein: *la flor* die Blume – *el florero* die Blumenvase, *la sombra* der Schatten – *el sombrero* der Hut, *el aceite* Öl – *la aceitera* Essig- und Ölgestell.

Anmerkung 2:  Regressive Wortbildung liegt vor, wenn ein Verb seine Endung verliert und an den Stamm die Substantivendung *-o, -a* oder *-e* tritt: *cambi-ar* wechseln → *el cambio* der Wechsel, *recibir* empfangen, *el recibo* die Quittung, *luch-ar* kämpfen → *la lucha* der Kampf, *pein-ar* kämmen → *el peine* der Kamm.

## Suffixe zur Bildung von Adjektiven 301

| Suffix | Bedeutung | Grundwort | Beispiel | |
|---|---|---|---|---|
| *-able* | Möglichkeit | *amar* | *amable* | liebenswert |
| *-áceo* | -farbig | *viola* | *violáceo* | violett |
| *-aco* | in Beziehung zu | *policía* | *policíaco* | Polizei- |
| *-al* | in Beziehung zu | *semana* | *semanal* | wöchentlich |
| *-áneo* | in Beziehung zu | *instante* | *instantáneo* | augenblicklich |
| *-ante* | Bewirken | *embriagar* | *embriagante* | berauschend |
| *-ario* | in Beziehung zu | *puerto* | *portuario* | Hafen- |
| *-ente* | Bewirken | *deterger* | *detergente* | reinigend |
| *-ible* | vgl. *-able* | *concebir* | *concebible* | vorstellbar |
| *-iente* | in Beziehung zu | *depender* | *dependiente* | abhängig |
| *-ico* | in Beziehung zu | *historia* | *histórico* | historisch |
| *-ífico* | in Beziehung zu | *ciencia* | *científico* | wissenschaftlich |
| *-ino* | in Beziehung zu | *mar* | *marino* | See-/Meer- |
| *-ivo* | in Beziehung zu | *instinto* | *instintivo* | instinktiv |
| *-oso* | Eigenschaft | *peligro* | *peligroso* | gefährlich |

Anmerkung 1:  Vielfältig sind die Endungen von Adjektiven und Substantiven, die von Namen von Ländern, Regionen, Städten und Inseln abgeleitet sind: *España – español* spanisch, *Castilla – castellano* kastilisch, *Cataluña* Katalonien *– catalán* katalanisch, *Galicia – gallego* galegisch, *Ibiza – ibicenco* ibizenisch, *Mallorca – mallorquín* mallorquinisch, *Madrid – madrileño* madrilenisch, *Bretaña* die Bretagne *– bretón* bretonisch, *Francia – francés* französisch, *Chile – chileno* chilenisch, *México – mejicano* mexikanisch, *Uruguay – uruguayo* uruguayisch, *Polonia – polaco* polnisch, *Europa – europeo* europäisch, Bilbao *– bilbaíno* aus Bilbao stammend, *Guatemala – guatemalteco* guatemaltekisch, *Nicaragua – nicaragüense* nicaraguanisch, *Israel – israelí* israelisch, *Baviera* Bayern *– bávaro* bayrisch.

Anmerkung 2:  Dem dt. Suffix '-lich', das an Farbadjektive tritt, entsprechen im Spanischen mehrere Suffixe: *azulado* bläulich, *amarillento* gelblich, *negruzco* schwärzlich, *rojizo* rötlich, *grisáceo* gräulich, *verdoso* grünlich, *blanquizco* weißlich.

# 302 Suffixe zur Bildung von Verben

| Suffix | Bedeutung | Grundwort | Beispiel | |
|---|---|---|---|---|
| *-ear* | sich wiederholender Vorgang | *hoja* | *hojear* | durchblättern |
| *-ecer* | Werden | *noche* | *anochecer* | Nacht werden |
| *-ificar* | Bewirken | *intenso* | *intensificar* | intensivieren |
| *-iguar* | Bewirken [selten] | *muerte* | *amortiguar* | dämpfen |
| *-itar* | Bewirken | *débil* | *debilitar* | schwächen |
| *-izar* | Bewirken | *nacional* | *nacionalizar* | verstaatlichen |

Anmerkung: Das bei weitem produktivste Suffix zur Ableitung von Verben lautet *-izar*.

# 303 Modifizierende Suffixe

Das Spanische ist sehr reich an Suffixen, mit denen man einem Substantiv oder einem Adjektiv eine bestimmte Färbung verleihen kann. Man unterscheidet drei Gruppen: Vergrößerungsformen (sufijos aumentativos), Verkleinerungsformen (sufijos diminutivos) und abwertende Formen (sufijos despectivos). Die Zuordnung eines Suffixes zu einer der drei Gruppen ist allerdings nicht immer eindeutig.

1. Verkleinerungssuffixe:

| Suffix | Grundwort | | Beispiel | |
|---|---|---|---|---|
| *-ico/-ica* | *burro* | Esel - | *borrico* | Eselchen |
| *-illo/-illa* | *chico* | Junge - | *chiquillo* | Knirps |
| *-ín/-ina* | *peluca* | Perücke - | *peluquín* | Haarteil |
| *-ito/-ita* | *cerveza* | Bier - | *cervecita* | Bierchen |
| *-uelo/-uela* | *aldea* | Dorf - | *aldehuela* | Dörfchen |

Anmerkung 1: Das häufigste Verkleinerungssuffix ist *-ito,* gefolgt von *-illo*. Einige Suffixe sind für besondere Regionen typisch, *-ico* für Aragonien und die Ostküste, *-ín* für Asturien und *-iño* für Galicien.

Anmerkung 2: Gelegentlich kommen auch Verbindungen von zwei Diminutivsuffixen vor, wie z.B. *poquitín* 'ein ganz klein wenig', *chiquitín* winzig.

Anmerkung 3: Einige wenige Adverbien können das Diminutivsuffix *-ito* zu sich nehmen: *despacio* langsam – *despacito* ganz langsam. Man beachte auch das mit diesem Suffix versehene Gerundium *callando* leise – *callandito* ganz leise.

2. Vergrößerungssuffixe:

| Suffix | Grundwort | | Beispiel | |
|---|---|---|---|---|
| **-acho/-acha** | amigo | Freund | - amigacho | Kumpan |
| **-azo/-aza** | broma | Scherz | - bromazo | übler Scherz |
| **-ón/-ona** | soltero | Junggeselle | - solterón | alter Junggeselle |
| **-ote/-ota** | grande | groß | - grandote | riesengroß |
| | palabra | Wort | - palabrota | derbes Wort |

Anmerkung 1: Von dem Vergrößerungssuffix -azo/-aza ist das Suffix -azo zu unterscheiden, das einen plötzlich eintretenden, unerwarteten Vorgang bezeichnet: *fren-ar* bremsen → *frenazo* Vollbremsung.

Anmerkung 2: Die Vergrößerungssuffixe -ón/-ona und -acho/-acha können auch abwertend gebraucht werden: *llor-ar* weinen – *llorón/llorona* Heulsuse, *mujer* Frau – *mujerona* Mannweib, *hombre* Mann – *hombracho* korpulenter Mann/grober Kerl.
Aber in positivem Sinne: *señorona* große Dame.

3. Abwertende Suffixe:

| Suffix | Grundwort | | Beispiel | |
|---|---|---|---|---|
| **-aco** | pájaro | Vogel | - pajarraco | hässlicher Vogel |
| **-astro** | médico | Arzt | - medicastro | Kurpfuscher |
| **-ejo** | papel | Papier | - papelejo | Papierkram |
| **-ete/-eta** | pobre | arm | - pobrete | armer Tropf |
| **-uco/** | fraile | Mönch | - frailuco | Pfaffe |
| **-ucho/-a** | casa | Haus | - casucha | Hütte |
| **-uzo/-a** | gente | Leute | - gentuza | Gesindel |

## Besonderheiten der Suffigierung     304

Das abgeleitete Wort kann gegenüber dem Stamm des Ausgangswortes orthographische, lautliche oder morphologische Veränderungen aufweisen. Die Veränderungen können den Vokalismus oder den Konsonantismus betreffen. In einigen Fällen wird die Ableitungsbasis durch das ursprüngliche lateinische Wort oder ein sinnverwandtes anderes Ausgangswort ersetzt.

1. Orthographische Veränderungen:

| | | | | |
|---|---|---|---|---|
| ceni**z**a | Asche | - | ceni**c**ero | Aschenbecher |
| hormi**g**a | Ameise | - | hormi**gu**ero | Ameisenhaufen |

2. Veränderungen des Vokalismus:

| | | | | |
|---|---|---|---|---|
| *viejo* | alt | - | *vejez* | Alter |
| *huerto* | Garten | - | *hortaliza* | Gemüse |

3. Veränderungen des Konsonantismus:

| | | | | |
|---|---|---|---|---|
| *describir* | beschreiben | - | *descripción* | Beschreibung |
| *lado* | Seite | - | *lateral* | seitlich |
| *agua* | Wasser | - | *acuático* | Wasser- |

Anmerkung 1:   Zur Hiatusvermeidung wird in den folgenden Ableitungen der Konsonant *t* vor dem Suffix eingeschoben: *el té* der Tee – *la tetera* die Teekanne, *el café* der Kaffee – *la cafetera* die Kaffeemaschine/Kaffeekanne. Eine rein orthografische Veränderung liegt vor in *aldea* Dorf – *aldehuela* Dörfchen.

Anmerkung 2:   Mehrsilbige Substantive, die auf *-n, -r* oder *-e* enden, fügen in der Regel vor den Verkleinerungssuffixen *-ito* und *-illo* ein *c* bzw. *z* ein: *cuestión* Frage – *cuestioncita* kurze Frage, *mujer* Frau – *mujercita* Frauchen, *hombre* Mann – *hombrezuelo* Männlein, *baile* Tanz – *bailecito* Tänzchen. Dies gilt auch bei Eigennamen: *Carmen – Carmencita*.
Merke auch: *pan* Brot – *panecillo* Brötchen.

4. Ableitungsbasis ist das zu Grunde liegende lateinische Wort. Dabei ist der Zusammenhang zwischen Grundwort und Ableitung nicht ohne weiteres erkennbar:

| | | | | |
|---|---|---|---|---|
| *obispo* | Bischof | - | *episcopal* | bischöflich |
| *hijo* | Sohn/Kind | - | *filial* | Kindes- |
| *baño* | Bad | - | *balneario* | Heilbad |
| *iglesia* | Kirche | - | *eclesiástico* | kirchlich |
| *oro* | Gold | - | *áureo* | golden |
| *leche* | Milch | - | *lácteo* | Milch- |

Anmerkung:   Diese Erscheinung findet sich auch bei Ortsnamen: *Teruel – turolense* aus Teruel, *Madagáscar – malgache* madagassisch.

5. Sinnverwandte andere lateinische oder griechische Ausgangsform:

| | | | | |
|---|---|---|---|---|
| *guerra* | Krieg | - | *bélico* | kriegerisch |
| *jugar* | spielen | - | *lúdico* | spielerisch |
| *hígado* | Leber | - | *hepático* | Leber- |

Anmerkung:   Diese Erscheinung tritt auch bei Ortsnamen auf: *San Sebastián – donostiarra* (aus San Sebastián).

# Die Wortbildung mittels Präfixen

Präfixe sind Wortbildungselemente, die einer Ableitungsbasis vorangesetzt werden und mit dieser ein neues Wort bilden, jedoch, von einigen Präpositionen abgesehen, nicht als selbständige Wörter auftreten. Im Gegensatz zu den Suffixen verändern Präfixe die Wortart nicht:

| Präfix | Bedeutung | Grundwort | Beispiel | |
|---|---|---|---|---|
| *a-* | Verneinung | *normal* | *anormal* | anormal |
| *ante-* | vor [zeitl. od. räuml.] | *posición* *guerra* | *anteposición* *anteguerra* | Voranstellung Vorkriegszeit |
| *anti-* | gegen/ Widerstand | *comunista* | *anticomunista* | antikommunistisch |
| *con-/* *com-/* *co-* | zusammen | *ciudadano* *patriota* *gestión* | *conciudadano* *compatriota* *cogestión* | Mitbürger Landsmann Mitbestimmung |
| *contra-* | gegen | *luz* | *contraluz* | Gegenlicht |
| *de-/* *des-/* *dis-/* | Verneinung | *formación* *leal* *gusto* | *deformación* *desleal* *disgusto* | Entstellung treulos Abneigung |
| *en-* | hinein | *volver* | *envolver* | einwickeln |
| *entre-* | zwischen | *acto* | *entreacto* | Zwischenakt |
| *ex-* | aus | *posición* | *exposición* | Ausstellung |
| *extra-* | außer | *ordinario* | *extraordinario* | außergewöhnlich |
| *hiper-* | äußerst | *mercado* | *hipermercado* | Supermarkt |
| *hipo-* | unter | *tensión* | *hipotensión* | niedriger Blutdruck |
| *in-* | Verneinung | *útil* | *inútil* | nutzlos |
| *infra-* | unterhalb | *estructura* | *infraestructura* | Infrastruktur |
| *inter-* | zwischen | *cambio* | *intercambio* | Austausch |
| *para-* | neben | *militar* | *paramilitar* | paramilitärisch |
| *pos(t)-* | nach | *guerra* | *posguerra* | Nachkriegszeit |
| *pre-* | vor | *histórico* | *prehistórico* | vorgeschichtlich |
| *pro-* | anstatt | *nombre* | *pronombre* | Pronomen |
| *re-* | wieder | *construir* | *reconstruir* | wiederaufbauen |
| *sobre-* | über | *vestir* | *sobrevestir* | darüberziehen |
| *sub-* | unter | *suelo* | *subsuelo* | Untergrund |
| *super-* | darüber | *potencia* | *superpotencia* | Supermacht |
| *trans-/* *tras-* | jenseits | *Atlántico* *pasar* | *transatlántico* *traspasar* | Überseedampfer durchdringen |
| *ultra-* | äußerst | *moderno* | *ultramoderno* | ultramodern |

Anmerkung: Unter englischem Einfluss hat sich das Präfix *ex* verselbständigt: *el ex ministro* der ehemalige Minister. *Ahora el ex de María y la ex de Juan salen juntos.* – Der Ex von Maria und die Ex von Juan gehen miteinander.

## 306 Die Parasynthese

Parasynthese liegt vor, wenn ein Präfix und ein Suffix gleichzeitig an eine Ableitungsbasis angefügt werden. Dieses Wortbildungsverfahren betrifft nur Verben:

| | | | | |
|---|---|---|---|---|
| *mueble* | Möbel | - | *amueblar* | möblieren |
| *caricia* | Liebkosung | - | *acariciar* | liebkosen |
| *rico* | reich | - | *enriquecer* | bereichern |
| *pobre* | arm | - | *empobrecer* | arm machen |
| *cafeina* | Koffein | - | *descafeinar* | entkoffeinieren |
| *fresco* | frisch | - | *refrescar* | erfrischen |
| *noche* | Nacht | - | *trasnochar* | übernachten |

Anmerkung: Bei manchen Grundwörtern tritt bei der Parasynthese eine Kürzung ein: *delgado* schlank – *adelgazar* abnehmen, *bofetón* Ohrfeige – *abofetear* ohrfeigen.

## 307 Die Wortbildung mittels Suffixoiden

Suffixoide (sufijoides) sind (lautlich angepasste) lateinische oder griechische Wortstämme, die in der Regel keine selbständigen Wörter darstellen, aber reihenbildend sind und an eine Ableitungsbasis angehängt werden. Sie können Substantive oder Adjektive bilden:

| Suffixoid | Bedeutung | Beispiele | |
|---|---|---|---|
| *-algia* | Schmerz | *neuralgia* | Neuralgie |
| *-álgico* | schmerzend | *neurálgico* | neuralgisch |
| *-cida* | tötend | *insecticida* | Insektenvertilgungs-mittel/Insekten tötend |
| *-cracia* | Herrschaftsform | *democracia* | Demokratie |
| *-crata* | Angehöriger einer Schicht | *aristócrata* | Aristokrat |
| *-crático* | zu einer Schicht gehörig | *aristocrático* | aristokratisch |
| *-fero* | bringend | *somnífero* | Schlafmittel/einschläfernd |
| *-filía* | Liebe | *anglofilía* | Anglophilie |
| *-filo* | liebend | *germanófilo* | deutschfreundlich |

| Suffixoid | Bedeutung | Beispiele | |
|---|---|---|---|
| *-fobo* | Angst habend vor | *xenófobo* | fremdenfeindlich |
| *-fono* | sprechend | *hispanófono* | Spanisch sprechend |
| *-fugo* | vertreibend | *febrífugo* | Fieber senkend |
| *-geno* | erzeugend | *cancerígeno* | Krebs erzeugend |
| *-grafo* | Schreiber | *lexicógrafo* | Lexikograph |
| *-logía* | wissenschaftliche Disziplin | *antropología* | Anthropologie |
| *-lógico* | zu einer Wissenschaft gehörend | *(p)sicológico* | psychologisch |
| *-logo* | Vertreter einer Wissenschaft | *filólogo* | Philologe |
| *-scopia* | Schau | *gastroscopia* | Magenspiegelung |
| *-teca* | Aufbewahrungsort | *biblioteca* | Bibliothek |
| *-voro* | Fresser/fressend | *herbívoro* | Pflanzenfresser |
| | | *carnívoro* | Fleisch fressend |

Anmerkung 1: Einige griechische und lateinische Wortstämme treten im Spanischen als selbständige Wörter auf: *cultura* Kultur, *fobia* Phobie, *grafía* Schreibweise, *gráfico* grafisch/Grafik, *manía* Manie, *metro* Meter

Anmerkung 2: In vielen Fällen ist die vom Deutschen abweichenden Betonung zu beachten.

## Die Wortbildung mittels Präfixoiden 308

Präfixoide (prefijoides) sind (lautlich angepasste) lateinische oder griechische Wortstämme, die in der Regel keine selbständigen Wörter darstellen, aber reihenbildend sind und einer Ableitungsbasis vorangesetzt werden.

| Präfixoid | Bedeutung | Beispiele | |
|---|---|---|---|
| **aero-** | Luft | *aeropuerto* | Flughafen |
| **arc(h)-** | höherer Grad | *arcángel* | Erzengel |
| **archi-** | äußerst | *archifamoso* | sehr berühmt |
| **bi-** | zweimal | *bimotor* | zweimotorig |
| **bio-** | Leben | *biología* | Biologie |
| **eco-** | Umwelt | *ecosistema* | Ökosystem |
| **grafo-** | Schrift | *grafología* | Graphologie |
| **hidro-** | Wasser | *hidrocarburo* | Kohlenwasserstoff |
| **hispano-** | spanisch | *hispanohablante* | Spanischsprecher/ spanischsprachig |
| **macro-** | groß | *macrocosmo(s)* | Makrokosmos |

| Präfixoid | Bedeutung | Beispiele | |
|---|---|---|---|
| ***megalo-*** | groß | *megalomanía* | Größenwahn |
| ***micro-*** | klein | *microcirugía* | Mikrochirurgie |
| ***mini-*** | klein | *minifalda* | Minirock |
| ***poli-*** | viel | *polígrafo* | Vielschreiber |
| ***(p)sico-*** | Seele | *(p)sicoterapia* | Psychotherapie |
| ***radio-*** | Strahl | *radioyente* | Rundfunkhörer |
| ***retro-*** | zurück | *retroceder* | zurückweichen |
| ***socio-*** | Gesellschaft | *sociólogo* | Soziologe |
| ***tele-*** | fern | *teléfono* | Telefon |
| ***termo-*** | Wärme | *termómetro* | Thermometer |
| ***tri-*** | drei | *triciclo* | Dreirad |
| ***vice-*** | vertretend | *vicepresidente* | Vizepräsident |
| ***video-*** | sehen | *videoconferencia* | Videokonferenz |

**309 Die Zusammensetzung** (la composición)

Bei der Zusammensetzung werden in der Regel zwei selbständig vorkommende Wörter zu einer neuen Sinneinheit verbunden. Man unterscheidet Substantivkomposita, Adjektivkomposita und Verbkomposita. Letztere sind selten.

1. Substantivkomposita

Substantivkomposita sind im Spanischen sehr zahlreich. Dabei können Zusammenschreibung, Schreibung mit Bindestrich, Getrenntschreibung und der Einschub einer Präposition auftreten:

- Substantiv + Substantiv (Zusammenschreibung):

| | |
|---|---|
| *la bocallave* | das Schlüsselloch |
| *el ferrocarril* | die Eisenbahn |
| *la televisión (vía) satélite* | das Satellitenfernsehen |
| *la aguanieve* | der Schneeregen |
| *la compraventa* | der An- und Verkauf |

Auch: *la agua nieve*

- Substantiv + Substantiv (mit Bindestrich)

| | |
|---|---|
| *el hotel-restaurante* | das Hotelrestaurant |
| *el coche-cama* | der Schlafwagen |

Anmerkung: Das Kompositum *cantautor* 'Liedermacher' setzt sich aus *cantante* + *autor* zusammen, wobei die erste Komponente verkürzt ist.

- Substantiven + Substantiv (Getrenntschreibung):

| | |
|---|---|
| el caso límite | der Grenzfall |
| la ciudad satélite | die Satellitenstadt |
| el coche grúa | der Abschleppwagen |
| el coche escoba | der Besenwagen |
| el coche bomba | die Autobombe |
| el arco iris | der Regenbogen |
| el casete virgen | die Leerkassette |
| la comida basura | Junkfood |

- Substantiv + Präposition + Substantiv (zur Funktion der Präpositionen vgl. Kap. 26):

| | |
|---|---|
| la natación **a** braza | das Brustschwimmen |
| la visita a domicilio | der Hausbesuch |
| el surf a vela | das Windsurfen |
| el traje a medida | der Maßanzug |
| el derecho al voto | das Wahlrecht |
| el salto **con** pértiga | der Stabhochsprung |
| el experimento con animales | der Tierversuch |
| el hueso con tuétano | der Markknochen |
| la protección **contra** robo | der Diebstahlschutz |
| el papel **de** cartas | das Briefpapier |
| el baile de máscaras | der Maskenball |
| el lector (de) CD | der CD-Player |
| la conferencia del desarme | die Abrüstungskonferenz |
| la huelga de hambre | der Hungerstreik |
| la sociedad de consumo | die Konsumgesellschaft |
| la escasez de personal | der Personalmangel |
| la televisión **en** colores | das Farbfernsehen |
| la fabricación en serie | die Serienfabrikation |
| el trabajo en equipo | die Teamarbeit |
| el curso **para** adelantados | der Fortgeschrittenenkurs |
| el compartimento para no fumadores | das Nichtraucherabteil |
| el ministro para Europa | der Europaminister |
| la intoxicación **por** hongos | die Pilzvergiftung |
| el permiso por maternidad | der Mutterschaftsurlaub |
| la venta por correo/catálogo | der Versandhandel |
| la televisión por cable | das Kabelfernsehen |

| | |
|---|---|
| el hockey **sobre** hielo | das Eishockey |
| el impuesto sobre la renta | die Einkommensteuer |
| el callejón **sin** salida | die Sackgasse |

- Substantiv + Adjektiv (Zusammen- bzw. Getrenntschreibung):

| | |
|---|---|
| la nochevieja | der Silvesterabend |
| la hierbabuena | die Minze |
| el aguardiente | der Schnaps |
| el vinagre | der Essig |
| el producto final | das Endprodukt |
| la lengua extranjera | die Fremdsprache |
| la prensa rosa | die Regenbogenpresse |
| la obra maestra | das Meisterwerk |
| el virus informático | der Computervirus |

- Adjektiv + Substantiv:

| | |
|---|---|
| el mediodía | der Mittag |
| el altavoz | der Lautsprecher |
| el salvoconducto | der Passierschein |

- Substantiv + Partizip Präsens:

| | |
|---|---|
| el puente colgante | die Hängebrücke |
| el equipo visitante | die Gastmannschaft |

- Substantiv + Partizip Perfekt:

| | |
|---|---|
| las fuerzas armadas | die Streitkräfte |
| el pago adelantado | die Vorauszahlung |

- Substantiv + präpositionaler Infinitiv:

| | |
|---|---|
| el saco de dormir | der Schlafsack |
| la máquina de escribir | die Schreibmaschine |
| el afán de saber | der Wissensdurst |

- Verb + Substantiv:

| | |
|---|---|
| el cumpleaños | der Geburtstag |
| el matasellos | der Poststempel |

| | |
|---|---|
| el sacacorchos | der Korkenzieher |
| el limpiabotas | der Schuhputzer |
| el abrelatas | der Dosenöffner |
| el quitasol | der Sonnenschirm |
| el paraguas | der Regenschirm |
| el paracaídas | der Fallschirm |
| el portavoz | der Sprecher |
| el girasol | die Sonnenblume |

- Adverb + Substantiv:

| | |
|---|---|
| la malformación | die Missbildung |
| el malparto | die Fehlgeburt |
| el no fumador | der Nichtraucher |
| la no intervención | die Nichteinmischung |

- Verbform + Pronomen:

| | |
|---|---|
| el pésame | das Beileid |
| el sabelotodo | der Besserwisser |

- Verbform + Verbform:

| | |
|---|---|
| el duermevela | der Halbschlaf |
| el vaivén | das Hin und Her |

- Adverb + Verb:

| | |
|---|---|
| el bienestar | das Wohlbefinden/der Wohlstand |
| el malestar | das Unwohlsein/das Unbehagen |

- Adverb + Partizip:

| | |
|---|---|
| la bienvenida | der Willkommensgruß |
| el malentendido | das Missverständnis |

2. Adjektivkomposita

- Adjektiv + Adjektiv:

| | |
|---|---|
| sordomudo | taubstumm |
| claroscuro | helldunkel |
| verdiblanco | grünweiß |

Unterscheide: *los Estados hispanoamericanos* die lateinamerikanischen Staaten
– *la colaboración hispano-americana* die spanisch-amerikanische Zusammenarbeit

- Substantiv + Adjektiv:

| | |
|---|---|
| *pelirrojo* | rothaarig |
| *manilargo* | langfingrig/diebisch |
| *cabizbajo* | niedergeschlagen |
| *ojinegro* | schwarzäugig |

Anmerkung: Zu beachten ist, dass der Auslautvokal des Substantivs bei derartigen Zusammensetzungen zu *i* wird.

- Adverb + Partizip Perfekt:

| | |
|---|---|
| *malpensado* | misstrauisch |
| *bienhablado* | redegewandt |

- Adverb + Partizip Präsens:

| | |
|---|---|
| *maloliente* | übel riechend |
| *bienoliente* | wohlriechend |

3. Verbkomposita

- Adverb + Verb:

| | |
|---|---|
| *bienquerer* | mögen/schätzen |
| *maltratar* | misshandeln |

## 310 Die Konversion

Bei der Konversion geht ein Wort unverändert in eine andere Wortart über. In der Regel handelt es sich dabei um eine Substantivierung:

| | | | | |
|---|---|---|---|---|
| *saber* | wissen | - | *el saber* | das Wissen |
| *ser* | sein | - | *el ser* | das Sein |
| *dicho* | gesagt | - | *el dicho* | das Sprichwort |
| *hecho* | gemacht | - | *el hecho* | die Tatsache |
| *pagaré* | ich werde zahlen | - | *el pagaré* | der Schuldschein |
| *por qué* | warum | - | *el porqué* | der Grund |
| *yo* | ich | - | *el yo* | das Ich |

# Die Wortkürzung

In der Umgangssprache finden sich zahlreiche Wörter, die um eine oder mehrere Silben verkürzt sind:

| | | |
|---|---|---|
| *la televisión* | - *la tele* | das Fernsehen |
| *la motocicleta* | - *la moto* | das Motorrad |
| *la bicicleta* | - *la bici* | das Fahrrad |
| *la discoteca* | - *la disco* | die Disko(thek) |
| *el profesor* | - *el profe* | der Lehrer |
| *el frigorífico* | - *el frigo* | der Kühlschrank |
| *la exposición* | - *la expo* | die Expo/Ausstellung |

# Anhang

## Die wichtigsten unregelmäßigen spanischen Verben

Es sind nur die vom allgemeinen Konjugationsschema abweichenden Formen berücksichtigt. Komposita werden nur aufgeführt, wenn sie vom Grundverb abweichende Formen aufweisen. Zur Konjugation der Verben mit verschiedenen Stämmen (Gruppenverben) vgl. Register.

| | |
|---|---|
| *adquirir* | erlangen<br>pres. ind.: *adquiero, adquieres, adquiere, adquirimos, adquirís, adquieren*<br>pres. subj.: *adquiera, adquieras, adquiera, adquiramos, adquiráis, adquieran*<br>imperat.: *adquiere, adquiera, adquiramos, adquirid, adquieran* |
| *andar* | gehen<br>pret. indef.: *anduve, anduviste, anduvo, anduvimos, anduvisteis, anduvieron*<br>imperf. subj. I: *anduviera, anduvieras, anduviera, anduviéramos, anduvierais, anduvieran*<br>imperf. subj. II: *anduviese, anduvieses, anduviese, anduviésemos, anduvieseis, anduviesen* |
| *asir* | ergreifen/packen<br>pres. indic.: *asgo, ases, ase, asimos, asís, asen*<br>pres. subj.: *asga, asgas, asga, asgamos, asgáis, asgan*<br>imperat.: *ase, asga, asgamos, asid, asgan* |
| *bendecir* | segnen/weihen                      s. **decir**<br>aber:    fut. imperf.: *bendeciré, bendecirás* etc.<br>          pot. simple: *bendeciría, bendecirías* etc.<br>          imperat.: *bendice* part.: *bendecido* |
| *caber* | Platz haben/passen<br>pres. ind.: *quepo, cabes, cabe, cabemos, cabéis, caben*<br>pret. indef.: *cupe, cupiste, cupo, cupimos, cupisteis, cupieron*<br>fut. imperf.: *cabré, cabrás, cabrá, cabremos, cabréis, cabrán*<br>pot. simple: *cabría, cabrías, cabría, cabríamos, cabríais, cabrían*<br>pres. subj.: *quepa, quepas, quepa, quepamos, quepáis, quepan*<br>imperf. subj. I: *cupiera, cupieras, cupiera, cupiéramos, cupierais, cupieran*<br>imperf. subj. II: *cupiese, cupieses, cupiese, cupiésemos, cupieseis, cupiesen*<br>imperat.: *cabe, quepa, quepamos, cabed, quepan* |

| | | |
|---|---|---|
| *caer* | fallen | |
| | pres. ind.: *caigo, caes, cae, caemos, caéis, caen* | |
| | pret. indef.: *caí, caíste, cayó, caímos, caísteis, cayeron* | |
| | pres. subj.: *caiga, caigas, caiga, caigamos, caigáis, caigan* | |
| | imperf. subj. I: *cayera, cayeras, cayera, cayéramos, cayerais, cayeran* | |
| | imperf. subj. II: *cayese, cayeses, cayese, cayésemos, cayeseis, cayesen* | |
| | imperat.: *cae, caiga, caigamos, caed, caigan* | |
| | ger.: *cayendo* | part.: *caído* |
| *contradecir* | widersprechen | s. *decir* |
| | aber: imperat.: *contradice* | |
| *dar* | geben | |
| | pres. ind.: *doy, das, da, damos, dais, dan* | |
| | pret. indef.: *di, diste, dio, dimos, disteis, dieron* | |
| | pres. subj.: *dé, des, dé, demos, deis, den* | |
| | imperf. subj. I: *diera, dieras, diera, diéramos, dierais, dieran* | |
| | imperf. subj. II: *diese, dieses, diese, diésemos, dieseis, diesen* | |
| | imperat.: *da, dé, demos, dad, den* | |
| *decir* | sagen | |
| | pres. ind.: *digo, dices, dice, decimos, decís, dicen* | |
| | pret. indef.: *dije, dijiste, dijo, dijimos, dijisteis, dijeron* | |
| | fut. imperf.: *diré, dirás, dirá, diremos, diréis, dirán* | |
| | pot. simple: *diría, dirías, diría, diríamos, diríais, dirían* | |
| | pres. subj.: *diga, digas, diga, digamos, digáis, digan* | |
| | imperf. subj. I: *dijera, dijeras, dijera, dijéramos, dijerais, dijeran* | |
| | imperf. subj. II: *dijese, dijeses, dijese, dijésemos, dijeseis, dijesen* | |
| | imperat.: *di, diga, digamos, decid, digan* | |
| | ger.: *diciendo* | part.: *dicho* |
| *erguir* | aufrichten | |
| | pres. ind.: *yergo/irgo, yergues/irgues, yergue/irgue, erguimos, erguís, yerguen/irguen* | |
| | pret. indef.: *erguí, erguiste, irguió, erguimos, erguisteis, irguieron* | |
| | pres. subj.: *yerga/irga, yergas/irgas, yerga/irga, yergamos/irgamos, yergáis/irgáis, yergan/irgan* | |
| | imperf. subj. I: *irguiera, irguieras, irguiera, irguiéramos, irguierais, irguieran* | |
| | imperf. subj. II: *irguiese, irguieses, irguiese, irguiésemos, irguieseis, irguiesen* | |
| | imperat.: *yergue/irgue, yerga/irga, yergamos/irgamos, erguid, yergan/irgan* | |
| | ger.: *irguiendo* | |
| *estar* | sein | vgl. § 162 |

| | | |
|---|---|---|
| *haber* | haben | vgl. § 160 |
| *hacer* | machen<br>pres. ind.: *hago, haces, hace, hacemos, hacéis, hacen*<br>pret. indef.: *hice, hiciste, hizo, hicimos, hicisteis, hicieron*<br>fut. imperf.: *haré, harás, hará, haremos, haréis, harán*<br>pot. simple: *haría, harías, haría, haríamos, haríais, harían*<br>pres. subj.: *haga, hagas, haga, hagamos, hagáis, hagan*<br>imperf. subj. I: *hiciera, hicieras, hiciera, hiciéramos, hicierais, hicieran*<br>imperf. subj. II: *hiciese, hicieses, hiciese, hiciésemos, hicieseis, hiciesen*<br>imperat.: *haz, haga, hagamos, haced, hagan*<br>part.: *hecho* | |
| *ir* | gehen/fahren<br>pres. ind.: *voy, vas, va, vamos, vais, van*<br>pret. imperf.: *iba, ibas, iba, íbamos, ibais, iban*<br>pret. indef.: *fui, fuiste, fue, fuimos, fuisteis, fueron*<br>pres. subj.: *vaya, vayas, vaya, vayamos, vayáis, vayan*<br>imperf. subj. I: *fuera, fueras, fuera, fuéramos, fuerais, fueran*<br>imperf. subj. II: *fuese, fueses, fuese, fuésemos, fueseis, fuesen*<br>imperat.: *ve(te), vaya, vamos, id, vayan*<br>ger.: *yendo* | |
| *oír* | hören<br>pres. ind.: *oigo, oyes, oye, oímos, oís, oyen*<br>pret. indef.: *oí, oíste, oyó, oímos, oísteis, oyeron*<br>pres. subj.: *oiga, oigas, oiga, oigamos, oigáis, oigan*<br>imperf. subj. I: *oyera, oyeras, oyera, oyéramos, oyerais, oyeran*<br>imperf. subj. II: *oyese, oyeses, oyese, oyésemos, oyeseis, oyesen*<br>imperat.: *oye, oiga, oigamos, oíd, oigan*<br>ger.: *oyendo* | |
| *poder* | können<br>pres. ind.: *puedo, puedes, puede, podemos, podéis, pueden*<br>pret. indef.: *pude, pudiste, pudo, pudimos, pudisteis, pudieron*<br>fut. imperf.: *podré, podrás, podrá, podremos, podréis, podrán*<br>pot. simple: *podría, podrías, podría, podríamos, podríais, podrían*<br>pres. subj.: *pueda, puedas, pueda, podamos, podáis, puedan*<br>imperf. subj. I: *pudiera, pudieras, pudiera, pudiéramos, pudierais, pudieran*<br>imperf. subj. II: *pudiese, pudieses, pudiese, pudiésemos, pudieseis, pudiesen*<br>ger.: *pudiendo* | |

| | |
|---|---|
| *poner* | setzen/stellen/legen<br>pres. ind.: *pongo, pones, pone, ponemos, ponéis, ponen*<br>pret. indef.: *puse, pusiste, puso, pusimos, pusisteis, pusieron*<br>fut. imperf.: *pondré, pondrás, pondrá, pondremos, pondréis, pondrán*<br>pot. simple: *pondría, pondrías, pondría, pondríamos, pondríais, pondrían*<br>pres. subj.: *ponga, pongas, ponga, pongamos, pongáis, pongan*<br>imperf. subj. I: *pusiera, pusieras, pusiera, pusiéramos, pusierais, pusieran*<br>imperf. subj. II: *pusiese, pusieses, pusiese, pusiésemos, pusieseis, pusiesen*<br>imperat.: *pon, ponga, pongamos, poned, pongan*<br>part.: *puesto* |
| *predecir* | vorhersagen                                        s. **decir**<br>aber:    fut. imperf.: *prediciré, predicirás* etc.<br>         pot. simple: *prediciría, predicirías* etc.<br>         imperat.: *predice* |
| *prever* | voraussehen                                        s. **ver**<br>aber:    pres. ind.: *prevés, prevé, prevéis, prevén*<br>         indef.: *preví, previó* |
| *proveer* | versorgen<br>pret. indef.: *proveí, proveíste, proveyó, proveímos, proveísteis, proveyeron*<br>imperf. subj. I: *proveyera, proveyeras, proveyera, proveyéramos, proveyerais, proveyeran*<br>imperf. subj. II: *proveyese, proveyeses, proveyese, proveyésemos, proveyeseis, proveyesen*<br>part. *provisto/proveído* |
| *querer* | wollen/lieben<br>pres. ind.: *quiero, quieres, quiere, queremos, queréis, quieren*<br>pret. indef.: *quise, quisiste, quiso, quisimos, quisisteis, quisieron*<br>fut. imperf.: *querré, querrás, querrá, querremos, querréis, querrán*<br>pot. simple: *querría, querriás, querría, querríamos, querríais, querrían*<br>pres. subj.: *quiera, quieras, quiera, queramos, queráis, quieran*<br>imperf. subj. I: *quisiera, quisieras, quisiera, quisiéramos, quisierais, quisieran*<br>imperf. subj. II: *quisiese, quisieses, quisiese, quisiésemos, quisieseis, quisiesen* |

| | |
|---|---|
| *raer* | (ab)schaben<br>pres. ind.: *raigo/rayo, raes, rae, raemos, raéis, raen*<br>pret. indef.: *raí, raíste, rayó, raímos, raísteis, rayeron*<br>pres. subj.: *raiga/raya, raigas/rayas, raiga/raya, raigamos/rayamos, raigáis/rayáis, raigan/rayan*<br>imperf. subj. I: *rayera, rayeras, rayera, rayéramos, rayerais, rayeran*<br>imperf. subj. II: *rayese, rayeses, rayese, rayésemos, rayeseis, rayesen*<br>imperat.: *rae, raiga/raya, raigamos/rayamos, raed, raigan/rayan*<br>ger.: *rayendo* |
| *roer* | nagen<br>pres. ind.: *roo/roigo/royo, roes, roe, roemos, roéis, roen*<br>pret. indef.: *roí, roíste, royó, roímos, roísteis, royeron*<br>pres. subj.: *roa, roas, roa, roamos, roáis, roan*<br>imperf. subj. I: *royera, royeras, royera, royéramos, royerais, royeran*<br>imperf. subj. II: *royese, royeses, royese, royésemos, royeseis, royesen*<br>imperat.: *roe, roa/roiga/roya, roamos/roigamos/royamos roed, roan/roigan/royan*<br>ger.: *royendo* |
| *saber* | wissen/können<br>pres. ind.: *sé, sabes, sabe, sabemos, sabéis, saben*<br>pret. indef.: *supe, supiste, supo, supimos, supisteis, supieron*<br>fut. imperf.: *sabré, sabrás, sabrá, sabremos, sabréis, sabrán*<br>pot. simple: *sabría, sabrías, sabría, sabríamos, sabríais, sabrían*<br>pres. subj.: *sepa, sepas, sepa, sepamos, sepáis, sepan*<br>imperf. subj. I: *supiera, supieras, supiera, supiéramos, supierais, supieran*<br>imperf. subj. II: *supiese, supieses, supiese, supiésemos, supieseis, supiesen*<br>imperat.: *sabe, sepa, sepamos, sabed, sepan* |
| *salir* | (hin)ausgehen<br>pres. ind.: *salgo, sales, sale, salimos, salís, salen*<br>fut. imperf.: *saldré, saldrás, saldrá, saldremos, saldréis, saldrán*<br>pot. simple: *saldría, saldrías, saldría, saldríamos, saldríais, saldrían*<br>pres. subj.: *salga, salgas, salga, salgamos, salgáis, salgan*<br>imperat.: *sal, salga, salgamos, salid, salgan* |
| *satisfacer* | zufriedenstellen                   s. **hacer**<br>imperat.: *satisfaz/satisface* |

| | | |
|---|---|---|
| *ser* | sein | vgl. § 162 |
| *tener* | haben<br>pres. ind.: *tengo, tienes, tiene, tenemos, tenéis, tienen*<br>pret. indef.: *tuve, tuviste, tuvo, tuvimos, tuvisteis, tuvieron*<br>fut. imperf.: *tendré, tendrás, tendrá, tendremos, tendréis, tendrán*<br>pot. simple: *tendría, tendrías, tendría, tendríamos, tendríais, tendrían*<br>pres. subj.: *tenga, tengas, tenga, tengamos, tengáis, tengan*<br>imperf. subj. I: *tuviera, tuvieras, tuviera, tuviéramos, tuvierais, tuvieran*<br>imperf. subj. II: *tuviese, tuvieses, tuviese, tuviésemos, tuvieseis, tuviesen*<br>imperat.: *ten, tenga, tengamos, tened, tengan* | |
| *traer* | (her)bringen<br>pres. ind.: *traigo, traes, trae, traemos, traéis, traen*<br>pret. indef.: *traje, trajiste, trajo, trajimos, trajisteis, trajeron*<br>pres. subj.: *traiga, traigas, traiga, traigamos, traigáis, traigan*<br>imperf. subj. I: *trajera, trajeras, trajera, trajéramos, trajerais, trajeran*<br>imperf. subj. II: *trajese, trajeses, trajese, trajésemos, trajeseis, trajesen*<br>imperat.: *trae, traiga, traigamos, traed, traigan*<br>ger.: *trayendo* | |
| *traducir* | übersetzen<br>pres. ind.: *traduzco, traduces, traduce, traducimos, traducís, traducen*<br>pret. indef.: *traduje, tradujiste, tradujo, tradujimos, tradujisteis, tradujeron*<br>pres. subj.: *traduzca, traduzcas, traduzca, traduzcamos, traduzcáis, traduzcan*<br>imperf. subj. I: *tradujera, tradujeras, tradujera, tradujéramos, tradujerais, tradujeran*<br>imperf. subj. II: *tradujese, tradujeses, tradujese, tradujésemos, tradujeseis, tradujesen*<br>imperat.: *traduce, traduzca, traduzcamos, traducid, traduzcan* | |
| *valer* | gelten/wert sein<br>pres. ind.: *valgo, vales, vale, valemos, valéis, valen*<br>fut. imperf.: *valdré, valdrás, valdrá, valdremos, valdréis, valdrán*<br>pot. simple: *valdría, valdrías, valdría, valdríamos, valdríais, valdrían*<br>pres. subj.: *valga, valgas, valga, valgamos, valgaís, valgan*<br>imperat.: *val/vale, valga, valgamos, valed, valgan* | |

| | |
|---|---|
| ***venir*** | kommen<br>pres. ind.: *vengo, vienes, viene, venimos, venís, vienen*<br>pret. indef.: *vine, viniste, vino, vinimos, vinisteis, vinieron*<br>fut. imperf.: *vendré, vendrás, vendrá, vendremos, vendréis, vendrán*<br>pot. simple: *vendría, vendrías, vendría, vendríamos, vendríais, vendrían*<br>pres. subj.: *venga, vengas, venga, vengamos, vengáis, vengan*<br>imperf. subj. I: *viniera, vinieras, viniera, viniéramos, vinierais, vinieran*<br>imperf. subj. II: *viniese, vinieses, viniese, viniésemos, vinieseis, viniesen*<br>imperat.: *ven, venga, vengamos, venid, vengan*<br>ger.: *viniendo* |
| ***ver*** | sehen<br>pres. ind.: *veo, ves, ve, vemos, veis, ven*<br>pret. imperf. ind.: *veía, veías, veía, veíamos, veíais, veían*<br>pret. indef.: *vi, viste, vio, vimos, visteis, vieron*<br>pres. subj.: *vea, veas, vea, veamos, veáis, vean*<br>imperf. subj. I: *viera, vieras, viera, viéramos, vierais, vieran*<br>imperf. subj. II: *viese, vieses, viese, viésemos, vieseis, viesen*<br>part.: *visto* |
| ***yacer*** | liegen<br>pres. ind.: *yazco/yazgo/yago, yaces, yace, yacemos, yacéis, yacen*<br>pres. subj.: *yazca, yazcas, yazca, yazcamos, yazcáis, yazcan* oder *yazga, yazgas*, etc. oder *yaga, yagas*, etc.<br>imperat.: *yace/yaz, yazca/yazga/yaga, yagamos, yaced, yagan* |

# Wort- und Sachregister

Die Zahlenangaben verweisen auf die Paragraphen am Seitenrand. Das Register ist zusammen mit dem Inhaltsverzeichnis zu benutzen. Die Abkürzung F bedeutet Formen. Für die übrigen Abkürzungen vgl. Abkürzungsverzeichnis S. 485.

## A

*a* 271, ~ *que* 265, Verben + ~-Objekt 237, Inf. mit *a* 224, ~ *no ser por* 230.4 Anm., Adj. + ~-Erg. 271.11
*abastecer* F 156.2; ~*se de*/*con u.c.* 238.2
*abierto* 209.2
*abogar* F 152; ~ *por alg./u.c.* 198, 241.1
*abonarse a u.c.* 197
*aborrecer* F 156.2
*abrazarse* 201
*abrigarse* F 152; ~ *de u.c.* 238.2
*abrigo*: *al* ~ *de* 270
*abrir*/~*se* 200.1
absolutes Part. 211.2
*absoluto*: *no* ... *en* ~ 256.1
*absolver* F 156.1.2
*abstenerse* F s. *tener*; ~ *de u.c.* 238.2, ~ *de* + Inf. 226.1
*abstracción hecha de* 212
*abstraído*/*abstracto* 209.3
Abstrakta: Art. bei ~ 31.4, 32.1
*absuelto* 209.2
*abundar en u.c.* 240.1
*aburrir*/~*se* 200.1
*abusar de alg./u.c.* 238.1
*acabar* + ger. 234.1, ~ *de* + Inf. 235.1, ~ *por* + Inf. 235.2, ~ *con alg./u.c.* 239.1, ~ *en u.c.* 240.1
*acaso* 176.4
*accidentarse* 197
*acechar a alg.* 236.2
*acentuar* F 151.2
*acerca de* 270
*acercar* F 152; ~/~*se* 200.1, ~*se a alg./u.c.* 237.4
*acérrimo* 144.3 Anm.2

*acertar* F 153.1.1; ~ *con u.c.* 239.1; ~ *a* + Inf. 235.3
*aconsejable*: *es* ~ *que* 177.2
*aconsejar*: ~ *u.c. a alg.* 243, ~ *a alg. que* 177.1, ~ *a alg.* + Inf. 223.8, ~*se con alg.* 239.2
*acordar* F 153.1.2; ~ + Inf. 223.7, ~*se* F 153.1.2, ~*se de alg./u.c.* 238.2, ~*se con alg.* 239.2
*acostarse* F 153.1.2; *acostar*/~*se* 200.2
*acostumbrado*: *estar* ~ *a* + Inf. 224.5
*acostumbrar*: ~ *(a)* + Inf. 224.1, ~ *a alg. a* + Inf. 224.2, ~*se a* + Inf. 224.1 ~*se a alg./u.c.*, 237.4.
*actuar* F 151.2
*acudir a alg./u.c.* 237.3
*acuerdo*: *de* ~ *con* 270
*acusar a alg. de u.c.* 244
*adaptarse a u.c.* 237.4
*adecuarse a u.c.* 237.4
*además de* 270, ~ *de* + Inf. 230.7
*adherirse* F 159.2, 215.2; ~ *a u.c.* 237.4
Adjektiv 127-147, unveränderl. ~e 128, Sonderformen 129, Übereinstimmung 130, Stellung 131, Voranstellung 132, Nachstellung 133, Voran- bzw. Nachstellung mit Bedeutungsunterschied 134, Stellung von 2 ~n beim Subst. 135, Besonderheiten bei der Wiederg. dt. ~e 136, Substantivierung 137, ~ergänzungen 147
*admirarse de alg./u.c.* 238.2
*admitir que* 180
*adquirir* F 159.3
*aducir* F 159.6
*adueñarse de u.c.* 238.2

461

Adverb 247-253, Bildung 249,
  Steigerung 250, Stellung 251,
  Besonderh. bei der Wiederg. dt.
  ~ien 253
adverbial gebr. Adjektive 252
*advertir* F 159.2, 215.2; ~ *que* 180,
  ~ *a alg. que* 177.1 u. Anm.5, ~ *de
  u.c.* 238.1
*afanarse por/en* + Inf. 229
*afiliarse a u.c.* 237.4
*afirmar que* 180
*afluir* F 158.2, 215.1 Anm.1
*agrada*: *me* ~ *que* 178.1
*agradable*: *es* ~ *que* 178.1
*agradecer* F 156.2; ~ *u.c. a alg.*
  243
*aguantar*: *no* ~ *que* 177.1
*ahí*: *de* ~ *que* 182, 262
*ahogar* F 152; ~/~*se* 200.2
*ahora*: ~ ... ~ 260, ~ *bien* 262
*aislar* F 151.1 Anm.2
*ajustarse a alg./u.c.* 237.4
Aktivsatz-Passivsatz 188
Akzentsetzung 6
*al*: 29, ~ + Inf. 230.1
*alabarse de u.c.* 238.2
*alardear de u.c.* 238.1
*alcanzar a* + Inf. 235.4
*alegra*: *me* ~ *que* 178.1
*alegrarse de u.c.* 238.2, ~ *de que*
  178.2, ~ *por u.c.* 241.2 , ~ *(de)* +
  Inf. 226.1
*alejar/~se* 200.1, ~*se de alg./u.c.*
  238.2
*alentar* F 153.1.1
*algo* 52.3, 73
*alguien* 52.3 75
*alguno* 52.1, 59
*aliarse* F 151.1
*alimentarse de/con u.c.* 238.2
*alinearse con* 239.2
*alle* + Zahlang. 58 Anm.2, 72 Anm.1,
  ~, *die* 58 Anm.5
*almorzar* F 153.1.2
Alphabet 1
*alrededor de* 270
*als* (Vergleichspartikel) 140
*alterarse por u.c.* 241.2
*alternar* 198, ~ *con alg.* 239.1

Altersangaben 82.1, 102 Anm.2
*alto* (Stellung) 134
*aludir a alg./u.c.* 237.3
*am* (*besten*) 250.6
*amabilísimo* 144.3
*ambos* 91
*amenazar*: ~ *a alg.* 236.2 , ~ *a alg.
  con u.c.* 245, ~ *con* + Inf. 225
*amotinarse* 197
*ampararse de/contra u.c.* 238.2
*amparo*: *al* ~ *de* 270
*ampliar* F 151.1
*amplísimo* 144.3 Anm.3
*andar* F 153.3, s. Anhang; ~ + Part.
  Perf. 232.1, ~ + *ger.* 234.2
*ánimo*: *con* ~ *de* + Inf. 230.2
*ansiar* F 151.1
*ante* 270
*anteponer* F s. *poner*; ~ *u.c. a u.c.*
  243
*anterior* 146, ~ *a* 140.5
*antes*: ~ *de* 270, *(poco)* ~ *de* + Inf.
  230.1, ~ *(de) que* 182, 263
*antiguo* (Stellung) 134
*antiquísimo* 144.3
*añadir u.c. a u.c.* 243
*apagar* F 152; ~ 197, ~/~*se* 200.2
*aparcar* F 152
*aparecer* F 156.2
*aparte de* 270
*apasionarse por u.c.* 241.2
*apelar a alg./u.c.* 237.3
*apenas* 263, *no* ... ~ 256.1,
*apercibirse de u.c.* 197
*apestar a u.c.* 237.3
*apetece*: *me* ~ + Inf. 223.3
*aplicarse* F 152; ~ *a u.c.* 237.4
*apoderarse de u.c.* 238.2
Apokope 7
*apostar* F 153.1.2; ~ *u.c.* 236.2
*apoyar a alg. en u.c.* 245, ~ *se en u.c.*
  240.2
Apposition: Artikel bei ~*en* 33.5
*aprender u.c. de alg.* 243, ~ *a* + Inf.
  224.1, ~/~*se* 202.3
*apresurarse a* + Inf. 224.1
*apretar* F 153.1.1; ~ *u.c.* 236.2
*aprobar* F 153.1.2
*apropiarse de u.c.* 238.2

*aprovecharse de alg./u.c.* 238.2
*aproximarse a alg./u.c.*237.4
*apuntar a alg./u.c.* 237.3
*aquel* 40, 41.3, *aquél* 42
*argüir* F 158.2, 215.1 Anm.1
*arrastrarse* 197
*arreglarse*: ~ *con alg.* 239.2, ~ *con u.c.* 239.2
*arreglárselas para* + Inf. 228
*arreglo*: *con* ~ *a* 270
*arrendar* F 153.1.1
*arrepentirse* F 159.2, 215.2; ~ *de u.c.* 197, ~ *de u.c.* 238.2, ~ *de* + Inf. 226.1
*arriesgarse* F 152; ~ *a* + Inf. 224.1, ~ *a u.c.* 237.4
*arrimarse a u.c.* 237.4
*arrodillarse* 197
*arrugarse* 197
Artikel 28-39, Übersicht über die Formen 28, Kontraktionsformen 29, Besonderh. des fem. ~s 30, übereinstimmender ~ gebrauch 31, abweichender ~ gebrauch 32-37, Wegfall des ~s 37, neutr. ~ 38, best. ~ in determ. Funktion 39
*ascender* F 156.1.1; ~ *a* 198, 237.3
*asegurar que* 180, *~se de que* 177.1
*asemejarse a alg.* 197
*asentir* F 159.2, 215.2
*así*: ~ ... *como* 259, ~ *que* 263
*asir* F 159.7, s. Anhang; ~ *a alg. de u.c.* 244
*asistir a alg.* 236.2, ~ *a u.c.* 237.1
*asombrarse de alg./u.c.* 238.2
*aspirar a u.c.* 237.3, ~ *a* + Inf. 224.1
*asustarse de/por/con u.c.* 238.2
*ataviar* F 151.1
*atender* F 156.1.1; ~ *a u.c.* 237.3
*atendido/atento* 209.3
*atenerse* F s. *tener*; ~ *a u.c.* 237.4
*atenuar* F 151.2
*aterrizar en u.c.* 240.1
*atracarse de u.c.* 238.2
*atravesar* F 153.1.1
*atreverse a* 197, ~ *con alg.* 239.2, ~ *a* + Inf. 224.1
*atribuir* F 158.2, 215.1 Anm.1
Attributsatz 294

*aun cuando* 267 u. Anm.
*aún*: *no* ... ~ 256.1
*aunque* 267 u. Anm.
*ausencia*: *en* ~ *de* 270
Aussprache 2
Automarken: Genus 11.12
*autorizar a alg. para* + Inf. 228
*aventajar a alg. en u.c.* 245
*aventurarse en u.c.* 240.2
*avergonzarse* F 153.1.2; ~ *de/por u.c.* 238.2, 241.2, ~ *de que* 178.2 u. Anm.1, ~ *de* + Inf. 226.1
*averiar* F 151.1
*averiguar* F 152
*ayudar*: ~ *a alg.* 236.2, ~ *en u.c.* 240.1, ~ *a u.c.* 237.3, ~ *a alg. en u.c.* 245, ~ *a alg. a* + Inf. 224.2, *~se* 201

B

*bajar de u.c.* 238.1, ~ *a* + Inf. 224.3
*bajo* 270
*balancearse* 197
*bañarse* 197
*basarse en u.c.* 197, 240.2
*base*: *a* ~ *de* 270
*basta*: ~ *que* 178.1, ~ *con que* 177.2, ~ *con* + Inf. 225
*bastante* 52.1, 63
Bäume: Genus 15
*beber*: ~ *de u.c.* 238.1, *~/~se* 202.2
Bedingungssätze 187
*beide* 81 Anm.9, 91, die ersten/letzten *~n* 84 Anm.6, wir ~ 91 Anm.3, *~s* 91 Anm. 1
*bendecido/bendito* 209.3
*bendecir* F s. Anhang
*bendición*: *es una* ~ *que* 178.1
*beneficiarse de u.c.* 238.2
*besarse* 201
Betonung 6, schwankende ~ 6.7
*bien* 249.3, *está* ~ *que* 178.1, ~ ... (*o*) ~ 260
*borde*: *al* ~ *de* 270
*brindar*: ~ *por alg./u.c.* 241.1, *~se a* + Inf. 224.1
*brauchen* 231.1

463

Bruchzahlen 87, Art. bei ~ 32.9
Buchstaben 1, Genus der ~ 12.8
Buchstabieralphabet 1.3
*bueno* 7.1, 129.1, *es ~ que* 178.1
*bullir* F 158.3, 215.1 Anm.1
*burlarse de alg./u.c.* 238.2
*busca*: *en ~ de* 270

## C

*caber* F 156.6-8, s. Anhang;
  *cabe* + Inf. 223.3
*cabo*: *al ~ de* 270
*cada* 52.2, 72, *~ uno/cual* 52.3, 79
*caer* F 155.2, 156.4, 215.1 Anm.1, s.
  Anhang; *~ en u.c.* 240.1, *~/~se*
  202.1
*calentar* F 153.1.1
*calificar* F 152; *~ a alg. de* 246.3
*callar(se)* 197
*cambiar* 198, *~ de alg./u.c.* 238.1,
  *~ u.c. por u.c.* 245, *~ se* 195
*cambio*: *en ~* 261, *a ~ de* 270
*campo*: *en el ~ de* 270
*cansado*: *estar ~ de* + Inf. 226.3
*cansarse*: *~ de* + Inf. 226.1, *~ de u.c.*
  238.2
*cantitad*: *gran ~ de* (Artikel) 34.5
*capacitar a alg. para u.c.* 245
*capaz*: *ser ~ de* + Inf. 226.3
*capotar* 198
*caracterizar* F 152; *~ a alg. como*
  246.3
*carecer* F 156.3; *~ de u.c.* 238.1
*cargo*: *hacerse ~ de u.c.* 197
*cartearse* 201
*casa*: *a ~ de, en ~ de, de ~ de* 270
*casado* 207.1 Anm.
*casarse* 197, *~ con alg.* 239.2
*caso*: *~ que* 182, *en ~ de* 270, *en ~ de*
  *que* 182, 268
*causa*: *a/por ~ de* 270
*ceder a alg./u.c.* 237.1
*cegar* F 152, 153.1.1
*celebérrimo* 144.3
*celebrar*: *~ que* 178.2, *~ +* Inf. 178.2
  Anm.1, 223.7, *~se* 197
*cerca de* 270

*cerciorarse de u.c.* 238.2
*cernir* F 159.3
*cero* 81, *~ +* Subst. 81 Anm.8
*cerrar* F 153.1.1
*cesar de +* Inf. 226.1
*chirriar* F 151.1
*chutarse* 197
*cien(to)* 81, *~ +* Subst. 81 Anm.3
*cierto* (Artikel) 34.4, 52.2, 69, *~*
  (Stellung) 134, *no es ~ que* 179
  Anm.1
*cifrarse en* 240.2
*citarse* 201, *~ con alg.* 239.2
*claro* 128.2, *~ que* 251 Anm.2, *hablar*
  *~* 252.2, *no está ~ que* 179 Anm.1
*clase*: Artikel bei *~* 33.8
*coagularse* 197
*cocer* F 155.1, 156.1.2
*coger* F 155.1; *~ a alg. de u.c.* 244
*coincidir*: *~ con u.c.* 239.1, *~ en +* Inf.
  227.1
*colaboración*: *con la ~ de* 270
*colaborar en u.c.* 240.1
*colegir* F 158.1, 159.1, 215.2
*colgar* F 153.1.2; *~ de u.c.* 238.1, *~se*
  197
*coligarse* 197
*colocar* F 152; *~ a alg. como* 246.3
*combinar con u.c.* 239.1
*comenzar* F 153.1.1,*~ a +* Inf. 224.1,
  *~ por +* Inf. 235.9, *~ por u.c.* 241.1,
  *~ + ger.* 234.3
*comer* F 154; *~ en u.c.* 240.1, *~/~se*
  202.2
*comerciar en u.c.* 240.1
*comienzos*: *a ~ de* 270
*como* (Vergleich) 145.4, (Konjunktion)
  264, 269, (Relativadv.) 126.3, 183.5,
  *~ si* 182, 140.3 Anm.
*cómo* 94.3, 101
*comoquiera* 183.4
*compadecer* F 156.2; *~se de alg.*
  238.2
*compaginar u.c. con u.c.* 245
*compañia*: *en ~ de* 270
*comparación*: *en ~ con* 270
*comparar*: *~ u.c. a/con u.c.* 243, *~se*
  *con alg.* 239.2
*comparecer* F 156.2

*compensar a alg. de/por u.c.* 244
*competir* F 159.1, 215.2; ~ *con alg./u.c.* 239.1
*complacerse* F 156.2; ~ *en/con u.c.* 240.2, ~ *en* + Inf. 227.1
*completo* 58.1 Merke
*componerse* F s. *poner*; ~ *de u.c.* 197, ~ *de u.c.* 238.2
*comprar*: ~ *u.c. a alg.* 243, ~*se u.c.* 196
*comprender que* 178.2 Anm.2
*comprobar* F 153.1.2
*comprometerse*: ~ *con alg.* 239.2, ~ *a* + Inf. 224.1
*comunicar* F 152; ~ *u.c. a alg.* 243
*con* 272, Verben + ~-Objekt 239, Verben + ~ + Inf. 225, Adj. + ~-Erg. 272.8, ~ + Inf. 230.6
*concebir* F 159.1, 215.2
*concentrarse en u.c.* 240.2
*conceptuar de* F 151.2
*concernir* F 159.3
*concertar* F 153.1.1
*concienciarse de u.c.* 238.2
*concluido/concluso* 209.3
*concluir* F 158.2, 215.1 Anm.1; ~ *de* + Inf. 226.1
*concordar* F 153.1.2, ~ *con u.c.* 239.1
*condenar a u.c.* 237.3
*condescender a* + Inf. 224.1
*condición*: *a* ~ *de que* 182, 268, *a* ~ *de/con la* ~ *de* + Inf. 230.4
*conducir* F 159.6; ~ *a u.c.* 237.3
*conferir* F 159.2, 215.2; ~ *u.c. a alg.* 243
*confesado/confeso* 209.3
*confesar* F 153.1.1; ~ *que* 180, ~*se con alg.* 197
*confiar* F 151.1; ~ *en alg./u.c.* 240.1, ~ *en que* 177.1 u. Anm.1, ~ *u.c. a alg.* 243
*confluir* F 158.2, 215.1 Anm.1
*conformarse con u.c.* 239.2
*conforme a* 270
*confrontar a alg. con u.c.* 245
*confundido/confuso* 209.3
*confundir*: ~ *u.c. con u.c.* 245, ~*se de/en u.c.* 238.2, 240.2
*conmemoración*: *en* ~ *de* 270

*conmigo* 107.2
*conmover* F 156.1.2
*connivencia*: *en* ~ *con* 270
*conocer* F 156.2
*conocí/conocía* 169.4
*conocido de/por* 188.1 Anm.1
*consecuencia*: *a/como* ~ *de* 270
*conseguir* F 158.1, 159.1, 215.2; ~ + Inf. 223.7
*consejo*: *por* ~ *de* 270
*consentir* F 159.2, 215.2; ~ *en u.c.* 240.1, ~ *que* 177.1
*conservar* + präd. Erg. 246.2
*considerado*: *ser* ~ + präd. Erg. 246.1
*considerar* + präd. Erg. 246.2 u. Anm.
*consistir*: ~ *en u.c.* 240.1, ~ *en* + Inf. 227.1
*consolar* F 153.1.2; ~*se con u.c.* 239.2
*conspirar contra alg./u.c.* 198
*constar de u.c.* 238.1
*constituir* F 158.2, 215.1 Anm.1
*construir* F 158.2, 215.1 Anm.1
*consultar*: ~ *u.c.* 236.2, ~ *con alg.* 239.1
*contar* F 153.1.2; ~ *con alg./u.c.* 239.1, ~ *u.c. a alg.* 243
*contentarse con u.c.* 239.2
*contento*: *estar* ~ *con/de* 205.4, *estar* ~ *con/de* + Inf. 226.3, *estar* ~ *que* 178.2
*contestar (a) u.c.* 237.3
*continuar* F 151.2; ~ + ger. 234.9, ~ + Part. Perf. 232.3, ~ *con u.c.* 239.1
*contra* 270, *en* ~ *de* 270
*contradecir* F s. *decir*, ~ *a alg.* 236.2
*contradicción*: *en* ~ *con* 270
*contrariamente a* 270
*contrario*: *el/lo* ~ 38.1 Anm.2
*contraste*: *en* ~ *con* 270
*contravenir* F s. *venir*; ~ *a u.c.* 237.1
*contribuir* F 158.2, 215.1 Anm.1; ~ *a u.c.* 237.3, ~ *a* + Inf. 224.1, ~ *a que* 177.1
*contundido/contuso* 209.3
*convalecer* F 156.2; 198, ~ *de u.c.* 238.1

convencer F 155.1; ~ a alg. de u.c.
  244, ~ a alg. para que 224.2
  Anm., ~se de u.c. 238.2
convencido: no estar ~ de que 180
  Anm.4, ~/convicto 209.3
conveniente: es ~ que 177.2
convenir F s. venir; ~ en + Inf. 227.1
conversar con alg. 239.1
convertido/converso 209.3
convertir F 159.2, 215.2; ~/~se
  200.1, ~ en u.c. 240.1, ~se en u.c.
  240.2
conviene que 177.2, ~ + Inf. 223.3
cooperar en u.c. 240.1
copiar de alg./u.c. 238.1
corregido/correcto 209.3
corregir F 158.1, 159.1, 215.2; ~se
  de u.c. 197
Correos: Artikel bei ~ 33.9
corresponder a u.c. 237.1, ~ con
  alg. 239.1
corromperse 197
corrompido/corrupto 209.3
cosa que 121.4 Anm.2
costar F 153.1.2; me cuesta
  (mucho) + Inf. 223.3
costumbre: tener la ~ de + Inf. 226.2
crecer F 156.2
creer F 155.2, 215.1 Anm.1; ~ en
  alg./u.c. 240.1, ~ + präd. Erg.
  246.2, ~ que 180
criar F 151.1, ~se 197
crudelísimo 144.3
cruzarse de brazos 197 Merke
cuajarse 197
cual: el ~ 123, ~ si 182
cuál 94.2, 96
cualquier 52.2, 71, ~ ... que 183.4
cualquiera 52.3, 77, 183.4
cuando (Konjunktion) 263,
  (Relativadv.) 126.2
cuándo 94.3, 99
cuánto 94.1, 98
cuanto (Relativpron.) 124, 183.5, ~
  más que 264, en ~ (Konjunktion)
  263, en ~ a (Präp.) 270
cubierto 209.2
cubrirse de u.c. 238.2

cuenta: a ~ de 270, darse ~ de u.c.
  197
cuidado: ~ con + Inf., tener ~ en +
  Inf. 227.1 Merke
cuidar: ~ de alg. 198, ~ de alg./ u.c.
  238.1, ~se de alg./u.c. 238.2, ~se
  de + Inf. 226.1
culpa: no tener la ~ de que 178.2
cumplir con u.c. 239.1
curarse 197
curioso (Stellung) 134
cursilísimo 144.3 Anm. 3
cuyo 125

# D

dado 270, ~ que 210.3, 264
dar F s. Anhang; ~ u.c. a alg.
  243, ~le (a uno) por + Inf.
  235.5, ~ por + Part. Perf. 233.1,
  ~se por 246.3
das (Demonstrativpronomen) 44
datar de 238.1
Datumsangabe 82.2
de 273, Verben + ~-Obj. 238, Inf.
  mit ~ 226, ~ + Inf. 230.4,5, ~
  tanto + Inf. 230.7, Adj. + ~-Erg.
  273.12, ~ ahí que 262
debajo de 270
deber + Inf. 223.4, ~ (de) + Inf.
  235.6, ~ u.c. a alg. 243, ~se a
  u.c. 197, 237.4
deber: es mi ~ + Inf. 223.2
debido a 210.3, 270
decidido: estar ~ a + Inf. 224.5
decidir + Inf. 223.7, ~se a u.c.
  237.4, ~se a + Inf. 224.1, ~se
  por u.c./en favor de alg. 241.2,
  ~ que 177.1
decir F 159.9-11, 215.2, s.
  Anhang; ~ que 180, ~ a alg.
  que 177.1, no digas que 180
  Anm.3, no puedes ~ que 180
  Anm.3, eso no quiere ~ que
  180 Anm.4
declararse 197
dedicar F 152; ~ u.c. a alg. 243,
  ~se a u.c. 237.4

*deducir* F 159.6; ~ *u.c. de u.c.* 244
*defecto*: *en ~ de* 270
*defender* F 156.1.1; *~/~se* 200.1, *~se de/contra alg./u.c.* 238.2
*definirse como* 246.3
*degenerar en u.c.* 240.1
*dejar*: *~ que* 177.1, *~ +* Inf. 223.6, *~ de +* Inf. 235.7, 226.1, *~ +* ger. 220.1 Anm.2, *~se de u.c.* 238.2, *~ +* Part. Perf. 233.2
*del* 29
*delante de* 270
*deleitarse en/con u.c.* 240.1
*deliberar sobre u.c.* 242
*delinquir* F 158.1
*demás* 52.1, 66
*demasiado* 52.1, 56
Demonstrativa 40-45, F 40, Gebr. des Dem.adj. 41, Gebr. des Dem.pron. 42, neutr. Dem.pron. 43, Wiederg. von 'das' 44, Wendungen 45
*demostrado*: *no está ~ que* 179 Anm.1
*demostrar* F 153.1.2
*dentro de* 270
*depender de alg./u.c.* 238.1
*derecha*: *a la ~ de* 270
*derecho*: *tener el ~ de +* Inf. 226.2, *el ~ a* 271.10
*derivarse de u.c.* 238.2
*derretir* F 159.1, 215.2
*desacostumbrar a alg. de u.c.* 244, *~se de u.c.* 238.2
*desafiar* F 151.1, *~ a alg. a u.c.* 245
*desagrada*: *me ~ que* 178.1
*desalentar* F 153.1.1
*desangrarse* 197
*desaparecer* F 156.2
*desatender* F 156.1.1
*desbordar de u.c.* 238.1
*descansar* 198, *~ de u.c.* 238.1
*descender* F 156.1.1; *~ de alg./u.c.* 238.1
*desconfiar* F 151.1, *~ de alg./u.c.* 238.1, *~ de +* Inf. 226.1
*descongelarse* 197
*desconocer* F 156.2

*descontar* F 153.1.2
*describir +* ger. 220.1
*descubierto* 209.2
*descubrir/~se* 200.2
*descuidarse de u.c.* 238.2
*desde* 270, *~ hace* 270, *~ que* 263
*desear* 198, *~ que* 177.1, *~ u.c. a alg.* 243, *~ +* Inf. 223.7, *es de ~ que* 226.4
*desembarazarse de alg./u.c.* 238.2
*desembocar* F 152; *~ en u.c.* 240.1
*desencadenarse* 197
*desentenderse* F 156.1.1
*desenterrar* F 153.1.1
*desenvolver* F 156.1.2
*desenvuelto* 209.2
*deseo*: *tener el ~ de +* Inf. 226.2
*deseoso*: *estar ~ de +* Inf. 226.3
*desesperar de alg./u.c.* 238.1, *~se de +* Inf. 226.1
*deshabituar* F 151.2
*deshacerse de alg./u.c.* 238.2
*deshelar* F 153.1.1
*designar +* präd. Erg. 246.2
*desistir de u.c.* 238.1
*desmentir* F 159.2, 215.2
*desnudarse* 195
*desolar* F 153.1.2
*despedir* F 159.1, 215.2; *~ a alg.* 236.2, *~/~se* 200.1, *~se de alg.* 238.2
*despertar* F 153.1.1; *~se* 197, *~/~se* 200.2
*desplegar* F 153.1.1
*desplomarse* 197
*despoblar* F 153.1.2
*desprenderse de u.c.* 238.2
*después*: *~ de* 270, *~ (de) que* 263, *~ de +* Inf. 230.1 u. Anm.2
*destacarse por u.c.* 241
*desterrar* F 153.1.1
*destinar a/para alg./u.c.* 237.3
*destituir* F 158.2, 215.1 Anm.1
*destruir* F 158.2, 215.1 Anm.1
*desviar* F 151.1
*desvirtuar* F 151.2
*detenerse* F s. *tener*; *~ con/en u.c.* 239.2, 240.2, *~ en +* Inf. 227.1
*determinarse por u.c.* 241.2

*detrás de* 270
*detrimento*: *en ~ de* 270
*devolver* F 156.1.2; *~ u.c. a alg.* 243
*devuelto* 209.2
*dicho* 209.2
*diferencia*: *a ~ de* 270
*diferir* F 159.2, 215.2; *~ de alg./u.c.* 198 *~ de alg./u.c.* 238.1
*difícil*: *es ~ que* 179, *es ~* + Inf. 223.1
*difundido/difuso* 209.3
*digerir* F 159.2, 215.2
*digno*: *ser ~ de* + Inf. 226.3
Diphthonge 4
*dirigir* F 158.1; *~ u.c. a alg.* 243, *~se a u.c.* 237.4
*discernir* 159.3
*discontinuar* F 151.2
*disculpar a alg.* 236.2, *~se con alg. de u.c.* 245
*discutir sobre u.c.* 242
*disentir de* F 159.2, 215.2
*disfrazarse* F 152; *~ de alg./ u.c.* 238.2
*disfrutar de u.c.* 238
*disgusta*: *me ~ que* 178.1
*disminuir* F 158.2, 215.1 Anm.1
*disolver* F 156.1.2
*disparar a alg./u.c.* 237.3
*disponer* F s. *poner*; *~ de u.c.* 238.1, *~se a* + Inf. 224.1
*dispuesto*: *estar ~ a* + Inf. 224.5
*disputar de/sobre u.c.* 238.1, *~ por u.c.* 241.1
*distanciarse de alg./u.c.* 238.2
*distinguir* F 158.1; *~se por u.c.* 241.2
*distribuir* F 158.2, 215.1 Anm.1
Distributivzahlen 88
*disuadir*. *~ a alg. de u.c.* 244, *~ a alg. de* + Inf. 226.1
*disuelto* 209.2
*divertirse* F 159.2, 215.2; 195
*dividirse en u.c.* 197, 240.2
*doler* F 156.1.2; *me duele que* 178.1, *~se de u.c.* 238.2
*donde* (Relativadv.) 126.1, 183.5
*dónde* 94.3, 100

*dondequiera* 183.4 Anm.
*dormir* F 159.5, 215.2; *~se* 197, *~/~se* 202.4
*duchar(se)* 197
*duda*: *no hay ~ de que/no tengo ~s de que* 179 Anm.3
*dudar de u.c.* 238.1, *~ (de) que* 179, *no dudo que* 179 Anm.3, *~ en* + Inf. 227.1
*dueño*: *ser muy ~ de* + Inf. 226.2
*durante* 270
dürfen 231.2

# E

*e* 259
(eben)so ... wie 141
*echar(se) a* + Inf. 235.8
*efectuar* F 151.2, *~se* 197
einem (Dat. v. man) 192.4 Anm. 3
Einschränkung 257
*ejercitarse en u.c.* 240.2
*el* 28
*elegido/electo* 209.3
*elegir* F 158.1, 159.1, 215.2; *~ +* präd. Erg. 246.2
*elevarse a* 237.4
*embellecer* F 156.2
*embestir* F 159.1, 215.2
*empedrar* F 153.1.1
*empeñarse*: *~ en que* 177.1, *~ en* + Inf. 227.1
*empezar* F 153.1.1; *~ +* ger. 234.3, *~ a* + Inf. 224.1, *~ por u.c.* 241.1, *~ por* + Inf. 235.9
*empobrecer* F 156.2; *~se* 197
*en* 274, Verben + *~*-Objekt 240, Inf. mit *~* 227, Subst. + *~*-Erg. 274.6, Adj. + *~*-Erg. 274.7
*enamorarse de alg./u.c.* 238.2
*encanta*: *me ~ que* 178.1, *me ~ +* Inf. 223.3
*encaramarse en u.c.* 197
*encarecer a alg. que* 177.1
*encargar* F 152; *~ u.c. a alg.* 243, *~ a alg. que* 177.1, *~se u.c.* 197, *~se de u.c.* 238.2 , *~se de* + Inf. 226.1

*encargo*: *por* ~ *de* 270
*encender* F 156.1.1; *~se* 197, *~/~se* 200.2
*encerrar* F 153.1.1
*encima de* 270
*encogerse de hombros* 197 Merke
*encomendar* F s. *recomendar*; ~ *u.c. a alg.* 243
*encontrar* F 153.1.2; ~ + präd. Erg. 246.2, *~se* + Part. Perf. 232.2, ~ +. ger. 220.1 Anm.2, *~se* 195, *~/~se* 200.2, *~se con alg./u.c.* 239.2
*endurecer* F 156.2
*enfadarse*: ~ *de/por u.c.* 238.2, 241.2, ~ *con/contra alg.* 239.2, ~ *de que* 178.2
*enfermar de u.c.* 238.1
*enfrentarse con alg./u.c.* 239.2
*enfriar* F 151.1
*engrandecer* F 156.2
*enjugado/enjuto* 209.3
*enlazar con u.c.* 239.1
*ennoblecer* F 156.2
*enojarse*: ~ *por/de u.c.* 241.2, ~ *con/contra alg.* 239.2, ~ *de que* 178.2
*enormemente* 145.1
*enriquecerse* F 156.2; ~ *con u.c.* 239.2
*enrojecer* F 156.2
*enseñar*: ~ *u.c. a alg.* 243, ~ *a* + Inf. 224.1
*entender* F 156.1.1; ~ *de u.c.* 238.1
*enterarse de u.c.* 197, 238.2
*enterrar* F 153.1.1
*entrambos* 91 Anm.2
*entre* 270, ~ + Subjektpron. 107.1 Anm. 1
*entregarse* F 152; ~ *a alg./u.c.* 237.4
*entrenar(se) para u.c.* 197
*entretenerse* F s. *tener*; ~ *en* + Inf. 227.1
*entristecerse* F 156.2; ~ *de/por u.c.* 238.2, ~ *de que* 178.2
*entrometerse en u.c.* 240.2
*entusiasmar*: ~ *a alg. por u.c.* 245, *~se con u.c.* 239.2, *~se por u.c.* 241.2

*envejecer* F 156.2
*enviar* F 151.1; ~ *por* 241.1, ~ *u.c. a alg.* 243
*envidiar u.c. a alg./a alg. por u.c.* 243, 245
*envolver* F 156.1.2; *~se en u.c.* 240.2
*envuelto* 209.2
*equipar con/de u.c.* 239.1
*equivocarse* F 152; ~ *en alg./u.c.* 240.2
*erguir* F 159.4, 215.2, s. Anhang
*erigirse en alg.* 240.2, 246.3
*errar* F 153.2
*erst* 258
*escapar/~se* 202.1
*esconderse* 195, ~ *de alg.* 238.2
*escribir*: ~ *u.c. a alg.* 243, *~se* 201
*escrito* 209.2
*escuchar a alg./u.c.* 236.2, ~ + Inf. 223.5
*es*: Ausdrücke mit ~ als Subj. 105.5, Ausdrücke mit ~ als Obj. 110.5
*ese* 40. 41.2
*ése* 40 Anm.1, 42
*esforzarse* F 153.1.2, ~ *en/por* + Inf. 227.1, 229
*especializarse* F 152; ~ *en u.c.* 240.2
*especular sobre u.c.* 242
*espera*: *en* ~ *de* + Inf. 230.1
*esperar*: ~ *que* 177.1 u. Anm.1, ~ *a que* 177.1 Anm.3 , ~ + Inf. 223.7 u. Anm.1, *es de* ~ *que* 226.4
*espiar* F 151.1
*esquiar* F151.1
*establecer* F 156.2
*estafar u.c. a alg.* 243
*estancarse* 197
*estar* F 162; Gebrauch 205-207, ~ + ger. 234.4, ~ *para* + Inf. 235.10, ~ *por* + Inf. 235.11, ~ *sin* + Inf. 235.12, *~/~se* 202.4
*este* 40, 41.1
*éste* 40 Anm.1, 42
*estimado de/por* 188.1 Anm.1
*estimar*: ~ *que* 180, ~ *en* 240.1 ~ + präd. Erg. 246.2
*estrellarse contra u.c.* 197

469

*estribar en u.c.* 240.1
*ETA* 36.10 Anm.1
*evaluar en* F 151.2
*evidente*: *no es ~ que* 179 Anm.1
*evitar*: *~ a alg.* 236.2, *~ u.c. a alg.*
 243, *~ que* 177.1, *~* + Inf. 223.7 u.
 Anm.1
*exacto*: *ser ~ en* + Inf. 227.2
*exaltarse por u.c.* 241.2
*examinarse de u.c.* 238.2
*exceder a alg. en u. c.* 245
*excepción*: *con ~ de* 270
*excepto* + Subjektpron. 107.1
 Anm.1, 270
*exceptuar* F 151.2
*excluir* F 158.2, 215.1 Anm.1
*exclusión*: *con ~ de* 270
*excusarse con alg. de u.c.* 245, *~
 con alg. de* + Inf. 226.1
*exigir* F 158.1; *~ u.c. a alg.* 243, *~
 que* 177.1
*eximido/exento de* 209.3
*expedir* F 159.1, 215.2
*expelido/expulso* 209.3
*expiar* F 151.1
*explicar* F 152; *~ u.c. a alg.* 243
*exponerse* F s. *poner*, *~ a u.c.* 237.4
*expresado/expreso* 209.3
*extasiarse* F 151.1
*extender* F 156.1.1; *~/~se a* 200.2
*extendido/extenso* 209.3
*extenuar* F 151.2
*extinguido/extinto* 209.3
*extraña*: *me ~ que* 178.1
*extrañarse*: *~ de u.c.* 197, *~ de
 alg./u.c.* 238.2
*extraño*: *es ~ que* 178.1
*extraordinariamente* 145.1
*extraviar* F 151.1
*extremadamente* 145.1
*extremamente* 145.1
*extremo*: *al ~ de* + Inf. 230.3

# F

*fácil*: *es ~ que* 179, *es ~* + Inf. 223.1
*falta*: *hace ~ que* 177.2
*fallecer* F 156.2

*falta*: *por ~ de* 270
*familiarizarse* F 152; *~ con alg./ u.c.*
 239.2
Familiennamen: Plural von ~ 21.2
Farbbezeichnungen: Artikel bei ~
 32.10
*fastidiarse*: *~ con alg.* 239.2, *me
 fastidia que* 178.1 Aber
*favor*: *hacer a alg. el ~ de* + Inf.
 226.2, *en/a ~ de* 270, *estar a/en ~
 de que* 177.1
*favorecer* F 156.2
*felicitar a alg.* 236.2, *~ a alg. por* +
 Inf. 229
*fiarse de* F 151.1, *~ de alg./u.c.*
 238.2
*fidelísimo* 144.3
*figurarse que* 180
*fijado/fijo* 209.3
*fijarse en alg./u.c.* 240.2
*fin*: *a ~ (de) que/con el ~ de que*
 182, 265, *a ~ de/con el ~ de* + Inf.
 230.2
*fingir* F 158; *~* + Inf. 140.3 Anm.,
 *~se* + präd. Erg. 246.2
Firmennamen: Artikel bei ~ 36.10
*florecer* F 156.2
*fluctuar* F 151.2
Flugzeuge: Genus 11.12
*fluir* F 158.2, 215.1 Anm.1
*fondo*: *al ~ de* 270
*forma*: *de ~* + Adj. 253.2, *de ~ que*
 266
*fortalecer* F 156.2
*forzar* F 152, 153.1.2
*fotografiar* F 151.1 Anm.1
*franco*: *ser ~ en* + Inf. 227.2
*fregar* F 153.1.1
*freír* F 159.1, 215.2
*frente a* 270
*freuen*: *sich ~ auf* 238.2 Anm.
*frito* 209.2 u. Anm.1
Früchte: Genus 15
*fuera de* 270
*fuerza*: *a ~ de* + Inf. 230.7
*fulano* 52.3, 80
*fumar/~se* 202.2
*función*: *en ~ de* 270
*fundamental*: *es ~ que* 177.2

*fundarse en u.c.* 240.2
Futur I F 150, 154, 156.8, 157, 159.11; Gebrauch 173, ~ II Bildung 161; Gebrauch 174

# G

*ganar a alg. en u.c.* 245
*ganas: tener ~ de* + Inf. 226.2
ganz 58.1 u. Anm.3
*gastar:* ~ + Kleidungsstück 34.6, ~ *dinero/tiempo en u.c.* 240.1
Gattungsnamen: Artikel bei ~ 32.1
*gemir* F 159.1, 215.2
Genus: mask. ~ 11, fem. ~ 12, ~schwankungen 18, gleichlaut. Subst. mit unterschiedl. ~ u. unterschiedl. Bed. 16
Gerundium 215-222, Bildung 215, Gebr. 216-222, ~ in adv. Funktion 216, ~ zur Verkürz. von Adv.sätzen 217, ~ mit eigenem Subj. 218, ~ zur Verk. einer Satzreihe 219, ~ mit Bezug auf dir. Obj. 220, ~ zur Verk. eines Rel.satzes 220.2, Sonderfälle 221, Ausdr. u. Wend. 222
*gesto: no hacer ningún ~ de* + Inf. 226.2
*girar* 198
*gloriar* F 151.1
*gobernar* F 153.1.1
*gozar* F 152; ~ *de u.c.* 238.1
*gracia: me hace ~ que* 178.1, *me hace ~* + Inf. 223.3
*gracias a* 270
*graduar* F 151.2
*grande* 7.4, 129.2, 143 Anm.2, Stellung 134
Großschreibung 9, 31.8 Anm.2
Grundrechnungsarten 92
Grundzahlen 81, Gebr. der ~ 82
Gruppenverben: s. Verben mit verschiedenen Stämmen

*guardarse:* ~ *de alg./u.c.* 238.2, ~ *de* + Inf. 226.1
*guiar* F 151.1; ~*se por u.c.* 241.2
*gusta: me ~ que* 178.1, *me ~* + Inf. 223.3, 253.4
*gusto: tener el ~ de* + Inf. 226.2, *tener ~ en* + Inf. 227.1, *mucho ~ en* + Inf. 227.1 Merke

# H

*haber* F 160; ~ *de* + Inf. 235.13
*habilitar a alg. para u.c.* 245
*habituarse* F 151.2; ~ *a u.c.* 237.4, ~ *a* + Inf. 224.1
*hablar:* ~ *a/con alg.* 237.3, 239.1, ~ *de/sobre u.c.* 238.1, 242, ~*se* 201
*hace* 270 u. Anm.
*hacer* F 156.5,7,8, s. Anhang; ~ + Inf. 223.6, ~ *bien en* + Inf. 227.1, ~*se* + Inf./Subst./Adj./ Adv. 203, ~*se a u.c.* 237.4, ~*se con u.c.* 239.2, *no ~ hacer más que* + Inf. 257.2, ~*se con el poder* 197 Merke
*hacia* 270
*hallar* + ger. 220.1 Anm.2 , ~/~*se* 200.2, ~*se* + Part. Perf. 232.2
*hartado/harto* 209.3
*harto: estar ~ de que* 178.2
*hasta* 270, ~ + Inf. 230.1, ~ *que* 263
*hay* 208, ~ *que* + Inf. 223.3, 235.14
*hecho* 209.2, *el/lo ~* 38 Untersch.
*heder* F 156.1.1
*helar* F 153.1.1
*hender* F 156.1.1
*herir* F 159.2, 215.2; ~*se* 195
*hervir* F 159.2, 215.2; ~ *de u.c.* 238.1
Hervorhebung einzelner Satzglieder 284-288, ~ des Subj., dir., indir., präp. Obj. 285, ~ des Prädikatsnomens 286, ~ von Adv. u. adv. Best. 287, ~ von Inf. 288
Himmelsrichtungen: Art. bei ~ 31.8
*hincharse* 197
*honor: en ~ de* 270

*hormiguear de u.c.* 238.1
*horrorizarse* F 152; ~ *de u.c.* 238.2
*huelga* + Inf. 223.3
*huir* F 158.2, 215.1 Anm.1; ~ *de alg./u.c.* 238.1
*humedecer* F 156.2
*hundirse* 197

## I

*identificarse* F 152; ~ *con alg./u.c.* 232
*igual:* ~ *a* 271.11, ~ *que* 141.4, *al* ~ *que* 259
*ilusionarse con u.c.* 239.2
*imaginar/~se que* 180
*imbuir* F 158.2, 215.1 Anm.1
*imitación: a* ~ *de* 270
*impacientarse* 197
*impaciente: estar* ~ *por* + Inf. 229
*impedir* F 159.1, 215.2; ~ *a alg.* + Inf. 223.8
Imperativ: F 149.5, 150, 154, 157, Gebr. 185
Imperfekt: F 149.2,3, 150, 154, 157; Gebr. des ~ Ind. 167, 169, 171, bes. Gebr. des ~ Ind. 168; Gebr. des *imperf. de subj.* 184.2, 187.2, 296.2-4
*implicar a alg. en u.c.* 245
*imponerse a alg.* 237.4
*importa:* ~ *que* 177.2, *no me* ~ *que* 178.1, *no me* ~ + Inf. 223.3
*importante: es* ~ *que* 177.2, *es* ~ + Inf. 223.1
*imposible: es* ~ *que* 179, *es* ~ + Inf. 223.1
*imprescindible: es* ~ *que* 177.2
*impresión: dar la* ~ *de* + Inf. 226.2
*impresionar a alg.* 236.2
*impreso* 209.2 u. Anm.1
*improbable: es* ~ *que* 179
*impulsar a alg. a* + Inf. 224.2
*imputar u.c. a alg.* 243
*incapaz: ser* ~ *de* + Inf. 226.3
*incitar a alg. a* + Inf. 224.2
*incluido/incluso* 209.3
*incluir* F 158.2, 215.1 Anm.1
*incluso* + Subjektpron. 107.1 Anm.1

*inconveniente: tener* ~ *en que* 178.2
*incumbir a alg.* 237.1
*incurrir en u.c.* 240.1
Indefinita 52-80
*indemnizar* F 152; ~ *a alg. por u.c.* 245
*indica: eso no* ~ *que* 180 Anm.4
*indigna: me* ~ *que* 178.1
*indignarse:* ~ *de/por alg./u.c.* 238.2, ~ *de que* 178.2
*indigno: ser* ~ *de* + Inf. 226.3
indirekte Frage 298
indirekte Rede 295-297
*individuar* F 151.2
*inducir* F 159.6; ~ *a alg. a* + Inf. 224.2
*infatuar* F 151.2
*inferior* 146, ~ *a* 140.5
*inferir* F 159.2, 215.2; ~ *u.c. de u.c.* 244
*infiltrarse* 197, ~ *en u.c.* 240.2
Infinitiv 223-230, präp.loser ~ 223, ~ mit *a* 224, ~ mit *con* 225, ~ mit *de* 226, ~ mit *en* 227, ~ mit *para* 228, ~ mit *por* 229, ~ zur Verkn. von Nebensätzen 230, ~ in emphat. Frages. 223.9, ~ in ind. Frages. 223.10, 298.4 ~ in Arbeitsanw., Aufford., Verboten 223.11, ~ anst. von Imperat. 223.12, ~ in Relativs. 223.13, ~ in Wend. 223.14
*influir* F 158.2, 215.1 Anm.1; ~ *en/sobre u.c.* 240.1
*informar:* ~ *a alg. de/sobre u.c.* 244, *~se de/sobre alg./u.c.* 238.2, 242
*infundido/infuso* 209.3
*iniciarse* 197
*injerirse* F 159.2, 215.2; ~ *en u.c.* 240.2
*inmensamente* 145.1
*inmiscuirse en u.c.* 240.2
*innecesario: es* ~ + Inf. 223.1
*inquirir* 159.3
*inscribirse en u.c.* 240.2
*insertado/inserto* 209.3
*insinuar* F 151.2; *~se con alg.* 239.2
*insistir:* ~ *con alg.* 239.1, ~ *en u.c.* 240.1, ~ *en que* 177.1, ~ *en* + Inf. 227.1

*inspirarse en u.c.* 240.2
*instancia*: *a ~ de* 270
*instar a alg. que* 177.1
*instigar a u.c.* 237.3
*instituir* F 158.2, 215.1 Anm.1
*instruir* F 158.2, 215.1 Anm.1
*integrarse en u.c.* 240.2
*intención*: *tener (la) ~ de* + Inf. 226.2, *con (la) ~ de* + Inf. 230.2
*intentar* + Inf. 223.7
*interceder por alg.* 198
*interés*: *tener ~ en* + Inf. 227.1
*interesarse por u.c.* 241.2
*internet* 36.10 Anm.3
Interrogativa 94-102, ~ in Ausrufesätzen 103
*intervenir* F s. *venir*; *~ en u.c.* 240.1
*introducirse* F 159.6, s. *traducir*; *~ en u.c.* 197, 240.2
*inútil*: *es ~ que* 178.1, *es* ~ + Inf. 223.1
*invadir u.c.* 236.2
*inventariar* F 151.1
*invertido/inverso* 209.3
*invertir* F 159.2, 215.2
*ir* F s. Anhang; *~* + *ger.* 234.5, *~* + Part. Perf. 232.4,5 *~ a* + Inf. 224.3, 235.15, *~ (a) por alg./u.c.* 241.1, *~se* 197, *~/~se* 202.1
*izquierda*: *a la ~ de* 270

## J

*jactarse de u.c.* 238.2
Jahresangabe 274.2
Jahreszeiten: Artikel bei ~ 33.2
Jahrhundertangabe 85 u. Anm.3
*jamás*: *no ... ~* 256.1
je mehr/weniger ... desto mehr/weniger 142
*jovencísimo* 144.3 Anm.3
*jugar* F 152, 153.2; 32.7, *~ a u.c.* 237.2
*juntado/junto* 209.3
*junto a* 270
*jurar*: *~ que* 180, *~* + Inf. 223.7, *~ por alg./u.c.* 241.1
*justificarse* F 152; *~ de u.c.*
238.2
*justo*: *es ~ que* 178.1
*juzgar* F 152; *~ que* 180, *~ por u.c.* 241.1

## K

kein: Wiederg. von ~ 255
Kollektivzahlen 90
Komma 10.1,2
Komparativ 139, 146
Konditional F 149.4, 150, 154, 156.8, 157, 159.11, Gebr. 186, 187
Kongruenz: Prozentangaben 32.9 Anm.2, *Estados Unidos* 36.4 Anm.3 , *Baleares/Canarias* 36.9, Demonstr. 44, Adj. 130, *la mayoría* 67 Anm.3, *uno de los pocos que* 61 Anm.5, Bruchzahlen 87 Anm.4, Passiv 163, Part. Perf. 211, adv. gebr. Adj. 252, bei durch *o* verb. Subst. 260 Anm.1, Hervorhebung des Pers.pron. 285.1 Anm.
Konjugation 148-163, 1. ~ 150-153, 2. ~ 154-156, 3. ~ 157-159
Konjunktiv s. *subjuntivo*
Konjunktionen 259-269, aneinanderreihende ~ 259, ausschließende ~ 260, entgegensetzende ~ 261, folgernde ~ 262, temporale ~ 263, kausale ~ 264, finale ~ 265, konsekutive ~ 266, konzessive ~ 267, konditionale ~ 268, modale ~ 269
*können* 231.3
Konsonanten 5
Körperteile: Artikel bei ~n 32.5
Krankheiten: Artikel bei ~ 32.6

## L

*la* (Art.) 28
*lado*: *al ~ de* 270
*laísmo* 109.2 Anm.1

*lamentar*: ~ *que* 178.2, *~se de/por u.c.* 238.2, 241.2, ~ *de que* 178.2
*largo*: *a lo* ~ *de* 270, *ser* ~ *en* + Inf. 227.2
*las* (Art.) 28
lassen 231.4
*lástima*: *es (una)* ~ *que* 178.1
*lastimarse de alg.* 238.2
*lata*: *es una* ~ *que* 178.1
*lavarse* 193
Ländernamen: Artikel bei ~ 36.4
*leer* F 155.2, 215.1 Anm.1; ~ *u.c. a alg.* 243, *~/~se* 202.3
leihen 243 Anm.
*leísmo* 109.2 Anm.1
*lejos de* 270, *estar (muy)* ~ *de* + Inf. 226.3
*levantar*: *~/~se* 200.2, *~se* 197, *~se a* + Inf. 224.3
*liar* F 151.1; *~se con alg.* 239.1, *~se a* + Inf. 235.16
*librar/liberar a alg. de u.c.* 244, *~se de alg./u.c.* 238.2
*libre*: *ser* ~ *de/para* + Inf. 226.3
*licuar* F 151.2
*ligar con alg.* 239.1
*limitar*: ~ *con u.c.* 239.1, *~se a u.c.* 237.4, *~se a* + Inf. 224.1
*lindar con u.c.* 239.1
*llamar*: *~/~se* 200.2, *~se por teléfono* 201, *~se* 197, ~ + präd. Erg. 246.2
*llegar* F 152; ~ *a u.c.* 237.3, ~ *a* + Inf. 235.17, ~ *el último* 246.1
*llevar*: ~ + Kleidungsstück 34.6, ~ *a u.c.* 237.3, ~ *u.c. a alg.* 243, *~/~se* 202.1, ~ + Part. Perf. 233.3, ~ + ger. 234.6 , *~se bien con alg.* 239.2
*llover* F 156.1.2
*lo* (Art.) 28 Anm.2, 38, (Pron.) Besonderh. des Gebr. 110
*lógico*: *es* ~ *que* 178.1
*lograr* + Inf. 223.7
*loísmo* 109.2 Anm.1
*los* (Art.) 28
*luchar con/contra u.c.* 239.1, ~ *por u.c.* 241.1, ~ *por* + Inf. 229

*luego* 262, ~ *que* 263
*lugar*: *no ... en ningún* ~ 256.1

# M

*mal*: *está* ~ *que* 178.1
*malo* 7.1, 129.1
*maldecido/maldito* 209.3
man 192
*mandar*: *a alg. que* 177.1, ~ + Inf. 223.6
*manera*: *de* ~ *que* 266, *no ... de ninguna* ~ 256.1, *no hay* ~ *de* + Inf. 226.2
*manifestado/manifiesto* 209.3
*manifestar* F 153.1.1, *~se por u.c.* 241.2
*maravillarse*: ~ *de u.c.* 197, ~ *de alg./u.c.* 238.2, ~ *de que* 178.2
*marchar*: *~se* 197, *~/~se* 202.1
*marchitarse* 197
*mas* 261
*más*: 52.1, 67, ~ in Ausrufen 103.1 Anm.1, ~ *de* 140.4, *nada* ~ + Inf. 230.1, *no ... * ~ *que* 257.1, *no hacer* ~ *que* 257.2
Maße und Gewichte 93
*matarse por* + Inf. 229
*matricularse en u.c.* 240.2
*mayor* 139.2
*mayoría*: *la* ~ *de* 67 Anm.3
*mediante* 270
*medida*: *a* ~ *que* 269
*medio*: Artikel bei ~ 34.2, *en* ~ *de* 270, *por* ~ *de* 270
*medir* F 159.1, 215.2
*meditar sobre u.c.* 242
meisten: die ~ 67 Anm. 3
*mejor*: 139.2, *es* ~ *que* 177.2, *es* ~ + Inf. 223.1
*mejorar* 198
*memoria*: *en* ~ *de* 270
*menester*: *es* ~ *que* 177.2, *es* ~ + Inf. 223.1
*menor* 139.2
*menos*: Indef. 52.1, 68, (Präp.) ~ + Subjektpron. 107.1 Anm.1, 270, *a* ~ *que* 182, *el/lo* ~ 38.1 Untersch.

*menstruar* F 151.2
*mentar* F 153.1.1
*mentir* F 159.2, 215.2
*mentira*: *parece ~ que* 179
*merced a* 270
*merecer* F 156.2; *~ bien de u.c.* 198
*merendar* F 153.1.1
*meter*: *~, ~se en, ~se con* 200.2,
  *~se en u.c.* 240.2, *~se a* + Inf.
  235.18
*mezclarse en u.c.* 240.2
*miedo*: *tener ~ de* + Inf. 226.2 u.
  Anm., *tener ~ de que* 178.2, *por ~
  a que* 182, 265
*mientras* 263, *~ que* 263  Anm.
*mil* 81 u. Anm. 5
*militar por/en favor de u.c.* 241.1
Milliarde 81 Anm.7
*millón* 81 u. Anm. 6
*mínimo* 144.1 Anm.1
*mirar*: *~ por u.c.* 241.1, *~* + Inf.
  223.5, *~se* 195
*miras*: *con ~ a* 270
*misa*: Artikel bei *~* 33.8
*misérrimo* 144.3
*mismo* 52.1, 62, *lo ~ que* 259
Modalverben 223.4, Wiederg. dt.
  *~* 231
*modo*: *de ~ que* 266
Modi 164-187
mögen 231.5
*moler* F 156.1.2
*molesta*: *me ~ que* 178.1
*molestarse en* + Inf. 227.1
Monatsnamen: Artikel bei *~* 33.1
*montar a* 198, 237.3
*morder* F 156.1.2.
*morir* F 159.5, 215.2; *~* + präd.
  Erg. 246.1, *~ de u.c.* 238.1, *~* +
  Part. Perf. 210.2 Anm.2, *~/~se*
  202.4, *~se por u.c.* 241.2, *~ por*
  + Inf. 229, *~ como* 246.3
*mostrar* F 153.1.2; *~ u.c. a alg.*
  243, *~se* + präd. Erg. 246.2
*motivo*: *(no) tener ~ para* + Inf.
  228, *con ~ de* 270
*mover* F 156.1.2; *~ a alg. a* + Inf.
  224.2
*mucho* 52.1, 53, *por ~ que* 267

*mudarse (de casa)* 197
*muerto*: 209.2, *~/matado* 209.2
  Anm.2
Musikinstrumente: Artikel bei *~n*
  32.7
müssen 231.6
*mutuamente* 201 Anm.
*muy* 145.1, *por (~) ... que* 267

# N

*nacer* F 156.2; *~* + präd. Erg.
  246.1
*nacido/nato* 209
*Naciones Unidas* 36.10 Anm.2
*nada* 52.3, 74, *~ más* + Inf.
  230.1, *no ... ~* 256.1, *no ... ~ a
  nadie* 256.1, *no ... ~ en
  absoluto* 256.1
*nadie* 52.3, 76, *no ... ~/a ~* 256.1,
  *~ sino/más que* 257.1
Namen: Artikelgebr. bei Namen
  36
*natural*: *es ~ que* 178.1
*naturalizarse* F 152; *~* + präd.
  Erg. 246.2
*necesario*: *es ~ que* 177.2, *es ~* +
  Inf. 223.1, *ser ~ para* + Inf.
  204.2
*necesitar* + Inf. 223.7, 115.3
  Anm.
*negar* F 153.1.1; *~ que* 180
  Anm.2, *~ u.c. a alg.* 243,
  *~/~se* 200.2, *~se a* + Inf. 224.1
*negociar en u.c.* 240.1
*nevar* F 153.1.1
*ni* 259, *no ... ~* 256.1, *no ... ~ ... ~*
  256.1, *~ ... ~* 260
*ninguno* 7.1, 52.1, 60, *no ... ~/a*
  256.1, *no ... (a) ningún* + Subst.
  256.1
*no* 254, *~ obstante* 261
*nobilísimo* 144.3
*nombrar* + präd. Erg. 246.2
*nombre*: *en ~ de* 270
Nominalgruppe: Struktur der *~*
  26, Funktionen der *~* 27
*notar* + Inf. 223.5

475

*nuevo* (Stellung) 134
*numeroso* (Stellung) 134
Numerusschwankungen 23
Numerusunterschiede 25
*nunca*: *no ... ~* 256.1, *no ... ~ nada a nadie* 256.1, *no ... ~ más* 256.1, *no ... ~ nada más* 256.1
nur 257, 258
*nutrirse de u.c.* 238.2

## O

*o* 260, *~ ... ~* 260
*obedecer* F 156.2
Objektpronomen: F der bet. ~ 106, Gebr. 107, F der unbet. ~ 108, Gebr. 109, Besonderh. des Gebr. des unbet. *~ lo* 110, Kombin. unbet. ~ 111, idiom. Wend. mit unbet. ~ 112, Stellung: unbet. ~ beim konj. Verb 113, unbet. ~ beim Imp. 114, unbet. ~ beim Inf. 115, unbet. ~ beim Ger. 116, Gebr. als Wiederaufn. bzw. Vorwegn. des ~s 117
Objektsatz: dir. ~ 291, präp. ~ 292
*objeto*: *con (el) ~ de* + Inf. 230.2
*obligado*: *estar ~ a* + Inf. 224.5
*obligar* F 152; *~ a alg. a que* 177.1, *~ a alg. a* + Inf. 224.2
*obra*: *por ~ de* 270
*observar* + Inf. 223.5
*obstinarse en* + Inf. 227.1
*obstruir* F 158.2, 215.1 Anm.1
*ocasión*: *con ~ de* 270
*ocultar u.c. a/de alg.* 243
*ocupado*: *estar ~ en* + Inf. 227.2
*ocupar*: *~/~se* 200.1, *~se de/en u.c.* 238.2, *~se en* + Inf. 227.1
*ocurre*: *no ~ que* 179 Anm.1
*odiar que* 177.1
*ofenderse por u.c.* 241.2
*ofrecer* F 156.2; *~se a* + Inf. 224.1, *~se de* 246.3

*oír* F 159.8, 215.1 Anm.1; *~ +* Inf. 223.5, *~ decir que/ ~ hablar de* 223.5 Merke
*ojalá* 176.1
*oler* F 156.1.2 u. Anm; *~ a u.c.* 237.3
*olfatear u.c.* 236.2
*olvidar*: *~ u.c./~se de u.c.* 238.2, *~se de* + Inf. 226.1, *se me olvidó* + Inf. 223.3
*opinar que* 180, *~ sobre u.c.* 242
*opinión*: *ser de la ~ de que* 180
*oponerse* F s. *poner*; *~ a u.c.* 237.4, *~ a que* 177.1
*oportunidad*: *tener ~ de* + Inf. 226.2
*optar*: *~ por u.c.* 241.1, *~ por* + Inf. 229
*óptimo* 144.1 Anm.1
*orden*: *por ~ de* 270
*ordenar*: *~ u.c. a alg.* 243, *~ que* 177.1, *~ +* präd. Erg. 246.2
Ordnungszahlen 84, Gebr. der ~ 85
Organisationen: Artikel bei ~ 36.10
*orgulloso*: *estar ~ de que* 178.2, *estar ~ de* + Inf. 226.3
*orientarse por u.c.* 241.2
orthographisch: ~e Besonderh. 20.4, 127.4 Anm., 144.1 Anm.2, 152
Ortsangaben 270, 271.3,4, 273.3, 274.1, 275.2, 276.1,2, 277.1,2, 278, Stellung: 280.1, 287
*oscuro* 128.2
*otro*: Artikel bei ~ 34.3, 52.1, 57
*oxidarse* 197

## P

*padecer* F 156.2; *~ de u.c.* 238.1, 31.6 Anm.1
*pagar* F 152
*para* 275, Inf. mit ~ 228, *~ +* Inf. 230.2 u. Merke, *~ que* 182, 265

*parar*: ~ *de* + Inf. 226.1, ~*se* 197, ~*se en u.c.* 240.2
*parecer* F 156.2; ~ + präd. Erg. 246.1, *me parece que* 180, *me parece bien/mal que* 178.1, 180 Anm.1, *¿qué tal le parece ...?* 101 Anm., ~*se* 197, ~*se a alg./u.c.* 237.1
*parte*: ~ *de* 34.5, ~ ... ~ 260, *de mi* ~ 107.1 Anm.3 , *no ... en ninguna* ~ 256.1
*participar*: ~ *de u.c.* 238.1, ~ *en u.c.* 240.1
*partir*: *a* ~ *de* 270
Partizip Perfekt 209-212, Bildung 209, Gebr. 210 , Partizipialkonstruktionen 211, Wend. mit ~ 212, Verbalperiphr. mit ~ 232, 233
Partizip Präsens 213, 214, Wiederg. des dt. ~ 214
*pasado*: *el/lo* ~ 38.1 Untersch.
*pasar*: ~ *a u.c.* 237.3, ~ *de u.c.* 238.1, ~ *por u.c.* 241.1, *hacerse* ~ *por* 246.3, ~ *a* + Inf. 235.19, *no pasa que* 179 Anm.1, *lo que pasa es que* 257.3
Passiv 188-192, Bildung 163, refl. ~ 190, andere Wiederg. dt. ~konstr. 191
*paupérrimo* 144.3
*pedir* F 159.1, 215.2; ~ *u.c. a alg.* 243, ~ *a alg. que* 177.1
*peinarse* 195
*pelearse* 201
*peligro*: *correr* ~ *de* + Inf. 226.2
*peligroso*: *es* ~ + Inf. 223.1
*pena*: *es una* ~ *que* 178.1, *me da* ~ *que* 178.1, *da* ~ + Inf. 223.3, *no merece/vale la* ~ + Inf. 223.3
*pender de u.c.* 238.1
*pensar* F 153.1.1; ~ *que* 180, ~ + Inf. 223.7, ~ *en alg./u.c.* 240.1, ~ *en* + Inf. 227.1
*perder* F 156.1.1; ~/~*se* 200.2
*perdonar a alg.* 236.2 , ~ *a alg. que* 177.1, ~ *por* + Inf. 177.1 Anm.6

*perecer* F 156.2
*perezoso*: *ser* ~ *en/para* + Inf. 227.2
*perfeccionarse en u.c.* 240.2
Perfekt F 161, Gebr. 165
*perjudicar* F 152; ~ *a alg./u.c.* 236.2
*permanecer* F 156.2; ~ + Part. Perf. 232.3
*permiso*: *tener* ~ *de/para* + Inf. 226.2, 228
*permitir*: ~ *u.c. a alg.* 243, ~ *que* 177.1, ~ *a alg.* + Inf. 223.8, ~*se u.c.* 196
*pero* 261
*perpetuar* F 151.2
*perseguir* F 158.1, 159.1, 215.2
*persistir en u.c.* 240.1
Personalpronomen 104-117
Personenbezeichnungen 13
*persuadido*: *no estar* ~ *de que* 180 Anm.4
*persuadir*: ~ *a alg. que* 177.1, ~ *a alg. a* + Inf. 224.2
*pertenecer* F 156.2; ~ *a alg./u.c.* 237.1
*pervertir* F 159.2, 215.2
*pesar*: ~ *sobre u.c.* 242, *a* ~ *de* 270, *a* ~ *de que* 267 u. Anm., *a* ~ *de* + inf. 230.6
*pese a* 270, ~ *que* 267
*petición*: *a* ~ *de* 270
*picarse de/por u.c.* 238.2
*pintar* + ger. 220.1
*placer*: *es un* ~ + Inf. 223.2
*planear* + Inf. 223.7
*plegar* F 153.1.1
Pluralbildung 20-22
Pluralformen: Sonderbedeutung span. ~ 24
Plusquamperfekt F 161-163, Gebr. 170-171
*pobre* (Stellung) 134
*poco* 52.1, 54, *a* ~ *de* + Inf. 230.1
*poder* F 156.1.2, 156.7,8, 215.2, s. Anhang; ~ + Inf. 223.4, *se puede que* 179, *puede ser que* 179, *no* ~ *menos de* + Inf. 226.1
*poder*: *en* ~ *de* 270

*poner* F 156.3,7,8, s. Anhang; *~se* 197, *~se u.c.* 196, *~/~se* + Adj. 200.2, *~se a* + Inf. 235.20
*por* 276, *~* + Adj./Adv. *que* 267, *~ consiguiente* 262, *~ ende* 262, *~ eso/esto* 262, *~ (lo) tanto* 262, *~ qué* 97.2, *~* + Inf. 230.5, *~ decirlo así, ~ no decir, ~ no hablar de* 229 Merke
*porque* (kausal) 264 u. Anm.2, (final) 265, *no ~* 264 Anm.1
*poseído/poseso* 209.3
*posibilidad: se excluye/descarta la ~ de que* 179, *existe la ~ de que* 179
*posible: es (muy) ~ que* 179, *es ~* + Inf. 223.1
Possessiva 46-51
Possessivadjektive: F 46, Gebr. der unbet. ~ 47, and. Möglichk. der Wiederg. eines Possessivverh. 48, Gebr. der bet. ~ 49, Wegfall der ~ 50
Possessivpronomen: F u. Gebr. 51
*posterior* 146, *~ a* 140.5
prädikative Ergänzung 246
Präfixe 305
Präfixoide 308
Präpositionen 270-278
Präsens F 150-159, Gebr. 164
*preceder a alg./u.c.* 236.2
*preceptuar* F 151.2
*preciso: es ~ que* 177.2, *es ~* + Inf. 223.1
*preferir* F 159.2, 215.2; *~ que* 177.1, *~* + Inf. 223.7 u. Anm.2, 115.3 Anm., *~ que ... a que* 177.1 Anm.7
*preguntar: ~ a alg.* 237.2, *~ por alg./u.c.* 241.1, *~ a alg. por u.c.* 245
*preocupar: ~/~se* 200.1, *~se de u.c.* 238.2, *~se por alg./u.c.* 241.2
*prepararse a* + Inf. 224.1
*prescindir de u.c.* 238.1
*presencia: en ~ de* 270
*presenciar u.c.* 236.2
*presentar: ~/~se* 200.1, *~se como candidato* 197 Merke, *~ a alg. como* 246.3
*presente* (Stellung) 134

*presentir* F 159.2, 215.2
*preservar de u.c.* 238.1
*preso* 209.2 u. Anm.1
*prestar: ~ u.c. a alg.* 243, *~se a u.c.* 237.4
*presumido/presunto* 209.3
*presumir: ~ que* 180, *~ de u.c.* 238.1
*pretender* + Inf. 223.7
*pretérito anterior* F 161,162, Gebr.172
*pretérito indefinido* F 150, 152, 154, 155.2, 156.7, 157-159, 160, 162, 163; Gebr. 166, 169, 171
*pretexto: con el ~ de* + Inf. 230.5
*prevenirse de u.c.* 238.2
*prever* F s. Anhang
*primero* 84, 85, 82.2 Anm.1, *el ~ en* + Inf. 227.2
*principios: a ~ de* 270
*privarse de u.c.* 238.2
*pro: en ~ de* 270
*probable: es ~ que* 179
*probar* F 153.1.2; *~se* F 153.1.2; *~/~se* 200.2 Merke, *~ a* + Inf. 224.1
*proceder: ~ a* + Inf. 224.1, *~ de u.c.* 238.1
*procurar: ~ u.c. a alg.* 243, *~ que* 177.1, *~* + Inf. 223.7
*producir* F 159.6
*profundizar* F 152; *~ en u.c.* 198, 240.1
*prohibir* F 158.4; *~ u.c. a alg.* 243, *~ a alg. que* 177.1, *~ a alg.* + Inf. 223.8
*prometer: ~* + Inf. 223.7, *~se con alg.* 239.2
*pronunciarse: ~ por u.c.* 241.2, *~ sobre u.c.* 242
*propendido/propenso* 209.3
*propio* 47.1 Anm., 62 Anm.2, 134 Merke
*proponer* F s. *poner*; *~ que* 177.1, *~ a alg.* + Inf. 223.8, *~se* + Inf. 223.7
*proporcionar u.c. a alg.* 243
*propuesta: a ~ de* 270

*proseguir* F 158.1, 159.1, 215.2
*proteger* F 155.1; *~se de/contra* 238.2
*protestar*: *~ de u.c.* 238.1, *~ por u.c.* 241.1
*proveer* F s. Anhang; *~se de u.c.* 238.2
*provisto* 209.2 u. Anm.1
*proyectar* + Inf. 223.7
Prozentangaben: Artikel bei ~ 32.9
*pues* 262, *(así)* ~ 262
*puesto* 209.2
*puesto que* 264
*pulsar u.c.* 236.2
*punto*: *estar a ~ de* + Inf. 226.2, *a/hasta tal ~ que* 266, *a/hasta tal ~ de* + Inf. 230.3
*puntuar* F 151.2
*puro* (Stellung) 134

## Q

*que* (Relativpr.) 120, ~ in temp. Funktion 126.2 Anm., *el* ~ 121, ~ (nach Komparativ) 140.1, *del* ~ 140.2, *de lo* ~ 140.3, (Konjunktion) 176.1, 177-182, *a* ~ 265
*qué* 94.1, 97
*quebrar* F 153.1.1
*quedar*: ~ + Part. Perf. 232.6, *~ con alg.* 198, *~ en u.c.* 240.1, *~ en* + Inf. 235.21, *~ (se)* + präd. Erg. 246.1, *~(se)* 202.4, *~se* + ger. 234.7, *~se con u.c.* 239.2
*quejarse*: *~ de alg./u.c.* 238.2, *~ de u.c. a alg.* 245
*querer* F 156.1.1, 156.7,8, s. Anhang; *~ que* 177.1, *~* + Inf. 223.4
*querido de/por* 188.1 Anm.1
*quien* 122
*quién* 94.2, 95
*quienquiera* 52.3, 78, 183.4
*quitar*: *~ u.c. a alg.* 243, *~se u.c.* 196, *~se de u.c.* 238.2
*quizá(s)* 176.4

## R

*rabia*: *me da ~ que* 178.1
*radicar* F 152; *~ en u.c.* 240.1
*radiografiar* F 151.1 Anm.1
*raíz*: *a ~ de* 270
*raro* (Stellung) 134, *es ~ que* 178.1
*rayar en u.c.* 240.1
*rebelarse contra alg./u.c.* 197
*recibir* F 157
*reclamar u.c. a alg.* 243
*recluido/recluso* 209.3
*recobrarse de u.c.* 238.2
*recomendación*: *por ~ de* 270
*recomendar* F 153.1.1; *~ u.c. a alg.* 243, *~ que* 177.1, *~ a alg.* + Inf. 223.8
*recompensa*: *en ~ de* 270
*recompensar a alg. de u.c.* 244
*reconciliarse* 201, *~ con alg.* 239.2
*reconocer* F 156.2; *~ a alg. por u.c.* 245, *~ a alg. por/como* 246.3, *~ que* 180
*recordar* F 153.1.2; *~ u.c.* 198, 236.2, *~ u.c. a alg.* 243
*recuerdo*: *en ~ de* 270
*recuperarse de u.c.* 238.2
*recurrir a alg./u.c.* 237.3
*redituar* F 151.2
*reducir* F 159.6; *~se a u.c.* 237.4
*reelegir* F 158.1, 159.1, 215.2
*re(e)mplazar* F 152; *~ u.c. por/con u.c.* 245
*referencia*: *con ~ a* 270
*referir* F 159.2, 215.2; *~/~se a,* 200.1, *~se a alg./u.c.* 237.4
*reflexionar sobre u.c.* 242
reflexiv: das ~e Verb 193-203, ~e Verben mit pass. Bed. 202.5
Reflexivpronomen: F 193, Stellung 194
*refluir* F 158.2, 215.1 Anm.1
*reforzar* F 152, 153.1.2
*regalar u.c. a alg.* 243
*regar* F 152, 153.1.1
*regir* F 158.1, 159.1, 215.2; *~se por u.c.* 241.1
*rehusar* + Inf. 223.7

Reihenfolge von Subj. u. Präd. 281, 190
reír F 159.1, 215.2; ~se de alg./u.c. 238.2
relación: en ~ con 270
relationale Adjektive 133.2
Relativadjektiv 125
Relativadverb 126
Relativpronomen: F119; Gebr. 120-124
Relativsätze: Typen von ~n 118
remendar F 153.1.1
remitirse a u.c. 237.4
remontarse a u.c. 197, 237.4
remover F 156.1.2
rendir F 159.1, 215.2
renovar F 153.1.2
renunciar: ~ a u.c. 237.3, ~ a + Inf. 224.1
reñir F 158.3, 159.1, 215.2; 198, ~ con alg. 239.1
reparar en u.c. 240.1
reparo: no tener ~s en + Inf. 227.2
repatriarse F 151.1
repercutir en u.c. 198
repetir F 159.1, 215.2
reponerse F s. poner; ~ de u.c. 238.2
reprender a alg. por + Inf. 229
representar + ger. 220.1
reprochar u.c. a alg. 243
requerir F 159.2, 215.2
resarcirse F 158.1; ~ de u.c. 238.2
resentirse F 159.2, 215.2; ~ con alg. 239.2, ~ con alg. por/de u.c. 245
resfriarse F 151.1
resguardarse de u.c. 238.2
resignarse: ~ a + Inf. 224.1, ~ con u.c. 239.2
resistir: ~ u.c. 236.2, ~se a + Inf. 224.1
resolver F 156.1.2; ~se a u.c. 237.4, ~se por u.c. 241.2, ~se a + Inf. 224.1
resonar F 153.1.2
respecto: ~ a/de, con ~ a 270

responder: ~ a u.c. 237.3, ~ de/por alg./u.c. 238.1, 241.1
responsabilizar a alg. de u.c. 245
restablecer F 156.2
restituir F 158.2, 215.1 Anm.1
restringirse: F 158.1, ~ a u.c. 237.4
resuelto 209.2, estar ~ a + Inf. 224.5
resultar 198, ~ + präd. Erg. 246.1, ~ + Part. Perf. 232.6, me resulta difícil + Inf. 223.3
retirar/~se 200.1
retorcer F 155.1, 156.1.2
retribuir F 158.2, 215.1 Anm.1
reunir F 158.4; ~/~se 200.1, ~se 195
revaluar F 151.2
reventar F 153.1.1
reverter F 156.1.1
revestir F 159.1, 215.2
revolver F 156.1.2
rezar F 152
riesgo: (aun) a ~ de que 267, aun a ~ de + Inf. 230.4
rimar con u.c. 198, 239.1
rociar F 151.1
rodar F 153.1.2
rodearse de alg./u.c. 238.2
roer F 155.2, 215.1 Anm.1, s. Anhang; ~ u.c. 236.2
rogar F 152, 153.1.2; ~ a alg. (que) 177.1
romper: ~ con alg./u.c. 239.1, ~ a + Inf. 235.22, ~se 197, ~se u.c. 196
roto 209.2
ruegos: a ~ de 270
rumbo a 270

S

saber F 156.6-8, s. Anhang; ~ que 180, ~ a u.c. 237.3, ~ + Inf. 223.4, ~/~se 202.3, a ~ 224.4
sacratísimo 144.3
sacrificarse F 152; ~ por alg./u.c. 241.2

*salir* F 159.7, 11; ~ + *ger.* 234.8, ~ *a* + Inf. 224.3, ~/~*se* 202.1
*salvado/salvo* 209.3
*salvo que* 269
*santiguarse* 195
*santo* 7.3, 129.3, Artikel bei ~ 33.7
*sapientísimo* 144.3
*satisfacerse con u.c.* 239.2
Satzgefüge 290-294
Satzreihe 289
Satzzeichen 10
Schiffe: Genus 11.12
schon einmal 59.1 Untersch.
*se impersonal* 192.3, 190 Anm.3
*sea(n):* ~ ... ~ 260
*seducir* F 159.6
*segar* F 152, 153.1.1
*seguir* F 158.1, 159.1, 215.2; ~ + Part. Perf. 232.3, ~ + *ger.* 234.9, ~ *a alg./u.c.* 236.2
*según* 270, ~ + Subjektpron. 107.1 Anm.1 , Konjunktion 269
*seguramente que* 251 Anm.2
*seguro: estar* ~ *de* + Inf. 226.3, ~ *que* 251 Anm.2, *no es* ~ *que* 179 Anm.1
*sembrar* F 153.1.1
*semejante* 52.2, 70, Artikel bei ~ 34.4
*sendos* 89
*sensato: es* ~ *que* 178.1
*sentar(se)* F 153.1.1; ~/~*se* 200.1, ~*se a* + Inf. 224.3
*sentido: no tiene* ~ + Inf. 223.3
*sentir* F 159.2, 215.2; ~ *que* 178.2, ~*se* + präd. Erg. 246.2, ~ + Inf. 223.5
*señal: en* ~ *de* 270
*señalar:* ~ *a alg./u.c.* 236.2, ~*se por u.c.* 241.2
*separarse* 201
*ser* F 162; Gebr. 204, 206, 207, *a no* ~ *que* 182, 268, *es de* + Inf. 226.4, *es para* + Inf. 228
*serpentear* 198
*serrar* F 153.1.1
*servir* F 159.1, 215.2; ~ *de/como u.c.* 238.1, *no sirve que* 178.1, *no*

*sirve* + Inf. 223.3, ~ *para* + Inf. 228, ~*se de u.c.* 238.2
*si* (wenn) 187, 268, ~-Sätze zum Ausdr. des Protestes u. der Überraschung 187.2 Anm.6, (*ob*) 298.1, 187.2 Anm.9
*siempre que* 263, 268
*significar: eso no significa que* 180 Anm.4
Silbentrennung 8
*simple* (Stellung) 134
*sin* 270, ~ *que* 182, 269, ~ + Inf. 230.7, ~ *embargo* 261
*sino (que)* 261
*siquiera: no ... ni* ~ 256.1
*sitio: no ... en ningún* ~ 256.1
*situar* F 151.2
*sobre* 277
*sobr(e)entender(se)* F 156.1.1
*sobreponerse a alg./u.c.* 237.4
*sobrevivir a alg./u.c.* 237.2
*solamente* 257.1, ~ *que* 257.3, *no* ~ *... sino (también)* 259 u. Anm.
*soldar* F 153.1.2
*soler* F 156.1.2; ~ + Inf. 223.4
*solicitar que* 177.1
*solicitud: a* ~ *de* 270
*solidarizarse* F 152; ~ *con alg.* 239.2
*sollen* 231.7
*solo* (Stellung) 134
*sólo* 6.9, 257.1, ~ *que* 257.3, ~ *de* + Inf. 258, *no* ~ *... sino (también)* 259 u. Anm.
*soltado/suelto* 209.3
*soltar* F 153.1.2
*someterse a u.c.* 237.4
*sonar* F 153.1.2; ~ *a u.c.* 237.3
*sonreír* F 159.1, 215.2; ~ *de/por alg./u.c.* 238.1
*soñar* F 153.1.2; ~ *con alg./u.c.* 239.1, ~ *con* + Inf. 225
*sorprende: me* ~ *que* 178.1
*sorprendente: es* ~ *que* 178.1
*sorprender* + *ger.* 220.1 Anm.2
*sospechar:* ~ *que* 180, ~ *de alg.* 238.1
*sostener* F s. *tener;* ~ *que* 180
Spiele: Artikelgebr. 32.7

481

Sportmannschaften: Genus 11.16,
Artikel bei ~ 36.10
Sprachen: Artikelgebr. 31.4 u.
Anm.2, 32.8
Städtenamen: Artikel bei ~ 36.6
Stoffnamen: Artikel bei ~ 31.4, 32.1
Struktur des span. Satzes 279-294
*subir a* + Inf. 224.3
Subjektpronomen 104
*subjuntivo* 175-184, ~ im Hauptsatz
176, ~ nach Ausdr. der
Willensäuß. 177, ~ nach Ausdr.
der subj. Bewertung 178, nach
Ausdr. des Zweifels usw. 179, ~
nach Verben des Sagens u.
Denkens 180, ~ im vorangest.
Subj.- oder Obj.satz 181, ~ nach
Konj. 182, ~ im Rel.satz 183,
Zeitenfolge im Nebens. mit ~ 184
*sublevarse contra alg.* 197
*sucede*: *no ~ que* 179 Anm.1
*suceder a alg.* 237.3
*suerte*: *tener la ~ de* + Inf. 226.2 u.
Anm., *de ~ que* 266
Suffixe 299-304
Suffixoide 307
*sufrir de u.c.* 238.1
*sugerencia*: *por ~ de* 270
*sugerir* F 159.2, 215.2; *~ u.c. a alg.* 243
*sujetado/sujeto* 209.3
*sujetarse a u.c.* 237.4
*sumamente* 145.1
*sumergirse* F 158.1, 197
*superar a alg. en u.c.* 245
*superior* 146, *~a* 140.5
Superlativ: absoluter ~ 144, weitere
Ausdrucksmögl. des hohen
Grades 145, relativer ~ 143
*suplicar* F 152; *~ que* 177.1
*suponer* F s. *poner*; *es de ~ que* 226.4
*supongamos que* 179 Anm.2
*suponiendo que* 179 Anm.2, 268
*supuesto*: *por ~ que* 251 Anm.2
*suspendido/suspenso* 209.3
*suspirar por alg./u.c.* 241.1
*sustituir* F 158.2, 215.1 Anm.1;

*~ u.c. con/por u.c.* 245, *~ a alg. por alg.* 245 Aber
*sustraerse* F s. *traer*; *~ a u.c.* 237.4

# T

Tageszeit: Artikel bei ~ 32.2
*tal* 52.1, 64, *con ~ (de) que* 182, 268
*tambalearse* 197
*también* 259, *no sólo/solamente ... sino ~* 259
*tampoco* 259, *no ... ~* 256.1
*tan*: *~ pronto como* 263, *~ ... que* 266, *no ser ~* + Adj./Adv. *que* 266 Anm.2
*tanto* 52.1, 55, *~ como* 141.2, *~ ... como* 259, *~ que* 266, *en ~ que* 263, *de ~* + Inf. 2307
Tänze: Artikel bei ~n 32.7
*tañer* F 155.2
*tardar*: *~ en* + Inf. 227.1, *no ~ en* 227.1
*tatuar* F 151.2
*telefonearse* 201
*telegrafiar* F 151.1 Anm.1
*temblar* F 153.1.1
*temer que* 178.2 u. Anm.3
*temido de/por* 188.1 Anm.1
*temor*: *por ~ a* 270
Tempora F 150-163; Gebr. 164-174
*tender* F 156.1.1, *~ a* + Inf. 224.1
*tener* F 156.3,7,8, s. Anhang;
Artikel bei ~ + Obj. 34.1, *~ a* 271.2
Anm.1, *~* + Part. Perf. 233.4, *~ que* + Inf. 235.23, *~ a alg. por* 246.3, *tengo para mí que* 180
*teñido/tinto* 209.3
*teñir* F 158.3, 159.1, 215.2
*tentar* F 153.1.1; *~ a alg. a* + Inf. 224.2
*tercero* 7.1 u. Anm.2, 84
*terminar*: *~ por* + Inf. 235.2, *~* + ger. 234.1
*tiempo*: *en ~ (s) de* 270, *(no) tener ~ para/de* + Inf. 228
Tierbezeichnungen 14

*tildar a alg. de* 246.3
*tío*: Artikel bei ~ + Eigenname 36 Anm.3
*tirar*: ~ *de u.c.* 238.1, ~ *a alg. de u.c.* 244
*titubear en* + Inf. 227.1
*toca*: *me* ~ + Inf. 223.3
*tocar* F 152; ~ *el piano* 32.7
*todavía* 261, *no ...* ~ 256.1
*todo* 52.1, 58, ~ + Autornamen 33.6
*tolerar*: *no* ~ *que* 177.1
*tomar*: ~ *a alg. como/por* 246.3, ~/~*se* 202.2
*tontería*: *es una* ~ + Inf. 223.2
*topar*: ~ *con u.c.* 239.1, ~*se con alg.* 239.2
*torcer* F 155.1, 156.1.2
*torcido/tuerto* 209.3
*tornarse en u.c.* 240.2
*torno*: *en* ~ *a* 270
*tostar* F 153.1.2
*trabajar*: ~ *de/como* 246.3, ~ *en u.c.* 240.1
*traducir* F 159.6, s. Anhang; ~*se en u.c.* 240.2
*traer* F 156.4,7, 215.1 Anm.1 s. Anhang; ~ *u.c. a alg.* 243, ~ + Part. Perf. 233.5
*traficar* F 152; ~ *en u.c.* 240.1
Transportmittel: Artikel bei ~n 33.3
*transcurso*: *en el* ~ *de* 270
*transferir* F 159.2, 215.2
*tras* 270, ~ + Inf. 230.1
*trascender* F 156.1.1
*trasladarse a* 197
*traspasar u.c. a alg.* 243
*tratar*: ~ *de u.c.* 238.1, ~ *a alg. de* 246.3, ~ *de* + Inf. 226.1, ~ *con alg.* 239.1, ~ *en u.c.* 240.1, ~/~*se de* 200.2, ~*se de alg./u.c.* 238.2, *se trata de* + Inf. 226.1
*través*: *a* ~ *de* 270
Trema 5.6
*trepar a u.c.* 237.3
*triar* F 151.1
*triste* (Stellung) 134
*trocar* F 152, 153.1.2

*tronar* F 153.1.2
*tropezar* F 152, 153.1.1; ~ *con u.c./alg.* 239.1

# U

Uhrzeit: Artikel bei ~ 32.2, Angabe der ~ 82.3
*último* 146, *el* ~ *en* + Inf. 227.2
*un* 28, 61.1 u. Anm.1
*una* 28, 61.1 u. Anm.1
*unas* 28 u. Anm.1, 61.1 u. Anm.4
*unirse a/con alg./u.c.* 237.4
*uno* 52.1, 61.2 u. Anm.2,3,5, *el* ~ *al otro* 201 Anm.
*unos* 28, 61.1 u. Anm.3,4,6 ~ *a otros* 201 Anm.
*urgente*: *es* ~ *que* 177.2, *es* ~ + Inf. 223.1
*usted*: 104 u. Anm.3, 185.3 Anm.1
*usufructuar* F 151.2
*útil*: *es* ~ *que* 178.1, *es* ~ + Inf. 223.1

# V

*vaciar* F 151.1
*vacilar en* + Inf. 227.1
*valer* F 156.3,8, s. Anhang; *más vale que* 177.2, *más vale* + Inf. 223.3, ~*se de u.c.* 238.2
*valor*: *tener el* ~ *de* + Inf. 226.2
*valuar* F 151.2
*variar* F 151.1
*varios* 52.1, 65, (Stellung) 134
*vencer* F 155.1
*venganza*: *en* ~ *de* 270
*vengarse* F 152; ~ *de alg.* 238.2, ~ *por u.c.* 241.2, ~ *en alg. de/por u.c.* 245
*venir* F 159.7,10,11, 215.2, s. Anhang; ~ + Part. Perf. 232.5, ~ + ger. 234.10, ~/~*se* 202.1, ~ *a* + Inf. 224.3, 235.24, ~ *(a) por u.c.* 241.1

*ver* F s. Anhang; ~ + Inf. 223.5,
~*se* + Part. Perf. 232.2
Verbalperiphrasen 232-235, ~ mit
   Part. Perf. 232-233, ~ mit *ger.*
   234, ~ mit Inf. 235
Verben mit versch. Stämmen 153
Verbformen: ~ u. ihre Abl. 149,
   zusammenges. ~ 161
Vergleich 145.4, hypothet. ~
   140.3 Anm.
*vergüenza*: *es una (verdadera)* ~
   *que* 178.1, *es una* ~ + Inf. 223.2
Verneinung 254-256, einfache ~
   254, mehrteilige ~ 256
*verter* F 156.1.1
Vervielfältigungszahlen 86
*vestir* F 159.1, 215.2; ~ +
   Kleidungsstück 34.6, ~/~*se*
   200.1 ~*se* 195
*vez*: *en ~ de* 270, *en ~ de* + Inf.
   230.7, *cada ~ que* 263, *una ~
   (que)* 263, *tal ~* 176.4,
   Grundzahl + *veces más* 86
   Anm.1
*vida*: *no ... en mi ~* 256.1
*viejo* (Stellung) 134
viel: ~ in Subj.funktion 53 Anm.3,
   ~ + subst. Adj. 53 Anm.4, ~
   mehr/weniger + Subst. 53
   Anm.5, zu ~ in Subj.funktion 56
   Anm.1, zu ~ als dass 266
   Anm.1
*virtud*: *en ~ de* 270
*vista*: *con ~s a* 270, *en ~ de* 270
*visto* 209.2, ~ *que* 210.3, 264
Vokale 3
*volar* F 153.1.2
*volcar* F 152, 153.1.2
*volver* F 156.1.2; ~ *sobre u.c.*
   242, ~ *a* + Inf. 235.25, ~ *para*
   224.3 Anm.2, ~/~*se* 200.2
*vomitar* 198
Voranstellung: ~ des dir. u. ind.
   Obj. 282, ~ des präp. Obj. 283
*votar por alg./u.c.* 241.1
*vuelto* 209.2

# W

was (Relativpron.) 121.4
Weinsorten: Genus 11.17
wenig (in Subj.funktion) 54 Anm.3
wenigsten: die ~ 68 Anm.3
wie (Frageadv.) 94.3, 101,
   Wiedergabe von ~ + Adj./ Adv.
   102, ~ schmeckt/ gefällt ...? 101
   Anm.; so ... ~ 141
Wochentage: Genus der ~ 11.13,
   Artikel bei ~n 32.3
wollen 231.8
Wortbildung 299-311
Wortkürzung 311

# Y

*y* 259, ~ *así* 262
*ya*: ~ ... ~ 260, ~ *que* 264, *no ... ~
   256.1, ~ no ... nunca* 256.1
*yendo* 215.1 Anm.1

# Z

Zahlangabe: ungefähre ~ 55
   Anm.5, 61 Anm.4, 83
Zahlwörter 81-90, Genus 11.15
Zeitenfolge 296, ~ im Nebensatz
   mit *subj.* 184
Zeiträume: Artikel bei ~n 32.4
Zustandspassiv 189
zweitgrößte usw. 143 Anm.3

# Abkürzungen und Zeichen

| | |
|---|---|
| Adj. | Adjektiv |
| Adv. | Adverb |
| adv. | adverbial |
| *alg.* | *alguien* (dt. jemand) |
| Anm. | Anmerkung |
| anst. | anstatt |
| API | Association phonétique internationale |
| Art. | Artikel |
| Ausdr. | Ausdruck/Ausdrücke |
| Bed. | Bedeutung |
| Besonderh. | Besonderheit(en) |
| Best. | Bestimmung |
| best. | bestimmt |
| bet. | betont |
| Dat. | Dativ |
| Dem.adj. | Demonstrativadjektiv |
| Demonstr. | Demonstrativa |
| Dem.pron. | Demonstrativpronomen |
| determ. | determinativ |
| dir. | direkt |
| dt. | deutsch |
| emphat. | emphatisch |
| Erg. | Ergänzung |
| etw. | etwas |
| F | Formen |
| fam. | familiär |
| fem. | feminin |
| fig. | figurativ/in übertragenem Sinn |
| Frages. | Fragesatz |
| *fut.* | *futuro* (dt. Futur) |
| Gebr. | Gebrauch |
| gebr. | gebraucht |
| Gen. | Genitiv |
| *ger.* | *gerundio* (dt. Gerundium) |
| gleichlaut. | gleichlautend |
| hypothet. | hypothetisch |
| idiom. | idiomatisch |
| *imperat.* | *imperativo* (dt. Imperativ) |
| *imperf.* | *imperfecto* (dt. Imperfekt) |
| Ind. | Indikativ |
| Indef. | Indefinitum/Indefinita |
| *indic.* | *indicativo* (dt. Indikativ) |
| indir. | indirekt |
| Inf. | Infinitiv |
| jd. | jemand |
| jdm. | jemandem |
| jdn. | jemanden |

| | |
|---|---|
| jds. | jemandes |
| Konj. | Konjunktion |
| konj. | konjugiert |
| lateinam. | lateinamerikanisches Spanisch |
| lit. | literarisch |
| mask. | maskulin |
| math. | mathematisch |
| militär. | militärisch |
| neutr. | neutral |
| Obj. | Objekt |
| Part. | Partizip |
| pass. | passivisch |
| Perf. | Perfekt |
| Pers. | Person |
| Pl. | Plural |
| Präd. | Prädikat |
| präd. | prädikativ |
| Präp. | Präposition |
| präp. | präpositional |
| *pres.* | *presente* (dt. Präsens) |
| *pret. indef.* | *pretérito indefinido* (dt. Präteritum) |
| Pron. | Pronomen |
| Relativs. | Relativsatz |
| Sing. | Singular |
| span. | spanisch |
| Subj. | Subjekt |
| *subj.* | *subjuntivo* (dt. Konjunktiv) |
| Subst. | Substantiv |
| temp. | temporal |
| *u.c.* | *una cosa* (dt. etwas) |
| ugspr. | umgangssprachlich |
| unbet. | unbetont |
| unveränderl. | unveränderlich |
| Untersch. | Unterscheide |
| unterschiedl. | unterschiedlich |
| veränd. | veränderlich |
| verb. | verbunden |
| Verkn. | Verknüpfung |
| Verkürz. | Verkürzung |
| Wend. | Wendung(en) |
| Wiederg. | Wiedergabe |
| Zahlang. | Zahlangabe |
| ( ) | In runden Klammern stehen fakultative Elemente (auch Ergänzungen) |
| [ ] | In eckigen Klammern stehen grammatische Angaben oder (Register)Markierungen |
| * | ungrammatisch |